DCG 3

DROIT SOCIAL

5e édition

Jean-François Bocquillon
Agrégé d'économie et gestion
Professeur en classes préparatoires à l'expertise comptable

Christine Alglave
Agrégée d'économie et gestion
Professeur en classes préparatoires à l'expertise comptable

Martine Mariage
Agrégée d'économie et gestion

en partenariat avec

EDITIONS
FRANCIS LEFEBVRE

DUNOD
leader de l'expertise comptable

Crédits iconographiques

p. 8 : © negotiate by Creative Stall from the Noun Project ; © proclaim by Mitchell Eva from the Noun Project ; p. 9 : © Employee by mungang kim from the Noun Project ; © boss by Hare Krishna from the Noun Project ; p. 25 : © Open Door by Savannah Vize from the Noun Project ; © Book by Kamaluddin from the Noun Project ; © forensic science by Made from the Noun Project ; © Worker by Wilson Joseph from the Noun Project ; p. 41 : © validation by Adrien Coquet from the Noun Project ; © inspection by Creative Stall from the Noun Project ; p. 42 : © court by Dinosoft Labs from the Noun Project ; © Book by Dinosoft Labs from the Noun Project ; © court by Adricons from the Noun Project ; © archives by Pedro Santos from the Noun Project ; p. 48 : © no children by Maurizio Fusillo from the Noun Project ; © agreement by Vectors Market from the Noun Project ; © content by Viral faisalovers from the Noun Project ; p. 49 : © boss by Fiona OM from the Noun Project ; © Worker by Danielle Gracioso from the Noun Project ; p. 61 : © Forbidden by b farias from the Noun Project ; © show by Adrien Coquet from the Noun Project ; p. 66 : © Calendar by Markus from the Noun Project ; p. 84 © contract by Bartama Graphic from the Noun Project ; © Worker by ProSymbols from the Noun Project ; © Check Mark by AlfredoCreates @flaticondesign.com from the Noun Project ; © Forbidden by Samet Kuru from the Noun Project ; p. 88 : © Accident by Adrien Coquet from the Noun Project ; © old man by Gan Khoon Lay from the Noun Project ; p. 99 : © before by Alice Design from the Noun Project ; © process by Anna Sophie from the Noun Project ; © after by Alice Design from the Noun Project ; p. 109 : © Worker by Danielle Gracioso from the Noun Project ; © boss by Hare Krishna from the Noun Project ; p. 129 : © Calendar by Markus from the Noun Project ; p. 130 : © sleep by Gan Khoon Lay from the Noun Project ; © weekends by Yuri Mazursky from the Noun Project ; © holiday by Bhuvan from the Noun Project ; © Ten in One by Nataliia Lytvyn from the Noun Project ; p. 165 : © Société Générale – Conception graphique : © Maud Bacon, maudbacon.fr ; p. 168 : © skills by Adrien Coquet from the Noun Project ; p. 169 : © person by mikicon from the Noun Project ; © people by Alex Quinto from the Noun Project ; © add by Duncan Cleary from the Noun Project ; © Move by sandra from the Noun Project ; p. 175 : © wrong by Adrien Coquet from the Noun Project ; p. 189 : © rules by Marie Van den Broeck from the Noun Project ; p. 193 : © rules by Marie Van den Broeck from the Noun Project ; © list item by ProSymbols from the Noun Project ; p. 198 : © Meeting by Adrien Coquet from the Noun Project ; © instructor by SBTS from the Noun Project ; © Expert User by Erik Vullings, NL ; p. 209 : © Health by Guilherme Furtado from the Noun Project ; p. 214 : © center by camila sz from the Noun Project ; © interview by Gan Khoon Lay from the Noun Project ; © Information by Xinh Studio from the Noun Project ; p. 245 : © Crowdfunding by Gregor Cresnar from the Noun Project ; © Poster by Eddy Ymeri from the Noun Project ; © room by Susannanova from the Noun Project ; © Meeting by pauldeluniv from the Noun Project ; © clock by Liswati from the Noun Project ; p. 250 : © Mission by Deemak Daksina from the Noun Project ; © resources by Eucalyp from the Noun Project ; p. 253 : © Refresh Folder Contents by Creaticca Creative Agency from the Noun Project ; © press release by visual language from the Noun Project ; p. 275 : © Set Up Alarm by Gregor Cresnar from the Noun Project ; © Institution by Stepan Voevodin from the Noun Project ; © publish by Aficons from the Noun Project ; © Stamp by Creative Stall from the Noun Project ; p. 279 : © hourglass by Guilhem from the Noun Project ; © hourglass by Guilhem from the Noun Project ; p 288 : © rules by Arthur Shlain from the Noun Project ; © Vote by Mark Aventura from the Noun Project ; p. 289 : © Lock by Travis Avery from the Noun Project ; © Lock by Travis Avery from the Noun Project ; p. 294 : © equality by Magicon from the Time by Creative ; © Time by Creative Mania from the Noun Project ; © Percent by Ker'is from the Noun Project ; p. 312 : © savings by Gregor Cresnar from the Noun Project ; © Pension by IYIKON from the Noun Project ; p. 332 : © Locker by Gregor Cesnar from the Noun Project ; © Lock by Milinda Courey from the Noun Project ; p. 364 : © agreement by faisalovers from the Noun Project ; © versus by priyanka from the Noun Project ; p. 368 : © stetoscope by habione from the Noun Project ; © Mail Box by Abdelkader Kharmchen from the Noun Project ; © Office by Dinosoft Labs from the Noun Project ; p. 372 : © relationships by Davo Sime from the Noun Project ; © euro suitcase by b farias from the Noun Project ; p. 378 : © Location by iconix user from the Noun Project ; © path by Nancy from the Noun Project ; p. 381 : © mind by Adrien Coquet from the Noun Project ; © Hospital by Vadim Solomakhin from the Noun Project ; p 387 : © Disease by Adrien Coquet from the Noun Project ; © Pregnancy by Sergey Demushkin from the Noun Project ; © Disability by DC Icons from the Noun Project ; © murder by tulpahn from the Noun Project ; p. 388 : © risk by Nithinan Tatah from the Noun Project ; © Ok by Arthur Shlain from the Noun Project ; p. 391 : ©SurfsUp.

Maquette de couverture et maquette intérieure : Yves Tremblay
Mise en page : Nord Compo

Les liens proposés tout au long de ce livre sont des compléments d'information. Vous pouvez soit flasher les QR-codes, soit copier-coller les URL raccourcies dans votre navigateur. Ces liens resteront valables durant toute la période de commercialisation de l'ouvrage. Toutefois, nous ne pouvons en garantir la pérennité dans la mesure où les pages auxquelles ils renvoient sont la propriété des sites qui les hébergent.

11 rue Paul Bert, 92240 Malakoff
www.dunod.com

ISBN 978-2-10-085085-3

SOMMAIRE

Mode d'emploi

Tout le programme

Approfondissements

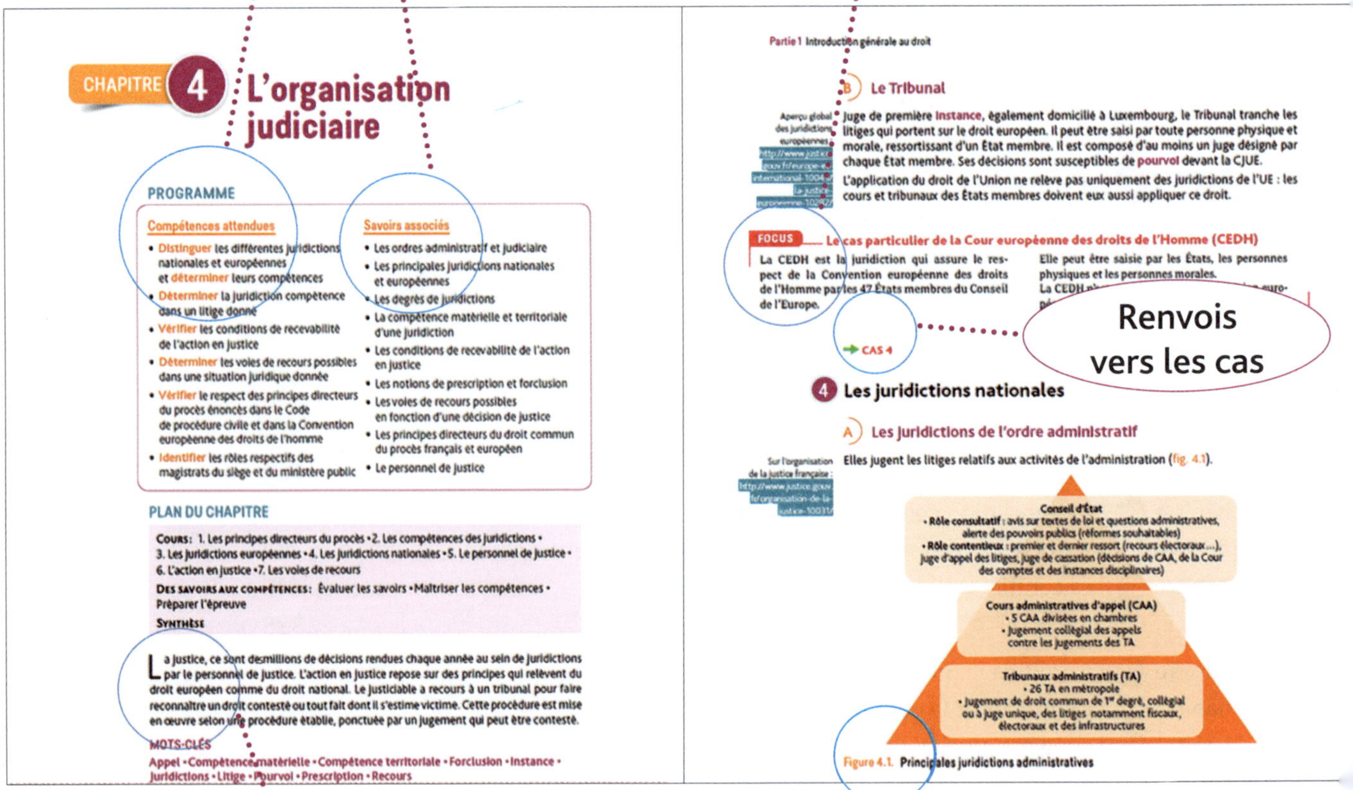

Partie 1 Introduction générale au droit

CHAPITRE 4 L'organisation judiciaire

PROGRAMME

Compétences attendues

- **Distinguer** les différentes juridictions nationales et européennes et **déterminer** leurs compétences
- **Déterminer** la juridiction compétence dans un litige donné
- **Vérifier** les conditions de recevabilité de l'action en justice
- **Déterminer** les voies de recours possibles dans une situation juridique donnée
- **Vérifier** le respect des principes directeurs du procès énoncés dans le Code de procédure civile et dans la Convention européenne des droits de l'homme
- **Identifier** les rôles respectifs des magistrats du siège et du ministère public

Savoirs associés

- Les ordres administratif et judiciaire
- Les principales juridictions nationales et européennes
- Les degrés de juridictions
- La compétence matérielle et territoriale d'une juridiction
- Les conditions de recevabilité de l'action en justice
- Les notions de prescription et forclusion
- Les voies de recours possibles en fonction d'une décision de justice
- Les principes directeurs du droit commun du procès français et européen
- Le personnel de justice

PLAN DU CHAPITRE

COURS : 1. Les principes directeurs du procès • 2. Les compétences des juridictions • 3. Les juridictions européennes • 4. Les juridictions nationales • 5. Le personnel de justice • 6. L'action en justice • 7. Les voies de recours

DES SAVOIRS AUX COMPÉTENCES : Évaluer les savoirs • Maîtriser les compétences • Préparer l'épreuve

SYNTHÈSE

La justice, ce sont des millions de décisions rendues chaque année au sein de juridictions par le personnel de justice. L'action en justice repose sur des principes qui relèvent du droit européen comme du droit national. Le justiciable a recours à un tribunal pour faire reconnaître un droit contesté ou tout fait dont il s'estime victime. Cette procédure est mise en œuvre selon une procédure établie, ponctuée par un jugement qui peut être contesté.

MOTS-CLÉS

Appel • Compétence matérielle • Compétence territoriale • Forclusion • Instance • Juridictions • Litige • Pourvoi • Prescription • Recours

B) Le Tribunal

Aperçu global des juridictions européennes : http://www.justice.gouv.fr/europe-international-10045/la-justice-europeenne-10274/

Juge de première **instance**, également domicilié à Luxembourg, le Tribunal tranche les litiges qui portent sur le droit européen. Il peut être saisi par toute personne physique et morale, ressortissant d'un État membre. Il est composé d'au moins un juge désigné par chaque État membre. Ses décisions sont susceptibles de **pourvoi** devant la CJUE.

L'application du droit de l'Union ne relève pas uniquement des juridictions de l'UE : les cours et tribunaux des États membres doivent eux aussi appliquer ce droit.

FOCUS Le cas particulier de la Cour européenne des droits de l'Homme (CEDH)

La CEDH est la juridiction qui assure le respect de la Convention européenne des droits de l'Homme par les 47 États membres du Conseil de l'Europe.

Elle peut être saisie par les États, les personnes physiques et les personnes morales.

→ CAS 4

4 Les juridictions nationales

A) Les juridictions de l'ordre administratif

Sur l'organisation de la justice française : http://www.justice.gouv.fr/organisation-de-la-justice-10031/

Elles jugent les litiges relatifs aux activités de l'administration (fig. 4.1).

Figure 4.1. Principales juridictions administratives

Renvois vers les cas

Mise en contexte

Visuels facilitant la mémorisation

DES SAVOIRS AUX COMPÉTENCES

Évaluer les savoirs — Maîtriser les compétences — Préparer l'épreuve

1 QCM

Pour chaque proposition une ou plusieurs réponses sont possibles. Justifiez-les.

1. Les contrats :
   a. n'ont d'effet qu'entre les parties contractantes. ☐
   b. profitent aux tiers. ☐
   c. profitent aux tiers dans les cas prévus par la loi. ☐
   d. ne nuisent pas aux tiers. ☐
2. Le paiement est :
   a. une somme d'argent. ☐
   b. toujours effectué par le débiteur. ☐
   c. prouvé par tout moyen. ☐
   d. l'exécution des obligations contractuelles. ☐
3. L'astreinte est :
   a. une somme d'argent forfaitaire. ☐
   b. une contrainte physique sur la personne du débiteur. ☐
   c. une somme d'argent par période de retard. ☐
   d. fixée par le créancier. ☐
   e. fixée par le juge. ☐
4. L'exécution forcée :
   a. est le recours à la force publique par le créancier. ☐
   b. est le recours aux tribunaux par le créancier. ☐
   c. suppose la mise en demeure du débiteur. ☐
   d. n'exige pas la mise en demeure du débiteur dans une première phase. ☐
   e. est une exécution en nature de l'obligation dans tous les cas. ☐
5. La résolution ... met fin au contrat pour l'avenir. ☐ ... ☐

Exercices, applications et cas progressifs

DES SAVOIRS AUX COMPÉTENCES

Évaluer les savoirs — Maîtriser les compétences — Préparer l'épreuve

Trois étapes

7 Situation pratique : Tif'Annie ★★★ — 20 min

Compétence attendue : **Identifier** les éléments constitutifs du fonds de commerce

La marque Tif'Annie a été déposée par Annie Letif à l'ouverture de son premier ... coiffure à Grenoble qu'elle exploite encore à ce jour. Elle a depuis créé ... salons sous cette marque dans la région.
Une jeune femme prénommée Tiffany installe un salon de coiffure dans ... de Grenoble à son prénom. Dans la même rue, une cave à vins vient d'ouvrir sous la marque Tiffanie, prénom de sa créatrice.

Travail à faire

Quels conseils donneriez-vous à Annie Letif ?

8 Commentaire de document/rédaction d'une note : Lefebure ★★★ — 30 min

Compétence attendue : **Étudier** le bail commercial, la protection du locataire-preneur et les obligations du propriétaire

Rendez-vous MÉTHODE 2

Par acte sous signature privée, la Société des Courses marseillaises a donné à bail à Paul Lefebure, pour une durée de 9 ans, la concession exclusive de l'installation d'un buffet-buvette sur le champ de courses marseillais. L'accord conclu prévoit que l'activité de Paul Lefebure doit être limitée à l'enceinte de l'hippodrome et réduite aux seules journées de réunions hippiques (10 à 20 réunions par an).
À l'expiration de la période fixée dans l'acte sous signature privée, M. Lefebure a reçu congé de la Société des Courses marseillaises au motif que le bail n'est pas commercial. S'estimant lésé, il envisage d'intenter une procédure contre la société de courses pour violation des dispositions relatives aux baux commerciaux.

Travail à faire

1. *Rappelez les conditions du droit au renouvellement ...*
2. *Quel est le problème juridique dans cette affaire ?*
3. *... les parties et les faits soulevés dans l'arrêt ...*
4. *... problème de droit ?*
5. *... réponse apportée par la Cour de cassation ?*
6. *... raisonnement au cas de M. Lefebure.*

Compétences du programme

Progressivité et temps de réalisation

SYNTHÈSE

Le droit : finalités, règles et branches

Le droit objectif et les droits subjectifs

- Droit objectif : ensemble des règles sociales gouvernant les rapports des hommes entre eux ou avec la puissance publique.
- Droits subjectifs : prérogatives reconnues par le droit objectif aux personnes et dont elles peuvent se prévaloir auprès de l'autorité publique.

Règles de droit → appliquées à → Un individu → Droits subjectifs

Loi de juillet 1974 fixant la majorité à 18 ans → Pierre, né le 21 septembre 2000 → Pierre est majeur le 22 septembre 2018. Il dispose de tous ses droits, notamment le droit de vote

Les caractères de la règle de droit

La règle de droit est :
- Générale et abstraite. Elle s'applique indistinctement à toutes les personnes qui se trouvent dans la situation que la règle a voulu organiser.
- Coercitive. Elle s'impose sous peine de sanctions prononcées par les tribunaux.

Le droit public et le droit privé

	Droit public	Droit privé
Objet	· Organisation et fonctionnement des pouvoirs publics. · Relations des pouvoirs publics avec les personnes privées.	Relations des personnes privées entre elles
But	Satisfaction de l'intérêt général	Satisfaction des intérêts privés
Caractère	Impératif	Souvent supplétif
		Ordre judiciaire

Synthèse visuelle du chapitre

PARTIE 2 : CAS DE SYNTHÈSE

LES PERSONNES ET LES BIENS

1 Situations pratiques ★★★

Rendez-vous MÉTHODE 3

Rémi Lecompte, 26 ans, est comptable dans une entreprise de menuiserie de Compiègne (Oise). Il désire désormais travailler à son compte. Fort de ses compétences, il pense qu'il saura gérer un fonds de commerce. Une de ses connaissances, Jean, est commerçant-photographe et envisage de céder sa boutique. Passionné de photographie, Rémi envisage d'acquérir, moyennant un emprunt, le commerce de Jean. Son amie, Julie, est secrétaire dans une entreprise de transport. Elle pense démissionner et rejoindre Rémi dans l'aventure. Elle dispose déjà de quelques économies et l'appartement dans lequel le couple s'apprête à s'installer lui appartient.

Travail à faire

1. *Selon vous, est-il utile que Rémi signe un contrat de mariage chez le notaire.*

Rémi et Julie se sont mariés et le projet de Rémi s'est concrétisé. Il a acheté le fonds de commerce de photographie et devient commerçant. Julie rejoint son mari pour l'aider dans le magasin lorsqu'il part en reportage. Elle prend également en charge des travaux de gestion du fonds de commerce.

Travail à faire

2. *Quel statut conseillez-vous à Julie ?*

Dominique, le frère de Julie âgé de 32 ans, est passionné de moto et de vitesse. Il a été victime d'un accident de la route. Son casque s'est descellé et il a eu de graves blessures à la tête avec des séquelles irréversibles. Il présente de longs moments d'absence et manque de discernement dans certaines situations. Le diagnostic des médecins est très mauvais, ils doutent qu'il puisse guérir.

Travail à faire

3. *Quelle est la protection juridique la plus appropriée au cas de Dominique ?*
4. *Quelles sont les démarches à entreprendre ?*

2 Question ★★★

Rendez-vous MÉTHODE 1

Vous développerez une réponse argumentée et structurée sur le thème suivant : *« La personne morale : définition et capacité. »*

3 Commentaire de document ★★★

Rendez-vous MÉTHODE 2

À l'aide de l'annexe, vous répondrez aux questions suivantes. Rédigez une introduction en situant la question dans le cours, développez vos connaissances de manière structurée. Veillez à soigner l'orthographe et la syntaxe.

Cas transversaux

Méthode et conseils

PROGRAMME

Axe 1. Droit des affaires

Les unités d'enseignement (UE) des « fondamentaux du droit » (UE 1), de « droit des sociétés et des groupements d'affaire » (UE 2), de « droit social » (UE 3) et de « droit fiscal » (UE 4) ont pour objet de fournir au titulaire du DCG une connaissance juridique du fonctionnement des organisations.

Ces unités d'enseignement devront, notamment, permettre le développement de compétences spécifiques :

- identifier et hiérarchiser les sources juridiques ;
- rechercher et analyser une documentation juridique fiable et actualisée ;
- analyser une décision de justice et en dégager la portée ;
- qualifier et analyser un contrat ou un document professionnel ;
- qualifier les faits, articuler un raisonnement juridique et proposer une solution adaptée, dans le cadre d'une situation juridique donnée.

UE 3. Droit social

Niveau L – 150 heures – 14 ECTS

- Nature : épreuve écrite portant sur l'étude d'une ou de plusieurs situations pratiques et/ou le commentaire d'un ou de plusieurs documents et/ou une ou plusieurs questions.
- Durée : 3 heures.
- Coefficient : 1.

1. Introduction au droit du travail (20 heures)

1.1. Évolutions et sources du droit du travail

Sens et portée de l'étude. Cette introduction a pour objet de :

- donner une approche du droit du travail ;
- définir les sources documentaires et préciser comment s'en servir ;
- distinguer les différentes normes qui fondent les droits et obligations des employeurs et des salariés ;
- comprendre la hiérarchie des normes ;
- appréhender les enjeux contemporains du droit du travail : flexisécurité, sécurisation des parcours professionnels notamment.

Compétences attendues	Savoirs associés
• Identifier les principales évolutions récentes du droit du travail et les illustrer. • Repérer les sources du droit applicables à la relation de travail. • Régler un conflit de normes en droit du travail. • Qualifier un contrat de travail. • Distinguer le contrat de travail d'autres situations de travail (bénévolat, entreprise individuelle, sous-traitance, etc.) et en tirer les conséquences juridiques. • Analyser l'interaction entre le droit du travail et l'évolution des contextes économiques.	• Repères historiques relatifs à la construction du droit du travail. • Définition du droit du travail : caractères du droit du travail : protection du salarié, dimension collective des relations de travail, conflits et évolutions en lien avec le contexte économique ; champ d'application. • Principes récents en droit du travail : égalité homme-femme, égalité de traitement, non-discrimination. • Sources spécifiques au droit du travail : sources internationales et sources européennes, sources nationales étatiques et professionnelles, jurisprudence, contrat de travail, usages et engagements unilatéraux de l'employeur. • Importance des sources professionnelles : place accordée à l'accord d'entreprise au sein du droit négocié. • Hiérarchie des normes et règles de résolution des conflits de normes.

1.2. Les contrôles de l'application du droit du travail et le contentieux de la relation de travail

Sens et portée de l'étude. Le contentieux de la relation de travail est éclaté entre de nombreuses juridictions. Le contentieux le plus fréquent relève du conseil de prud'hommes et porte sur la rupture du contrat de travail. Pour remédier à la longueur parfois excessive des procédures et à l'incertitude de leur issue, le législateur développe divers modes alternatifs de règlement des différends. Ce contentieux de masse illustre l'importance de connaître les mécanismes de contrôle de l'application des règles de droit par l'administration ainsi que les règles contentieuses fondamentales.

Compétences attendues	Savoirs associés
• Caractériser l'infraction de travail dissimulé et ses conséquences. • Identifier les missions et moyens d'action des agents de contrôle de l'inspection du travail et de la Direccte. • Déterminer la juridiction compétente à l'occasion d'un litige du travail. • Schématiser la procédure prud'homale. • Informer sur la nature et les caractéristiques des modes alternatifs de règlement des différends dans le cadre d'un litige individuel prud'homal.	• Présentation de l'inspection du travail et des directions régionales des entreprises, de la concurrence, de la consommation, du travail et de l'emploi (Direccte) • Les contrôles de l'application du droit du travail : le contrôle du travail dissimulé, les contrôles de l'inspection du travail. • Les contentieux de la relation de travail : le contentieux prud'homal, les modes alternatifs de règlement des différends (MARD) dans le cadre d'un litige prud'homal, le contentieux civil du travail, le contentieux pénal du travail, le contentieux administratif du travail.

2. Aspects individuels du droit du travail (70 heures)

2.1. La formation et l'exécution du contrat de travail

Sens et portée de l'étude. La relation de travail est une relation contractuelle qui doit suivre les règles du droit des obligations. Recruter, rédiger un contrat de travail, insérer des clauses particulières sont autant de techniques contractuelles où se manifeste la liberté des parties.

Compétences attendues	Savoirs associés
• Vérifier la légalité d'un recrutement. • Distinguer pourparlers, offre de contrat de travail et promesse unilatérale de contrat de travail. • Vérifier la formation du contrat de travail et les≈formalités liées à l'embauche. • Déterminer les principales obligations légales des parties à un contrat de travail. • Qualifier les clauses spécifiques d'un contrat de travail et en apprécier la validité. • Rédiger une clause du contrat de travail et en apprécier l'intérêt.	• Le recrutement : les acteurs, les restrictions à la liberté d'embauche, les modalités de recrutement. • La formation du contrat de travail : conclusion du contrat de travail ; conditions de fond (consentement, capacité, contenu licite et certain) ; conditions de forme. • Les formalités liées à l'embauche. • L'exécution du contrat : les obligations de l'employeur et du salarié. • Les clauses courantes inscrites dans un contrat de travail : période d'essai, non concurrence, dédit formation, mobilité, objectifs, exclusivité.

2.2. La diversité des contrats de travail

Sens et portée de l'étude. Il n'y a pas un contrat de travail mais différents types de contrats de travail. Si le contrat à durée indéterminée (CDI) reste le contrat de droit commun, l'embauche se formalise souvent par des contrats précaires. Certains types de contrats sont utilisés dans le cadre de la formation professionnelle en alternance, d'autres pour répondre aux besoins des entreprises. Le droit négocié joue un rôle croissant dans la définition des modalités de recours aux contrats à durée déterminée (CDD) ou aux contrats de travail temporaire (CTT).

Compétences attendues	Savoirs associés
• Justifier le choix d'un contrat de travail dans un contexte donné. • Vérifier la légalité du motif de recours au CDD ou au CTT. • Comparer le régime juridique du CDD et du CTT. • Identifier les spécificités du portage salarial, du contrat d'apprentissage et du contrat de professionnalisation. • Apprécier l'intérêt du recours au temps partiel pour l'employeur.	• Le contrat à durée indéterminée. • Le CDI de chantier ou d'opération. • Les contrats atypiques : CDD, CTT, portage salarial, contrat d'apprentissage, contrat de professionnalisation. • Le contrat à temps partiel.

2.3. L'évolution du contrat de travail

Sens et portée de l'étude. Le contrat de travail est un contrat à exécution successive dont le déroulement peut être affecté par des événements extérieurs. La stabilité de la relation de travail peut alors être mise en cause : pour protéger le salarié et tenir compte des besoins de l'entreprise, le droit a développé les régimes de la modification du contrat de travail, du transfert d'entreprise et de la suspension du contrat de travail.

Compétences attendues	Savoirs associés
• Identifier les cas de suspension du contrat de travail et en déduire les principaux effets. • Qualifier une modification du contrat de travail et une modification des conditions de travail ; en tirer les conséquences juridiques. • Repérer, dans une situation donnée, une modification de la situation juridique de l'employeur et en tirer les conséquences juridiques pour l'une ou l'autre des parties.	• La suspension du contrat : généralités (classification des causes de suspension, règles communes), étude des cas de suspension liés à un arrêt maladie dû à un risque professionnel, à un risque non professionnel, à une maternité. • La modification du contrat. • Le transfert d'entreprise et le maintien du contrat de travail.

2.4. Le temps de travail

Sens et portée de l'étude. Vie professionnelle et personnelle s'articulent autour de la réglementation du temps de travail. Alors que la baisse de la durée du travail n'est plus au cœur des réformes législatives, durée et aménagement du temps de travail sont devenus un des enjeux de la négociation collective.

Compétences attendues	Savoirs associés
• Qualifier le temps de travail effectif. • Préciser le cadre légal et conventionnel du recours aux heures supplémentaires et les obligations de l'employeur en termes de repos et de rémunération, dans une situation donnée. • Préciser les conditions et les effets du recours à l'aménagement du temps de travail, au travail de nuit et aux conventions de forfait. • Établir le cadre légal des droits à congés payés. • Identifier les dérogations au repos dominical et leur régime à partir d'une documentation. • Évaluer les marges de manœuvre de l'employeur pour faire varier le temps de travail d'un salarié.	• La durée du travail : durée légale ; régime juridique des heures supplémentaires ; aménagement du temps de travail ; travail de nuit ; principales caractéristiques des conventions de forfait ; obligations de l'employeur quant à la mesure de la charge de travail des salariés. • Les congés et repos : congés payés ; jours fériés, repos (quotidien, hebdomadaire et dominical) ; principaux types de dérogations au repos dominical.

2.5. La rémunération

Sens et portée de l'étude. La fixation du salaire, contrepartie du travail, ne résulte pas de la simple liberté contractuelle : des règles d'origine légale, conventionnelle ou jurisprudentielle encadrent la rémunération.

Compétences attendues	Savoirs associés
• Préciser les limites légales et conventionnelles encadrant la fixation de la rémunération. • Analyser un bulletin de salaire au regard des règles de droit étudiées.	• Les différents éléments du salaire. • Les modalités de détermination du salaire et de ses éléments accessoires et complémentaires. • Les mesures de protection du salaire à l'égard des créanciers de l'employeur et du salarié. • Le bulletin de salaire : mentions obligatoires et interdites, notion de salaire brut, salaire net et lien avec la protection sociale. • Les conditions de remise, conservation et force probante du bulletin de salaire.

2.6. La formation du salarié

Sens et portée de l'étude. La formation professionnelle tout au long de la vie vise à permettre à chaque personne, indépendamment de son statut, d'acquérir et d'actualiser des connaissances et des compétences favorisant son évolution professionnelle. Elle participe à la sécurisation des parcours professionnels et à la promotion des salariés. La mise en œuvre du compte personnel de formation doit favoriser l'accès à la formation professionnelle tout au long de la vie. S'il incombe à l'employeur d'assurer l'adaptation des salariés à leur poste de travail, le salarié peut prendre l'initiative d'une action de formation.

Compétences attendues	Savoirs associés
• Identifier les différentes contributions de l'employeur au financement de la formation. • Préciser les obligations de l'employeur en matière d'adaptation de ses salariés aux évolutions de l'emploi et leurs conséquences juridiques. • Repérer les différents types d'actions de formation inscrites dans un plan de formation et comprendre son intérêt pour l'employeur. • Vérifier les conditions de mobilisation du compte personnel de formation ou d'obtention d'un congé individuel de formation. • Établir le rôle des différents acteurs de la formation selon le dispositif de formation.	• Obligations de l'employeur : • financement de la formation par les cotisations patronales ; • adaptation des salariés aux évolutions de l'emploi ; • entretien biannuel ; • formation lors du licenciement. • Plan de formation : outil de l'employeur pour répondre à ses obligations et objectifs stratégiques de gestion des compétences. • Mobilisation du compte personnel de formation ou du congé individuel de formation et leurs conséquences juridiques. • Validation des acquis d'expérience. • Acteurs de la formation : financeurs, opérateurs.

2.7. Pouvoirs de l'employeur et libertés des salariés

Sens et portée de l'étude. Le pouvoir de l'employeur, inhérent à sa qualité de chef d'entreprise, réside dans son pouvoir normatif (élaboration de règles) mais également dans la possibilité d'infliger des sanctions disciplinaires. L'exercice des pouvoirs de l'employeur s'établit dans le respect des droits individuels et fondamentaux du salarié.

Le juge exerce un contrôle sur l'exercice du pouvoir de direction de l'employeur pour assurer le respect de ces droits et libertés. Il intervient également dans le cadre du contrôle de constitutionnalité et du contrôle judiciaire pour assurer le respect des droits de l'employeur à travers notamment la reconnaissance de la liberté d'entreprendre.

Compétences attendues	Savoirs associés
• Vérifier la validité du règlement intérieur. • Caractériser le degré de gravité d'une faute, déterminer les sanctions associées et la procédure disciplinaire adéquate. • Apprécier l'étendue du pouvoir de contrôle du juge sur la mise en œuvre du pouvoir de sanction de l'employeur. • Vérifier le respect par l'employeur des libertés individuelles et fondamentales du salarié dans l'exercice de ses pouvoirs. • Repérer un cas de discrimination dans le cadre de≈la relation de travail et en tirer les conséquences juridiques.	• Fondements du pouvoir de l'employeur. • Actes réglementaires de l'employeur. • Droit disciplinaire : fautes et sanctions disciplinaires ; garanties procédurales ; contrôle judiciaire. • Articulation entre le pouvoir de direction de l'employeur et les libertés fondamentales et individuelles du salarié. • Articulation entre le pouvoir de direction de l'employeur et le principe de non-discrimination.

2.8. Pouvoirs de l'employeur et protection de la santé des salariés

Sens et portée de l'étude. L'exécution du contrat de travail fait peser sur les salariés des risques professionnels susceptibles d'altérer leur santé ou de provoquer un accident. Il incombe à l'employeur de supprimer ou de réduire ces risques afin d'assurer la sécurité des salariés et de protéger leur santé physique et mentale. Pour ce faire, il doit prendre les mesures appropriées et les mettre en œuvre. Cependant, le salarié est aussi acteur de sa sécurité : il lui appartient de prendre soin de sa santé et de sa sécurité ainsi que de celles des autres personnes concernées par ses actes ou ses omissions au travail.

Compétences attendues	Savoirs associés
• Identifier les instances chargées de la protection de la santé du salarié, et exposer leurs attributions. • Vérifier la possibilité pour un salarié d'exercer son droit de retrait et/ou son droit d'alerte, dans une situation donnée. • Analyser l'étendue de l'obligation de sécurité de l'employeur et les sanctions.	• Obligations de l'employeur et sanctions : • obligation générale de sécurité (étendue et mise en œuvre) ; • prévention de la pénibilité ; • responsabilité pénale de l'employeur au titre du code du travail et du code pénal ; • délégation de pouvoirs ; • responsabilité civile. • Droits et obligations du salarié en matière de sécurité et de santé. • Acteurs de la santé au travail.

2.9. La rupture du contrat de travail

Sens et portée de l'étude. Le contrat de travail conclu sans détermination de durée peut être rompu à l'initiative de l'une ou l'autre des parties ou d'un commun accord. Les modes de rupture sont relativement diversifiés et obéissent à des règles propres. Le licenciement, notamment pour motif économique, pose la question de l'emploi : aussi, il fait l'objet d'une réglementation complexe et évolutive qui vise à la fois la protection de l'emploi et la recherche de l'efficacité économique.

Compétences attendues	Savoirs associés
• Analyser la validité d'un licenciement pour motif personnel. • Apprécier la possibilité pour l'employeur d'avoir recours au licenciement pour motif économique dans un contexte donné. • Exploiter une documentation juridique relative aux obligations de l'employeur dans le cadre d'un licenciement pour motif économique. • Décrire la procédure de validation du plan de sauvegarde de l'emploi (PSE) et ses conséquences. • Déterminer le mode de rupture adapté à une situation donnée. • Préciser les conséquences financières d'une rupture du contrat de travail dans une situation donnée.	• Le licenciement pour motif personnel : motifs et procédure. • Le licenciement pour motif économique : motifs, obligations de l'employeur, procédure de licenciement individuel, collectif de moins de 10 salariés, procédure de grand licenciement collectif. • Les autres modes de rupture du contrat de travail : la démission, la prise d'acte de la rupture, la rupture conventionnelle, la force majeure, la résiliation judiciaire, le départ et la mise à la retraite. • Les effets de la rupture du contrat de travail.

3. Aspects collectifs du droit du travail (40 heures)

3.1. La représentation collective

Sens et portée de l'étude. Le travail s'exerce dans une collectivité : au contrat se superposent des règles démocratiques inspirées de la représentation politique. Différentes institutions de représentation et des dispositifs d'information ont été progressivement introduits au sein de l'entreprise.

Compétences attendues	Savoirs associés
• Identifier les principales institutions représentatives du personnel et leurs principales attributions. • Repérer les situations où l'employeur est tenu de mettre en place une institution représentative du personnel. • Caractériser les syndicats représentatifs et les syndicats non représentatifs et distinguer leurs prérogatives. • Identifier les salariés protégés et les moyens de leur protection. • Caractériser le délit d'entrave et ses sanctions.	• Les institutions représentatives du personnel : mise en place, missions et moyens. • Le bilan social. • Les syndicats : la liberté syndicale ; le statut juridique des syndicats ; la représentation syndicale dans l'entreprise ; rôles de l'action syndicale. • La protection des institutions représentatives du personnel et des syndicats : les personnes protégées ; les moyens de la protection ; les délits d'entrave.

3.2. La négociation collective

Sens et portée de l'étude. Au fil des réformes, la place laissée à la négociation collective s'étend régulièrement. En particulier, le rôle des accords de branche et des accords d'entreprise a été significativement renforcé dans la définition des règles encadrant la relation de travail. Pour renforcer la légitimité des accords collectifs, le législateur a imposé la règle des accords majoritaires.

Compétences attendues	Savoirs associés
• Déterminer le champ d'application de l'accord ou de la convention ordinaire, élargi ou étendu. • Articuler les normes conventionnelles entre elles et par rapport à la loi. • Identifier les personnes habilitées à négocier des accords d'entreprise en l'absence de délégué syndical. • Vérifier les conditions de validité de l'accord ou de la convention aux différents niveaux de négociation. • Analyser la légalité et les effets d'une procédure de dénonciation d'un accord collectif.	• Le droit commun de la négociation et des conventions collectives : formation, révision, dénonciation, modalités d'application, extension et élargissement. • Le droit particulier de la négociation et des conventions collectives : accords nationaux interprofessionnels ; accords et conventions de branche ; accords d'entreprise.

3.3. L'association des salariés aux performances de l'entreprise

Sens et portée de l'étude. Différentes dispositions permettent d'associer, de façon facultative ou obligatoire, les salariés aux performances de l'entreprise.

Compétences attendues	Savoirs associés
• Distinguer participation et intéressement. • Repérer les situations où l'employeur est tenu de mettre en place la participation. • Distinguer PEE et PERCO.	• La participation des salariés aux résultats de l'entreprise. • L'intéressement. • Les plans d'épargne : PEE (plan d'épargne entreprise), PERCO (plan d'épargne pour la retraite collectif).

3.4. Les conflits collectifs

Sens et portée de l'étude. Le droit de grève est une liberté conquise par une longue lutte sociale. Délit pénal jusqu'à l'abolition du délit de coalition par la loi du 25 mai 1864, elle est devenue une liberté à valeur constitutionnelle dès lors qu'elle s'exerce dans le cadre des lois qui la règlementent.

Compétences attendues	Savoirs associés
• Différencier un mouvement illicite et une grève licite. • Identifier les effets de l'exercice normal du droit de grève. • Caractériser l'exercice anormal du droit de grève et en tirer les conséquences. • Identifier une situation contraignante pouvant fonder un lock-out et préciser son régime. • Caractériser conciliation, médiation et arbitrage.	• Les conflits non contentieux de la relation de travail : • la grève ; • le « lock-out » ; • les modes alternatifs de règlement des différends (MARD) dans le cadre d'un litige collectif : la conciliation, la médiation et l'arbitrage.

4. La protection sociale (20 heures)

4.1. Introduction au droit de la protection sociale

Sens et portée de l'étude. La protection sociale garantit les personnes contre les risques sociaux susceptibles de réduire ou de supprimer leurs revenus ou d'accroître leurs dépenses (vieillesse, maladie, invalidité, chômage…). Si la Sécurité sociale en est l'un des acteurs majeurs, d'autres organismes interviennent dans la prise en charge des risques sociaux.

Compétences attendues	Savoirs associés
• Repérer les grandes étapes et principes de la construction du droit de la protection sociale. • Schématiser l'organisation de la protection sociale : les grands acteurs de la protection sociale et les risques couverts. • Repérer les sources du droit de la protection sociale. • Identifier les différents régimes sociaux. • Identifier le régime auquel une personne est assujettie en fonction de sa situation.	• Les repères historiques quant à la construction du droit de la protection sociale. • Les grands principes de la protection sociale. • La présentation des sources spécifiques au droit de la protection sociale. • Les acteurs de la protection sociale. • Les différents régimes.

4.2. Contrôles et contentieux social

Sens et portée de l'étude. Toutes les personnes morales et physiques redevables de cotisations sociales ou dans l'obligation de remplir des déclarations sociales peuvent faire l'objet d'un contrôle de l'Urssaf.

Compétences attendues	Savoirs associés
• Cerner les missions et moyens d'action des inspecteurs du recouvrement. • Déterminer la juridiction compétente à l'occasion d'un litige relatif à la Sécurité sociale.	• Les contrôles de l'Urssaf. • Le contentieux de la Sécurité sociale.

4.3. Le régime général de la Sécurité sociale

Sens et portée de l'étude. Le régime général de la Sécurité sociale est organisé en branches autonomes assurant la couverture d'un ou plusieurs risques sociaux. Le régime général est le régime le plus important en nombre de personnes assujetties.

Compétences attendues	Savoirs associés
• Identifier les risques couverts et présenter leur régime respectif. • Distinguer la prise en charge d'un risque selon son origine professionnelle ou non. • Qualifier un accident du travail, un accident de trajet ou une maladie professionnelle. • Caractériser une faute inexcusable ou intentionnelle de l'employeur et son incidence pour l'employeur et sur le droit à réparation du salarié.	• La protection contre les aléas de la vie : assurances maladie, maternité, invalidité, décès. • La protection de la vieillesse : droits à pension de retraite et prestations. • La couverture des risques professionnels : accidents du travail et accidents de trajet, maladies professionnelles.

4.4. La protection en cas de chômage

Sens et portée de l'étude. L'assurance chômage est un système de protection sociale qui assure notamment aux salariés privés d'emploi un revenu de substitution. Au-delà de sa mission d'indemnisation, elle favorise l'accompagnement des chômeurs vers le retour à l'emploi. Pour prévenir les licenciements économiques en période de baisse d'activité, les employeurs peuvent recourir à l'activité partielle.

Compétences attendues	Savoirs associés
• Identifier les conditions d'indemnisation du chômage, les droits et obligations du demandeur d'emploi. • Apprécier la validité du motif et des modalités de recours à l'activité partielle.	• Chômage total. • Activité partielle.

4.5. La protection sociale complémentaire

Sens et portée de l'étude. Les régimes complémentaires assurent un complément aux versements de la Sécurité sociale. Certains sont obligatoires (régimes complémentaires de retraite des salariés du secteur privé) et d'autres facultatifs (mutuelles de santé, sociétés d'assurance, institutions de prévoyance). En raison de la conjoncture économique et sociale (vieillissement de la population, croissance ralentie, dette sociale), la protection sociale obligatoire ne suffit plus à garantir une couverture satisfaisante. Le rôle de la protection sociale complémentaire devient donc essentiel. Le mécanisme de la portabilité assure, quant à lui, après la rupture du contrat de travail, le maintien de la complémentaire santé ainsi que des garanties prévoyance.

Compétences attendues	Savoir associé
• Identifier les institutions et les opérations réalisées par les régimes complémentaires. • Déterminer si un régime de protection sociale complémentaire est obligatoire ou facultatif.	• Les régimes complémentaires : institutions et opérations.

4.6. Notions sur d'autres régimes

Sens et portée de l'étude. Il s'agit de préciser les modalités de couverture des risques sociaux des personnes qui ne relèvent pas du régime général ou des régimes spéciaux.

Compétences attendues	Savoir associé
• Identifier les personnes assujetties. • Identifier les organismes en charge de ce régime. • Caractériser le régime social de l'assujetti.	• Les assurances maladie, vieillesse et chômage des personnes assujetties.

AVANT-PROPOS

Rédigés par des enseignants des classes préparatoires à l'expertise comptable, membres des commissions d'examen, et 100 % conformes aux programmes, les manuels Dunod constituent une préparation complète aux examens de DCG et DSCG.

L'axe 1 « Droit des affaires » et l'évaluation par les compétences

Les unités d'enseignement (UE) des « fondamentaux du droit » (UE 1), de « droit des sociétés et des groupements d'affaire » (UE 2), de « droit social » (UE 3) et de « droit fiscal » (UE 4) ont pour objet de fournir au titulaire du DCG une connaissance juridique du fonctionnement des organisations. Elles forment **l'axe 1** des parcours de formation intitulé **« Droit des affaires »**.

Les unités sont déclinées en compétences. Ces compétences sont à la fois variées mais limitées par une liste donnée et clairement identifiée. Une compétence peut être définie comme la capacité à utiliser un savoir-faire dans une situation donnée pour produire un résultat requis. Elle s'acquiert dans une situation, d'où l'importance de la structuration et de l'entraînement à la pratique de la problématisation.

Une compétence présente un caractère disciplinaire ; elle vise à résoudre des problèmes liés à la discipline et repose nécessairement sur des connaissances inhérentes à cette même discipline. Mais, dans le même temps, une compétence s'appuie sur des savoir-faire généraux et transversaux (capacité à analyser, à rédiger de manière concise et précise, etc.).

La compétence induit donc un rapport au savoir, elle ne s'y oppose pas. Les savoirs sont les informations qu'il faut être en mesure de mobiliser à bon escient, avec pour finalité, l'élaboration d'un raisonnement structuré ou la résolution d'un problème lié à la pratique juridique.

Le concept de situation est donc central lorsque l'on évoque une compétence ; la mise en situation donne à l'étudiant l'occasion d'exercer la compétence visée. Une **situation** présente donc divers caractères, à la différence de la simple application de la règle :

- Elle mobilise un ensemble d'acquis et est orientée vers une tâche porteuse de sens.
- Elle fait référence à une catégorie de problèmes spécifiques à la discipline, elle est nouvelle.

Une compétence est évaluable. Elle peut se mesurer à la qualité de l'exécution de la tâche *et* à la qualité du résultat. Dès lors, une préparation efficace repose sur un équilibre judicieux entre l'acquisition de connaissances et un développement de compétences ciblées centré sur le réinvestissement en contexte. L'évaluation s'en trouve renouvelée ; elle met l'accent sur le cheminement intellectuel et l'esprit critique du candidat et promeut une nouvelle quête de sens.

Le parti pris de nos manuels

Le présent manuel vise à apporter l'**ensemble des savoirs disciplinaires associés à l'unité d'enseignement** « Droit social » à travers quatre parties, structurées en 21 chapitres, respectant scrupuleusement la progression logique du programme. Chaque chapitre propose une **synthèse synoptique** finale propice à la mémorisation.

La section « Des savoirs aux compétences » a été conçue comme une **passerelle** entre les deux éléments du programme :

- Dans un premier temps, le candidat est invité à s'autoévaluer à l'aide d'un quiz/QCM (réponses en fin d'ouvrage) et d'une application directe des connaissances (rubrique « Évaluer les savoirs »). En fonction de ses résultats, l'étudiant détermine les points du cours à revoir.
- Dans un second temps, l'étudiant est placé en contexte afin de tester les compétences requises et évaluées à l'examen (rubrique « Maîtriser les compétences ») : **toutes les compétences du programme font l'objet d'une mise en situation**. Les cas proposés sont progressifs (le niveau de difficulté est systématiquement indiqué). Les compétences les plus complexes sont traitées isolément.
- Enfin, une fois les compétences maîtrisées, l'étudiant est invité à se placer en condition d'examen (rubrique « Préparer l'épreuve »), au travers de **situations pratiques** et d'**études de documents** (décisions de justice et documentation professionnelle). Ces pages sont émaillées de conseils méthodologiques et de rappels théoriques.

Chaque partie du programme est ponctuée d'un **cas de synthèse transversal** testant les principaux savoirs et compétences de la partie. L'ouvrage s'achève par **un sujet type d'examen intégralement corrigé**.

Un aller-retour constant entre savoirs et compétences

Deux parcours de préparation sont possibles grâce à ce manuel :

- Des savoirs disciplinaires étudiés aux compétences à mettre en œuvre en situation.
- L'acquisition de la compétence par la confrontation des situations aux savoirs.

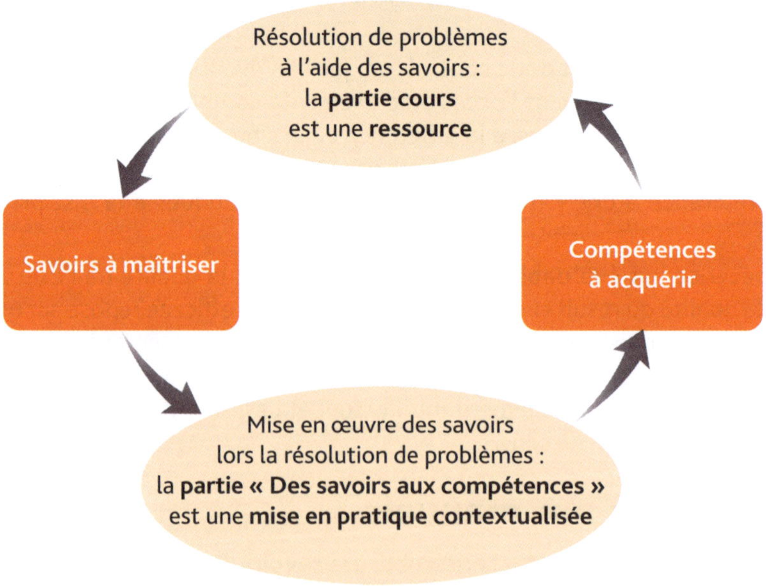

Rendez-vous

MÉTHODE 1

Répondre à une question ou élaborer une note

En amont : comment apprendre efficacement

- **Une attitude positive.** Avoir confiance en soi, prendre plaisir à apprendre, comprendre, fournir un effort régulier et être persévérant sont des conditions *sine qua non*.
- **La méthode des strates.** Les connaissances ne se superposent pas comme les pages d'une encyclopédie, sans lien actif les unes avec les autres. Pour mémoriser un chapitre, il faut d'abord disposer d'une vision globale de ce que l'on étudie. Puis, il importe de revenir sur les points essentiels, avant de s'intéresser aux points secondaires. Deux étapes sont nécessaires pour assimiler un cours :
  - d'abord, le comprendre par la lecture complète dans le détail ;
  - ensuite, l'apprendre, le relire en s'attachant à l'essentiel, à sa structure et au lien entre les éléments. Il convient d'appliquer une méthode en entonnoir, en allant du plus important au moins important, sans se contenter d'à-peu-près.

Apprendre à apprendre : https://goo.gl/jo2ZF8

Exemple

Strate 1 : le plan détaillé ; strate 2 : les définitions, les paragraphes ; strate 3 : les exemples, les approfondissements et ressources, les applications et cas.

- **Le *feed-back*.** Multiplier les occasions de réaliser des *feed-back* écrits, oraux ou mentaux permettant de contrôler si ce que l'on vient d'étudier est bien assimilé, d'en dégager l'essentiel sous une forme structurée (arborescence, carte mentale) et d'entraîner sa mémoire pour être capable de mobiliser les données en temps utile.
- **La maîtrise du temps.** Se concentrer et se focaliser sur un thème.

Comprendre sa mémoire : https://goo.gl/YRUYCf

Comment répondre à une question

Lire la question et repérer les mots-clés (verbes, notions juridiques)

Définir les termes du sujet.

Identifier les contours du sujet. Cette opération permet de déterminer les éléments attendus du sujet et ceux qui en sont exclus.

Mettre les idées en ordre. Une introduction définit les termes du sujet et annonce le plan. Un développement est structuré en paragraphes traitant, chacun, une seule idée.

Rédiger. Il est impératif de respecter les règles d'orthographe et de syntaxe. Les phrases sont courtes et précises. Le vocabulaire est choisi : chaque mot doit être pesé. La structure attendue est classique : une introduction suivie du développement annoncé. Une conclusion n'est pas nécessaire s'il s'agit d'exposer des règles.
Relire. Chassez les fautes d'orthographe et de syntaxe en consacrant 5 à 10 minutes à une relecture finale minutieuse. Une rédaction confuse et imprécise est pénalisante.

Rendez-vous

MÉTHODE 2

Analyser une décision de justice et en dégager la portée : l'exemple d'un arrêt de la Cour de cassation

Objectif

L'analyse d'une décision de justice consiste à dégager les **règles de droit** utilisées par le juge pour résoudre un **litige**. La décision à étudier émane, le plus souvent, de la Cour de cassation.

Méthode

L'analyse d'une décision de justice comporte **cinq étapes** :

- **Rechercher les parties au procès.** Il s'agit d'identifier le demandeur, le défendeur et la juridiction.
- **Exposer sommairement et chronologiquement les faits.** Il s'agit de dégager ce qui s'est passé et ce qui a conduit les parties devant les tribunaux (possibilité de schématisation).
- **Présenter le déroulement de la procédure antérieure.** Les précédentes décisions doivent être rappelées de façon chronologique, en relevant, pour chacune, la date et le dispositif (sens de la décision).
- **Identifier le ou les problèmes de droit soulevés.**
- **Analyser la décision**. Il s'agit de rechercher, compte tenu des prétentions des parties, les arguments (*motifs*) et la solution (*dispositif*) retenus par la juridiction pour trancher le litige.

Portée d'une décision

Il s'agit d'apprécier, au regard du droit positif, l'**impact** de la décision et de la critiquer. Le plus souvent, un questionnement guide cette étape.

La **compréhension** d'une décision de la Cour de cassation passe par l'identification du raisonnement, en l'imaginant comme le résultat d'un **dialogue** :

- si la Cour casse une décision, elle indique aux juges du fond qu'ils ont mal appliqué le droit ;
- si la Cour rejette un pourvoi, elle estime que les arguments du demandeur ne permettent pas de remettre en cause le raisonnement juridique appliqué par les juges du fond.

La première chose à faire, quand on analyse une décision de justice, est donc de **lire la décision** rendue (rejet ou cassation).

Structure des arrêts de la Cour de cassation antérieurs à octobre 2019

Les arrêts de la Cour de cassation partageaient, jusqu'à la fin de la décennie 2010, une structure commune :

Arrêt de cassation		Arrêt de rejet	
Arrêt n° X du Y… N	Indication de la juridiction qui a rendu la décision	Arrêt n° X du Y… N	Indication de la juridiction qui a rendu la décision
Sur le moyen unique… Mais sur le moyen…	Arguments du pourvoi	Sur le moyen unique… Mais sur le moyen…	Arguments du pourvoi
La Cour ; Vu l'article… de la loi…	Visa (texte de loi appliqué)	La Cour ; Attendu que, selon l'arrêt attaqué…	Faits, procédure, dispositif et motifs de l'arrêt d'appel attaqué
Attendu que, selon l'arrêt attaqué…	Faits (tels que dans la décision de la cour d'appel)	Alors que…	Arguments du demandeur
Attendu que • pour accueillir la demande… • pour débouter…	Décision antérieure		
Qu'en statuant ainsi/faisant ainsi application, alors que… la Cour d'appel a violé le texte susvisé. Par ces motifs : • casse et annule…, • renvoie…	Motifs, raisonnement et décision de la Cour de cassation qui casse et annule ou renvoie vers une juridiction de même degré que la juridiction d'origine	Mais attendu que… Par ces motifs : • rejette le pourvoi formé contre l'arrêt de la cour d'appel	Motifs, raisonnement de la Cour de cassation

La Cour de cassation a adopté, depuis octobre 2019, de nouvelles normes de rédaction de toutes ses décisions. Le style est direct, sans « attendu » ni phrase unique. Les paragraphes sont numérotés. Les grandes parties composites de l'arrêt sont clairement identifiées :

- Faits et procédure.
- Examen du ou des moyens.
- Dispositif.

Présentation des arrêts de la Cour de cassation postérieurs à octobre 2019

Aux quatre parties initialement envisagées aux termes de la note (relative à la structure des arrêts et avis à leur motivation en forme développée) [I. Faits et procédure. II. Moyens du pourvoi. III. Motifs de l'arrêt. IV Dispositif], doit être préféré un plan en trois parties par contraction des parties II et III.

La première partie (« Faits et procédures ») devra être unique pour l'ensemble de l'arrêt quel que soit le nombre de moyens examinés.

Les titres des parties ne seront pas numérotés. On fera apparaître les divisions de l'arrêt par un graphisme différencié de chaque niveau de titre. En général, l'arrêt n'en comptera pas plus de trois. On distinguera par le titre l'« Énoncé »[Exposé] du moyen », de la « Réponse de la Cour ». Les titres de ces subdivisions seront soulignés pour une meilleure visibilité. Pour plus de clarté, on désignera par l'expression « Énoncé du moyen » un moyen repris en substance et par celle de « Énoncé du moyen » un moyen reproduit *in extenso* ou par extraits.

Le dispositif de l'arrêt sera annoncé par la formule « PAR CES MOTIFS, la Cour… » suivi, à la ligne, de l'énoncé de chaque chef de décision suivant les normes de saisie en vigueur.

L'arrêt est ainsi séquencé (afin qu'il soit suffisamment illustratif, le premier exemple choisi a trait à une situation procédurale ramifiée) :

- Faits et procédure
- Examen des moyens
  - Sur le premier moyen du pourvoi principal
    Énoncé [Exposé] du moyen
    Réponse de la Cour
  - Sur le deuxième moyen du pourvoi principal
    Énoncé [Exposé] du moyen
    Réponse de la Cour
  - Sur le moyen unique du pourvoi incident
    Énoncé [Exposé] du moyen
    Réponse de la Cour : PAR CES MOTIFS, la Cour…

En cas de moyen unique, la structure ci-dessus demeurera inchangée :

- Faits et procédure
- Examen du moyen
  Énoncé [Exposé] du moyen
  Réponse de la Cour : PAR CES MOTIFS, la Cour…

Décisions de justice et questions à l'examen

Deux possibilités peuvent de présenter lors de l'épreuve de droit :

- Soit la décision de justice figure dans le dossier documentaire. La question porte alors sur l'analyse de cette décision, et donc sur sa portée.
- Soit la décision est une ressource présentant une situation juridique proche de celle de l'examen. La réponse donnée par le juge constitue alors une règle jurisprudentielle à intégrer dans la résolution du cas d'examen.

Rendez-vous

MÉTHODE 3

Résoudre une situation pratique

Une situation pratique est fondée sur des faits concrets, soulevant un problème de droit qu'il faut résoudre à l'aide d'un **raisonnement juridique** qui repose sur un **syllogisme** :

- une majeure, l'énoncé de la règle de droit ;
- une mineure, l'application de la règle aux faits ;
- une conclusion, la solution juridique qui en découle.

Travail préparatoire

Comprendre la situation : identifier les faits utiles à la compréhension de la situation. Il peut être nécessaire de noter la chronologie des faits, d'identifier les personnes concernées en précisant leur statut et de schématiser leurs relations.

Exemple

▸ Lucie Damar confie à Albert Lebel des travaux dans son salon de coiffure à exécuter du 1er au 7 octobre, le salon étant fermé. Albert interrompt les travaux sans raison le 3 octobre et les reprend du 27 au 31 octobre. Le salon ayant été fermé plus longtemps que prévu, Lucie a enregistré une baisse sensible de son chiffre d'affaires. *Quel recours Lucie peut-elle exercer contre Albert ?* ◂

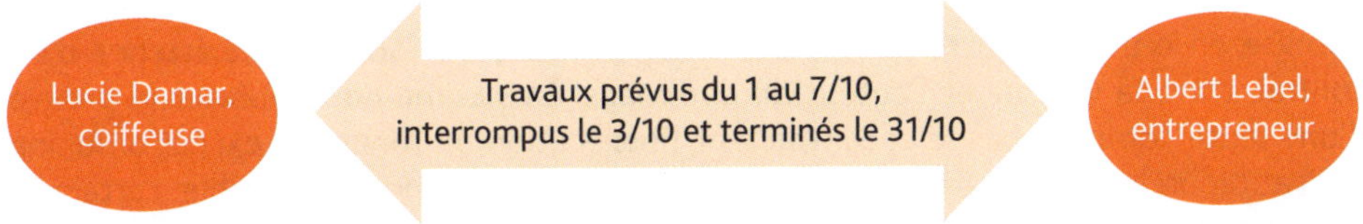

Qualifier les faits et soulever le problème juridique : traduire la situation en termes juridiques pour la relier à une catégorie de droit. La qualification permet d'identifier le problème juridique (question de droit soulevée). Il s'agit d'une question générale, qui ne se limite pas au cas exposé.

Exemple

▸ Un contrat lie Lucie Damar et Albert Lebel, des professionnels. La mauvaise exécution de l'obligation contractuelle d'Albert d'effectuer des travaux du 1er au 7 octobre se traduit par un préjudice pour Lucie, une perte de CA. *Quelles sont les conditions de la responsabilité civile contractuelle ?* ◂

Rechercher les règles applicables : mobiliser les connaissances liées à la situation qui permettront de répondre à la question posée. Toutes les règles pertinentes devront être évoquées ; les termes juridiques, définis.

Exemple

▸ La mise en œuvre de la responsabilité civile contractuelle implique la preuve d'une faute contractuelle (inexécution ou mauvaise exécution d'une obligation prévue au contrat), d'un préjudice (prévisible, certain, licite) et d'un lien de causalité entre ces deux éléments. ◂

Appliquer les règles et formuler la solution : démontrer l'application de chaque règle juridique à la situation. L'argumentation doit être précise et détaillée. Il convient de vérifier chaque condition. La **solution** découle de l'**argumentation** développée.

Exemple

Le contrat entre Lucie Damar et Albert Lebel oblige Albert à effectuer des travaux du 1er au 7 octobre dans le salon de coiffure de Lucie. Les travaux sont interrompus et le chantier terminé hors délai (faute contractuelle), d'où un préjudice (perte de CA) en raison du report des travaux (lien de causalité). *Solution : possibilité pour Lucie d'engager la responsabilité civile contractuelle d'Albert.*

Rédaction de la réponse

Si le rappel des faits n'est pas exigé dans la réponse, leur étude et leur qualification préparatoires sont indispensables.

En l'absence de précision dans le sujet, la méthode de résolution de cas exposé ci-avant doit être appliquée à l'examen.

La rédaction doit être structurée et contenir les éléments suivants :

- présentation des **règles juridiques** permettant de répondre au problème soulevé ;
- **solution proposée**, s'appuyant sur une argumentation détaillée ;
- conclusion par une **réponse directe** à la question posée dans l'énoncé.

La réponse doit être **entièrement rédigée**. L'expression doit être claire et soignée.

Exemple

La mise en œuvre de la responsabilité civile contractuelle suppose l'existence d'un contrat entre la victime et l'auteur du dommage. La victime doit apporter la preuve d'une faute commise par le cocontractant (inexécution ou mauvaise exécution d'une obligation prévue au contrat) et établir l'existence d'un préjudice prévisible, certain et licite. Enfin, le préjudice doit résulter directement de l'inexécution de l'obligation.

En l'espèce, Lucie Damar et Albert Lebel ont conclu un contrat prévoyant l'exécution par Albert de travaux dans un délai précis. L'interruption et le report des travaux sans raison constituent une faute. Lucie a subi un préjudice correspondant à la perte de CA, causé par l'interruption des travaux. Elle peut donc agir en responsabilité civile contractuelle contre Albert afin d'obtenir réparation de ce préjudice.

Rendez-vous

MÉTHODE 4

Qualifier et analyser un contrat ou un document professionnel

Qualifier et analyser un contrat

L'**analyse d'un contrat** permet de cerner la teneur des **engagements** des parties qui l'ont souscrit mais aussi de résoudre les problèmes relatifs aux **litiges** qui peuvent survenir à propos de sa formation ou de son exécution.

La démarche comporte **plusieurs étapes** :

- **Lire attentivement le contrat**. Identifier les mots-clés des extraits du contrat présenté pour parvenir à déterminer sa nature exacte.

- **Analyser le contrat** :
  - **qualifier** juridiquement le contrat, c'est-à-dire nommer précisément le contrat (contrat de vente, de location, de travail, etc.) ;
  - en **définir** l'objet (vente d'un bien meuble ou immeuble, contrat de travail ou contrat de sous-traitance, etc.) ;
  - **identifier** les parties au contrat et leur qualité respective (dans la vente, qui est le vendeur, qui est l'acquéreur…) ;
  - **apprécier** ses conditions de validité : le contrat est-il valable ? Réunit-il les conditions requises (consentement des parties concernées, capacité juridique et contenu licite et certain du contrat proposé) ?
  - **situer** le contrat dans l'espace et le temps : préciser la date et le lieu de signature (pour déterminer les règles juridiques applicables au moment de sa conclusion) ;
  - **caractériser** le contrat : est-ce un contrat synallagmatique ou unilatéral ? instantané ou à exécution successive ? consensuel ou solennel ?
  - **expliquer** les obligations des parties au regard des différentes clauses que le contrat contient et vérifier les conditions de validité des clauses prévues (ex. : la clause de non concurrence pour le contrat de travail) ;
  - **dégager** les effets du contrat sur chacune des parties : quelles sont les conséquences en cas d'inexécution ou de mauvaise exécution du contrat ? Le contrat peut-il être reconduit et à quelles conditions ? Etc.
  - **préciser** les signataires du contrat et, en cas de formalités légales imposées, vérifier les conditions de forme qui seraient applicables (ex. : un acte établi sous signatures privées impose que chaque contractant reçoive un exemplaire du contrat).

- **Rédiger la ou les réponse(s) aux différentes questions posées** :
  - **mobiliser** les règles de droit connues et faire le lien avec les questions posées ;
  - **appliquer** les règles au contrat présenté, en tenant compte des spécificités de la situation juridique envisagée.

Qualifier et analyser un document professionnel

Des documents professionnels variés peuvent être soumis aux candidats (charte, règlement, conditions générales de ventes – CGV, compromis…). Dans tous les cas, il convient de :

- Bien **lire** le document et les questions posées en sélectionnant les **mots-clés**.
- **Identifier** la nature et les sources du document étudié pour le **qualifier** précisément (ex. : règlement intérieur d'entreprise, statuts de société, CGV, loi, article…).
- **Situer** le document dans le temps : date du support, actualisation à opérer (référence à des articles de codes)… pour apprécier l'application de la règle de droit à une situation donnée.
- **S'interroger** sur les idées véhiculées, les informations à commenter, la validité des clauses présentées. L'intérêt est de confronter l'ensemble aux textes légaux et à la jurisprudence.
- **Synthétise**r les idées et **structurer** l'argumentation pour répondre aux questions.

TABLE DES SIGLES ET ABRÉVIATIONS

Acoss : Agence centrale des organismes de sécurité sociale
ANI : accord national interprofessionnel
ARE : allocation de retour à l'emploi
BDES : base de données économiques et sociales
Carsat : Caisse d'assurance retraite et de la santé au travail
C2P : compte professionnel de prévention
CAHT : chiffre d'affaires hors taxes
CDC : Caisse des dépôts et consignations
CDD : contrat à durée déterminée
CDI : contrat à durée indéterminée
CEP : conseil en évolution professionnelle
CFA : centre de formation des apprentis
Cnaf : Caisse nationale d'assurance familiale
CAF : caisse d'allocations familiales
Cnav : Caisse nationale d'assurance vieillesse
Cnam-TS : Caisse nationale d'assurance maladie des travailleurs salariés
COR : contrepartie obligatoire en repos
CPAM : caisse primaire d'assurance maladie
CP : congés payés
CPF : compte personnel de formation
CPIR : Commission paritaire interprofessionnelle
CPNE : Commission paritaire nationale de l'emploi
CPP : convention de procédure participative
CPSTI : Conseil de la protection sociale des travailleurs indépendants
CRDS : contribution au remboursement de la dette sociale
CSE : comité social et économique
CSG : contribution sociale généralisée
CSP : contrat de sécurisation professionnelle
CSSCT : Commission santé, sécurité et conditions de travail
CTP : congé de transition professionnelle
CTT : contrat de travail temporaire
Dares : Direction de l'animation, de la recherche, des études et des statistiques
Drees : Direction de la recherche, des études, de l'évaluation et des statistiques
Dreets : Direction régionale de l'économie, de l'emploi, du travail et des solidarités
DUERP : document unique d'évaluation des risques professionnels
EPS : entreprise de portage salarial
ETP : équivalent temps plein
GPEC : gestion prévisionnelle des emplois et des compétences
IJSS : indemnités journalières de sécurité sociale
IRP : instances représentatives du personnel
ITT : incapacité temporaire de travail
LFSS : loi de financement de la Sécurité sociale
LRAR : lettre recommandée avec avis de réception

MARD : modes alternatifs de règlement des différends
MSA : mutualité sociale agricole
Opco : opérateur de compétences
ORE : offre raisonnable d'emploi
PDC : plan de développement des compétences
PEE : plan d'épargne entreprise
PEI : plan d'épargne interentreprises
PERE : plan d'épargne retraite d'entreprise
PME : petites et moyennes entreprises
PPAE : projet personnalisé d'accès à l'emploi
PSE : plan de sauvegarde de l'emploi
PSS : plafond de sécurité sociale
PUMa : protection universelle maladie
PV : procès-verbal
RAA : revenus d'activité antérieurs
RCR : repos compensateur de remplacement
RNCP : répertoire national des certifications professionnelles
RSA : revenu de solidarité active
RSP : réserve spéciale de participation
RTT : réduction du temps de travail
RUP : registre unique du personnel
SJMR : salaire journalier moyen de référence
SMR : salaire moyen de référence
TJ : tribunal judiciaire
TPE : très petites entreprises
Unédic : Union nationale pour l'emploi dans l'industrie et le commerce
Ursaaf : Union de recouvrement des cotisations de sécurité social et d'allocations familiales
VAE : validation des acquis de l'expérience
VPI : visite de prévention et d'information

CHAPITRE 1 Les évolutions et sources du droit du travail

PROGRAMME

Compétences attendues

- **Identifier** les principales évolutions récentes du droit du travail et les illustrer
- **Repérer** les sources du droit applicables à la relation de travail
- **Régler** un conflit de normes en droit du travail
- **Qualifier** un contrat de travail
- **Distinguer** le contrat de travail d'autres situations de travail (bénévolat, entreprise individuelle, sous-traitance, etc.) et en tirer les conséquences juridiques
- **Analyser** l'interaction entre le droit du travail et l'évolution des contextes économiques

Savoirs associés

- Repères historiques relatifs à la construction du droit du travail
- Définition du droit du travail
- Principes récents en droit du travail : égalité homme-femme, égalité de traitement, non-discrimination
- Sources spécifiques au droit du travail
- Importance des sources professionnelles : place accordée à l'accord d'entreprise au sein du droit négocié
- Hiérarchie des normes et règles de résolution des conflits de normes

PLAN DU CHAPITRE

Le droit du travail régit les rapports de travail subordonnés dans lesquels une personne, le salarié, est aux ordres d'une autre, l'employeur. Il a essentiellement pour but de protéger le salarié. Il interagit également avec les politiques publiques et les évolutions économiques et sociétales, comme en témoigne la prépondérance des normes internationales et constitutionnelles. Outre les sources nationales traditionnelles (loi, règlement, ordonnance), une place croissante est accordée aux sources conventionnelles.

MOTS-CLÉS

Accord collectif • Contrat de travail • Convention • Discrimination • Égalité professionnelle • Employeur • Jurisprudence • Loi • Principe de faveur • Salarié • Subordination

1 Repères historiques et construction du droit du travail

A) Bref historique

Déterminer la naissance du droit du travail est complexe. Ses évolutions sont souvent perçues comme un renforcement permanent de la protection des travailleurs. Branche en perpétuelle évolution, le droit du travail a connu des périodes normatives marquantes (fig. 1.1).

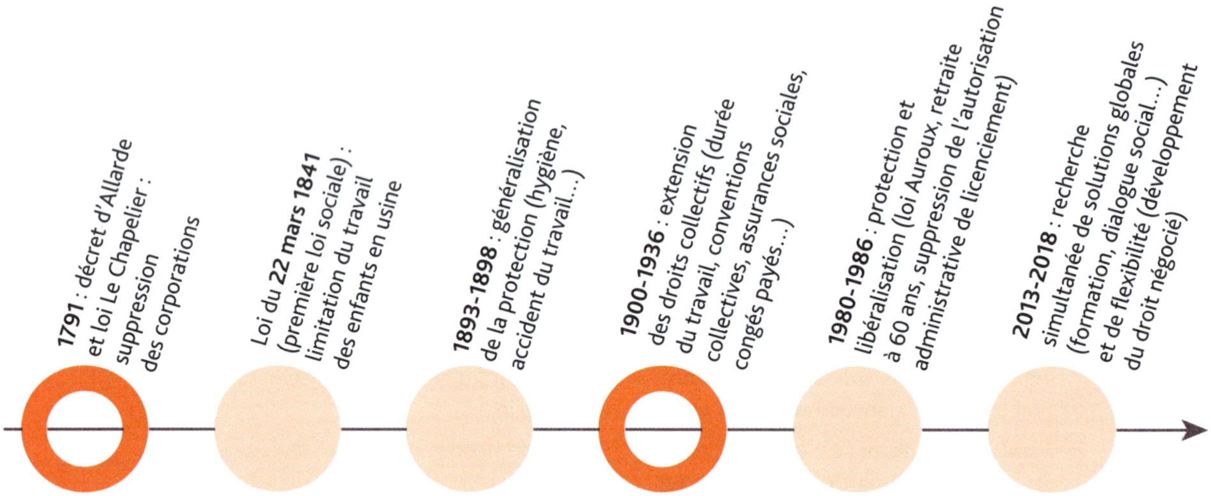

Figure 1.1. **Grandes étapes de construction du droit du travail**

Période 2018-2022

Sous l'effet à la fois du pouvoir législatif et du pouvoir exécutif, des changements nombreux sont intervenus. Trois principales thématiques ont émergé : la place du CSE, la décentralisation de la négociation collective au niveau de l'entreprise et l'assouplissement de certaines règles de licenciement. De nouveaux cadres ont été fixés pour suivre les évolutions tel que le télétravail. La crise sanitaire a amené à créer des dispositifs spécifiques dont certains sont prolongés en 2023.

B) Qu'est-ce que le droit du travail ?

1. Champ d'application

Le droit du travail est un ensemble de règles qui organisent les relations entre **employeurs** et **salariés**. Le domaine du droit du travail est celui du travail juridiquement subordonné (↪ **chapitre 3**).

Le droit du travail s'applique à la relation salariale (tab. 1.1). Il ne s'applique pas aux professions indépendantes (commerçant, artisan, agriculteur, professionnel libéral) ni aux fonctionnaires des trois fonctions publiques (État, collectivités territoriales et hôpitaux). Les activités bénévoles en sont également exclues. Le contrat d'entreprise ne relève pas du droit du travail du fait de l'absence de lien de **subordination** juridique (ex. : contrat de sous-traitance).

Tableau 1.1. Les professionnels soumis au droit du travail

Les salariés des entreprises privées	Ces entreprises privées ont divers statuts : entreprises individuelles, sociétés, associations…
Certains salariés du secteur public	• Les contractuels des entreprises du secteur public • Les salariés des établissements publics industriels et commerciaux, EPIC (ex. : RATP, SNCF) dans la limite des règles prévues par leur statut.
Certains salariés indépendants	Chauffeurs routiers, gérants….

CHIFFRE-CLÉ

Les salariés du privé représentent en France **19,8** millions de personnes (INSEE, 2021).

2. Caractères du droit du travail

Le droit du travail reconnaît et conforte le pouvoir de l'**employeur**, mais limite ce dernier en garantissant les droits des **salariés**. Il présente divers caractères (fig. 1.2).

La protection des **intérêts du salarié** + Une **dimension collective** des relations de travail + La recherche de la satisfaction d'**intérêts divergents**

Figure 1.2. Caractères cumulatifs du droit du travail

Protection du salarié. Le droit du travail a pour objectif de protéger le salarié. Il s'agit de limiter les effets de la subordination (ex. : respect des libertés du salarié) et d'encadrer sa dépendance économique (ex. : fixation d'un salaire minimum).

Dimension collective des relations de travail. Le droit du travail est un droit collectif. Il permet d'organiser les relations dans l'entreprise et sur le marché de l'emploi. Il encadre les actions collectives et la résolution des éventuels conflits. Divers acteurs et institutions interviennent et contribuent à l'instauration d'un dialogue social (négociation collective, droit syndical, CSE).

Un droit au cœur des conflits. Il existe au cœur de la relation de travail un conflit d'intérêts. Les parties au contrat ont des intérêts divergents. Le droit du travail cherchera à satisfaire ces intérêts.

CHIFFRE-CLÉ

En équivalent temps plein, les femmes gagnent **15,8 %** de moins que les hommes. En 2022, à partir du vendredi 4 novembre, les femmes ont travaillé gratuitement le reste de l'année.

(La finance pour tous, novembre 2022)

Exemple

La réglementation du contrat à durée déterminée (CDD) fixe les cas de recours autorisés (ex. : remplacement, surcroît d'activité). Aussi protège-t-elle le salarié contre une forme de précarité, tout en permettant à l'employeur d'être flexible dans un cadre sécurisé.

Le droit du travail met à disposition des acteurs des procédures de règlement des conflits : la conciliation, la médiation, la convention de procédure participative et le recours judiciaire devant le conseil de prud'hommes, une juridiction paritaire (↪ chapitre 2).

Un droit qui évolue en lien avec le contexte économique. Le droit du travail est aussi compris comme une technique de gestion de l'entreprise à laquelle il fournit des outils juridiques pour s'adapter à son environnement (ex. : le contrat de chantier, les accords de performance collective). L'évolution du contexte économique et des pratiques managériales interrogent les règles du droit du travail. Ainsi, les frontières du salariat sont régulièrement débattues face au développement des activités sous statut de micro-entrepreneur (ubérisation de la société du travail) et questionnent le lien de subordination. De même, les objectifs professionnels – parfois inatteignables –, frôlent parfois le harcèlement.

→ APPLICATION 2 • CAS 4 • SITUATION PRATIQUE 8

2 Principes récents

A) Égalité hommes-femmes

1. Le droit européen

Le droit européen a posé les bases de l'égalité entre les hommes et les femmes. Ce principe a été inclus par le traité de Lisbonne (2009) dans les valeurs et objectifs de l'Union.

2. Le Code du travail

Le Code pose le principe de base de l'**égalité professionnelle** entre les sexes à tous les niveaux d'exécution du contrat de travail.

3. La négociation collective

La négociation est obligatoire en matière d'égalité professionnelle hommes-femmes :

- Au niveau de la branche, une négociation doit avoir lieu tous les quatre ans sur les disparités salariales et les mesures propres à y remédier, et tous les cinq ans sur les classifications avec objectif d'égalité professionnelle et de mixité des emplois.
- Au niveau de l'entreprise, l'employeur doit organiser une négociation au moins tous les quatre ans sur l'égalité professionnelle ou négocier un accord de méthode. Si la négociation n'aboutit pas, des dispositions supplétives s'appliquent, imposant une négociation annuelle. Si cette nouvelle négociation n'aboutit pas non plus, les entreprises d'au moins 50 salariés doivent organiser un plan d'action. Ces dispositions sont assorties de sanctions financières.

FOCUS — **La loi du 16 décembre 2021 visant à accélérer l'obligation d'égalité économique et professionnelle**

Les entreprises sont tenues de publier l'index égalité et l'ensemble des indicateurs relatifs aux écarts de rémunération entre les femmes et les hommes et aux actions mises en œuvre pour les supprimer.

L'index publié au plus tard au 1er mars est calculé à partir des indicateurs suivants :

- l'écart de rémunération femmes-hommes ;
- l'écart de répartition des augmentations individuelles ;
- l'écart de répartition des promotions (uniquement dans les entreprises de plus de 250 salariés) ;
- le nombre de salariées augmentées à leur retour de congé de maternité ;
- la parité parmi les 10 plus hautes rémunérations.

Les résultats doivent être publiés de manière visible et lisible sur le site Internet de l'entreprise lorsque celui-ci existe. À défaut de site Internet, les résultats doivent être portés à la connaissance des salariés par tout moyen. Leur publication sur le site du ministère en charge du Travail est prévue. Le non-respect de ces obligations est susceptible d'entraîner des conséquences pécuniaires significatives. La loi instaure des quotas de 40 % aux postes dirigeants des entreprises de plus de 1 000 salariés d'ici 2030 afin d'assurer une répartition équilibrée de chaque sexe parmi les cadres dirigeants et les membres des instances dirigeantes.

B) Égalité de traitement

En application du principe constitutionnel d'égalité, l'égalité de traitement entre les salariés s'applique en droit du travail. L'employeur doit respecter ce principe dans ses décisions, notamment en matière de rémunération. Les partenaires sociaux sont également tenus de respecter ce principe lorsque des dispositions de **conventions** ou d'**accords collectifs** sont attribuées à certaines catégories de salariés. Ces dispositions doivent être justifiées.

C) Non-discrimination

Définition

Une **discrimination** est le fait de traiter sans justification une personne de manière moins favorable qu'une autre placée dans une situation comparable.

CHIFFRES-CLÉS

En 2019-2020, **19 %** des 18-49 ans déclarent avoir subi des « traitements inégalitaires ou des discriminations » contre 14 % en 2008-2009. Le motif sexiste en est devenu la cause principale dépassant l'origine, la nationalité ou la couleur de peau. (INSEE, juillet 2022)

La discrimination peut prendre différentes formes (tab. 1.2). Le Code du travail dresse une liste exhaustive de vingt-quatre critères de discrimination (ex. : l'origine, l'âge, la grossesse… le dernier critère étant la domiciliation bancaire).

Tableau 1.2 Formes de discrimination au travail

Discrimination directe	Une personne est traitée de manière moins favorable qu'une autre dans une situation comparable.
Discrimination indirecte	• Une disposition ou une pratique de l'entreprise, neutre en apparence, entraîne un désavantage particulier pour des personnes (ex. : un système de promotion). • L'employeur devra prouver que cet avantage accordé à certaines personnes est justifié par un but légitime et que les moyens pour réaliser ce but sont nécessaires et appropriés.
Discrimination par harcèlement	Un harcèlement constitue une discrimination quand il est pratiqué en raison d'un motif discriminatoire.

3 Sources spécifiques au droit du travail

A) Sources internationales

1. Organisation internationale du travail (OIT)

En tant qu'institution spécialisée des Nations unies, l'OIT a pour vocation d'assurer la promotion de la justice sociale et des droits de la personne humaine et du travail. Son instance suprême est la conférence internationale du travail, composée de délégations de 180 États membres, qui se réunissent chaque année à Genève. Elle élabore des conventions de normes ratifiées par les instances des États membres (en France, l'instance compétente est le Parlement, qui a ratifié le plus grand nombre de conventions : 127 sur 189). Les conventions de l'OIT sont directement invocables devant les juridictions françaises.

Pour en savoir plus sur l'OIT : http://dunod.link/crnrbi1

Exemples

- Les quatre conventions essentielles de l'OIT ayant trait à l'égalité entre hommes et femmes : la Convention (n° 100) sur l'égalité de rémunération, 1951 ; la Convention (n° 111) concernant la discrimination (emploi et profession), 1958 ; la Convention (n° 156) sur les travailleurs ayant des responsabilités familiales, 1981 ; la Convention (n° 183) sur la protection de la maternité, 2000.

2. Conseil de l'Europe

Le Conseil de l'Europe, qui réunit 47 États, est à l'origine de **deux conventions** importantes en droit du travail :

- La **Convention européenne de sauvegarde des droits de l'homme et des libertés fondamentales** (CESDH) de 1950 et ses protocoles additionnels. Il existe un important contentieux traité devant la Cour européenne des droits de l'homme (CEDH) qui siège à Strasbourg et a fait de la CESDH une norme incontournable dans l'étude du droit du travail.
- La **Charte sociale européenne** (CSE) de 1961 révisée en 1996. Elle consacre les droits sociaux de manière très complète (ex. : droit de grève, liberté syndicale).

B) Sources de l'Union européenne

1. Traités

Le traité sur le fonctionnement d'Union européenne (TFUE) fixe, depuis 2009, les orientations et les priorités. En particulier, l'article 6 du traité de Lisbonne consacre l'application de la Charte des droits fondamentaux. Celle-ci inclut de nombreuses dispositions de droit du travail (ex. : liberté du travail, négociation collective).

2. Directives

En principe, les traités n'ont prévu de réglementation que par le biais de directives qui peuvent être adoptées à la majorité qualifiée (ex. : conditions de travail) ou à l'unanimité (ex. : droit du licenciement).

3. Jurisprudence de la Cour de justice de l'UE (CJUE)

La **jurisprudence** européenne tient une place importante dans l'édification d'un droit du travail européen.

FOCUS **Le cas particulier des accords entre partenaires sociaux**

Des accords sont conclus par les partenaires sociaux au niveau européen dans le cadre du dialogue social européen professionnel (ex. : accords sur le télétravail, le temps partiel). Ils peuvent être intégrés dans une directive. Il existe des accords « autonomes » qui sont mis en œuvre par des règles propres à chaque État.

C) Sources nationales étatiques

1. Constitution et bloc de constitutionnalité

Ces textes à valeur constitutionnelle (déclaration des droits de l'homme et du citoyen de 1789, préambule de la Constitution de 1946, Constitution de 1958) affirment certains droits en termes généraux comme le droit à l'emploi ou le droit de grève.

2. Lois, ordonnances et règlements

Loi. Émanant du pouvoir législatif (parlement), elle constitue une source essentielle du droit du travail. La **loi** fixe les principes fondamentaux du droit du travail et du droit syndical (Constitution, art. 34). Tout projet de loi en droit du travail doit être précédé, sauf en cas d'urgence, d'une consultation préalable avec les syndicats de salariés et les organisations patronales.

Règlement. La catégorie comprend diverses normes, notamment les décrets et les arrêtés. Leur élaboration relève du pouvoir exécutif. Ces textes sont nécessaires à l'application des lois ou traitent de domaines autres que ceux de la loi (Constitution, art. 37).

Ordonnance. Le gouvernement peut, pour l'exécution de son programme, demander au Parlement l'autorisation de prendre des mesures par ordonnance qui sont normalement du domaine de la loi (Constitution, art. 38).

D) Sources nationales professionnelles

1. Jurisprudence

Définition

La **jurisprudence** se compose des décisions de justice rendues par les différentes juridictions.

La Cour de cassation a notamment pour rôle d'unifier la jurisprudence, ses décisions font autorité.

2. Conventions et accords collectifs

Les **conventions** et **accords collectifs**, ou droit conventionnel, sont une source importante du droit du travail. Ces accords sont conclus entre les représentants des salariés et des organismes patronaux. La convention traite de l'ensemble des conditions d'emploi, de formation professionnelle, de travail, et de garanties sociales. Si on traite un ou plusieurs thèmes, on est en présence d'un accord collectif.

La convention ou l'accord détermine son champ d'application à partir de **deux critères additifs** :
- le **critère territorial**, géographique (européen, national, régional, départemental...) ;
- le **critère de l'activité professionnelle** (interprofession, branche, profession ↳ chapitre 12).

3. Usages et engagements unilatéraux de l'employeur

Définition

L'**usage** est une pratique habituellement suivie dans l'entreprise sous la forme d'avantages reconnus aux salariés ou à une partie d'entre eux.

Conditions. L'usage doit présenter **trois conditions** (fig. 1.3) pour avoir qualité de norme juridique : la **généralité**, la **fixité** et la **constance**.

Figure 1.3. **Conditions d'un usage à valeur de norme juridique**

Exemples

- Les primes ou jours de congé supplémentaires sont autant d'usages de l'entreprise.

Le Code du travail prend en compte les usages pour la fixation de la durée du préavis en cas de démission.

Il est possible de mettre fin à un usage, par **dénonciation**. La dénonciation rend l'usage inapplicable et obéit elle-même à trois conditions :
- l'information des salariés ;
- l'information des représentants du personnel ;
- le respect d'un délai de prévenance.

Engagements unilatéraux de l'employeur. Manifestations de la volonté de l'employeur, les engagements unilatéraux présentent **deux formes** (fig. 1.4) :
- l'engagement unilatéral proclamé ;
- l'engagement unilatéral négocié.

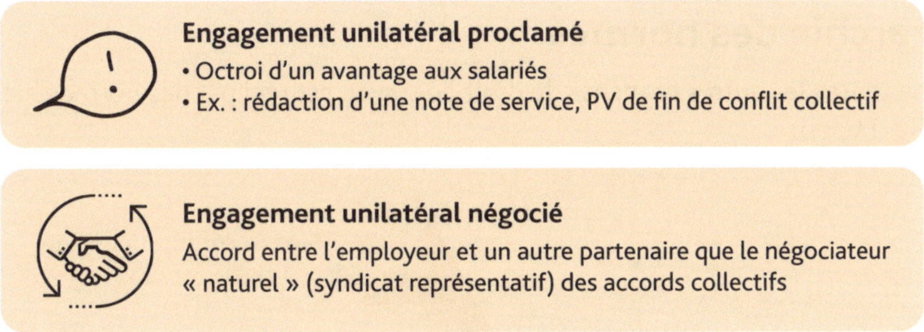

Figure 1.4. Dualité de l'engagement unilatéral de l'employeur

4. Contrat de travail

Rôle. Le **contrat de travail** fixe les normes applicables à la relation individuelle de travail. Il définit les droits et les obligations essentiels de chacune des parties.

Critères. Le contrat de travail n'est pas défini par le législateur. L'existence d'un travail salarié ne dépend ni de la volonté exprimée par les parties, ni de dénomination donnée au contrat mais des conditions de fait dans lesquelles est exercée l'activité. Plusieurs critères sont retenus par la jurisprudence pour le caractériser (fig. 1.5 et tab. 1.3).

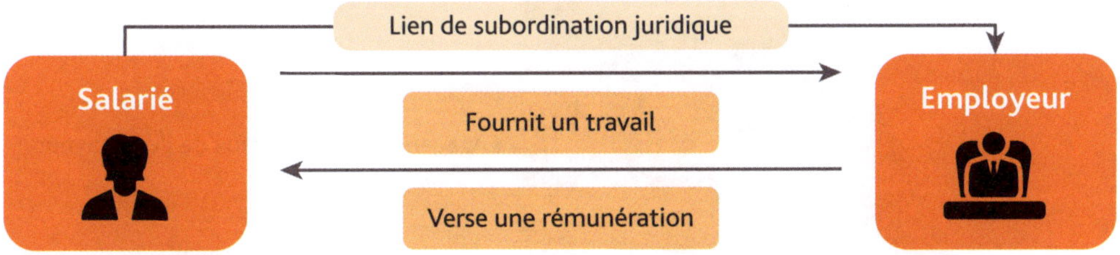

Figure 1.5. Critères du contrat de travail

Tableau 1.3. Détermination des critères du contrat de travail

Prestation de travail	Le salarié effectue des tâches matérielle ou intellectuelle à titre professionnel, de manière effective et personnelle et pour le compte d'autrui.
Rémunération	Le travail est réalisé à titre onéreux. La rémunération est la contrepartie du travail. Elle peut prendre diverses formes.
Lien de subordination juridique	• Le salarié se place sous l'autorité hiérarchique de son employeur pour l'exécution de son travail. • L'employeur donne des ordres et des directives. Il en contrôle l'exécution. Il en sanctionne les manquements. • Le lien de **subordination** juridique doit être prouvé et relève d'un faisceau d'indices : soumission à un horaire et à un lieu de travail, fourniture des instruments de travail, exclusivité du travail, absence de liberté dans l'exécution de la prestation de travail.

→ CAS 5 • CAS 6 • CAS 7

4 Hiérarchie des normes

Comme toutes les autres branches, le droit du travail est régi par des normes hiérarchisées (fig. 1.6).

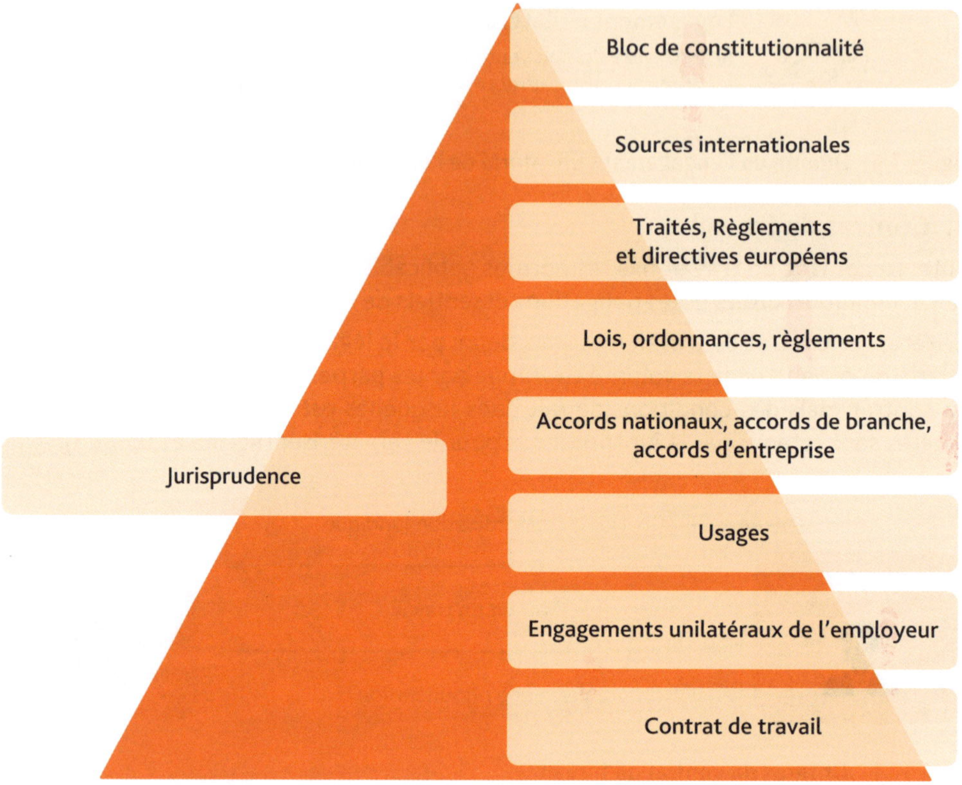

Figure 1.6. **Pyramide des normes en droit du travail**

Le Conseil constitutionnel a précisé, lors de différentes décisions la place de la loi, de la convention collective et du règlement en droit du travail. La loi ne peut déléguer à la convention collective la détermination des conditions et des garanties à valeur constitutionnelle. Une fois ces garanties fixées, la loi peut confier aux acteurs sociaux les modalités d'application.

A) Importance des sources professionnelles

1. Principe général d'ordre public

La source de niveau inférieur, quelle qu'elle soit, doit toujours respecter et être en conformité avec la source de niveau supérieur.

2. Principe de faveur

Définition

En droit du travail, le **principe de faveur** veut que toute norme de rang inférieur puisse déroger à une norme de rang supérieur si elle est plus favorable aux intérêts des salariés.

Le principe de faveur s'applique entre les conventions collectives et les lois, entre normes conventionnelles et entre le contrat de travail et les normes issues du dialogue social. Ce principe est aujourd'hui remis en cause.

3. Ordre public absolu

Il existe des exceptions au principe de faveur ; elles sont d'ordre public, c'est-à-dire impératives (ex. : participation, compétence du conseil de prud'hommes).

4. Accords dérogatoires

Des cas de dérogations défavorables aux salariés peuvent être admis. Ces dérogations sont prévues par la loi et concernent des domaines limités (ex. : durée du travail, rémunérations). Dans ces domaines, les conventions ou accords collectifs peuvent déroger à la loi dans un sens moins favorable aux salariés. La loi n° 2016-1088 du 8 août 2016 dite « loi Travail » prévoit un champ spécifique pour la négociation collective et des dispositions supplétives (ex. : travail dominical, organisation du travail de nuit).

Loi n° 2016-1088 dite « loi Travail » :

http://dunod.link/n4kbsf1

B) Conflits de normes

En application des principes exposés au paragraphe précédent, on constate que les sources professionnelles ont pris une place grandissante.

Exemple

- En matière de durée du travail (loi Travail), certaines dispositions sont d'ordre public, d'autres résultent de la négociation collective et certaines règles sont supplétives.

1. Primauté de l'accord d'entreprise

Depuis la loi Travail, en cas de conflit entre conventions collectives, la convention d'entreprise et l'accord de groupe l'emportent sur la convention de branche, même si elle est moins favorable aux salariés. Les avantages prévus par les conventions de branche peuvent donc être modifiés par une convention d'entreprise.

2. Exceptions au principe

L'accord de branche peut « verrouiller » certains domaines et interdire aux partenaires sociaux de prévoir, dans l'entreprise, des dispositions différentes. Quatre thèmes sont ainsi figés, dont la prévention de l'exposition aux facteurs de risques professionnels. À cette première liste s'ajoutent treize thèmes pour lesquels l'accord de branche prime (ex. : salaires minima hiérarchiques, classification… ↪ chapitre 12).

→ APPLICATION 2 • CAS 3 • CAS 4 • CAS 5

1 Quiz

Vérifier l'exactitude des propositions ci-après et justifiez-les.

	Vrai	Faux
1. Le droit du travail s'applique à tous les salariés.	☐	☐
2. Les conventions et accords collectifs sont toujours plus favorables que la loi.	☐	☐
3. Les accords d'entreprise ne peuvent pas déroger aux accords de branche.	☐	☐
4. Le droit du travail ne s'applique qu'aux salariés du secteur privé.	☐	☐
5. Un usage est un avantage répété accordé par l'employeur.	☐	☐
6. Toutes les personnes doivent être rémunérées selon les mêmes règles dans l'entreprise.	☐	☐
7. Ce sont les partenaires sociaux qui fixent la durée du travail dans l'entreprise.	☐	☐
8. Un usage est pérenne, il ne peut pas être supprimé.	☐	☐
9. Une norme européenne est supérieure à une norme nationale.	☐	☐
10. L'égalité hommes-femmes s'applique à la rémunération.	☐	☐

2 Le travail effectif au sens du Code du travail ★★★

1. *Justifiez les niveaux de présentation des règles concernant le travail effectif dans le Code du travail (voir le document ci-après).*
2. *Précisez le champ d'application de chaque article du Code reproduit.*

Document

Titre II. Durée du travail, répartition et aménagement des horaires

Chapitre Ier

Durée et aménagement du travail

Section 1

Travail effectif, astreintes et équivalences

Sous-section 1

Paragraphe 1 : travail effectif

• Ordre public

Art. L. 3121-1 – La durée du travail effectif est le temps pendant lequel le salarié est à la disposition de l'employeur et se conforme à ses directives sans pouvoir vaquer librement à des occupations personnelles.

Paragraphe 2

• Champ de la négociation collective

Art. L. 3121-6 – Une convention ou un accord d'entreprise ou d'établissement ou, à défaut, une convention ou un accord de branche peut prévoir une rémunération des temps de restauration et de pause mentionnés à l'article L. 3121-2, même lorsque ceux-ci ne sont pas reconnus comme du temps de travail effectif.

Paragraphe 3

• Dispositions supplétives

Art. L. 3121-8 – À défaut d'accords prévus aux articles L. 3121-6 [..] :

1° Le contrat de travail peut fixer la rémunération des temps de restauration et de pause ;

2° Le contrat de travail prévoit soit d'accorder des contreparties aux temps d'habillage et de déshabillage mentionnés à l'article L. 3121-3, soit d'assimiler ces temps à du temps de travail effectif ;

3° Les contreparties prévues au second alinéa de l'article L. 3121-7 sont déterminées par l'employeur après consultation du comité social et économique.

Évaluer les savoirs | Maîtriser les compétences | Préparer l'épreuve

3 Cas Loi Travail 2018 ★★★

Compétence attendue **Identifier** les principales évolutions récentes du droit du travail et les illustrer

Identifiez, dans le document ci-après, les différentes mesures extraites de la loi Travail 2018 et les objectifs poursuivis par les pouvoirs publics.

Document

Loi travail 2018, extraits des mesures

- CDD : pour le moment, les caractéristiques des CDD sont fixées par la loi. Désormais, les modalités de ces contrats de travail seront déterminées par la branche.
- Mise en place d'un contrat de projet (CDI de projet) : emploi d'une personne pour travailler sur un projet sans donner de date de fin à la mission.
- Fusion des instances représentatives du personnel : dans les entreprises d'au moins onze salariés, une instance unique dénommée « comité social et économique » (CSE) remplacera et fusionnera le CE, le CHSCT et les DP en supprimant les effets de seuil.
- Plafonnement des indemnités prud'homales : les indemnités seront plafonnées à trois mois de salaire jusqu'à deux ans d'ancienneté. Toutefois, il n'y aura aucun changement en cas de harcèlement ou de discrimination.
- Hausse des indemnités légales de licenciement : augmentation de 25 %.
- Création d'une rupture conventionnelle collective : une négociation fondée sur les départs volontaires pourra être homologuée par l'administration.
- Négociation des primes : négociation des primes directement au niveau des entreprises (actuellement négociées au niveau des branches ou des conventions collectives).
- Télétravail : un télétravailleur a les mêmes droits que tous les salariés.
- Dématérialisation du bulletin de paie : les employeurs, avec l'accord de leurs salariés, peuvent envoyer les bulletins de salaire par mail.

4 Cas Le Grand Veneur ★★★

Compétences attendues

- **Repérer** les sources du droit applicables à la relation de travail
- **Régler** un conflit de normes en droit du travail

Jules Lemoine, titulaire d'un BTS Hôtellerie-Restauration, est embauché comme second (agent de maîtrise) au restaurant Le Grand Veneur. Ce restaurant relève de la convention collective nationale des HCR, comme indiqué dans son contrat de travail. Sa période d'essai est de deux mois et renouvelable une fois. Il sera amené à effectuer des heures supplémentaires. Il vous demande de rechercher les dispositions applicables à sa situation en comparant le Code du travail et la convention collective (*voir le document ci-après*).

1. *Recherchez sur le site de Légifrance les articles relatifs à la période d'essai, à la durée du travail et au paiement des heures supplémentaires.*

2. *Précisez la durée de la période d'essai de Jules, sa durée hebdomadaire de travail et les modalités de paiement de ses heures supplémentaires.*

Document

Convention collective nationale des hôtels, cafés, restaurants (HCR) du 30 avril 1997, extraits

Étendue par arrêté du 3 décembre 1997, *JORF* du 6 décembre 1997

Titre IV. Contrat de travail

Contrat à durée indéterminée

Article 13

Période d'essai :

Au cours de la période d'essai ou de son renouvellement, l'une ou l'autre des parties peut rompre le contrat de travail sans préavis ni indemnités de rupture. La période d'essai terminée, l'engagement est réputé conclu ferme.

La période d'essai, ainsi que sa durée, devra obligatoirement être prévue dans le contrat de travail ou la lettre d'embauche.

La durée de la période d'essai est de :

- cadres supérieurs : accord de gré à gré ;
- cadres : 3 mois pouvant être renouvelée une fois ;
- agents de maîtrise : 2 mois pouvant être renouvelée une fois ;
- autres salariés : 1 mois pouvant être renouvelée une fois. Le renouvellement n'est pas applicable aux salariés de niveau I, échelon 1.

En cas de renouvellement de la période d'essai, un accord écrit devra être établi entre les parties.

Avenant n° 1 du 13 juillet 2004 relatif à la durée et à l'aménagement du temps de travail, aux congés payés, au travail de nuit et à la prévoyance

TITRE II. Durée et aménagement du temps de travail

Durée du travail

Article 3

En vigueur étendue.

En application des dispositions de l'article L. 212-4 4e alinéa du Code du travail, la durée hebdomadaire de travail équivalente est fixée à 39 heures pour toutes les entreprises.

Les entreprises qui ont, à la date du présent accord, une durée collective de travail à 37 heures hebdomadaires par équivalence restent soumises à cette durée.

Il est rappelé le principe de paiement des heures d'équivalence.

Heures supplémentaires

Article 4

Créé par avenant n° 1 2004-07-13 en vigueur le 1er du mois suivant extension *BO* conventions collectives 2004-37 étendu par arrêté du 30 décembre 2004, *JORF* du 1er janvier 2005.

...

...
Est considérée comme heure supplémentaire toute heure de travail effectif, accomplie à la demande de l'employeur ou avec son accord, au-delà de la durée hebdomadaire de travail fixée à l'article 3, sous réserve de l'application des dispositifs spécifiques relatifs à l'aménagement du temps de travail tels que prévus à l'article 10 du présent avenant (modulation, cycle, etc.).

Les 4 premières heures supplémentaires donnent lieu à une majoration de 15 %, les 4 suivantes de 25 % et les autres à une majoration de 50 %.

a) Toutefois, à l'intérieur d'une période de 3 mois ou 13 semaines, le paiement des heures supplémentaires définies ci-dessus peut être remplacé par un repos compensateur de remplacement de 115 % pour les 4 premières heures, de 125 % pour les 4 suivantes et de 150 % pour les autres.

Brochure n° 3292, www.legifrance.gouv.fr

5 Cas Data Doc ★★★

Compétence attendue **Qualifier** un contrat de travail

Dans le cadre de votre formation en DCG, vous effectuez un stage au sein du cabinet Data Doc. Votre maître de stage, Rémi Bogard, a eu à connaître d'une demande de requalification de contrat. Il vous sollicite afin de préparer le dossier de son client.

Relevez, dans les documents 1 et 2, les éléments retenus par les juges pour requalifier les contrats.

Document 1

Magasin de chaussures exploité par un couple,
contrat qualifié par les parties de contrat de franchise,
Cour de cassation, 3 mai 1995, pourvoi n° 93-12981

[...] Mais attendu, en premier lieu, que l'arrêt relève, d'un côté, que les époux X... n'étaient autorisés à vendre que des marchandises en provenance de la société Bata, n'étaient que les dépositaires des marchandises dont la vente était enregistrée au fur et à mesure sur une caisse spéciale fournie par la société Bata et leur était facturée, seulement après, au prix de vente de détail fixé par la société Bata dans ses succursales, sous déduction d'une remise de 27 %, et, d'un autre côté, par motifs adoptés, qu'à supposer que ce prix de vente soit un prix plafond, les deux demandes de révision et de hausse de la marge bénéficiaire faites par les époux X... font apparaître que ce taux de marge était insuffisant pour laisser à ces derniers une réelle liberté de fixation des prix ;

qu'à partir de ces constatations et appréciations, la cour d'appel, qui a procédé à la recherche prétendument omise, a déduit, par l'interprétation nécessaire de clauses ambiguës, et en répondant aux conclusions prétendument délaissées, que les époux X... n'avaient aucune liberté pour l'exploitation de leur commerce et que le prix de vente des marchandises était déterminé par la société Bata ; [...]

Document 2

Participants à une émission de téléréalité, Cour de cassation, 3 juin 2009, pourvois n° 08-40.981 à 08-40.983 et n° 08-41.712 à 08-41.714

[...] Qu'ayant constaté que les participants avaient l'obligation de prendre part aux différentes activités et réunions, qu'ils devaient suivre les règles du programme définies unilatéralement par le producteur, qu'ils étaient orientés dans l'analyse de leur conduite, que certaines scènes étaient répétées pour valoriser des moments essentiels, que les heures de réveil et de sommeil étaient fixées par la production, que le règlement leur imposait une disponibilité permanente, avec interdiction de sortir du site et de communiquer avec l'extérieur, et stipulait que toute infraction aux obligations contractuelles pourrait être sanctionnée par le renvoi, la cour d'appel, qui, répondant aux conclusions, a caractérisé l'existence d'une prestation de travail exécutée sous la subordination de la société Glem, et ayant pour objet la production d'une « série télévisée », prestation consistant pour les participants, pendant un temps et dans un lieu sans rapport avec le déroulement habituel de leur vie personnelle, à prendre part à des activités imposées et à exprimer des réactions attendues, ce qui la distingue du seul enregistrement de leur vie quotidienne, et qui a souverainement retenu que le versement de la somme de 1 525 euros avait pour cause le travail exécuté, a pu en déduire, sans dénaturation et abstraction faite des motifs surabondants critiqués par les huitième et neuvième branches, que les participants étaient liés par un contrat de travail à la société de production ; [...]

6 Cas Professeur Cosinus ★★★

Compétence attendue **Distinguer** le contrat de travail d'autres situations de travail (bénévolat, entreprise individuelle, sous-traitance, etc.) et en tirer les conséquences juridiques

Tryphon Cosinus est connu dans le monde entier pour ses travaux dans le domaine de la biodiversité. Dans le cadre des rencontres économiques de la banque Crédit Général destinées à ses clients, le scientifique est sollicité pour réaliser une conférence. Sa rémunération est négociée, le thème et le contenu de la conférence sont laissés à l'appréciation du professeur. La date est fixée d'un commun accord eu égard au planning chargé de Tryphon Cosinus.

1. *Qualifiez le contrat qui lie le professeur Cosinus et la banque Crédit Général.*

2. *Identifiez les conséquences de cette qualification pour les parties.*

7 Cas Data Doc (suite) ★★★

Compétence attendue **Analyser** l'interaction entre le droit du travail et l'évolution des contextes économiques

Votre maître de stage, Rémi Bogard, doit rédiger, pour le cabinet Data Doc, une note sur le droit à la déconnexion. Il requiert votre analyse préalable qui lui permettra de structurer le document partagé.

1. *Expliquez comment et pour quelle raison la loi du 5 septembre 2018 a consacré un droit à la déconnexion pour les salariés.*
2. *Identifiez les faits relatés dans le document 2.*
3. *Expliquez ce qu'est l'astreinte.*
4. *Justifiez la décision de la Cour de cassation.*

Document 1

Code du travail, art. L. 2242-17 modifié par la loi n° 2018-771 du 5 septembre 2018

La négociation annuelle sur l'égalité professionnelle entre les femmes et les hommes et la qualité de vie au travail porte sur : […]

7° Les modalités du plein exercice par le salarié de son droit à la déconnexion et la mise en place par l'entreprise de dispositifs de régulation de l'utilisation des outils numériques, en vue d'assurer le respect des temps de repos et de congé ainsi que de la vie personnelle et familiale. À défaut d'accord, l'employeur élabore une charte, après avis du comité social et économique. Cette charte définit ces modalités de l'exercice du droit à la déconnexion et prévoit en outre la mise en œuvre, à destination des salariés et du personnel d'encadrement et de direction, d'actions de formation et de sensibilisation à un usage raisonnable des outils numériques.

Document 2

Enfreindre le droit à la déconnexion a un prix

[…]

Dans un arrêt du 12 juillet 2018, la Cour de cassation rappelle l'obligation pour une entreprise de dédommager ses salariés contraints de rester disponibles. En l'espèce, le salarié d'une société britannique, spécialisée dans les services d'hygiène aux entreprises, devait « rester en permanence disponible à l'aide de son téléphone portable pour répondre à d'éventuels besoins et se tenir prêt à intervenir ». Cette obligation n'était pas compensée de manière financière ou en jours de repos, et l'entreprise ne considérait pas le salarié d'astreinte.

C'est justement sur ce point que la loi du 8 août 2016 relative au travail, à la modernisation du dialogue social et à la sécurisation des parcours professionnels – dite « loi Travail » – a apporté des modifications importantes. Le simple fait de devoir rester connecté en dehors de son temps de travail suffit à définir une période d'astreinte. Et celle-ci, même si elle est uniquement numérique doit être dédommagée. La Cour de cassation confirme donc la condamnation de l'entreprise à verser 60 868,51 euros à son salarié, à titre de dédommagement.

Delphine Iweins, *Les Echos*, 3 août 2018

Document 3

Définition de l'astreinte (Code du travail, art. L. 3121-9)

Une période d'astreinte s'entend comme une période pendant laquelle le salarié, sans être sur son lieu de travail et sans être à la disposition permanente et immédiate de l'employeur, doit être en mesure d'intervenir pour accomplir un travail au service de l'entreprise.

La durée de cette intervention est considérée comme un temps de travail effectif.

La période d'astreinte fait l'objet d'une contrepartie, soit sous forme financière, soit sous forme de repos.

Les salariés concernés par des périodes d'astreinte sont informés de leur programmation individuelle dans un délai raisonnable.

Évaluer les savoirs | Maîtriser les compétences | Préparer l'épreuve

8 Situation pratique : Éco-shirt ★★★

35 min

Compétences attendues

- **Régler** un conflit de normes en droit du travail
- **Distinguer** le contrat de travail d'autres situations de travail (bénévolat, entreprise individuelle, sous-traitance, etc.) et en tirer les conséquences juridiques
- **Analyser** l'interaction entre le droit du travail et l'évolution des contextes économiques

Il y a douze ans, Adrien et Justine ont créé une entreprise de vêtements écoresponsables en tissus recyclables. Précurseurs, ils ont réussi à faire connaître leur marque Éco-shirt partout en France. Ils décident de vendre leur société pour se consacrer à une association de réinsertion. La société est achetée par François Piraux, qui y voit une opportunité à saisir. Adrien et Justine ont jusqu'alors pratiqué un management participatif, octroyant à leurs salariés de nombreux avantages (congés supplémentaires, 13e et 14e mois, prime d'assiduité aux personnes qui ne se sont pas absentées plus de 10 jours dans l'année).

Rendez-vous MÉTHODE 3

Vos missions

1. *Qualifiez la nature juridique des avantages octroyés par Adrien et Justine.*
2. *Déterminez si la prime d'assiduité est discriminatoire.*

François Piraux ne partage pas la vision d'Adrien et Justine. Il envisage de retirer les primes et congés supplémentaires dont bénéficient ses salariés.

3. *Identifiez et présentez la procédure à respecter.*

SYNTHÈSE

Évolution et sources du droit du travail

Champ d'application du droit du travail

N'entrent pas dans le champ d'application	Entrent dans le champ d'application
• Les professions indépendantes (commerçant, artisan, agriculteur, profession libérale) • Les fonctionnaires des trois fonctions publiques (État, collectivités territoriales, hôpitaux) • Les activités bénévoles • Le contrat d'entreprise	• Les salariés des entreprises privées • Certains salariés du secteur public : contractuels et salariés des EPIC • Certains salariés indépendants

Principes récents

Égalité hommes-femmes + Égalité de traitement + Non-discrimination

Structure du Code du travail

Règles d'ordre public

↓

Champ de la négociation collective

↓

Dispositions supplétives

Hiérarchie des normes conventionnelles

Primauté de l'accord d'entreprise

↓

Exceptions

Verrouillage de quatre domaines par l'accord de branche

- Prévention de la pénibilité du travail
- Insertion professionnelle des travailleurs handicapés
- Effectif à partir duquel des délégués syndicaux peuvent être nommés
- Primes pour travaux dangereux ou insalubres

Treize thèmes réservés à l'accord de branche

Exemples (↪ chapitre 12)

- Salaires minima hiérarchiques
- Classification
- Mutualisation des fonds de la formation professionnelle
- Égalité professionnelle entre les hommes et les femmes
- Conditions et durées de renouvellement de la période d'essai

Contrat de travail

Prestation de travail

+

Rémunération

+

Lien de subordination juridique

CHAPITRE 2

Les contrôles du droit et le contentieux de la relation de travail

PROGRAMME

Compétences attendues

- **Caractériser** l'infraction de travail dissimulé et ses conséquences
- **Identifier** les missions et moyens d'action des agents de contrôle de l'inspection du travail et de la Dreets
- **Déterminer** la juridiction compétente à l'occasion d'un litige du travail
- **Schématiser** la procédure prud'homale
- **Informer** sur la nature et les caractéristiques des modes alternatifs de règlement des différends dans le cadre d'un litige individuel prud'homal

Savoirs associés

- Présentation de l'inspection du travail et des Dreets
- Les contrôles de l'application du droit du travail : le contrôle du travail dissimulé, les contrôles de l'inspection du travail
- Les contentieux de la relation de travail : le contentieux prud'homal, les modes alternatifs de règlement des différends (MARD) dans le cadre d'un litige prud'homal, le contentieux civil du travail, le contentieux pénal du travail, le contentieux administratif du travail

PLAN DU CHAPITRE

L'inspection du travail et ses agents contrôlent l'application du droit du travail, sous la tutelle du ministère du Travail et de l'Économie. Ils vérifient que les employeurs respectent la réglementation. Les litiges du travail relèvent de juridictions diverses. Le conseil de prud'hommes statue sur les conflits individuels du travail, les autres contentieux relevant des juridictions civiles, pénales ou administratives. Les modes amiables de règlement des différends (MARD) facilitent la résolution des litiges.

MOTS-CLÉS

Conseil de prud'hommes • Convention de procédure participative • Dreets • Inspecteur du travail • Juridiction administrative • Juridiction civile • Juridiction pénale • Médiation Procès • MARD • Transaction • Travail dissimulé

1 Les contrôles de l'inspection du travail et de la Dreets

A) L'organisation et les missions de l'inspection du travail et de la Dreets

1. L'organisation et les missions de la Dreets

Organisation. Les directions régionales de l'économie, de l'emploi, du travail et des solidarités (**Dreets**) se définissent comme des services déconcentrés communs aux ministres chargés des affaires sociales, de l'économie et des finances, du travail et de l'emploi (fig. 2.1). Elles sont placées sous l'autorité du préfet de région et, pour les missions relatives au système d'inspection du travail, sous celle de la direction du travail. Chaque Dreets est organisée en pôles et comprend notamment :

Un pôle Politiques du travail	Chargé d'assurer le respect du droit du travail par l'intermédiaire des inspections du travail
Un pôle Concurrence, consommation, répression des fraudes et métrologie	Chargé des problèmes de contrôle du bon fonctionnement du marché, des relations commerciales entre les entreprises et des missions de protections économique et de sécurité des consommateurs
Un pôle Entreprises, emploi et politiques publiques de cohésion sociale	Chargé d'anticiper et d'accompagner les mutations économiques, les transitions professionnelles par la formation professionnelle et l'insertion sociale et d'animer ainsi que de coordonner les politiques publiques de la cohésion sociale

Figure 2.1. Structuration des Dreets par pôles

Missions. Les Dreets sont chargées :
- de définir les orientations générales des actions d'inspection (notamment celles des inspections du travail) ;
- d'assurer le suivi de la négociation collective dans les entreprises ;
- de mettre en œuvre la politique de l'État afin d'améliorer les relations individuelles et collectives de travail.

Chaque Dreets :
- organise le système d'inspection du travail dans la région ;
- répartit les effectifs aux échelons régional et départemental ;
- s'assure de l'adaptation des moyens humains et matériels dévolus au système d'inspection du travail.

2. L'organisation et les compétences de l'inspection du travail

Organisation en unités de contrôle. L'inspection du travail est rattachée au pôle « Politique du travail » de la Dreets locale dont elle dépend. Les agents de contrôle de l'inspection du travail exercent leur mission au sein d'unités départementales ou régionales ou encore dans des unités spécialisées. Ils sont astreints à une obligation de réserve et tenus au secret professionnel.

Missions de l'inspection du travail. Les inspecteurs du travail ont pour missions :

- Le contrôle du respect de la réglementation. Ils veillent à l'application du droit légal et conventionnel du travail et constatent les infractions par procès-verbal (PV).
- L'assistance et le conseil. Ils apportent, de façon impartiale, toutes les informations aux employeurs et aux salariés, concernant les dispositions légales ou réglementaires en vigueur.
- La conciliation. Ils préviennent les conflits individuels ou collectifs nés du travail ou contribuent à leur conciliation amiable en :
  - arbitrant les litiges relatifs à la désignation des représentants du personnel ;
  - facilitant la tâche des représentants du personnel.

Ils peuvent également mettre en œuvre le processus d'élaboration ou de révision des conventions collectives de travail (↳chapitre 12). Ils exercent un pouvoir de décision (tab. 2.1).

Tableau 2.1. Décisions de l'inspecteur du travail

Licenciement ou rupture conventionnelle du CDI d'un salarié protégé	Règlement intérieur (RI)	Durée du travail
Autorisation préalable (ex. : délégué syndical, membre du CSE)	Possibilité d'exiger le retrait ou la modification de clauses litigieuses du règlement intérieur (RI) contraires aux lois ou aux règlements	• Possibilité d'autoriser certaines dérogations à la durée maximale du travail • Possibilité de donner son aval à la pratique d'horaires individualisés

B) Les moyens d'action de la Dreets et de l'inspection du travail

1. Les moyens de la Dreets

La Dreets dispose de prérogatives variées. Elle peut :

- Homologuer les conventions de rupture conventionnelle individuelle.
- Valider l'accord collectif portant sur une rupture conventionnelle collective.
- Prononcer des amendes administratives à l'encontre des employeurs, sans passer par la voie pénale pour certaines infractions relatives, par exemple, à l'absence de déclaration en vue d'obtenir la carte d'identification professionnelle des salariés du BTP, ou certaines infractions relatives aux stages.
- Proposer des transactions pénales pour certaines infractions constituant une contravention ou un délit. Ces transactions permettent d'échapper aux poursuites et

sanctions pénales (ex. : défaut d'établissement ou d'affichage du RI, méconnaissance du contingent annuel d'heures supplémentaires).

- Relever les éventuelles irrégularités des procédures de licenciement collectif.
- Apporter toute proposition pour modifier ou compléter un plan de sauvegarde de l'emploi (PSE), en prenant en compte la situation économique de l'entreprise concernée.
- Présenter des propositions ou émettre des observations sur une procédure de licenciement économique collectif (accompagnement, déroulement de la procédure...).

2. Les moyens de l'inspection du travail

Pour exercer leur contrôle, les inspecteurs du travail disposent de quatre grandes prérogatives (fig. 2.2).

Droit d'entrée dans les établissements

- Entrée dans tout local de travail, de jour comme de nuit, sans en avertir l'employeur
- Enquête ou interrogation de témoins (délit d'entrave passible de 37 500 € d'amende et d'un an d'emprisonnement)

Droit de communication

- Demande du registre unique du personnel, des livres de paie
- Contrôle du RI et de son contenu ainsi que de tous les documents d'évaluation des risques

Droit de prélever

- Matières premières, produits toxiques distribués ou utilisés par l'entreprise
- Demande des analyses nécessaires

Droit de prescrire l'arrêt temporaire de travaux

Prise de toutes les mesures nécessaires en cas de non-retrait d'une situation de travail présentant un danger grave et imminent, sur un chantier

Figure 2.2. **Exercice du pouvoir de contrôle de l'inspecteur du travail**

C) Les conséquences du contrôle de l'inspection du travail

Lorsqu'il constate une infraction, l'inspecteur du travail dispose d'un pouvoir d'appréciation sur les suites à donner (fig. 2.3). Il doit motiver ses décisions individuelles.

Adresser une observation à l'employeur
- Rappel de la règle applicable et demande de mise en conformité
- Observations verbales et écrites

Mettre l'employeur **en demeure** de remédier à la situation
- Mise en demeure écrite et motivée
- Observations verbales et écrites
- Précision du délai de mise en conformité

Dresser directement **un PV**
- En cas de non-conformité
- Base d'éventuelles poursuites pénales
- Précision des élements de l'infraction
- Transmission éventuelle au Parquet pour décision du procureur

Figure 2.3. **De l'observation au procès-verbal**

D) Le contrôle du travail dissimulé

Définition

Le **travail dissimulé** est un délit réprimé par la loi. Il consiste à dissimuler intentionnellement une activité sans la déclarer auprès de l'autorité administrative ou à dissimuler tout ou partie d'un emploi salarié en se soustrayant volontairement aux déclarations légales obligatoires ou en omettant de délivrer des bulletins de paie.

1. Les formes de travail dissimulé

Le Code du travail réprime essentiellement deux types d'infraction de travail dissimulé, qui peuvent exister simultanément ou indépendamment l'une de l'autre : la **dissimulation d'activité** et la **dissimulation d'emploi salarié** (tab. 2.2).

Tableau 2.2. **Éléments constitutifs du délit**

	Dissimulation d'activité	Dissimulation d'emploi salarié
Élément légal	• Infractions au sens du Code du travail. • Délits passibles de sanctions pénales.	
Élément matériel	• Exercice d'une activité de production, de transformation ou de réparation ou de services ou la réalisation d'actes de commerce par une personne qui n'a pas rempli les obligations pour le faire, et ce intentionnellement. • Absence d'immatriculation au RCS ou au RM ou de déclaration auprès de l'Urssaf. • Fraude au détachement de salariés lorsque l'employeur exerce dans l'État sur le territoire duquel il est établi des activités relevant uniquement de la gestion interne ou administrative ou lorsque son activité est réalisée sur le territoire national de façon habituelle, stable et continue.	Est réprimé le fait d'employer un salarié : • sans réaliser la déclaration préalable à l'embauche ; • sans lui remettre son bulletin de salaire ; • avec mention d'un nombre d'heures de travail inférieur au nombre d'heures réellement effectuées ; • sans accomplir les déclarations sociales auprès de l'Urssaf.

	Dissimulation d'activité	Dissimulation d'emploi salarié
Élément intentionnel	Caractérisation de l'intention de dissimulation de l'activité ou de l'emploi (ex. : omission d'heures sur un bulletin de paie non constitutive du délit).	

2. Les acteurs et moyens de contrôle du travail dissimulé

Tous les agents en charge du contrôle disposent de moyens dédiés (tab. 2.3).

Tableau 2.3. Acteurs et moyens de contrôle du travail dissimulé

Agents de contrôle	Moyens du contrôle
• Inspecteurs du travail • Officiers de police judiciaire • Agents des services des impôts et douanes • Agents agréés et assermentés des organismes de Sécurité sociale ou de Mutualité sociale agricole (MSA) (↪ chapitres 18 et 21) • Agents de Pôle emploi	• Vérification et consultation de documents • Enquêtes • Auditions, interrogatoires, visites inopinées • Perquisitions • Coordination des actions entre les différents services de contrôle • Échange d'informations

3. Les sanctions encourues par l'employeur

Le travail dissimulé est sanctionné et réprimé (tab. 2.4).

Tableau 2.4. Sanctions du travail dissimulé

Sanctions pénales	Trois ans d'emprisonnement et une amende de 45 000 € (amende quintuplée pour les personnes morales)
Sanctions civiles	• Pour le chef d'entreprise, les rémunérations versées ou dues et non déclarées peuvent être réintégrées dans l'assiette des cotisations. Si la rémunération n'est pas connue, elle peut être évaluée de manière forfaitaire (25 % du plafond annuel de la sécurité sociale). • S'il y a eu rupture de la relation de travail dans le cadre du travail dissimulé, le salarié a droit à une indemnité égale à six mois de salaire. Cette indemnité se cumule avec toutes les autres indemnités de toute nature auxquelles le salarié a droit : indemnité légale ou conventionnelle de licenciement, indemnité de licenciement sans cause réelle et sérieuse, indemnité de préavis et de congés payés…
Sanctions administratives	• L'employeur peut être privé des réductions ou des exonérations de cotisations de sécurité sociale dont il pouvait bénéficier. L'attribution de certaines aides publiques peut lui être refusée pendant une durée de cinq ans maximum… Il peut être exclu des marchés publics pour une durée de cinq ans maximum. • Ces sanctions administratives peuvent être cumulatives.

→ **CAS 3 • CAS 6 • COMMENTAIRE DE DOCUMENT 8 • SITUATION PRATIQUE 9**

2 Les contentieux de la relation de travail

A) Le contentieux prud'homal

1. La compétence du conseil de prud'hommes

Juridiction paritaire. Le conseil de prud'hommes est une juridiction d'exception du premier degré chargée de résoudre les litiges individuels, opposant employeur et salarié à l'occasion d'un contrat de travail. Paritaire, il est composé de conseillers prud'homaux désignés, tous les quatre ans, par les organisations syndicales patronales et salariales en fonction de leur représentativité au niveau du département.

Compétence. Comme toute juridiction, le conseil de prud'hommes est caractérisé par une **double compétence** :

- **Matérielle.** Le conseil de prud'hommes est compétent pour régler, par voie de conciliation, les litiges individuels. Il juge ces mêmes litiges lorsque la conciliation n'a pas abouti. Cette compétence étant d'ordre public, les parties ne peuvent confier le litige à une autre juridiction, ni convenir d'une clause compromissoire ou d'un compromis d'arbitrage.
- **Territoriale.** Le conseil de prud'hommes territorialement compétent est celui :
  - dans le ressort duquel l'entreprise ou l'établissement est situé, lorsque le travail est effectué en entreprise ;
  - du domicile du salarié lorsque le travail est réalisé en dehors de tout établissement (ex. : télétravail).

2. La procédure prud'homale

Saisine du conseil de prud'hommes. Les parties peuvent former une requête auprès du greffe du conseil de prud'hommes ou se présenter volontairement devant le bureau de conciliation et d'orientation (BCO). L'employeur, comme le salarié, peut être représenté ou assisté par les personnes désignées par la loi (ex. : défenseur syndical ou avocat).

Conciliation préalable. En principe, une tentative est obligatoire (sauf dans certains cas précis, comme la requalification du CDD ou du CTT en CDI, l'affaire est portée directement devant le bureau de jugement). Les parties se présentent et sont entendues séparément par le BCO. L'audience n'est pas publique. Le BCO constate la teneur de l'accord en cas de conciliation. Ce dernier revêt alors autorité de la chose jugée et force exécutoire. À défaut de conciliation, le procès-verbal (PV) relève les contestations et points litigieux.

Absence de conciliation et renvoi des parties devant le bureau de jugement. Lorsque les parties ne parviennent pas à s'accorder, elles sont convoquées devant le bureau de jugement qui statue, lors d'une audience publique, soit réuni au complet en formation classique, soit dans les trois mois, réuni dans une composition restreinte, si les parties sont d'accord et pour les litiges portant sur un licenciement ou une résiliation du contrat de travail. Les décisions sont prises par les juges à la majorité des voix. Pour procéder au départage, l'affaire peut être renvoyée dans le mois, à une audience ultérieure du conseil, alors présidée par un juge départiteur du tribunal judiciaire.

Voies de recours. Le conseil de prud'hommes statue en premier et dernier ressort pour toutes les demandes n'excédant pas 5 000 €. Au-delà, les parties peuvent interjeter appel devant une cour d'appel. Elles sont tenues de constituer avocat ou de faire appel à un défenseur syndical. L'appel est suspensif. Les jugements du conseil de prud'hommes ou les arrêts de la cour d'appel sont susceptibles de pourvoi en cassation, dans les deux mois de la décision, recevable en cas d'erreur de droit, vice de forme ou de procédure. Le pourvoi en cassation n'est pas suspensif.

Formation de référé. Elle peut être saisie par les parties en cas d'urgence pour ordonner des mesures provisoires et conservatoires (ex. : réintégration d'un salarié protégé irrégulièrement muté).

Le référé en procédure prud'homale :

http://dunod.link/rle5cpe

B) Les autres contentieux de la relation de travail

1. Le contentieux civil du travail

Les juridictions civiles traitent également de certains contentieux du travail.

Le tribunal judiciaire (TJ) est compétent pour :

- les contentieux des élections professionnelles (base électorale et régularité des opérations électorales) ;
- les litiges relatifs à la désignation des délégués syndicaux et des représentants syndicaux, à la représentativité syndicale ou encore aux saisies sur rémunération ;
- les contentieux collectifs du travail (ex. : défaut de consultation du CSE lors d'une procédure de licenciement économique collectif) ;
- les actions en interprétation ou en annulation des conventions et accords collectifs de travail ;
- les contentieux en matière d'intéressement et de participation aux résultats de l'entreprise relatifs au calcul de la réserve spéciale de la participation (RSP), notamment toutes les contestations relatives aux salaires, au calcul de la valeur ajoutée ou à la mise en place de la participation ;
- les ordonnances de référé du président du tribunal judiciaire en cas de troubles manifestement illicites (ex. : expulsion de grévistes occupant les lieux de travail) ou de dommage imminent (ex. : risque d'atteinte à l'intégrité physique des salariés).

Les décisions du tribunal judiciaire sont susceptibles d'appel pour les contentieux supérieurs à 5 000 €.

2. Le contentieux pénal du travail

Les juridictions répressives compétentes pour statuer sur les litiges relatifs au travail sont essentiellement :

- Le tribunal de police pour les infractions qualifiées de contraventions (infractions à la durée du travail, à l'affichage du règlement intérieur…).
- Le tribunal correctionnel pour les infractions qualifiées de délit : entrave aux missions des représentants du personnel, obstacle à la mission de l'inspecteur du travail, travail dissimulé…

3. Le contentieux administratif du travail

Les tribunaux administratifs sont compétents pour traiter des litiges relatifs :

- aux décisions de l'inspecteur du travail (ex. : autorisation de licenciement d'un représentant du personnel, retrait d'une clause du règlement intérieur) ou de la Dreets (ex. : homologation des ruptures conventionnelles, PSE) ;
- aux procédures d'extension des conventions et accords collectifs par le ministre du Travail.

→ CAS 4 • CAS 5 • CAS 7 • SITUATION PRATIQUE 8 • SITUATION PRATIQUE 9

3 Les MARD individuels du travail

A) La médiation conventionnelle

Définition

La **médiation** est un processus structuré par lequel les parties à un litige individuel du travail tentent de parvenir à un accord, en vue de la résolution amiable de leur différend, avec l'aide d'un médiateur, choisi par elles ou désigné avec leur accord par le juge saisi du litige.

1. La forme

La médiation peut être :

- **Judiciaire.** Elle intervient alors qu'une action devant le conseil de prud'hommes est déjà ouverte. Le médiateur est désigné par le juge prud'homal avec l'accord de l'employeur et du salarié. La loi permet au juge, qui estime qu'une résolution amiable est possible, d'imposer aux parties de rencontrer un médiateur qu'il désigne.
- **Conventionnelle** ou **extrajudiciaire.** L'employeur et le salarié cherchent à régler leur litige avant même que le juge soit saisi. Néanmoins, une clause de médiation préalable dans un contrat de travail n'interdit pas de saisir directement le conseil de prud'hommes.

2. La procédure

La procédure de médiation peut être engagée pour un nombre limité de contentieux et dans des conditions précises (tab. 2.6).

Tableau 2.6. Conditions de la médiation conventionnelle

Contentieux concernés	• Le contentieux doit être relatif aux relations individuelles de travail pour faire l'objet d'un MARD. • Le contentieux doit porter sur le contrat de travail qui liait employeur et salarié (ex. : contentieux relatif au contenu, à l'exécution ou à la rupture du contrat).
Médiateur	• L'employeur et le salarié s'accordent sur le choix du médiateur. • Le médiateur remplit sa mission avec impartialité, compétence et diligence et en toute confidentialité. • Le médiateur doit posséder les qualifications requises ou justifier d'une formation ou d'une expérience adaptée à la médiation, ne pas avoir fait l'objet d'une condamnation ou de déchéances.
Conclusion de l'accord	• Dans la recherche de l'accord, l'employeur et le salarié ne peuvent mettre en jeu que des droits acquis – et non futurs – dont ils ont la libre disposition ou sur lesquels ils peuvent négocier (ex. : avantage prévu au contrat). • Aucune condition de forme n'est imposée mais l'écrit peut l'être en cas de demande d'homologation.

3. Les effets de l'accord de médiation

À l'issue de la procédure de médiation, l'employeur et le salarié peuvent faire homologuer leur accord par le bureau de conciliation et d'orientation (BCO) du conseil de prud'hommes. L'accord acquiert force exécutoire. En cas d'échec de la médiation, les parties peuvent saisir le BCO ou le bureau de jugement du conseil de prud'hommes.

B La convention de procédure participative

Définition

La **convention de procédure participative** (CPP) est une convention par laquelle un employeur et un salarié, qui sont en litige mais sans avoir saisi le juge prudhommal, s'engagent à œuvrer conjointement et de bonne foi, avec l'aide de leurs avocats, à la résolution amiable de leur différend.

Une CPP ne peut porter que sur les droits dont chaque partie a la libre disposition. Elle doit être écrite sous peine de nullité et comporte des mentions obligatoires.

Exemples

- Les noms et adresses des parties et de leurs avocats, l'objet du différend et les modalités d'échange des documents constituent autant de mentions obligatoires.

La CPP est conclue pour une durée déterminée entre l'employeur et le salarié, assistés de leurs avocats respectifs, sans saisine possible du juge prud'homal en cours de procédure. Les parties peuvent mettre fin à la procédure avant son terme par écrit. L'issue, qu'elle soit positive ou négative, fait l'objet d'un écrit (tab. 2.7).

Tableau 2.7. Issues de la CPP

Issue positive	Issue négative
• L'accord auquel parviennent employeur et salarié pour régler leur différend est consigné par écrit, à l'aide de leurs avocats respectifs. • Il détaille les éléments ayant permis la conclusion de l'accord. • Il est soumis à l'homologation du juge prud'homal par l'employeur ou le salarié ou les deux, afin de le rendre exécutoire. • Le juge peut homologuer un accord partiel et être saisi sur les points litigieux qui persisteraient.	• Si employeur et salarié échouent dans leur recherche de solutions amiables, ils constatent cet échec par écrit. • Ils peuvent saisir le conseil de prud'hommes selon des modalités spécifiques dans la mesure où ils ont tenté de résoudre leur différend à l'amiable.

C) La transaction

Définition

La **transaction** est un contrat par lequel l'employeur et le salarié, par des concessions réciproques, mettent fin à une contestation née ou préviennent une contestation à naître, pour éviter une action en justice.

1. Les conditions de fond

Pour transiger, il est nécessaire de respecter les conditions de validité des contrats (consentement des parties, capacité, contenu licite et certain de la transaction). Il faut en outre qu'il existe un litige lié à la rupture du contrat de travail (lorsque la rupture du contrat est devenue définitive) ou à l'exécution du contrat de travail (↪ chapitre 3). Les concessions réciproques consenties par employeur et salarié doivent être réelles. Elles sont appréciées à la date de la signature de la convention.

2. La forme de la transaction

L'écrit n'est pas imposé comme condition de validité mais recommandé à titre de preuve. La transaction règle seulement les litiges qui sont compris dans l'écrit. Elle revêt, entre le salarié et l'employeur, l'autorité de la chose jugée. Elle rend irrecevables les actions qui seraient portées ultérieurement devant le juge. Les parties peuvent faire homologuer leur transaction par le juge. Cette homologation rend la transaction exécutoire. La transaction fait l'objet d'une action en résolution auprès du conseil de prud'hommes uniquement si les parties n'exécutent pas leurs obligations.

→ CAS 4

1 Quiz

Vérifiez l'exactitude des propositions ci-après et justifiez-les.

	Vrai	Faux
1. Inspection du travail et Dreets partagent les mêmes compétences et missions.	☐	☐
2. La Dreets homologue les accords de rupture conventionnelle.	☐	☐
3. La mission principale de l'inspection du travail consiste en un contrôle de l'application du droit du travail légal et conventionnel	☐	☐
4. L'inspecteur du travail prévient l'employeur lorsqu'il désire visiter les locaux de l'entreprise.	☐	☐
5. L'inspecteur du travail a le pouvoir de régler un conflit collectif du travail qui dégénère.	☐	☐
6. Le conseil de prud'hommes est compétent pour tous les litiges du travail.	☐	☐
7. Le tribunal correctionnel et le tribunal de police sont compétents pour statuer sur les infractions au droit du travail.	☐	☐
8. Le conseil de prud'hommes est une juridiction paritaire composé de magistrats et de représentants des salariés et employeurs.	☐	☐
9. Il est possible de recourir à la médiation ou à la CPP pour résoudre à l'amiable un conflit individuel du travail.	☐	☐

2 Les travaux de Marc-Antoine ★★★

Marc-Antoine était consultant auprès du cabinet juridique Ayat. Il a été licencié pour insuffisance professionnelle. Dans la lettre notifiant la rupture de son contrat de travail, son employeur lui reproche des conseils hasardeux prodigués à certains clients, une attitude désinvolte sur les lieux de travail et des retards dans la restitution des travaux dont il était chargé. Marc-Antoine estime que la rupture de son contrat de travail est subjective et abusive. Il en a fait part au dirigeant du cabinet qui souhaite dorénavant trouver un accord avec lui : Marc-Antoine s'engagerait à ne pas saisir le conseil de prud'hommes. En contrepartie, le cabinet Ayat verserait à Marc-Antoine six mois de salaire.

1. *Qualifiez l'accord conclu entre Marc-Antoine et son employeur et contrôlez-en la recevabilité.*
2. *Identifiez les effets de cet accord pour chacune des parties.*

3 Cas Inspection du travail et Dreets ★★★

Compétence attendue

Identifier les missions et moyens d'action des agents de contrôle de l'inspection du travail et de la Dreets

Dans les situations ci-après, identifiez les agents compétents pour intervenir ainsi que leurs rôle et moyens d'action.

1. La société de l'Habitat et du Logement a envoyé ses salariés travailler sur un chantier à proximité de Toulouse. Le matériel et les équipements sont défectueux. Les salariés risquent de faire des chutes. Le délégué syndical entend saisir l'autorité administrative aux fins de prendre des sanctions à l'encontre de l'employeur pour ces manquements.
Déterminez qui le délégué syndical doit contacter.

2. La société Lazz, spécialisée dans la confection et le prêt-à-porter, vient de signer avec l'un de ses salariés une convention de rupture conventionnelle.
Précisez à qui Lazz doit adresser la convention.

3. Philippe Rogère a mis en place un règlement intérieur dans l'entreprise de solvants chimiques qu'il dirige puisque son effectif a dépassé le seuil des 50 salariés. Il a intégré une clause prévoyant un recours systématique à l'alcootest pour tous les personnels. Les salariés affectés aux services administratifs et comptables souhaitent le retrait de la clause. Les membres du comité social et économique (CSE) entendent faire contrôler la licéité de la mesure par l'autorité compétente.
Identifiez l'autorité qui pourrait intervenir auprès de l'employeur.

4. Vanessa Lefort, PDG de la société MinciR, entend licencier pour motif personnel Dorothée Deloup, la déléguée syndicale de son entreprise, qui l'a injuriée à plusieurs reprises en présence de clients.
Précisez auprès de qui Vanessa Lefort doit solliciter l'autorisation de licenciement.

4 Cas Association Aide au droit ★★★

Compétence attendue

Informer sur la nature et les caractéristiques des modes alternatifs de règlement des différends dans le cadre d'un litige individuel prud'homal

Située à Lyon, l'association Aide au droit assure des conseils aux justiciables. Elle les oriente vers les services compétents et les informe des alternatives amiables (MARD) à l'action judiciaire. En tant que bénévole de l'association, vous traitez le dossier de Louise Wurz (*voir le document ci-après*).

Informez Louise sur les modes alternatifs de règlement des différends envisageables dans sa situation.

Document

Dossier Louise Wurz

Louise Wurz est designer au sein de la SA LesUNIformes. Son employeur l'a licenciée en raison de ses absences pour maladie mais sans démontrer que les arrêts de travail avaient perturbé le fonctionnement de l'entreprise ni la nécessité de la remplacer par un salarié en CDI. Louise conteste le licenciement. Son employeur accepte de la rencontrer pour trouver un arrangement amiable. Il consent à l'indemniser et souhaiterait qu'en contrepartie, elle ne le poursuive pas devant le conseil de prud'hommes.

5 Cas Juridictions ★★★

Compétence attendue — **Déterminer** la juridiction compétente à l'occasion d'un litige du travail

Dans chacune des situations ci-après, indiquez la juridiction compétente. Justifiez vos réponses.

1. Les salariés de la société Jouzël ont demandé l'organisation des élections du comité social et économique (CSE) puisque l'effectif de l'entreprise a dépassé 11 salariés depuis plus d'un an. L'employeur refuse d'accéder à leur demande et les menace. Ils entendent saisir le juge.
2. Le syndicat des salariés de la métallurgie (SSM), qui a recueilli de nombreux suffrages lors des dernières élections professionnelles, voudrait faire reconnaître sa représentativité pour représenter les salariés lors de la signature des prochains accords collectifs de la branche.
3. Sous l'empire de l'émotion, Léa Martel a démissionné en raison du harcèlement moral que pratique son supérieur hiérarchique, Benoît Duré. Elle avait informé l'employeur de la situation. Il n'a pris aucune mesure pour faire cesser les agissements de Benoît Duré. Elle a saisi le tribunal aux fins de faire requalifier la rupture de son contrat de travail en licenciement.
4. La société Alpha entend licencier Fatima Benahmed, déléguée syndicale, en raison de propos qu'elle a tenus sur les réseaux sociaux à l'encontre du dirigeant de l'entreprise. L'inspecteur du travail refuse de donner son autorisation. L'employeur veut contester cette décision.

6 Cas Simon Legrand ★★★

Compétence attendue — **Caractériser** l'infraction de travail dissimulé et ses conséquences

Depuis plus de 20 ans, Simon Legrand est inspecteur du travail à Annecy. Il visite de nombreuses entreprises dépendant de son unité de contrôle. Sa mission s'oriente actuellement vers la lutte contre le travail dissimulé.

Dans chacune des situations ci-après, caractérisez l'infraction et déterminez-en les conséquences.

1. Simon Legrand a été saisi par un salarié, Erwan Litrem, barman à temps partiel, qui travaille dans le café-restaurant La Place. Il vient d'être licencié. Erwan Litrem reproche à son employeur de ne pas lui avoir délivré tous les bulletins de paie de la dernière année. Il estime également avoir réalisé des heures complémentaires qui n'ont été ni payées ni déclarées. Il présente à Simon Legrand un document reprenant la répartition des horaires convenue avec son employeur ainsi que quelques bulletins de paie du début d'année qui ne reprennent pas la totalité des heures réalisées.
Le gérant du café-restaurant pourrait-il être poursuivi pour délit de travail dissimulé ?

2. Poursuivant ses investigations, Simon Legrand effectue un contrôle sur place. Iwl constate cette fois que le gérant travaille avec trois amis « bénévoles » pour servir les clients. Après enquête, il apparaît que ces travailleurs sont régulièrement présents aux heures de service, que le gérant leur donne des ordres et directives et contrôle le travail effectué. Il entend verbaliser immédiatement le gérant.
Qu'en pensez-vous ?

3. Simon Legrand s'intéresse également à la société de livraison de repas à domicile Food2U travaillant avec le restaurant. Les coursiers à vélo qu'elle emploie sont, pour la plupart, des étudiants au statut de micro-entrepreneurs. Ils disposent, pour l'exécution de leur tâche, de casques et de matériels au logo de Food2U. Ils livrent selon les ordres et directives de Food2U. Il apparaît également, dans les comptes de la société, que ces travailleurs touchent régulièrement un revenu fixe. Un système de notation des livreurs en fonction des avis de la clientèle a été mis en place par la société. En cas de défaillance, les livreurs sont remerciés sur-le-champ. Simon Legrand estime être en présence d'un contrat de travail et non simplement d'un contrat de collaboration comme le prétend le dirigeant. Il entend dresser un PV pour travail dissimulé.

Qu'encourt le dirigeant de la société Food2U ? Quelles seraient les conséquences pour les coursiers en cas de condamnation des pratiques de Food2U ?

7 Cas Elsa Trouillot ★★★

Compétence attendue — **Schématiser** la procédure prud'homale

Elsa Trouillot était responsable commerciale de secteur au sein d'un grand groupe de cosmétiques bio, la SA BioCosmetik. Son employeur lui doit le montant des commissions (10 000 €) sur les ventes qu'elle a réalisées, depuis plus de deux ans. Elsa les a réclamées à de multiples reprises. L'employeur s'est soustrait à chaque fois, lui indiquant qu'il allait honorer ses engagements. Elsa lui a donc adressé un courrier recommandé lui précisant qu'elle prenait acte de la rupture de son contrat de travail en raison du non-versement de ses commissions. Munie de nombreux moyens de preuve, elle a saisi le même jour le greffe du conseil de prud'hommes pour faire qualifier la rupture en licenciement sans cause réelle et sérieuse. Elle demande, outre le versement des commissions dues, des dommages-intérêts pour le préjudice subi.

Décrivez et schématisez la procédure devant le conseil de prud'hommes.

8 Situation pratique : *Gemo Interim 3 c/SDL Interim* ★★★

30 min

Compétence attendue **Déterminer** la juridiction compétente à l'occasion d'un litige du travail

Rendez-vous MÉTHODE 2

Karine Maillard, expert-comptable du cabinet Maillard & Associés, vous sollicite sur le cas d'un salarié d'une entreprise cliente recruté par un concurrent alors qu'il était lié par une clause de non-concurrence. Vous recherchez une décision de jurisprudence susceptible d'aider Karine Maillard.

Vos missions

1. *Identifiez la juridiction compétente en cas de violation d'une clause contractuelle de non-concurrence par un salarié.*
2. *Déterminez le tribunal compétent pour statuer sur le litige de débauchage de salariés de sociétés concurrentes liés par une clause contractuelle de non-concurrence.*
3. *Formulez le problème de droit posé à la Cour de cassation dans cet arrêt.*
4. *Analysez la décision rendue par les juges ainsi que la portée de l'arrêt.*

Document

Arrêt de la Cour de cassation,
14 mai 2013, pourvoi n° 12-19.351, rectifié par un arrêt du 9 juillet 2013 (extraits)

Attendu, selon l'arrêt attaqué (Lyon, 24 février 2012), que la société SDL Interim, société de travail intérimaire, employait M. X..., commercial, et Mme Y..., secrétaire, qui ont tous deux démissionné en août 2010 et ont ensuite été embauchés par une société concurrente, la société Gemo Interim 3 ; que, faisant valoir que ces salariés étaient tenus par une clause de non-concurrence et invoquant un détournement de clientèle, la société SDL Interim a fait assigner la société Gemo Interim 3 en paiement de dommages-intérêts pour concurrence déloyale ;

Attendu que la société Gemo Interim 3 fait grief à l'arrêt de sa condamnation alors, selon le moyen : Qu'une action fondée sur la complicité dans la violation d'une clause de non-concurrence, qui relève de la compétence de la juridiction commerciale, suppose que soit tranchée la question préalable de la violation de cette clause par le salarié, laquelle relève de la compétence exclusive de la juridiction prud'homale ; qu'il appartient à l'ancien employeur, qui prétend agir en concurrence déloyale contre le nouvel employeur de son ancien salarié, de faire préalablement constater la violation de la clause de non-concurrence par son salarié ; qu'en retenant néanmoins la responsabilité de la société Gemo Interim 3 au titre d'une complicité de la violation des clauses de non-concurrence stipulées aux contrats de travail entre la société SDL Interim et M. X... et Mme Y..., au motif inopérant qu'il n'était pas démontré qu'une action ait ...

...
été introduite devant le conseil de prud'hommes quant à la violation de la clause, tandis que cette action incombait à SDL Interim, la cour d'appel a violé les articles L. 1411-1 et L. 1411-4 du Code du travail, ensemble l'article 49 du Code de procédure civile ; [...]

Que la responsabilité de l'employeur d'un salarié tenu par une clause de non-concurrence liant ce dernier à un précédent employeur ne peut être engagée qu'à charge pour le juge de vérifier la licéité de la clause de non-concurrence ; qu'il appartient ainsi au juge de vérifier que la clause de non-concurrence est indispensable aux intérêts légitimes de l'entreprise, limitée dans le temps et dans l'espace et qu'elle tient compte des spécificités de l'emploi du salarié ; que la société Gemo Interim 3 faisait valoir que la licéité des clauses de non-concurrence stipulées dans les contrats de M. X... et de Mme Y... n'avait pas été vérifiée par la juridiction prud'homale ; qu'il appartenait ainsi à la cour d'appel [...] de vérifier la validité des clauses litigieuses au regard des critères précités ; qu'en s'abstenant d'effectuer cette vérification, la cour d'appel a privé sa décision de base légale [...]

que pour juger que la société Gemo Interim 3 avait commis une faute en embauchant Mme Y... en violation de la clause de non-concurrence liant cette dernière à la société SDL Interim, la cour d'appel a considéré, par motifs propres et adoptés, qu'au regard de l'activité de secrétariat confiée à l'intéressée qui dans ce type d'activité implique des relations avec la clientèle, l'existence d'une clause de non-concurrence était justifiée et que cette clause stipulait elle-même qu'elle était indispensable ; qu'en statuant ainsi, sans vérifier que la clause litigieuse était, au-delà de l'affirmation qu'elle comportait, indispensable aux intérêts légitimes de la société SDL Interim, qu'elle était limitée dans le temps et dans l'espace, la cour d'appel a privé sa décision de base légale au regard des articles 1134, 1165 et 1382 du Code civil ;

Mais attendu [...] que la cour d'appel, qui était saisie d'un litige opposant deux sociétés commerciales, l'une recherchant la responsabilité de l'autre pour complicité de violations de clauses de non-concurrence, et la juridiction prud'homale n'étant pas saisie par les parties au contrat de travail, a énoncé à bon droit que l'absence de décision de cette juridiction sur la validité ou la nullité de ces clauses et sur la violation par les salariés concernés de leur obligation de non-concurrence n'empêche pas la juridiction commerciale de trancher cette question lors de l'instance opposant les employeurs successifs ; [...]

PAR CES MOTIFS ;

REJETTE le pourvoi [...].

9 Situation pratique : avis de tempête à la SAS Bourdel ★★★

60 min

Compétences attendues

- **Identifier** les missions et les moyens d'action des agents de contrôle de l'inspection du travail
- **Caractériser** l'infraction de travail dissimulé et ses conséquences
- **Déterminer** la juridiction compétente à l'occasion d'un litige du travail

Alerté par des riverains, Hugo Marley, inspecteur du travail, contrôle un chantier de hangars dans une zone commerciale. Un sous-traitant, Éliott Delgado, a été chargé, avec ses frères, de la construction pour le compte de la SAS Bourdel qui a remporté le marché. Munis de casques et de matériels au logo de la SAS Bourdel, ils interviennent à plusieurs mètres de hauteur, sans harnais ni chaussures de sécurité. Les échafaudages vacillent sous le vent. Arrivé sur place, Hugo Marley interroge les trois monteurs présents. Ils travaillent depuis quatre mois, avec une cadence imposée par la SAS Bourdel et sont payés tous les 15 jours (montant fixe), directement par le gérant de la SAS. Or, Hugo Marley ne trouve trace d'aucun contrat de travail pour ces monteurs dans les livres de la SAS, ni du paiement de charges sociales. Le dirigeant conteste le contrôle opéré. Il estime qu'il aurait dû être prévenu et prétend qu'il s'agit de sous-traitants et qu'il n'est pas responsable des conditions de travail des intervenants. Hugo Marley entend le verbaliser pour travail dissimulé.

Vos missions

1. *Expliquez le rôle de Hugo Marley et les moyens dont il dispose pour réaliser ses missions.*
2. *Dans l'hypothèse où le dirigeant de la SAS Bourdel refuserait de se soumettre au contrôle de l'inspecteur du travail, indiquez s'il pourrait être poursuivi. Dans l'affirmative, précisez l'infraction.*
3. *Déterminez si l'infraction de travail dissimulé est caractérisée. Si oui, précisez la juridiction qui serait saisie de l'affaire et ce qu'encourrait le dirigeant de la SAS Bourdel (document 1).*
4. *Identifiez les conséquences d'une rupture de leurs relations contractuelles avec la SAS Bourdel pour Éliott Delgado et ses frères (document 2).*

Document 1

Arrêt de la Cour de cassation, Chambre criminelle, 15 décembre 2015 (extraits)

Attendu qu'il résulte de l'arrêt attaqué, que la société Nord Picardie Santé, exerçant une activité de téléprospection, a fait l'objet d'une enquête de l'inspection du travail courant 2011, à l'issue de laquelle Mme H..., gérante de la société et M. Y..., gérant de fait, ont été poursuivis du chef de travail dissimulé, pour avoir employé de fait d'anciens salariés sous le statut d'auto-entrepreneur en vue de poursuivre pour le compte de la société Nord Picardie l'activité de téléprospection téléphonique ;

Attendu qu'en l'état de ses énonciations, d'où il résulte que, sous le couvert de mandats établis entre la société Nord Picardie Santé et plusieurs de ses anciens salariés, ayant pris le statut d'auto-entrepreneurs, ces derniers fournissaient en réalité à ladite société des prestations dans des conditions qui les plaçaient dans un lien de subordination juridique permanente à l'égard de celle-ci, et que Mme X... et M. Y...ont commis l'infraction de travail dissimulé pour le compte de la personne morale, la cour d'appel a justifié sa décision au regard des articles L. 8221-5 et L. 8221-6 du Code du travail ; [...]

D'où il suit que le moyen, qui revient à remettre en question l'appréciation souveraine, par les juges du fond, des faits et circonstances de la cause et de la valeur des éléments de preuve contradictoirement débattus, ne saurait être admis ; [...]

Et attendu que l'arrêt est régulier en la forme ; REJETTE les pourvois ;

Document 2

Article L. 8223-1 du Code du travail

En cas de rupture de la relation de travail, le salarié auquel un employeur a eu recours dans les conditions de l'article L. 8221-3 [relatif au travail dissimulé] ou en commettant les faits prévus à l'article L. 8221-5 a droit à une indemnité forfaitaire égale à six mois de salaire.

SYNTHÈSE

Les missions de l'inspection du travail et de la Dreets

Les missions et moyens d'action de la Dreets et de l'inspection du travail

Dreets

- **Missions :**
  - définition des orientations générales des actions d'inspection
  - suivi de la négociation collective dans les entreprises et au niveau territorial
  - mise en œuvre de la politique nationale
- **Moyens d'action :**
  - homologation de ruptures conventionnelles
  - amendes administratives
  - transactions pénales…

Inspection du travail

- **Missions :**
  - contrôler l'application des droits légal et conventionnel
  - lutter contre le travail dissimulé
  - conseiller et concilier les parties en désaccord
  - autoriser des décisions (ex. : licenciement d'un salarié protégé)
- **Moyens d'action :**
  - droit d'entrer dans les établissements et de se faire communiquer tous documents, droit de prélèvement (ex. : contamination)
  - pouvoir de sanction

Les contentieux de la relation de travail

Contentieux prud'homal

• Saisine pour les litiges individuels
• Conciliation préalable obligatoire
• Renvoi des parties devant le bureau de jugement en cas désaccord

Contentieux civil

Depuis 2020, litiges tranchés par le tribunal judiciaire

Contentieux pénal

• Infractions qualifiées de contraventions (ex. : non-affichage du RI) → tribunal de police
• Infractions qualifiées de délits (entrave aux missions des représentants du personnel) → tribunal correctionnel

Contentieux administratif

Litiges relatifs aux décisions de l'inspecteur du travail ou de la Dreets

Les modes alternatifs de règlement des différends individuels du travail

Médiation	Convention de procédure participative (CPP)	Transaction
Processus par lequel employeur et salarié tentent de parvenir, avec l'aide d'un médiateur, à un accord pour la résolution amiable de leur différend	Convention par laquelle les parties à un différend – employeur et salarié – qui n'a pas donné lieu à la saisine d'un juge s'engagent à œuvrer à la résolution amiable de leur différend à l'aide de leurs avocats	Contrat conclu entre un employeur et un salarié pour mettre fin au litige qui les oppose, moyennant des concessions réciproques de part et d'autre et éviter le recours au juge

Installée à Antony dans les Hauts-de-Seine, la SAS Travaux & Construction sous-traite les chantiers de collectivités territoriales et promoteurs immobiliers dans le nord de Paris, en réalisant tous accès et réseaux de circulation et en assurant des travaux de réfection des voiries ou d'ouvrages tels des ponts et viaducs. La société compte une cinquantaine d'ouvriers des travaux publics ainsi qu'une dizaine de cadres chargés de la commercialisation et du suivi des activités. La SAS a mis en place un comité social et économique (CSE) pour assurer la représentation des salariés. Ses ouvriers sont sans cesse en déplacements professionnels, ce qui les empêche de regagner leur domicile ou leur lieu habituel de travail pour se restaurer. Ils sont contraints de déjeuner en dehors des locaux de l'entreprise. La SAS a donc instauré, il y a une dizaine d'années, un système de prime de panier exonéré de cotisations sociales. Un contrôle, suivi d'un redressement, de l'Urssaf a conclu que cette prime était soumise aux prélèvements sociaux, au même titre que les salaires. Le dirigeant de la SAS entend, dans ces conditions, remettre en cause le versement de la prime de panier.

Rendez-vous MÉTHODE 3

Vos missions

1. *Déterminez si la prime de panier peut être considérée comme un usage d'entreprise.*
2. *Expliquez comment le dirigeant de la SAS doit procéder s'il veut remettre en cause cette pratique.*

La SAS Travaux & Construction vient de perdre un chantier de réalisation des voies et accès d'un important lotissement en région parisienne, qui aurait dû occuper ses équipes pour plusieurs mois. Elle envisage de procéder au licenciement économique de Louis Mathelot, ouvrier des travaux publics. Salarié de la SAS depuis un an, Louis Mathelot souhaiterait connaître le montant de l'indemnité de licenciement dont il peut bénéficier. Son contrat de travail prévoit qu'en cas de rupture pour raison économique, l'indemnité conventionnelle s'appliquerait si elle lui était plus favorable.

Votre mission

3. *En vous appuyant sur les documents 1 et 2, déterminez le texte applicable à Louis Mathelot pour calculer le montant de l'indemnité de rupture qui lui est due.*

Même si l'entreprise est fortement soumise à la concurrence sur son secteur d'activité, Louis Mathelot n'est pas convaincu de la réalité des difficultés économiques et financières qu'elle semble traverser. Il entend contester la réalité du motif du licenciement.

Votre mission

4. *En cas de litige opposant Louis Mathelot à son employeur sur la cause de son licenciement, identifiez la juridiction compétente.*

Le dirigeant de la SAS, qui a notifié à Louis Mathelot son licenciement, pense qu'il a peu de chances d'obtenir gain de cause en justice. Il convoque Louis Mathelot à un entretien afin de le dissuader de poursuivre son action contentieuse, moyennant le versement d'une somme forfaitaire à titre d'indemnité de rupture.

Votre mission

5. *Définissez la nature juridique de l'accord conclu et contrôlez-en la validité.*

DOSSIER DOCUMENTAIRE

Document 1

Extrait de la convention collective nationale des ouvriers des travaux publics du 15 décembre 1992, étendue par arrêté du 27 mai 1992 (*JORF* du 29 mai 1993, IDCC n° 1702)

Article 10.3. Indemnité de licenciement

10.3.1. En cas de licenciement non motivé par une faute grave, l'employeur verse à l'ouvrier qui, au moment de son départ de l'entreprise, ne remplit pas les conditions pour bénéficier d'une pension vieillesse à taux plein du régime général de la sécurité sociale, ni d'un régime assimilé, une indemnité de licenciement, distincte du préavis, calculée sur les bases suivantes :

- à partir de 2 ans et jusqu'à 5 ans d'ancienneté dans l'entreprise : 1/10 de mois de salaire par année d'ancienneté ;
- après 5 ans d'ancienneté dans l'entreprise : 3/20 de mois de salaire par année d'ancienneté, depuis la première année dans l'entreprise ;
- les années d'ancienneté au-delà de 15 ans donnent droit à une majoration de 1/20 de mois de salaire. [...]

10.3.2. En cas de licenciement pour cause économique, l'ouvrier bénéficie d'un complément forfaitaire à son indemnité de licenciement :

- pour l'ouvrier ayant au moins 5 ans d'ancienneté dans l'entreprise, le montant de ce complément forfaitaire est de 35/100 de mois de salaire. Le salaire mensuel considéré est le même que celui pris en compte pour l'assiette de calcul de l'indemnité de licenciement de l'ouvrier concerné. Ce complément forfaitaire se cumule, le cas échéant, avec la majoration dont bénéficie l'ouvrier s'il est âgé de plus de 55 ans ;
- pour l'ouvrier ayant de deux ans à cinq ans d'ancienneté dans l'entreprise, le montant de ce complément forfaitaire est égal à 70 % de l'indemnité de licenciement à laquelle l'ouvrier a droit au moment de la rupture de son contrat de travail.

Document 2

Code du travail (extraits)

Article L. 1234-9

Le salarié titulaire d'un contrat de travail à durée indéterminée, licencié alors qu'il compte 8 mois d'ancienneté ininterrompus au service du même employeur, a droit, sauf en cas de faute grave, à une indemnité de licenciement.

Les modalités de calcul de cette indemnité sont fonction de la rémunération brute dont le salarié bénéficiait antérieurement à la rupture du contrat de travail. Ce taux et ces modalités sont déterminés par voie réglementaire.

Article R. 1234-2

L'indemnité de licenciement ne peut être inférieure aux montants suivants :

1° Un quart de mois de salaire par année d'ancienneté pour les années jusqu'à dix ans ;

2° Un tiers de mois de salaire par année d'ancienneté pour les années à partir de dix ans.

CHAPITRE 3 La formation et l'exécution du contrat de travail

PROGRAMME

Compétences attendues

- **Vérifier** la légalité d'un recrutement
- **Distinguer** pourparlers, offre de contrat de travail et promesse unilatérale de contrat de travail
- **Vérifier** la formation du contrat de travail et les formalités liées à l'embauche
- **Déterminer** les principales obligations légales des parties à un contrat de travail
- **Qualifier** les clauses spécifiques d'un contrat de travail et en **apprécier** la validité
- **Rédiger** une clause du contrat de travail et en **apprécier** l'intérêt

Savoirs associés

- Le recrutement : les acteurs, les restrictions à la liberté d'embauche, les modalités de recrutement
- La formation du contrat de travail : conclusion, conditions de fond, conditions de forme
- Les formalités liées à l'embauche
- L'exécution du contrat : les obligations de l'employeur et du salarié
- Les clauses courantes inscrites dans le contrat de travail : période d'essai, non-concurrence, dédit-formation, mobilité, objectifs, exclusivité

PLAN DU CHAPITRE

La constitution du personnel de l'entreprise résulte de diverses opérations matérielles et juridiques. Il s'agit, notamment, du recrutement, de la conclusion de contrats adaptés et des formalités administratives que toute entreprise doit observer.

MOTS-CLÉS

Clause de dédit-formation • Clause d'exclusivité • Clause de mobilité • Clause de non-concurrence • Clause d'objectifs • Déclaration préalable à l'embauche • Déclaration sociale nominative • Liberté d'embauche • Promesse d'embauche • Pourparlers • Registre unique du personnel • Visite de prévention et d'information

1 Le recrutement

A) La liberté d'embauche et ses limites

1. La liberté d'embauche

Un employeur peut recruter la personne qu'il souhaite. Plusieurs raisons expliquent la **liberté d'embauche** : le pouvoir de direction et le caractère fortement personnel de la relation de travail (caractère *intuitu personæ*).

2. Les limites à la liberté d'embauche

La liberté de l'employeur est fortement encadrée. On peut signaler trois types de limites à l'embauche (tab. 3.1).

Tableau 3.1. Limites à l'embauche

Interdictions d'emploi	• Les mineurs. Elle vise les jeunes de moins de 16 ans. Il existe des exceptions (apprentissage, travail pendant les vacances scolaires). • Les étrangers. L'employeur doit s'assurer que le travailleur est légalement autorisé à travailler en France, soit parce qu'il est ressortissant de l'UE soit parce qu'il est muni d'un titre.
Obligations d'embauche	Tout employeur occupant au moins 20 salariés doit recourir à des travailleurs handicapés à raison de 6 % de son effectif. Il peut satisfaire à cette obligation de diverses autres façons, notamment en versant une contribution financière à l'Agefiph recouvrée par l'URSSAF.
Priorité d'embauche	Les salariés licenciés pour motif économique bénéficient d'une priorité de réembauche d'un an à compter de la fin du préavis.

B) Les modalités de recrutement

1. Les acteurs

Dans le cadre d'un recrutement externe à l'entreprise, l'employeur peut recourir au service public de l'emploi (Pôle emploi), à un cabinet de recrutement (« chasseurs de têtes ») ou, sous certaines conditions, à une entreprise de travail temporaire (↳chapitre 4).

2. Les méthodes

Selon le type de poste et le contexte, l'employeur :

- met en œuvre les techniques de recrutement qu'il souhaite. Il a, au préalable, informé le Comité social et économique (CSE) et les candidats ;
- utilise des méthodes de recrutement pertinentes (ex. : entretien, questionnaire), permettant d'apprécier les capacités du candidat à occuper l'emploi.

L'offre d'emploi :
- se conforme à des règles générales de rédaction (ex. : caractéristiques du poste et du candidat recherché) ;
- est rédigée en français ;
- ne comporte aucune mention interdite (ex. : mentions discriminatoires, mentions pouvant induire en erreur).

Le candidat répond de bonne foi aux questions qui lui sont posées. La loyauté ne s'étend pas aux questions interdites (ex. : appartenance politique, syndicale ou religieuse).

→ CAS 3

2 La formation du contrat de travail

A) L'avant-contrat de travail

1. Les pourparlers

Définition

Les **pourparlers** désignent une phase préliminaire de discussion et d'échange durant laquelle l'employeur et le candidat se rapprochent afin d'envisager de conclure un contrat de travail.

La conduite des négociations obéit à deux principes :
- l'initiative et le déroulement sont libres ;
- les discussions sont menées de bonne foi.

2. La promesse d'embauche

Définition

La **promesse d'embauche** correspond à la conclusion des pourparlers ; il s'agit du moyen utilisé en pratique par un employeur pour se réserver, à terme, les services d'un salarié.

La partie qui détient une information déterminante pour l'autre partie doit l'en informer.

FOCUS — L'offre de contracter et la promesse unilatérale de contrat de travail

Selon la Cour de cassation (arrêt du 21 juillet 2017) la promesse unilatérale de contrat de travail est « le contrat par lequel une partie, le promettant, accorde à l'autre, le bénéficiaire, le droit d'opter pour la conclusion d'un contrat, de travail, dont l'emploi, la rémunération et la date d'entrée en fonction sont déterminés et pour la formation duquel ne manque que le consentement du bénéficiaire ». L'offre de contracter est « l'acte par lequel un employeur propose un engagement précisant l'emploi, la rémunération et la date d'entrée en fonction et exprime la volonté de son auteur d'être lié en cas d'acceptation ». L'offre peut être librement rétractée avant d'être parvenue à son destinataire. Si elle l'est avant l'expiration du délai fixé par son auteur ou d'un délai raisonnable, elle engage la responsabilité extracontractuelle de cette personne.

Les parties sont également soumises à une obligation de confidentialité quant aux informations qu'elles seraient amenées à divulguer pendant cette phase de négociation.

Exemple

- Le recrutement d'un salarié destiné à manœuvrer une machine utilisant un procédé en voie d'être breveté implique une discrétion absolue sur l'innovation à l'œuvre.

B) Les conditions de formation du contrat de travail

1. Les conditions de fond

Le contrat de travail obéit aux conditions de formation de n'importe quel contrat (fig. 3.1).

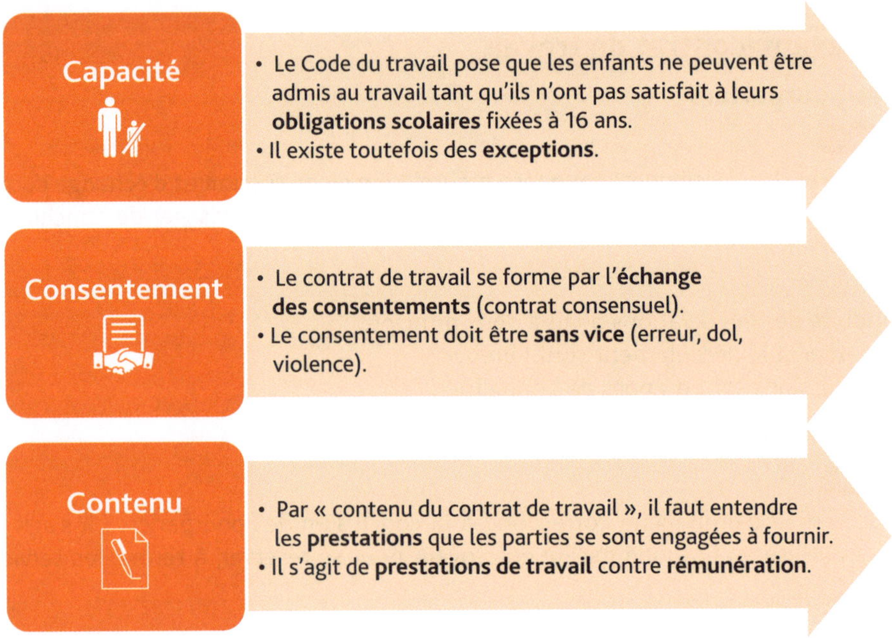

Figure 3.1. **Conditions de fond du droit commun des contrats**

2. Conditions de forme

Aux termes de la loi, le contrat de travail peut être constaté dans les formes qu'il convient aux parties contractantes d'adopter. Le contrat de travail à durée indéterminée (↳ chapitre 4) peut être conclu par écrit.

3. Les informations minimales à transmettre au salarié

La loi DDAUE (diverses dispositions d'adaptation au droit de l'Union adoptée le 28 février 2023) transpose la directive européenne du 20 juin 2019. Elle précise les informations minimales à transmettre au travailleur au moment de son recrutement ainsi que le délai et le support de transmission de ces informations. La plupart des informations sont déjà intégrées dans plusieurs documents obligatoires applicables en France : contrats de travail, conventions de stage, DPAE, bulletin de salaire, CPF (Création de l'article L 1221-5-1 du Code du travail).

L'employeur sera mis en demeure au préalable à un contentieux en cas de non-respect de l'obligation d'information.

Tableau 3.2 Principales dispositions de la directive 2019/1152 du 20 juin 2019

Champ d'application	Extension du champ d'application : la jurisprudence de la CJUE inclut dans la catégorie « travailleur » les salariés mais aussi les stagiaires, les apprentis, les travailleurs des plateformes.
Support de transmission	Information écrite individuelle, sous un ou plusieurs documents remis sur papier ou sous forme électronique (si le travailleur a accès à ces informations, si celles-ci peuvent être stockées et imprimées et si l'employeur conserve un justificatif de la transmission et de la réception sous format électronique).(1)
Mentions	Identité des parties, lieu de travail, titre grade qualité ou catégorie d'emploi, date de début de contrat, durée du congé payé, durée des préavis, rémunération, durée du travail quotidienne ou hebdomadaire, durée prévisible de la relation de travail en cas de contrat temporaire, conventions et accords collectifs, durée et conditions de la période d'essai, droit à la formation octroyée par l'employeur, procédure complète à respecter en cas de rupture de la relation contractuelle, identité des organismes de sécurité sociale.(2)
Délai de transmission des informations sur la relation de travail	Dans les plus brefs délais et au plus tard dans un délai de 7 jours calendaires à compter du 1er jour de travail pour les informations essentielles, sous 1 mois pour les autres informations.

(1) Les États membres peuvent élaborer des documents types et modèles et les mettre à disposition notamment sur un site internet national officiel.

(2) Ces informations figurent en pratique soit dans le contrat de travail, soit la DPAE ou le bulletin de paie. À noter que certaines mentions peuvent résulter d'une référence aux dispositions légales, réglementaires, administratives ou statutaires, ou aux conventions collectives.

→ APPLICATION 2 • CAS 3 • SITUATION PRATIQUE 5 • SITUATION PRATIQUE 6

3 Les formalités liées à l'embauche

A) Les formalités antérieures à l'embauche

Avant toute embauche, l'employeur doit s'acquitter de formalités sous peine de sanction :

- La **déclaration préalable à l'embauche** (DPAE). L'embauche d'un salarié intervient après que l'employeur a respecté cette formalité. Elle est adressée huit jours avant la date prévisible d'embauche ou au moment de l'entrée en fonction du salarié. L'organisme destinataire est celui qui recouvre les cotisations de sécurité sociale, c'est-à-dire l'Urssaf située dans le ressort de l'établissement qui emploie le salarié.
- La **visite de prévention et d'information** (VPI). Cette visite est effectuée sous délai (trois mois) à compter de la prise effective du poste de travail par le salarié. Elle est effectuée par un membre du service de santé au travail (↪ chapitre 10). Elle vise à interroger le salarié sur son état de santé et à l'informer sur les risques du poste de travail occupé. Les salariés affectés à des postes présentant des risques particuliers pour leur santé, leur sécurité et celles de leurs collègues bénéficient d'une visite médicale d'embauche.
- La **déclaration sociale nominative** (DSN). Elle permet de signaler, chaque mois, aux organismes sociaux (ex. : Urssaf) des événements affectant les effectifs de l'entreprise (ex. : arrêts de travail, embauches...).
- Le **registre unique du personnel** (RUP). Il mentionne les éléments d'identification (ex. : nom et prénom) des personnes embauchées.

B) Les documents à fournir au salarié au moment de l'embauche

À l'embauche, l'employeur remet au salarié une copie de la DPAE ou de tout autre document écrit mentionnant le nom de l'organisme ayant reçu la déclaration (ex. : Urssaf) et contenant des informations sur la convention collective applicable, sur la protection sociale complémentaire applicable et sur le droit à un entretien professionnel tous les 2 ans. Il lui remet un livret d'épargne salariale.

4 L'exécution du contrat de travail

Au cours de l'exécution du contrat de travail, l'employeur et le salarié ont des obligations mutuelles (fig. 3.2).

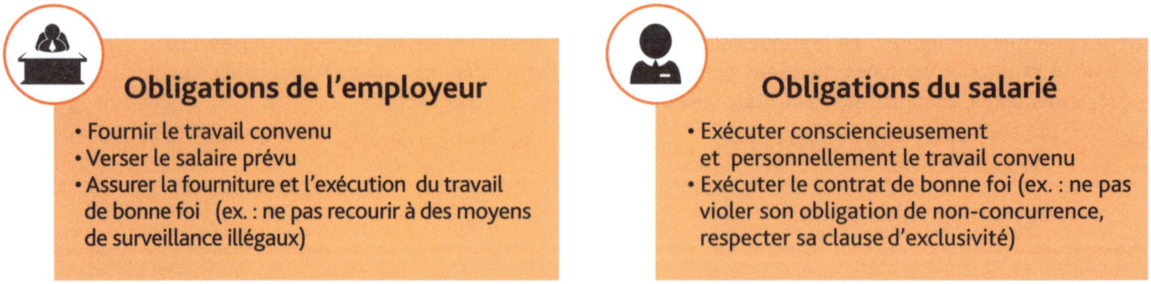

Figure 3.2. Obligations mutuelles de l'employeur et du salarié

5 Les clauses particulières du contrat de travail

A) La période d'essai

1. Le bien-fondé de la période d'essai

Définition

La **période d'essai** constitue le temps accordé à l'employeur pour évaluer les compétences du salarié dans son travail, notamment au regard de son expérience. Elle permet au salarié d'apprécier si les fonctions occupées lui conviennent.

La période d'essai ne se présume pas. C'est à celui qui s'en prévaut de rapporter la preuve de son existence, laquelle résulte de la loi, du contrat ou de la convention collective.

CHIFFRE-CLÉ

18,2 % des recrutements en CDI sont annulés à l'issue d'une période d'essai. Dans 2 cas sur 3 c'est le salarié qui rompt le contrat de travail (Mozart consulting).

Code du travail, art. L. 1221-23

- La période d'essai et la possibilité de la renouveler ne se présument pas. Elles sont expressément stipulées dans la lettre d'engagement ou le contrat de travail.

2. La durée de la période d'essai

Principe. Les parties fixent la durée de la période d'essai mais leur liberté est encadrée par la loi. Celle-ci fixe des durées maximales (tab. 3.2).

Tableau 3.3. Période d'essai selon la catégorie

	Durée initiale (mois)	Renouvellement (mois)
Ouvriers et employés	2	2
Agents de maîtrise et techniciens	3	3
Cadres	4	4

Caractère impératif. Ces durées ont un caractère impératif. Des durées plus courtes peuvent s'appliquer si elles ont été négociées par les parties ou prévues par voie conventionnelle (↪ chapitre 13). La loi DDAUE (diverses dispositions d'adaptation au droit de l'UE), adoptée le 27 février 2023 rend impossible de déroger aux durées maximales prévues par le Code du travail.

Renouvellement. Le renouvellement de la période d'essai est possible si les conditions suivantes sont réunies :
- la possibilité de renouvellement est prévue par voie conventionnelle ;
- le renouvellement est expressément prévu par le contrat de travail ;
- un seul renouvellement est possible ;
- le salarié a donné son accord.

3. Le régime juridique de la période d'essai

La période d'essai se décompte de manière calendaire. Elle débute à la date où le salarié est engagé et rémunéré. Certains événements en permettent une prolongation (ex. : prise des congés annuels, maladie, accident du travail). La période d'essai est un moment de liberté : sauf abus de droit, elle se termine quand les parties le décident (clause contractuelle). Toutefois, un délai de prévenance doit être respecté.

Exemple

▸ **Période d'essai**

Le présent contrat ne deviendra ferme et définitif qu'à l'issue d'une période d'essai de *x* mois. Cette période correspond à un temps de travail effectif, elle sera suspendue en cas d'absence de M./Mme Y. pour quelque motif que ce soit. Durant cette période, chaque partie pourra mettre fin à la relation à tout moment, sans indemnité de rupture mais en respectant un délai de prévenance de :

- *x* jours si la rupture intervient à l'initiative de l'employeur ;
- *y* jours si la rupture intervient du fait du salarié.

B) La clause de non-concurrence

NOTRE CONSEIL

Pour rédiger ou valider une clause contractuelle, assurez-vous que toutes les conditions définies par le Code du travail ou la jurisprudence sont remplies point par point. Vous devez absolument mémoriser cette *check-list*.

Définition

La **clause de non-concurrence** interdit au salarié, après toute rupture de son contrat de travail, d'exercer une activité professionnelle, salariée ou non, susceptible de concurrencer celle de son employeur.

Objectifs. Insérée dans un contrat de travail, la clause de non-concurrence répond à deux objectifs :

- dissuader le salarié de quitter l'entreprise ;
- empêcher le salarié, si la rupture est consommée, de mettre au service d'un concurrent l'expérience et les connaissances acquises tout au long de l'exécution du contrat.

Conditions de validité. Elles ont été définies par la jurisprudence. Elle s'apprécie de façon cumulative. La clause de non-concurrence :

- protège les intérêts légitimes de l'entreprise ;
- ne porte pas atteinte à la liberté du travail ;
- est limitée dans le temps et l'espace ;
- comporte une contrepartie financière versée au salarié.

Exemple

▸ **Clause de non-concurrence**

Compte tenu des fonctions de M./Mme X. [ou des spécificités des procédures mises en œuvre dans l'entreprise ou du marché concurrentiel de l'entreprise], à l'issue de son contrat de travail et pour quelque motif que ce soit, M./Mme X. s'interdit de s'engager au service d'une entreprise concurrente et, en particulier, d'une entreprise dont l'activité se rapporte, sous une forme quelconque, à l'activité de la société Z. Elle a une durée de [indiquer la durée en mois].

De plus, M./Mme X. s'interdit de créer, directement ou par personne interposée, une entreprise susceptible de concurrencer la société Z. Cette interdiction couvre les départements [indiquer ici de façon exhaustive la liste des départements concernés].

Pendant la période de non-concurrence, M./Mme X. percevra une indemnité mensuelle égale à [décrire avec précision la façon de déterminer le montant de cette indemnité]. La société Y. se réserve le droit de libérer M./Mme X. de cette clause et s'engage à le/la prévenir dans les huit jours qui suivent la notification de la rupture du contrat de travail.

C La clause de dédit-formation

Définition

La **clause de dédit-formation** impose au salarié, en contrepartie d'une formation financée par son employeur, de rester à son service pendant un certain temps.

À défaut, le salarié doit lui rembourser une partie du coût de la formation par le versement d'une indemnité forfaitaire de dédit.

Les **conditions de validité** ont été formulées par la jurisprudence. La clause :

- constitue la contrepartie d'un engagement pris par l'employeur d'assurer une formation entraînant des frais réels supérieurs à ceux de la loi ou de la convention collective ;
- met à la charge du salarié un montant proportionné aux frais de formation engagés par l'employeur ;
- n'empêche pas le salarié de démissionner ;
- ne présente pas de durée excessive ;
- fait l'objet d'un contrat écrit particulier conclu avant le début de la formation.

Exemple

Clause de dédit-formation

Nous vous confirmons que vous suivrez un stage de formation destiné à vous permettre de mieux vous organiser. Cette formation d'une durée de 5 jours se déroulera à Paris, du 5 au 7 septembre. Elle sera dispensée par CFE Formation. Pendant cette formation, votre salaire sera intégralement maintenu. Vos frais de déplacement seront intégralement pris en charge par notre société.

Le coût du stage s'élève à 3 250 €. Ce stage n'entre pas dans le PDC de l'entreprise et les frais correspondant excèdent les obligations légales (ou conventionnelles) de l'entreprise. En contrepartie, vous vous engagez à rester à la disposition de notre société pendant une durée minimale de 12 mois à compter du 8 septembre. Avant cette date et, en cas de départ à votre initiative ou en cas de licenciement pour faute grave ou lourde, vous vous engagez à rembourser à la société tout ou partie de la somme de 3 250 € (trois mille deux-cent-cinquante euros) correspondant au montant des frais excédant nos obligations en matière de formation. La somme à rembourser sera proportionnelle au nombre de mois restant à courir jusqu'à l'expiration du délai fixé ci-dessus, chacun des mois représentant 8,3 % du coût du stage. Ce remboursement sera exigible à la date de la rupture du contrat de travail.

Le plan de développement des compétences (PDC) est traité dans le chapitre 8.

La durée de la clause n'est pas prévue par la loi. Les juges l'apprécient en fonction de la nature de la formation assurée et du coût réellement pris en charge par l'entreprise au-delà de ses obligations. En moyenne, la clause validée par les tribunaux varie de 2 à 6 ans.

La clause de dédit-formation ne peut être mise en œuvre que lorsque la rupture est imputable au salarié. En revanche, la contrepartie de la formation financée ne peut pas être versée quand la rupture est imputable à l'employeur (ex. : employeur qui ne remplit pas ses obligations en matière de versement du salaire).

D) La clause de mobilité

Définition

La **clause de mobilité** permet à un employeur d'imposer au salarié un changement de lieu de travail dans un espace géographique préalablement défini. Elle ne confère en aucun cas à l'employeur le pouvoir d'en étendre unilatéralement la portée.

La clause de mobilité géographique trouve sa source dans le contrat de travail ou dans la convention collective qui couvre l'entreprise. Les **conditions de validité** de la clause de mobilité ont été formulées par la jurisprudence. La clause :

- comporte une zone géographique clairement définie ;
- ne doit pas porter atteinte au droit du salarié à une vie personnelle et familiale, ni attenter aux droits que le salarié tient de la loi ou à ses libertés fondamentales (ex. : liberté de choix du domicile).

La clause de mobilité :

- est appliquée strictement ; l'employeur n'en profite pas pour modifier un autre élément du contrat de travail ;
- est mise en œuvre dans l'intérêt légitime de l'entreprise ;
- respecte un délai de prévenance suffisant pour permettre au salarié de s'organiser.

Exemple

Clause de mobilité

M./Mme X. exercera ses fonctions à Laon. Toutefois, la société Y. se réserve la possibilité de muter M./Mme X. dans tout autre établissement présent et à venir à l'intérieur de la zone géographique comprenant les départements de l'Oise et de la Somme. Cette mutation s'explique par les besoins de la société Y. et tient compte des fonctions de M./Mme X.
M./Mme X. disposera d'un délai de huit semaines pour rejoindre sa nouvelle affectation. Le refus de M./Mme X. de rejoindre son nouveau poste s'analyserait en une inexécution fautive de ses obligations contractuelles. Il pourrait justifier un licenciement pour cause réelle et sérieuse.

E) La clause d'objectifs

Définition

La **clause d'objectifs**, encore dénommée de résultat, permet à l'employeur de déterminer les objectifs attendus de ces salariés. Les objectifs correspondent à des données chiffrées et doivent être obtenus sur une période de temps donnée.

Les **conditions de validité** de la clause d'objectifs ont été formulées par la jurisprudence. La clause comprend des objectifs :

- réalistes et réalisables même si ceux-ci ont été fixés unilatéralement par l'employeur. Ils tiennent compte de la situation économique du secteur d'intervention du salarié ;
- libellés en français, sauf s'ils figurent dans des documents reçus de l'étranger ou destinés à des étrangers.

Exemple

Clause d'objectifs

M./Mme X. est tenu de réaliser chaque année un chiffre d'affaires minimal de 200 000 € HT. Ce chiffre sera révisé chaque année, d'un commun accord en fonction de l'évolution des prix et des objectifs de la société. Il donnera lieu à un avenant au contrat de travail *(objectifs fixés contractuellement) OU (variante si les objectifs sont fixés unilatéralement)*. Chaque année, la société fixera les objectifs en fonction du plan à moyen terme et des perspectives d'évolution du marché. La réalisation des objectifs donnera lieu au versement d'une prime de 10 000 € calculée de la façon suivante : 80 % si le chiffre d'affaires est atteint ; 90 %, s'il est dépassé de 10 % ; 100 %, s'il est dépassé de 20 % ou plus. La prime sera versée chaque année, en juin.

La non-réalisation des objectifs peut, sous certaines conditions, constituer une cause réelle et sérieuse de licenciement. Tel est le cas d'une insuffisance professionnelle (↪ chapitre 11).

F) La clause d'exclusivité

Définition

La **clause d'exclusivité** permet à l'employeur d'interdire, pendant l'exécution du contrat de travail, l'exercice par son salarié de toute activité parallèle pour son compte ou pour le compte d'un autre employeur.

La clause d'exclusivité ne doit pas être confondue avec la clause de non-concurrence. La première s'applique pendant l'exécution du contrat de travail ; la seconde, à la rupture du contrat. Dès cette rupture, le salarié est délié de son obligation d'exclusivité.

Les **conditions de validité** de la clause d'exclusivité ont été formulées par la jurisprudence. La clause :

- est nécessaire à la protection des intérêts légitimes de l'entreprise ;
- doit être justifiée par la nature de la tâche à accomplir et proportionnée au but recherché.

Exemple

Clause d'exclusivité

Compte tenu des fonctions que vous exercez dans la société Y. qui vous amèneront à prendre connaissance de secrets de fabrication, vous vous engagez à réserver l'exclusivité de votre activité professionnelle à la société Y. À l'avenir, vous n'accepterez aucune mission ou collaboration de quelque sorte que ce soit sans avoir obtenu une autorisation écrite de la direction de Y. Toute violation de cette clause vous exposerait à un licenciement pour cause réelle et sérieuse qui pourrait s'accompagner de poursuites pénales.

La violation de la clause peut justifier un licenciement disciplinaire (↪ chapitre 10).

→ CAS 3 • CAS 4

Évaluer les savoirs | Maîtriser les compétences | Préparer l'épreuve

1 Quiz

Vérifiez l'exactitude des propositions ci-après et justifiez-les.

	Vrai	Faux
1. Il est interdit aux jeunes de moins de 16 ans de travailler.	☐	☐
2. En application du droit européen, tous les étrangers peuvent travailler librement en France.	☐	☐
3. Tous les salariés licenciés bénéficient d'une priorité de réembauche de six mois.	☐	☐
4. Toutes les méthodes de recrutement peuvent être mises en œuvre.	☐	☐
5. Les pourparlers peuvent être menés de mauvaise foi car ils se caractérisent par la liberté.	☐	☐
6. Le consentement ne doit pas être vicié par l'erreur, le dol, la violence et la manipulation.	☐	☐
7. Les contrats à durée indéterminée ou déterminée peuvent être conclus oralement.	☐	☐
8. Pour chaque formation, il convient d'introduire dans le contrat de travail une clause de dédit-formation.	☐	☐

2 Cabinet ACD ★★★

Vous assurez le service de la *hotline* sociale du Cabinet ACD.

Dans chacune des situations ci-après, émettez un avis concis (3 ou 4 lignes).

1. La SARL Pico est une entreprise du bâtiment spécialisée dans la couverture et la rénovation des toitures. Elle envisage de recruter deux couvreurs. Elle a reçu la candidature de Thomas Sallier, un ancien salarié qui vient de sortir de prison et qui avait été licencié pour cause économique l'année précédente. Celui-ci prétend avoir une priorité de réembauchage. De plus, M. Pico hésite à embaucher un ancien prisonnier.
2. Trafor est un cabinet médical situé dans un quartier sensible. Ces dernières années le cabinet a été confronté à des actes de violence, venant de petits délinquants. Le cabinet envisage de recruter une nouvelle secrétaire pouvant accueillir les clients.

Chaque postulante doit faire face à diverses situations et effectuer divers exercices notamment des sauts à l'élastique.

3. Franck Pocq dirige Alouette, une société spécialisée dans le mannequinat. Durant l'entretien d'embauche d'Estelle Durand il lui demande si elle envisage d'avoir des enfants. Estelle répond par la négative. Franck pense qu'Estelle ment.

3 Cas Ornella Pinzuti ★★★

Compétences attendues

- **Vérifier** la légalité d'un recrutement
- **Vérifier** la formation du contrat de travail et les formalités liées à l'embauche
- **Déterminer** les principales obligations légales des parties à un contrat de travail

Ornella Pinzutti a été recrutée le 15 février en CDI. L'annonce publiée dans la presse par son employeur, les établissements Leduc, précisait « Recherche caissière en contrat à durée indéterminée pour un magasin de tissus renommé ».

1. *Déterminez si l'offre d'emploi publiée par les établissements Leduc est valide.*

Le 30 avril, Ornella Pinzutti ne dispose toujours pas de son contrat de travail. Après vérification auprès du service des ressources humaines, elle s'aperçoit qu'aucune déclaration n'a été effectuée auprès de l'Urssaf.

2. *Déterminez si l'employeur a respecté les formalités nécessaires au moment de l'embauche d'Ornella Pinzutti.*

4 Cas Clauses en tout genre ★★★

Compétences attendues

- **Qualifier** les clauses spécifiques d'un contrat de travail et en apprécier la validité
- **Rédiger** une clause du contrat de travail et en **apprécier** l'intérêt

1. *Qualifiez et examinez les clauses contractuelles suivantes. Détectez les erreurs ou les omissions en justifiant systématiquement vos réponses.*
2. *Proposez une rédaction des clauses conforme à la jurisprudence.*

Cass. soc., 7 mai 2015, n° 13-13467

Gustave Stock, vendeur en produits pharmaceutiques. Compte tenu de vos fonctions de vendeur en produits pharmaceutiques, vous vous interdisez à l'issue de votre contrat de travail et pour quelque motif que ce soit de vous engager au service d'une entreprise concurrente. Cette interdiction couvre les départements de la Somme, de l'Oise et de l'Aisne. Chaque mois, vous recevrez une prime de non-concurrence équivalente à 10 % de votre salaire. Cette prime cessera à la rupture de votre contrat de travail.

Marie Dekker, femme de ménage. Votre contrat deviendra ferme et définitif à l'issue d'une période d'essai d'un mois, renouvelable deux fois. Cette période ne correspond pas à un temps de travail effectif, elle sera suspendue en cas d'absence sauf en cas de maladie. Durant cette période, chaque partie pourra mettre fin à la relation à tout moment, avec indemnité de rupture et en respectant un délai de préavis de deux semaines si elle intervient du fait du salarié.

Marion Delavalle, entraîneuse d'un club de football féminin. Compte tenu de vos fonctions d'entraîneuse de l'équipe féminine du FC Lens, vous vous engagez à réserver l'exclusivité de votre activité professionnelle au club. Dans l'avenir vous n'accepterez aucune collaboration, notamment auprès d'un sponsor ou d'une association sans avoir obtenu une autorisation écrite de la direction du club. Toute violation de cette clause d'exclusivité vous exposerait à verser une amende de 1 000 € au club.

Maxime Legrand, disc-jockey. Maxime Legrand exercera ses fonctions au Lagon Rouge de Béziers, 34 place du colonel Fabre. Pour des raisons tenant à son développement économique, la société du Lagon Rouge se réserve la possibilité de muter Maxime Legrand dans tout autre établissement présent et à venir en France et en Belgique. Maxime Legrand disposera d'un délai de quatre semaines pour rejoindre sa nouvelle affectation. Il bénéficiera d'une prise en charge intégrale de ses frais de déménagement. Le refus de Maxime Legrand de rejoindre son nouveau poste s'analyserait en une inexécution fautive de son contrat de travail s'accompagnant d'un licenciement.

Évaluer les savoirs | Maîtriser les compétences | **Préparer l'épreuve**

5 Situation pratique : Labrune passe à l'offensive ★★★

25 min

Compétence attendue — **Rédiger** une clause du contrat de travail et en **apprécier** l'intérêt

Chaque année, les Français boivent un peu moins de 21 millions d'hectolitres de bière, soit 30 l/an et par personne. Certains brasseurs distribuent eux-mêmes leurs produits. D'autres ont recours à des spécialistes. Parmi ceux-ci, Labrune est le plus important. Cette entreprise située à Arras (Nord) dispose de plusieurs marques propres, mais elle est surtout connue pour avoir fait de la distribution son cheval de bataille. Labrune vise essentiellement les cafetiers. L'entreprise réalise, en effet, 60 % de son chiffre d'affaires en CHR (café, hôtels, restaurants) et 40 % en grande distribution. Ses principaux concurrents font exactement l'inverse. L'une des grandes forces de Labrune est d'être en prise directe avec les amateurs de « mousse ». Aussi, l'entreprise possède-t-elle son propre réseau de vente : 80 pubs, 50 cafés plus quelques bars à bière.

Depuis quelques mois, Labrune distribue en France des bières étrangères en provenance notamment, du Chili et d'Argentine. À cette occasion, l'entreprise souhaite introduire une clause de non-concurrence dans les contrats de ses délégués commerciaux. Un cabinet parisien a été consulté et a remis un projet de clause (dossier documentaire). L'employeur envisage d'introduire dans le contrat des délégués commerciaux une clause d'exclusivité.

Rendez-vous MÉTHODE 3

Votre mission : analyser les clauses des contrats de travail de l'entreprise Labrune

1. *Expliquez le premier alinéa de la clause de non-concurrence.*
2. *Vérifiez la légalité de la clause proposée par le cabinet parisien.*
3. *Appréciez la validité des mentions de la clause relative à la période d'essai.*

Finalement, Labrune décide d'introduire la clause de non-concurrence dans le contrat de travail des commerciaux.

4. *Rédigez un argumentaire ayant pour objectif d'expliquer au salarié l'intérêt, les conditions et le régime juridique d'une telle clause.*
5. *Rédigez une clause d'exclusivité applicable aux commerciaux de Labrune. Identifiez les questions que vous devrez vous poser au préalable.*
6. *Rédigez la clause d'exclusivité applicable à Suzon Bennia, directrice de l'unité de production de Labrune.*

Document

Projet de clause de non-concurrence

En cas de rupture de son contrat de travail et compte tenu de la nature de ses fonctions et des informations commerciales dont il dispose, M. ... s'engage à ne pas entrer au service d'une firme concurrente et à ne pas s'intéresser, directement et indirectement, à toutes les activités pouvant concurrencer celles de Labrune. Cette interdiction s'exerce quel que soit le motif de la rupture. Elle s'exerce également au cours de la période d'essai.

La présente interdiction s'applique pour une durée de ... mois. Elle s'étend aux départements suivants : ... Elle débute à compter du jour du départ effectif de M. ... de la société Labrune. En contrepartie de son obligation de non-concurrence, et sauf en cas de période d'essai, M. ... recevra chaque mois après son départ effectif de la société Labrune une indemnité forfaitaire spéciale. Cette indemnité sera égale à x % de la moyenne mensuelle du salaire perçu par M. ... au cours de la période de référence. Celle-ci s'entend des xx derniers mois de présence de M. ... chez Labrune. L'indemnité forfaitaire spéciale est versée pendant la durée de l'interdiction de non-concurrence.

Labrune se réserve le droit de libérer M. ... de son obligation de non-concurrence.

6 Situation pratique : French UP ★★★

30 min

Compétence attendue **Distinguer** pourparlers, offre de contrat de travail et promesse unilatérale de contrat de travail

Rendez-vous MÉTHODE 2

Votre cabinet vient de recevoir le dossier d'une start-up, French UP qui souhaiterait ne pas donner suite à un e-mail envoyé au candidat reçu au recrutement et par lequel elle proposait un engagement en précisant la date de prise de fonction. En effet, la start-up vient de perdre son client principal et ne souhaite pas augmenter sa masse salariale dans ce contexte économique difficile. La start-up sollicite vos conseils.

Votre mission : conseiller French UP qui ne souhaite plus recruter

1. *Précisez et comparez les notions d'offre de contracter et de promesse unilatérale de contracter.*
2. *Situez la notion de pourparlers par rapport aux deux notions précédentes.*
3. *Analysez l'arrêt de la Cour de cassation, chambre sociale, du 21 septembre 2017.*
   - 3.1. *Rappelez brièvement la situation.*
   - 3.2. *Formulez le problème juridique posé par cette affaire.*
   - 3.3. *Présentez la décision de la Cour de cassation.*
4. *Formulez une réponse succincte à French UP.*

Document

Cour de cassation, chambre sociale, 21 septembre 2017, pourvoi n° 16-20103

Attendu que l'évolution du droit des obligations, résultant de l'ordonnance n° 2016-131 du 10 février 2016, conduit à apprécier différemment, dans les relations de travail, la portée des offres et promesses de contrat de travail ;

Attendu que l'acte par lequel un employeur propose un engagement précisant l'emploi, la rémunération et la date d'entrée en fonction et exprime la volonté de son auteur d'être lié en cas d'acceptation, constitue une offre de contrat de travail, qui peut être librement rétractée tant qu'elle n'est pas parvenue à son destinataire ; que la rétractation de l'offre avant l'expiration du délai fixé par son auteur ou, à défaut, l'issue d'un délai raisonnable, fait obstacle à la conclusion du contrat de travail et engage la responsabilité extracontractuelle de son auteur ;

Attendu, en revanche, que la promesse unilatérale de contrat de travail est le contrat par lequel une partie, le promettant, accorde à l'autre, le bénéficiaire, le droit d'opter pour la conclusion d'un contrat de travail, dont l'emploi, la rémunération et la date d'entrée en fonction sont déterminés, et pour la formation duquel ne manque que le consentement du bénéficiaire ; que la révocation de la promesse pendant le temps laissé au bénéficiaire pour opter n'empêche pas la formation du contrat de travail promis ;

Attendu, selon l'arrêt attaqué, que M. X..., joueur international de rugby, a reçu courant mai 2012 du club de rugby, société Union sportive carcassonnaise, une ...

...
offre de contrat de travail pour la saison 2012/2013, à laquelle était jointe une convention prévoyant l'engagement pour la saison sportive 2012/2013, avec une option pour la saison suivante, une rémunération mensuelle brute de 3 200 euros, la mise à disposition d'un véhicule et un début d'activité fixé au 1er juillet 2012 ; que dans un courrier électronique adressé le 6 juin 2012 à l'agent du joueur, le club indiquait ne pas pouvoir donner suite aux contacts noués avec ce dernier ; que le 12 juin 2012, le joueur faisait parvenir le contrat au club, alors que, le lendemain, son agent adressait la promesse d'embauche signée ; que soutenant que la promesse d'embauche valait contrat de travail le joueur a saisi la juridiction prud'homale afin d'obtenir le paiement de sommes au titre de la rupture ;

Attendu que pour condamner l'employeur au paiement d'une somme à titre de rupture abusive du contrat de travail l'arrêt retient qu'il résulte d'un courrier électronique adressé, le 25 mai 2012, par le secrétariat du club qu'une promesse d'embauche a été transmise à l'agent et représentant du joueur de rugby, que la convention prévoit l'emploi proposé, la rémunération ainsi que la date d'entrée en fonction, de sorte que cet écrit constitue bien une promesse d'embauche valant contrat de travail, que dans la mesure où le joueur a accepté la promesse d'embauche il en résultait qu'un contrat de travail avait été formé entre les parties et il importe peu que le club de rugby ait finalement renoncé à engager le joueur, même antérieurement à la signature du contrat par le joueur, que la promesse d'embauche engage l'employeur même si le salarié n'a pas manifesté son accord ;

Qu'en statuant ainsi, sans constater que l'acte du 25 mai 2012 offrait au joueur le droit d'opter pour la conclusion du contrat de travail dont les éléments essentiels étaient déterminés et pour la formation duquel ne manquait que son consentement, la cour d'appel a violé les textes susvisés ;

PAR CES MOTIFS :

CASSE ET ANNULE, en toutes ses dispositions, l'arrêt rendu le 1er juin 2016, entre les parties, par la cour d'appel de Montpellier ; remet, en conséquence, la cause et les parties dans l'état où elles se trouvaient avant ledit arrêt et, pour être fait droit, les renvoie devant la cour d'appel de Toulouse ;

SYNTHÈSE

La formation et l'exécution du contrat de travail

Les limites à la liberté d'embauche

Interdictions d'emploi
- Mineurs, sauf exceptions
- Étrangers, sauf exceptions

Obligations d'embauche
- Travailleurs handicapés
- En cas de non-respect de l'obligation annuelle, versement par l'employeur d'une contribution à l'Agefiph

Priorités d'embauche
Salariés licenciés pour cause économique (chapitre 11)

La formation du contrat de travail

Offre
- En français
- Exempte de mentions interdites

→ **Pourparlers**
Période de négociation

→ **Promesse d'embauche**

→ **Contrat de travail**

Conditions de fond
Capacité, consentement, contenu licite et certain

Conditions de forme
- **Principe** : liberté
- **Exception** : fournir, dans les 7 jours, un document indiquant les principales caractéristiques de l'emploi
- DPAE, VPI, DSN, RUP informations sur les conventions collectives, mise à jour du registre du personnel…

Les clauses particulières

	Régime juridique et conditions de validité des clauses
Période d'essai	Durée impérative prévue par la loi, renouvellement sous conditions, décompte calendaire
Non-concurrence	Validité conditionnée à la protection des intérêts légitimes de l'entreprise, à l'absence d'atteinte à la liberté du travail, à une limite spatio-temporelle et à une contrepartie financière
Dédit-formation	En cas de coût de formation supérieur au montant légal ou conventionnel, montant proportionné aux dépenses engagées, qui ne doit pas empêcher la démission ni présenter une durée excessive, conclusion du contrat antérieure au début de la formation
Mobilité	Incluse dans le contrat ou la convention collective, zone géographique claire, respect des droits du salarié
Objectifs	Objectifs libellés en français, réalistes et réalisables
Exclusivité	Nécessaire à la protection des intérêts légitimes de l'entreprise, justifiée par la nature de la tâche à accomplir et proportionnée au but recherché

CHAPITRE 4 La diversité des contrats de travail

PROGRAMME

Compétences attendues

- **Justifier** le choix d'un contrat de travail dans un contexte donné
- **Vérifier** la légalité du motif de recours au CDD ou au CTT
- **Comparer** le régime juridique du CDD et du CTT
- **Identifier** les spécificités du portage salarial, du contrat d'apprentissage et du contrat de professionnalisation
- **Apprécier** l'intérêt du recours au temps partiel pour l'employeur

Savoirs associés

- Le contrat à durée indéterminée
- Le CDI de chantier ou d'opération
- Les contrats atypiques : CDD, CTT, portage salarial, contrat d'apprentissage, contrat de professionnalisation
- Le contrat à temps partiel

PRÉREQUIS

La formation et l'exécution du contrat de travail (chapitre 3)

LIEN AVEC LE DCG 7

§ 4.2. Comment analyser les activités d'une organisation ?

PLAN DU CHAPITRE

Cours : 1. Le contrat à durée indéterminée et ses variantes • 2. Les contrats précaires • 3. Les contrats alliant formation et emploi : contrat d'apprentissage et contrat de professionnalisation • 4. Le contrat de travail à temps partiel

Des savoirs aux compétences : Évaluer les savoirs • Maîtriser les compétences • Préparer l'épreuve

Synthèse

Il n'y a pas un mais des contrats de travail. Si le Code du travail considère le contrat à durée indéterminée (CDI) comme la norme, il ne correspond pas toujours aux besoins réels de l'entreprise qui peut préférer recourir à des contrats limités dans le temps ou dans la durée. La loi offre des alternatives au CDI avec les contrats atypiques que sont le contrat de travail à durée déterminée (CDD), le contrat de travail temporaire (CTT) ou le portage salarial. D'autres permettent d'allier formation et emploi, notamment le contrat d'apprentissage ou le contrat de professionnalisation.

MOTS-CLÉS

Alternance • CDD • CDI de chantier • Contrat d'apprentissage • Contrat de professionnalisation • CTT • Égalité de traitement • Portage salarial • Temps partiel

1 Le contrat à durée indéterminée et ses variantes

A) Le contrat à durée indéterminée de droit commun

Contrat de droit commun. Le contrat de travail à durée indéterminée est légalement, la forme normale et générale de la relation de travail. Il est conclu sans détermination de durée, sur la base d'un temps plein. Il s'impose dès qu'il s'agit d'occuper un emploi lié à l'activité durable et permanente de l'entreprise.

Forme. Aucun formalisme n'est imposé sauf s'il existe des dispositions conventionnelles contraires. Il peut être conclu verbalement ou par écrit ou encore sous la forme électronique. L'employeur doit réaliser ensuite les formalités d'embauche.

Exécution. Le CDI doit être exécuté de bonne foi.

B) Le CDI de chantier ou d'opération

Définition

Le **CDI de chantier** ou d'opération est conclu pour la durée d'une telle mission.

Le CDI de chantier ou d'opération (tab. 4.1) peut être valablement rompu lorsque le chantier pour lequel le salarié a été recruté est achevé ou l'opération réalisée. Ce contrat permet à l'employeur de recruter des salariés pour réaliser un ouvrage ou des travaux précis dont la durée ne peut être appréciée à l'avance.

Tableau 4.1. Caractéristiques du CDI de chantier ou d'opération

Entreprises concernées	• Les entreprises du BTP et de construction navale. • Toutes les entreprises dans lesquelles un accord ou une convention collective de branche étendue a été conclu pour en fixer les conditions et modalités de mise en œuvre (ex. : aéronautique, construction mécanique, recherche expérimentale).
Personnels intéressés	Les salariés engagés pour la réalisation du chantier ou de l'opération dont le réemploi ne peut être assuré lors de l'achèvement des tâches confiées à l'exception des salariés permanents de l'entreprise.
Période d'essai	Possibilité de période d'essai de même durée que celle du CDI de droit commun.
Durée	Inhérente au chantier ou à l'opération, avec possibilité de dépassement de la durée estimée.
Rupture	• La rupture qui intervient lorsque le chantier est terminé ou l'opération réalisée repose sur une cause réelle et sérieuse. La fin du chantier n'est pas considérée comme un motif économique de licenciement. • La rupture à l'initiative de l'employeur doit faire l'objet d'une procédure identique à celle d'un licenciement individuel pour motif personnel (convocation à un entretien préalable, puis entretien, puis notification de la rupture). À défaut de disposition conventionnelle particulière, le salarié reçoit l'indemnité légale de licenciement s'il remplit les conditions. • Le salarié peut bénéficier d'une priorité de réembauche si l'accord ou la convention le prévoit.

2 Les contrats précaires

A) Le contrat à durée déterminée (CDD)

Définition

Le **CDD** est un contrat de travail conclu entre l'employeur et un salarié pour un temps fixé à l'avance.

L'employeur recrute directement et lui-même le salarié. Le CDD ne peut avoir ni pour objet ni pour effet d'occuper un emploi lié à l'activité durable et permanente de l'entreprise. Contrat écrit, il est prévu pour des tâches précises et temporaires (tab. 4.2).

À défaut d'écrit, il peut être requalifié en CDI (↪ **chapitre 2**).

Tableau 4.2. Cas de recours au CDD définis par le Code du travail

Recours autorisé	Recours interdit
• Remplacement d'un salarié temporairement absent • Accroissement temporaire de l'activité • Travaux temporaires par nature (ex. : travaux saisonniers) ou CDD d'usage (ex. : activités cinématographiques) • Embauche dans le cadre de la politique d'emploi (ex. contrat unique d'insertion)	• Remplacement d'un salarié gréviste • Exécution de travaux dangereux (faisant l'objet d'une surveillance médicale spéciale) • Utilisation du motif de l'accroissement temporaire d'activité moins de six mois après un licenciement économique.

1. Les conditions de forme et le contenu du CDD

Remis au salarié dans les deux jours ouvrables suivant l'embauche, le contrat comporte les mentions suivantes :

- définition précise du motif ;
- le cas échéant, nom et qualification de la personne remplacée ;
- date d'échéance et, éventuellement, clause de renouvellement ;
- désignation du poste de travail ;
- montant de la rémunération (primes et accessoires inclus) ;
- intitulé de la convention collective applicable ;
- nom et adresse de la caisse de retraite complémentaire et de l'organisme de prévoyance (↪ **chapitre 21**) ;
- durée de la période d'essai.

À défaut de remise du contrat dans les conditions précédemment énumérées, l'employeur peur être condamné à verser au salarié une indemnité maximale d'un mois de salaire. La signature des deux parties est une prescription d'ordre public. L'absence de signature peut entrainer la requalification du CDD en CDI.

FOCUS **La période d'essai en CDD**

Faute de disposition conventionnelle prévoyant une durée plus courte, la période d'essai ne peut excéder un jour par semaine dans la limite de deux semaines si la durée du CDD est inférieure ou égale à six mois et d'un mois si la durée du CDD est supérieure à six mois.

2. La durée et le statut

Principe. Le CDD est conclu en principe, pour un terme précis notamment pour un accroissement temporaire de l'activité de l'entreprise, une commande exceptionnelle à l'exportation, pour l'exécution d'une tâche occasionnelle, pour des travaux urgents… Le CDD doit alors avoir une durée d'au moins 6 mois quand il est conclu pour la survenance d'une commande exceptionnelle à l'exportation. Une convention ou un accord de branche étendu peut fixer la durée totale du CDD et à défaut, la durée maximale du CDD est de 18 mois, voire 24 mois lorsque le CDD est exécuté à l'étranger.

La loi autorise cependant le CDD à terme imprécis en cas de remplacement d'un salarié absent, pour les emplois saisonniers, pour les CDD d'usage, pour remplacer le chef d'entreprise absent ou dans l'attente de l'arrivée d'un salarié en CDI. L'employeur doit alors indiquer la durée minimale du CDD qui prend fin à la survenance de l'événement (ex. : retour du salarié absent ou la réalisation de l'objet). Le CDD sans terme précis n'a pas de durée maximale sauf s'il est conclu dans l'attente de l'arrivée d'un salarié en CDI (9 mois), pour une saison (maximum 8 mois) ou pour les vendanges (1 mois).

Renouvellement. Une convention ou un accord de branche étendu peut définir le nombre maximum de renouvellements. À défaut, deux renouvellements sont possibles. La succession de plusieurs CDD à un même poste de travail est interdite. À l'expiration du CDD, l'employeur doit respecter un délai de carence (fig. 4.1), sous peine de requalification en CDI, sauf refus du salarié en CDD de renouveler son contrat ou nouvelle absence du salarié remplacé. Les CDD d'usage, travaux urgents de sécurité et contrats saisonniers relèvent également de l'exception.

Figure 4.1. **Règles de calcul du délai de carence**

Le salarié en CDD jouit des mêmes droits que le salarié en CDI en termes de rémunération, de congés payés (CP), de formation professionnelle. Il est pris en compte dans le calcul des effectifs au prorata de son temps de présence dans l'entreprise au cours des douze mois précédents, sauf s'il remplace un salarié absent ou dont le contrat de travail est suspendu.

3. La fin du CDD : indemnités et sanctions éventuelles

En principe, le CDD court jusqu'au terme ou jusqu'à la fin de la durée minimale prévue mais il peut être rompu avant, dans les cas suivants :

- par accord des parties ;
- en cas de faute grave de l'une ou l'autre partie ;

- en cas de force majeure ;
- en cas de rupture du contrat par le salarié qui justifie d'une embauche en CDI. Le salarié doit alors respecter un délai de préavis d'un jour par semaine compte tenu de la durée du CDD, dans la limite de deux semaines ;
- en cas d'inaptitude du salarié en raison d'un accident du travail ou d'une maladie professionnelle.

Le salarié a droit, sauf exceptions, en plus de l'indemnité légale de congés payés (↪ chapitre 11), à une indemnité de précarité égale à 10 % de la rémunération brute totale perçue, laquelle peut être réduite à 6 % en cas d'accord ou de convention de branche prévoyant des contreparties relatives à la formation professionnelle.

En cas de non-respect des règles de recours et de mise en œuvre du CDD, l'entreprise s'expose à la requalification du CDD en CDI, assortie du versement d'une indemnité minimum d'un mois de salaire, et à une amende pouvant se monter à 3 750 €.

FOCUS **Exception au versement de l'indemnité de fin de CDD**

L'indemnité n'est pas due en cas de nouvelle absence du salarié ou lorsque le CDD se poursuit en CDI avec le même employeur, en cas de refus du salarié d'accepter un CDI pour occuper le même poste, pour les CDD saisonniers et d'usage, pour les CDD entrant dans le cadre des politiques d'emploi, pour les CDD conclus avec un jeune pendant les vacances scolaires ou universitaires, ou en cas de rupture anticipée du CDD à l'initiative du salarié, ou pour faute grave ou en cas de force majeure.

B) La mise à disposition de personnel : CTT et portage salarial

1. Le contrat de travail temporaire (CTT)

Définition

Le **CTT** est le contrat de travail conclu entre l'entreprise de travail temporaire (ETT) et l'intérimaire.

L'ETT envoie le salarié en mission auprès d'une entreprise utilisatrice, pour exécuter une prestation de travail précise et temporaire. Deux contrats sont donc conclus (fig. 4.2).

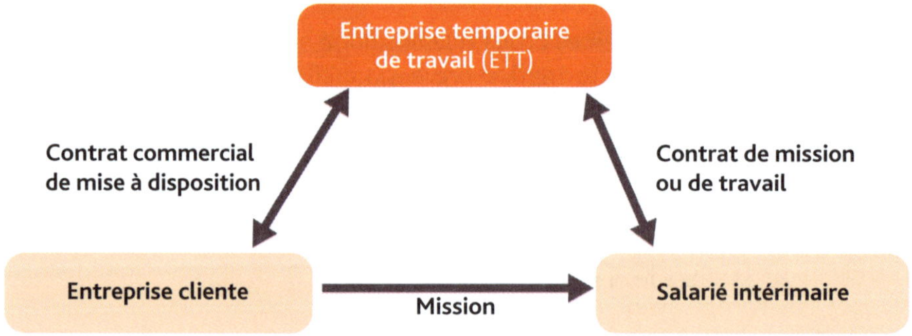

Figure 4.2. Relation triangulaire du CTT

Les règles applicables au CDD sont valables pour le CTT (cas de recours, durée et renouvellement, succession).

Statut de l'intérimaire. L'**égalité de traitement** avec les salariés de l'entreprise utilisatrice est la règle ; l'intérimaire est pris en compte dans l'effectif dans les mêmes conditions que le salarié en CDD.

Fin, indemnités et sanctions éventuelles. Le CTT prend fin dans les mêmes conditions que le CDD. Néanmoins, lorsque l'ETT rompt le CTT avant le terme prévu, elle doit proposer au salarié un nouveau contrat dans les trois jours ouvrables. À défaut, l'ETT verse à l'intérimaire les rémunérations qu'il aurait perçues jusqu'au terme initialement prévu du contrat, y compris l'indemnité de fin de mission. À l'issue de sa mission, l'intérimaire reçoit, en l'absence de proposition de CDI, une indemnité de fin de mission égale à 10 % de sa rémunération brute ainsi que l'indemnité légale de CP. En cas de non-respect des règles, l'entreprise utilisatrice comme l'ETT encourent les mêmes sanctions civiles et pénales que dans le cadre d'un CDD.

CHIFFRES-CLÉS

L'intérim concernait, en 2019 en France, **824 400** personnes, en recul de **1,2 %** par rapport à 2018. (Pôle Emploi, 2019)

2. Le portage salarial

Définition

Le **portage salarial** est une opération contractuelle dans laquelle un salarié porté, rattaché par un contrat de travail à une entreprise de portage, effectue une prestation de services pour le compte d'une entreprise cliente qu'il a, au préalable, démarchée.

Deux contrats sont conclus indépendamment (fig. 4.3) : la rupture du contrat de portage n'entraîne pas la rupture du contrat de travail.

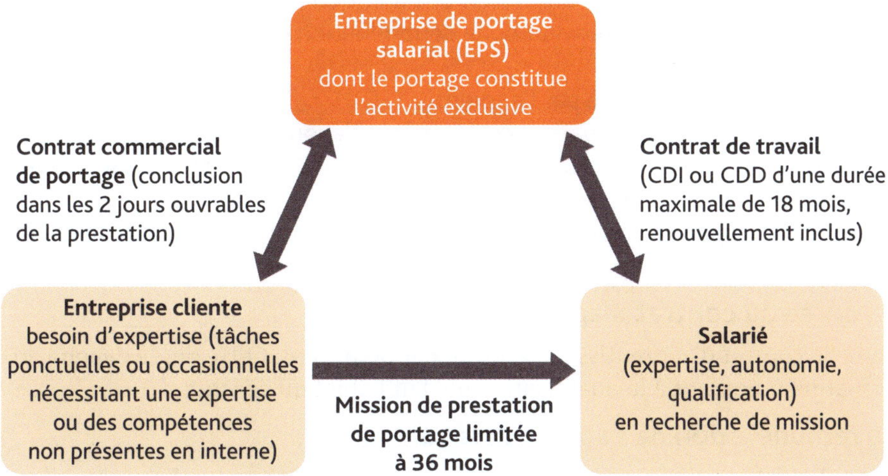

Figure 4.3. Relation triangulaire du portage salarial

Le salarié porté travaillant depuis au moins un an dans l'entreprise est pris en compte dans l'effectif dans les mêmes conditions qu'un salarié en CDD ou intérimaire. Il bénéficie d'une rémunération minimale fixée par accord de branche étendu. À défaut, le montant minimal mensuel est fixé à 77 % du plafond mensuel de la sécurité sociale (↪ chapitre 19), pour une activité équivalant à un temps plein. À cette rémunération s'ajoute une indemnité d'apport d'affaires dont le montant est défini par accord de branche étendu ou fixée à 5 % de la rémunération. Faute de respect des règles de forme (délais, mentions obligatoires...), l'entreprise de portage salarial est passible d'une amende de 3 750 €.

→ APPLICATION 2 • CAS 3 • CAS 4 • CAS 7 • SITUATION PRATIQUE 8 • SITUATION PRATIQUE 9

3 Les contrats alliant formation et emploi : contrat d'apprentissage et contrat de professionnalisation

A) Le contrat d'apprentissage

Définition

Le **contrat d'apprentissage** est un contrat de travail particulier, conclu entre un employeur de droit public ou privé et un apprenti de 16 à 30 ans (voire jusqu'à 35 ans, sous conditions), relevant de la formation initiale et associant apprentissage théorique et éducation en alternance en vue de l'obtention d'un diplôme ou d'un titre à finalité professionnelle reconnu.

Qu'il s'agisse d'un CDD ou d'un CDI, le contrat d'apprentissage est écrit et établi en deux exemplaires (l'un pour l'employeur, l'autre pour l'apprenti) ; il est transmis dans les 5 jours ouvrables à l'opérateur de compétences – Opco (↪ chapitre 8), sous peine de nullité.

1. Le contenu du contrat d'apprentissage

Le contrat d'apprentissage doit comporter des mentions obligatoires :

- les nom et prénom de l'employeur ou la dénomination de l'entreprise ;
- l'effectif de l'entreprise ;
- le diplôme ou le titre préparé par l'apprenti ;
- les nom, prénom et date de naissance du maître d'apprentissage ;
- une attestation de l'employeur précisant que le maître d'apprentissage remplit les conditions de compétence professionnelle ;
- le salaire de l'apprenti, pour chacune des années du contrat ou de la période d'apprentissage.

2. La durée du contrat d'apprentissage

La durée du contrat d'apprentissage varie de 6 mois à 3 ans. Cette durée dépend du cycle de formation préparant à la qualification qui fait l'objet du contrat.

3. La rémunération de l'apprentissage

Principe. Sauf disposition conventionnelle ou contractuelle plus favorable, l'apprenti perçoit une rémunération fixée en pourcentage du Smic ou, à partir de 21 ans, en pourcentage du salaire conventionnel.

Détermination du pourcentage et des majorations. Le pourcentage du Smic versé à l'apprenti varie en fonction de son âge et de sa progression dans le cycle de formation faisant l'objet du contrat. Ce pourcentage varie également dans des situations particulières (ex. : nouveau contrat inférieur ou égal à un an pour préparer un diplôme de même niveau que le précédent avec majoration de 15 points appliquée à la rémunération de l'apprenti). Cependant, les majorations prévues ne peuvent conduire l'apprenti à percevoir un salaire supérieur à 100 % du Smic, sauf dispositions contractuelles ou conventionnelles plus favorables.

4. Les obligations des parties et la rupture du contrat

Obligations mutuelles. En contrepartie du travail fourni par l'apprenti, l'employeur s'engage, par l'intermédiaire d'un maître d'apprentissage, à assurer la formation professionnelle de l'apprenti et à lui permettre de suivre, sur son temps de travail rémunéré, les enseignements théoriques assurés dans les centres de formation des apprentis (CFA) ou dans les sections d'apprentissage de divers instituts et écoles.

La rupture intervient à l'initiative de l'une ou de l'autre des parties durant les 45 premiers jours, consécutifs ou non, de formation pratique en entreprise, sans indemnité. Passé ce délai, le contrat peut être rompu d'un commun accord, impérativement par un écrit, ou résilié par l'employeur en respectant la procédure de licenciement pour motif personnel (pour faute grave, manquements répétés, inaptitude ou force majeure ↪ chapitre 11). La rupture est notifiée à l'Opco. La rupture anticipée à l'initiative du salarié qui a obtenu son diplôme nécessite le respect d'un préavis d'un mois. L'apprenti peut rompre le contrat après saisine du médiateur de l'apprentissage. Le contrat est dénoncé au plus tôt 7 jours après que l'employeur a été informé de l'intention de l'apprenti.

B) Le contrat de professionnalisation

Définition

Le **contrat de professionnalisation** est un contrat écrit de formation en alternance, relevant de la formation continue, permettant aux jeunes de 16 à 25 ans et à des publics spécifiques (bénéficiaires du RSA, titulaires de l'ASS ou de l'AAH ou d'un contrat unique d'insertion – CUI) d'acquérir une qualification, favorisant ainsi leur (ré)insertion professionnelle ou leur maintien dans l'emploi.

Le contrat, qu'il s'agisse d'un CDD (de 6 mois minimum, jusqu'à 36 mois pour les publics spécifiques) ou d'un CDI, est écrit ; il est déposé auprès de l'Opco dans les cinq jours ouvrables suivant sa conclusion, sous peine de nullité.

1. Le contenu du contrat

Le contrat indique :
- la nature du contrat (CDD ou CDI) ;
- l'emploi occupé ;
- le temps de travail ;
- le salaire ;
- les actions de professionnalisation concrètement envisagées ;
- le tuteur chargé d'assurer la formation pratique du salarié.

2. La rémunération du contrat de professionnalisation

La rémunération est fixée en pourcentage du Smic, en fonction de l'âge et de la formation du salarié (tab. 4.3).

CHIFFRES-CLÉS

Le Smic brut horaire est fixé à **10,57 €**, soit **1603,12 €** mensuels sur la base de la durée hebdomadaire légale de 35 heures. (www.service-public.fr, 2022)

Tableau 4.3. Rémunération du salarié en contrat de professionnalisation

Âge du salarié	Niveau de départ Bac Pro minimum	Autre niveau de départ
Moins de 21 ans	65 % du Smic	55 % du Smic
De 21 à 25 ans	80 % du Smic	70 % du Smic
26 ans et plus	Smic ou 85 % du minimum conventionnel	

3. Les obligations des parties et la rupture du contrat

En contrepartie du travail fourni par le salarié, l'employeur s'engage, par l'intermédiaire d'un tuteur, à fournir au salarié la formation lui permettant d'acquérir une qualification professionnelle, un savoir-faire et un emploi en relation avec cet objectif. Il doit y avoir égalité de traitement avec les autres salariés de l'entreprise.

Les modalités de rupture diffèrent selon la nature du contrat de professionnalisation : elles sont identiques à celles du CDD si le contrat de professionnalisation est à durée déterminée ; elles sont similaires à celles d'un CDI si le contrat est à durée indéterminée.

→ CAS 7

4 Le contrat de travail à temps partiel

A) La mise en place du travail à temps partiel

Définition

Selon la loi, est considéré comme salarié à **temps partiel**, le salarié dont la durée du travail est inférieure à la durée légale (35 heures) ou à la durée conventionnelle du travail.

Le calcul de la durée du travail peut s'effectuer à la semaine, au mois ou à l'année (1 607 heures hebdomadaires annualisées). La durée hebdomadaire plancher du contrat de travail à temps partiel de 24 heures admet des exceptions (salariés de moins de 26 ans ou difficultés personnelles justifiant un quota horaire inférieur).

Le travail à temps partiel peut être mis en œuvre :

- soit à la demande des salariés, le cas échéant selon les modalités prévues par convention ou accord collectif ;
- soit par l'employeur, sur la base d'un accord collectif d'entreprise, d'établissement ou de branche étendu ou, à défaut, après avis du CSE et information de l'inspection du travail ou encore, à défaut de représentants du personnel, unilatéralement après en avoir informé l'inspecteur du travail. L'employeur peut proposer – sans imposer –, aux salariés à temps complet le passage à temps partiel. L'acceptation par le salarié entraîne une modification de son contrat de travail. Le refus de cette proposition ne constitue pas en lui-même une cause réelle et sérieuse de licenciement (↪ chapitre 11).

B) La conclusion et les modalités du contrat de travail à temps partiel

Le contrat de travail à temps partiel, qu'il soit à durée déterminée ou indéterminée, doit être écrit. À défaut, il est présumé conclu à temps complet. Il appartient à l'employeur qui contesterait cette présomption de rapporter la preuve contraire en rétablissant la durée exacte du travail du salarié et sa répartition dans la semaine ou le mois. Il doit contenir les mentions obligatoires suivantes :

- la qualification du salarié ;
- les éléments relatifs à la rémunération ;
- la durée du travail hebdomadaire ou mensuelle du travail ;
- la répartition de la durée du travail entre les jours de la semaine ou les semaines du mois (à défaut, le contrat peut être requalifié en contrat de travail à temps plein) ;
- les conditions dans lesquelles une modification de cette répartition peut intervenir ainsi que la nature des modifications envisageables. Toute modification doit être notifiée au salarié sept jours au moins avant la date à laquelle elle doit avoir lieu. Ce délai peut être réduit à trois jours par accord collectif ;
- les limites dans lesquelles des heures complémentaires peuvent être effectuées. Les heures complémentaires sont des heures effectuées en plus du temps de travail prévu au contrat ;
- les modalités de communication des horaires de travail pour chaque journée travaillée.

La période d'essai (↪ chapitre 3) ne peut excéder celle des contrats à temps complet. Le salarié à temps partiel bénéficie des mêmes droits que les salariés à temps complet, sous réserve des dispositions des conventions conventionnelles ou d'un accord collectif.

1. La répartition de la durée du travail

La modification des horaires de travail à temps partiel est réalisée sous conditions (tab. 4.4)

Répartition des horaires de travail à temps partiel	Modification de la répartition
• Fixée par les parties dans le contrat de travail. • Avec respect de la durée minimale de 24 heures par semaine, sans dépasser 35 heures hebdomadaires. • Pas plus d'une interruption de la journée de travail, qui ne peut être supérieure à 2 heures.	• Modification possible de la durée initiale entre les jours de la semaine ou les semaines du mois si elle est prévue dans le contrat de travail, et en respectant un délai de prévenance de 7 jours (ou 3 jours par accord collectif d'entreprise). • Refus du salarié possible si changement incompatible avec des obligations familiales, scolaires ou universitaires ou avec une autre activité chez un autre employeur ou non salariée. • Si modification non prévue au contrat : refus du salarié non fautif.

2. Les heures complémentaires

À la demande de l'employeur, le salarié peut travailler au-delà de l'horaire mentionné dans le contrat de travail. Ce recours est toutefois **encadré** :

- Par des **limites contractuelles**.
- Par des **limites légales**. Le nombre d'heures complémentaires ne peut excéder un 1/10 de la durée hebdomadaire ou mensuelle contractuelle, une convention ou un accord d'entreprise pouvant porter cette limite au tiers de la durée contractuelle. Le nombre d'heures complémentaires ne peut avoir pour effet de porter la durée du travail au niveau de la durée légale ou de la durée conventionnelle du travail.

Le non-respect de ces limites par l'employeur est passible d'une contravention de 1 500 €. Le salarié ne peut refuser d'effectuer les heures complémentaires qui s'inscrivent dans ces limites, dès lors qu'il en a été informé au moins trois jours à l'avance, sous peine de faute pouvant justifier son licenciement.

Les heures complémentaires font l'objet de majorations de salaire (tab. 4.5).

Tableau 4.5. Rémunération des heures complémentaires

Dès la première heure et jusqu'à 1/10 de la durée hebdomadaire ou mensuelle contractuelle	Taux minimum : majoration de 10 %, sous réserve de dispositions conventionnelles ou contractuelles plus avantageuses
Au-delà de 1/10 de la durée hebdomadaire ou mensuelle contractuelle	Taux minimum : majoration de 25 %, sous réserve de dispositions conventionnelles ou contractuelles différentes sans que le taux puisse être inférieur à 10 %

Modification de l'horaire contractuel de base. Si pendant 12 semaines consécutives ou si pendant 12 semaines sur 15, le salarié a effectué au moins 2 heures complémentaires par semaine, son horaire hebdomadaire de base doit être augmenté des heures complémentaires effectuées. L'employeur doit prendre l'initiative de cette réévaluation en soumettant un avenant au salarié. Le salarié dispose alors de sept jours pour s'y opposer. Passé ce délai et en cas de silence du salarié, l'horaire contractuel est modifié.

➔ CAS 4 • CAS 5 • SITUATION PRATIQUE 8

DES SAVOIRS AUX COMPÉTENCES

Évaluer les savoirs — **Maîtriser les compétences** — **Préparer l'épreuve**

1 Quiz

Vérifiez l'exactitude des propositions ci-après et justifiez-les.

	Vrai	Faux
1. Le CDI n'est plus la norme légale en matière de contrat de travail.	☐	☐
2. Le CDD ne peut être conclu que dans le cadre des motifs prévus par la loi.	☐	☐
3. Le CDD peut être conclu oralement. Il n'a pas besoin d'être réalisé par écrit.	☐	☐
4. Le CDD avec un terme précis peut être conclu pour une durée supérieure à 18 mois.	☐	☐
5. La durée totale des missions de portage peut aller jusqu'à 48 mois.	☐	☐
6. Le salarié à temps partiel travaille moins de 35 heures par semaine.	☐	☐
7. Contrat d'apprentissage et contrat de professionnalisation sont synonymes.	☐	☐
8. Le contrat de professionnalisation est nécessairement un CDI.	☐	☐
9. Seuls les employeurs assurant le financement de la formation professionnelle peuvent conclure des contrats de professionnalisation.	☐	☐
10. Le salarié à temps partiel ne peut pas travailler plus que la durée prévue dans son contrat.	☐	☐

2 Contrats de travail dérogatoires ★★★

Discutez les propositions suivantes et complétez-les.

1. Le CDI de chantier prend fin lorsque l'opération est réalisée, sans avoir à réaliser de formalités particulières.
2. La période d'essai n'est pas obligatoire dans le CDD.
3. Le CDD peut être renouvelé autant de fois que le veut l'employeur.

4. Une fois la période d'essai du CDD expirée, il n'est possible de rompre le CDD que dans les cas prévus par la loi.
5. Recourir au CTT revient plus cher que d'embaucher en CDD.
6. Les montants des indemnités de fin de mission et de contrat des CTT et CDD sont égaux.
7. Le portage salarial ne concerne que les activités nécessitant une expertise particulière ou des tâches ponctuelles ne relevant pas de l'activité normale de l'entreprise.

Évaluer les savoirs | **Maîtriser les compétences** | Préparer l'épreuve

3 Cas Forecco ★★★

Compétence attendue **Justifier** le choix d'un contrat dans un contexte donné

Forecco est une entreprise de forage et de construction d'ouvrages d'exploitation minière située à Toulouse. Ce secteur d'activité est soumis à la convention collective nationale étendue des travaux publics du 12 juillet 2006. La société est présente à l'international, notamment en Afrique, zone riche en minerais rares. Elle a remporté un marché au Gabon visant à développer de nouvelles techniques d'exploitation d'une mine de fer. Pour réaliser cet ouvrage, le dirigeant de la société a dédié une équipe d'une centaine de salariés permanents de l'entreprise constituée d'ingénieurs, de techniciens et d'opérateurs. Il doit leur associer des salariés chargés de l'encadrement, formés à Toulouse pour intervenir sur les chantiers en cours. Le DRH de la société a contacté Paco Ramirez, agent de maîtrise, qui pourrait être chargé de mettre en œuvre une partie du projet avec les trois équipes d'opérateurs, dont il assurerait la direction et la coordination. Sa candidature peut être retenue au regard de ses compétences professionnelles, de son expérience et de sa maîtrise des langues et dialectes locaux. La durée prévisible globale de la mission serait de 57 mois à compter de la prise de service à Port-Gentil. Le DRH entend lui proposer un CDI de chantier.

1. *Déterminez s'il est possible, dans cette situation, de recourir au CDI de chantier plutôt qu'au CDI.*
2. *Justifiez l'intérêt du CDI de chantier pour Forecco.*

4 Cas Amadeus Consulting ★★★

Compétence attendue **Vérifier** la légalité du motif de recours au CDD ou au CTT

Luc Fort est consultant en gestion des ressources humaines, à la tête du cabinet Amadeus Consulting. Il traite les dossiers et la paie d'entreprises qui lui confient leurs intérêts. Il gère aussi toutes sortes de questions liées au recrutement, au suivi et à la rupture des contrats de travail à travers un site de conseils qu'il a créé. Il vous demande, dans le cadre d'une mission, de répondre aux questions récentes sur les « contrats courts ».

Dans chacune des situations ci-après, vérifiez la légalité du motif de recours au CDD ou au CTT.

1. Marc Lantoine dirige un GAEC de production de cidre. Pour les récoltes de pommes à venir, il voudrait recruter 10 salariés en CDD pour assurer la cueillette pendant les deux prochains mois.
Marc Lantoine peut-il recourir au CDD. Si oui, pour quel motif ?

2. Samia Barral est à la tête d'une PME qui créée des logiciels sur mesure destinés aux PME du bâtiment pour élaborer des plans et devis. Elle vient de recevoir une commande importante pour équiper les services de l'entreprise Attal et former tout le personnel durant deux semaines. Elle envisage de recruter Damien Lucas en CDD pour l'aider.
Samia Barral peut-elle recourir valablement au CDD ?

3. Frédéric Deck, réalisateur de cinéma, est à la recherche d'une dizaine de figurants pour tourner le prochain clip vidéo d'une manifestation de professionnels de la mode pendant les huit prochains jours. Il entend faire appel à une agence d'intérim spécialisée.
Le recours au CTT est-il possible ?

4. Frédéric Lagne, gérant de la société Sciages et Bois de Pays, doit remplacer Louis Rédo, scieur confirmé qui vient d'avoir un accident du travail. Il entend recruter un salarié temporaire qui remplacerait Martial Carrer, ouvrier polyvalent, Martial remplaçant Louis Rédo le temps de son absence (trois mois).
Le montage envisagé est-il licite ?

5. Cyrielle Catez, styliste réputée, a recruté Véronique Bauvin pour une durée de 18 mois pour remplacer Rebecca Loiseau, conceptrice, à New York pour lancer une filiale de sa société. Le CDD de Véronique Bauvin arrive à expiration le 30 juin N. Or, Rebecca informe Cyrielle Catez début juin N, qu'elle démissionne parce qu'elle souhaite rester aux États-Unis. Cyrielle voudrait de nouveau conclure un CDD avec Véronique Bauvin.
Véronique Bauvin peut-elle conclure un nouveau CDD avec Rebecca Loiseau ?

5 Cas Les Cerisiers de Lise ★★★

Compétence attendue **Comparer** le régime juridique du CDD et du CTT

Lise Martinez, restauratrice, est à la tête des Cerisiers de Lise à Céret (Pyrénées-Orientales). L'arrivée des vacanciers dans la région est imminente. Or, Lise doit faire face à l'absence de deux de ses cuisiniers expérimentés, victimes d'un accident du travail et hospitalisés pour un mois minimum. Lise Martinez a pris contact avec une agence d'intérim spécialisée qui pourrait lui mettre à disposition du personnel rapidement. Elle hésite entre le recours à l'agence d'intérim et le recrutement en CDD. Répondez point par point aux questions de Lise.

1. *Précisez le motif du recours au CDD ou au CTT et la durée du CDD ou du CTT.*

Lise Martinez envisage une période d'essai pour les salariés embauchés en CDD ou en CTT.

2. *Indiquez à Lise la durée de cette période d'essai dans chacune des deux situations.*

3. *Déterminez si Lise aurait la possibilité de poursuivre le contrat de travail si l'absence de Luc, l'un des deux salariés blessés, venait à se prolonger en raison de séances de rééducation.*

Marc, l'un des cuisiniers accidentés, se remet plus rapidement que prévu et souhaite, après quinze jours d'hospitalisation, revenir travailler avant le terme du contrat conclu.

4. *Expliquez à Lise si elle pourra rompre facilement le CDD ou le CTT avant son terme. Devra-t-elle verser aux salariés recrutés une indemnité de fin de contrat ? Dans l'affirmative, précisez-en le montant.*

Lise vous demande de l'aider dans sa prise de décision pour remplacer les cuisiniers. La réputation du restaurant est liée au savoir-faire de ses équipes.

5. *Conseillez Lise sur l'alternative entre CDD et CTT.*

6 Cas ASC Concept ★★★

Compétence attendue **Identifier** les spécificités du portage salarial

Sophie Ludel a été engagée par la société de portage salarial ASC Concept en qualité de responsable d'animation commerciale, à compter du 1er juillet N en CDI. Elle promeut de nouveaux produits de grande consommation commercialisés par des clients qu'elle a démarchés. Elle réalise des animations commerciales aussi bien le week-end que la semaine.

À ce CDI était annexée une « charte de collaboration » fixant les conditions d'emploi, le montant et le mode de rémunération ainsi que les obligations professionnelles de Sophie. Elle précise notamment que Sophie recherche elle-même ses missions, qu'elle réalise 500 euros de marge par mois sans rester inactive plus de deux mois. Pour un salaire net mensuel de 3 000 €, elle doit facturer 6 421 € de prestations clientèle.

Le 1er juillet N+1, Sophie est licenciée pour objectifs non atteints. La société ASC Concept lui reproche de ne pas avoir travaillé pendant plusieurs périodes de quatre à cinq semaines successives, faute de missions. Par ailleurs, ces derniers mois, Sohie n'a pas dégagé la marge convenue. Sophie envisage de contester le motif de la rupture, estimant que ce licenciement est dénué de cause réelle et sérieuse.

1. *Vérifiez la licéité du recours au portage salarial par les hypermarchés locaux.*
2. *Relevez les principales caractéristiques du contrat liant ASC Concept et Sophie.*
3. *Identifiez les obligations découlant du contrat de portage salarial pour les parties.*
4. *Analysez la situation de Sophie Ludel : peut-elle obtenir gain de cause ?*

7 Cas Savio ★★★

Compétence attendue **Identifier** les spécificités du contrat d'apprentissage et du contrat de professionnalisation

Savio équipe et déploie des activités de maintenance informatique au service de grands groupes. Chaque année, l'entreprise forme, en lien avec l'université, des jeunes en apprentissage et en contrat de professionnalisation en CDD. Elle a reçu en septembre Mario, âgé de 22 ans, qui prépare en 24 mois un master informatique en apprentissage, et Marie,

25 ans, étudiante en licence 3 Gestion des ressources humaines, en contrat de professionnalisation pour une année.

L'insertion dans l'entreprise a été rapide pour Marie mais elle estime que les tâches qui lui sont confiées ne sont pas adaptées aux exigences de l'examen et que la formation est insuffisante. Elle s'interroge sur ses capacités à réussir les épreuves du diplôme. Elle en a informé son employeur qui n'a pas réagi.

Pour Mario, l'intégration dans l'équipe a été nettement plus difficile. Si son tuteur était satisfait les deux premiers mois, Mario s'absente, depuis, régulièrement sans justification. Il ne s'est pas présenté à plusieurs TD à l'université, sans justificatif. Il a fait l'objet de plusieurs avertissements écrits, en vain. Le dirigeant de Savio entend rompre le contrat d'apprentissage.

1. *Identifiez les obligations du dirigeant de Savio à l'égard de Marie découlant de la signature du contrat de professionnalisation.*
2. *Précisez comment sera calculé le montant de la rémunération de ces deux salariés.*
3. *Indiquez au dirigeant de Savio s'il pourrait renouveler le contrat de Marie dans l'hypothèse où elle échouerait à ses examens.*
4. *Indiquez ce que le dirigeant de Savio risquerait si le défaut de formation était reconnu.*
5. *Précisez à quelles conditions le dirigeant de Savio peut rompre le contrat d'apprentissage de Mario.*

Évaluer les savoirs | Maîtriser les compétences | Préparer l'épreuve

8 Situation pratique : FormaSup ★★★

60 min

Compétences attendues

- **Résoudre** un cas pratique
- **Apprécier** l'intérêt du recours au travail à temps partiel pour l'employeur

Rendez-vous MÉTHODE 3

L'association FormaSup propose ses services aux entreprises et aux demandeurs d'emploi à travers des formations validées par des diplômes reconnus (BAC, BTS...). Elle est soumise à la convention collective nationale étendue des organismes de formation du 10 juin 1988 qui prévoit la possibilité d'employer du personnel à temps partiel ainsi que les modalités de recours aux heures complémentaires.

Emma Play a été embauchée en qualité de formatrice à plusieurs reprises avec des contrats à durée déterminée à temps partiel successifs. Elle dispose de compétences en informatique et assure les enseignements théoriques. Parallèlement, elle poursuit son cursus en doctorat à l'université. Elle a conclu avec l'association un CDD à temps partiel de 24 heures pour la période du 1er septembre au 30 juin. Elle encadre la préparation des stagiaires au BTS Métiers du numérique. Elle travaille le lundi, de 8 à 12 heures, et tous les après-midi de la semaine, de 14 à 18 heures, horaires qui s'ajustent à son emploi du temps universitaire.

En janvier, le directeur de l'association doit faire face à l'absence d'un autre formateur, Antony Joval, qui vient d'être hospitalisé pour une grave maladie. Il a cherché à le remplacer en vain. Il doit revoir la répartition des horaires de travail. Comme le contrat de travail d'Emma le prévoit, le directeur entend, dans un premier temps, modifier ses horaires de travail pour la faire venir en matinée plutôt que l'après-midi (elle travaillerait alors toute la journée le lundi et le matin du mardi au vendredi). Il songe aussi à mettre à contribution une partie du personnel en place pour les quatre mois à venir, dont Emma pour 8 heures complémentaires. Fortement impliquée dans son projet de recherche, Emma Play n'était, dans un premier temps, pas ravie de travailler davantage mais, après mûre réflexion, elle entend profiter de cette opportunité pour consolider son expérience professionnelle.

Vos missions

1. *En vous appuyant sur le document 1, vérifiez la légalité du recours au contrat de travail à durée déterminée à temps partiel pour Emma Play.*
2. *Précisez si la durée du travail et la répartition de la durée du travail convenues avec le dirigeant de FormaSup sont conformes au cadre légal.*
3. *Indiquez si le dirigeant de FormaSup peut modifier unilatéralement les horaires d'Emma Play. Si oui, à quelles conditions ? Il souhaiterait également savoir si Emma Play pourrait s'opposer à ces modifications. Qu'en pensez-vous ?*

Le dirigeant de FormaSup voudrait imposer à Emma Play huit heures complémentaires, lesquelles s'ajouteraient à son service.

Votre mission

4. *Précisez si le dirigeant de Forma Sup est dans son bon droit.*

Emma Play a accepté d'effectuer les huit heures complémentaires sur une période de quatre mois. Elle souhaite que la durée du travail de son contrat soit réajustée.

Votre mission

5. *En vous appuyant sur le document 2, vérifiez la recevabilité de la demande d'Emma Play.*

Document 1

Contrat de travail

Entre les soussignés :

L'association FormaSup, association loi de 1901, dont le siège est situé 12, rue de la République, 92140 Clamart, représentée par Matthieu Letellier, d'une part,

Et Emma Play, formatrice, domiciliée à Meudon (92190), 26 rue des Bleuets, d'autre part,

Il a été convenu et arrêté ce qui suit :

L'association FomaSup engage Emma Play, dans le cadre d'un contrat de travail à durée déterminée pour ses activités d'enseignement et de formation, pour une période de dix mois, à compter du 1er septembre N jusqu'au 30 juin N+1 sous réserve d'une période d'essai d'un mois de travail effectif, au cours de laquelle l'une ou l'autre des parties pourra mettre fin au contrat à tout moment, sans préavis ni indemnité.

...

•••

Motifs de recours au CDD – Le présent contrat à durée déterminée est conclu pour pourvoir un emploi pour lequel il est d'usage constant de ne pas embaucher en contrat à durée indéterminée. Cet emploi est temporaire.

Fonction – Emma Play est recrutée en qualité de formatrice aux métiers du numérique sous l'autorité du responsable du centre de formation, Matthieu Letellier, à qui elle rendra compte de son activité.

Durée de travail – La durée hebdomadaire de travail est fixée à 24 heures réparties comme suit : lundi de 8 heures à 12 heures et lundi, mardi, mercredi, jeudi, vendredi : présence de 13 h 30 à 17 h 30. La modification de ces horaires pourra intervenir à la demande de l'employeur et moyennant un délai de prévenance de 7 jours. Elle se fera par écrit et devra être liée à une contrainte organisationnelle précise. Ces modifications horaires ne pourront en aucun cas être refusées sauf justifications légalement admises.

Lieu de travail – Emma Play exerce ses fonctions dans les locaux de l'association à Clamart.

Rémunération – La rémunération mensuelle brute est de mille cent euros.

Classification – Emma Play est recrutée en qualité de formatrice polyvalente coefficient 340 (Convention collective nationale étendue des organismes de formation du 10 juin 1988 (IDCC 1516 pour la classification des emplois).

Heures complémentaires – Emma Play pourra être amenée à effectuer des heures complémentaires qui ne pourront excéder le tiers de la durée hebdomadaire prévue au contrat.

Fait en deux exemplaires à Clamart, le 1er septembre N,

Emma Play Matthieu Letellier

Document 2

Article L. 3123-13 du Code du travail

Lorsque, pendant une période de douze semaines consécutives ou pendant douze semaines au cours d'une période de quinze semaines ou pendant la période prévue par un accord collectif conclu sur le fondement de l'article L. 3121-44 [du Code du travail] si elle est supérieure, l'horaire moyen réellement accompli par un salarié a dépassé de deux heures au moins par semaine, ou de l'équivalent mensuel de cette durée, l'horaire prévu dans son contrat, celui-ci est modifié, sous réserve d'un préavis de sept jours et sauf opposition du salarié intéressé.

L'horaire modifié est égal à l'horaire antérieurement fixé auquel est ajoutée la différence entre cet horaire et l'horaire moyen réellement accompli.

9 Situation pratique : Kidiwatch ★★★

45 min

Compétences attendues
- **Analyser** une décision de justice
- **Vérifier** la légalité du motif de recours au CDD

Rendez-vous MÉTHODE 2

Votre client, la société de garde d'enfants Kidiwatch, a été contrainte de remplacer à plusieurs reprises, au cours de l'année écoulée, des salariés en arrêt-maladie. Elle a eu recours à des CDD et s'inquiète à présent d'un risque de requalification des contrats. Vous examinez la jurisprudence récente afin de conseiller votre client.

Vos missions

1. *Retracez les faits et identifiez précisément le cas de recours au CDD faisant l'objet du litige.*
2. *Rappelez le problème de droit soumis à la Cour de cassation.*
3. *Analysez la décision de la Cour de cassation et précisez-en la portée.*
4. *Expliquez les raisons pour lesquelles l'arrêt rendu par la cour d'appel de Limoges a été cassé.*
5. *Citez les sources et expliquez les fondements juridiques sur lesquels s'appuie la Cour de cassation pour justifier sa décision.*
6. *Rédigez à l'intention de Kidiwatch une note expliquant les conditions de requalification du CDD en CDI après l'arrêt du 14 février 2018.*

Document

Cour de cassation, chambre sociale, 14 février 2018, décision n° 2018-06-10, pourvoi n° 16-17966

Attendu, selon l'arrêt attaqué, que Mme Y… a été engagée en qualité d'agent de service en contrat à durée déterminée par l'association La Croisée des ans du 17 au 30 juin 2010 afin de pourvoir au remplacement d'une personne en congé maladie ; qu'après deux contrats de remplacement conclus du 8 au 29 juillet 2010 puis du 1er au 29 août 2010, elle a été à nouveau sollicitée en avril 2011 et a conclu entre le 26 avril 2011 et le 27 février 2014, 104 contrats à durée déterminée ; qu'elle a saisi la juridiction prud'homale d'une demande de requalification du contrat conclu le 24 avril 2011 en un contrat à durée indéterminée ;

Sur le premier moyen :

Vu les articles L. 1242-1 et L. 1242-2 du code du travail, interprétés à la lumière de la clause 5, point 1, a) de l'accord-cadre européen sur le travail à durée déterminée du 18 mars 1999 mis en œuvre par la Directive 1999/70/CE du 28 juin 2000 ;

Attendu qu'aux termes du premier de ces textes, le contrat de travail à durée déterminée, quel que soit son motif, ne peut avoir ni pour objet ni pour effet de pourvoir durablement un emploi lié à l'activité normale et permanente de l'entreprise ; qu'il résulte du deuxième, qu'un contrat à durée déterminée peut être conclu pour le remplacement d'un salarié en cas d'absence ou de suspension du contrat de travail ;

…

…

Attendu que la Cour de justice de l'Union européenne, par arrêt du 26 janvier 2012 (CJUE, 26 janv. 2012, *Bianca A… c/Land* […], a dit pour droit : « La clause 5, point 1, sous a), de l'accord-cadre sur le travail à durée déterminée, conclu le 18 mars 1999, qui figure en annexe de la directive 1999/70/CE du Conseil, du 28 juin 1999, concernant l'accord-cadre CES, UNICE et CEEP sur le travail à durée déterminée, doit être interprétée en ce sens que le besoin temporaire en personnel de remplacement, prévu par une réglementation nationale telle que celle en cause au principal peut, en principe, constituer une raison objective au sens de ladite clause. Le seul fait qu'un employeur soit obligé de recourir à des remplacements temporaires de manière récurrente, voire permanente, et que ces remplacements puissent également être couverts par l'embauche de salariés en vertu de contrats de travail à durée indéterminée n'implique pas l'absence d'une raison objective au sens de la clause 5, point 1, sous a), dudit accord-cadre ni l'existence d'un abus au sens de cette clause. Toutefois, lors de l'appréciation de la question de savoir si le renouvellement des contrats ou des relations de travail à durée déterminée est justifié par une telle raison objective, les autorités des États membres, dans le cadre de leurs compétences respectives, doivent prendre en compte toutes les circonstances de la cause, y compris le nombre et la durée cumulée des contrats ou des relations de travail à durée déterminée conclus dans le passé avec le même employeur » ;

Attendu que la Cour de justice a précisé, dans les motifs de cette décision, que dans une administration disposant d'un effectif important, il est inévitable que des remplacements temporaires soient fréquemment nécessaires en raison, notamment, de l'indisponibilité d'employés bénéficiant de congés de maladie, de congés de maternité ou de congés parentaux ou autres, que le remplacement temporaire de salariés dans ces circonstances est susceptible de constituer une raison objective au sens de la clause 5, point 1, sous a), de l'accord-cadre CDD, justifiant tant le caractère déterminé de la durée des contrats conclus avec le personnel de remplacement que le renouvellement de ces contrats en fonction de la survenance des besoins, sous réserve du respect des exigences fixées par l'accord-cadre CDD à cet égard (§ 31), […] ;

Attendu qu'il en résulte que le seul fait pour l'employeur, qui est tenu de garantir aux salariés le bénéfice des droits à congés maladie ou maternité, à congés payés ou repos que leur accorde la loi, de recourir à des contrats à durée déterminée de remplacement de manière récurrente, voire permanente, ne saurait suffire à caractériser un recours systématique aux contrats à durée déterminée pour faire face à un besoin structurel de main d'œuvre et pourvoir ainsi durablement un emploi durable lié à l'activité normale et permanente de l'entreprise ;

Attendu que pour prononcer la requalification des contrats à durée déterminée en un contrat à durée indéterminée, l'arrêt, après avoir énoncé qu'en application des dispositions de l'article L. 1243-3, alinéa 3, du Code du travail, la mise en œuvre de contrats à durée déterminée successifs pour remplacer des salariés absents ne peut avoir ni pour objet, ni pour effet de pourvoir durablement un emploi lié à l'activité normale et permanente de l'entreprise, retient qu'une entreprise telle que l'association La Croisée des ans qui dispose d'un nombre de salariés conséquent est nécessairement confrontée à des périodes de congés, maladie, stage, maternité qui impliquent un remplacement permanent des salariés absents pour diverses causes ponctuelles, …

...

que dès lors que les remplacements prévisibles et systématiques assurés par la salariée pendant trois années constituent un équivalent à plein temps pour faire face à un besoin structurel de l'association La Croisée des ans, c'est à juste titre que le conseil de prud'hommes a procédé à la requalification sollicitée même si ces contrats sont formellement réguliers (cause de l'absence, nom et qualification professionnelle du salarié remplacé, durée) ; Qu'en statuant ainsi, par des motifs insuffisants pour caractériser, au regard de la nature des emplois successifs occupés par la salariée et de la structure des effectifs de l'association, que ces contrats avaient pour objet ou pour effet de pourvoir durablement un emploi lié à l'activité normale et permanente de l'association, la cour d'appel a violé les textes susvisés [...]

[...]

PAR CES MOTIFS :

CASSE ET ANNULE [...] l'arrêt rendu le 4 avril 2016, entre les parties, par la cour d'appel de Limoges ; remet, en conséquence, sur les points restant en litige, la cause et les parties dans l'état où elles se trouvaient avant ledit arrêt et, pour être fait droit, les renvoie devant la cour d'appel de Poitiers ;

SYNTHÈSE

La diversité des contrats de travail

Le contrat à durée indéterminée (CDI) et sa variante

Contrat de droit commun : CDI

Contrat **à temps plein sans détermination de durée,** forme normale d'embauche

Contrat dérogatoire : CDI de chantier

Contrat conclu pour la **durée d'un chantier ou d'une opération** et dont la rupture intervient une fois le chantier terminé ou l'opération réalisée

Les contrats précaires

Le contrat à durée déterminée (CDD)

Cas autorisés

- Remplacement d'un salarié temporairement absent
- Accroissement temporaire d'activité
- CDD d'usage
- CDD conclus dans le cadre de la politique d'emploi

Cas interdits

- Remplacement d'un salarié gréviste
- Embauche pour effectuer des travaux particulièrement dangereux
- Embauche dans les 6 mois qui suivent un licenciement économique

Les contrats de mise à disposition : CTT et portage salarial

	CTT	Portage salarial
Acteurs	Relation tripartite : entreprise utilisatrice, salarié et entreprise de travail temporaire/portage salarial	
Règles applicables	• pour le CTT : mêmes dispositions que pour le CDD • pour le portage salarial en CDD : mêmes règles que pour le CDD • pour le portage en CDI : durée de la prestation de portage : 36 mois maximum	
Rupture/Fin de mission	• Mêmes conditions que le CDD • Nouveau contrat à proposer par l'ETT dans les 3 jours	• Mêmes conditions que le CDD • CDI plafonné à 3 ans

Les contrats alliant formation et emploi : contrat d'apprentissage et contrat de professionnalisation

	Contrat d'apprentissage	Contrat de professionnalisation
Entreprises visées	Toute entreprise privée ou publique	Employeurs assujettis au financement de la formation professionnelle
Salariés concernés	• 16 à 30 ans • Par dérogation et dans des cas précis, jusqu'à 35 ans	• 16 à 25 ans • Publics spécifiques : bénéficiaires du RSA titulaires de l'ASS, de l'AAH ou d'un CUI
Forme	CDD ou CDI contrat écrit assorti de mentions obligatoires	
Durée du contrat	Durée de la formation (6 mois à 3 ans)	6 mois minimum et jusqu'à 36 mois (publics spécifiques)
Rémunération	% du Smic, en fonction de l'âge de l'apprenti + éventuelles majorations	55 % à 85 % du Smic, en fonction de l'âge et du niveau de formation de départ

Le contrat de travail à temps partiel

Les cas de recours au travail à temps partiel, les conditions de formation du contrat et les modalités de rupture sont identiques à celles du CDD.

CHAPITRE 5 L'évolution du contrat de travail

PROGRAMME

Compétences attendues

- **Identifier** les cas de suspension du contrat de travail et en **déduire** les principaux effets
- **Qualifier** une modification du contrat de travail et une modification des conditions de travail ; en **tirer** les conséquences juridiques
- **Repérer**, dans une situation donnée, une modification de la situation juridique de l'employeur et en **tirer** les conséquences juridiques pour l'une ou l'autre des parties

Savoirs associés

- La suspension du contrat : généralités (classification des causes de suspension, règles communes), étude des cas de suspension liés à un arrêt maladie dû à un risque professionnel, à un risque non professionnel, à une maternité
- La modification du contrat
- Le transfert d'entreprise et le maintien du contrat de travail

PLAN DU CHAPITRE

L'exécution du contrat de travail s'inscrit en principe dans le temps. La relation de travail peut donc connaître des évolutions. Elle peut aussi être affectée par des événements susceptibles de la modifier ou même de l'interrompre. Le droit du travail a donc prévu des mécanismes de protection du salarié qui préservent aussi les intérêts de l'entreprise. Il existe ainsi des régimes juridiques propres à la suspension du contrat de travail, à sa modification et au transfert d'entreprise.

MOTS-CLÉS

Accident du travail • Arrêt de travail • Changement des conditions de travail • Congé de maternité • Maladie professionnelle • Maternité • Modification du contrat de travail • Risque professionnel • Suspension du contrat de travail • Transfert d'entreprise

1 La suspension du contrat de travail

A) Les causes de suspension du contrat de travail et leurs effets

1. Le principe

Définition

La **suspension du contrat de travail** intervient lorsque le salarié cesse temporairement d'exécuter ses obligations contractuelles sans que le contrat soit rompu.

2. La classification des suspensions de contrat

Les causes de suspension sont variées (tab. 5.1).

Tableau 5.1. Causes de suspension du contrat de travail

Classification des causes de suspension du contrat de travail		
Du fait du salarié	**Du fait de l'employeur**	**Cas de force majeure**
• Arrêt maladie • Congé de maternité ou de paternité • Congés payés • Congé de transition professionnelle, congé sabbatique, congé de création d'entreprise • En cas de grève (↪ chapitre 15)	• Pour sanction disciplinaire (mise à pied notamment) • Recours au lock-out (↪ chapitre 15) • En cas de chômage technique	Survenance d'un événement extérieur, imprévisible lors de la conclusion du contrat de travail et irrésistible dans son exécution (cyclone, guerre, incendie détruisant totalement l'entreprise…)

3. Les effets de la suspension à l'égard du salarié

Pour le salarié, la suspension du contrat de travail implique cinq effets (fig. 5.1).

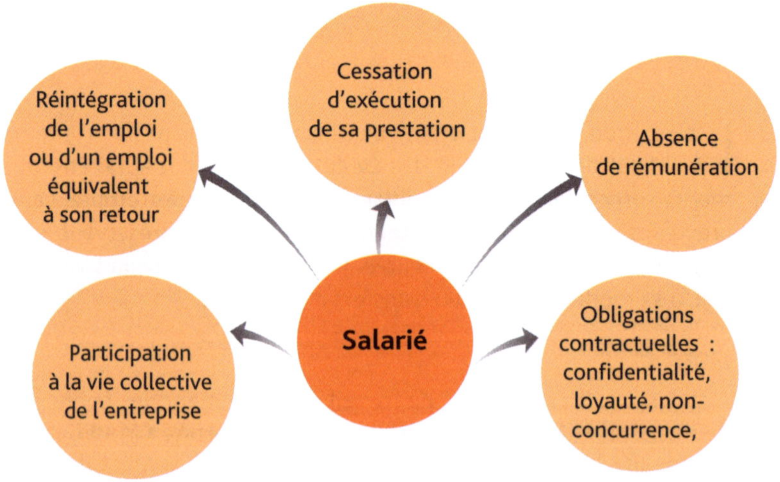

Figure 5.1. Effets de la suspension du contrat de travail pour le salarié

La suspension reporte d'autant la période d'essai. L'échéance du CDD n'est cependant pas reportée.

4. Les effets de la suspension à l'égard de l'employeur

L'employeur ne verse pas le salaire sauf dans certains cas particuliers (congés payés ou versement du complément de rémunération en cas d'arrêt maladie). La durée de la suspension ne constitue pas du temps de travail effectif. Elle n'est pas prise en compte dans le calcul de l'ancienneté, sauf cas particuliers.

Exemple

- En cas d'accident du travail, de maladie professionnelle ou de maternité ou encore pendant les congés payés, la période de suspension compte pour le calcul de l'ancienneté du salarié.

B) La suspension du contrat de travail pour cause de maladie professionnelle

1. Le risque professionnel

Le risque professionnel englobe l'accident du travail ou la maladie professionnelle.

Définitions

- Sont considérés comme des **risques professionnels** l'accident du travail et la maladie professionnelle, mais pas l'accident de trajet (↪ chapitre 10).
- L'accident d'un salarié qui se produit au temps et au lieu de travail est présumé être un **accident du travail**, quelle qu'en soit la cause. S'il a une date certaine et qu'il a provoqué des lésions, des douleurs ou des traumatismes, au moment où le salarié est au travail, le salarié peut bénéficier de la protection en matière de risque professionnel.
- Une maladie contractée du fait du travail et inscrite dans les listes officielles de la sécurité sociale est présumée **maladie professionnelle**. Elle peut aussi être reconnue professionnelle par expertise si elle est directement causée par le travail habituel de la victime, entraînant une incapacité permanente d'au moins 25 %.

2. Les obligations de déclaration

Les obligations varient selon la situation (fig. 5.2).

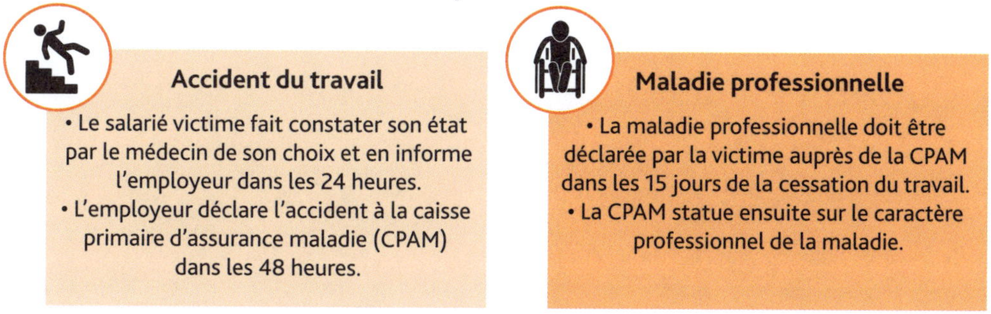

Figure 5.2. Obligations de déclaration

3. Les principes applicables

Pendant la durée de l'**arrêt de travail** consécutif à un accident du travail ou à une maladie professionnelle, le contrat de travail du salarié est suspendu. Pendant cette période de suspension, l'employeur ne peut pas rompre le contrat de travail, sauf faute grave du salarié ou cas d'impossibilité de maintenir le contrat de travail pour un motif non lié à l'accident ou à la maladie professionnelle. À défaut, le licenciement ou la rupture du CDD est nul. Le salarié peut alors demander à être réintégré ou indemnisé.

4. L'indemnisation spécifique du salarié

Pendant la période de suspension, le salarié reçoit des indemnités journalières versées par la sécurité sociale, sans délai de carence. Ces indemnités sont égales à 60 % du revenu d'activité antérieur (RAA) pendant les 28 premiers jours et à 80 % de ce même revenu à compter du 29e jour. S'y ajoute l'indemnité complémentaire patronale versée par l'employeur dès le premier jour de l'arrêt de travail.

5. La visite de reprise

La visite de reprise est obligatoire après un arrêt de travail d'au moins trente jours pour accident du travail ou maladie professionnelle. Cette visite de reprise réalisée par le médecin du travail s'impose à l'employeur (obligation de sécurité de résultat). L'employeur doit saisir les services de prévention et de santé au travail (SPST) afin d'organiser l'examen médical le jour de la reprise effective du travail ou au plus tard dans les huit jours de la reprise. L'objectif est de vérifier si l'état de santé du salarié est compatible avec son poste de travail, ou de préconiser l'aménagement ou l'adaptation de ce poste ou d'émettre un avis d'inaptitude.

6. Les conclusions du médecin du travail

Aptitude. Le salarié retrouve son emploi avec une rémunération équivalente sans retard de promotion ou d'avancement. S'il y a rupture du contrat de travail en dépit d'un avis d'aptitude, le licenciement est dénué de cause réelle et sérieuse (**chapitre 11**). Le salarié peut demander sa réintégration ou des dommages-intérêts au moins égaux à six mois de salaire (somme augmentée de l'indemnité de préavis).

Inaptitude. En cas d'avis d'inaptitude, une obligation de reclassement s'impose à l'employeur (**tab. 5.2**).

Tableau 5.2. Obligation de reclassement du salarié inapte

Proposition de reclassement	• Émission dans le mois de l'examen médical de reprise en tenant compte des conclusions écrites du médecin du travail (à défaut, reprise du versement du salaire). • Obligation de moyens : – recherche de poste dans l'entreprise ou le groupe ; – poste aussi comparable que possible à l'emploi occupé précédemment, approprié aux capacités physiques et professionnelles du salarié. • Emploi disponible ou rendu vacant par l'employeur par des mesures de mutation ou de permutation.
Dispense de reclassement	• En cas de maintien du salarié dans l'entreprise préjudiciable à son état de santé (mention expresse dans l'avis du médecin du travail).
Possibilité de licenciement si reclassement impossible ou refus, justifié par le salarié, de l'emploi proposé	• Notification par l'employeur au salarié des motifs qui s'opposent à son reclassement. • Mise en œuvre de la procédure de licenciement par l'employeur avec versement de l'indemnité spéciale de licenciement égale au double de l'indemnité légale due en cas de licenciement pour motif personnel (et indemnité de préavis).

Si aucun reclassement n'est intervenu dans le délai d'un mois et si l'employeur n'a pas licencié le salarié, il doit reprendre le versement du salaire. À défaut de respect de l'obligation de reclassement, le licenciement est jugé sans cause réelle et sérieuse.

C) La maladie et l'accident non professionnels

1. Le principe

La maladie ou l'accident non professionnel ne constituent que des simples cas de suspension du contrat de travail à condition qu'ils soient médicalement justifiés et que le salarié ait respecté certaines obligations (fig. 5.3).

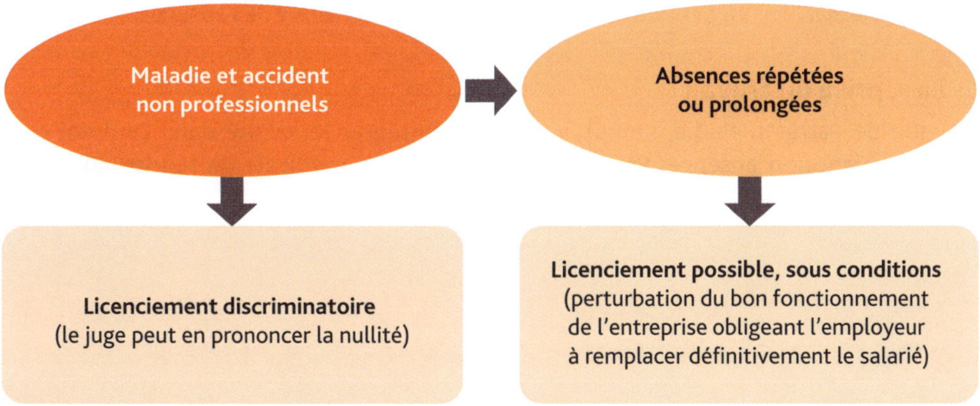

Figure 5.3. Maladie et licenciement

2. Les obligations du salarié malade ou accidenté

Le salarié doit :

- Avertir l'employeur de son absence par la remise d'un certificat médical dans les meilleurs délais (fixés par les conventions collectives et, à défaut, dans un délai de quarante-huit heures).
- Se soumettre à la contre-visite médicale patronale :
  - organisée par l'employeur lorsque le salarié remplit les conditions pour recevoir l'indemnisation patronale complémentaire ;
  - en cas de refus ou d'absence du domicile, il perd le complément patronal pour la période postérieure au contrôle, sauf motif légitime.
- Respecter l'obligation de loyauté (ne pas travailler pour le compte d'un autre employeur concurrent pendant l'arrêt de travail, ni avoir un comportement déloyal). À défaut, il peut y avoir licenciement pour faute.

3. Les droits du salarié

Même en arrêt maladie, le salarié bénéficie de droits (tab. 5.3).

Tableau 5.3. Droits du salarié en arrêt maladie

Rémunération	• L'employeur n'est pas tenu de rémunérer le salarié puisqu'il n'y a pas de prestation de travail. • Le salarié perçoit : – des indemnités journalières de la sécurité sociale à partir du 4e jour de l'arrêt de travail s'il remplit les conditions (↳ chapitre 18), – une indemnisation complémentaire patronale au-delà du 7e jour d'absence liée à la maladie. Le salarié doit avoir un an d'ancienneté dans l'entreprise et justifier son absence dans les 48 heures par l'envoi d'un certificat médical.
Ancienneté et CP	À défaut de disposition conventionnelle plus favorable, la durée de l'absence n'est pas prise en compte pour le calcul : • de l'ancienneté, • des congés payés (CP).
Période d'essai	La période d'essai est prolongée de la durée de l'absence.

4. La reprise du travail

À l'issue de l'arrêt maladie, l'employeur doit réintégrer le salarié dans l'emploi qu'il occupait avant son absence. Préalablement, une visite médicale de reprise ou de pré reprise doit être organisée (tab. 5.4).

Tableau 5.4. **Visites médicales de reprise**

Visite médicale de reprise	Visite médicale de préreprise
• Si absence pour maladie ou accident non professionnel d'au moins trente jours. • L'employeur saisit le médecin du travail ou les services de santé au travail afin d'organiser l'examen de reprise le jour de la reprise effective du travail par le salarié et au plus tard dans les 8 jours qui suivent la reprise. • Objectif : vérifier que le poste de travail du salarié est compatible avec son état de santé, ou de préconiser des aménagements ou adaptations de poste ou d'émettre un avis d'inaptitude.	• Pour les arrêts de travail de plus de trois mois. • Visite médicale de préreprise par un médecin du travail à l'initiative du médecin traitant ou du médecin-conseil de la sécurité sociale ou du salarié. • Objectif : favoriser le retour du salarié dans l'entreprise et son maintien dans l'emploi, recommander des aménagements ou des adaptations du poste de travail, ou préconiser des formations professionnelles ou encore organiser le reclassement ou la réorientation professionnelle du salarié.

5. Procédure de délivrance de l'avis d'inaptitude

L'inaptitude du salarié à son poste de travail peut être établie par le médecin du travail dès lors qu'aucune mesure d'aménagement, d'adaptation ou de transformation de poste n'est possible et que l'état de santé du salarié justifie un changement de poste de travail.

Préalablement à l'émission de l'avis d'inaptitude, le médecin du travail doit :

- Réaliser au moins un examen médical du salarié accompagné des examens complémentaires.
- Procéder ou faire procéder à une étude de poste et à une étude des conditions de travail dans l'établissement.
- Recevoir le salarié afin d'échanger avec lui sur l'avis, les indications ou les propositions qu'il pourrait adresser à l'employeur.
- Procéder à un échange, par tout moyen avec l'employeur.

L'avis d'inaptitude est émis par le médecin du travail par écrit avec des indications relatives au reclassement du salarié. Avant d'émettre une proposition de reclassement, l'employeur doit consulter les membres du CSE pour avis. L'employeur est tenu de prendre en considération l'avis et les propositions du médecin du travail.

D) La suspension du contrat de travail consécutive à la maternité

1. La durée du congé de maternité

La durée du **congé de maternité** varie avec le nombre d'enfants déjà nés et le rang de l'enfant ou des enfants à naître ainsi que le caractère normal ou pathologique de la grossesse. Le congé comporte deux périodes :

- le congé prénatal, avant la date présumée de l'accouchement ;
- le congé postnatal après l'accouchement.

La salariée peut reporter une partie du congé prénatal après l'accouchement (tab. 5.5).

Tableau 5.5. **Durée du congé de maternité en semaines**

	Congé prénatal	Congé postnatal	Durée totale du congé
1er et 2e enfant	6	10	16
3e enfant et plus	8	18	26
État pathologique	+ 2	+ 4	+ 6

Le congé de maternité est un droit mais non une obligation. La salariée peut écourter le congé. L'employeur ne peut toutefois pas la faire travailler pendant une période de huit semaines entourant la date de l'accouchement dont les six semaines qui suivent l'accouchement, même si la salariée le demande.

2. L'indemnisation du congé de maternité

La salariée perçoit des indemnités journalières versées par la sécurité sociale, égales au revenu d'activité antérieur (RAA) dans la limite du plafond de la sécurité sociale, si elle remplit les conditions d'affiliation et de cotisation. Ces indemnités sont accordées sans délai de carence.

3. Les effets du congé de maternité sur le contrat de travail

Pendant toute la durée du congé de maternité, le contrat de travail de la salariée est suspendu. La durée du congé de maternité est considérée comme du temps de travail effectif pour le calcul des congés payés et de l'ancienneté.

4. L'interdiction de licenciement

La salariée enceinte bénéficie d'une protection spéciale contre le licenciement (tab. 5.6). Elle doit adresser à l'employeur un certificat médical attestant sa grossesse.

Tableau 5.6. **Protection contre le licenciement au titre de la maternité**

Protection absolue	Interdiction absolue d'engagement d'une procédure de licenciement pendant le congé de maternité
Protection relative	• Pendant la grossesse et jusqu'à 10 semaines après la fin du congé de maternité, un licenciement ne peut être envisagé que pour deux motifs : – faute grave ; – motif non lié à l'état de grossesse, à l'accouchement ou à l'adoption. • Dans ces cas, le licenciement ne peut pas être notifié, ni prendre effet pendant la période de suspension. Si le licenciement est prononcé, il ne peut prendre effet qu'à la reprise du travail de la salariée.

À défaut du respect de ces règles légales, le licenciement de la salariée est susceptible d'être entaché de nullité.

5. L'issue du congé

À la fin du congé de maternité, la salariée est réintégrée dans son emploi précédent ou dans un emploi équivalent avec tous les avantages acquis précédemment. Elle doit bénéficier des mêmes augmentations salariales que celles perçues pendant son congé par les autres salariés de la même catégorie professionnelle. Lors de la reprise du travail, la salariée doit passer une visite médicale auprès du médecin du travail. Cette visite intervient lors de la reprise effective du travail ou au plus tard dans les 8 jours. La salariée a également droit à un entretien professionnel avec son employeur pour déterminer ses perspectives d'évolution professionnelle en termes de qualification et d'emploi.

À l'issue du congé de maternité ou dans les 2 mois qui suivent la naissance de l'enfant, la salariée peut choisir de démissionner sans préavis ni indemnité. Elle bénéficie alors durant l'année qui suit la rupture de son contrat d'une priorité de réembauche pendant un an dans les emplois relevant de sa qualification.

6. Le congé de paternité

Le père de l'enfant, le conjoint ou le concubin de la mère ou la personne liée à elle par un PACS ont droit à un congé de paternité de 25 jours calendaires (32 jours en cas de naissances multiples), auquel s'ajoute le congé de naissance obligatoire de 3 jours ouvrables, dont la durée peut être augmentée par accord collectif. Durant ce congé, le contrat de travail est suspendu. Ce congé constitue du temps effectif de travail pour le décompte de l'ancienneté et des droits à congés payés. L'employeur doit être informé du congé au moins un mois à l'avance. À l'issue du congé, le père réintègre son emploi précédent ou un emploi équivalent.

Sur l'allongement du congé paternité : http://dunod.link/6fybjq0

→ APPLICATION 2 • CAS 3 • SITUATION PRATIQUE 6 • SITUATION PRATIQUE 7

2 La modification du contrat ou des conditions de travail

La loi ne définit pas la **modification du contrat de travail** ni le **changement des conditions de travail**. La jurisprudence en fixe les contours (tab. 5.7).

Tableau 5.7. Modifications relevant du contrat ou des conditions de travail

Modification du contrat de travail	• Il y a modification du contrat de travail lorsqu'un élément du contrat considéré comme fondamental ou essentiel est modifié. • Sont considérés comme essentiels : – la rémunération contractuelle : la modification peut porter sur le mode de fixation ou sur les accessoires. Même minime et avantageuse pour le salarié, elle constitue une modification du contrat de travail ; – la qualification professionnelle : la modification peut résulter d'une augmentation ou d'une diminution des fonctions ou des responsabilités ; – la durée du travail ; – le lieu de travail dans un autre secteur géographique ; – les horaires de travail contractuels et en cas de bouleversement total des horaires ou d'atteinte excessive à la vie personnelle et familiale.
Modification des conditions de travail	• Les simples aménagements des conditions d'exécution du travail, non précisées dans le contrat de travail s'analysent comme des modifications des conditions de travail (ex. : aménagement des fonctions avec maintien de la rémunération, changement d'horaires avec maintien de la durée du travail) : • Les éléments que l'employeur et le salarié ont contractualisés par une clause du contrat de travail (ex. : clause de mobilité) s'imposent aux parties et s'analysent comme un simple changement des conditions de travail si la modification s'inscrit dans les prescriptions de la clause ou si elle ne présente qu'un caractère provisoire.

Selon que la modification concerne le contrat ou les conditions de travail, l'implication des parties varie (fig. 5.4).

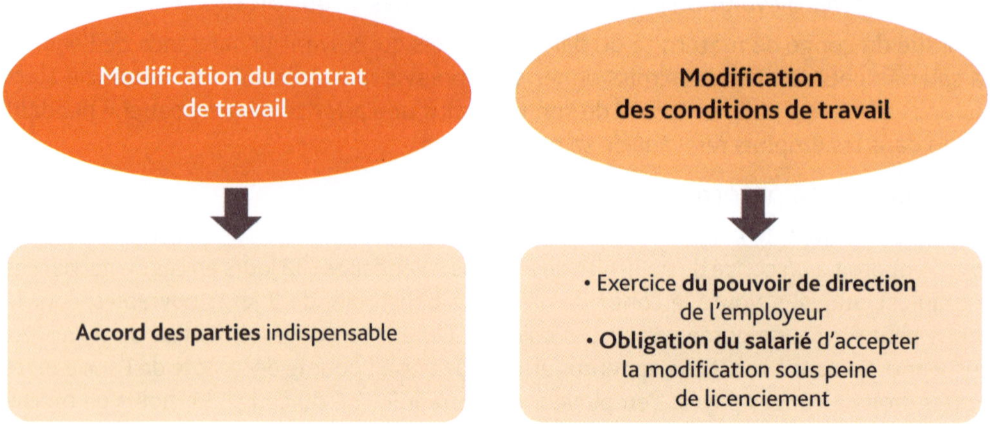

Figure 5.4. **Modifications du contrat ou des conditions de travail**

A) Le régime juridique de la modification du contrat de travail

La modification du contrat de travail résulte de différents motifs déterminant les règles applicables (tab. 5. 8).

Tableau 5.8. **Modification du contrat de travail**

Modification pour motif économique	Modification pour motif personnel	Modification pour motif disciplinaire
• Repose sur un motif économique au sens du droit du licenciement économique : difficultés économiques, mutations technologiques ou réorganisation pour sauvegarder la compétitivité de l'entreprise (ex. : réduction des rémunérations en raison de difficultés financières, mutation pour réorganiser les activités). • Procédure particulière.	• S'appuie sur un motif inhérent à la personne même du salarié mais non disciplinaire (ex. : compétences, résultats, état de santé…). • Absence de procédure particulière pour la modification du contrat de travail pour motif personnel. L'employeur doit la proposer au salarié et obtenir son accord. Faute d'accord du salarié, la modification est considérée comme n'étant pas intervenue.	• Motivée par une ou plusieurs fautes du salarié. • Peut se traduire par une rétrogradation ou une mutation disciplinaire, prévues au règlement intérieur de l'entreprise. • Respect par l'employeur de la procédure disciplinaire. La sanction emportant modification du contrat de travail nécessite l'accord du salarié.

Que la modification ait un motif économique, personnel ou disciplinaire, l'employeur doit demander l'accord du salarié. La réponse du salarié peut consister en :

- **Une acceptation**. Un avenant au contrat de travail est alors signé par l'employeur et le salarié.
- **Un refus**. L'employeur peut alors :
  - soit reprendre l'exécution du contrat aux conditions initiales et renoncer à la modification ;
  - soit décider de licencier le salarié. Il devra alors justifier le licenciement par les raisons de la modification du contrat de travail (tab. 5.9). Le refus du salarié ne constitue pas en lui-même une cause réelle et sérieuse de licenciement (↪ chapitre 11).

Tableau 5.9. **Régime juridique de la modification du contrat de travail**

Motif économique	• L'employeur doit adresser au salarié un projet de la modification par lettre recommandée avec avis de réception. • Cette lettre doit informer le salarié qu'il dispose d'un délai d'un mois à compter de sa réception pour faire connaître sa décision d'acceptation ou de refus. À défaut de réponse, le salarié est réputé avoir accepté la modification. • En cas de refus du salarié, l'employeur peut soit renoncer à la modification, soit mettre en œuvre le licenciement économique.
Motif personnel	• L'employeur doit informer le salarié par écrit. • La demande de modification est faite par écrit en laissant au salarié un délai de réflexion suffisant pour répondre. • À défaut de réponse dans le délai, le salarié est réputé avoir refusé la modification. • Si le salarié refuse, l'employeur peut renoncer à la modification ou mettre en œuvre la procédure de licenciement (↪ chapitre 11).
Motif disciplinaire	• L'employeur doit respecter la procédure disciplinaire (convocation et entretien préalable, notification de la sanction au moins deux jours ouvrables après l'entretien) • Si le salarié refuse la modification disciplinaire, l'employeur peut prononcer une autre sanction.

FOCUS L'accord de performance collective

Un accord de performance collective peut être conclu pour répondre aux nécessités liées au fonctionnement de l'entreprise ou en vue de préserver ou développer l'emploi. Il peut notamment avoir pour objectif d'aménager la durée du travail des salariés, ses modalités d'organisation et de répartition, déterminer les conditions de la mobilité professionnelle ou géographique interne à l'entreprise ou aménager la rémunération des salariés. Les salariés sont informés par tout moyen du droit pour eux d'accepter ou de refuser la modification de leur contrat de travail en application de l'accord. Les dispositions de cet accord se substituent de plein droit aux clauses contraires et incompatibles des contrats de travail relatives à la rémunération, la durée du travail ou la mobilité professionnelle. Les salariés peuvent refuser la modification du contrat de travail résultant de l'application de l'accord. L'employeur dispose alors de deux mois pour engager une procédure de licenciement pour motif personnel, qui repose sur un motif spécifique constituant une cause réelle et sérieuse de rupture.

B) Le régime juridique d'une modification des conditions de travail

La modification des conditions de travail s'impose au salarié. Le salarié est tenu de l'accepter sauf s'il s'agit d'un salarié protégé (↪ chapitre 11). Cette décision relève du **pouvoir de direction** de l'employeur. Il n'a pas à motiver sa décision de changer les conditions de travail. Sa bonne foi est présumée. La loi n'impose pas à l'employeur de notifier le changement par écrit. Toutefois, les conventions collectives peuvent le prévoir.

Si le salarié accepte le changement de ses conditions de travail, le contrat de travail initial continue de produire ses effets sans aucune formalité. Le salarié peut refuser le changement des conditions de travail mais ce refus constitue une faute (ex. : manquement aux obligations contractuelles). Le salarié s'expose au risque d'être licencié pour faute si l'employeur a mis en œuvre le changement de bonne foi. Le refus d'un changement des conditions de travail ne constitue pas, à lui seul, une faute grave. En cas de refus du salarié, l'employeur doit mettre en œuvre la procédure de licenciement (↪ chapitre 11).

→ CAS 4 • SITUATION PRATIQUE 7

3 La modification de la situation juridique de l'employeur

A) Le principe

S'il survient une modification dans la situation juridique de l'employeur notamment par succession, vente, fusion, transformation du fonds de commerce, mise en société, tous les contrats de travail en cours au jour de la modification subsistent avec le nouvel employeur et le personnel de l'entreprise. Le changement d'employeur intervient dans les hypothèses évoquées dans le texte, sans l'accord du salarié mais avec maintien de son contrat de travail et de ses droits. Le cédant et le cessionnaire sont tenus d'informer et de consulter le CSE (↪ chapitre 12) de l'opération projetée et des mesures envisagées lorsque les modifications comportent des conséquences à l'égard des salariés.

B) Les conditions d'application de la règle

Le **transfert d'entreprise** réunit quatre conditions (tab. 5.10).

Tableau 5.10. Conditions d'application de l'article L. 1224-1 du Code du travail

Transfert d'une entité économique autonome	• L'entité économique autonome est un ensemble organisé de personnes et d'éléments corporels ou incorporels permettant l'exercice d'une activité. • L'activité transférée doit être une activité économique, à but lucratif ou non, civile ou commerciale. • Un acte de transfert est nécessaire, quelle qu'en soit la nature : cession du fonds de commerce, mise en société, succession de prestataires sur un marché... Il n'est pas indispensable qu'il existe un lien de droit entre les deux employeurs successifs. Le transfert est effectif à la date à laquelle l'exploitant qui reprend l'activité est en mesure d'en assurer la direction.
Transfert d'une entité poursuivant un objectif propre	• L'entité économique se définit en fonction : – de l'activité qu'elle exerce, – des éléments d'exploitation qu'elle nécessite, – d'un personnel et d'une clientèle qui lui sont attachés. • Elle doit être constituée d'éléments corporels ou incorporels (bâtiments, équipements, outils...), consistant en une activité autonome, principale ou accessoire, avec un objectif clairement défini. Elle doit bénéficier de moyens matériels et humains spécialement affectés (ex. : conditions non réunies lorsque l'activité est exercée par des salariés polyvalents ou que ce transfert ne porte que sur des capitaux).
Poursuite ou reprise de l'activité et conservation de son identité	• Il ne faut pas qu'il y ait disparation de l'activité ni démembrement lors du transfert. • Il n'est pas nécessaire que l'activité poursuivie soit strictement identique. La similitude ou la connexité des activités suffit. • La suspension partielle des activités n'empêche pas l'application de la règle du maintien des contrats de travail en cours.
Existence d'un contrat de travail en cours	Le contrat de travail ne doit pas avoir été rompu au jour de la modification de la situation juridique de l'employeur.

C) Les effets du transfert d'entreprise

En cas de transfert d'entreprise (rachat, fusion…), nombre d'éléments sont transférés au nouvel employeur, à l'exception des conventions et accords collectifs et du règlement intérieur (tab. 5.11).

Tableau 5.11. Effets du transfert d'entreprise

Transfert automatique de tous les contrats de travail en cours	• Transfert automatique des contrats de travail sans procédure particulière d'information préalable • Transfert qui s'impose aussi bien à l'employeur qu'aux salariés : les salariés ne peuvent pas s'y opposer sous peine de commettre une faute. • Maintien de tous les contrats de travail en cours et non rompus au jour du transfert dans tous leurs éléments et aux mêmes conditions. Absence de période d'essai pour les salariés transférés. • Respect par le nouvel employeur de l'ensemble des droits, obligations et dettes de l'ancien employeur, sauf en cas de procédure collective.
Transfert des usages et engagements unilatéraux	• Usages ou engagements unilatéraux de l'ancien employeur opposables au nouvel employeur. • Procédure de dénonciation possible après transfert en respectant la procédure. • Absence de transfert du règlement intérieur.
Transfert des mandats des représentants du personnel	• Maintien du mandat des élus du personnel objet du transfert. • Possibilité de réduction ou de prolongation des durées de mandat par voie d'accord entre le nouvel employeur et les syndicats représentatifs existant dans les établissements transférés.
Absence de transfert des conventions et accords collectifs	• Pour les entités entrant dans des champs d'application géographique et professionnel identiques, les conventions et accords collectifs se poursuivent. • Si le nouvel employeur relève d'une convention collective différente, les salariés transférés bénéficient d'un maintien provisoire des conventions et accords collectifs dont ils bénéficiaient avant le transfert pendant 15 mois jusqu'à la conclusion d'un nouvel accord. Des négociations doivent s'engager dans l'entreprise d'accueil : – si un accord est conclu, il s'applique immédiatement aux salariés qui ne peuvent plus revendiquer le bénéfice de la convention ou l'accord mis en cause ; – en l'absence d'accord après 15 mois, les salariés sont soumis aux conventions et accords du nouvel employeur et ne peuvent plus bénéficier des dispositions des textes d'origine, avec toutefois une garantie de rémunération.

D) La possibilité de licencier

En cas de transfert d'entreprise, un licenciement peut être engagé dans des cas précis (fig. 5.5).

Licenciement préalable au transfert

- Entreprise d'au moins 50 salariés, licenciant au moins 10 salariés sur une période de 30 jours : obligation de plan de sauvegarde de l'emploi (PSE) pour éviter les licenciements ou en limiter le nombre
- En cas de PSE comportant le transfert d'une ou de plusieurs entités économiques nécessaires à la sauvegarde d'une partie des emplois et si l'entreprise souhaite accepter une offre de reprise, principe du maintien des contrats de travail limité aux emplois non supprimés à la suite des licenciements, à la date d'effet du transfert. Reprise par le cessionnaire des seuls salariés n'ayant pas été licenciés par le cédant au jour du transfert

Licenciement à l'occasion du transfert

- Nullité du licenciement prononcé en méconnaissance du principe du maintien du contrat de travail des salariés
- Possibilité, pour le salarié illégalement licencié, de :
  – demander au repreneur la poursuite de son contrat travail qui est censé n'avoir jamais été rompu
  – réclamer à l'employeur auteur du licenciement la réparation du préjudice subi

Licenciement postérieur au transfert

- Possibilité, pour le nouvel employeur, de procéder aux licenciements rendus nécessaires, sous réserve d'une cause réelle et sérieuse
- Obligation, pour le nouvel employeur ayant l'intention de licencier, de respecter la procédure et les dispositions afférentes au licenciement (↪ chapitre 11)

Figure 5.5. Licenciement et transfert d'entreprise

→ CAS 5

1 Quiz

Vérifiez l'exactitude de la proposition et justifiez-les.

	Vrai	Faux
1. L'arrêt maladie constitue une cause de suspension du contrat de travail.	☐	☐
2. La maladie constitue, à elle seule, un motif de rupture du contrat de travail.	☐	☐
3. Les conséquences de la maladie peuvent, à certaines conditions, être une cause de licenciement.	☐	☐
4. L'employeur peut licencier le salarié en arrêt pour accident du travail.	☐	☐
5. Pendant le congé de maternité de la salariée, il y a suspension du contrat de travail. L'employeur ne peut pas la licencier.	☐	☐
6. Il y a modification du contrat de travail lorsqu'il y a une diminution ou une augmentation de la rémunération du salarié.	☐	☐
7. La modification du contrat de travail pour motif économique fait l'objet d'une procédure particulière.	☐	☐
8. Lorsque le salarié refuse une modification de ses conditions de travail, l'employeur peut le licencier pour faute.	☐	☐
9. Le transfert d'entreprise n'a aucune incidence sur le contrat de travail des salariés.	☐	☐

2 Les malheurs de Zoé ★★★

Zoé, jeune graphiste talentueuse, est partie en vacances au Japon il y a un mois. À la reprise de son travail à l'agence Publi & Consorts, on lui diagnostique une encéphalite japonaise, virus rare caractérisé par une forte fièvre et des maux de tête. Son médecin l'arrête pour trois mois. Or, l'agence doit livrer à une entreprise de la grande distribution une campagne de publicité. Elle licencie Zoé.

Déterminez si la maladie de Zoé est constitutive d'une cause réelle et sérieuse de licenciement.

3 Cas AVIX ★★★

Compétence attendue **Identifier** les cas de suspension du contrat de travail et en **déduire** les principaux effets

Installé depuis plus de vingt ans en plein cœur de Villeurbanne dans la région lyonnaise, le cabinet d'avocats AVIX est spécialiste des relations individuelles de travail et des contentieux nés à cette occasion. Il intervient en particulier pour conseiller les entreprises en cas de suspension du contrat de travail.

Analysez les situations présentées par les employeurs en qualifiant précisément les cas de suspension évoqués et en répondant à leurs questions.

1. Thierry Lagache, chauffeur d'autocars des Autobus de la Maurienne, est actuellement en grève avec une vingtaine de salariés depuis deux semaines pour réclamer une augmentation des salaires.
Cette situation constitue-t-elle pour l'employeur une cause de suspension du contrat de travail ? Indiquez les conséquences pour Les Autobus de la Maurienne sur la rémunération de Thierry Lagache, son ancienneté et le décompte de ses congés payés.

2. Tim Lewis, chef de rang au Grand Hôtel, a été mis à pied par son employeur pour 4 jours, parce qu'il a injurié, Jean Dardenne, son manager. Il est néanmoins venu travailler pendant la période de sa mise à pied.
Y a-t-il suspension du contrat de travail ? Tim Lewis doit-il être rémunéré pour le travail effectué ?

3. Anna Cappe, informaticienne de la SARL CLIC+, a subi un accident. Elle a chuté dans les escaliers de la tour dans laquelle elle réside et a été hospitalisée quelques jours. Anna est maintenant rentrée chez elle. Elle est en arrêt de travail pour un mois. Le dirigeant de la SA CLIC+ l'a sommée par lettre recommandée, de lui restituer l'ordinateur portable et les logiciels qu'elle détient pour les confier au salarié en CDD qui la remplace. Anna Cappe refuse.
Durant la période de l'arrêt de travail d'Anna, son employeur peut-il la licencier, en raison de son refus de lui restituer le matériel de travail ?

4. Loïc Duthoit est chauffeur poids lourds pour la Compagnie des Transports. Il assure les livraisons des plateformes logistiques locales de la grande distribution. Grand fumeur, il a été souffrant à plusieurs reprises cette année. Il accumule plus d'une dizaine d'arrêts de travail relativement longs motivés par des bronchites chroniques. Son employeur est exaspéré par la situation. Il a perdu plusieurs marchés du fait des absences répétées de Loïc. Il compte engager ces prochains jours Marc Renard en

CDI et licencier Loïc Duthoit en raison de ses absences prolongées et répétées. Loïc Duthoit envisage de contester la rupture du contrat de travail.

Le dirigeant de la Compagnie des Transports doit-il redouter l'action de Loïc Duthoit ? Pourquoi ?

5. Pierre Martin, développeur informatique de la SA Geisler, a été blessé lors d'un tournoi de football organisé par le club local dont il est l'entraîneur. Il s'est foulé le poignet. Il a adressé un certificat médical justifiant l'arrêt de travail pour deux semaines. Or, quelques jours après, il participe à la brocante, qui vise à financer le club. Le dirigeant de la SA Geisler estime que Pierre ne respecte pas les obligations liées à la suspension de son contrat de travail.
Le dirigeant a-t-il raison ?

6. Hugo Diaz est mécanicien dans la SARL Garage du Centre. Alors qu'il testait l'état d'un véhicule qu'il venait de réparer pour une cliente, il a été victime, sur le trajet du retour, d'un accident de la circulation. Un semi-remorque lui a refusé la priorité. Il a été sérieusement blessé aux jambes. Après un arrêt de travail d'un mois qui vient d'être renouvelé, il est licencié par son employeur. Il estime ce licenciement abusif et envisage d'intenter une action en justice.
Hugo peut-il obtenir gain de cause ?

7. Lucas Bardé, couvreur-zingueur de la SARL Toulestoits, est en arrêt de maladie depuis quinze jours pour une angine. Il a déjà été placé plusieurs fois en arrêt de travail cette année. Son employeur est suspicieux et a mandaté un médecin pour contrôler la réalité de la pathologie. Lors de la contre-visite, Lucas Bardé est furieux et met à la porte le médecin. L'employeur réagit en lui envoyant un courrier par lequel il lui indique qu'il n'a pas respecté les obligations qui lui incombaient et qu'il encourt des sanctions.
Quelles sont les incidences du refus de Lucas Bardé pour l'entreprise ?

4 Cas Cash & Carry ★★★

Compétence attendue **Qualifier** une modification du contrat de travail et une modification des conditions de travail

La SAS Cash & Carry, entreprise de la grande distribution d'envergure nationale est fortement concurrencée par le développement du commerce en ligne et des *drive*. Pour rester compétitive, elle recentre ses activités sur les unités les plus rentables.

Déterminez, dans chacune des situations suivantes, s'il y a modification du contrat de travail ou changement des conditions de travail pour les salariés concernés. Indiquez également les conséquences pour l'employeur du refus éventuel par les salariés des changements envisagés.

1. Martine Delattre dirigeait le point de vente de Strasbourg. Elle était rémunérée avec une partie de rémunération fixe (2 000 €) et l'autre partie variable en fonction du CA réalisé (8 % des ventes du mois). Son contrat de travail comportait une clause de mobilité et prévoyait une éventuelle affectation en région parisienne au sein des

unités de vente existantes. L'unité commerciale de Strasbourg est vouée à la fermeture en raison de l'implantation future d'un centre d'affaires par un concurrent. Martine Delattre doit être mutée à Créteil, pour prendre la tête de la supérette locale. Pour l'inciter à accepter, Cash & Carry compte faire passer la partie variable de sa rémunération à 10 % du chiffre d'affaires. Martine Delattre n'est pas persuadée de maintenir des résultats aussi performants et craint de voir sa rémunération diminuer. Elle envisage donc de refuser la nouvelle affectation qui lui est proposée.

2. Antoine Legrand a été engagé il y a une dizaine d'années en tant que vendeur au rayon sanitaire dans l'unité d'Antony (Hauts-de-Seine). Il est promu vendeur qualifié au rayon bois du même magasin. Les tâches proposées sont nettement moins intéressantes pour lui. Il hésite à accepter la nouvelle affectation.

3. Lily-Rose Tailly travaille en qualité d'agent d'accueil polyvalent à Bondy (Seine-Saint-Denis). Elle débutait jusqu'alors sa journée de travail à 9 heures. Cet horaire, qui n'a pas été formalisé dans son contrat de travail, lui permettait de déposer ses trois enfants à l'école. Pour mieux répondre aux demandes de la clientèle et pour faire suite à l'installation d'un point Viennoiseries et snack, Cash & Carry entend modifier l'horaire de travail de Lily-Rose : sa journée de travail commencerait dès 8 heures et se terminerait un peu plus tôt le soir. Cette nouvelle répartition n'enthousiasme pas Lily-Rose puisqu'elle devra avoir recours à une assistante maternelle. Elle entend contester la mesure.

4. Xavier Charles était responsable grands comptes pour toute la région Nord-Paris, lorsqu'il est entré, il y a 20 ans, au service de Cash & Carry. Il était basé à Nanterre (Hauts-de-Seine) et était chargé des relations avec les centrales d'achat. Il dirigeait une équipe d'une dizaine de personnes. La réorganisation des activités conduit à la suppression de ces postes pour les remplacer par des délégués commerciaux rattachés aux directions régionales. Dans ce cadre, Xavier Charles doit être muté à Lille à la direction régionale dans six mois avec sensiblement les mêmes attributions. Il hésite à partir à Lille.

5. Fabien Roussel est agent de sécurité. Il a été chargé de surveiller la nuit les bâtiments et entrepôts de l'hypermarché de Courbevoie (Hauts-de-Seine). Il travaille par roulement avec trois collègues. Appréciant cette modalité d'exécution du travail, il a organisé sa vie personnelle en conséquence. Le DRH entend le passer à une rotation de jour. Fabien Roussel envisage de refuser ce changement.

5 Cas QuiZSell ★★★

Compétence attendue **Repérer** la modification de la situation juridique de l'employeur et en **tirer** les conséquences pour les parties au contrat de travail

Agence niçoise immobilière spécialisée dans la cession de fonds de commerce, QuiZSell a mis en place un service social gérant les questions relatives à la reprise des personnels des entreprises cédées ou transmises.

Appréciez, dans les situations suivantes, s'il y a ou non modification de la situation juridique de l'employeur. Dans l'affirmative, présentez les conséquences pour l'acquéreur ou le repreneur.

1. Vincent Musy a enfin trouvé, avec l'appui de QuiZSell, un acquéreur pour son hôtel-restaurant. Il s'inquiète de l'avenir du personnel. Il avait embauché et formé Marie Lemille, chef de rang, il y a plus de dix ans et Paulo Escobel, concierge, il y a huit ans. L'acquéreur entend mettre aux normes l'établissement et le moderniser.
Vincent Musy doit-il maintenir les contrats de travail de Marie et de Paulo ou seront-ils rompus avec l'arrêt de l'exploitation de l'hôtel ?

2. Bruno Luizini, 49 ans, menuisier à Saint-Rémy-de-Provence, vient de décéder. Il travaillait avec deux ouvriers qu'il avait formés au métier. Sa fille a vainement cherché un repreneur. La seule proposition sérieuse repose sur un rachat du matériel et de l'outillage par Augustin Cabani, qui n'est pas intéressé par la cession de la clientèle.
Quel serait le sort des deux salariés en cas de cession du matériel ?

3. La société civile immobilière Les Marinades qui exploitait jusqu'à présent le port de plaisance d'Èze souhaite mettre fin au contrat. Après de multiples contacts, il apparaît que la municipalité pourrait exploiter le port en régie directe.
Le maire doit-il doit poursuivre le contrat de travail de la salariée de la SCI concessionnaire, Emma Marini, embauchée en CDI, il y a 5 ans, pour gérer le parc des bateaux et voiliers ?

4. Stéphane Grangé, dirigeant de la Compagnie des Savons, cherchait à céder depuis plus de six mois l'une de ses marques, Les Savons de Rémy. La cession à Cynthia Zahir s'accompagne notamment du transfert des contrats conclus avec les fournisseurs pour la fabrication des emballages des produits. Mais il est clairement indiqué, dans le contrat, que la cession n'emporte pas transfert du personnel puisqu'il est polyvalent.
Les salariés peuvent-ils invoquer l'application du régime du transfert d'entreprise ?

5. Guy Marissaël, 65 ans, exploitait jusqu'alors, un fonds de commerce de boulangerie pâtisserie à Saint-Jean-Cap-Ferrat. Il était assisté par Louis, boulanger expérimenté et Éléna, qui tenait la boutique. Pensant vendre, Guy Marissaël a licencié Louis et Éléna.
Guy Marissaël pouvait-il légitimement rompre les contrats de travail au moment de la vente du fonds de commerce ? Les salariés licenciés peuvent-ils faire valoir leurs droits auprès des repreneurs ?

6 Situation pratique : SA QualiCertif ★★★

60 min

Compétences attendues

- **Identifier** les cas de suspension du contrat de travail et en **déduire** les principaux effets
- **Qualifier** une modification du contrat ou des conditions de travail et en **tirer** les conséquences

Adeline Moiret est avec deux de ses collègues, Lise et Adriana, ingénieure Contrôle technique des bâtiments au sein de la SA QualiCertif. Elle travaille dans la région bordelaise. Elle réalise notamment les diagnostics nécessaires à la vente des immeubles bâtis et le contrôle des constructions en cours des promoteurs locaux. Mère de deux enfants, elle attend un bébé pour le mois prochain, plus précisément pour la fin du mois de juillet.

Adeline a adressé à son employeur le certificat médical attestant de sa grossesse. L'employeur est ravi : durant cet été, son activité stagne et le congé de maternité d'Adeline Moiret constitue, pour lui, une opportunité. Il ne la remplacera pas durant son absence, les activités programmées ces prochaines semaines pouvant être réalisées par Lise et Adriana. Le dirigeant de la SA Qualicertif a même pensé, pendant un temps, procéder au licenciement économique d'Adeline Moiret, tant l'activité devenait incertaine et la situation financière de QualiCert était fragile. Adeline Moiret est, en effet, la dernière arrivée dans l'équipe. Elle bénéficie d'une expérience dans le métier moins solide que ses deux collègues. Mais Adeline Moiret vient de lui demander, à son retour dans l'entreprise, de passer à un temps partiel hebdomadaire de 24 heures. Il entend étudier la proposition d'Adeline Moiret plutôt que de la licencier. Il vous contacte à ce sujet.

Vos missions

Rendez-vous MÉTHODE 3

1. *Indiquez au dirigeant de la SA QualiCertif quelle serait la durée du congé de maternité d'Adeline Moiret (voir le document ci-après).*
2. *Précisez au dirigeant les conséquences du congé de maternité d'Adeline Moiret pour la SA QualiCertif.*
3. *Le dirigeant de la SA QualiCertif vous demande s'il peut licencier Adeline Moiret pendant son congé de maternité en raison de ses difficultés financières. Conseillez-le.*
4. *Déterminez si le passage à temps partiel constituerait une modification du contrat de travail d'Adeline Moiret. Précisez si le dirigeant de la SA QualiCertif doit respecter un formalisme particulier pour opérer une telle transformation.*

Document

Durée légale du congé de maternité en semaines

Situation familiale	Avant accouchement	Après accouchement	Total
Naissance unique portant le nombre d'enfants à : • 1 ou 2 • 3 ou plus	 6 8	 10 18	 16 26
Naissances multiples : • Jumeaux • Triplés ou plus	 12 24	 22 22	 34 46
Pathologie de la mère	+ 2	+ 4	

7 Société Grimen ★★★

30 min

Compétences attendues

- **Analyser** une décision de justice
- **Identifier** les cas de suspension du contrat de travail et en déduire les principaux effets

Sollicité(e) par votre client, Berny Cross, qui entend licencier Alban Simone après que ce dernier, victime d'un accident du travail il y a 6 mois, a été déclaré inapte au travail, vous recherchez une décision récente susceptible d'éclairer votre client.

Rendez-vous MÉTHODE 2

Vos missions

1. *Rappelez la procédure applicable en cas de reconnaissance de l'inaptitude du salarié au poste de travail lorsqu'il a été victime d'un accident du travail.*
2. *Retracez la procédure antérieure à cet arrêt.*
3. *Identifiez le problème de droit posé aux juges.*
4. *Expliquez la décision de la Cour de cassation.*
5. *Indiquez l'apport de cet arrêt en matière de licenciement pour inaptitude.*

Document 1

Cour de cassation, chambre sociale, 3 mai 2018

Attendu, selon l'arrêt attaqué (Agen, 8 novembre 2016), que Annie X… a été engagée le 13 novembre 2000 en qualité d'agent de maîtrise par la société Grimen, exerçant sous l'enseigne Leclerc ; que la salariée ayant été victime d'un accident du travail survenu le 4 août 2010, le médecin du travail l'a déclarée inapte à son poste avec mention d'un danger immédiat à l'issue d'un unique examen du 10 mai 2011 ; que licenciée, le 6 juin suivant, pour inaptitude et impossibilité de reclassement, elle a saisi la juridiction prud'homale ; que par un arrêt du 14 avril 2014, la juridiction de sécurité sociale a rejeté sa demande tendant à la reconnaissance de la faute inexcusable de son employeur ;

Attendu que l'employeur fait grief à l'arrêt de rejeter son exception d'incompétence, alors, selon le moyen :

1°/ que, dans ses écritures, Mme Y… se bornait à faire valoir que son accident du travail et le licenciement pour inaptitude qui s'en était suivi résultaient du manquement par son employeur à son obligation de sécurité en sorte qu'il devait être condamné à lui verser des dommages et intérêts correspondant aux salaires qu'elle aurait perçus jusqu'à sa mise à la retraite, sans jamais faire valoir que ce manquement justifiait que son licenciement soit considéré comme dépourvu de cause réelle et sérieuse ; qu'en affirmant, pour rejeter l'exception d'incompétence de la juridiction prud'homale, que la salariée ne réclamait pas des dommages et intérêts en réparation d'un préjudice résultant de son accident du travail ou du manquement de son employeur à son obligation de sécurité mais des dommages et intérêts pour licenciement sans cause réelle et sérieuse, la cour d'appel, qui a dénaturé les termes du litige, a violé les articles 4 et 5 du code de procédure civile ;

2°/ qu'il résulte de l'article L. 451-1 du code de la sécurité sociale que l'action en réparation des accidents et maladies mentionnés par le Livre IV ne peut donner lieu à aucune autre action que celles prévues par les articles L. 452-1 à L. 452-5, L. 454-1, L. 455-1, L. 455-1-1 et L. 455-2 du code de la sécurité sociale ; que la demande de dommages-intérêts tendant à la réparation des préjudices subis par le salarié en raison de son licenciement prononcé pour inaptitude et impossibilité de reclassement, au motif que cette inaptitude serait due à un accident de travail correspond à une demande de réparation d'un préjudice né d'un accident mentionné par le Livre IV du code de la sécurité sociale qui ne peut être donc être exercée que sur le fondement des dispositions de ce code devant la juridiction de sécurité sociale ; qu'il résulte des constatations de l'arrêt attaqué que l'accident du travail dont a été victime Mme Y… a été pris en charge comme tel par la CPAM de Corrèze par courrier du 11 août 2010 ce dont il résultait que la demande de dommages-intérêts consécutive au licenciement pour inaptitude du salarié et fondée sur un prétendu manquement de l'employeur à l'origine de l'accident ayant entraîné l'inaptitude ne pouvait être formulée sur le fondement des dispositions du code du travail devant la juridiction prud'homale ; qu'en retenant néanmoins qu'elle était compétente pour se prononcer sur la demande de dommages et intérêts pour licenciement sans cause réelle et sérieuse résultant de l'inaptitude causée par l'accident du travail dont Mme Y… a été victime, la cour d'appel a violé l'article L. 451-1 du code de la

…

...

sécurité sociale et, par fausse application, l'article L. 1235-3 du code du travail et l'article 1147 du code civil, dans sa rédaction alors en vigueur ;

Mais attendu que si l'indemnisation des dommages résultant d'un accident du travail, qu'il soit ou non la conséquence d'un manquement de l'employeur à son obligation de sécurité, relève de la compétence exclusive du tribunal des affaires de sécurité sociale, la juridiction prud'homale est seule compétente pour statuer sur le bien-fondé de la rupture du contrat de travail et pour allouer, le cas échéant, une indemnisation au titre d'un licenciement sans cause réelle et sérieuse ;

Attendu, d'autre part, qu'est dépourvu de cause réelle et sérieuse le licenciement pour inaptitude lorsqu'il est démontré que l'inaptitude était consécutive à un manquement préalable de l'employeur qui l'a provoquée ;

Et attendu, qu'ayant constaté, sans méconnaître l'objet du litige, que la salariée ne réclamait pas des dommages-intérêts en réparation d'un préjudice résultant de son accident du travail ou du manquement de son employeur à son obligation de sécurité mais des dommages-intérêts pour licenciement sans cause réelle et sérieuse au motif que par son manquement à l'obligation de sécurité, l'employeur était à l'origine de son licenciement pour inaptitude, la cour d'appel en a exactement déduit qu'elle était compétente pour statuer sur cette demande ; [...]

PAR CES MOTIFS : REJETTE le pourvoi ;

Document 2

Extraits des moyens de cassation

Il n'est pas contesté que l'inaptitude de la salariée est la conséquence [...] de l'accident du travail dont elle a été victime [...], tel que cela résulte d'ailleurs du rapport d'expertise technique du Dr B... [...] qui conclut que « la périarthrite de l'épaule gauche a un lien de causalité avec le traumatisme provoqué par l'accident [...]... ». L'employeur conteste toutefois avoir commis quelconque faute qui serait à l'origine de cet accident du travail. La salariée soutient [...] avoir été contrainte d'effectuer des tâches ne relevant pas de sa compétence, en l'espèce participer aux travaux d'aménagement de l'agrandissement du magasin et utiliser une machine « auto laveuse » [...]. Il convient [...] d'observer que, selon les affirmations de l'employeur, non démenties par la salariée, elle assurait le jour de l'accident une permanence d'agent de maîtrise à la caisse centrale du magasin et que c'est à l'occasion de cette permanence que l'accident est intervenu. [...]. S'agissant de l'usage de la machine « auto laveuse » par Mme Y... [...] les pièces produites par les parties permettent d'établir :

– que Mme C..., caissière, est allée chercher en réserve la machine « auto laveuse » sur ordre de l'agent de sécurité ;

– que Mme D... a expliqué à Mme Y... le fonctionnement de la machine. [...] Il résulte [...] que Mme Y... s'est manifestement trouvée contrainte d'effectuer une tâche ne relevant pas des attributions [...] Ce faisant, l'employeur a manqué à son obligation de sécurité à l'égard de Mme Y... et est responsable de l'accident du travail qui en est résulté et de l'inaptitude consécutive de la salariée » [...]

SYNTHÈSE

L'évolution du contrat de travail

Les causes de suspension du contrat de travail et leurs effets

Suspension du fait du salarié :

- pour maladie professionnelle ou accident du travail
- pour maternité
- pour maladie ou accident non professionnel

Suspension du fait de l'employeur :

- en cas de mise à pied disciplinaire
- pour lock-out,
- pour chômage partiel….

- Le salarié n'exécute pas son travail.
- L'employeur est dispensé de verser le salaire.
- À la fin de la période de suspension, le salarié retrouve son emploi ou un emploi équivalent, sauf inaptitude.

La modification du contrat ou des conditions de travail

Modification du contrat de travail : accord du salarié nécessaire

Délai de réflexion raisonnable (un mois pour motif économique)

- **Accord :** avenant au contrat de travail
- **Refus :** renonciation de l'employeur ou licenciement du salarié

Modification des conditions de travail : simple information, changement imposé au salarié

- **Accord :** poursuite du contrat aux nouvelles conditions
- **Refus :** possibilité de licencier le salarié

Le transfert d'entreprise et le maintien des contrats de travail

Transfert d'entreprise : modification de la situation juridique de l'employeur

↓

Conditions

- Transfert d'une entité économique autonome, poursuivant un objectif propre et conservant son identité
- Contrat de travail en cours et non rompu au jour du transfert

↓

Effets sur le contrat de travail

- Maintien des contrats en cours
- Possibilité de licenciement dans le cadre d'un PSE et d'une offre de reprise

Effets sur les relations collectives de travail

- Transfert des usages
- Transfert des mandats des représentants du personnel
- Maintien de la convention collective pendant 15 mois

CHAPITRE 6 Le temps de travail

PROGRAMME

Compétences attendues

- **Qualifier** le temps de travail effectif
- **Préciser** le cadre légal et conventionnel du recours aux heures supplémentaires et les obligations de l'employeur en termes de repos et de rémunération, dans une situation donnée
- **Préciser** les conditions et les effets du recours à l'aménagement du temps de travail, au travail de nuit et aux conventions de forfait
- **Établir** le cadre légal des droits à congés payés
- **Identifier** les dérogations au repos dominical et leur régime à partir d'une documentation
- **Évaluer** les marges de manœuvre de l'employeur pour faire varier le temps de travail d'un salarié

Savoirs associés

- La durée du travail :
  - durée légale
  - régime juridique des heures supplémentaires
  - aménagement du temps de travail
  - travail de nuit
  - principales caractéristiques des conventions de forfait
  - obligations de l'employeur quant à la mesure de la charge de travail des salariés
- Les congés et repos :
  - congés payés
  - jours fériés, repos (quotidien, hebdomadaire et dominical)
  - principaux types de dérogations au repos dominical

PLAN DU CHAPITRE

Cours : 1. La durée du travail • 2. Le repos • 3. Les congés payés

Des savoirs aux compétences : Évaluer les savoirs • Maîtriser les compétences • Préparer l'épreuve

Synthèse

Le cœur de la relation de travail repose sur un échange. Le salarié se soumet juridiquement à l'employeur et reçoit, en contrepartie, une rémunération. La soumission prend une dimension particulière quant à l'usage du temps de travail car ce dernier est influencé par des facteurs économiques, sociaux et sanitaires aux évolutions parfois peu compatibles.

La limitation de la durée du travail est un enjeu de santé publique.

MOTS-CLÉS

Congés payés • Forfait • Heures d'équivalence • Heures supplémentaires • Jours fériés • Rémunération forfaitaire • Repos dominical • Temps de travail effectif • Travail de nuit • Travailleur de nuit

1 La durée du travail

A) Les durées légales

1. La durée légale hebdomadaire

Principe. Le Code du travail fixe une durée légale de travail effectif à 35 heures par semaine pour les salariés à temps complet. Cette durée n'est pas impérative. Il est possible de recourir aux heures supplémentaires ou aux heures de récupération, ou de travailler à temps partiel.

Définition

Le **temps de travail effectif** est le temps pendant lequel le salarié est à la disposition de l'employeur et se conforme à ses directives sans pouvoir vaquer à ses occupations.

Certaines situations peuvent, selon les circonstances, relever ou non du temps de travail effectif (tab. 6.1).

Tableau 6.1. **Temps de travail effectif**

	Temps de travail effectif		Observations
	Oui	**Non**	
Astreinte	Dans les locaux de l'entreprise	À domicile	• Période pendant laquelle le salarié sans être sur son lieu de travail et sans être à la disposition permanente et immédiate de l'employeur, doit être en mesure d'intervenir pour accomplir un travail au service de l'entreprise. • Doit donner lieu à une contrepartie soit sous forme financière, soit sous forme de repos. Si les contraintes liées à l'astreinte sont trop importantes, les périodes d'astreinte deviennent du temps de travail effectif (Cas Soc, 26/10/2022, N° 21-14173).
Temps de pause et de repos		×	• Si le salarié recouvre sa liberté, il n'est pas tenu de demeurer dans un local, ni obligé d'accomplir une tâche.
Temps de trajet		×	• Un temps de trajet anormalement long doit faire l'objet d'une contrepartie. Peut, sous certaines conditions représenter du temps de travail effectif, cas des salariés itinérants (Cas Soc 23/11/2022, N°20-21924). • Les déplacements entre deux lieux de travail pour le même employeur sont du temps de travail effectif.

Temps d'habillage/ déshabillage		×	Donnent lieu à une contrepartie financière ou sous forme de repos sous réserve qu'une tenue soit imposée sur le lieu de travail et que les salariés soient contraints de la revêtir ou de l'enlever.

Les conventions et accords collectifs peuvent prévoir d'autres dispositions.

Exemple

Une rémunération peut être prévue pour le temps de pause.

Heures d'équivalence. Le temps de travail effectif de certaines professions peut comporter des temps d'inaction. Le nombre d'heures de travail comptabilisées, dites « **heures d'équivalence** », est dès lors inférieur au temps de présence. Cette organisation nécessite un accord de branche étendu ou, à défaut, l'adoption d'un décret.

Exemple

Dans le secteur du commerce de détail des fruits et légumes et de l'épicerie, la convention collective prévoit que 38 heures équivalent à la durée légale de 35 heures.

2. Les durées maximales

Les durées maximales de travail (tab. 6.2) sont prévues par la loi mais des dérogations sont possibles.

Tableau 6.2. Temps de travail maximum

Durée maximale par jour	10 heures. Dérogation possible par accord d'entreprise ou à défaut de branche, ou sur autorisation de l'inspection du travail en cas d'activité accrue ou pour des motifs liés à l'organisation de l'entreprise.
Durée maximale hebdomadaire	48 heures. Jusqu'à 60 heures sur autorisation de la Dreets en cas de circonstances exceptionnelles.
Durée maximale moyenne par semaine	• 44 heures sur 12 semaines consécutives. • Peut être portée à 46 heures par accord d'entreprise ou de branche. • Dépassement exceptionnel autorisé dans certains secteurs, régions ou entreprises.

B) Le régime juridique des heures supplémentaires

Définition

Les **heures supplémentaires** sont les heures effectuées au-delà de la durée légale (35 heures) ou conventionnelle (si elle est inférieure à la durée légale) hebdomadaire.

1. Le cadre du décompte

Les heures supplémentaires sont évaluées dans le cadre d'une semaine civile dont le début et la fin sont fixés par accord d'entreprise ou, à défaut, par accord de branche. À défaut, la semaine débute le lundi à minuit une et s'achève le dimanche à minuit.

2. Le paiement des heures supplémentaires

Les heures supplémentaires doivent faire l'objet d'une majoration salariale ou d'un repos compensateur équivalent. La base de calcul représente les éléments de la rémunération rattachés à l'activité professionnelle du salarié.

La majoration est fixée par un accord d'entreprise, à défaut de branche. Elle ne peut pas être inférieure à 10 %. En l'absence d'accord collectif, la loi fixe la majoration à 25 % pour les huit premières heures et à 50 %, au-delà.

3. Le repos compensateur de remplacement (RCR)

Tout ou partie du paiement des heures supplémentaires, ainsi que des majorations, peut être remplacé par un repos compensateur équivalent.

Le RCR peut être prévu par un accord d'entreprise ou, à défaut, de branche. Cet accord en précise les conditions et les modalités. À défaut d'accord, le RCR peut être mis en place ou adapté par l'employeur dans les entreprises dépourvues de délégué syndical à condition que les représentants du personnel ne s'y opposent pas (↪ chapitre 12).

Exemple

- Une heure supplémentaire rémunérée à 150 % ouvre droit à un repos compensateur d'une heure trente.

4. La limitation du nombre d'heures supplémentaires

Un contingent annuel par salarié est fixé par accord d'entreprise, à défaut de branche, à défaut par décret (Code du travail, art. D. 3121-24). Actuellement, le volume réglementaire est fixé à 220 heures. Lorsqu'il est dépassé, un repos supplémentaire, appelé « contrepartie obligatoire en repos » (COR), est déclenché :

- si l'effectif de l'entreprise n'excède pas 20 salariés, la contrepartie ne peut être inférieure à 50 % des heures supplémentaires effectuées ;
- si l'effectif dépasse 20 salariés, la contrepartie est de 100 %.

5. Le refus du salarié d'effectuer des heures supplémentaires

Les heures supplémentaires relèvent du pouvoir de direction de l'employeur. L'accomplissement des heures supplémentaires ne s'analyse pas comme une modification du contrat de travail. Par conséquent, le refus du salarié peut constituer une faute en l'absence de motif légitime et lorsqu'il perturbe le bon fonctionnement de l'entreprise.

6. La preuve des heures supplémentaires

En cas de litige, l'employeur doit apporter la preuve des éléments qui justifient le recours aux heures supplémentaires. Le salarié apporte la preuve des heures qu'il prétend avoir accomplies. Le juge se prononcera au vu des éléments fournis par les parties et des éventuelles mesures qu'il diligente.

C) L'aménagement du temps de travail

Les **aménagements du temps de travail** s'analysent comme des dérogations aux règles du temps de travail et du calcul des heures supplémentaires. Ils répondent à des impératifs de l'entreprise ou des aspirations des salariés (↪ chapitre 4).

Le travail en horaires atypiques :

http://dunod.link/5y2zjr7

L'aménagement est effectué soit par décision unilatérale de l'employeur, soit par une convention collective. En l'absence d'accord collectif, un dispositif supplétif est prévu par la loi (tab. 6.3).

Tableau 6.3. Mise en place de l'aménagement du temps de travail

	Mise en place par l'employeur	Mise en place par convention collective
Cadre légal	Le temps de travail est organisé sur un maximum de neuf semaines pour les entreprises de moins de 50 salariés (à défaut, quatre semaines).	Le temps de travail est organisé sur un maximum d'une année, trois ans si un accord de branche l'autorise.
Conséquences	• Ce changement ne constitue pas une modification du contrat de travail : accord du salarié non requis. • Information sur les horaires au moins sept jours ouvrés à l'avance. • Majoration des heures supplémentaires due si l'un de ces seuils est dépassé : 39 heures sur une semaine et 35 heures en moyenne sur la période de référence (moins les heures supplémentaires effectuées au-delà de 39 heures déjà comptabilisées).	• Information préalable dans un délai raisonnable (sept jours ouvrés à défaut d'accord collectif). • Majoration des heures supplémentaires : – en cours d'année, celles accomplies au-delà des limites maximales hebdomadaires fixées par l'accord (s'il n'y a pas de limite aucune heure supplémentaire n'est due) ; – en fin de période, les heures effectuées au-delà de 1 607 heures.

D) Le travail de nuit

Définition

Le **travail de nuit**, défini par voie conventionnelle, est tout travail effectué au cours d'une période d'au moins neuf heures consécutives comprenant l'intervalle entre minuit et 5 heures du matin, commençant au plus tôt à 21 heures et se terminant au plus tard à 7 heures du matin. À défaut d'accord, est considéré comme du travail de nuit tout travail accompli entre 21 heures et 6 heures.

1. La mise en place

Le travail de nuit doit être exceptionnel et motivé par la continuité de l'activité économique ou des services d'utilité sociale. Il doit tenir compte de la santé et la sécurité des salariés. Il est mis en place par un accord d'entreprise ou, à défaut, de branche. À défaut d'accord, l'inspecteur du travail peut l'autoriser lorsque l'employeur a engagé des négociations sérieuses et loyales.

2. Le statut de travailleur de nuit

Définition

Est considérée comme **travailleur de nuit** toute personne dont le travail quotidien inclut au moins trois heures de nuit, deux fois par semaine ou qui a accompli, au cours d'une période de référence, un nombre minimal d'heures de travail de nuit. Ce nombre est fixé par voie conventionnelle. À défaut, il est d'au moins 270 heures accomplies sur une période de douze mois consécutifs.

3. La protection du travailleur de nuit

Le salarié est protégé en termes de durées maximales quotidiennes (huit heures) et hebdomadaires (40 heures sur 12 semaines consécutives portées à 44 heures par décret ou accord collectif), de contreparties (repos compensateur, compensations salariales), et bénéficie d'une protection médicale (suivi régulier de son état de santé).

E) Les principales caractéristiques des conventions de forfait

L'entreprise et le salarié peuvent convenir d'une **rémunération forfaitaire** incluant la rémunération de toutes les heures travaillées, y compris les heures supplémentaires. Par ailleurs, le **forfait** est également un mode spécifique de comptabilisation du temps de travail.

1. Les forfaits en heures sur la semaine ou le mois

Ces conventions de forfait sont conclues entre l'employeur et le salarié. Elles sont utilisées quand le salarié effectue un nombre régulier d'heures supplémentaires sur la semaine ou le mois. La convention de forfait est soumise à des conditions :

- elle requiert l'accord du salarié ;
- elle est écrite ;
- le nombre d'heures correspondant au forfait est connu ;
- le salarié reçoit une rémunération égale à celle qu'il recevrait, compte tenu des heures supplémentaires accomplies, s'il n'était pas au forfait.

2. Les forfaits annuels

Les conventions de forfait présentent deux formes (tab. 6.4).

Tableau 6.4. Types de convention de forfait annuel

Convention de forfait en heures	• Mise en place par accord d'entreprise, à défaut de branche. • Conclusion d'une convention individuelle de forfait. • Réservée aux salariés autonomes et aux cadres dont la nature des fonctions ne les conduit pas à respecter un horaire collectif. • La durée du travail est fixée par voie conventionnelle. • Les salariés bénéficient de la réglementation relative aux durées maximales de travail et aux majorations pour heures supplémentaires. • Ils sont exclus de la réglementation relative au contingent annuel d'heures supplémentaires et à la contrepartie obligatoire en repos.

Convention de forfait en jours	• Mise en place par accord d'entreprise, à défaut de branche. • Conclusion d'une convention individuelle de forfait. • Le temps de travail est calculé en jours sur l'année : dans la limite de 218 jours. • Réservée aux salariés dont la durée du travail ne peut pas être prédéterminée et qui sont autonomes et aux cadres autonomes et non soumis à l'horaire collectif. • Ces salariés bénéficient des repos quotidiens et hebdomadaires. Ils ne sont pas concernés par la durée légale hebdomadaire. Ils sont exclus des dispositions relatives aux heures supplémentaires et aux durées maximales journalières et hebdomadaire (jurisprudence divergente).

3. Les forfaits en jours et les obligations de l'employeur en matière de charge de travail des salariés

Pour éviter les excès, la loi a prévu l'obligation pour l'employeur de s'assurer régulièrement que la charge de travail du salarié sous convention de forfait est raisonnable et permet une bonne répartition dans le temps de son travail.

L'accord collectif qui met en place le forfait en jours vise à assurer la protection de la sécurité et la santé du salarié. Il doit prévoir un suivi régulier et effectif du temps travaillé et de la charge de travail. Si l'accord n'en précise pas les modalités, la convention individuelle de forfait en jours peut être valablement conclue sous certaines conditions. L'employeur doit alors :

- établir un document de contrôle avec le nombre et la date des journées travaillées (ce document peut être renseigné par le salarié) ;
- s'assurer que la charge de travail du salarié est compatible avec le respect des temps de repos quotidiens et hebdomadaires ;
- organiser un entretien annuel avec le salarié pour évoquer sa charge de travail, l'organisation de son travail, l'articulation entre activité professionnelle et vie personnelle, sa rémunération.

→ APPLICATION 2 • CAS 3 • CAS 4 • CAS 5 • SITUATION PRATIQUE 8 • SITUATION PRATIQUE 9

2 Le repos

A) Le repos quotidien

1. Le principe

Tout salarié a droit à un repos quotidien d'une durée minimale de onze heures consécutives.

2. Les dérogations

Le Code du travail autorise le non-respect de la règle en cas d'urgence, de surcroît exceptionnel d'activité sous réserve d'en informer l'inspection du travail. Un accord d'entreprise ou, à défaut, de branche peut déroger à la durée minimale de repos quotidien, dans des conditions déterminées par décret, notamment pour des activités caractérisées par la nécessité d'assurer la continuité du service.

Exemple

L'hôtellerie-restauration, les transports ou encore les services de soins font l'objet de dérogations.

Le salarié doit alors bénéficier de périodes de repos au moins équivalentes à la dérogation ou d'une contrepartie en cas d'impossibilité prévue par accord collectif.

3. Les temps de pause

Une pause de vingt minutes doit être accordée aux salariés toutes les six heures. Ce temps de pause ne peut pas être fractionné. Aucune dérogation n'est possible.

B) Le repos hebdomadaire

1. Le principe

Un temps de repos de 24 heures doit être accordé tous les six jours, en principe le dimanche (**repos dominical**). Il vient s'additionner aux 11 heures consécutives quotidiennes pour former un repos de 35 heures par semaine.

CHIFFRES-CLÉS

En 2021, près de **45 %** des salariés ont travaillé « en horaires atypiques » dont **20 %** le dimanche. (Dares, 2022)

2. Les dérogations

Les dérogations sont limitativement énumérées par la loi (**tab. 6.5**).

Tableau 6.5. Dérogations au repos hebdomadaire

Dérogations permanentes de plein droit	• Établissements dont le fonctionnement est nécessaire (ex. : hôtellerie-restauration) : repos hebdomadaire par roulements. • Commerce de détail alimentaire : repos hebdomadaire possible le dimanche à partir de 13 heures et repos compensateur d'une journée par roulements et quinzaines.
Dérogations temporaires sur autorisation préfectorale	• Dérogation sur tout ou partie de l'année. • Plusieurs modalités : un autre jour que le dimanche, le dimanche après-midi avec un repos compensateur d'une journée par roulement et quinzaine ; par roulement à tout ou partie des salariés.
Dérogations sur fondement géographique	• Établissement de vente au détail de biens et services. • Zones touristiques, zones commerciales, zones touristiques internationales, gares. • Délimitation : par le ministre du Travail, ou le préfet, demande motivée du maire avec étude d'impact, consultation notamment des organismes professionnels. • Repos hebdomadaire par roulement, couvert par un accord collectif qui prévoit des contreparties. • Sur la base du volontariat (accord écrit).
Dimanches du maire	12 dimanches par an (compensation : rémunération doublée et repos compensateur équivalent), principe du volontariat des salariés.

C) Les jours fériés

Les **jours fériés** correspondent aux onze jours de fêtes religieuses ou civiles. Ils ne sont pas obligatoirement chômés, sauf pour les moins de 18 ans. Le 1er mai est un jour férié chômé sauf pour les établissements qui ne peuvent pas interrompre leur activité. Deux régimes de rémunération des jours fériés coexistent donc (tab. 6.6).

Tableau 6.6. Rémunération des jours fériés

	Jours fériés	1er mai : jour férié chômé
Travail	• Absence d'obligation légale de majoration de rémunération. • Majoration souvent prévue dans les accords collectifs.	• Paiement du salaire double. • Absence de possibilité de récupération.
Repos	• Aucune perte de salaire pour les salariés ayant au moins 3 mois d'ancienneté. • Aucune réduction de rémunération pour les salariés payés au mois. • Absence de récupération au titre des heures perdues.	• Aucune réduction de salaire. • Indemnité égale au salaire perdu pour les salariés non mensualisés.

CHIFFRES-CLÉS

La journée de solidarité a rapporté **2,907 Mds €** en 2021. Elle finance principalement l'allocation personnalisée d'autonomie et les établissements et services médico-sociaux pour personnes âgées. (CNSA, 2022)

FOCUS — La journée de solidarité

Une journée de travail supplémentaire non rémunérée a été instituée en 2004 pour financer des actions en faveur de l'autonomie des personnes âgées ou handicapées. Les modalités en sont fixées par accord d'entreprise, à défaut par accord de branche. En l'absence d'accord, l'employeur l'organise après consultation des représentants du personnel. En contrepartie de cette journée de travail, l'employeur verse une contribution dont le taux est de 0,3 %. La cotisation est calculée sur une assiette identique à celle des cotisations patronales d'assurance maladie.

→ CAS 4 • CAS 7

Les congés payés

Principe. Le droit aux **congés payés** (CP) est ouvert à tout salarié dès le premier jour de travail. La durée est de deux jours et demi ouvrables par mois de travail effectif (ex. : sont considérés comme du travail effectif les congés de maternité, congés de l'année précédente ou encore absences pour accident du travail ↪ chapitre 4). Cette durée peut être augmentée par accord collectif, par usage ou en fonction du contrat de travail. La période de référence est fixée par accord collectif. À défaut, elle s'entend du 1er juin de l'année précédente au 31 mai de l'année suivante.

La semaine comporte cinq jours ouvrés, habituellement travaillés, et six jours ouvrables (cinq jours ouvrés et le samedi). Le nombre de jours de congé est toujours arrondi à l'entier supérieur.

Exemple

Un salarié est embauché le 1er novembre de l'année N. La période de référence, en l'absence d'accord collectif, court du 1er novembre N au 31 mai N+1, soit 7 mois et 17, 5 jours de congés (7 × 2,5 jours), arrondis à 18 jours.

Jours ouvrés, jours ouvrables. Le Code du travail calcule les congés payés en jours ouvrables, tant pour les jours acquis que pour les jours pris. Le calcul en jours ouvrés est possible à condition d'assurer au salarié des droits égaux à ceux qui découlent des règles posées en jours ouvrables par le Code du travail.

Période de congé. Les congés peuvent être pris dès l'embauche. La période des congés est fixée par accord collectif, elle comprend obligatoirement la période comprise entre le 1er mai et le 31 octobre de chaque année. Pendant cette période, le salarié doit bénéficier d'au moins douze jours ouvrables. La durée de congés prise en une seule fois ne peut pas excéder vingt-quatre jours sauf dérogation.

Prise des congés. Un accord d'entreprise ou, à défaut, un accord de branche fixe la période de prise de congés, l'ordre des départs, les délais que doit respecter l'employeur s'il souhaite modifier l'ordre et les dates de départ. À défaut de dispositions conventionnelles, l'employeur les définit après avis éventuel du CSE.

Fractionnement des congés payés. Le salarié peut prendre ses congés payés en une ou plusieurs fois. La 5e semaine ne peut pas être accolée aux quatre autres. Si le salarié prend trois à cinq jours ouvrables en dehors de la période légale, il a droit à une journée supplémentaire. Il a droit à deux jours supplémentaires s'il en prend au moins six.

Indemnité de congés payés. Les congés annuels ouvrent droit à une indemnité calculée par comparaison entre deux modes de calcul, en retenant le montant le plus élevé :

- 1/10 de la rémunération brute totale perçue par le salarié au cours de la période de référence. Toutes les sommes ayant le caractère de salaire sont prises en compte pour la déterminer.
- Le maintien du salaire, c'est-à-dire la rémunération que le salarié aurait perçue s'il avait travaillé.

Un usage ou le contrat de travail peut prévoir un mode de calcul plus favorable au salarié.

→ CAS 6

DES SAVOIRS AUX COMPÉTENCES

Évaluer les savoirs — Maîtriser les compétences — Préparer l'épreuve

1 Quiz

Vérifiez l'exactitude des propositions ci-après et justifiez-les.

	Vrai	Faux
1. L'astreinte est assimilée à du temps de travail effectif.	☐	☐
2. Tous les salariés à temps plein travaillent 35 heures par semaine.	☐	☐
3. Les durées de travail maximales légales quotidienne, hebdomadaire et moyenne sur 12 semaines sont, dans l'ordre : 10 heures, 44 heures, 48 heures.	☐	☐
4. Les heures supplémentaires sont majorées de 25 % pour les 8 premières et 50 % pour les suivantes.	☐	☐
5. Un salarié ne peut pas effectuer plus de 220 heures supplémentaires dans une année.	☐	☐
6. Les horaires suivants relèvent du travail de nuit : 22 h-6 h, 3 h-11 h, 20 h-5 h.	☐	☐
7. Une convention de forfait en jours ne peut dépasser 218 jours/an.	☐	☐
8. Le repos hebdomadaire s'effectue obligatoirement le dimanche	☐	☐
9. Un salarié doit avoir travaillé un an du 1er juin au 31 mai pour avoir droit à des congés payés.	☐	☐
10. Le salarié en congés payés touche son salaire.	☐	☐

2 Pégase ★★★

Thomas est salarié de la société Pégase, plateforme de livraisons à domicile qui applique la durée légale de travail. La période des fêtes de fin d'année est très chargée. Thomas a effectué les horaires hebdomadaires suivants au cours du mois de décembre : semaine 49 : 49 heures ; semaine 50 : 42 heures ; semaine 51 : 38 heures ; semaine 52 : 43 heures.

1. *Déterminez le nombre d'heures supplémentaires effectuées par Thomas.*

2. *Indiquez la manière dont ces heures seront rémunérées.*

3. *Précisez si ces horaires sont légaux.*

3 Cas Brezylas ★★★

Compétence attendue **Qualifier** le temps de travail effectif

Élias et Hugo travaillent tous deux dans la société de travaux publics Brezylas située à Lille, ville dans laquelle ils résident. Élias est ingénieur. Il commence habituellement à 9 heures. La société a actuellement un chantier important à Bruxelles. Les réunions de chantier commencent à 10 heures. Pour y assister, Élias quitte son domicile à 7 heures. Hugo est chef de chantier. Il se rend sur les divers chantiers en cours pour en suivre l'avancement et résoudre des problèmes. Il lui arrive ainsi dans la journée d'effectuer plusieurs heures de route.

1. *Rappelez les éléments qui définissent le temps de travail effectif.*
2. *Déterminez si les déplacements d'Élias à Bruxelles sont considérés comme du temps de travail effectif.*
3. *Indiquez si les déplacements d'Hugo d'un chantier à l'autre sont considérés comme du temps de travail effectif.*

4 Cas Express ★★★

Compétence attendue **Préciser** le cadre légal et conventionnel du recours aux heures supplémentaires et les obligations de l'employeur en termes de repos et de rémunération, dans une situation donnée

Le groupe Express est spécialisé dans le transport routier, le fret interurbain et le courrier express professionnel. L'établissement d'Angers est dirigé par M. Vroom. Il emploie 27 personnes à des postes administratifs et de chauffeurs. La société relève de la convention collective des transports routiers et activités auxiliaires du transport (voir l'extrait ci-après). M. Gonzalez est chauffeur. Son salaire mensuel, pour un plein-temps, est de 1 820 €. À l'occasion d'une opération pour une entreprise de vente à distance, il a travaillé 48 heures pendant les quatre dernières semaines.

1. *Calculez le salaire de M. Gonzalez.*
2. *Identifiez le droit dont M. Gonzalez bénéficie, sachant que les heures supplémentaires ont été réalisées alors qu'il avait déjà atteint le contingent annuel.*

Max, un collègue de M. Gonzalez, est passionné de hockey sur glace, sport qu'il pratique intensément y compris en compétition. Le groupe Express a reçu une demande urgente d'un grand compte. Le responsable de la production demande à Max d'effectuer des heures supplémentaires et de travailler exceptionnellement 39 heures par semaine pendant un mois. Celui-ci refuse.

3. *Précisez si Max peut refuser d'effectuer les heures supplémentaires demandées par le groupe Express.*

Extraits de la convention collective nationale des transports routiers et activités auxiliaires du transport du 21 décembre 1950

Titre IV. La durée du travail.

Chapitre Ier. Durée du travail

Article 27. Durée normale

La durée normale hebdomadaire de travail est fixée conformément aux dispositions légales.

Article 28. Durée maximale

28.1. Principes

Les durées maximales hebdomadaire et journalière de travail sont fixées conformément aux dispositions légales.

28.2. Dépassement de la durée maximale hebdomadaire Les limites prévues à l'article 27 ci-dessus peuvent être dépassées dans le cadre des dispositions prévues par le code du travail. [...]

Chapitre III. Décompte du temps de travail

Article 34. Un temps plein

Un salarié à 35 heures est rémunéré 151,67 h/mois, soit 35 heures × 52 semaines/12 mois.

Article 35. Décompte des heures supplémentaires

35.1 Les heures supplémentaires sont les heures de temps de travail effectif en sus de la durée normale du travail.

Pour une semaine civile, le nombre d'heures supplémentaires est égal à la différence entre la durée hebdomadaire de travail effectuée et la durée normale hebdomadaire pour la semaine considérée.

35.2 Le contingent annuel d'heures supplémentaires est fixé à 200 heures par an et par salarié.

Chapitre IV. Rémunération du travail

Article 36. Les heures supplémentaires

36.1. Les heures supplémentaires sont comptabilisées et rémunérées conformément aux dispositions légales en vigueur.

36.2 Les heures supplémentaires accomplies au-delà du contingent annuel ouvrent droit pour le salarié à une contrepartie obligatoire en repos.

3 Cas Good Gum ★★★

Compétences attendues

- **Préciser** les conditions et les effets du recours à l'aménagement du temps de travail, au travail de nuit et aux conventions de forfait
- **Évaluer** les marges de manœuvre de l'employeur pour faire varier le temps de travail d'un salarié

La société Good Gum appartient à un groupe américain. Elle fabrique, sur son site français de Saint-Étienne, des pneus pour le secteur agricole. La direction est confrontée à des fluctuations d'activité. Elle envisage de modifier l'organisation du travail et de faire fonctionner certains ateliers de nuit. Aucun accord d'entreprise ou de branche n'a été négocié.

1. *Précisez à quelles conditions la direction de Good Gum peut mettre en place le travail de nuit.*
2. *Évaluez la rémunération de Pascal, volontaire pour travailler de nuit, ainsi que sa durée de travail. Déterminez s'il pourra conduire ses enfants à l'école après son travail.*

La direction souhaite mettre en place des conventions de forfait jours avec ses cadres. Hakim est responsable ingénierie et maintenance du complexe industriel. Il se déplace souvent en province et à l'étranger. Il a des horaires flexibles le matin mais ne sait jamais à quelle heure il finira sa journée. Il est souvent sous astreinte le week-end. Mélanie est responsable qualité. Elle a des horaires fixes, ceux des ateliers, et ne travaille que sur le site de Saint-Étienne.

3. *Déterminez à quelles conditions Hakim et Mélanie pourront passer au forfait en jours.*
4. *Analysez le changement de situation d'Hakim : pourra-t-il effectuer des heures supplémentaires ? Seront-elles rémunérées ? Continuera-t-il à bénéficier de périodes de repos quotidien et hebdomadaire ?*

6 Cas Jérôme Nathan ★★★

Compétence attendue **Établir** le cadre légal des droits à congés payés

En décembre de l'année N, Jérôme Nathan, domicilié à Agen a été recruté pour un salaire brut mensuel de 1 900 € par le cabinet d'architecte Legrand qui emploie 12 salariés. Le cabinet applique le cadre légal des congés payés. Jérôme Nathan est chargé du suivi administratif des dossiers. Il rédige notamment des devis adressés aux clients, émet les bulletins de salaire des collaborateurs et assure les tâches relatives au recouvrement et au contentieux. Il a été augmenté à hauteur de 2 100 € au 1er avril N+1. Depuis le premier janvier N+1, il perçoit une prime d'intéressement de 1 200 € versée par trimestre civil à terme échu.

Calcul de l'indemnité de congés payés :

http://dunod.link/49e18b4

1. *Déterminez le nombre de jours de congés que Jérôme Nathan pourra prendre en août de l'année N+1.*
2. *Calculez le montant de l'indemnité de congés payés de Jérôme Nathan, sachant que le mois d'août N+1 compte 26 jours ouvrables.*
3. *Calculez le salaire de Jérôme Nathan pour le mois d'août N+1.*

7 Cas Planchon ★★★

Compétences attendues

- **Établir** le cadre légal des droits à congés payés
- **Identifier** les dérogations au repos dominical et leur régime à partir d'une documentation

Le magasin de M. Planchon, fromager, d'une superficie de 250 m^2 est situé en centre-ville. Il emploie quatre salariés. Il ne relève d'aucun accord collectif. Jusqu'à présent, le magasin était fermé le dimanche. De nombreux clients manifestent le souhait de venir s'approvisionner le dimanche matin. L'épouse de M. Planchon travaille dans une boutique de prêt-à-porter. C'est la période des soldes et le maire a fixé trois dates d'ouverture des magasins le dimanche.

1. *Déterminez si M. Planchon peut ouvrir son magasin le dimanche. Analysez les conséquences d'une éventuelle ouverture dominicale sur le salaire et le repos des salariés.*
2. *Indiquez si Mme Planchon devra travailler le dimanche. Aura-t-elle droit à une majoration de salaire ? Identifiez la forme que prendra son repos hebdomadaire.*

Document

Article L. 3132-13 du Code du travail

Dans les commerces de détail alimentaire, le repos hebdomadaire peut être donné le dimanche à partir de treize heures.

Les salariés âgés de moins de vingt et un ans logés chez leurs employeurs bénéficient d'un repos compensateur, par roulement et par semaine, d'un autre après-midi.

Les autres salariés bénéficient d'un repos compensateur, par roulement et par quinzaine, d'une journée entière.

Dans les commerces de détail alimentaire dont la surface de vente est supérieure au seuil mentionné au premier alinéa de l'article 3 de la loi n° 72-657 du 13 juillet 1972 [400 m^2] instituant des mesures en faveur de certaines catégories de commerçants et artisans âgés, les salariés privés du repos dominical bénéficient d'une rémunération majorée d'au moins 30 % par rapport à la rémunération normalement due pour une durée équivalente.

Article L. 3134-2

L'emploi de salariés dans les entreprises industrielles, commerciales ou artisanales est interdit les dimanches et jours fériés, sauf dans les cas prévus par le présent chapitre.

Article L. 3134-5

Les dispositions des articles L. 3134-3 et L. 3134-4 [du Code du travail] ne sont pas applicables :

1° Aux travaux qui, en cas de nécessité grave ou dans l'intérêt public, doivent être réalisés immédiatement [...].

Article L. 3132-26

Dans les établissements de commerce de détail où le repos hebdomadaire a lieu normalement le dimanche, ce repos peut être supprimé les dimanches désignés, pour chaque commerce de détail, par décision du maire prise après avis du conseil municipal. Le nombre de ces dimanches ne peut excéder douze par année civile.

Article L. 3132-27

Chaque salarié privé de repos dominical perçoit une rémunération au moins égale au double de la rémunération normalement due pour une durée équivalente, ainsi qu'un repos compensateur équivalent en temps.

L'arrêté pris en application de l'article L. 3132-26 [du Code du travail] détermine les conditions dans lesquelles ce repos est accordé, soit collectivement, soit par roulement dans la quinzaine qui précède ou suit la suppression du repos.

Évaluer les savoirs | Maîtriser les compétences | Préparer l'épreuve

8 Situation pratique : Unigamble ★★★

25 min

Compétence attendue **Qualifier** le temps de travail effectif

Rendez-vous MÉTHODE 3

La société Unigamble fabrique et commercialise des produits de grande consommation tels que lessives, détergents… Les salariés de l'atelier ZA sont exposés à des produits chimiques très toxiques et doivent porter des vêtements de travail sophistiqués. Cette tenue est fournie par la société. Elle est mise chaque matin et retirée chaque soir, ce qui prend plusieurs minutes. Les salariés de l'atelier ZA constatent que ce temps d'habillage et de déshabillage n'est pas compté comme du temps de travail car ils pointent une fois que la tenue de travail est revêtue. Après vérification, l'accord de branche et l'accord d'entreprise ne contiennent aucune disposition relative à cette question.

Votre mission

Déterminez si les temps d'habillage et de déshabillage peuvent être considérés comme du temps de travail effectif.

9 Situation pratique : ABC Embal ★★★

25 min

Compétence attendue **Évaluer** les marges de manœuvre de l'employeur pour faire varier le temps de travail d'un salarié

Rendez-vous MÉTHODE 2

La société ABC Embal fabrique et commercialise des solutions packaging destinées aux industriels. La responsable RH, Madame Duflos est confrontée au cas de Stéphane qui prend régulièrement l'initiative de faire des heures supplémentaires pour finaliser ses devis sans que Juliette, sa supérieure ne s'y oppose.

Votre mission : Conseiller la DRH qui se pose la question de la rémunération des heures supplémentaires de Stéphane.

1. *Analyser l'arrêt de la Cour de cassation n° 17-16.959 du 14 novembre 2018 en répondant aux questions suivantes :*
   a. Quels sont les faits ?
   b. Quel est le problème juridique ?
   c. Quelle est la position de la Cour de cassation ?
2. *Indiquez à Madame Duflos si elle doit rémunérer les heures supplémentaires de Stéphane*

Document

Cour de cassation, chambre sociale, 14 novembre 2018, pourvoi n° 17-16.959

Attendu, selon l'arrêt attaqué (Orléans, 21 février 2017), que M. Y... a été engagé le 6 octobre 2009 en qualité de technicien par la société AGP grande cuisine ; qu'après transfert du contrat de travail à la société ADEIHR AGP, le salarié s'est engagé, par avenant du 14 mai 2012, à solliciter l'autorisation préalable de l'employeur avant d'effectuer des heures supplémentaires ; qu'invoquant l'existence d'heures supplémentaires non payées [...] le salarié a pris acte de la rupture de son contrat de travail aux torts de l'employeur puis a saisi la juridiction prud'homale ; [...]

Attendu que l'employeur fait grief à l'arrêt de le condamner au paiement de sommes à titre de rappel d'heures supplémentaires, de congés payés afférents et d'indemnité pour travail dissimulé, alors, selon le moyen :

1°/ que l'employeur n'est tenu au paiement que des seules heures supplémentaires accomplies avec son accord, au moins implicite, ou rendues nécessaires par les tâches confiées au salarié ; qu'il s'ensuit que le salarié refusant de déférer à son obligation contractuelle de solliciter préalablement à l'exécution d'heures supplémentaires l'accord exprès de l'employeur à leur accomplissement n'a pas droit à leur paiement ; qu'en faisant dès lors droit au paiement des heures supplémentaires réclamées par M. Y... , quand elle constatait, d'une part, que « l'employeur avait exigé qu'il donne son autorisation à l'accomplissement d'heures supplémentaires », d'autre part, que M. B... reconnaissait que des heures supplémentaires qu'il avait accomplies avec M. Y... l'avaient été « sans avoir jamais sollicité au préalable l'autorisation de les effectuer » et, enfin, que « des heures supplémentaires ont été effectuées sans l'accord de l'entreprise », ce dont il résultait que le salarié n'avait, au moins pour partie des heures supplémentaires dont il réclamait le paiement, jamais sollicité l'accord de l'employeur cependant qu'il en avait l'obligation contractuelle formelle, la cour d'appel a violé les articles L. 3121-22 et L. 3171-4 du Code du travail ;

2°/ que la société ADEIHR AGP soutenait qu'il était contractuellement fait interdiction à M. Y... d'exécuter la moindre heure supplémentaire en l'absence d'une demande expresse émanant de l'employeur, ce dernier se trouvant ensuite dans l'obligation [...] de le mettre en demeure de cesser d'exécuter des heures supplémentaires non-commandées, puis de le sanctionner par un avertissement au vu du caractère persistant du comportement de l'intéressé ; qu'en l'espèce, la cour d'appel a constaté que l'employeur, qui exigeait son accord préalable et exprès à l'exécution de toute heure supplémentaire, n'admettait pas les réclamations du salarié au titre des heures supplémentaires par lui réalisées, ne les estimant pas justifiées ; qu'en s'abstenant de rechercher si l'opposition ainsi manifestée par l'employeur à l'exécution des heures supplémentaires, par voie de courrier, de mise en demeure et d'avertissement, ne permettait pas d'exclure tout accord implicite à l'exécution des heures supplémentaires réclamées, et ainsi tout droit à paiement de ces dernières, la cour d'appel a privé sa décision de base légale au regard des articles L. 3121-22 et L. 3171-4 du Code du travail ;

...

...

3°/ qu'en allouant à M. Y... un rappel d'heures supplémentaires, motif pris que, « certes, des heures supplémentaires ont été effectuées sans l'accord de l'entreprise, mais le salarié a exposé qu'il s'agissait de terminer en urgence les réparations au sein d'une cuisine de restaurant, qui ne pouvaient attendre, en sorte qu'il préférait achever ses réfections, le jour même, plutôt que de les reporter au lendemain, ce qui aurait vivement déplu aux clients et qui l'aurait contraint à rester une journée supplémentaire sur place », la cour d'appel, qui a uniquement relevé l'existence d'une préférence du salarié à l'exécution immédiate de travaux destinée à lui éviter de revenir sur le chantier le lendemain, sans donc caractériser, ce faisant, que les heures supplémentaires étaient rendues nécessaires par la charge de travail qui lui était confiée et la nature des tâches à effectuer, a – derechef – privé sa décision de base légale au regard des articles L. 3121-22 et L.3171-4 du Code du travail, ensemble l'article 4 de la déclaration des droits de l'homme et du citoyen de 1789 ;

4°/ qu'en affirmant, pour dire que « le gérant savait pertinemment que des heures supplémentaires indispensables avaient été accomplies par M. Y... », que « la continuation de son travail entraînait nécessairement au moins la même charge de travail, d'autant plus qu'à compter du 1er février 2014, il a perçu une prime de responsabilité pour le service après-vente et pour exercer des responsabilités supplémentaires », la cour d'appel a statué par des motifs d'ordre général et abstrait, violant l'article 455 du Code de procédure civile ;

Mais attendu que le salarié peut prétendre au paiement des heures supplémentaires accomplies, soit avec l'accord au moins implicite de l'employeur, soit s'il est établi que la réalisation de telles heures a été rendue nécessaire par les tâches qui lui ont été confiées ;

Et attendu qu'appréciant souverainement la valeur et la portée des éléments de preuve qui lui étaient soumis, la cour d'appel, ayant constaté que la charge de travail du salarié, qui avait donné lieu au paiement d'heures supplémentaires pour la période de mai à décembre 2012, avait été maintenue puis accrue pendant la période postérieure, a fait ressortir, peu important l'absence d'autorisation préalable de l'employeur et sans avoir à procéder à une recherche que ses constatations rendaient inopérante, que la réalisation de nouvelles heures supplémentaires avait été rendue nécessaire par les tâches confiées à l'intéressé ;

D'où il suit que le moyen, qui manque en fait en ses troisième et quatrième branches, n'est pas fondé.

SYNTHÈSE

Le temps de travail

La durée légale et les heures supplémentaires

Durées légales maximales

- 10 heures/jour
- 48 heures/semaine
- 44 heures sur 12 semaines consécutives

Heures supplémentaires

- Au-delà de 35 heures hebdomadaires
- Paiement ou repos compensateur de remplacement (RCR)
- Taux > 10 % si accord collectif (à défaut, 25 % pour les 8 premières heures et 50 % au-delà)
- Contrepartie obligatoire en repos (COR) au-delà de 220 heures par an :
  ≤ 20 salariés : 50 % des heures supplémentaires
  > 20 salariés : 100 % des heures supplémentaires

L'aménagement du temps de travail

Mise en place	Par l'employeur	• Moins de 50 salariés : sur 9 semaines • 50 salariés et plus : sur 4 semaines
	Par accord collectif	• Maximum sur 1 an • 3 ans en cas d'accord de branche
Travail de nuit	• Par accord d'entreprise, de branche ou autorisation de l'inspecteur du travail • Au moins 9 heures consécutives comprenant l'intervalle entre minuit et 5 heures du matin • Caractère exceptionnel et motivé, protection de la santé du salarié	
Convention de forfait	• Réservée aux salariés autonomes ou aux cadres • En heures ou en jours (maximum : 218 jours) • Sous convention individuelle	

Les temps de repos

Congés payés
2,5 jours/mois de travail effectif, du 01/06/N au 31/05/N+1
Indemnité compensatrice : 1/10 de la rémunération brute ou maintien du salaire

Repos quotidien
- 11 heures consécutives
- 20 min de pause toutes les 6 heures

Jours fériés
10 jours + 1er mai chômé

Repos hebdomadaire
24 heures avec possibilités de dérogation

CHAPITRE 7 La rémunération du salarié

PROGRAMME

Compétences attendues

- **Préciser** les limites légales et conventionnelles encadrant la fixation de la rémunération
- **Analyser** un bulletin de salaire au regard des règles de droit étudiées

Savoirs associés

- Les différents éléments du salaire
- Les modalités de détermination du salaire et de ses éléments accessoires et complémentaires
- Les mesures de protection du salaire à l'égard des créanciers de l'employeur et du salarié
- Le bulletin de salaire : mentions obligatoires et interdites, notion de salaire brut, salaire net et lien avec la protection sociale
- Les conditions de remise, conservation et force probante du bulletin de salaire

PLAN DU CHAPITRE

Cours : 1. Les différents éléments du salaire • 2. Les modalités de détermination du salaire et de ses éléments • 3. Les mesures de protection du salaire • 4. Le bulletin de salaire

Des savoirs aux compétences : Évaluer les savoirs • Maîtriser les compétences • Préparer l'épreuve

Synthèse

Le salaire constitue la contrepartie du travail effectué. Au sens large, il représente l'ensemble des éléments et avantages versés au salarié par l'employeur. Au salaire de base viennent donc s'ajouter des compléments ou accessoires. Le salaire est protégé contre les créanciers de l'entreprise et les créanciers du salarié compte tenu de ce caractère alimentaire. L'employeur doit accompagner le paiement du salaire de la remise d'un bulletin de paie. Ce document est encadré par des dispositions obligatoires.

MOTS-CLÉS

Avantages en nature • Gratifications • Primes • Pourboires • Prélèvement à la source • Privilège général • Salaire de base • Salaire minimum conventionnel • Salaire brut • Salaire net • Smic • Super-privilège

1 Les différents éléments du salaire

A) Le salaire de base

Définition

Le **salaire de base** est la rémunération que l'employeur doit verser au salarié en contrepartie du travail fourni, en fonction de l'emploi occupé et en application du contrat de travail, dont il est un élément essentiel.

Le salaire de base est normalement constitué d'une somme d'argent (tab. 7.1). Toutefois, son paiement en nature est possible en tout ou partie.

Tableau 7.1. Modalités de calcul du salaire de base

Montant	Fixe, variable ou les deux
Mode retenu	• Au mois (cas général) • Au rendement (ex. : à la pièce, à la tâche) • En fonction des résultats (ex. : commission sur le chiffre d'affaires)

B) Les autres éléments du salaire

1. Les avantages en nature

Définition

Les **avantages en nature** sont des prestations fournies gratuitement par l'employeur ou moyennant une participation du salarié inférieure à leur valeur réelle.

Les avantages en nature peuvent être prévus par un accord collectif, dans le contrat de travail ou résulter d'un usage (ex. : logement, nourriture, vêtements, véhicule).

2. Les pourboires

Les pourboires existent dans les professions en contact direct avec la clientèle (ex. : serveur, coiffeur).

Définition

Les **pourboires** sont toutes les sommes correspondant au service, remises volontairement par les clients ou perçues par l'employeur sous la forme d'un pourcentage sur la note des clients et qui sont intégralement reversées aux salariés.

Considérés comme un élément du salaire, les pourboires s'ajoutent au salaire fixe sauf dans le cas où l'employeur a garanti un salaire minimum à ses salariés. Toutefois, les pourboires perçus en 2022 et 2023 sont exonérés de cotisations et de contributions sociales pour les salariés qui perçoivent une rémunération qui n'excède pas 1,6 fois le SMIC (LF 2022, art.5).

3. Les primes

Les **primes** ont des périodicités et des objectifs divers (ex. : ancienneté, assiduité, vacances, objectifs, pénibilité). Elles sont obligatoires si elles résultent d'un accord collectif de branche ou d'entreprise, d'un usage ou d'une décision de l'employeur.

4. Les gratifications

Définition

Les **gratifications** sont des libéralités qui interviennent à la discrétion de l'employeur.

Les gratifications sont facultatives et ne revêtent pas le caractère de salaire sauf si elles résultent d'un usage (↪ chapitre 1), du contrat ou d'un accord collectif.

FOCUS — Les indemnités et les frais de transport

Les **indemnités** consistent en des remboursements de frais professionnels. Le salarié justifie de ces frais pour les besoins de son activité professionnelle et dans l'intérêt de l'employeur. Ils sont remboursés et non imputés sur sa rémunération (ex. : indemnités de panier, de déplacement, de salissure).

Une prise en charge par l'employeur des **frais d'abonnement aux transports** collectifs (ou de services publics de location de vélos) est obligatoire. La prise en charge des frais liés à l'utilisation d'un véhicule personnel (carburant ou d'alimentation électrique) ou d'un vélo est facultative. Dans tous les cas, le montant des indemnités figure sur le bulletin de paie.

→ EXERCICE 2

2 Les modalités de détermination du salaire et de ses éléments

A) Le principe de libre fixation du salaire

Le salaire est fixé librement entre les parties au contrat. Ce principe a été posé par le Conseil constitutionnel dans une décision du 11 juin 1963 : « La fixation des rémunérations salariales ainsi que de leurs accessoires de toute nature relève des contrats librement passés entre employeur et salarié. »

B) Les limites à la liberté de fixer le salaire

Il existe trois limites à la libre fixation du salaire (fig. 7.1).

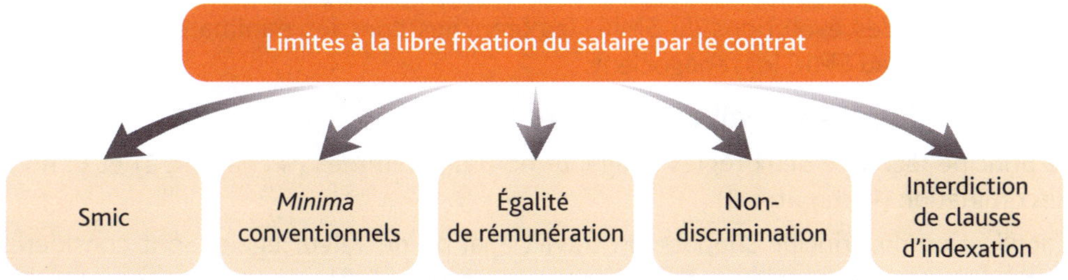

Figure 7.1. Triple limite à la libre fixation du salaire par le contrat de travail

1. Le Smic

CHIFFRES-CLÉS

Le Smic horaire est de 11,27 au 1er janvier 2023. En 2022, le SMIC concernait 2,04 millions de salariés, soit 12 % de l'emploi salarié. (Dares, 2022)

Définition

Le salaire minimum de croissance (**Smic**) est un salaire horaire minimum qui concerne tous les salariés (sauf les apprentis et les salariés de moins de 18 ans qui subissent un abattement).

Le Smic garantit aux salariés leur pouvoir d'achat et une participation au développement économique de la nation. Il est en conséquence régulièrement revalorisé (tab. 7.2).

Tableau 7.2. Principes de revalorisation du Smic

En cas de hausse de l'indice des prix	Le Smic est systématiquement relevé si l'indice des prix à la consommation augmente de 2 %.
Annuellement	• Le gouvernement par décret, révise le Smic, avec effet au 1er janvier en fonction de l'économie et de la conjoncture. • Le relèvement ne peut pas être inférieur à la moitié de l'augmentation des salaires moyens des ouvriers et des employés.
Coup de pouce	À tout moment, le gouvernement peut décider par décret de porter le montant du Smic à un niveau supérieur à celui qui résulte de la seule augmentation des prix.

L'indice du prix à la consommation est calculé par l'Insee pour les 20 % de ménages aux revenus les plus faibles.

2. Les salaires minima conventionnels

Les minima conventionnels sont issus des grilles de qualification négociées par les partenaires sociaux. La négociation collective de branche détermine les **salaires minima conventionnels** qui doivent être respectés par toutes les entreprises qui relèvent de la branche. La négociation collective d'entreprise porte sur les salaires effectifs ; elle peut fixer des barèmes de salaires égaux ou supérieurs à ce qui est prévu par l'accord de branche (↪chapitre 13).

Exemple

- Tableau d'une convention collective de branche pour chaque métier ou poste.

Métier ou poste	Description des tâches, compétences liées	Salaire : coefficient avec un nombre de points auquel est associé un taux

Compte-tenu des évolutions du SMIC, les branches dont les minima conventionnels sont inférieurs au SMIC les renégocient.

3. Le principe « À travail égal, salaire égal »

Le principe recouvre deux règles : l'égalité hommes-femmes (↪chapitre 1) et la non-discrimination (↪chapitre 9).

L'application du principe suppose un travail égal ou de valeur égale. Sont considérés comme ayant valeur égale des travaux qui exigent des salariés un ensemble comparable de connaissances professionnelles, consacrées par un titre, un diplôme ou une pratique professionnelle, de capacité découlant de l'expérience acquise, de responsabilité et de charge physique ou nerveuse. Les différences de rémunération doivent reposer sur des éléments objectifs et contrôlables.

FOCUS **Clauses d'indexation des salaires**

Sont interdites et nulles les clauses prévoyant une indexation des salaires sur le Smic, le niveau général des prix, le niveau général des salaires, ou encore sur le prix de biens sans rapport avec l'activité de l'entreprise. En revanche, les salaires peuvent être indexés sur les biens produits par l'entreprise ou révisés en fonction du coût de la vie dès lors que cette révision n'est pas automatique et intervient une fois l'indice connu.

→ CAS 4 • SITUATION PRATIQUE 5

Les mesures de protection du salaire

A) Les mesures de protection du salaire à l'égard des créanciers de l'employeur

1. Les privilèges des salariés-créanciers

La protection du salaire se traduit par l'octroi de privilèges sur les biens de l'employeur. Lorsque l'employeur ne peut plus honorer ses dettes, ses biens sont vendus pour payer les créanciers. Les salariés-créanciers disposent d'un **privilège général** et d'un **super-privilège** (tab. 7.3).

Tableau 7.3. **Privilèges des salariés**

Privilège général	• Les créances garanties sont les rémunérations des 6 derniers mois ainsi que les indemnités dues (ex. : indemnités de CP, de fin de CDD). • Les salariés ont le droit de prélever la totalité de leur créance sur la somme obtenue par la vente des biens de leur employeur avant les autres créanciers. Les salariés sont classés au 4e rang pour les meubles et au 2e pour les immeubles.
Super-privilège	• Les créances garanties sont les 60 derniers jours de travail. • Le créancier super-privilégié prime tous les autres créanciers en cas de procédure de sauvegarde, de redressement ou de liquidation judiciaires. • Les rémunérations doivent être payées jusqu'à concurrence d'un plafond mensuel égal au double de celui des cotisations de Sécurité sociale.

2. L'assurance des créances des salariés

La loi oblige les employeurs à s'assurer contre leur insolvabilité. Le taux de cotisation est de 0,15 % des salaires (limités à 4 PASS). L'assurance est gérée par une organisation patronale : l'Association pour la gestion des créances d'origine salariale (AGS). Elle intervient en cas de procédure de sauvegarde, de redressement et de liquidation judiciaires. L'association garantit le paiement des sommes liées à l'exécution du contrat de travail et à la rupture du contrat dans la limite d'un plafond, même si l'employeur n'a pas cotisé.

Exemple

- Pour une ancienneté du contrat de travail d'au moins deux ans avant la date du jugement d'ouverture, le plafond garanti est de six fois le plafond mensuel retenu pour le calcul de la cotisation à l'assurance chômage (art. D. 3253-5 du Code du travail).

B) Les mesures de protection du salaire à l'égard des créanciers du salarié

Compte tenu de son caractère alimentaire, le salaire ne peut être que partiellement saisi par les créanciers. La fraction saisissable s'obtient en appliquant un barème qui tient compte des personnes à charge. Le pourcentage du salaire qui peut être saisi augmente en fonction de la tranche de salaire à laquelle il s'applique.

La rémunération retenue est le salaire et ses accessoires dont on retranche les cotisations et contributions ainsi que le prélèvement à la source. Les pensions alimentaires peuvent être prélevées sur l'intégralité de la rémunération en maintenant l'équivalent du revenu de solidarité active (RSA). L'acte de saisie est notifié à l'employeur par le juge de l'exécution auquel il verse chaque mois les sommes prélevées.

1. Le barème de saisie sur salaire pour 2023

La fraction saisissable est calculée sur le montant des rémunérations nettes annuelles (hors remboursements de frais professionnels et allocations pour charge de famille) des douze mois qui précèdent la notification de la saisie (tab. 7.4).

Tableau 7.4. Taux applicable en fonction du salaire

Tranches (euros)	Fraction ou taux
≤ 4 170	1/20
> 4 170 et ≤ 8 140	1/10
> 8 140 et ≤ 12 130	1/5
> 12 130 et ≤ 16 080	1/4
> 16 080 et ≤ 20 050	1/3
> 20 050 et ≤ 24 090	2/3
> 24 090	100 %

Les seuils sont augmentés de 1 610 € par an et par personne à charge, sur présentation des justificatifs nécessaires.

La fraction insaisissable est fixée à 598,54 € au 1er juillet 2022, ce montant est réévalué en avril de chaque année.

2. Le prélèvement à la source des impôts sur le revenu

Définition

Le **prélèvement à la source** consiste à faire collecter par l'employeur l'impôt dû par le salarié.

Le prélèvement s'applique au montant net imposable. Le taux applicable est communiqué par l'administration des impôts. Les montants prélevés pour chaque salarié sont déclarés et transmis à l'administration fiscale.

4 Le bulletin de salaire

A) Le bulletin de salaire et ses mentions

Le bulletin de salaire s'est enrichi d'une nouvelle mention « Montant net social » à partir de juillet 2023. MNS = ensemble des rémunérations et revenus de remplacement déduit des cotisations et contributions sociales.

EXEMPLE DE BULLETIN DE PAYE AVEC UN MODÈLE ADAPTÉ
(Utilisable de juillet 2023 à décembre 2024)

Désignation	Base	Taux	Montant
Salaire de base	151,67	17,14	2 600,00
Absence maladie	20	86,67	– 1 733,33
Paiement maladie	20	86,67	+ 1 733,33
IJSS brutes	17	42,74	– 726,58
Garantie du net			– 147,97
Prime de partage de la valeur			1 000,00
Brut total (1)			2 725,45 (1)
Brut total soumis à cotisations			1 725,45

Cotisations et contributions sociales	Base (€)	Taux salarial	Part salarié (€)	Part employeur (€)
Santé				
Sécurité sociale – Maladie Maternité Invalidité Décès	1 725,45	–	–	120,78 (2)
Complémentaire Santé	–	–	85,00 (3)	85,00
Prévoyance décès	1 725,45	1,50 %	25,88	25,88 (4)
Accidents du travail – maladies professionnelles	1 725,45	–	–	34,51
Retraite				
Sécurité sociale plafonnée	1 725,45	6,90 %	119,06 (3)	147,53
Sécurité sociale déplafonnée	1 725,45	0,40 %	6,90 (3)	32,78
Complémentaire Tranche 1	1 725,45	4,01 %	69,19 (3)	103,70
Famille	1 725,45	–	–	59,53 (2)
Assurance chômage				
Chômage	1 725,45	–	–	72,47
Autres contributions dues par l'employeur	–	–	–	87,31
CSG déductible de l'impôt sur le revenu	1 806,14	6,80 %	122,82 (3)	–
CSG/CRDS non déductible de l'impôt sur le revenu	1 806,14	2,90 %	52,38 (3)	–
Exonérations et allègm. de cotis	–	–	–	– 48,14 (5)
Total des cotisations et contributions	–	–	**481,23**	**721,35**
IJSS nettes (subrogation)			+ 677,90 (6)	
Frais de transports			+ 50,00 (6)	
NET SOCIAL				**2 295,98**
Net à payer avant impôt sur le revenu *dont évolution de la rémunération liée à la suppression des cotisations chômage et maladie* (7)				**2 972,13** 23,65 (7)

Impôt sur le revenu	Base	Taux	Montant	Cumul annuel
Montant net imposable			1 381,60 (8)	Valeur
Impôt sur le revenu prélevé à la source	2 080,57 (9)	2,00 %	41,61	Valeur
Montant net des heures compl/suppl exonérées			0,00	Valeur
Net à payer au salarié (en euros)				**2 930,51**
Allégement de cotisations employeur (7)				182,73 (7)
Total versé par l'employeur				3 446,80

(1) Brut à partir duquel le net social est calculé (il comprend ici la prime de partage de la valeur exonérée).
(2) Les taux réduits (7 % pour la cotisation maladie, 3,45 % pour la cotisation d'allocations familiales) sont directement appliqués aux lignes concernées, comme le permet l'administration.
(3) Cotisations et contributions salariales déduites pour le calcul du net social.
(4) Cotisation patronale de protection sociale complémentaire ajoutée pour le calcul du net social.
(5) Réduction générale de cotisations patronales.
(6) Les IJSS nettes de CSG/CRDS versées en subrogation et les remboursements de frais exonérés ne sont pas pris en compte pour le calcul du net social.
(7) Ces lignes peuvent être supprimées.
(8) Les IJSS ne sont pas portées dans le net imposable car déclarées directement par l'assurance maladie à l'administration fiscale.
(9) Salaire net imposable + montant imposable des IJSS.

Source : RF Social, fil d'actualité, 9 février 2023

Toute mention relative à l'activité de représentation des salariés ou à l'exercice du droit de grève est interdite. Tout manquement aux règles concernant le bulletin de salaire est sanctionné pénalement (contravention de 3e classe chapitre 17).

B) Le paiement du salaire

Le salaire peut être payé en espèces, par chèque barré ou par virement. Au-delà de 1 500 euros, le paiement par chèque barré ou virement est obligatoire.
Le non-respect des dispositions relatives aux modes de paiement est passible de sanctions pénales.
Le salaire doit être payé au moins une fois par mois pour les bénéficiaires de la mensualisation. L'employeur respecte les règles fixant la périodicité de la paie (soit un mois maximum entre deux paies).

Le salaire est versé sur un compte bancaire personnel s'il fait l'objet d'un virement.

En cas de non-paiement du salaire, le salarié prouve la mauvaise foi de son employeur et le préjudice qu'il a subi, il peut obtenir des dommages-intérêts compensatoires (article 1153 al 4 du Code civil).

La demande de rappel de salaire est prescrite par 3 ans à compter du jour où celui qui l'exerce a connu ou aurait du connaitre les faits lui permettant de l'exercer. La demande peut porter sur les trois dernières années.

De plus, le non-paiement, ou le paiement tardif, du salaire peut entraîner la prise d'acte de la rupture de son contrat de travail par le salarié, ce qui peut conduire le juge à lui attribuer des indemnités pour licenciement sans cause réelle et sérieuse (↪ chapitre 11).

C) Les conditions de remise, conservation et force probante du bulletin de salaire

1. La remise du bulletin de salaire

L'employeur remet en main propre ou par voie postale un bulletin de salaire lors du versement de la rémunération. Il se présente sous la forme d'un document papier imprimé ou manuscrit. Il peut être délivré sous forme électronique, sauf opposition du salarié.

Bulletin électronique. L'employeur doit garantir l'intégrité des données figurant sur le bulletin de salaire et leur confidentialité. Les salariés pourront accéder à leurs bulletins archivés dans un coffre-fort numérique nominatif et sécurisé, pendant cinquante ans ou jusqu'à leurs 75 ans. L'employeur doit garantir au salarié l'accès à son bulletin de salaire électronique par le service en ligne associé à son compte personnel d'activité (↪ chapitre 8).

Exceptions à la délivrance d'un bulletin de salaire. Un « titre emploi service entreprise » peut être utilisé par les TPE ayant au plus neuf salariés et les entreprises qui emploient des salariés dont l'activité n'excède pas 700 heures de travail ou dix jours dans l'année civile. Les associations employant neuf salariés au plus peuvent payer leurs salariés avec un « chèque emploi associatif ».

2. La conservation du bulletin de salaire

Les doubles des bulletins de salaire doivent être conservés par l'employeur dans son entreprise. Les durées varient selon les situations (tab. 7.6).

Tableau 7.6. Durées de conservation du bulletin de salaire par l'employeur

Code du travail	5 ans
Législation fiscale	6 ans
Entreprises commerciales	10 ans (durée de conservation de tous les documents commerciaux)
Caisses de retraite complémentaire	Absence de délai mais exigence de présentation des documents permettant de déterminer les droits à la retraite

3. La force probante du bulletin de salaire

Pour l'employeur. Le bulletin de salaire est un document établi unilatéralement par l'employeur. Il ne peut pas s'en prévaloir pour prouver l'exécution de ses obligations. Le bulletin de salaire ne constitue qu'un indice et l'employeur devra prouver le paiement (éventuellement par des pièces comptables).

Pour le salarié. L'acceptation sans protestation ni réserve par le salarié ne vaut pas renonciation à des réclamations ou recours. Le salarié peut se prévaloir des informations contenues dans le bulletin de salaire (ex. : existence d'un contrat de travail en l'absence d'écrit). Le bulletin de salaire n'a aucune valeur de preuve contre le salarié ; sa réception ne vaut pas accord sur les sommes et ne constitue pas une preuve de leur versement.

→ APPLICATION 2 • CAS 3

1 Quiz

Vérifier l'exactitude des propositions ci-après et justifiez-les.

	Vrai	Faux
1. Le salaire net est le taux horaire multiplié par le nombre d'heures de travail ou le salaire mensuel mentionné dans le contrat de travail.	☐	☐
2. Le salaire de base ne peut pas être inférieur au SMIC.	☐	☐
3. Les avantages en nature n'entrent pas dans le salaire brut.	☐	☐
4. Les salariés ont un super-privilège sur les biens de leur employeur pour les six derniers mois de salaires dus.	☐	☐
5. Le bulletin de salaire est remis en format papier ou numérique.	☐	☐
6. Le bulletin de salaire doit être conservé pendant cinquante ans ou jusqu'à l'âge de 75 ans.	☐	☐
7. Le salaire doit être identique pour les personnes qui ont le même poste de travail.	☐	☐
8. Les primes sont obligatoires et sont des éléments du salaire.	☐	☐
9. La remise du bulletin de paie vaut paiement du salaire.	☐	☐
10. La remise du bulletin de salaire vaut accord du salarié sur son montant.	☐	☐

2 Cherchez l'intrus

Sibylle vient de recevoir son premier bulletin de paie. Celui-ci comporte, entre autres, son salaire net, la précision du remboursement à 50 % de sa carte Navigo, un lien vers le site Service-public.fr, une mention précisant qu'elle doit archiver son bulletin de salaire de manière illimitée et son affiliation à la CFDT.

1. *Identifiez l'élément qui ne devrait pas figurer sur le bulletin de salaire de Sibylle.*
2. *Qualifiez cette mention et précisez les risques encourus par l'employeur.*

3 Cas Duval & fils ★★★

20 min

Compétence attendue Analyser un bulletin de salaire au regard des règles de droit étudiées

La société Duval & fils verse à certains salariés en application d'accords collectifs, une prime de panier de jour, une prime de panier de nuit et une indemnité de transport qui ont un caractère forfaitaire et sont versés sans justificatif.

Les primes de panier ont pour but de compenser le surcoût du repas consécutif à un travail posté, de nuit ou selon des horaires atypiques.

L'indemnité de transport a pour objet d'indemniser les frais de déplacement du salarié de son domicile à son lieu de travail.

1. *Déterminez si ces versements s'analysent comme un remboursement de frais ou un complément de salaire. Justifiez votre réponse.*
2. *Identifiez la section dans laquelle ces versements figurent sur le bulletin de salaire.*

4 Cas Galvaplastie ★★★

20 min

Compétence attendue Préciser les limites légales et conventionnelles encadrant la fixation de la rémunération

François Delamarre attend sa promesse d'embauche comme opérateur de montage (groupe 1B) dans la société Galvaplastie. Celle-ci galvanise des pièces plastiques principalement pour des acteurs du secteur de l'emballage cosmétique.

Vous disposez dans le document ci-après d'un extrait de l'accord annuel négocié en 2018, applicable depuis 2019.

1. *Indiquez comment le salaire d'embauche de François sera déterminé.*
2. *Calculez le salaire minimum conventionnel de François et commentez votre résultat.*
3. *Déterminez si les deux primes d'ancienneté sont soumises à cotisations.*
4. *Contrôlez la validité de la prime d'ancienneté supplémentaire.*

Jusqu'à présent, l'ensemble des salariés bénéficie d'une prime de vacances d'un montant de 10 % de la masse globale des indemnités de congés payés de l'ensemble des salariés. Cette prime n'est inscrite dans aucune convention ou accord collectif dont dépend Galvaplastie.

5. *Précisez si François pourra bénéficier de cette prime.*

Document

Extraits de l'accord collectif annuel

Article 2. Salaires minima professionnels

À compter du 1er janvier 2019, les salaires minima mensuels pour 151,67 heures sont calculés à partir de la formule suivante :

$y = a + bx$

y = salaire minimum du salarié en fonction de son groupe et de son niveau de classification.

a = valeur constante, soit 1 459,33 €.

b = nombre de points définis pour chaque groupe et niveau de classification.

x = valeur du point, soit 8,0283 €.

Groupe et points (extrait)

Groupes	Points
1A	6
1B	8
1C/2A	10
2B	14

Article 3. Primes

Prime d'ancienneté supplémentaire

En plus des primes d'ancienneté conventionnelles, les primes d'ancienneté supplémentaires pour les catégories ouvrier, employé et agent de maîtrise seront distribuées :

- Ancienneté entre 2 et 3 ans : la convention collective prévoyant une prime d'ancienneté à compter de la 3e année, il est prévu de verser chaque mois une prime d'ancienneté d'un montant brut de 20 € à tous les salariés de la société dont l'ancienneté est comprise entre 2 et 3 ans.
- Ancienneté de plus de 20 ans : il est prévu une prime annuelle d'ancienneté supplémentaire sur le mois de juillet pour les salariés, selon les conditions suivantes :
  - nombre de jours d'arrêt-maladie inférieur à 8 jours calendaires entre le 1er juillet N–1 et le 30 juin N ;
  - ancienneté retenue au 30 juin N.

Barème d'ancienneté :

- 20 et < 30 ans : 60 €
- 30 et < 35 ans : 120 €
- 35 et < 40 ans : 180 €
- 40 ans et + : 240 €

Évaluer les savoirs | Maîtriser les compétences | Préparer l'épreuve

5 Situation pratique : C'est Tout Clean ★★★

40 min

Compétence attendue **Préciser** les limites légales et conventionnelles encadrant la fixation de la rémunération

Rendez-vous MÉTHODE 2

La société de production de matériel de nettoyage industriel C'est Tout Clean dispose de plusieurs usines dans l'agglomération lyonnaise (Bron, Saint-Priest et Vénissieux). Le dernier site vient d'ouvrir et, afin de séduire de jeunes travailleurs, C'est Tout Clean entend proposer un salaire plus attractif aux ouvriers de Vénissieux. La société souhaiterait s'assurer, auprès de votre cabinet, de la légalité de l'offre.

Votre mission : conseiller C'est Tout Clean sur sa proposition de salaire

1. *Analysez l'arrêt de la Cour de cassation, chambre sociale du 14 septembre 2016.*
   - 1.1. *Identifiez les faits.*
   - 1.2. *Formulez le problème de droit.*
   - 1.3. *Présentez la position de la Cour de cassation.*
2. *Rédigez une note succincte précisant si la décision envisagée par C'est Tout Clean est conforme à la loi.*

Document

Cour de cassation, chambre sociale, 14 septembre 2016, pourvoi n° 15-11386

Attendu, selon l'arrêt attaqué (Douai, 30 septembre 2014), que la société Renault applique dans ses établissements situés en Île-de-France des barèmes de rémunération supérieurs à ceux qu'elle applique au sein de son établissement de Douai ; que dénonçant l'atteinte portée au principe de l'égalité de traitement, le syndicat Sud Renault a saisi un tribunal de grande instance [devenu tribunal judiciaire] ;

Attendu que le syndicat fait grief à l'arrêt de le débouter de ses demandes, alors, selon le moyen, qu'il ne peut y avoir de différence de traitement entre salariés d'établissements différents d'une même entreprise exerçant un travail égal ou d'égale valeur que si elles reposent sur des raisons objectives dont le juge doit contrôler concrètement la réalité et la pertinence ; qu'en l'absence d'élément objectif tenant à l'activité ou aux conditions de travail présenté par l'employeur propre à justifier les différences de traitement observées entre les établissements d'une entreprise, ce dernier ne peut valablement justifier lesdites différences par la différence de niveaux de vie existant entre les bassins d'emploi dans lesquels sont situés ces établissements ; qu'en l'espèce, pour considérer que l'existence de barèmes de rémunération différents entre les établissements de région parisienne de la société Renault et celui de Douai …

...
était justifiée, la cour d'appel a retenu que la différence de coût de la vie entre l'environnement proche de l'usine de Douai et celui des usines franciliennes était parfaitement établie ; qu'en statuant par ce motif inopérant, la cour d'appel a violé le principe « À travail égal, salaire égal » ;

Mais attendu qu'une différence de traitement établie par engagement unilatéral ne peut être pratiquée entre des salariés relevant d'établissements différents et exerçant un travail égal ou de valeur égale, que si elle repose sur des raisons objectives, dont le juge doit contrôler la réalité et la pertinence ;

Et attendu qu'ayant constaté que la disparité du coût de la vie invoquée par l'employeur pour justifier la différence de traitement qu'il avait mise en place entre les salariés d'un établissement situé en Île-de-France et ceux d'un établissement de Douai était établie, la cour d'appel en a exactement déduit que cette différence de traitement reposait sur une justification objective pertinente ;

D'où il suit que le moyen n'est pas fondé ;

PAR CES MOTIFS :

REJETTE le pourvoi ;

SYNTHÈSE

La rémunération du salarié

Le salaire et ses modalités de calcul

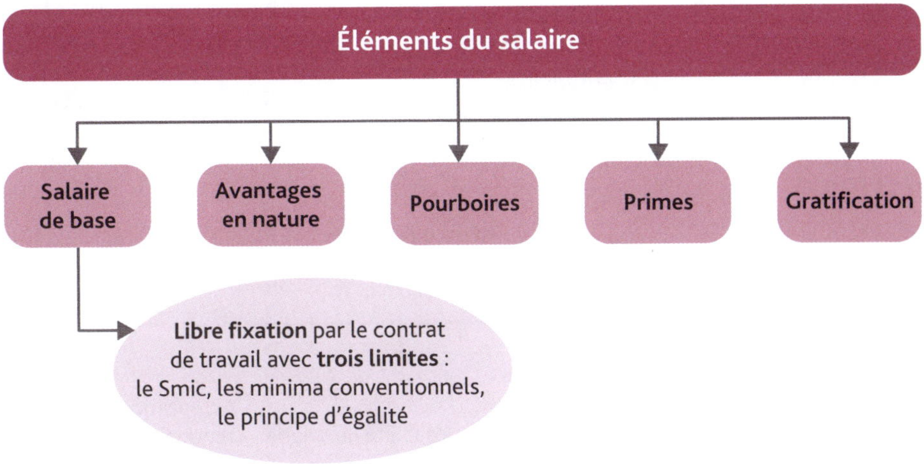

La protection du salaire

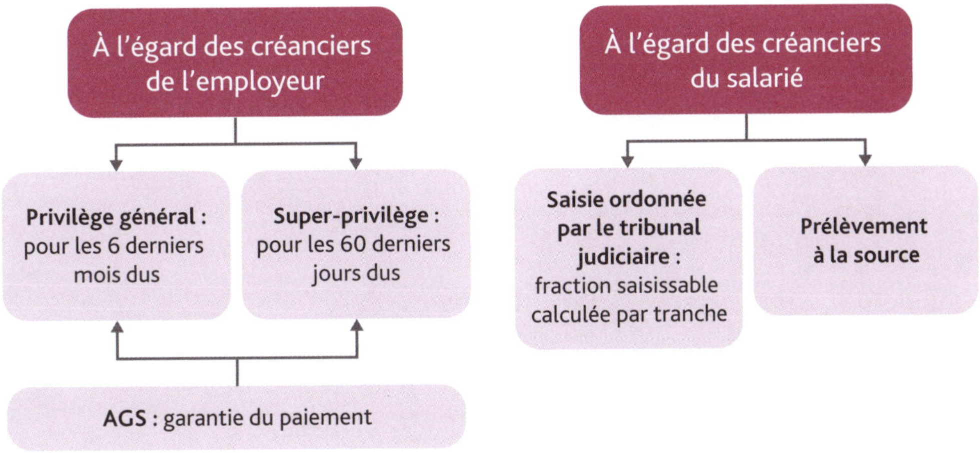

Le bulletin de salaire

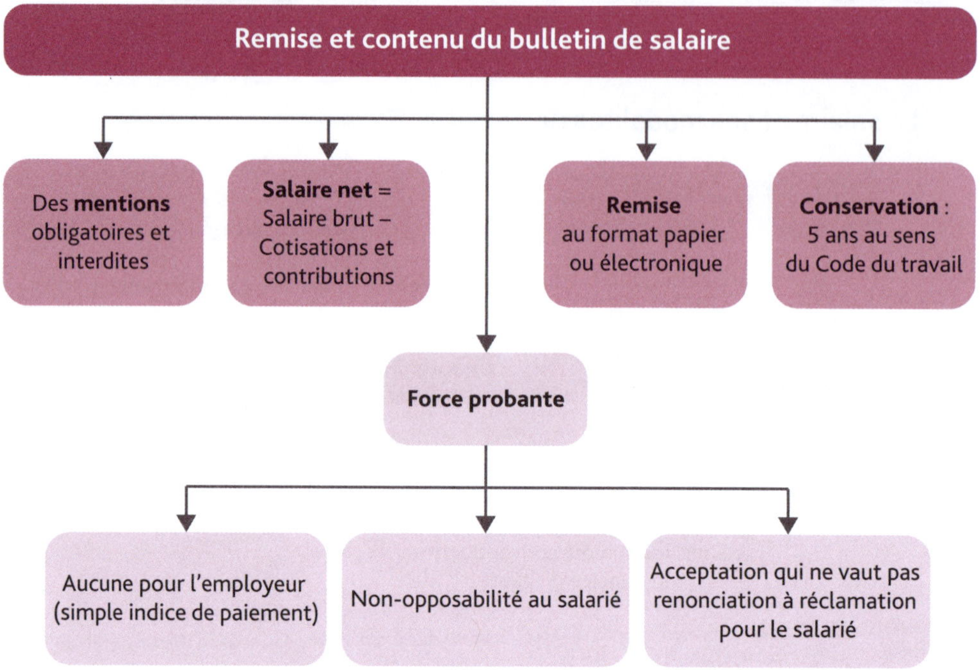

CHAPITRE 8 La formation du salarié

PROGRAMME

Compétences attendues

- **Identifier** les différentes contributions de l'employeur au financement de la formation
- **Préciser** les obligations de l'employeur en matière d'adaptation de ses salariés aux évolutions de l'emploi et leurs conséquences juridiques
- **Repérer** les différents types d'actions de formation inscrites dans un plan de formation et comprendre son intérêt pour l'employeur
- **Vérifier** les conditions de mobilisation du compte personnel de formation ou d'obtention d'un congé individuel de formation [devenu congé de transition professionnelle]
- **Établir** le rôle des différents acteurs de la formation selon le dispositif de formation

Savoirs associés

- Obligations de l'employeur : financement de la formation par les cotisations patronales ; adaptation des salariés aux évolutions de l'emploi ; entretien biannuel ; formation lors du licenciement
- Plan de formation [plan de développement des compétences] : outil de l'employeur pour répondre à ses obligations et objectifs stratégiques de gestion des compétences
- Mobilisation du compte personnel de formation ou du congé individuel de formation [devenu congé de transition professionnelle] et leurs conséquences juridiques
- Validation des acquis de l'expérience
- Acteurs de la formation : financeurs, opérateurs

PLAN DU CHAPITRE

Tout salarié dispose d'un droit à la formation professionnelle et à la formation tout au long de la vie. L'employeur doit assurer l'adaptation de ses salariés à leur poste de travail, obligation consacrée en cas de licenciement économique. La loi pour la liberté de choisir son avenir professionnel a entrepris une vaste refonte du système de formation professionnelle.

MOTS-CLÉS

Compte personnel de formation • Congé de transition professionnelle • Formation • Plan de développement des compétences • Politique de formation • VAE

1 Le cadre général et les acteurs de la formation

A) La notion d'action de formation

Définition

L'action de **formation** est un parcours pédagogique permettant d'atteindre un objectif professionnel.

La formation vise à faciliter l'accès à l'emploi et l'adaptation aux métiers. Elle peut être réalisée en tout ou partie à distance et peut également être réalisée en situation de travail (art. L 6313-2 Code du travail). Elle permet de réduire les risques de disqualification professionnelle et favorise la mobilité professionnelle. La formation professionnelle recouvre également les bilans de compétence, les actions permettant la validation des acquis de l'expérience (VAE) et l'apprentissage.

B) Les acteurs de la formation

Parmi les acteurs de premier niveau du financement de la formation et de la péréquation (fig. 8.1), on trouve notamment les unions de recouvrement des cotisations sociales et allocations familiales (Urssaf), organismes privés chargés d'une mission de service public organisés par région, mais aussi l'opérateur de compétences (Opco) et France Compétences. Cette dernière institution a été créée par la loi n° 2018-771 du 5 septembre 2018 pour la liberté de choisir son avenir professionnel.

CHIFFRES-CLÉS

Plus de 4 millions d'aides versées aux entreprises qui embauchent un apprenti. **800 000** contrats d'apprentissage conclus en 2022. (Ministère de l'Enseignement et la Formation professionnels, 2023)

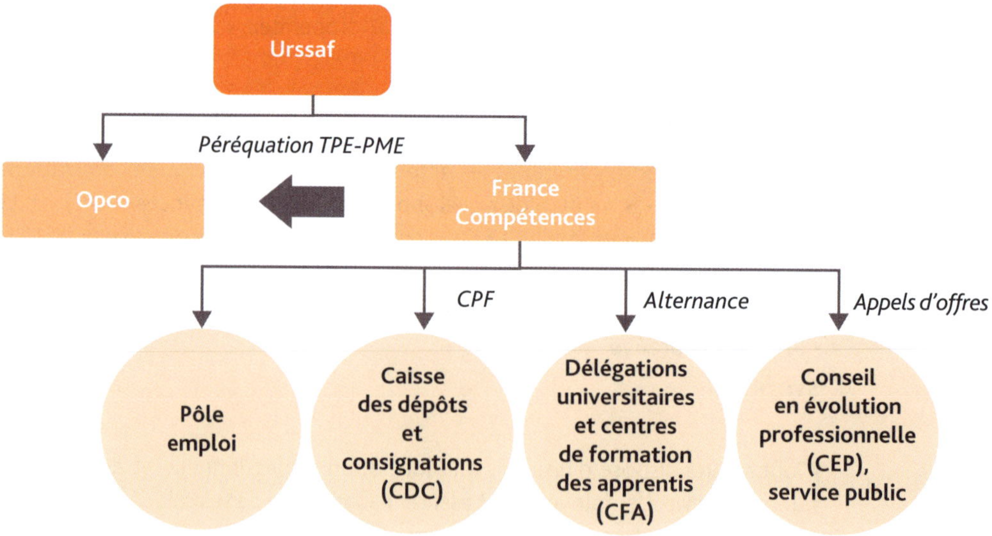

Figure 8.1. **Acteurs institutionnels de la formation**

1. France Compétences

Statut. France Compétences est une institution nationale publique chargée de la régulation et du financement de la formation professionnelle et de l'apprentissage. Elle est dotée d'une personnalité morale et d'une autonomie financière et placée sous la tutelle du ministre chargé de la formation professionnelle. Elle est composée de cinq collèges : l'État, les organisations syndicales de salariés, les organisations patronales, les régions et des personnalités qualifiées.

Missions. France Compétences est chargée de quatre missions principales (tab. 8.1).

Tableau 8.1. Principales missions de France Compétences

Mission de financement	Les fonds de la formation professionnelle sont à terme collectés par les Urssaf et reversés à France Compétences qui les répartira au profit des différents organismes : Opco (formation en alternance), régions(centres de formation des apprentis), CDC (compte personnel de formation), État (formation des demandeurs d'emploi).
Mission de régulation	Veille, observation et transparence des coûts et des règles de prise en charge en matière de fonds propres quand les prestataires reçoivent des fonds en provenance des financeurs de la formation professionnelle (ex. : Opco).
Mission de certification professionnelle	Établissement et gestion du répertoire national des certifications professionnelles (RNCP).
Mission de recommandation	Sur le niveau et les règles de prise en charge du financement de l'alternance et toute question en matière de formation professionnelle.

2. Les opérateurs de compétences (Opco)

Les opérateurs de compétences (Opco) sont agréés et remplissent plusieurs missions (tab. 8.2).

Tableau 8.2. Principales missions des Opco

Conseil aux branches	Appui technique aux branches professionnelles pour la GPEC, le niveau de prise en charge des contrats d'apprentissage et de professionnalisation, et les certifications
Services aux entreprises	Service de proximité auprès des TPE-PME spécialisé dans l'analyse et la définition de leurs besoins en matière de formation professionnelle et dans l'information et l'accès des salariés à la formation professionnelle
Financement	Actions de développement des compétences des entreprises de moins de 50 salariés, des contrats d'apprentissage et de professionnalisation et actions de formation au titre de la reconversion ou promotion par l'alternance…

Pour en savoir plus sur la CDC :

http://dunod.link/uebpvvj

3. La Caisse des dépôts et consignations (CDC)

La Caisse des dépôts et consignations (CDC) gère le **compte personnel de formation** (CPF) sauf lorsque le compte est mobilisé pour une formation longue de reconversion. Elle assure la mise en place et la gestion du service dématérialisé qui prend la forme d'une application permettant de consulter le CPF et de financer directement les formations choisies. C'est également la CDC qui assurera le financement des formations suivies par les titulaires mobilisant leur CPF.

4. Les partenaires sociaux

Les partenaires sociaux jouent un rôle important dans l'élaboration d'un **droit de la formation professionnelle** lors de la négociation collective (interprofessionnelle, de branche et d'entreprise, ↪ chapitre 13). Ils ont également un rôle dans la mise en œuvre de la formation puisqu'ils participent à la gestion paritaire des Opco.

Une commission paritaire interprofessionnelle (CPIR) est agréée dans chaque région par l'autorité administrative pour prendre en charge financièrement les droits de transition professionnelle. Enfin, le CSE assure une expression collective des salariés dans les décisions relatives à la formation professionnelle (↪ chapitre 12).

5. L'entreprise

L'entreprise est un acteur-clé de la formation. Elle met en œuvre les actions de formation et participe au financement de la formation professionnelle continue par diverses contributions.

→ CAS 4

2 Les obligations de l'employeur

Outre son obligation générale de formation, l'employeur est tenu de financer la formation des personnels en cas de licenciement économique (↪ chapitre 11).

A) L'obligation de financement de la formation

Les employeurs ont l'obligation de participer au financement de la formation professionnelle. Celle-ci prend la forme du financement de la formation des salariés et du versement annuel de plusieurs contributions (tab. 8.3).

Tableau 8.3. Contributions et autres taxes versées par l'employeur

Contribution à la formation professionnelle	**Entreprise de moins de 11 salariés**	0,55 % de l'assiette des cotisations de sécurité sociale.
	Entreprise de 11 salariés et plus	1 % de l'assiette des cotisations de sécurité sociale.
Contribution CPF-CDD	Financement du compte personnel de formation des titulaires d'un contrat à durée déterminée : 1 % de l'assiette des rémunérations payées à ces salariés durant l'année considérée, à l'exclusion de certains recours.	

Taxe d'apprentissage	• 0,68 % sur les rémunérations assujetties à cotisations sociales. Exonérations notamment des entreprises accueillant au moins un apprenti ayant une base annuelle d'imposition inférieure à six Smic annuels. • 87 % de la taxe est destinée au financement de l'apprentissage (déductions possibles de formations internes et versement aux CFA), le solde (13 %) à des dépenses libératoires effectuées par l'employeur (ex. : équipements des CFA, dépenses favorisant l'enseignement professionnel)
Contribution supplémentaire à l'apprentissage	• Contribution assise sur la même assiette que la taxe d'apprentissage. • Le taux est fonction du % d'alternants par rapport à l'effectif global et la taille de l'entreprise. • Il s'applique aux entreprises dont l'effectif est d'au moins 250 salariés dont le quota d'alternants, VIE, cifre (convention industrielle de formation par la recherche) est inférieur à 5 % de l'effectif. • Exonération pour les entreprises qui ont au moins 3 % d'alternants et ont augmenté leur effectif d'au moins 10 % (soit en interne soit dans la branche). • Les salariés embauchés en CDI après un contrat d'apprentissage ou de professionnalisation sont exclus du quota.

Certains employeurs sont soumis à des contributions particulières (ex. : BTP, recours à des intermittents du spectacle). Depuis le 1er janvier 2022, la collecte de ces contributions est effectuée par l'Urssaf et la MSA. Les fonds mutualisés au titre de la formation et de l'alternance sont reversée à France Compétences.

Au delà de ces contributions légales, les partenaires sociaux peuvent décider par accord de branche du versement de contributions conventionnelles complémentaires.

B Les formations

1. L'obligation d'adaptation des salariés aux évolutions de l'emploi

L'employeur est tenu d'une obligation d'adaptation des salariés aux évolutions de leur emploi qui s'inscrit dans le cadre de l'obligation d'exécution du contrat de travail de bonne foi. Le salarié n'est pas en droit de refuser cette formation. Le manquement à cette obligation engage la responsabilité de l'employeur. L'employeur dispose d'une large autonomie pour définir la **politique de formation** de l'entreprise en fonction de ses projets de développement. Il peut établir un plan de formation définissant l'ensemble des actions qu'il souhaite mener en application de son obligation d'assurer l'adaptation des salariés à leur emploi.

2. Les entretiens professionnels

Un entretien professionnel a lieu tous les deux ans pour apprécier l'évolution des compétences professionnelles des salariés et favoriser leur progression professionnelle. Tous les six ans, l'entretien est l'occasion d'un bilan professionnel et de vérifier que le salarié a suivi au moins une formation, a bénéficié d'une progression salariale ou professionnelle et a développé des éléments de certification ou de validation des acquis de l'expérience.

Dans les entreprises d'au moins 50 salariés, en l'absence d'entretien au cours des 6 années précédentes et d'au moins une formation, l'employeur abonde le CPF du salarié.

C) L'information du comité social et économique (CSE)

L'employeur est tenu de mettre à la disposition du CSE un certain nombre d'informations sur la formation à travers la base de données économiques sociales et environnementales (BDESE), pivot de l'information du CSE (↳ chapitre 12).

→ CAS 3 • CAS 5 • SITUATION PRATIQUE 8

3 Le plan de développement des compétences (PDC)

Définition

Le **plan de développement des compétences** (PDC) est un outil de l'employeur pour répondre à ses obligations et objectifs stratégiques de gestion des compétences.

A) Le contenu

Le plan de développement des compétences comprend **deux catégories** principales d'actions de formation :

- les **actions de formation** des salariés à leur poste de travail ou liées à l'évolution ou au maintien de l'emploi dans l'entreprise. Elles ont un caractère obligatoire. Ces actions conditionnent l'exercice d'une activité ou d'une fonction, en application d'une convention internationale, de dispositions légales ou réglementaires ;
- les **actions de développement** des compétences des salariés, non obligatoires.

Éventuellement, des actions destinées à certaines catégories de salariés ou portant sur des thèmes particuliers (ex. : développement durable) peuvent s'y ajouter.

CHIFFRES-CLÉS

Plus de **40 %** des salariés déclarent avoir suivi ou entamé une formation entre mars 2020 et mai 2021, tous types de formations confondus (y compris les VAE et les bilans de compétences). Un taux proche du taux annuel moyen calculé pour la même période en 2018-2019. La moitié des cadres contre un tiers seulement des ouvriers. (Cereq, 2022)

B) L'élaboration

L'élaboration d'un plan de développement des compétences peut concerner toutes les entreprises quelle que soit leur taille. Le plan est établi par l'employeur qui définit les formations utiles pour l'entreprise, les salariés qui devront les suivre et les modalités de mise en œuvre (ex. : en interne ou externe). Au préalable, l'employeur doit consulter le CSE.

C) L'accès des salariés aux actions de formation

Tous les salariés peuvent suivre une formation inscrite au plan de développement des compétences quel que soit leur contrat. Les discriminations sont interdites. Le salarié peut prendre l'initiative de certaines actions par la mobilisation de son compte personnel de formation et dans le cadre du congé de transition professionnelle.

D) Le régime des départs en formation

Le départ en formation est assimilé à l'exécution normale du contrat de travail. Le refus du salarié (sauf cas particuliers) peut être qualifié de faute professionnelle pouvant justifier, le cas échéant, un licenciement. Le salarié peut prendre l'initiative de demander à suivre une formation prévue par le plan de développement des compétences de l'entreprise. L'employeur est libre de refuser ou d'accepter.

Les chiffres de la formation professionnelle.

http://dunod.link/87s74vh

E) La formation et le temps de travail

Les dispositions applicables diffèrent selon que la formation est rendue ou non obligatoire (tab. 8.4).

Tableau 8.4. Formations et temps de travail

<table>
<tr><td>Formation rendue obligatoire par une convention internationale ou des dispositions législatives ou réglementaires</td><td colspan="3">• Les formations obligatoires conditionnent l'exercice d'une activité ou d'une fonction (ex. : sécurité).
• La formation se déroule pendant le temps de travail.
• La rémunération est maintenue.</td></tr>
<tr><td rowspan="3">Formation non obligatoire</td><td>Formation pendant le temps de travail</td><td colspan="2">Assimilée à du temps de travail effectif</td></tr>
<tr><td rowspan="2">Formations en dehors du temps de travail :
• maintien du lien de subordination avec l'employeur
• actions de développement des compétences</td><td>Organisées dans un accord collectif ou par le contrat de travail</td><td>En l'absence de disposition conventionnelle et avec l'accord du salarié</td></tr>
<tr><td>L'accord précise le temps maximum de formation hors du temps de travail et une compensation pour la garde des enfants</td><td>Application de la loi :
• un écrit avant le départ en formation
• un maximum de 30 heures/an par salarié ou 2 % du forfait annuel en heures ou en jours</td></tr>
</table>

À l'issue de la formation le salarié réintègre son poste de travail (ou un poste équivalent à rémunération et qualification égales). L'employeur n'a aucune obligation de reconnaître les compétences acquises au cours de la formation, sauf lorsqu'il s'y est engagé, ou si le contrat de travail ou la convention collective applicable à l'entreprise prévoit cette reconnaissance. Le salarié est libre de démissionner. Toutefois, il doit respecter la clause de dédit-formation qui peut figurer dans son contrat de travail (↪ chapitre 3). Si le stage est agréé par l'État, l'employeur peut obtenir, sous certaines conditions, le remboursement d'une partie de la rémunération maintenue au salarié.

→ CAS 5

4 Le compte personnel de formation (CPF)

Le **compte personnel de formation** (CPF) est ouvert pour toute personne, à partir de 16 ans, dès son entrée sur le marché du travail (en tant que salarié ou demandeur d'emploi) ainsi qu'aux titulaires d'un contrat d'apprentissage dès 15 ans.

Service dématérialisé gratuit géré par la CDC, le CPF est fermé lorsque la personne fait valoir ses droits à la retraite.

A) L'alimentation du CPF

Le CPF est alimenté chaque année dans la limite d'un plafond. Depuis le 1er janvier 2019, le compte est abondé en euros. Le plafond est le suivant :

- Pour les salariés ayant effectué une durée du travail supérieure ou égale à la moitié de la durée légale ou conventionnelle du travail sur l'année : 500 €/an plafonnés à 5 000 €.
- Pour les autres salariés, à proportion de la durée du travail effectuée dans l'année.

CHIFFRES-CLÉS

Les heures acquises au titre du CPF ont été converties en euros au 1er janvier 2019, à raison de 15 € par heure.

Des modalités d'alimentation plus favorables peuvent être prévues par accord collectif et le CPF peut également recevoir des abondements d'origines diverses (ex : abondement en droits complémentaires pour faire face à un reste à charge trop important, *via* le compte d'engagement citoyen).

Le CPF est financé par diverses contributions à la charge des employeurs, notamment par une fraction de la contribution à la formation professionnelle.

La loi de finances 2023 met en place un système de régulation de l'utilisation du CPF afin de s'assurer que les actions de formation présentent un réel objectif pour l'insertion ou le maintien dans l'emploi. Elle prévoit un ticket modérateur forfaitaire ou un pourcentage du coût de la formation dans la limite d'un plafond, au titre de la participation du salarié à sa formation à l'exception des demandeurs d'emploi. La participation peut faire l'objet d'une prise en charge par un tiers dans le cadre d'un projet de formation co-construit. Un décret fixe la régulation des formations éligibles au CPF.

B) Les droits acquis au titre du CPF

Le CPF est portable tout au long de la vie professionnelle, et ce quel que soit le statut de la personne (emploi ou chômage). Les droits sont utilisables sans limitation de durée au cours d'un contrat de travail ou d'une recherche d'emploi.

Le CPF permet de mettre en œuvre des formations sanctionnées par des qualifications ou certifications inscrites au répertoire national des certifications (RNCP) ou au répertoire spécifique, mais aussi d'autres actions.

CHIFFRES-CLÉS

Le dispositif MCF (Mon Compte Formation) a mobilisé, depuis son ouverture en 2019, 5 millions d'inscriptions pour un coût pédagogique global de 6,7 milliards d'euros. (AN, décembre 2022)

Exemples

- Le bilan de compétences, la VAE ou encore le permis de conduire entrent dans le cadre du CPF.

FOCUS Le bilan de compétences

Le bilan de compétences a pour objet de permettre à des travailleurs d'analyser leurs compétences professionnelles et personnelles ainsi que leurs aptitudes et leurs motivations afin de définir un projet professionnel et, le cas échéant, un projet de formation.

D'une durée maximale de 24 heures, ce bilan ne peut être réalisé que par un prestataire spécialisé, les employeurs n'ayant pas le droit de l'effectuer eux-mêmes pour leurs salariés. Ces derniers doivent donner leur accord à la réalisation du bilan de compétences, le refus d'y consentir ne constituant ni une faute ni un motif de licenciement.

C) La mobilisation du CPF

Demande. Le recours au CPF relève de la seule initiative du salarié. La démarche distingue les formations pendant le temps de travail et en dehors du temps de travail (tab. 8.5).

Tableau 8.5. Modalités d'utilisation du CPF

Formation pendant le temps de travail	• Demande effectuée 60 jours calendaires avant le début de la formation si la formation a une durée inférieure à six mois, ou 120 jours calendaires avant le début de la formation si celle-ci a une durée supérieure à six mois. • L'employeur dispose de 30 jours calendaires pour *répondre*. L'absence de réponse dans ce délai vaut acceptation.
Formation en dehors du temps de travail	• L'accord de l'employeur n'est pas nécessaire et le salarié peut mobiliser ses droits à formation librement. • Le salarié peut faire valider sa demande de formation par un conseiller en évolution professionnelle d'un organisme habilité (ex. : Pôle emploi, Apec).

Prise en charge. Les frais de la formation et les frais annexes (frais de transport, repas, hébergement) peuvent être pris en charge par la CDC.

→ APPLICATION 2 • CAS 4 • CAS 6

5 Le congé de transition professionnelle (CTP)

A) La mise en œuvre

1 actif sur 4 a suivi une reconversion professionnelle ces 5 dernières années. 1 sur 10 a changé de métier. (France Compétences, 2022)

Le congé de transition professionnelle permet à tout salarié de mobiliser des droits inscrits sur son CPF en vue de financer une formation certifiante destinée à lui permettre de changer de métier ou de profession dans le cadre d'un projet de transition professionnelle.

Le **congé de transition professionnelle** est validé et financé par la commission paritaire interprofessionnelle régionale (CPIR).

B) Les conditions d'ancienneté

Les conditions d'éligibilité au congé varient selon l'historique d'emploi (fig. 8.2).

Au moins 24 mois, consécutifs ou non, dont 12 dans la même entreprise, quelle que soit la nature des contrats successifs

OU

Une activité d'au moins 24 mois, consécutifs ou non, quelle que soit la nature des contrats successifs au cours des 5 dernières années, dont 4 mois consécutifs ou non, sous CDD, au cours des 12 derniers mois

Figure 8.2. Validation du congé au regard de la situation d'emploi

C) La demande de congé de formation

1. Les délais de la demande

Les délais sont fonction de la durée de la formation (tab. 8.6).

Tableau 8.6. Délais de demande de congé pour CTP

Interruption de travail d'au moins 6 mois	Demande adressée au moins 120 jours avant le début de la formation
Interruption de travail < 6 mois *ou* temps partiel de l'action de formation	Demande adressée au plus tard 60 jours avant la formation

2. La réponse de l'employeur

L'employeur dispose d'un délai de 30 jours pour répondre par écrit. À défaut, l'autorisation de congé est réputée accordée (tab. 8.7).

Tableau 8.7. **Modalités du refus ou report du CTP**

Refus	• En cas de non-respect des conditions relatives à la demande • Salarié qui a bénéficié d'un congé de transition professionnelle depuis moins de dix fois la durée de son congé initial, exprimé en mois. Ce délai est d'au moins six mois et au plus six ans. • Décision motivée.
Report	• En cas de départ préjudiciable à la production et la marche de l'entreprise, report maximum de neuf mois sur avis du CSE. • Pas plus de 0,2 % de l'effectif total des établissements d'au moins 100 salariés et pas plus d'un salarié des établissements de moins de 100 salariés absents simultanément au titre du CTP.

3. La demande de prise en charge financière

Positionnement préalable. Un document formalisé propose un parcours de formation et comporte notamment un devis de la formation et son contenu.

Destinataire. La demande doit être adressée par le salarié à la commission paritaire interprofessionnelle régionale (CPIR) de son lieu de résidence ou de son lieu de travail après accord de l'employeur.

Examen de la CPIR. Il s'agit d'une commission agréée dans chaque région par le ministre chargé de la formation. Elle est dotée de la personnalité morale. Elle examine la pertinence du projet. Les critères sont notamment la cohérence du CTP et les perspectives d'emploi à l'issue de la formation. La CPIR peut déclarer prioritaires des formations et des publics au regard des territoires et d'un référentiel établi par France Compétences.

4. La prise en charge financière

Sont pris en charge les frais pédagogiques et de dossier, les frais de transport, de repas et d'hébergement, la rémunération du salarié ainsi que les cotisations et contributions sociales liées à la formation. Ils sont financés par les droits inscrits au CPF et complétés par des fonds versés aux commissions paritaires interprofessionnelles régionales (CPIR) par France Compétences.

5. Le maintien de la rémunération du salarié

La rémunération du salarié est maintenue pour les formations réalisées sur le temps de travail sous condition d'assiduité. Dans les entreprises de 50 salariés et plus, la rémunération est versée par l'employeur. Dans les autres entreprises, la rémunération est directement versée par les CPIR. Le calcul est basé sur le salaire moyen de référence et sur la durée du congé (tab. 8.8).

Tableau 8.8. Rémunération en congé de formation

Salaire moyen de référence (SMR) : salaire moyen des 12 derniers mois précédant la formation (quatre derniers mois, pour un CDD)		
SMR ≤ 2 SMIC	100 % du SMR	
SMR > 2 SMIC	• Durée du congé < un an ou 1 200 heures de formation pour une formation discontinue ou à temps partiel. • Durée du congé > un an ou 1 200 heures de formation.	• 90 % du SMR. • 90 % du SMR la première année ou les premières 1 200 heures, puis 60 % du SMR les années suivantes ou à partir de la 1 201e heure.

→ SITUATION PRATIQUE 7

6 La validation des acquis de l'expérience (VAE)

Définition

La validation des acquis de l'expérience (**VAE**) est une procédure qui permet à toute personne engagée dans la vie active d'obtenir une certification professionnelle par la validation de son expérience acquise dans le cadre d'une activité professionnelle et/ou extraprofessionnelle.

Pour prétendre à la VAE, le demandeur doit briguer une certification inscrite au Répertoire national des certifications professionnelles (RNCP).

A) Les bénéficiaires de la VAE

La voie de la VAE est ouverte à toute personne, quels que soient son âge, sa nationalité, son statut et son niveau de formation, qui justifie d'une activité en rapport direct avec la certification visée. Une VAE peut être proposée dans le cadre du plan de développement des compétences.

B) Les certifications en VAE

La VAE permet d'obtenir un diplôme ou titre professionnel national délivré par l'État, par un établissement d'enseignement supérieur, par un organisme de formation certifié dans le répertoire spécifique, ou une chambre consulaire. La VAE permet également d'obtenir un certificat de qualification professionnelle créé par la Commission paritaire nationale de l'emploi (CPNE) d'une branche professionnelle.

C) La demande de VAE

Un service public de la VAE. Un GIP (groupement d'intérêt public), composé des différents acteurs de la VAE est chargé de mettre en œuvre au niveau national les missions de service public de la VAE (promotion, information, accompagnement) en tenant compte des besoins des territoires et la cohérence nationale. Il permet d'instituer un guichet unique et numérique pour les démarches des candidats à la VAE.

Montage du dossier. Il est élaboré avec l'aide d'un centre de conseil sur la VAE. Le dossier est envoyé à l'autorité ou l'organisme responsable de la certification qui émet un avis favorable sur le dossier de recevabilité du candidat au regard des conditions d'éligibilité au RNCP définies par la loi, de la durée des activités exercées et en rapport direct avec le contenu de la certification. Un formulaire est en ligne sur le site www.service-public.fr.

Jury. Le demandeur bénéficie d'un accompagnement à la formalisation de son dossier et à la préparation de l'entretien avec le jury. Ce dernier vérifie si l'expérience acquise correspond aux connaissances, aptitudes et compétences exigées par le référentiel de la certification visée. L'autorité qui délivre la certification peut prévoir une mise en situation, réelle ou reconstituée.

Congé. Le salarié qui fait valider sa demande de VAE pendant le temps de travail bénéficie d'un droit à un congé de 48 heures (↪ chapitre 6).

CHIFFRES-CLÉS

En 2020, 42 000 dossiers ont été déposés sur la plateforme (soit une baisse de **25 %** en un an). L'ensemble de la démarche dure entre 8 et 12 mois. Le taux de réussite est de **61 %**. Le premier diplôme demandé en VAE est le diplôme d'État d'éducateur spécialisé. (Portail de la VAE, 2022)

D) L'issue de la demande de VAE

La demande reçoit trois réponses possibles :

- La validation totale lorsque toutes les conditions sont réunies. Le jury propose alors l'attribution d'une certification équivalant en tout point aux autres voies (formation continue, formation initiale, apprentissage).
- Une validation partielle. Le jury précise alors la nature des compétences, des aptitudes et des connaissances soumises à un contrôle complémentaire.
- Un refus lorsque les compétences, les aptitudes et les connaissances ne sont pas satisfaisantes.

E) La prise en charge des dépenses

Les frais des actions de VAE peuvent être pris en charge par l'employeur ou l'opérateur de compétences, ou encore le salarié qui mobilisera son CPF. Le financement est possible par les Atpro (Associations de transition professionnelle).

Une aide peut être allouée aux demandeurs d'emploi.

La prise en charge liée à une démarche de VAE est soumise à la vérification de l'inscription de la certification visée au RNCP et à la recevabilité de la demande du candidat par l'organisme certificateur.

Pour tout savoir sur la VAE :

http://dunod.link/4soflmz

1 Quiz

Vérifier l'exactitude des propositions suivantes et justifiez-les.

	Vrai	Faux
1. Les fonds de la formation sont collectés par les Urssaf.	☐	☐
2. Tous les employeurs versent 0,55 % de l'assiette des cotisations de sécurité sociale chaque année au titre de la contribution légale professionnelle.	☐	☐
3. France Compétences régule et finance la formation professionnelle.	☐	☐
4. Un entretien individuel sur le parcours de formation a lieu tous les six ans.	☐	☐
5. Les droits du CPF courent à compter du premier CDI.	☐	☐
6. Les droits du CPF sont comptabilisés en heures.	☐	☐
7. Les formations obligatoires sont effectuées sur le temps de travail et donc rémunérées.	☐	☐
8. Les conditions d'ancienneté pour déposer une demande de congé de transition professionnelle sont 24 mois consécutifs chez le même employeur avant la demande.	☐	☐
9. La VAE est un droit individuel accordé à tout salarié.	☐	☐
10. Le contenu du plan de développement des compétences est librement fixé par l'employeur et relève de son pouvoir de direction.	☐	☐

2 L'avenir incertain de Naomi ★★★

Naomi vient d'être licenciée après deux ans d'expérience en tant que chargée de marketing. Elle souhaiterait se réorienter dans le domaine de l'expérience client. Elle se connecte au site www.moncompteformation.gouv.fr pour consulter le solde de son CPF et constate qu'elle pourrait bénéficier d'une session de trois jours de formation au marketing sensoriel.

Indiquez si le statut de chômeur permet à Naomi de bénéficier de la formation envisagée.

Évaluer les acquis | **Maîtriser les compétences** | Préparer l'épreuve

3 Cas Autobahn ★★★

Compétence attendue

Préciser les obligations de l'employeur en matière d'adaptation de ses salariés aux évolutions de l'emploi et leurs conséquences juridiques

Thibault travaille depuis quatre ans en qualité de préparateur des véhicules neufs et d'occasion dans la société Autobahn, concessionnaire de plusieurs marques automobiles, dont un constructeur allemand. Ce dernier propose régulièrement des formations sur les nouveaux véhicules. Thibault n'a assisté à aucune formation. Il a demandé un entretien à son employeur lors duquel il a exprimé le souhait de suivre une formation sur les moteurs électriques. Par ailleurs, son employeur lui a signifié que, comme il n'avait formulé antérieurement aucune demande, Autobahn ne lui avait rien proposé.

1. *Déterminez si la formation demandée par Thibault entre dans le champ obligatoire.*
2. *Analysez l'argument de l'employeur de Thibault.*

4 Cas Alizée ★★★

Compétences attendues

- **Établir** le rôle des différents acteurs de la formation selon le dispositif de formation
- **Identifier** les différentes contributions de l'employeur au financement de la formation

Juliette est assistante administrative de la société Alizée, acteur majeur du nettoyage industriel. L'activité de l'entreprise se développe. L'effectif est variable. La société recrute des intérimaires et des salariés en CDD en fonction des contrats conclus avec ses clients. Juliette doit être promue responsable de la gestion des contrats de travail. Afin d'actualiser ses connaissances en droit social, Juliette souhaite suivre la formation dispensée par Francis Lefebvre Formation (voir le document ci-après).

1. *Identifiez le dispositif dont la formation souhaitée par Juliette relève.*

2. *Indiquez les démarches à effectuer par Juliette. Identifiez son interlocuteur.*
3. *Juliette dispose de 3 000 € sur son CPF. Déterminez si elle pourra utiliser cette somme pour suivre la formation envisagée. Précisez la démarche à accomplir.*
4. *Identifiez les acteurs concernés par la démarche de formation.*
5. *Expliquez comment la formation de Juliette sera financée.*

Document

Objectifs et modalités de la formation « Maîtriser le droit du travail »

Objectifs de la formation

- Approfondir ses connaissances théoriques et pratiques en droit du travail
- Acquérir les bons réflexes et identifier la solution la moins risquée pour l'entreprise
- Intégrer les dernières réformes dans sa pratique (notamment la loi « Travail »)

Public

Managers prochainement ou récemment nommés dans des fonctions de gestion des ressources humaines (unité de production, centre de profit, services...), RRH, professionnels de la fonction RH, juristes, avocats.

Prérequis

Connaissances en droit social ou niveau de la formation « Les bases du droit du travail » (SA1130).

Formation éligible au CPF dans le cadre du bloc de compétences n° 2 du titre « chargé(e) des ressources humaines » (2 990 €, déjeuner inclus, 2 × 3 jours).

www.flf.fr

5 Cas Société Générale ★★★

Compétence attendue

Repérer les différents types d'actions de formation inscrites dans un plan de formation [de développement des compétences] et comprendre son intérêt pour l'employeur

La Société Générale a déployé un dispositif d'accompagnement des collaborateurs de la banque en France (voir document ci-après).

1. *Relevez dans le texte les actions de formation mises en œuvre.*
2. *Justifiez ces formations en lien avec les obligations légales de l'employeur.*
3. *Expliquez comment ce plan a été élaboré.*

Document

Dispositif d'accompagnement des collaborateurs de la Banque de détail en France

Société Générale a repensé son dispositif de formation pour développer la mobilité et l'employabilité des collaborateurs dans le contexte de transformation du réseau France. La banque lance notamment un diagnostic de compétences individualisé auprès de 20 000 collaborateurs pour leur permettre d'acquérir les compétences et expertises clés pour exercer les métiers de demain.

Engagée dans une transformation d'une ampleur et d'un rythme inédits (adaptation du réseau, spécialisation du dispositif commercial, simplification de la structure managériale…), la Banque de détail en France déploie #MonJob2020, son dispositif d'accompagnement des collaborateurs. Ce dispositif vise à en faire des acteurs de leur parcours professionnel à travers un plan de formation et de développement individualisé et à accroître leur mobilité et leur employabilité.

400 collaborateurs (directeurs d'agence, conseillers particuliers, entreprises, analystes de crédit, conseillers multimédias…) ont, dans un premier temps, participé à l'actualisation des profils métiers et à la définition d'une cartographie des nouvelles compétences nécessaires pour satisfaire les clients en attente de plus de conseil et de service.

Le dispositif de formation, continu et modulaire, qui associe des sessions en présentiel ou à distance, du « *fast learning* » (tutos, gaming, quiz…), et du *mentoring*, intègre aujourd'hui une plateforme digitale de diagnostic qui aide les collaborateurs à déclarer intuitivement l'ensemble de leurs compétences, appétences et motivations. Ensuite, grâce à la puissance de ses algorithmes, l'outil aiguille le collaborateur et l'aide à construire un plan de formation individualisé sur des compétences métiers et comportementales pour bénéficier de passerelles de mobilité plus ouvertes.

Cette solution permet ainsi de mieux identifier et orienter les bonnes personnes pour les bons postes, de réduire le temps nécessaire pour pourvoir un poste en interne grâce à un meilleur ciblage des profils et d'augmenter la probabilité de réussite dans le poste grâce à la prise en compte des motivations.

Après avoir été expérimentée auprès de 3 000 personnes dans tous les métiers, cette démarche est aujourd'hui étendue à l'ensemble du réseau (20 000 collaborateurs).

« Être banquier, c'est un métier. La Banque de détail requiert des expertises dans un cadre réglementaire évolutif. Face aux nouvelles attentes des clients, le dispositif #MonJob2020 nous permet d'accompagner les collaborateurs dans le développement de leurs expertises pour accroître leur employabilité et leur mobilité. Ce dispositif nous permet également de disposer en permanence d'une cartographie précise des compétences ce qui facilite le pilotage des besoins de l'entreprise dans sa transformation », explique Laurent Goutard, directeur de la Banque de détail en France.

https://www.cbanque.com

•••

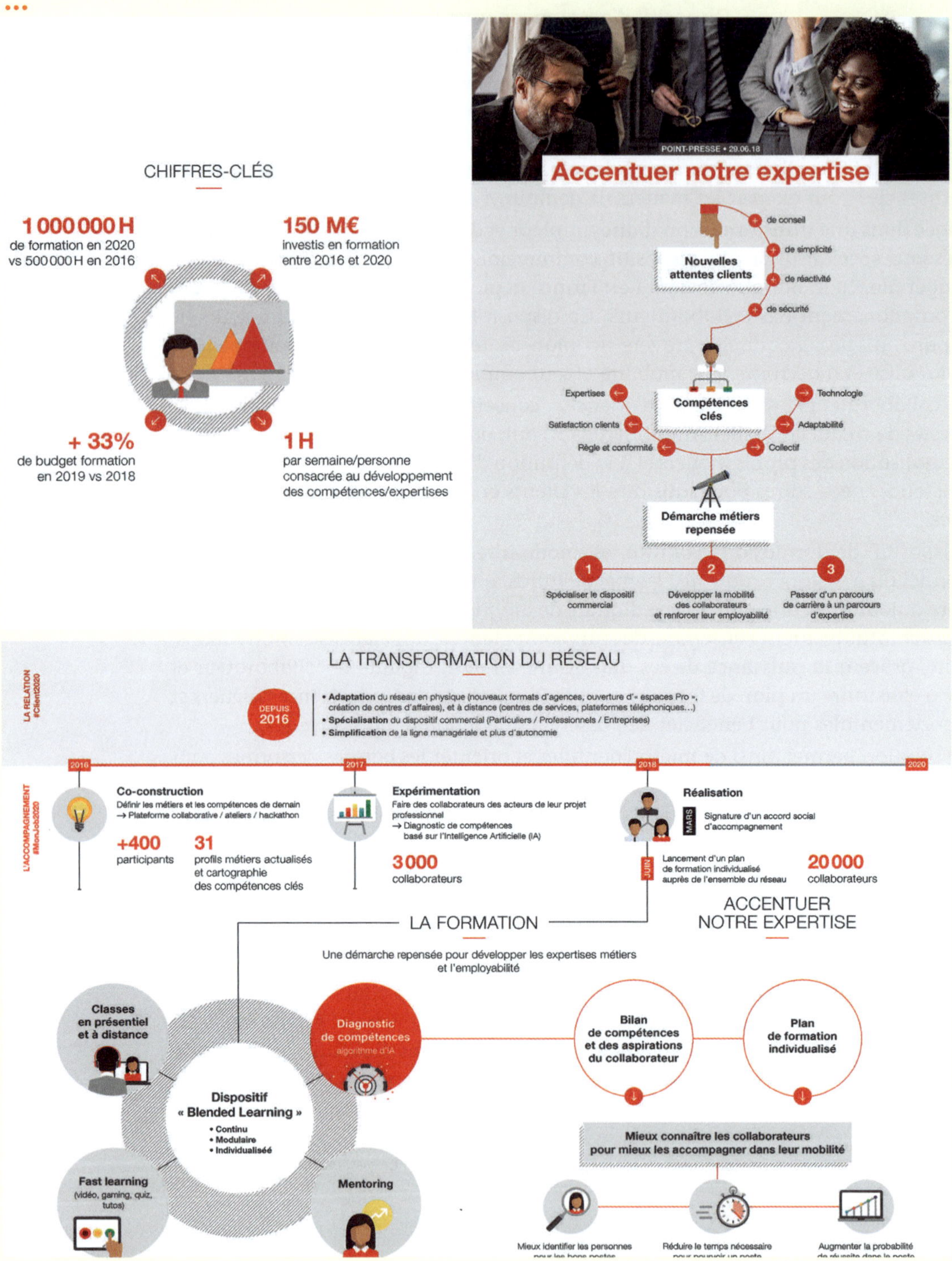

CHIFFRES-CLÉS
1 000 000 H
de formation en 2020
vs 500 000 H en 2016
150 M€
investis en formation
entre 2016 et 2020
+ 33%
de budget formation
en 2019 vs 2018
1 H
par semaine/personne
consacrée au développement
des compétences/expertises
POINT-PRESSE • 29.06.18
Accentuer notre expertise
Nouvelles attentes clients
de conseil
de simplicité
de réactivité
de sécurité
Compétences clés
Expertises
Satisfaction clients
Règle et conformité
Technologie
Adaptabilité
Collectif
Démarche métiers repensée
1
Spécialiser le dispositif commercial
2
Développer la mobilité des collaborateurs et renforcer leur employabilité
3
Passer d'un parcours de carrière à un parcours d'expertise
LA TRANSFORMATION DU RÉSEAU
LA RELATION
#Client2020
DEPUIS 2016
• Adaptation du réseau en physique (nouveaux formats d'agences, ouverture d'« espaces Pro », création de centres d'affaires), et à distance (centres de services, plateformes téléphoniques…)
• Spécialisation du dispositif commercial (Particuliers / Professionnels / Entreprises)
• Simplification de la ligne managériale et plus d'autonomie
2016
2017
2018
2020
L'ACCOMPAGNEMENT
#MonJob2020
Co-construction
Définir les métiers et les compétences de demain
→ Plateforme collaborative / ateliers / hackathon
+400
participants
31
profils métiers actualisés et cartographie des compétences clés
Expérimentation
Faire des collaborateurs des acteurs de leur projet professionnel
→ Diagnostic de compétences basé sur l'Intelligence Artificielle (IA)
3000
collaborateurs
Réalisation
MARS
Signature d'un accord social d'accompagnement
JUIN
Lancement d'un plan de formation individualisé auprès de l'ensemble du réseau
20 000
collaborateurs
LA FORMATION
ACCENTUER NOTRE EXPERTISE
Une démarche repensée pour développer les expertises métiers et l'employabilité
Classes en présentiel et à distance
Diagnostic de compétences
algorithme d'IA
Dispositif « Blended Learning »
• Continu
• Modulaire
• Individualiséé
Fast learning
(vidéo, gaming, quiz, tutos)
Mentoring
Bilan de compétences et des aspirations du collaborateur
Plan de formation individualisé
Mieux connaître les collaborateurs pour mieux les accompagner dans leur mobilité
Mieux identifier les personnes
Réduire le temps nécessaire
Augmenter la probabilité

6 Cas Texti Pro ★★★

Compétence attendue **Vérifier** les conditions de mobilisation du compte personnel de formation

Aymar est responsable export depuis plus de trois ans en CDI à temps complet dans la société Texti Pro. Cette société conçoit une gamme complète de vêtements de travail, de loisirs et de chasse avec une recherche perpétuelle de qualité, de confort et d'innovation. Elle a mis en place, en 2016, un bureau permanent et exclusif en Asie, afin d'assurer un suivi qualité et le *sourcing* de nouveaux partenaires. Aymar est amené à se déplacer souvent en Chine et souhaiterait apprendre le mandarin et mieux appréhender la culture chinoise. Il est prêt à effectuer une formation pendant et en dehors de son temps de travail.

1. *Indiquez de quel budget de formation Aymar dispose au titre de son CPF.*
2. *Identifiez l'organisme qui pourrait prendre en charge la formation d'Aymar.*
3. *Précisez les formalités à effectuer par Aymar.*
4. *Déterminez si Aymar sera rémunéré pendant la durée de sa formation.*

Évaluer les acquis | Maîtriser les compétences | **Préparer l'épreuve**

7 Situation pratique : champagne Charles Henry ★★★

30 min

Compétence attendue **Vérifier** les conditions d'obtention du projet de transition professionnelle

Léa est comptable dans la société Charles Henry, une PME, producteur, viticulteur et négociant en champagne. Elle a été recrutée en CDI il y a 18 mois. Auparavant elle a enchaîné deux CDD dans deux entreprises, d'une durée respective de 2 et 4 mois. Son salaire mensuel actuel brut est de 1 780 €. Titulaire d'un BTS comptabilité, elle souhaiterait préparer un diplôme de niveau licence inscrit au RNCP et délivré par un organisme de formation.

Vos missions

1. *Indiquez si Léa valide les conditions pour demander un congé de transition professionnelle.*
2. *Calculez le montant de la rémunération de Léa pendant son congé.*

Léa a formulé sa demande à son employeur qui a refusé son congé dans l'immédiat au motif qu'elle est la seule comptable dans l'entreprise. Il lui a proposé de reporter son départ dans 12 mois. Léa est très déçue, son dossier avait été retenu pour préparer le diplôme.

Votre mission

3. *Analysez la décision de l'employeur de Léa.*

8 Situation pratique : les rois du Design ★★★

30 min

Compétence attendue **Préciser** les obligations de l'employeur en matière d'adaptation de ses salariés aux évolutions de l'emploi et leurs conséquences juridiques

Rendez-vous MÉTHODE 2

La société de publication assistée par ordinateur (PAO) Les Rois du design envisage de licencier trois graphistes qui ne parviennent pas à s'adapter aux nouveaux outils numériques mis en place par le studio. Ces salariés n'ayant pu bénéficier de formations depuis 5 ans, Luc Gavaud, DG, sollicite votre cabinet pour s'assurer qu'il est dans son bon droit.

Votre mission : conseiller Luc Gavaud sur son projet de licenciement.

1. *Analysez l'arrêt de la Cour de cassation, chambre sociale du 23 octobre 2007.*
   1.1. *Formulez le problème juridique.*
   1.2. *Présentez la position de la Cour de cassation.*
2. *À partir du document et de vos connaissances, précisez à Luc Gavaud le périmètre de ses obligations de formation.*

Document

Cour de cassation, chambre sociale, 23 octobre 2007, pourvoi n° 06-40950

Attendu que Mmes X... et Y..., salariées du syndicat l'Union des opticiens, ont été licenciées pour motif économique par lettre du 10 décembre 2001 ;

[...] Attendu qu'il est fait grief à l'arrêt d'avoir condamné l'Union des opticiens à verser des dommages-intérêts pour violation de l'obligation de formation à Mmes X... et Y..., alors, selon le moyen, que la formation professionnelle est, selon l'article L. 900-2 du code du travail, une « obligation nationale » et selon l'article 9 b de la convention collective nationale de l'optique-lunetterie de détail une « obligation pour la profession » qui ne pèse donc pas directement sur l'employeur ; qu'en condamnant en l'espèce l'employeur à payer des dommages-intérêts à raison du manquement à une obligation de formation, sans dire en quoi il aurait omis de respecter un quelconque devoir de formation qui lui aurait précisément incombé – autre que l'obligation d'assurer l'adaptation des salariés à l'évolution de leur emploi déjà sanctionné par le biais des dommages-intérêts accordés pour licenciement sans cause réelle et sérieuse –, la cour d'appel a privé sa décision de base légale au regard de l'article 1147 du code civil ;

Mais attendu que la cour d'appel a constaté que les salariées, présentes dans l'entreprise depuis respectivement 24 et 12 ans, n'avaient bénéficié que d'un stage de formation continue de trois jours en 1999 ; qu'elle a pu en déduire qu'au regard de l'obligation pour l'employeur d'assurer l'adaptation des salariées à leur poste de travail et de veiller au maintien de leur capacité à occuper un emploi, ces constatations établissaient un manquement de l'employeur dans l'exécution du contrat de travail entraînant un préjudice distinct de celui résultant de sa rupture ; que le moyen n'est pas fondé ;

PAR CES MOTIFS :

REJETTE le pourvoi ;

SYNTHÈSE

La formation du salarié

Les obligations de l'employeur

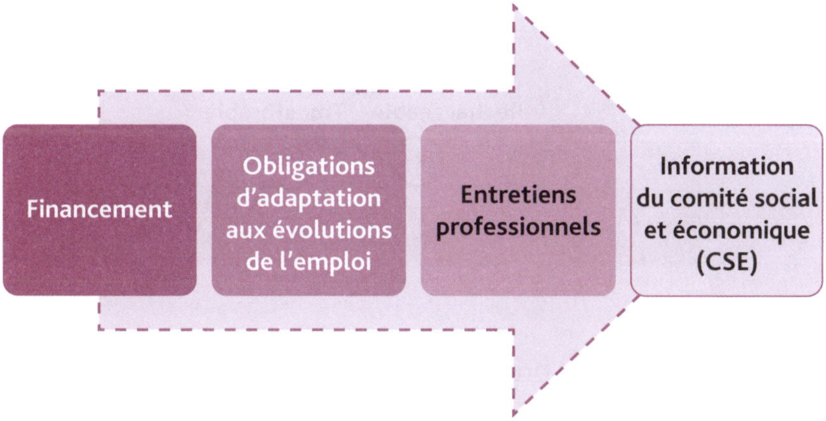

Le contenu du plan de développement des compétences (PDC)

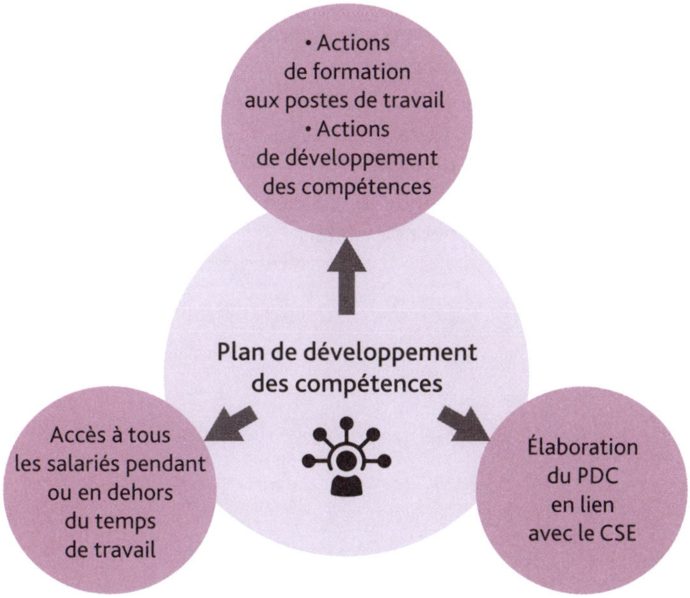

Les caractéristiques du compte personnel de formation (CPF)

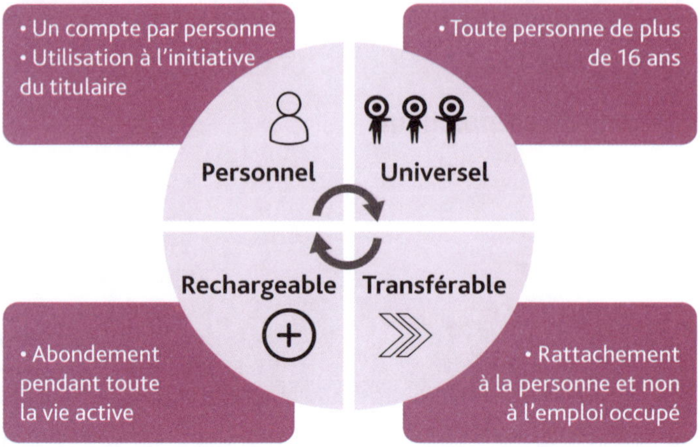

Le congé de transition professionnelle et la VAE

	Conditions	Mise en œuvre
Congé de transition professionnelle (CTP)	• Ancienneté • Demande formalisée et respect des délais	Prise en charge et maintien de la rémunération
Validation des acquis de l'expérience (VAE)	• Justifier d'une activité en rapport direct avec la certification visée • Certification RNC du diplôme visé • Demande formalisée et respect des délais	• Prise en charge des dépenses • Congé de 48 heures si demande validée sur le temps de travail

CHAPITRE 9

Les pouvoirs de l'employeur et les libertés des salariés

PROGRAMME

Compétences attendues

- **Vérifier** la validité du règlement intérieur
- **Caractériser** le degré de gravité d'une faute, **déterminer** les sanctions associées et la procédure disciplinaire adéquate
- **Apprécier** l'étendue du pouvoir de contrôle du juge sur la mise en œuvre du pouvoir de sanction de l'employeur
- **Vérifier** le respect par l'employeur des libertés individuelles et fondamentales du salarié dans l'exercice de ses pouvoirs
- **Repérer** un cas de discrimination dans le cadre de la relation de travail et en **tirer** les conséquences juridiques

Savoirs associés

- Fondements du pouvoir de l'employeur
- Actes réglementaires de l'employeur
- Droit disciplinaire : fautes et sanctions disciplinaires ; garanties procédurales ; contrôle judiciaire
- Articulation entre le pouvoir de direction de l'employeur et les libertés fondamentales et individuelles du salarié
- Articulation entre le pouvoir de direction de l'employeur et le principe de non-discrimination

PLAN DU CHAPITRE

Cours : 1. Les fondements du pouvoir de l'employeur • 2. Le pouvoir réglementaire • 3. Le pouvoir disciplinaire • 4. Le pouvoir de direction et les libertés du salarié • 5. Le pouvoir de direction et la non-discrimination

Des savoirs aux compétences : Évaluer les savoirs • Maîtriser les compétences • Préparer l'épreuve

Synthèse

L'employeur dispose d'un certain nombre de prérogatives qui se traduisent par des ordres, des directives, des sanctions. Traditionnellement, on distingue le pouvoir de direction, le pouvoir réglementaire et le pouvoir disciplinaire.

MOTS-CLÉS

Discrimination • Fait assimilé au harcèlement sexuel • Fait de harcèlement • Faute • Harcèlement moral • Harcèlement sexuel • Liberté d'expression • Liberté religieuse • Mesure discriminatoire • Pouvoir réglementaire • Règlement intérieur • Sanction • Vie privée

1 Les fondements du pouvoir de l'employeur

Le fondement du pouvoir patronal fait débat. Plusieurs approches coexistent.

A) L'approche patrimoniale

Dans la recherche des fondements du pouvoir de l'employeur, on songe d'abord à l'analyse patrimoniale qui rattache le pouvoir patronal à la logique de la propriété des biens de production (Code civil, art. 544).

B) La thèse contractuelle

Le pouvoir patronal prend sa source dans le rapport d'emploi créé par le contrat de travail, dont le critère principal repose sur la notion de subordination juridique. Cette approche purement individualiste ne tient pas compte de la dimension collective des relations de travail.

C) L'approche institutionnelle

Une institution est une structure sociale dotée d'une certaine stabilité dans le temps.

L'entreprise est une institution à la tête de laquelle le chef d'entreprise ne détient le pouvoir qu'en raison de la fonction qu'il occupe. Le pouvoir serait propre à la qualité d'employeur chargé de la « gouvernance » d'un ensemble social, d'une communauté. Cette lecture justifie le pouvoir de l'employeur par la nécessité d'assurer le bien commun du groupement.

2 Le pouvoir réglementaire

Définition

Le **pouvoir réglementaire** consiste à donner des ordres dotés d'une certaine généralité et d'une vocation à régir durablement les rapports de travail.

Le pouvoir réglementaire crée des normes qui prennent différentes formes.

A) Le règlement intérieur

Définition

Le **règlement intérieur** est un acte unilatéral de l'employeur dans lequel il définit les règles relatives à l'hygiène, la sécurité et la discipline. Il s'applique à tous les salariés.

B) Les obligations de l'employeur

Le règlement intérieur est obligatoire dans les entreprises d'au moins 50 salariés. Il est facultatif dans les autres entreprises. Il est rédigé en français.

1. L'avis des représentants du personnel

L'employeur est tenu de consulter le CSE. Il réunit les représentants du personnel qui émettent un avis sur le projet communiqué au préalable dans un délai suffisant. Cet avis est formalisé par écrit.

2. Le contenu

Certaines dispositions sont obligatoires, d'autres interdites (tab. 9.1).

Tableau 9.1. Dispositions du règlement intérieur

Champ du règlement intérieur	• Les mesures d'application de la réglementation en matière de santé et de sécurité dans l'entreprise ou l'établissement. • Les règles relatives à la discipline, notamment la nature et l'échelle des sanctions. • Les droits de la défense des salariés en particulier relatifs aux harcèlements moral et sexuel et aux comportements sexistes. • Le dispositif de protection des lanceurs d'alerte.
Clauses interdites	• Dispositions contraires aux lois et règlements. • Dispositions contraires aux conventions et accords collectifs (↳ chapitre 13) de travail applicables dans l'entreprise. • Dispositions apportant des restrictions aux libertés individuelles et collectives ni justifiées par la nature de la tâche à accomplir ni proportionnées au but recherché. • Clauses discriminatoires.
Clause de neutralité : facultative (loi du 8 août 2016 dite « loi Travail »)	Dispositions « inscrivant le principe de neutralité et restreignant les manifestations des convictions des salariés si ces restrictions sont justifiées par l'exercice d'autres libertés et droits fondamentaux ou par la nécessité du bon fonctionnement de l'entreprise ou si elles sont proportionnées au but recherché ».
Clauses encadrées	Contrôle de l'état d'ébriété des salariés, fouille des salariés, surveillance…

3. Les formalités

Des mesures de publicité sont obligatoires :

- Le règlement intérieur n'a plus à être affiché au sein de l'entreprise mais doit être porté, **par tout moyen,** à la connaissance des personnes ayant accès aux lieux de travail ou aux locaux où se fait l'embauche.
- Le dépôt au greffe du conseil de prud'hommes. Cette formalité le rend opposable aux salariés.

L'employeur est tenu de transmettre à l'inspecteur du travail deux exemplaires du règlement intérieur et l'avis du CSE (↳ chapitre 12).

4. L'entrée en vigueur

Le règlement intérieur doit préciser sa date d'entrée en vigueur, au moins un mois après l'accomplissement des formalités de dépôt auprès du conseil de prud'hommes et de publicité dans l'entreprise.

5. Le contrôle

Le règlement intérieur fait l'objet d'un **double contrôle** :

- **Contrôle administratif.** L'inspecteur du travail peut à tout moment ordonner la suppression, l'ajout ou la modification d'une disposition, mais il ne peut pas se substituer au chef d'entreprise dans la rédaction du règlement intérieur. Sa décision peut faire l'objet d'un recours gracieux devant l'inspecteur du travail, d'un recours hiérarchique devant la Dreets ou d'un recours contentieux devant le tribunal administratif. Le délai de ces recours est deux mois à compter de la notification de la décision de l'inspecteur du travail.
- **Contrôle judiciaire.** Deux juridictions sont susceptibles d'examiner le règlement intérieur. Le conseil de prud'hommes peut écarter l'application d'une disposition qu'il juge illicite dans le cadre d'un conflit individuel, sans pour autant annuler cette disposition. En revanche, le tribunal judiciaire est compétent pour apprécier la validité d'une disposition et l'annuler s'il la juge illicite, et en l'absence d'une réaction formelle de l'inspecteur du travail.

C) Les autres documents rédigés par l'employeur

1. Les notes de service, circulaires et prescriptions

Toutes les prescriptions générales et permanentes portant sur les matières du règlement intérieur édictées par l'employeur sont considérées comme des adjonctions au règlement intérieur et respectent sa réglementation. Lorsque ces documents précisent un point particulier du règlement intérieur, ils ne sont pas considérés comme des adjonctions.

Opposabilité d'un code de déontologie et règlement intérieur : Cass. soc., 5 mai 2022, pourvoi n° 19-25699.

2. Les engagements unilatéraux

Des actes, décisions qui créent au profit des salariés des droits nouveaux. Ils sont proclamés ou négociés (↪ chapitre 1).

3. Les chartes ou codes de conduite

Ces règles juridiques émises par l'employeur doivent respecter les droits des personnes. Si elles créent des règles relevant du champ du règlement intérieur elles obéissent aux mêmes règles. Le contenu de certaines chartes est encadré (ex. : charte informatique, charte relative à la déconnexion).

FOCUS — **Charte relative à la déconnexion des salariés**

- **Objet.** Les modalités du plein exercice par le salarié de son droit à la déconnexion et la mise en place par l'entreprise de dispositifs de régulation de l'utilisation des outils numériques, en vue d'assurer le respect des temps de repos et de congé ainsi que de la vie personnelle et familiale.
- **Procédure.** Elle relève de la négociation collective obligatoire (↪ chapitre 13). À défaut d'accord, l'employeur élabore une charte, après avis du comité social et économique. Cette charte définit les modalités de l'exercice du droit à la déconnexion et prévoit en outre la mise en œuvre d'actions de formation et de sensibilisation à un usage raisonnable des outils numériques, à destination des salariés et du personnel d'encadrement et de direction.

→ APPLICATION 2 • CAS 4 • SITUATION PRATIQUE 8

3 Le pouvoir disciplinaire

A) La faute et la sanction

1. La faute

Définition

La **faute** consiste en tout agissement du salarié considéré comme fautif par l'employeur.

La faute est un acte positif (ex : détérioration d'un matériel), une omission (ex : refus de porter une tenue de protection) ou tout comportement répréhensible par l'employeur. La faute est une violation délibérée d'une obligation professionnelle, qui se rattache donc à l'exécution de la prestation de travail (tab. 9.2).

Tableau 9.2. Fautes et sanctions disciplinaires

	Définition	Exemples
Faute sérieuse	Premier niveau fautif qui justifie une sanction	Erreur ou négligence dans l'exercice du travail
Faute grave	• Violation des obligations du contrat de travail ou des relations de travail • Impossible maintien du salarié dans l'entreprise	Insubordination, indiscipline, abandon de poste, manquement aux règles de sécurité
Faute lourde	• Impossible maintien du salarié dans l'entreprise • Nécessité d'une intention de nuire à l'employeur et engagement de la responsabilité du salarié	Violence sur les biens ou les personnes, entrave à la liberté du travail

2. La sanction

Définition

Constitue une **sanction** toute mesure autre que des observations verbales prises par l'employeur de nature à affecter immédiatement ou non la présence du salarié dans l'entreprise, sa fonction, sa carrière ou sa rémunération.

Types de sanctions. Avertissement, blâme, mise à pied (éventuellement à titre conservatoire), mutation, rétrogradation (avec diminution de salaire) et licenciement (↪ chapitre 11) sont autant de sanctions. Certaines d'entre elles entraînent une modification du contrat de travail. Dans ce cas, les règles relatives à la modification du contrat de travail (↪ chapitre 5) sont alors appliquées.

« *Non bis in idem* » signifie « pas deux fois pour la même [chose] ». Ce principe s'applique à tous les niveaux du système juridique français. De nombreuses sources consacrent ce principe (ex. : article 4 de la Convention européenne de sauvegarde des droits de l'homme et des libertés fondamentales – CESDH, article 50 de la Charte des droits fondamentaux de l'UE, article 54 de la convention d'application de l'accord de Schengen, article 368 du CPP).

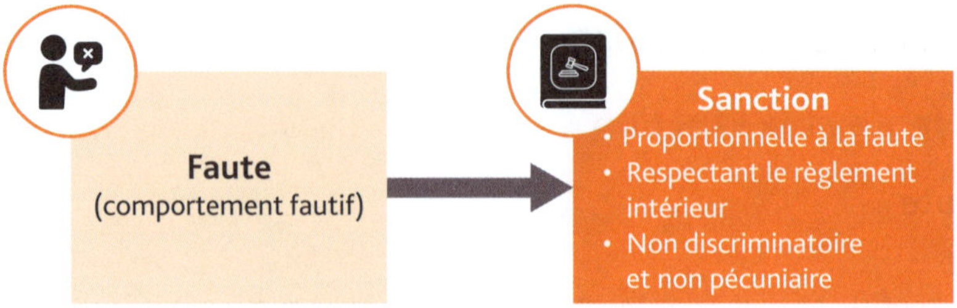

Figure 9.1. **Conditions de la sanction d'une faute professionnelle**

Conditions de validité. Les sanctions discriminatoires et pécuniaires sont interdites (fig. 9.1).

Individualisation des sanctions. L'employeur peut sanctionner différemment des personnes qui ont commis les mêmes fautes ou participer au même fait fautif. Ce pouvoir s'exerce dans l'intérêt de l'entreprise et sans discrimination (sanction fondée sur un autre élément que la faute).

Interdiction du cumul des sanctions. Un fait fautif ne peut pas être sanctionné deux fois en application du principe *non bis in idem*. L'employeur peut toutefois tenir compte des sanctions prononcées antérieurement au fait fautif (délai de trois ans) à partir de l'engagement des poursuites.

B) Les garanties procédurales

La mise en œuvre du pouvoir disciplinaire de l'employeur est soumise au respect d'une procédure spécifique qui constitue une garantie pour le salarié.

1. La procédure « allégée »

Elle est appliquée lorsque la sanction est mineure et n'a pas d'incidence immédiate sur la présence du salarié, sa fonction, sa carrière ou sa rémunération (ex. : avertissement). Le salarié est informé par écrit des griefs retenus et la sanction est prononcée.

2. La procédure « normale »

Lorsque la sanction prononcée est plus lourde (ex. : mise à pied, mutation, rétrogradation), la procédure est aussi plus complexe (fig. 9.2). Elle se rapproche de la procédure de licenciement pour motif personnel (↪ chapitre 11).

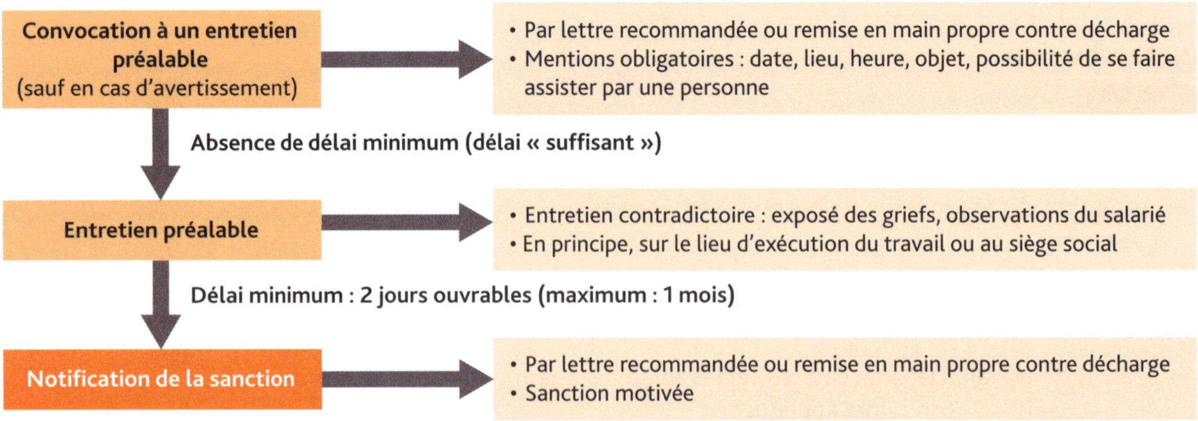

Figure 9.2. **De la convocation à l'entretien préalable à la notification de la sanction**

La mise à pied conservatoire peut être prononcée dès le début de la procédure si la présence du salarié dans l'entreprise n'est plus souhaitable.

3. La prescription des faits fautifs

Aucun fait fautif ne peut donner lieu à l'engagement d'une procédure au-delà de deux mois à compter du jour où l'employeur a eu connaissance de la réalité, de la nature et de l'ampleur des faits reprochés au salarié.

Les conventions et accords collectifs, le règlement intérieur instituent des garanties procédurales qui viennent s'ajouter au dispositif légal.

C) Le contrôle judiciaire

L'exercice du pouvoir disciplinaire de l'employeur ne fait pas l'objet d'un contrôle *a priori*. Le salarié sanctionné peut saisir le conseil de prud'hommes pour obtenir l'annulation de la sanction et/ou des dommages-intérêts dans un délai de deux ans (délai de prescription de saisine du conseil de prud'hommes ↪ chapitre 2).

CHIFFRES-CLÉS

101 922 demandes au conseil de prud'hommes dont **97 %** émanent des salariés ordinaires (non protégés) et dont **87 %** sont liées à une contestation du motif de licenciement. (Ministère de la Justice, 2022)

1. Le contrôle du juge prud'homal

Le contrôle prud'homal porte sur la régularité de la procédure. Le juge examine également la véracité des faits reprochés, s'ils justifient le prononcé d'une sanction et la proportionnalité de la sanction à la faute. La sanction peut être annulée mais non modifiée. Des dommages-intérêts peuvent être alloués. Le pouvoir d'appréciation du juge est très large. Il n'est pas lié par les dispositions conventionnelles, le règlement intérieur ou le contrat de travail. Le doute profite au salarié.

2. La preuve des faits

Il appartient aux parties de fournir au juge les éléments qui lui permettront de forger sa conviction. Le juge peut ordonner des mesures d'instruction.

→ CAS 3

4 Le pouvoir de direction et les libertés du salarié

A) Les principes

L'employeur ne peut apporter aux droits fondamentaux des personnes et aux libertés individuelles et collectives que des restrictions justifiées par la nature de la tâche à accomplir et proportionnées au but recherché.

La notion de droit fondamental est une donnée de la relation de travail au plan international, européen et national (↪ chapitre 1). La dignité est à la source des droits et libertés des personnes ; elle a valeur constitutionnelle, fait partie du droit européen et est protégée par le Code civil.

Les libertés et droits fondamentaux protégés dans la relation de travail concernent principalement la protection des droits de la personne et de la **vie privée** du salarié, la liberté religieuse et la liberté d'expression, ainsi que la protection contre le harcèlement.

B La vie privée du salarié

Le salarié a droit au respect de l'intimité de sa vie privée, pendant le temps et sur le lieu de travail. Il est interdit à l'employeur de s'immiscer dans la vie affective, familiale ou conjugale du salarié ou d'intervenir dans ses choix de vie et de consommation, sauf restriction légitime et proportionnée au but poursuivi (tab. 9.3).

Tableau 9.3 Pouvoirs de l'employeur et vie privée du salarié

Secret des correspondances	Les courriers (papier ou électroniques) adressés ou reçus sur le lieu de travail sont protégés par le secret des correspondances dès lors qu'ils sont intitulés « Personnel ».
Documents détenus sur le lieu de travail	Qu'ils soient sous forme papier ou numérique, ils sont présumés avoir un caractère professionnel et l'employeur peut librement en prendre connaissance, sauf si le salarié les a identifiés comme « personnels ». Dans ce cas, l'employeur ne peut y accéder qu'en présence du salarié ou avec son accord.
Fouille des vestiaires et des sacs personnels	Elle n'est autorisée que pour des raisons de sécurité ou la recherche de matériels disparus, avec l'accord du salarié averti qu'il dispose d'un droit d'opposition et d'exiger la présence d'un tiers, sauf circonstances exceptionnelles (ex : alerte à la bombe).
Utilisation du matériel de l'entreprise	• L'employeur peut contrôler l'utilisation des outils mis à la disposition du personnel. • Les connexions Internet du salarié pendant son temps de travail sont présumées avoir un caractère professionnel. L'employeur peut les contrôler (moyens de contrôle portés préalablement à la connaissance des salariés).
Accès à l'entreprise et déplacements du salarié	• L'employeur peut mettre en place un système de badge électronique. • Les moyens de contrôle s'exercent dans le respect du principe général (justifiés et proportionnés), après l'information préalable des salariés. • Le recours à un système de géolocalisation d'un véhicule professionnel est autorisé sous conditions, notamment : respect du RGPD, collecte des données pour des finalités déterminées, information des salariés et du CSE.
Liberté vestimentaire	En principe, le salarié est libre de choisir sa tenue vestimentaire sur son lieu de travail même si ce n'est pas une liberté fondamentale. Les restrictions apportées par l'employeur doivent être justifiées par l'activité professionnelle (des motifs de sécurité ou commerciaux) et proportionnées au but recherché.
Évaluation du travail du salarié	L'employeur tient de son pouvoir de direction le droit d'évaluer le travail des salariés. Les méthodes et techniques d'évaluation doivent être pertinentes au regard de la finalité poursuivie. L'employeur évalue le travail et non la personne. Les salariés sont préalablement informés des critères d'évaluation, le CSE consulté et informé. Les critères sont précis, objectifs et pertinents.

C) La liberté religieuse et la liberté d'expression

1. La liberté d'expression

Principe et limites. Le salarié jouit de la liberté d'expression dans et en dehors de l'entreprise. Seules des restrictions justifiées et proportionnées au but recherché peuvent être apportées à cette liberté. Par ailleurs, le salarié ne doit pas abuser de cette liberté (ex. : propos injurieux, diffamatoires ou excessifs). Le caractère public des propos tenus et la nature des fonctions exercées par le salarié ne constituent qu'une « circonstance aggravante ».

Utilisation des réseaux sociaux. Sur les réseaux sociaux, lorsque l'accès à la page est largement ouvert, les propos tenus ne relèvent plus de la sphère privée mais de l'espace public. Ils peuvent faire l'objet d'une sanction de l'employeur. Les juges apprécient la nature des propos tenus et leur caractère public par le choix des médias de diffusion (ex. : accès au « mur » restreint ou non). Toutefois, cette question est en cours d'évolution. Dans un arrêt du 30 septembre 2020, la Cour de cassation a admis « que le droit à la preuve peut justifier la production d'éléments portant atteinte à la vie privée à condition que cette production soit indispensable à l'exercice de ce droit et que l'atteinte soit proportionnée au but poursuivi ».

Protection des lanceurs d'alerte. Les salariés peuvent dénoncer, de bonne foi, des faits dont ils ont eu connaissance dans l'exercice de leurs fonctions et qui seraient de nature à caractériser des infractions pénales. Toute mesure défavorable émise à l'encontre d'un lanceur d'alerte est interdite.

2. La liberté religieuse

Nature. La liberté religieuse est une liberté fondamentale (CESDH, art. 9 et 10). L'employeur est tenu de la respecter.

Texte de la Convention européenne de sauvegarde des droits de l'homme et des libertés fondamentales :
http://dunod.link/81zvavj

Exercice de cette liberté. Le salarié peut exprimer ses convictions religieuses sous réserve de ne pas porter atteinte au fonctionnement de l'entreprise. Il ne peut pas réclamer de traitement particulier du fait de ses croyances et doit se garder de tout prosélytisme dans l'entreprise.

Restrictions par l'employeur. L'employeur ne peut apporter de restrictions que si elles sont justifiées par la nature de la tâche à accomplir, répondent à une exigence professionnelle déterminante tout en étant proportionnée au but recherché. Une obligation de neutralité peut être prévue dans le règlement intérieur, applicable notamment en cas de contact avec la clientèle. En cas de litige, les juges tiennent compte du contexte du travail, en conciliant liberté et exigences professionnelles.

→ CAS 6

Le pouvoir de direction et la non-discrimination

A) Le principe de non-discrimination

L'employeur qui prendrait en compte d'autres éléments que ceux strictement liés au travail dans ses décisions individuelles s'exposerait à des sanctions (↳ chapitre 1).

Les différences de traitement des personnes sont admises lorsqu'elles répondent à une exigence professionnelle essentielle et déterminante et pour autant que l'objectif soit légitime et l'exigence proportionnée.

1. Les critères de discrimination

La loi protège les caractéristiques majeures de la personne humaine et ses droits fondamentaux avant et pendant l'exécution du contrat de travail (↪ chapitre 3). L'énumération des critères de discrimination est limitative (Code du travail, art. L. 1132-1).

Exemples

- L'origine, le sexe, l'orientation sexuelle et le handicap sont autant de critères d'embauche ou de gestion de carrière interdits.

Les candidats à un emploi ou à un stage, les salariés, les personnes en formation ou en stage sont toutes protégées de la même façon.

2. Les mesures discriminatoires

Définition

Une **mesure** est **discriminatoire** lorsqu'elle porte notamment sur la rémunération, l'intéressement, la distribution d'actions, la formation, l'affectation, la qualification, la classification, la promotion, la mutation, le renouvellement d'un contrat.

Il existe deux formes de discrimination (tab. 9.4).

Tableau 9.4. Discriminations directe et indirecte

	Définition	Exemples
Discrimination directe	Situation dans laquelle une personne est traitée de manière moins favorable qu'une autre ne l'est ne l'a été ou ne l'aura été alors qu'elles sont dans une situation comparable en raison de l'un des motifs discriminatoires visés par la loi.	Attribuer une prime de fin d'année sans que celle-ci repose sur des critères objectifs.
Discrimination indirecte	Disposition neutre en apparence, mais qui est susceptible d'entraîner un désavantage particulier pour des personnes par rapport à d'autres personnes et qui conduit à traiter défavorablement une personne ou un groupe de personnes en se rattachant à un critère légal de discrimination.	Un employeur octroie une prime de présentéisme aux salariés présents dans l'entreprise *x* jours dans l'année. Cette prime ne s'appliquera pas à des membres du CSE qui n'auront pas le nombre de jours requis compte tenu du mandat qu'ils exercent.

3. Les recours

Actions civile et pénale. Deux types de recours cumulatifs sont ouverts, contre son employeur, à la personne victime de discrimination (fig. 9.3).

Action civile

- **Juridiction** : conseil de prud'hommes
- **Prescription** : 5 ans à compter de la révélation
- **Sanction principale** : annulation de la mesure et versement de dommages-intérêts
- **Sanction complémentaire du salarié** : sanction disciplinaire par l'employeur

Action pénale

- **Juridiction** : tribunal correctionnel
- **Prescription** : 6 ans à compter de la révélation
- **Sanction de l'auteur** : 3 ans d'emprisonnement, 45 000 € d'amende et éventuelles peines complémentaires (ex. : interdiction d'exercer)
- Sanction de l'employeur : 225 000 € d'amende

Figure 9.3. **Actions civile et pénale cumulables**

Preuve. La personne qui s'estime discriminée présente des éléments de fait laissant supposer l'existence d'une discrimination directe ou indirecte. Il incombe à la partie défenderesse de prouver par tout moyen que sa décision est justifiée par des éléments objectifs étrangers à toute discrimination. Le juge forme sa conviction après avoir ordonné toutes les mesures d'instruction qu'il estime utiles. Les organisations syndicales représentatives peuvent exercer en justice toutes les actions liées à la discrimination, de même que les associations régulièrement constituées depuis cinq ans au moins pour la lutte contre les discriminations ou œuvrant dans le domaine du handicap.

B) Le harcèlement

Le législateur assimile les faits de harcèlement à une discrimination.

1. Le harcèlement moral

Aucun salarié ne doit subir les agissements répétés de **harcèlement moral**.

Définition

Les **faits de harcèlement** ont pour objet ou pour effet une dégradation des conditions de travail du salarié susceptible de porter atteinte à ses droits et à sa dignité, d'altérer sa santé physique ou mentale ou de compromettre son avenir professionnel (Code du travail, art. L. 1152-1).

Champ d'application. Le harcèlement peut être constitué avec ou sans intention de nuire. Certaines méthodes de gestion peuvent également relever du harcèlement.

Auteur. Ce peut être l'employeur, un supérieur hiérarchique, un subordonné ou un simple collègue.

2. Le harcèlement sexuel

On distingue les faits qualifiés de harcèlement sexuel et les faits assimilés.

Définitions

- Relèvent du **harcèlement sexuel** les propos ou comportements à connotation sexuelle ou sexiste répétés qui portent soit atteinte à la dignité de la personne en raison de leur caractère dégradant ou humiliant, soit créent à son encontre une situation intimidante, hostile ou offensante (Code du travail, art. L. 1153-1).

• Les **faits assimilées au harcèlement sexuel** sont des formes de pression graves, même non répétées, exercées dans le but réel ou apparent d'obtenir un acte de nature sexuelle, que celui-ci soit recherché au profit de l'auteur des faits ou au profit d'un tiers (Code du travail, art. L. 1153-1).

Personnes concernées. Ces faits de harcèlement s'appliquent aux salariés et aux personnes en formation ou en stage, ainsi qu'aux candidats à un recrutement, à un stage ou à une formation en entreprise.

Protection des victimes. Les personnes qui ont subi ou refusé de subir des faits de harcèlement sexuel, ou témoigné de faits de harcèlement sexuel, ne peuvent pas être sanctionnées, licenciées ou faire l'objet d'une mesure discriminatoire, directe ou indirecte.

Obligations de l'employeur. Il appartient à l'employeur de prendre toutes dispositions nécessaires en vue de prévenir les faits de harcèlement sexuel, d'y mettre un terme et de les sanctionner. Les actions contentieuses civiles et pénales ouvertes en matière de harcèlement sexuel et les coordonnées des autorités et services compétents doivent figurer dans les lieux de travail ainsi que dans les locaux ou à la porte des locaux où se pratique l'embauche. Dans les entreprises employant au moins 250 salariés est désigné un référent chargé d'orienter, d'informer et d'accompagner les salariés en matière de lutte contre le harcèlement sexuel et les agissements sexistes.

3. Les recours

Preuve. Le régime de la discrimination s'applique.

Actions. Une action civile et une action pénale peuvent être exercées (fig. 9.4). Les syndicats représentatifs peuvent exercer ces actions avec l'accord de la personne concernée.

Action civile	Action pénale
• **Juridiction** : conseil de prud'hommes • **Prescription** : 5 ans à compter de la date du dernier acte pouvant être qualifié comme tel • **Sanction principale** : versement de dommages-intérêts • **Sanction complémentaire du salarié** : sanction disciplinaire par l'employeur	• **Juridiction** : tribunal correctionnel • **Prescription** : 6 ans à compter de la révélation • **Sanction de l'auteur du harcèlement** : 2 ans d'emprisonnement, 30 000 € d'amende et éventuelles peines complémentaires (ex. : publication du jugement aux frais de l'auteur) • **Sanction de l'auteur de la discrimination commise à la suite du harcèlement** : 1 an d'emprisonnement, 3 750 € d'amende

Figure 9.4. **Actions civile et pénale cumulables**

→ CAS 5 • CAS 6

DES SAVOIRS AUX COMPÉTENCES

Évaluer les savoirs | Maîtriser les compétences | Préparer l'épreuve

1 Quiz

Vérifiez l'exactitude des propositions ci-après et justifiez-les.

	Vrai	Faux
1. Le règlement intérieur est rédigé par l'employeur.	☐	☐
2. Le règlement intérieur entre en application dès sa rédaction.	☐	☐
3. Une faute grave peut entraîner un licenciement.	☐	☐
4. Le juge peut modifier une sanction.	☐	☐
5. La sanction est notifiée lors de l'entretien.	☐	☐
6. L'employeur peut consulter la boîte électronique de ses salariés.	☐	☐
7. L'employeur peut installer un procédé de géolocalisation.	☐	☐
8. La liberté d'expression du salarié est totale.	☐	☐
9. Attribuer une prime en fonction de l'âge des salariés est discriminatoire.	☐	☐
10. La preuve d'un harcèlement doit être apportée par le salarié.	☐	☐
11. Un salarie peut librement diffuser des documents de communication à caractère religieux dans l'entreprise.	☐	☐
12. En matière de discrimination, une action au civil exclut toute action pénale.	☐	☐

De quoi parle-t-on ? ★★★

Qualifiez les actions énumérées ci-après.

1. Un article du règlement intérieur réserve aux hommes la faculté de demeurer dans l'entreprise au-delà de l'âge de 50 ans.
2. Un employeur décide de faire bénéficier les salariés à temps complet d'une prime. Or, 80 % des personnes à temps partiel dans l'entreprise sont des femmes.

3 Cas Expert-Pro ★★★

Compétence attendue **Caractériser** le degré de gravité d'une faute, **déterminer** les sanctions associées et la procédure disciplinaire adéquate

Donald Chiffre occupe des fonctions de directeur d'agence de la société d'expertise comptable Expert-Pro. Il a tenu devant les clients de son employeur des propos contraires aux intérêts de celui-ci en remettant en question le bien-fondé de sa politique tarifaire, plaçant ainsi sa société en situation de porte-à-faux vis-à-vis de plusieurs de ses clients sur l'un des éléments essentiels de la relation contractuelle à savoir le prix de la prestation.

1. *Qualifiez le comportement de Donald Chiffre.*
2. *Dans l'hypothèse d'une sanction disciplinaire, déterminez la nature de cette sanction et la procédure à suivre.*

4 Cas Brasseries Heinefort ★★★

Compétence attendue **Vérifier** la validité du règlement intérieur

Brasserie fondée en 1926, Heinefort produit des bières dans le respect des traditions. La société emploie 54 personnes. Ulrich Karl vient d'en prendre la direction. Il a constaté quelques dysfonctionnements dans l'organisation du travail et rédigé le règlement intérieur qu'il envisage d'afficher la semaine prochaine pour application immédiate.

1. *Vérifiez si les nouveaux articles du règlement intérieur de la société Heinefort sont valides. Justifiez votre réponse.*
2. *Sous réserve des modifications à apporter, déterminez si le règlement intérieur peut s'appliquer dès la semaine prochaine.*

Document

Extraits des nouvelles dispositions du règlement intérieur des Brasseries Heinefort

Article 5. Le présent règlement intérieur est applicable aux salariés en contrat à durée indéterminée, à l'exclusion des contrats à durée déterminée.

Article 12. Chaque salarié devra signaler à son supérieur tout symptôme pouvant laisser croire qu'un autre salarié est atteint d'une maladie contagieuse.

Article 16. La période d'essai des ouvriers est fixée à deux semaines, celle des employés à un mois, celle des cadres à deux mois.

Article 21. Les salariés devront présenter leurs revendications par la voie hiérarchique uniquement.

...

…

Article 24. Le contrat de travail est automatiquement rompu en cas d'absence prolongée non justifiée supérieure à quatre semaines.

Article 28. Il est interdit d'emporter ou d'utiliser le matériel de l'entreprise pour son propre compte.

Article 32. Pour des raisons de sécurité, les salariés qui travaillent sur les postes de l'atelier AB2 devront porter une charlotte et un tablier mis à leur disposition dans le local sécurité situé au rez-de-chaussée du bâtiment A, salle 008.

Article 36. L'entreprise se réserve le droit de procéder à des alcootests à tout moment qu'elle jugera opportun pendant le temps de travail.

5 Cas PWX ★★★

Compétence attendue **Repérer** un cas de discrimination dans le cadre de la relation de travail et en tirer les conséquences juridiques

Céline est administratrice des ventes export dans la société PWX, un sous-traitant automobile de grands constructeurs. Le chiffre d'affaires export représente actuellement 10 % du chiffre d'affaires total de la société. Les collègues de Céline qui travaillent sur la zone France ont perçu une prime exceptionnelle compte tenu des bons résultats obtenus sur le marché français au premier semestre 2016. Céline estime avoir aussi droit à cette prime et faire l'objet d'une discrimination.

La société cherche à pourvoir un poste d'assistant du nouveau DAF, nommé par le groupe, qui prend ses fonctions prochainement. L'annonce est reproduite (document 1).

1. *Déterminez si Céline peut réclamer le paiement de la prime sur le fondement d'une disposition discriminatoire.*
2. *Contrôlez la licéité de l'annonce publiée par la société. Procédez aux éventuelles modifications nécessaires.*

Document 1

Offre d'emploi

Dans le cadre d'une création de poste, nous recherchons un assistant de direction junior H pour un poste à pourvoir en CDI, domicilié à Bourges.

Vous êtes rattaché à la Responsable Administrative et Financière et l'assistez dans tous types de tâches administratives. Vous êtes également amené à répondre aux demandes de toute l'équipe. Aussi, vous êtes amené à traiter le courrier et les mails de la Directrice Générale. De plus, vous effectuez des missions de classement et d'archivage de dossiers. Par ailleurs, vous organisez les réunions pour l'ensemble de l'équipe. La liste n'est pas exhaustive, le poste est amené à évoluer.

Diplômé d'un bac+2 minimum, vous justifiez d'une première expérience à un poste similaire. La langue française est votre langue maternelle. Vous êtes doté d'un excellent niveau d'orthographe et êtes à l'aise avec l'outil informatique. Vous êtes domicilié à Bourges.

Document 2

Code du travail, art. L. 1133-2

Les différences de traitement fondées sur l'âge ne constituent pas une discrimination lorsqu'elles sont objectivement et raisonnablement justifiées par un but légitime, notamment par le souci de préserver la santé ou la sécurité des travailleurs, de favoriser leur insertion professionnelle, d'assurer leur emploi, leur reclassement ou leur indemnisation en cas de perte d'emploi, et lorsque les moyens de réaliser ce but sont nécessaires et appropriés.

Ces différences peuvent notamment consister en :

1° L'interdiction de l'accès à l'emploi ou la mise en place de conditions de travail spéciales en vue d'assurer la protection des jeunes et des travailleurs âgés ;

2° La fixation d'un âge maximum pour le recrutement, fondée sur la formation requise pour le poste concerné ou la nécessité d'une période d'emploi raisonnable avant la retraite.

6 Cas Frédéric Arsène ★★★

Compétence attendue **Apprécier** l'étendue du pouvoir de contrôle du juge sur la mise en œuvre du pouvoir de sanction de l'employeur

Frédéric Arsène est directeur d'exploitation dans la société Lecorbusier. Il a entrepris une procédure contre son employeur devant le conseil de prud'hommes en paiement de ses heures supplémentaires et pour discrimination au motif qu'une formation ne lui a pas été accordée. La procédure est en cours depuis trois mois.

Frédéric Arsène vient de recevoir une convocation à un entretien en vue de son licenciement. Il lui est reproché de ne pas avoir fait preuve de patience avec un client important. Ces faits ont été qualifiés de faute lourde par l'employeur.

1. *Que pensez-vous de la qualification de la faute de Frédéric par son employeur ?*
2. *Si Frédéric Arsène saisit la justice, quelles seraient les modalités d'examen de la situation par le juge ?*

7 Cas Julie, l'accro aux technologies ★★★

Compétence attendue **Vérifier** le respect par l'employeur des libertés individuelles et fondamentales du salarié dans l'exercice de ses pouvoirs

Julie est assistante de direction. Elle dispose d'un poste de travail informatique et d'un téléphone portable professionnel. Au bureau, elle passe des temps de connexion prolongés et excessifs sur sa messagerie personnelle. Son supérieur, M. Duval en a assez. Il est curieux de savoir quel est l'objet de ces messages sur Internet et des SMS qu'elle échange en permanence. Pendant la pause-déjeuner de Julie, il ouvre sa messagerie, consulte ses messages et les SMS de son téléphone. Ce qu'il apprend lui apparait édifiant sur la vie aventurière de Julie. À son retour, il la renvoie immédiatement lui indiquant qu'il va lancer une procédure de licenciement. Julie lui rétorque qu'il n'avait aucun droit de consulter sa messagerie et son téléphone.

Que pensez-vous de la situation ?

Évaluer les savoirs | Maîtriser les compétences | **Préparer l'épreuve**

8 Situation pratique : SARL Compagnie ★★★

45 min

Compétence attendue **Vérifier** la validité du règlement intérieur

La SARL Compagnie des poissons est implantée à Brest. Elle est spécialisée dans les conserves de poisson et connaît depuis plusieurs années une croissance importante. Elle commercialise ses produits sous marque propre et sous marque de distributeur. Elle emploie 60 personnes au total, pêcheurs compris. Ce développement rapide l'oblige à s'adapter sur de nombreux points, en particulier l'organisation du travail.

La société, dirigée par M. Debrest, est confrontée à des enjeux en termes d'hygiène et de sécurité au sein de ses ateliers. Elle veille à préserver la sécurité des aliments afin de réduire les risques en matière de sécurité alimentaire.

Rendez-vous MÉTHODE 3

Votre mission : conseiller M. Debrest quant à l'application du règlement intérieur

Le règlement intérieur rend obligatoire le port de vêtements de protection. Malgré plusieurs avertissements, Marion Cardon refuse de porter la charlotte et les chaussures antidérapantes qu'elle juge disgracieuses et contraires à la liberté de se vêtir.

1. *Déterminez si le refus de Marion Cardon est fautif.*

Pour faire suite à différents événements, la direction décide d'insérer des mentions spécifiques dans le règlement intérieur (document 1). Albert Jacquard, membre du CSE, s'oppose à cette insertion arguant d'une atteinte aux libertés individuelles.

2. *En vous appuyant sur les documents 2, 3 et 4, rédigez la note qui sera communiquée lors de la prochaine réunion du CSE.*

Document 1

Extrait du document remis au CSE en vue de la modification du règlement intérieur de la société Compagnie des poissons

b) Mesures particulières applicables aux postes hypersensibles en matière de drogue et d'alcool

L'employeur a identifié, en collaboration avec le médecin du travail, et avec la collaboration et la consultation des membres du CSE, les postes dits hypersensibles. Les salariés affectés à ces postes de travail font l'objet de mesures de contrôle aléatoire effectuées sur les lieux de travail. La mise en œuvre d'une politique de prévention efficace justifie de veiller à ce que les salariés qui occupent des postes hypersensibles ne soient pas, pendant l'exécution de leur travail, en état d'ébriété et/ou sous l'emprise de produits stupéfiants. Aussi, la Direction s'autorise-t-elle à organiser des contrôles aléatoires afin de vérifier si les salariés ne sont pas sous l'emprise d'alcool et/ou de drogue.

La Direction pourra ainsi imposer, s'agissant de la drogue, un test salivaire permettant le dépistage simultané de six substances prohibées. Le test ne permet pas d'identifier précisément la catégorie de drogue qui a été consommée par le salarié mais simplement d'établir qu'il y a bien eu consommation de drogue. Les tests devront être pratiqués par un supérieur hiérarchique qui aura reçu une information appropriée sur la manière d'administrer les tests concernés et d'en lire les résultats. Il devra respecter scrupuleusement la notice d'utilisation rédigée par le fournisseur, s'assurer que le test de dépistage se trouve en parfait état et veiller à éviter toute circonstance susceptible d'en fausser le résultat. La ou les personnes concernées devront être préalablement informées que le test ne pourra être effectué qu'avec son accord ; en cas de refus, le salarié s'expose à une sanction disciplinaire pouvant aller jusqu'au licenciement. Les salariés soumis au contrôle auront la faculté de demander une contre-expertise médicale qui devra être effectuée dans les plus brefs délais. Dans l'hypothèse d'un contrôle positif, le salarié pourra faire l'objet d'une sanction disciplinaire pouvant aller jusqu'au licenciement.

c) Mesures particulières applicables à l'ensemble des salariés

Pour l'ensemble des postes de travail, la Direction pourra être amenée à effectuer des contrôles lorsqu'il apparaîtra que le comportement des salariés laissera présumer un état d'ébriété ou une consommation de drogue. Dans l'hypothèse d'un résultat positif, le salarié pourra faire l'objet d'une sanction disciplinaire pouvant aller jusqu'au licenciement.

Document 2

Article L. 4121-1 du Code du travail

L'employeur prend les mesures nécessaires pour assurer la sécurité et protéger la santé physique et mentale des travailleurs.

Ces mesures comprennent :

1° Des actions de prévention des risques professionnels ;

2° Des actions d'information et de formation ;

3° La mise en place d'une organisation et de moyens adaptés.

L'employeur veille à l'adaptation de ces mesures pour tenir compte du changement des circonstances et tendre à l'amélioration des situations existantes.

Document 3

Conseil d'État, arrêt n° 394178, 5 décembre 2016, extraits

La société Sud Travaux a demandé au tribunal administratif de Nîmes d'annuler pour excès de pouvoir la décision du 30 mars 2012 par laquelle l'inspecteur du travail de l'unité territoriale du Gard a exigé qu'elle retire certaines dispositions de son règlement intérieur. [...]

Considérant, [...] que s'il ressort des pièces du dossier qu'en l'état des techniques disponibles, les tests salivaires de détection de substances stupéfiantes présentent des risques d'erreur, le règlement intérieur litigieux reconnaît aux salariés ayant fait l'objet d'un test positif le droit d'obtenir une contre-expertise médicale, laquelle doit être à la charge de l'employeur ; que, par ailleurs, si le contrôle de la consommation de drogues n'est pas aussi précis que le contrôle d'alcoolémie, dès lors qu'il se borne à établir la consommation récente de produits stupéfiants, sans apporter la preuve que le salarié est encore sous l'emprise de la drogue et n'est pas apte à exercer son emploi, le règlement litigieux réserve les contrôles aléatoires de consommation de substances stupéfiantes aux seuls postes dits « hypersensibles drogue et alcool », pour lesquels l'emprise de la drogue constitue un danger particulièrement élevé pour le salarié et pour les tiers ; que, compte tenu de ce risque particulier, de l'obligation qui incombe à l'employeur, en vertu des dispositions précitées de l'article L. 4121-1 du code du travail, d'assurer la sécurité et la santé des salariés dans l'entreprise, de l'obligation, rappelée au point 5 ci-dessus, pour l'employeur et le supérieur hiérarchique qui pratique le test de respecter le secret professionnel sur ses résultats, et en l'absence d'une autre méthode qui permettrait d'établir directement l'incidence d'une consommation de drogue sur l'aptitude à effectuer une tâche, les dispositions du règlement intérieur litigieux, qui permettent à l'employeur d'effectuer lui-même le contrôle des salariés affectés à des postes dits « hypersensibles drogue et alcool » et de sanctionner ceux des contrôles qui se révéleraient positifs, ne portent pas aux droits des personnes et aux libertés individuelles et collectives une atteinte disproportionnée par rapport au but recherché ; qu'ainsi, elles ne méconnaissent pas les dispositions citées ci-dessus des articles L. 1121-1 et L. 1321-3 du code du travail ;

Document 4

Extraits du Code du travail

Article R.4228-20

Aucune boisson alcoolisée autre que le vin, la bière, le cidre et le poiré n'est autorisé sur le lieu de travail.

Article R. 4228-2

Il est interdit de laisser entrer ou séjourner dans les lieux de travail des personnes en état d'ivresse.

SYNTHÈSE

Les pouvoirs de l'employeur et les libertés des salariés

Le pouvoir réglementaire : zoom sur le règlement intérieur

Règlement intérieur

- Acte unilatéral de l'employeur
- Rédaction après avis du CSE
- Obligatoire dans les entreprises d'au moins 50 salariés
- Respect des libertés individuelles et collectives
- Contrôles administratif et judiciaire

Le pouvoir disciplinaire

Faute : fait considéré comme fautif par l'employeur → Convocation → Entretien → Notification → Sanction proportionnée à la faute

Le pouvoir de direction

Pouvoir de direction et respect des libertés

- Protection de la vie privée
- Liberté d'expression
- Liberté religieuse

Pouvoir de direction et non discrimination

- Non-discrimination (critères de l'article L. 1132-1 du Code du travail)
- Lutte contre le harcèlement moral
- Lutte contre le harcèlement sexuel

Actions civile et pénale

CHAPITRE 10

Les pouvoirs de l'employeur et la protection de la santé des salariés

PROGRAMME

Compétences attendues

- **Identifier** les instances chargées de la protection de la santé du salarié et leurs attributions
- **Vérifier** la possibilité pour un salarié d'exercer son droit de retrait et/ou son droit d'alerte, dans une situation donnée
- **Analyser** l'étendue de l'obligation de sécurité de l'employeur et les sanctions

Savoirs associés

- Obligations de l'employeur et sanctions : obligation générale de sécurité (étendue et mise en œuvre) ; prévention de la pénibilité ; responsabilité pénale de l'employeur au titre du code du travail et du code pénal ; délégation de pouvoirs ; responsabilité civile
- Droits et obligations du salarié en matière de sécurité et de santé
- Acteurs de la santé au travail

PLAN DU CHAPITRE

Cours : 1. Les obligations de l'employeur en matière de sécurité des salariés au travail • 2. Les obligations et droits du salarié en matière de santé et de sécurité au travail • 3. Les acteurs de la santé au travail

Des savoirs aux compétences : Évaluer les savoirs • Maîtriser les compétences • Préparer l'épreuve

Synthèse

Dans quelle mesure l'employeur doit-il, dans l'exécution du travail des salariés, assurer leur protection ? Quelle est l'étendue de sa responsabilité, en particulier lorsqu'il y a survenance d'un risque (ex. : un accident du travail) ou altération de leur santé ? Comment peut-il limiter ou même supprimer les risques professionnels ?

Le Code du travail répond à ces questions par une série de règles d'ordre public. En cas de non-respect des règles, l'employeur peut être sanctionné pénalement et/ou civilement. Des acteurs interviennent pour aider le chef d'entreprise en assurant une mission de surveillance et d'assistance.

MOTS-CLÉS

Comité social et économique • Droit de retrait • Inspecteur du travail • Médecin du travail • Obligation d'alerte • Obligation de sécurité • Risque professionnel • Service de prévention et de santé au travail (SPST)

1 Les obligations de l'employeur en matière de sécurité des salariés au travail

A) L'obligation générale de sécurité de l'employeur

1. Le champ d'application

Objectif de prévention. La protection de la santé et de la sécurité au travail est assurée par une réglementation stricte. Elle a pour objectif essentiel la prévention des risques dans l'exécution du travail.

Employeurs et travailleurs visés. Les dispositions légales et réglementaires s'appliquent :

- aux employeurs de droit privé ;
- aux travailleurs : salariés, intérimaires, stagiaires, personnes placées sous l'autorité d'un employeur.

Étendue. Les obligations de l'employeur varient en fonction :

- de la taille de l'entreprise ;
- de la nature de ses activités ;
- des risques auxquels sont exposés les salariés dans l'exécution de leur activité.

2. Une obligation générale de sécurité

Obligation légale. La loi impose à l'employeur de prendre toutes les mesures nécessaires pour assurer la sécurité et protéger la santé physique et mentale de chacun de ses salariés. Il est tenu, quel que soit l'effectif de son entreprise, à une **obligation de sécurité**.

Obligation générale. Cette obligation doit guider le chef d'entreprise dans toutes les décisions qui relèvent de ses pouvoirs. Il veille à les adapter pour prendre en compte les changements de circonstances ou améliorer les situations existantes. Il peut s'agir d'une obligation de résultat ou d'une obligation de moyens renforcée selon la jurisprudence (tab. 10.1).

Tableau 10.1. Obligation de sécurité de l'employeur

Avant 2015, l'obligation de sécurité de l'employeur était automatiquement une obligation de résultat.	Actuellement, l'obligation de sécurité peut être une obligation de moyens renforcée à certaines conditions.
Pour les juges, l'accident du travail ou la maladie professionnelle résultait d'une faute inexcusable de l'employeur : • lorsqu'il avait (ou aurait dû avoir) conscience du danger encouru par les salariés et qu'il n'avait pas agi dans le sens de la prévention ; • il devait alors indemniser le préjudice subi par le salarié.	La jurisprudence considère qu'en cas d'accident du travail ou de maladie professionnelle, l'employeur n'est pas responsable des risques professionnels survenus s'il peut justifier et démontrer qu'il a pris toutes les mesures de prévention nécessaires pour la sécurité ou la santé des salariés.

B) La mise en œuvre de la prévention des risques

1. Le principe

La loi impose à l'employeur d'engager, pour tous les salariés de l'entreprise, des actions de prévention des risques professionnels et de prendre des mesures destinées à les éviter. Il doit veiller en permanence à limiter le niveau des risques de l'activité de l'entreprise. Pour y parvenir, il doit informer et former son personnel.

2. La notion de risques professionnels

Définition

Définis par la loi, les **risques professionnels** sont susceptibles de laisser des traces durables, identifiables et irréversibles sur la santé des salariés.

Certains de ces facteurs de risques (ex. : exposition à des températures extrêmes, travail de nuit) (tab. 10.2) nécessitent une déclaration de l'employeur auprès de la Caisse d'assurance retraite et de santé au travail (Carsat), lorsque le salarié y est exposé au-delà d'un certain seuil déterminé par les textes réglementaires. La Carsat ouvre au salarié exposé un compte professionnel de prévention (C2P) et l'alimente avec des points convertibles en temps de formation, notamment pour accéder à un emploi moins pénible ou passer à temps partiel sans perte de salaire en fin de carrière (↪ **chapitre 8**).

Tableau 10.2. **Facteurs de risque professionnel**

Contraintes physiques marquées	Environnement physique agressif	Rythmes de travail atypiques
• Manutention manuelle de charges • Postures pénibles	• Agents chimiques ou biologiques agressifs • Températures extrêmes • Bruit	• Travaux répétitifs • Travail en équipes successives • 3 × 8 • Travail de nuit

3. La méthode

Cadre. L'employeur doit suivre les principes généraux de prévention imposés par la loi :

- éviter les risques et évaluer de manière continue ceux qui ne peuvent être évités, pour les combattre à la source ;
- adapter les postes de travail, remplacer les équipements dangereux ;
- planifier la prévention des risques professionnels ;
- prendre les mesures de protection adaptées (ex. : port d'un casque ou d'un masque de protection) ;
- transmettre les instructions nécessaires aux travailleurs.

Évaluation des risques professionnels. Concrètement, tout employeur doit élaborer un document unique d'évaluation des risques professionnels (DUERP) qui répertorie l'ensemble des risques professionnels auxquels les salariés sont exposés. Il doit assurer la traçabilité collective de ces expositions. Dans les entreprises d'au moins 50 salariés, le CSE est consulté sur le DUERP et ses mises à jour (fig. 10.1).

Obligation de DUERP

• Elle s'impose pour toutes les entreprises quel que soit l'effectif.
Le DUERP doit être mis à jour **au moins une fois par an** dans les entreprises comptant au moins 11 salariés.
Il doit être conservé pendant une durée d'au moins 40 ans.
• L'employeur tient ce document **à la disposition** des représentants du personnel, des salariés et de l'inspecteur du travail.

Contenu du DUERP

• Ce document recense l'ensemble des **risques professionnels** identifiés dans chaque unité de l'entreprise et la proportion de salariés exposés.
• Dans cette évaluation, l'employeur recherche des **solutions** pour prévenir les accidents du travail ou les maladies professionnelles.

Figure 10.1. **Obligation et contenu du DUERP**

Mesures à prendre. La loi impose à l'employeur de prendre des mesures générales pour la sécurité des salariés. À partir du DUERP, l'employeur doit mettre en œuvre :

- des actions de prévention (ex. : prévention des incendies, des explosions, des risques chimiques…) ;
- des actions de formation et d'information des travailleurs (ex. : instructions, précautions à prendre) ;
- une organisation et des moyens adaptés (ex. : maintien des lieux de travail dans un état de propreté constant, interdiction de fumer ou de vapoter).

Dans les entreprises d'au moins 50 salariés, le DUERP doit déboucher sur un programme annuel de prévention des risques professionnels et d'amélioration des conditions de travail qui reprend la liste des mesures devant être prises au cours de l'année, l'identification des ressources de l'entreprise mobilisées à cet effet et un calendrier de mise en œuvre. Dans les entreprises de moins de 50 salariés, le DUERP doit conduire à la définition d'actions de prévention des risques et de protection des salariés. Quel que soit l'effectif, le DUERP modifié est présenté au CSE, s'il existe.

C) L'obligation générale d'information et de formation à la sécurité au travail

En matière de sécurité, l'obligation de l'employeur est double (tab. 10.3).

Tableau 10.3. **Obligations d'information et de formation à la sécurité**

Obligation d'information	• **Principe.** L'employeur est tenu d'assurer une information des salariés sur les risques pour la santé et la sécurité et sur les mesures prises pour y remédier. Cette information est dispensée lors de l'embauche et autant de fois que nécessaire. • **Diffusion.** L'employeur peut diffuser les informations par un affichage des consignes de sécurité dont les salariés doivent prendre connaissance. Il peut mettre à disposition des instructions ou organiser des réunions.

Obligation générale de formation à la sécurité	• **Salariés concernés.** L'employeur est tenu d'organiser une formation pratique et appropriée en matière de sécurité pour les salariés qu'il embauche (en CDI, en CDD ou en intérim) ou pour ceux qui changent de poste. • **Formation renforcée.** La formation à la sécurité est renforcée lorsque des salariés précaires affectés à des postes présentant des risques particuliers. • **Consultation préalable.** Le CSE doit obligatoirement être consulté sur les programmes de formation. Il veille à leur mise en œuvre effective. • **Formation en santé et sécurité des élus du CSE et pour les membres de la CSSCT :** tous les élus du CSE, membres ou non d'une CSSCT, bénéficient d'une formation d'une durée minimale de formation (5 jours lors du premier mandat et en cas de renouvellement 3 jours).

D) Les sanctions pénales en cas de non-respect des règles

1. Les sanctions pénales

Le non-respect des règles fait l'objet de **sanctions pénales** :

- En cas de manquement aux règles de santé et de sécurité, le Code du travail prévoit que :
  - le simple constat de la **violation d'une obligation de sécurité** suffit à caractériser l'infraction, même en l'absence d'accident du travail ;
  - la **faute personnelle** du chef d'entreprise est exigée. L'employeur commet une faute s'il ne donne pas les consignes nécessaires ou les moyens de les faire respecter. Il doit veiller personnellement à ce qu'elles soient appliquées.
- L'employeur ou son délégataire encourt une **amende de 10 000 €** (appliquée autant de fois qu'il y a de salariés concernés) lorsqu'il méconnaît, par sa faute personnelle, les dispositions relatives à la santé au travail.

2. L'identification du responsable

Sont en charge de l'**obligation de sécurité** :

- Le **responsable**, chef d'entreprise ou employeur. Il encourt les sanctions pénales ; il est pénalement responsable, à condition qu'une faute personnelle ait été relevée à sa charge. Cette responsabilité est liée à son pouvoir de direction.
- Le **délégataire**, en cas de délégation de pouvoirs du chef d'entreprise. Une délégation de pouvoirs à l'un de ses salariés peut exonérer l'employeur. Pour que la délégation soit valable, il est nécessaire qu'elle ait été acceptée par le préposé. Il faut également que le salarié qui en est investi soit pourvu de la compétence, des pouvoirs et de l'autorité nécessaire pour l'exercer. Dans ce cas, c'est le salarié qui a reçu la délégation de pouvoirs qui encourt la sanction pénale (transfert de la responsabilité au délégataire).

Toutefois, le juge peut mettre tout ou partie de l'amende à la charge de l'employeur :

- si l'employeur, personne physique, a personnellement participé à l'infraction ;
- s'il a commis une faute distincte de celle du délégataire ;
- lorsque le délégataire qui a commis une faute d'imprudence en lien avec le dommage subi par la victime agissait pour le compte de l'entreprise.

3. La répression des infractions par le Code pénal

En cas d'accident du travail ayant occasionné des blessures ou le décès du salarié (ou simplement face à un risque d'accident), l'employeur peut être poursuivi pénalement (tab. 10.4).

Tableau 10.4. Infractions pénales liées au non-respect de l'obligation de sécurité

	Mise en danger d'autrui	Atteinte à l'intégrité physique	Homicide involontaire
Élément légal	Article 223-1 du Code pénal	Article 222-19 du Code pénal	Article L. 221-6 du Code pénal
Éléments matériels	• Fait d'exposer le salarié à un risque immédiat de mort ou de blessure par violation manifestement délibérée d'une obligation particulière de sécurité ou de prudence imposée par la loi ou le règlement. • Délit constitué même en l'absence de résultat.	Fait de causer des blessures au salarié par maladresse, imprudence ou inattention ou manquement à une obligation de sécurité imposée par la loi ou le règlement (ex. : manquement à une obligation de formation à la sécurité)	Fait de causer la mort d'un salarié par maladresse, imprudence, inattention ou manquement à une obligation de sécurité imposée par la loi ou le règlement.
Élément moral	La faute ou la violation manifestement délibérée de l'employeur à une obligation de sécurité caractérise l'élément moral du délit. Il n'est pas nécessaire d'établir la conscience du risque chez l'employeur.		
Peines encourues	Un an d'emprisonnement et de 15 000 € d'amende	• Lorsqu'ils ont causé une ITT supérieure à 3 mois, la peine encourue est de 2 ans d'emprisonnement et 30 000 € d'amende. • Lorsque l'ITT est inférieure à 3 mois, la peine est d'un an d'emprisonnement et de 15 000 € d'amende.	Délit puni par 3 ans d'emprisonnement et 45 000 € d'amende.

4. Les personnes poursuivies

Selon les cas, l'employeur est poursuivi en tant que :

- **Personne physique.** La responsabilité pénale du chef d'entreprise est engagée s'il a enfreint les règles en matière de sécurité et de santé au travail. Il est également responsable lorsqu'il n'a pas veillé au strict respect des dispositions légales et réglementaires de sécurité des salariés.
- **Personne morale.** La responsabilité pénale de la personne morale peut être retenue pour toutes les infractions susceptibles d'engager la responsabilité pénale de l'employeur dès lors qu'elles ont été commises pour son compte, par ses organes ou représentants. Cette responsabilité de la personne morale employeur peut également être mise en œuvre de manière complémentaire, en cas d'accident du travail, lorsque la responsabilité pénale de la personne physique qui la représente ne peut pas être retenue. La personne morale

est alors responsable pénalement de toute faute non intentionnelle de ses représentants ayant entraîné une atteinte à l'intégrité physique des salariés.

E) Les sanctions civiles en cas de non-respect des règles

Lorsqu'il y a concours entre faute inexcusable et faute intentionnelle, le salarié victime doit opter pour l'une ou l'autre. À défaut, son action est irrecevable.

1. La faute inexcusable

En cas d'accident du travail ou de maladie professionnelle, si l'employeur n'a pas pris les mesures nécessaires pour préserver la santé ou la sécurité des salariés, il peut être condamné par le tribunal judiciaire. Il commet une **faute inexcusable** (↪ chapitre 18) s'il avait ou s'il aurait dû avoir conscience du danger auquel le salarié est exposé et s'il n'a pas pris les mesures pour l'en préserver. L'employeur ne peut s'exonérer de sa responsabilité qu'en prouvant qu'il a pris toutes les mesures de prévention prévues par la loi.

La reconnaissance de cette faute entraîne une indemnisation complémentaire du salarié victime (majoration de la rente notamment). Le salarié ou ses ayants droit peuvent exercer une **action en responsabilité civile** contre l'employeur pour les risques non couverts par la sécurité sociale. Ils peuvent également demander la réparation intégrale du préjudice.

2. La faute intentionnelle

En présence d'une **faute intentionnelle** de l'employeur qui s'est traduite par un acte ou une omission commis avec une intention délibérée de causer un dommage corporel ou psychologique, le salarié a droit à une réparation intégrale du préjudice subi, selon les règles de la responsabilité civile de droit commun.

Exemple

- Il est demandé à un salarié d'intervenir sur un transformateur électrique, sans formation préalable et sans que le courant ait été, au préalable, coupé par l'employeur.

→ SITUATION PRATIQUE 6 • SITUATION PRATIQUE 7

2 Les obligations et droits des salariés en matière de santé et de sécurité au travail

A) L'obligation de sécurité des salariés

1. Le principe

Chaque salarié doit prendre soin en fonction de sa formation et de ses possibilités, de sa sécurité et de sa santé ainsi que de celles des autres personnes concernées du fait de ses actes ou de ses omissions au travail. Il s'agit d'une **obligation de moyens**, qui n'exonère pas l'employeur de sa propre responsabilité.

2. La sanction du non-respect

Si le salarié ne respecte pas l'obligation de sécurité (ex. : refus du port du casque imposé dans le règlement intérieur), il commet une **faute disciplinaire** sanctionnable ou une faute inexcusable pouvant réduire son indemnisation. Le salarié est sanctionnable même en l'absence de délégation de pouvoir.

B) Les droits d'alerte et de retrait

1. L'obligation d'alerte

Le salarié est tenu à une **obligation d'alerte** ou de vigilance ; il doit signaler, à l'employeur ou à son représentant, toute situation de travail dont il a un motif raisonnable de penser qu'elle présente un danger grave et imminent pour sa vie ou sa santé ainsi que toute défectuosité qu'il constate dans les systèmes de protection.

2. Le droit de retrait

Le salarié peut se retirer d'une telle situation, sans accord de l'employeur. Ce droit est facultatif. Ne pas en faire usage ne peut pas constituer une faute et ne pas être reproché au salarié, victime d'un accident du travail. Le **droit de retrait** implique la cessation du travail tant que le danger grave et imminent persiste, sans sanction ni retenue sur salaire. Tout licenciement prononcé pour ce motif est nul.

→ SITUATION PRATIQUE 6

3 Les acteurs de la santé au travail

A) Le comité social et économique (CSE)

1. Les attributions du CSE

Dès lors que l'effectif de l'entreprise ou de l'établissement atteint au moins 11 salariés pendant 12 mois consécutifs, l'employeur doit mettre en place un **comité social et économique** (CSE) dont les missions diffèrent selon l'effectif (tab. 10.5).

Tableau 10.5. Attributions du CSE en matière de santé au travail selon la taille de l'entreprise

11 salariés ou plus	Au moins 50 salariés (missions complémentaires en matière de santé)
• Présentation des réclamations individuelles et collectives concernant notamment la santé et la sécurité au travail • Promotion de la santé, de la sécurité et des conditions de travail • Enquêtes en matière d'accidents du travail ou de maladies professionnelles • Saisine de l'inspection du travail • Droit d'alerte en cas d'atteinte aux droits fondamentaux des personnes	En plus des missions du CSE des entreprises de 11 à 49 salariés : • Attributions générales du CSE : – analyse des risques professionnels et des effets de l'exposition à certains facteurs de risques ; – inspections à intervalles réguliers en matière de santé, de sécurité et de conditions de travail ; – enquête en cas d'accident du travail ou de maladie professionnelle ; – alerte en cas de danger grave et imminent menaçant la santé et la sécurité des salariés. • Attributions consultatives du CSE : – actions de prévention ; – projets d'aménagement important modifiant les conditions de santé et de sécurité ; – mesures pour faciliter le maintien au travail des accidentés du travail ou des handicapés ; – formation à la sécurité.

2. Les moyens du CSE en matière de santé au travail

Le CSE dispose de moyens variés pour exercer ses prérogatives (fig. 10.2).

Réunions dédiées
- Annuelles. Au moins quatre réunions/an si au moins 50 salariés. À défaut, réunions mensuelles
- Extraordinaires. Après tout accident du travail ou événement grave portant atteinte à la sécurité publique ou à l'environnement ou à la demande motivée de deux membres du CSE représentants du personnel

Formation
- Droit à la formation
- Périmètre : santé, sécurité et conditions de travail

Recours à l'expertise
- À déclencher par les élus du CSE
- Possibilité de faire appel à un expert habilité en cas de risque grave ou lorsqu'un projet important modifie les conditions de santé ou de sécurité

Figure 10.2. **Moyens dédiés au CSE**

B) La commission santé, sécurité et conditions de travail (CSSCT)

1. La mise en place de la CSSCT

Dans les entreprises et établissements distincts d'au moins 300 salariés, une commission santé, sécurité et conditions de travail (CSSCT) doit être créée au sein du CSE qui lui délègue alors tout ou partie de ses attributions.

L'**inspecteur du travail** peut imposer la création de cette commission en dessous de 300 salariés en raison de la nature des activités, de l'agencement ou de l'équipement des locaux.

Un accord d'entreprise ou le règlement du CSE fixe le nombre de membres de la commission, ses missions, ses modalités de fonctionnement et ses moyens (ex. : heures de délégation, formation).

2. Le rôle de la CSSCT

La CSSCT reçoit, par délégation, tout ou partie des attributions du CSE relatives à la santé, à la sécurité et aux conditions de travail, à l'exception :
- du recours à un expert ;
- des attributions consultatives du CSE.

C) La médecine du travail

1. Le service de prévention et de santé au travail (SPST)

Principe. Les employeurs de droit privé doivent mettre en place une surveillance médicale de tous les salariés, assurée par le **service de prévention et de santé au travail (SPST)**, organisé sous la forme :
- soit d'un service d'entreprise autonome ;
- soit d'un service interentreprises.

Seuil. Sous le seuil de 500 salariés, l'employeur doit adhérer à un service interentreprises. À partir de 500 salariés, il a le choix entre créer un SPST autonome ou adhérer à un SPST interentreprises.

Missions. Le SPST doit :
- éviter toute altération de la santé des travailleurs du fait de leur travail ;
- conduire les actions de santé au travail ;
- conseiller l'employeur, les travailleurs et les représentants du personnel, sur toutes les mesures à prendre pour évaluer et prévenir les risques professionnels ;
- assurer la surveillance de l'état de santé des travailleurs en fonction des risques concernant leur santé et leur sécurité ;
- accompagner l'entreprise dans l'analyse de l'impact des changements organisationnels importants sur la santé et la sécurité.

2. Le médecin du travail

Statut. Le **médecin du travail** est un salarié, soit de l'entreprise, soit d'un SPST inter-entreprises. Il doit être titulaire du diplôme d'études spécialisées de médecine du travail ou d'un équivalent.

Rôle. Le médecin du travail exerce essentiellement un rôle préventif :
- Il veille à la prévention des risques professionnels et de l'altération de la santé des travailleurs.
- Il décide du suivi individuel de l'état de santé des salariés. Dans les trois mois de la prise effective des fonctions du salarié dans l'entreprise, il peut réaliser la visite d'information et de prévention (cette visite peut aussi être effectuée par un médecin collaborateur, un interne en médecine ou un infirmier). Il assure ensuite un renouvellement de la visite dans les cinq années qui suivent et la visite de mi-carrière. Il réalise un suivi renforcé des travailleurs affectés à des postes à risque. Il délivre les avis d'aptitude et d'inaptitude.
- Il conseille l'employeur dans l'évaluation des risques professionnels.
- Il doit consacrer le tiers de son temps à des actions en milieu de travail.

D) L'inspecteur du travail

1. Ses attributions

Il a une mission générale de contrôle de l'application de la législation du travail et en particulier des règles relatives à la santé et à la sécurité au travail.

2. Ses moyens d'action

Pour assurer sa mission, l'inspecteur du travail dispose de **plusieurs possibilités** :
- Lorsqu'il constate une **situation de travail dangereuse** pour la santé des travailleurs, il peut transmettre un rapport à la Dreets en vue du prononcé d'amendes administratives. Celle-ci peut mettre l'employeur en demeure de prendre toutes les mesures propres à faire cesser le risque.
- En cas de **danger grave et imminent** pour l'intégrité physique des salariés, il peut dresser directement un PV, ce dernier pouvant conduire le Parquet à engager des poursuites pénales à l'encontre du chef d'entreprise.
- En cas d'**urgence**, l'inspecteur du travail a la possibilité de saisir le juge, par une procédure accélérée au fond, qui peut immobiliser les machines, faire saisir le matériel ou les produits utilisés. Le juge peut, dans certains cas, notamment sur un chantier du bâtiment en cas de danger grave et imminent, ordonner l'arrêt temporaire des travaux ou de l'activité (ex. : risque d'électrocution, de chute ou d'ensevelissement, utilisation de matériels dangereux).

➔ APPLICATION 2 • CAS 3 • SITUATION PRATIQUE 6

Évaluer les savoirs | Maîtriser les compétences | Préparer l'épreuve

1 Quiz

Vérifiez l'exactitude des propositions ci-après et justifiez-les.

	Vrai	Faux
1. L'employeur a toujours une obligation de résultat en matière de sécurité au travail.	☐	☐
2. Le chef d'entreprise doit informer les salariés des consignes de sécurité lors de l'embauche et autant que nécessaire.	☐	☐
3. C'est seulement au moment de l'embauche que le salarié reçoit une formation pratique relative à la sécurité.	☐	☐
4. Les salariés n'ont pas d'obligations particulières à l'égard des autres travailleurs en matière de santé et de sécurité au travail.	☐	☐
5. Si le salarié ne respecte pas son obligation de sécurité, l'employeur peut légitimement le sanctionner.	☐	☐
6. Le salarié qui exerce légitimement son droit de retrait pour danger grave et imminent ne peut pas être sanctionné ni licencié.	☐	☐
7. Dans les entreprises de moins de 300 salariés, c'est le CSE qui enquête en cas d'accident du travail ou de maladies professionnelles.	☐	☐
8. Le CSE et la CSSCT ont les mêmes attributions en matière de santé au travail.	☐	☐

Look'IN

La dirigeante de l'agence de stylisme Look'IN, basée à Montpellier et dont l'effectif est de 300 salariés, s'interroge sur les changements survenus dans la foulée de la loi Travail.

Recensez les différents acteurs chargés de la protection de la santé des salariés et indiquez précisément leur rôle.

3 Cas Les Cartonneries d'Ardennes ★★★

Compétence attendue **Analyser** l'étendue de l'obligation de sécurité de l'employeur, sa mise en œuvre et les sanctions encourues en cas de non-respect des règles

Depuis plus de 20 ans, la SA Les Cartonneries d'Ardennes, située à Charleville-Mézières produit, pour ses clients français, belges et allemands, tous types de cartons et d'emballages. Vous êtes chargé de gérer, au côté du responsable du personnel, les questions liées à la prévention des risques professionnels.

Le dirigeant de l'entreprise est confronté depuis quelques années, à une dizaine d'accidents du travail (voir le document ci-après) qui ont affecté une partie des personnels de l'entreprise. Ces accidents s'expliquent par la vétusté des matériels, par l'inexpérience de certains salariés embauchés en CDD ou par une démotivation liée à la charge de travail. Lors de leur dernière réunion, les élus du personnel ont insisté sur la nécessité de prendre davantage en compte les problèmes liés à la santé et à la sécurité au travail dans l'entreprise. Ils lui ont rappelé qu'il est redevable, en vertu de la loi, d'une obligation générale de sécurité.

1. *Expliquez au dirigeant le contenu de cette obligation.*
2. *Recensez les moyens auxquels il pourrait recourir pour mettre en œuvre cette obligation.*

Document

Signalements en cascade à la cartonnerie

Nicolas Lenoir, opérateur sur un matériel d'impression a signalé les effets particulièrement nocifs de l'exposition des salariés aux peintures et encres utilisées sur les cartonnages. À la suite de cet inventaire des risques, Margot Héloir, membre du CSE, a fait remarquer que ces deux dernières années, les manutentionnaires qui étaient recrutés en CDD ou en intérim étaient beaucoup plus exposés aux accidents du travail que les autres salariés :

- chutes dans l'enceinte de la cartonnerie ;
- hernies discales ;
- lombalgies en raison de l'adoption de mauvaises postures de travail…

4 Cas SCP d'avocats Mariette & Jeanlain ★★★

Compétence attendue **Vérifier** la possibilité pour un salarié d'exercer son droit de retrait et /ou son droit d'alerte dans une situation donnée

La SCP d'avocats Mariette et Jeanlain, dont le siège est à Dunkerque (Nord), est spécialisée en droit social, en particulier sur les questions de sécurité et de santé au travail. Plusieurs dossiers concernent actuellement l'obligation d'alerte et le droit de retrait de salariés.

Dans les situations ci-après, vérifiez si les salariés ont respecté leur obligation d'alerte ou s'ils ont valablement exercé leur droit de retrait. Justifiez vos réponses.

1. Rachel Coutaer et Simon Duval sont contrôleurs et chefs de bord au sein des Tramways du Littoral qui sillonnent Dunkerque et toute sa périphérie. Hier soir, alors que le tramway rentrait au dépôt, l'un de leurs collègues, Victor Allard a été sauvagement agressé et roué de coups. Rachel et Simon, affectés au même trajet que Victor, refusent de reprendre le travail le lendemain. L'employeur entend opérer une retenue sur leur salaire pour les heures non travaillées.
L'employeur est-il dans son bon droit ?

2. Romain Huret est vigile dans une usine sidérurgique dépendant du groupe Alam Industries. Pour surveiller le site et éviter les intrusions, il utilise des drones, mis à disposition par son employeur. Ils lui permettent de capter des images des ateliers et entrepôts sous tous les angles. Dernièrement, plusieurs de ces équipements ont connu des avaries. Ils sont devenus incontrôlables. Ils ont failli percuter plusieurs salariés en activité. Romain Huret refuse de reprendre sa surveillance par drone tant que les réparations n'auront pas été effectuées. Son responsable hiérarchique entend le sanctionner pour insubordination.
Le refus de Romain Huret est-il légitime ?

3. Léa Declerck est agent hospitalier à la Clinique de la Côte à Dunkerque. L'établissement a mis en place un plan d'économies drastiques. Aussi le responsable du personnel, Romain Letour, a revu à la baisse les budgets destinés aux équipements des agents. Il a commandé, auprès d'un grossiste, des chaussures de travail *low-cost*. Plusieurs chutes ont été recensées depuis. Léa Declerck est donc venue travailler avec d'anciennes chaussures récupérées dans une réserve de la clinique. Romain Letour est furieux et la réprimande. Elle décide donc d'informer le directeur de la clinique d'un risque d'accident du travail lié aux nouveaux équipements.
La démarche de Léa se justifie-t-elle légalement ?

5 Cas Bâtir & Co. ★★★

Compétence attendue **Identifier** les instances chargées de la protection de la santé du salarié et leurs attributions

Dans les situations ci-après, identifiez les instances chargées de la protection de la santé des salariés et leurs attributions. Justifiez vos réponses.

1. À la suite d'un arrêt de travail de plus d'un mois, l'employeur de Mélanie Leman l'a conviée à se présenter à une visite médicale avant de reprendre son activité. Lors de la visite, elle a expliqué qu'elle était actuellement en *burn-out*. Son état de santé est, selon elle, la résultante de la charge de travail qui lui est imposée par l'employeur et des pratiques de maltraitance morales au sein du service.
Indiquez qui pratique la visite médicale de reprise et les conséquences possibles pour Mélanie Leman.

2. La SA Bâtir construit des ensembles immobiliers pour les promoteurs. Ses salariés interviennent en hauteur à l'aide d'échafaudages de grande envergure. Un représentant syndical de l'entreprise vient de dénoncer aux autorités compétentes plusieurs infractions aux règles de sécurité. La pose de l'édifice n'a pas été scellée de façon rigoureuse au sol. Les salariés ne peuvent pas y travailler en toute sécurité. Ils risquent de faire des chutes. Plusieurs intérimaires travaillent avec des harnais de sécurité défaillants.
Identifiez qui peut intervenir pour contraindre l'employeur à résoudre le problème et comment.

3. Adrien Lenouvel, intérimaire, a été missionné dans l'entreprise industrielle Tehor pour des travaux de soudure dangereux. Une surveillance médicale renforcée du salarié avait été prévue. L'entreprise utilisatrice avait également prévu d'équiper les ouvriers exposés de masques de protection renforcés mais le directeur de Tehor en est resté au stade des intentions. Adrien commence à travailler sans masque. Lors de la visite médicale, une contamination au chrome est diagnostiquée. Le chef de l'entreprise utilisatrice s'empresse de munir l'intérimaire de masque. Après plusieurs semaines, le taux d'intoxication d'Adrien n'a pas baissé. Le salarié est déclaré inapte au poste de travail.
Identifiez les acteurs intervenus dans le suivi de la santé d'Adrien.

4. La SA ElectricAuto, équipementier automobile, connaît ces derniers mois un accroissement de son activité. Son effectif de 340 salariés a été renforcé. Face à l'importance de la demande, le dirigeant entend réorganiser le travail et constituer des équipes de nuit. Une étude d'impact préalable a été réalisée pour estimer les effets sur la santé du personnel. Le dirigeant compte présenter le projet de modification des conditions de travail et de suivi en matière de santé et de sécurité aux représentants élus du personnel.
Identifiez les acteurs impliqués dans ce projet de réorganisation qui intéresse la santé et la sécurité au travail et précisez-en les rôles respectifs.

6 Situation pratique : Buro Dépôt dans la tourmente ★★★

60 min

Compétences attendues

- **Analyser** l'étendue de l'obligation de sécurité de l'employeur, sa mise en œuvre et les sanctions encourues en cas de non-respect des règles
- **Vérifier** la possibilité pour un salarié d'exercer son droit de retrait et/ou son obligation d'alerte dans une situation donnée
- **Identifier** les instances chargées de la protection de la santé du salarié et leurs attributions

Denis Laville est le directeur du magasin de Saint-Denis (Seine-Saint-Denis) d'une enseigne de la grande distribution de matériel de bureau, Buro Dépôt, SA dont le siège est à Paris. L'entreprise s'est forgé la réputation de mettre à la disposition des entreprises et clients, un maximum de références qu'elle propose dans ses unités de vente. La plupart des marchandises ne sont pas stockées en entrepôt mais directement dans le magasin, agencé avec des rayonnages installés en hauteur pour les sièges de bureau, matériel d'*open-space*… Le travail de mise en rayon s'effectue lors des livraisons qui ont lieu chaque semaine, à l'aide de nacelles appropriées. Denis Laville les loue au préalable auprès d'une entreprise spécialisée.

Cette semaine, Denis Laville n'a pas anticipé la réservation des nacelles. Il ne peut pas bénéficier du matériel nécessaire. Or, la livraison du matériel a été programmée ce mardi et il faut trouver l'espace pour installer les marchandises. Pour libérer un emplacement dans l'unité de vente, il a donc donné l'ordre aux salariés de démonter manuellement des rayonnages de 3 mètres de haut. Il les escalade lui-même, sans aucune protection, et demande à ses équipes de manutentionnaires de faire de même.

Deux salariés, Damien Duteil et Abdel Suarez se sont montrés récalcitrants pour effectuer le travail. Ils ont exercé leur droit de retrait. Denis Laville les a aussitôt menacés d'effectuer une retenue sur salaire pour abandon de poste. La crainte des deux salariés s'est avérée justifiée puisque, durant l'opération, plusieurs éléments de rayonnage sont tombés. L'un des vendeurs du magasin, Ewan Longuet qui préparait une commande pour un client, est blessé à la tête. Il est en arrêt de travail pour deux semaines. Saisi du problème, Luis Régo, le délégué syndical a informé l'inspectrice du travail, Magali Cleef qui est venue dresser immédiatement procès-verbal pour infraction aux règles de sécurité.

Après l'incident, Denis Laville a été licencié pour faute grave. Buro Dépôt estime qu'il n'a pas respecté les règles de sécurité du site. Il conteste ce licenciement. Ewan Longuet, quant à lui, entend démontrer la faute inexcusable de la SA Buro Dépôt. Mais le dirigeant de la SA Buro Dépôt compte utiliser la délégation de pouvoir signée au profit de Denis Laville pour échapper aux sanctions pénales qui peuvent résulter de l'accident.

Vos missions

1. *Déterminez si le licenciement de Denis Laville par Buro Dépôt pour non-respect des obligations de sécurité est fondé.*
2. *Indiquez si le refus de Damien Duteil et d'Abdel Suarez d'effectuer le travail demandé par Denis Laville est fautif et si Denis Laville pouvait effectuer une retenue sur salaire à ce titre.*
3. *Identifiez les risques encourus par la SA Buro Dépôt à la suite de l'accident d'Ewan Longuet.*
4. *Analysez la situation du dirigeant de la SA Buro Dépôt : peut-il se dégager de sa responsabilité pénale en invoquant la délégation de pouvoirs signée au profit de Denis Laville ? Au regard de l'attendu de l'arrêt de la Cour de cassation du 25 mars 2014, déterminez si la SA Buro Dépôt pourrait faire l'objet de poursuites pénales.*
5. *Analysez les moyens d'action dont Magali Cleef, inspectrice du travail, disposait.*

Document

Arrêt de la Cour de cassation, chambre criminelle, 25 mars 2014, société Gauthey, pourvoi n° 13-80376 (extraits)

Attendu [que] la cour d'appel, qui a caractérisé à la charge de la société poursuivie une faute d'imprudence et de négligence, commise pour son compte par un de ses représentants et en lien causal avec le dommage subi par la victime, a justifié sa décision sans encourir les griefs allégués ;

Qu'en effet, le salarié d'une société titulaire d'une délégation de pouvoirs en matière d'hygiène et de sécurité, et comme tel investi dans ce domaine de la compétence, de l'autorité et des moyens nécessaires à l'exercice de sa mission, est un représentant de la personne morale au sens de l'article 121-2 du Code pénal, et engage la responsabilité de celle-ci en cas d'atteinte involontaire à la vie ou à l'intégrité physique trouvant sa cause dans un manquement aux règles qu'il était tenu de faire respecter en vertu de sa délégation.

7 Situation pratique : Buro Dépôt (suite) ★★★

30 min

Compétence attendue

Analyser l'étendue de l'obligation de sécurité de l'employeur et les sanctions encourues en cas de non-respect des règles

Le dirigeant de la société Buro Dépôt craint d'être poursuivi pour mise en danger d'autrui. Il vous demande conseil. Vous réunissez un dossier documentaire afin de l'aider à préparer sa défense.

Vos missions

1. *Formulez la question juridique posée aux juges dans l'arrêt de la Cour de cassation du 13 novembre 2019.*
2. *Rédigez une note, à l'attention du dirigeant de la SA Buro Dépôt, sur le chef d'inculpation de mise en danger d'autrui. Vous expliquerez notamment la démarche retenue par les juges pour caractériser ce délit et les conséquences encourues par le chef d'entreprise en cas de qualification d'une telle infraction.*

Document 1

Extrait de l'arrêt de la Cour de cassation, chambre criminelle, du 13 novembre 2019

Vu l'article 223-1 du Code pénal ;

Attendu qu'en application de ce texte, il incombe au juge de rechercher, au besoin d'office et sans qu'il soit tenu par les mentions ou l'absence de mention de la citation pour mise en danger sur ce point, l'existence d'une obligation particulière de prudence ou de sécurité imposée par la loi ou le règlement dont la violation est susceptible de permettre la caractérisation du délit ; qu'il lui appartient ensuite d'apprécier le caractère immédiat du risque créé, puis de rechercher si le manquement relevé ressort d'une violation manifestement délibérée de l'obligation de sécurité ;

Attendu qu'il résulte de l'arrêt attaqué et des pièces de procédure que la société par actions simplifiée Saft (la société Saft), qui exerce une activité de conception et de construction de batteries de haute technologie, disposait à Nersac, en Charente, d'un site consacré à la fabrication et l'assemblage d'accumulateurs utilisant une technologie, dite « nickel-cadmium », qui requiert l'utilisation de matériaux classés dans la catégorie des agents cancérogènes, mutagènes ou toxiques pour la reproduction (agents CMR) ;

Que la société Saft, qui avait instauré depuis 2003 un protocole visant à réduire les risques d'exposition au cadmium, outre un suivi médical des travailleurs exposés, a cédé l'activité du site de Nersac à une autre société le 1er juin 2013 ; qu'à la demande du comité d'hygiène, de sécurité et des conditions de travail (CHSCT) [devenu CSE] de cet établissement, le cabinet NF..., expert agréé par le ministère du Travail, missionné avant que cette cession n'intervienne, a établi un rapport (le rapport NF...) après une visite des lieux en janvier 2013 décrivant certaines insuffisances du dispositif mis en œuvre sur le site de Nersac ;

Attendu que la société Saft et M. JH..., chef de l'établissement de Nersac, ont été convoqués devant le tribunal correctionnel d'Angoulême par citation directe délivrée le 23 décembre 2013, à l'initiative de seize salariés et de l'union départementale des syndicats CGT de la Charente, parties civiles, pour avoir, à Nersac, depuis le 24 janvier 2013 et jusqu'au 1er juin 2013, exposé directement des salariés de la société Saft de l'établissement de Nersac à un risque immédiat de mort ou de blessures de nature à entraîner une mutilation ou une infirmité en :

a) Concevant des procédés de travail ne limitant pas l'exposition des salariés aux substances chimiques dangereuses pour leur santé et notamment en :

i. N'organisant pas le temps de travail de manière à permettre aux salariés travaillant avec des substances chimiques dangereuses pour la santé de disposer de temps dédié à l'hygiène individuelle et à l'habillage et au déshabillage avant et après les pauses ;

ii. Entravant l'usage du matériel de protection individuel par l'affectation d'un seul salarié sur deux postes de travail au sein de l'atelier PME ;

iii. Faisant fonctionner la ligne 14 de l'atelier montage avec les portes ouvertes, engendrant une exposition directe à des poussières de cadmium des salariés amenés à intervenir à l'intérieur des confinements ;

iv. N'organisant pas la séparation physique entre les ateliers exposés et non exposés aux substances chimiques dangereuses de sorte à limiter le risque ;

...

...

b) Omettant de mettre en place du matériel adéquat et efficace d'aspiration collective de nature à éviter la propagation au sein des espaces de travail des substances chimiques cancérigènes notamment ;

i. En n'équipant pas de protection collective les postes de la préparation des pâtes de dispositif dans les ateliers MH et PME ;

ii. En mettant en place des installations collectives inefficaces conduisant à une dispersion des substances chimiques nocives pour la santé dans l'environnement de travail des salariés notamment aux ateliers PBE et DÉCOUPE ;

c) S'abstenant d'équiper l'ensemble des salariés affectés aux postes exposés aux agents chimiques dangereux de masques à ventilation assistée correspondant aux normes en vigueur ;

d) S'abstenant d'organiser des examens médicaux et des examens complémentaires à tous les salariés exposés au cadmium à la suite de la reconnaissance par la sécurité sociale d'un cancer broncho-pulmonaire en janvier 2012 ;

e) S'abstenant d'équiper les salariés de vêtements de protection ou vêtement appropriés dès leur prise de service ;

f) S'abstenant d'organiser la séparation physique des espaces au sein desquels les agents chimiques cancérigènes sont utilisés des autres parties de l'usine ;

g) En ne remettant pas leurs attestations d'expositions à l'ensemble des salariés transférés le 1er juin 2013 vers une autre société ;

Attendu que par jugement du 12 janvier 2016, le tribunal correctionnel a déclaré M. JH... et la société Saft coupables du délit de mise en danger de la vie d'autrui et a prononcé sur les intérêts civils ; que les prévenus, le ministère public et les parties civiles ont interjeté appel de cette décision ;

Attendu que pour dire le délit de mise en danger d'autrui non caractérisé, l'arrêt énonce, après avoir analysé les motifs retenus par les premiers juges, qu'aucun grief n'est établi au regard d'une obligation particulière de prudence ou de sécurité imposée par la loi ou le règlement, ladite obligation devant s'entendre, conformément à la jurisprudence et à la doctrine, comme une norme suffisamment précise pour que soit déterminable sans équivoque la conduite à tenir dans telle ou telle situation et pour que les écarts à ce modèle puissent être aisément identifiés comme hypothèse de mise en danger ;

Que les juges ajoutent qu'à supposer que l'on admette que certaines règles de prudence, notamment dans l'organisation du travail ou des locaux, qui n'auraient pas été respectées, pourraient ressortir à une acception large notamment des 3° et 6° de l'article R. 4412-70 du Code du travail, le caractère manifestement délibéré de la violation de ces normes ne peut être retenu, l'employeur ayant manifesté depuis des années un réel souci de progresser dans la sécurité au travail, comme le démontrent notamment la mise en place des contrôles effectués par le bureau Veritas, la formalisation du plan cadmium, la généralisation des contrôles biologiques des salariés, l'abaissement des seuils d'aptitude pour les salariés exposés au cadmium ou encore le processus de reclassement des salariés concernés sur des postes non exposés ;

...

...

Que la cour d'appel relève enfin que, s'il ressort du rapport NF..., sur lequel les parties civiles assoient leurs demandes, que le procès industriel peut être amélioré à plusieurs égards afin de diminuer l'exposition des salariés aux agents CMR, ledit rapport ne comporte aucune analyse ni mesure des produits que contiennent les dépôts de poussière dont il constate l'existence en différents ateliers du site de Nersac, en sorte qu'il ne peut combattre utilement les mesures effectuées régulièrement et depuis plusieurs années par le bureau Véritas, communiquées par la défense, qui révèlent que les niveaux d'exposition des salariés au nickel et au cadmium sont inférieurs aux valeurs limites d'exposition professionnelles promues par les pouvoirs publics ;

Mais attendu qu'en prononçant ainsi, alors qu'il lui incombait de rechercher celles des obligations particulières de prudence ou de sécurité imposées par la loi ou le règlement régissant l'emploi d'agents CMR, qui, objectives, immédiatement perceptibles et clairement applicables sans faculté d'appréciation personnelle du sujet, étaient susceptibles d'avoir été méconnues, puis, d'apprécier dans cette hypothèse, si compte tenu des modalités de l'exposition aux agents CMR, les plaignants avaient été exposés à un risque immédiat, de mort ou de blessures de nature à entraîner une mutilation ou une infirmité permanente, enfin, de rechercher si le ou les manquements le cas échéant relevés ressortaient à une violation manifestement délibérée de l'obligation de sécurité, la cour d'appel a méconnu le sens et la portée du texte susvisé et le principe ci-dessus rappelé ; [...]

CASSE et ANNULE l'arrêt susvisé de la cour d'appel de Bordeaux, en date du 6 mars 2018, mais en ses seules dispositions ayant débouté les parties civiles de leurs demandes, à l'exclusion des demandeurs dont les pourvois sont irrecevables, toutes autres dispositions étant expressément maintenues ; [...]

Document 2

Extraits du Code du travail et du Code pénal

Article L. 4121-1 du Code du travail

L'employeur prend les mesures nécessaires pour assurer la sécurité et protéger la santé physique et mentale des travailleurs.

Ces mesures comprennent :

1° Des actions de prévention des risques professionnels ;

2° Des actions d'information et de formation ;

3° La mise en place d'une organisation et de moyens adaptés.

L'employeur veille à l'adaptation de ces mesures pour tenir compte du changement des circonstances et tendre à l'amélioration des situations existantes.

Article 223-1 du Code pénal

Le fait d'exposer directement autrui à un risque immédiat de mort ou de blessures de nature à entraîner une mutilation ou une infirmité permanente par la violation manifestement délibérée d'une obligation particulière de sécurité ou de prudence imposée par la loi ou le règlement est puni d'un an d'emprisonnement et de 15 000 euros d'amende.

SYNTHÈSE

Les pouvoirs de l'employeur et la protection de la santé des salariés

Les obligations de l'employeur

Obligation de sécurité

- Obligation légale et générale de sécurité : prendre toutes les mesures nécessaires à la sécurité et à la santé des salariés
- Obligation de sécurité de résultat ou de moyens renforcée (jurisprudence)

Mise en œuvre des obligations

- Respect des principes généraux de prévention
- Élaboration du document unique d'évaluation des risques professionnels (DUERP)
- Prise des mesures de prévention des risques professionnels nécessaires
- Information et formation des salariés
- Mise en place d'une organisation et des moyens adaptés

Sanction du non-respect des obligations

- Sanctions civiles : en cas de faute inexcusable de l'employeur, indemnisation du salarié (majoration de la rente + dommages-intérêts)
- Sanctions pénales : pour l'employeur (ou son délégataire), personne physique et/ou morale, en cas de manquement aux règles légales de santé et de sécurité ou d'infraction au Code pénal

Les principes généraux de prévention en matière de santé et de sécurité

- **Éviter** les risques et **évaluer** ceux qui ne peuvent être évités
- **Combattre** les risques à la source
- **Concevoir** et **adapter** les postes de travail aux besoins des salariés
- **Tenir compte** de l'évolution de la technique
- **Remplacer** ce qui est dangereux par ce qui l'est moins ou pas
- **Planifier** la prévention
- **Prendre** des mesures individuelles et collectives de protection et les **communiquer**

Les obligations et droits des salariés

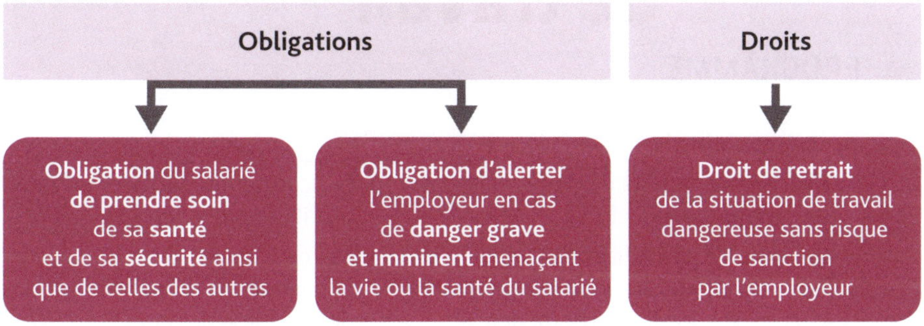

Les acteurs de la santé et de la sécurité au travail

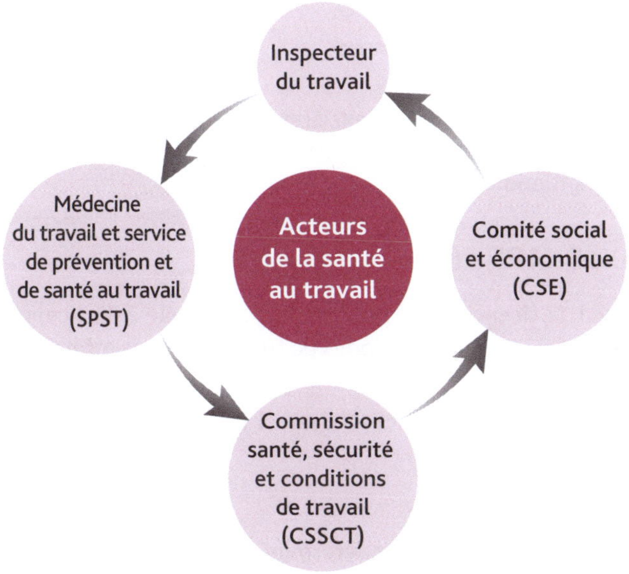

CHAPITRE 11 La rupture du contrat de travail

PROGRAMME

Compétences attendues

- **Analyser** la validité d'un licenciement pour motif personnel
- **Apprécier** la possibilité pour l'employeur d'avoir recours au licenciement pour motif économique dans un contexte donné
- **Exploiter** une documentation juridique relative aux obligations de l'employeur dans le cadre d'un licenciement pour motif économique
- **Décrire** la procédure de validation du PSE et ses conséquences
- **Déterminer** le mode de rupture adapté à une situation donnée
- **Préciser** les conséquences financières d'une rupture du contrat de travail dans une situation donnée

Savoirs associés

- Le licenciement pour motif personnel : motifs et procédure
- Le licenciement pour motif économique : motifs, obligations de l'employeur, procédure de licenciement individuel, collectif de moins de 10 salariés, procédure de grand licenciement collectif
- Les autres modes de rupture du contrat de travail : la démission, la prise d'acte de la rupture, la rupture conventionnelle, la force majeure, la résiliation judiciaire, le départ et la mise à la retraite
- Les effets de la rupture du contrat de travail

PLAN DU CHAPITRE

Cours : 1. Le licenciement pour motif personnel • 2. Le licenciement pour motif économique • 3. Les autres modes de rupture • 4. Les effets de la rupture du contrat de travail

Des savoirs aux compétences : Évaluer les savoirs • Maîtriser les compétences • Préparer l'épreuve

Synthèse

Le contrat de travail à durée indéterminée (CDI) n'offre pas la stabilité attendue puisque sa rupture nourrit abondamment le contentieux. Le contrat de travail peut être rompu à l'initiative de l'employeur, du salarié ou d'un commun accord. Le licenciement relève de l'employeur. Quel qu'en soit le motif, il exige une cause réelle et sérieuse. Relèvent du salarié la démission et la prise d'acte au périmètre restreint. D'autres modes de rupture existent, comme la rupture conventionnelle (individuelle ou collective).

MOTS-CLÉS

Cause réelle et sérieuse • Cause sérieuse • Démission • Force majeure • Licenciement collectif • Licenciement pour motif économique • Licenciement pour motif personnel • Prise d'acte • PSE • Résiliation judiciaire • Retraite • Rupture conventionnelle

1 Le licenciement pour motif personnel

Définition

Le **licenciement pour motif personnel** consiste en la rupture du contrat de travail à durée indéterminée pour un motif inhérent à la personne du salarié. Il est justifié par une **cause réelle et sérieuse**.

A) Une cause réelle et sérieuse

1. Une cause réelle

Le motif doit présenter **trois qualités cumulatives** (fig. 11.1).

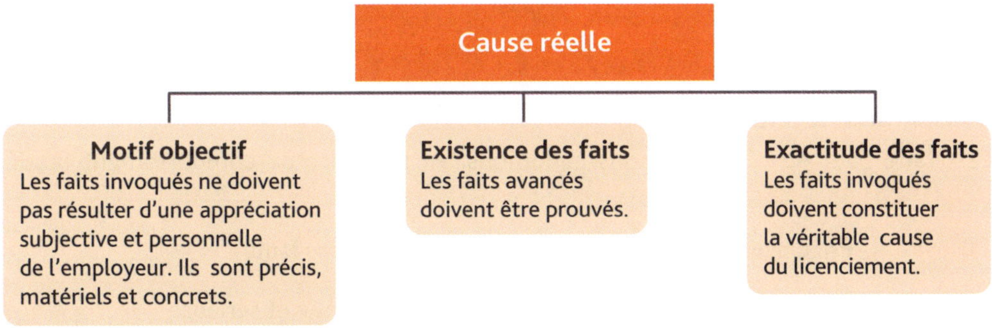

Figure 11.1. **Critères cumulatifs de la cause réelle**

2. Une cause sérieuse

Définition

Une **cause sérieuse** est un motif qui revêt une certaine gravité et qui rend impossible, sans dommages pour l'entreprise, la continuation de la relation de travail.

B) Les faits à l'origine du licenciement

1. Les faits fautifs

Le comportement du salarié doit être suffisamment fautif (tab. 11.1) pour justifier un licenciement. Le licenciement est dans ce cas-ci disciplinaire (chapitre 9).

Tableau 11.1 **Classification des fautes**

	Définition	Exemples	Conséquences
Faute légère	Erreur professionnelle sans conséquence préjudiciable	Des retards peu nombreux	Sanction proportionnée à la faute
Faute sérieuse	Premier niveau fautif qui justifie le licenciement	Des absences répétées sans juste motif	Versement d'indemnités de licenciement et préavis à exécuter

	Définition	Exemples	Conséquences
Faute grave	• Violation des obligations du contrat de travail ou des relations de travail • Rend impossible le maintien du salarié dans l'entreprise pendant le préavis	• Mauvaise exécution de la prestation de travail • Remboursement de frais fictifs • Refus d'obéissance	• Possibilité de mise à pied conservatoire • Absence d'indemnités de licenciement et de préavis (sauf CP)
Faute lourde	• Intention de nuire à l'employeur • Autorise l'engagement de la responsabilité du salarié à l'égard de l'employeur	• Sabotage de machines • Détournement d'un client au profit d'un concurrent	• Absence d'indemnités de licenciement et de préavis • Indemnités de CP dues

2. Les faits non fautifs

Le salarié peut être licencié, sous conditions, en l'absence de comportement fautif. (tab. 11.2).

Tableau 11.2 Principaux motifs personnels de licenciement sans faute

	Validation de la cause réelle et sérieuse
Insuffisance professionnelle	• Abstention volontaire ou mauvaise volonté délibérée • Agissement du salarié dans le cadre de sa qualification • Ne peut être invoquée lorsque l'employeur n'a pas satisfait à son obligation d'adaptation des salariés par une formation suffisante
Non-réalisation des objectifs	• Objectifs réalistes (preuve à apporter par l'employeur) • Mauvais résultats imputables à une insuffisance professionnelle (preuve à apporter par l'employeur) ou à une faute du salarié (preuve à apporter par l'employeur)
Perte de confiance en le salarié	• Insuffisante en elle-même • Nécessité d'éléments objectifs (exemple : le vol)
Maladie non professionnelle	• Licenciement lié à l'état de santé : discrimination sauf exceptions : – perturbation du fonctionnement de l'entreprise par des absences répétées ou prolongées – remplacement effectif du salarié absent – embauche d'un autre salarié indispensable à une date proche du licenciement ou dans un délai raisonnable
Vie privée du salarié	• Un fait relevant de la vie privée ne peut justifier un licenciement pour faute sauf s'il se rattache à la vie professionnelle du salarié ou à un manquement à ses obligations contractuelles • Constat d'un trouble objectif lié au comportement du salarié au sein de l'entreprise

3. La charge de la preuve

Principe. Aucune des parties ne supporte la charge de la preuve, les deux parties sont sur un pied d'égalité : c'est la règle de « neutralisation de la charge de la preuve ». Le juge apprécie la légitimité du licenciement à partir des éléments présentés par les deux parties. Il peut décider de mesures d'instruction appropriée. Si le doute subsiste il profite au salarié.

Exception. La charge de la preuve appartient à l'employeur en cas de faute grave et faute lourde. Cela s'explique par le fait qu'il ne verse pas d'indemnités de rupture.

4. Le licenciement sans cause réelle et sérieuse

Principe. Un licenciement sans cause réelle et sérieuse est sanctionné quels que soient l'effectif de l'entreprise et l'ancienneté du salarié.

Sanctions. Le juge peut prononcer la réintégration du salarié dans l'entreprise avec maintien des avantages acquis. Cette proposition peut être refusée par le salarié ou l'employeur. À défaut de réintégration le salarié bénéficie d'une indemnisation qui se cumule avec les indemnités de préavis et de licenciement. Un barème fixe un plancher et un plafond de dédommagement en fonction de l'effectif de l'entreprise et de l'ancienneté du salarié.

Exemple

Dans le cas d'une entreprise de plus de 11 salariés et d'un salarié injustement licencié avec cinq ans d'ancienneté :
Plancher : trois mois de salaire brut, plafond : six mois de salaire
Pour le barème complet : Code du travail, art. 1235-3.

Le barème ne s'applique pas dans certaines situations (ex : discrimination). Dans les autres cas, l'application du barème a été confirmée par la Cour de cassation, mais elle a été écartée par plusieurs cours d'appel lorsqu'elle ne permet pas une indemnisation adéquate.

C) La procédure

Trois étapes. La décision de licenciement nécessite le respect d'étapes préalables, véritables garanties de **protection** du salarié (fig. 11.2).

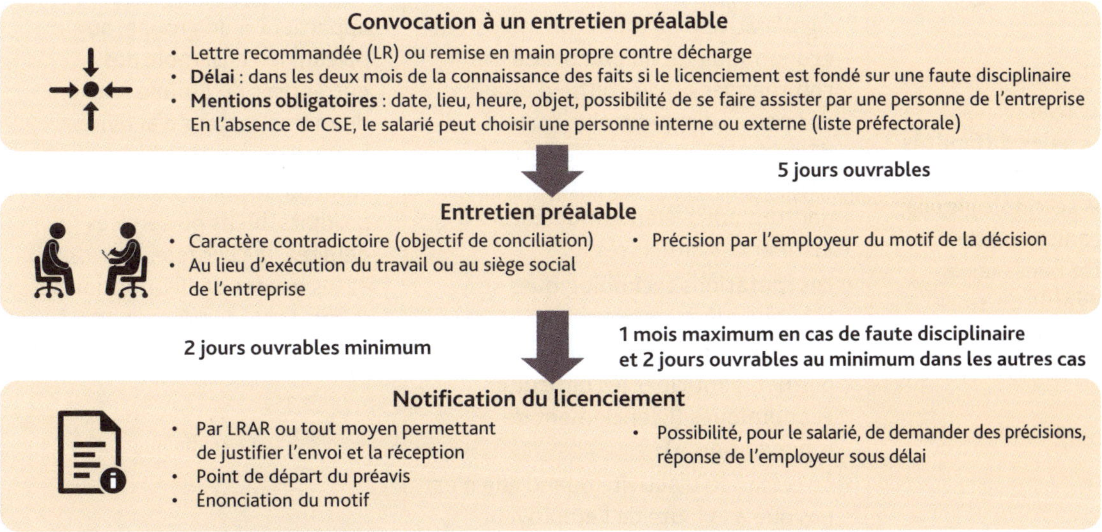

Figure 11.2. Étapes de la procédure de licenciement pour motif individuel

Non-respect de la procédure. Le non-respect des délais ou l'absence de mentions obligatoires rend la procédure irrégulière, sous peine d'indemnités qui ne peuvent être supérieures à un mois de salaire, quel que soit l'ancienneté du salarié ou l'effectif de l'entreprise.

2 Le licenciement pour motif économique

A) Le motif économique de licenciement

Définition

Le **licenciement pour motif économique** (Code du travail, art. L. 1233-3) se caractérise par trois éléments (tab. 11. 3).

Tableau 11.3 Éléments du motif économique de licenciement

	Commentaire	Mode d'appréciation
Un ou plusieurs motifs non inhérents à la personne du salarié	Le motif n'est pas disciplinaire, n'est pas lié aux obligations nées du contrat de travail. Il n'a aucun rapport avec le comportement du salarié.	
Élément matériel : suppression ou transformation d'emploi ou modification, refusée par le salarié, d'un élément essentiel du contrat	• La suppression vise l'emploi. • La transformation d'emploi concerne l'évolution des fonctions du salarié. • Le refus du salarié intervient après qu'une offre de modification lui a été proposée.	Ces éléments sont constatés au niveau de l'entreprise concernée.
Élément causal : motifs liés à des difficultés économiques, des mutations technologiques, une réorganisation de l'entreprise nécessaire à la sauvegarde de sa compétitivité ou à la cessation d'activité	• Les difficultés économiques sont caractérisées par l'évolution significative d'au moins un indicateur économique tel qu'une baisse des commandes ou du chiffre d'affaires, des pertes d'exploitation ou une dégradation de la trésorerie ou de l'excédent brut d'exploitation, soit par tout autre élément de nature à justifier ces difficultés. • Les mutations technologiques se réfèrent à l'environnement. • La réorganisation de l'entreprise permet d'anticiper les difficultés économiques (licenciement de « prévention »). • La cessation d'activité quand elle n'est pas due à la faute de l'employeur.	• Elles sont constatées au niveau de l'entreprise ou, si celle-ci appartient à un groupe, au niveau de l'ensemble des entreprises du groupe relevant du même secteur d'activité. • Le secteur d'activité se caractérise par la nature des produits, biens ou services délivrés, la clientèle, les réseaux et les modes de distribution se rapportant au même marché.

FOCUS La notion de groupe : critères principaux

Le groupe est formé par une entreprise dominante dont le siège est en France et les entreprises qu'elle domine :

- par la possession de plus de la moitié du capital d'une autre société, ou de la majorité des droits de vote de cette société ;
- lorsqu'elle détermine en fait, par les droits de vote dont elle dispose, les décisions dans les assemblées générales de cette société ;
- lorsqu'elle dispose du pouvoir de nommer ou de révoquer la majorité des membres des organes d'administration, de direction ou de surveillance de cette société ;
- lorsqu'elle détient une fraction des droits de vote supérieure à 40 % et qu'aucun autre associé ou actionnaire ne détient directement ou indirectement une fraction supérieure à la sienne.

B) Les obligations de l'employeur

1. La prévention

La gestion prévisionnelle des emplois et des compétences (GPEC). La prévention des licenciements économiques commence par une consultation annuelle du CSE (↪chapitre 12) sur les orientations stratégiques de l'entreprise et leurs conséquences sur l'emploi, l'évolution des métiers et des compétences et l'organisation du travail. Le CSE émet un avis et des propositions notamment sur la GPEC et la formation professionnelle. Dans les groupes ou les entreprises d'au moins 300 salariés, l'employeur doit engager, au moins une fois tous les 4 ans, une négociation sur la gestion des emplois et des parcours professionnels.

L'employeur est tenu à des obligations d'adaptation et de reclassement avant tout licenciement économique (tab. 11.4)

Tableau 11.4. Obligations d'adaptation et de reclassement

Obligation d'adaptation	Obligation de reclassement
• **Principes**. D'une manière générale, dans le cadre du contrat de travail, l'employeur est tenu d'assurer l'adaptation des salariés à l'évolution de leur emploi. Tous les salariés sont concernés quel que soit l'effectif de l'entreprise. Plus particulièrement, le licenciement pour motif économique ne peut intervenir que lorsque tous les efforts de formation et d'adaptation ont été réalisés. • **Étendue**. Cette obligation présente plusieurs dimensions : – adaptation des salariés à leur poste de travail ; – maintien de leur capacité à occuper un emploi du fait de l'évolution des emplois, des technologies, des organisations ; – proposition de formation pour le développement des compétences y compris numériques et la lutte contre l'illettrisme.	• **Principe.** L'obligation de reclassement s'impose pour tout projet de licenciement économique quel que soit l'effectif de l'entreprise. • **Mise en œuvre**. La tentative de reclassement doit s'opérer pour des emplois disponibles situés sur le territoire national dans l'entreprise concernée ou certaines entreprises du groupe permettant la permutation du personnel. L'emploi relève de la même catégorie que celui qui était occupé ou d'un emploi équivalent assorti d'une rémunération équivalente, sauf accord exprès du salarié. L'employeur adresse les offres de reclassement à chaque salarié ou diffuse une liste des postes disponibles par des moyens adaptés. Les offres sont écrites et précises.

2. Les critères de hiérarchisation des licenciements

Les critères d'ordre des licenciements doivent être fixés soit par la négociation, soit unilatéralement par l'employeur. La loi énumère des critères qui devront être notamment pris en compte : charges de familles, ancienneté de service, situations personnelles comme le handicap, l'âge et les qualités professionnelles. D'autres critères peuvent être ajoutés et des pondérations appliquées.

Le périmètre d'application peut être fixé par accord collectif, à défaut il ne peut être inférieur à celui de chaque zone d'emploi dans laquelle sont situés un ou plusieurs établissements de l'entreprise concernés par les suppressions d'emploi.

3. Les mesures d'accompagnement

Plan de sauvegarde de l'emploi (PSE). Le PSE est obligatoire dans les entreprises d'au moins 50 salariés lorsqu'un projet de licenciement concerne au moins 10 salariés sur 30 jours (grand licenciement) sous peine de nullité de la procédure. Il a pour objet d'éviter ou de limiter le nombre de licenciements et de faciliter le reclassement de ceux dont le licenciement ne peut pas être évité. Le PSE fait l'objet d'un accord collectif ou d'un document unilatéral de l'employeur (tab. 11.5).

Tableau 11.5. Élaboration du PSE

Accord collectif	• Signature, dans les entreprises d'au moins 50 salariés, par une ou plusieurs organisations syndicales ayant recueilli au moins 50 % des suffrages exprimés au premier tour des dernières élections des membres titulaires du CSE. • L'accord porte sur le contenu du PSE. • La négociation est libre mais l'accord ne peut pas déroger à l'obligation de formation, d'adaptation et de reclassement, de proposer un contrat de sécurisation professionnelle (cas des entreprises de moins de 1 000 salariés, ou en redressement ou liquidation judiciaire) ou un congé de reclassement (cas des entreprises d'au moins 1 000 salariés) et aux règles d'information du CSE.
Document unilatéral de l'employeur	Le document ne peut que préciser les éléments énumérés dans la loi sans dérogation possible : reclassements interne et externe, créations d'activités nouvelles, action de formation, de VAE (↪ **chapitre 8**) de reconversion et de réduction du temps de travail.

Contrat de sécurisation professionnelle (CSP). Dans les entreprises de moins de 1 000 salariés, ou en redressement ou liquidation judiciaire, le CSP a pour objet l'organisation et le déroulement d'un parcours de retour à l'emploi, le cas échéant au moyen d'une reconversion, d'une création ou d'une reprise d'entreprise, organisé par Pôle emploi. Sa durée ne peut pas excéder douze mois. L'employeur propose le CSP à chaque salarié dont il envisage le licenciement contre récépissé et remise d'un dossier qu'il s'est procuré sur le site de Pôle emploi. À défaut, l'employeur est redevable auprès de Pôle emploi d'une contribution. Le salarié dispose d'un délai de réflexion de 21 jours pour accepter ou refuser le CSP. Il adhère en remettant à l'employeur le bulletin d'acceptation et la demande d'allocation de sécurisation professionnelle. Le contrat de travail est alors réputé rompu. Le salarié ne bénéficie pas du droit au préavis, ni à l'indemnité afférente mais il percevra l'indemnité de licenciement. Pendant le CSP, le salarié jouit du statut de stagiaire de la formation professionnelle. Il perçoit une allocation de sécurisation professionnelle de Pôle emploi égale à 75 % du salaire journalier de référence sans qu'elle soit inférieure à l'allocation de retour à l'emploi (ARE) à laquelle il aurait pu prétendre (↪ chapitre 19).

Congé de reclassement. Dans les entreprises d'au moins 1 000 salariés, l'employeur propose à chaque salarié dont il envisage le licenciement économique un congé de reclassement (fig. 11.3). Cette obligation ne s'applique pas en cas de redressement ou liquidation judiciaire. Le salarié bénéficie d'actions de formation et des prestations d'une cellule d'accompagnement des démarches de recherche d'emploi (entretien d'évaluation, et d'orientation, bilan de compétences, détermination d'actions de formation).

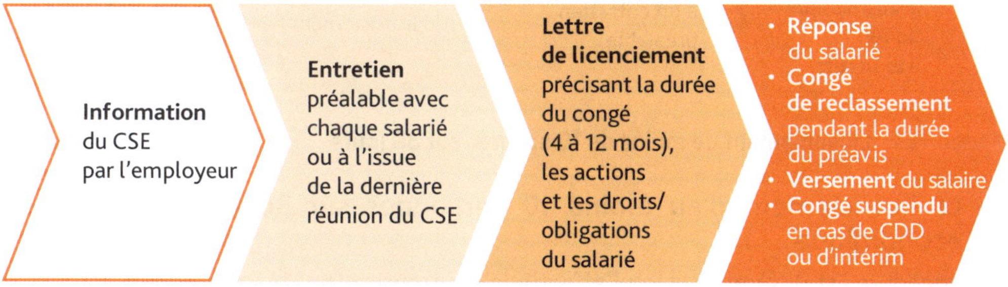

Figure 11.3. **Procédure de reclassement**

C) La procédure de licenciement individuel pour motif économique

La procédure de licenciement individuel pour motif économique est identique à la procédure pour motif personnel et se déroule en trois phases. Elle présente néanmoins des spécificités :

- la prise en compte des critères d'ordre des licenciements pour le choix du salarié ;
- au cours de l'entretien, l'employeur propose le contrat de sécurisation professionnelle ou informe le salarié sur le congé de reclassement dans les entreprises concernées ;
- en l'absence de reclassement, la lettre de licenciement est envoyée dans un délai de sept jours ouvrables (quinze pour les cadres). Elle doit mentionner la priorité de réembauche et ses conditions de mise en œuvre ;
- l'employeur informe la Dreets par écrit dans un délai de 8 jours.

D) La procédure de licenciement collectif

1. La notion de licenciement collectif

Définition

Un **licenciement** est **collectif** lorsqu'au moins deux personnes sont licenciées sur 30 jours. Pour déterminer cet effectif on retient tous les modes de rupture au moment où la procédure est engagée dans l'entreprise ou l'établissement concerné.

La période de référence court à compter de la date de la première réunion du CSE sur le projet de licenciement, à défaut à la date du premier entretien préalable.

La procédure de licenciement collectif diffère selon que les licenciements concernent moins de 10 salariés ou au moins 10 salariés sur une période de 30 jours, et selon l'effectif de l'entreprise de 50 salariés ou plus.

2. Le licenciement de moins de 10 salariés sur 30 jours pour motif économique

Une procédure en trois étapes doit être respectée ; la Dreets est informée (fig. 11.4).

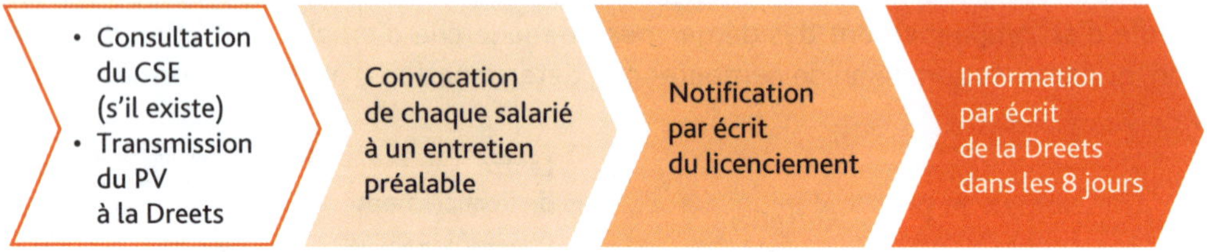

Figure 11.4. Licenciement de moins de 10 salariés sur 30 jours

3. Le licenciement d'au moins 10 personnes sur 30 jours pour motif économique

La procédure est différente selon l'effectif de l'entreprise (fig. 11.5 et 11.6).

Entreprises de moins de 50 salariés.

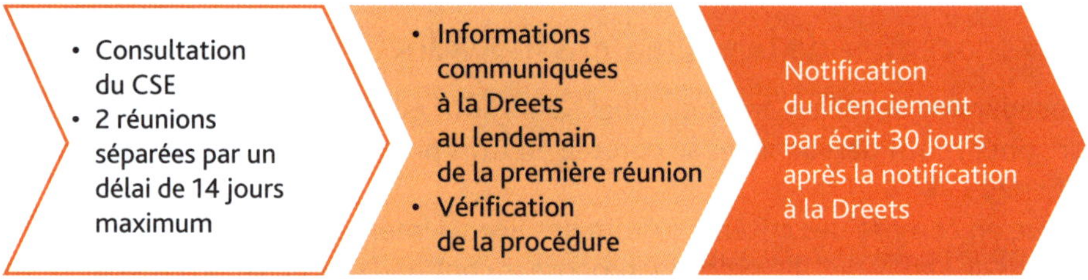

Figure 11.5. Étapes du licenciement collectif dans les entreprises de moins de 50 salariés

Entreprises d'au moins 50 salariés. Cette procédure se caractérise par l'obligation d'établir un PSE et un contrôle administratif.

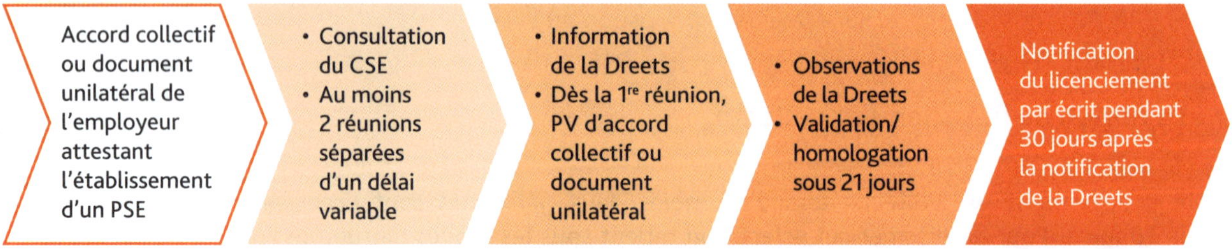

Figure 11.6. Étapes du licenciement collectif dans les entreprises de 50 salariés et plus

Entreprises d'au moins 1 000 salariés. La fermeture d'un établissement avec pour conséquence des licenciements économiques et un **plan de sauvegarde de l'emploi** (PSE), oblige à rechercher un repreneur. Les projets sont étudiés en lien avec le CSE (↪ chapitre 12).

3 Les autres modes de rupture du contrat de travail

A) La démission

Définition

La **démission** est un acte unilatéral par lequel le salarié en CDI manifeste de façon claire, sérieuse et non équivoque sa volonté de mettre fin à son contrat de travail.

La démission ne se présume pas. La qualification est appréciée par les juges au regard des faits et des circonstances. Elle suppose la réunion de plusieurs conditions (tab. 11.6).

Tableau 11.6. Conditions de validité de la démission

Volonté claire	La démission résulte d'un acte unilatéral de volonté émanant exclusivement du salarié.
Volonté sérieuse	Elle est libre et ne résulte pas d'un énervement passager ou d'une pression de l'employeur. Le salarié a apprécié la portée de son acte et ses conséquences.
Volonté non équivoque	Elle ne résulte pas d'une interprétation du comportement du salarié par l'employeur (ex. : un abandon de poste ou un défaut de reprise du travail après un congé).

CHIFFRE-CLÉ

Le taux de démission a atteint un niveau historiquement haut avec près de **52 000** par trimestre dont 47 000 pour les CDI. (Dares, 2022)

1. La rupture automatique du contrat de travail

L'employeur n'a pas à accepter la démission. Le salarié ne peut pas, en principe se rétracter dès lors que sa démission a été clairement établie, sauf si l'employeur ne l'a pas encore reçue.

Préavis. Sa durée et son existence résultent de la loi, d'un accord collectif, à défaut des usages dans l'entreprise. La loi fixe la durée du préavis uniquement pour les journalistes et les VRP. Par conséquent, on se réfère à la convention ou l'accord collectif s'il existe, même si la durée fixée est plus longue que les usages. Le contrat de travail ne peut pas prévoir de durée moins favorable que l'accord collectif.

Non-réalisation du préavis. L'employeur peut dispenser le salarié de préavis, ou les parties peuvent en convenir d'un commun accord. Cela ne donnera pas lieu à une indemnisation. En cas d'inexécution du préavis, le salarié devra verser à l'employeur une indemnité équivalente aux salaires restant à courir, même en l'absence de préjudice.

La loi fixe des dispenses (ex. : femmes enceintes, parent souhaitant élever un enfant à l'issue d'un congé de maternité ou d'adoption).

2. La démission abusive

Le salarié qui démissionne dans l'intention de nuire ou faisant preuve de légèreté coupable commet un abus de droit. Le salarié fautif devra réparer le préjudice qui en résulte.

Exemple

- Un mannequin qui attendrait la veille de la présentation d'une collection pour donner sa démission ferait preuve de démission abusive.

3. Démission et abandon de poste

Aux termes de l'article 4 de la loi n°2022-1598 du 21 décembre 2022, l'abandon de poste désigne le fait, pour un salarié, de quitter son poste de travail sans autorisation, mais aussi de ne plus se rendre au travail sans justifier de son absence.
Le salarié qui abandonne volontairement son poste et ne reprend pas le travail après une mise en demeure de son employeur (par LR ou remise en main propre contre décharge) est présumé avoir démissionné.
La mise en demeure doit demander au salarié de justifier son absence et de reprendre son poste dans un délai fixé par l'employeur. À l'expiration de ce délai, le salarié sera présumé démissionnaire.
La présomption de démission est une présomption simple que le salarié peut renverser en saisissant le bureau de jugement du conseil de prud'hommes.
Le salarié n'aura pas droit aux allocations chômage.
Certaines situations d'absence légitimes ne peuvent pas être qualifiées d'abandon de poste (exercice du droit de retrait, de grève ou abandon de poste sans autorisation du fait de l'état de santé).

4. Les droits du salarié démissionnaire

Le salarié ayant une juste raison de démissionner peut bénéficier d'un revenu de remplacement (↪ chapitre 19) dans les mêmes conditions qu'un salarié licencié. Une liste de ces justes raisons a été établie par l'Unédic.

Exemple

- Le changement de domicile du conjoint ou encore tout fait de harcèlement ayant donné lieu à une action pénale ouvre droit, pour le salarié démissionnaire, aux allocations de chômage.

La loi n° 2018-771 du 5 septembre 2018 pour la liberté de choisir son avenir professionnel a introduit, depuis le 1er janvier 2019, un droit aux indemnités de chômage (↪ chapitre 19) même en cas de démission « volontaire » du salarié, dans le but de favoriser la mobilité professionnelle. Pour percevoir ces allocations, le salarié doit avoir un projet de reconversion professionnelle nécessitant le suivi d'une formation ou un projet de création ou de reprise d'entreprise. Ce projet doit être suffisamment étayé et concret. Le salarié doit remplir des conditions d'activité antérieures définies par décret en Conseil d'État.

Le salarié, préalablement à sa démission, doit solliciter un conseil en évolution professionnelle auprès d'une institution ou d'un organisme agréé à l'exception de Pôle emploi (ex. : Opco, missions locales).

B) La prise d'acte de la rupture

Définition

La **prise d'acte** de la rupture du contrat de travail est le fait pour le salarié de rompre le contrat de travail en cas de manquement de son employeur à ses obligations et de lui imputer la rupture.

L'employeur qui prend l'initiative de rompre le contrat et considère qu'il est rompu du fait du salarié doit mettre en œuvre la procédure de licenciement avec cause réelle et sérieuse. À défaut, il s'agit d'un licenciement sans cause réelle et sérieuse.

1. Les conditions de mise en œuvre

La prise d'acte est une **création jurisprudentielle**. Elle est retenue par les juges à plusieurs conditions (tab. 11.7).

Tableau 11.7. Conditions de validité de la prise d'acte de la rupture

Manquement de l'une des parties aux obligations résultant du contrat de travail	Ex. : non-paiement des salaires ; harcèlement moral, modification du contrat de travail sans l'accord du salarié.
Des faits qui empêchent la poursuite du contrat de travail	Des manquements suffisamment graves.
La preuve des manquements	Le salarié doit apporter la preuve des manquements qu'il invoque.
Absence de conditions de forme	Il n'existe pas de formalisme particulier mais la prise d'acte doit être adressée à l'employeur. L'écrit par lequel un salarié prend acte de la rupture ne fixe pas les limites du litige.

2. Les conséquences de la prise d'acte

La prise d'acte entraîne :

- Les **effets du licenciement sans cause réelle et sérieuse.** Lorsque les faits reprochés à l'employeur sont avérés et justifient une rupture, la prise d'acte produit les effets d'un licenciement sans cause réelle et sérieuse (indemnités de rupture). À l'inverse, elle revêt les effets d'une démission.
- La **saisie de la juridiction prud'homale**. Le salarié saisit le conseil de prud'hommes qui statue dans un délai d'un mois.
- La **cessation immédiate du contrat de travail,** une fois la prise d'acte notifiée à l'employeur, sans rétraction possible. Le contrat cesse immédiatement (absence de préavis).

CHIFFRES-CLÉS

454 000 ruptures conventionnelles individuelles homologuées en 2021. **5 280 €** d'indemnité médiane pour un cadre, contre **1 000 €** pour un employé. (Dares, 2022)

C) La rupture conventionnelle individuelle

Définition

La **rupture conventionnelle** est un accord entre l'employeur et le salarié qui conviennent en commun des conditions de la rupture du contrat de travail qui les lie.

Créée en 2008, la rupture conventionnelle ne peut pas être imposée par l'une des parties et ne doit pas avoir pour but de contourner le droit du licenciement. Elle est exclue des champs du CDD, contrat d'apprentissage, accord collectif de GPEC, PSE ou rupture conventionnelle collective.

Procédure. Elle se déroule en quatre étapes (fig. 11.7).

Formulaire en ligne :

http://dunod.link/9sqnqv7

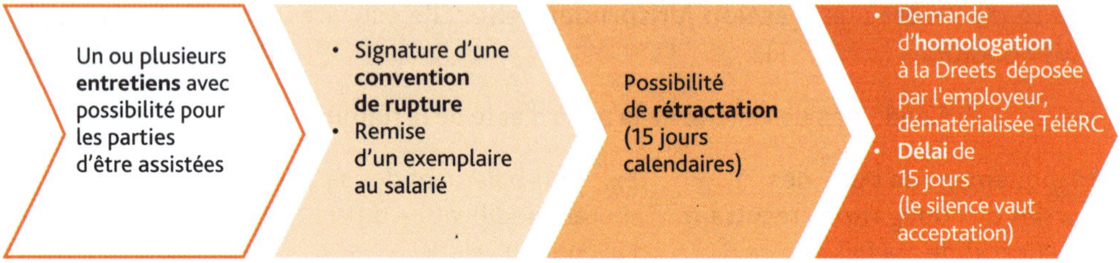

Figure 11.7. Procédure de rupture conventionnelle individuelle

Effets. La rupture prend effet à la date prévue dans la convention de rupture. L'indemnité ne peut être inférieure au montant de l'indemnité légale ou conventionnelle de licenciement. La rupture conventionnelle du contrat de travail ouvre droit à l'allocation d'aide au retour à l'emploi (ARE) versée par Pôle emploi sous réserve, principalement, de justifier d'une durée minimale d'affiliation (↪ chapitre 19).

D) La rupture conventionnelle collective

Définition

Une **rupture conventionnelle collective** est une rupture du contrat de travail de plusieurs salariés de façon amiable, dans le cadre de conditions définies collectivement.

La rupture conventionnelle collective peut aussi intervenir dans le cadre d'un PSE quand des licenciements sont justifiés par des difficultés économiques. Elle respecte une procédure qui associe le CSE et la Dreets (tab. 11.8).

Tableau 11.8 Procédure de la rupture conventionnelle collective

Négociation d'un accord collectif	Objet : nombre maximal de départs envisagés, nombre de suppressions d'emplois associés, durée de la mise en œuvre de la rupture conventionnelle collective, définition des conditions pour pouvoir bénéficier de la rupture conventionnelle collective, phases de départ, réservation à certains types de salariés selon leurs postes et leurs activités

Information de la Dreets	Dès l'ouverture des négociations
Consultation du CSE	Dans le cadre du suivi de l'accord
Volontariat des salariés	Le choix du salarié doit être non-équivoque. L'acceptation de sa candidature par l'employeur entraîne la rupture du contrat de travail
Transmission de l'accord collectif à la Dreets	Délai de quinze jours pour le valider. L'absence de réponse équivaut à une acceptation implicite.

Les conséquences sont les mêmes que celles de la rupture conventionnelle individuelle : indemnités de rupture et ARE (→ chapitre 19).

E) La force majeure

Définition

La **force majeure** est la survenance d'un événement extérieur, imprévisible lors de la conclusion du contrat et irrésistible au cours de l'exécution du contrat (ex. : phénomène climatique d'envergure).

Si l'empêchement est temporaire, le contrat est suspendu. Dans le cas contraire, la force majeure rompt le contrat de travail. Aucune indemnité n'est due, sauf l'indemnité de congés payés. Toutefois, en cas de sinistre, l'employeur doit verser une indemnité compensatrice (indemnité de préavis et de licenciement).

F) La résiliation judiciaire

Définition

La **résiliation judiciaire** du contrat de travail est une décision du conseil de prud'hommes prononcée à la demande du salarié qui estime que son employeur manque à ses obligations.

La résiliation judiciaire sollicitée par l'employeur est irrecevable (la voie du licenciement est exclusive).

L'action en résiliation judiciaire implique la poursuite des relations contractuelles, dans l'attente de la décision judiciaire (contrairement à la prise d'acte) :

- En cas de manquements de l'employeur suffisamment graves pour empêcher la relation de travail, le juge prononce la rupture du contrat de travail. Cette rupture produit les effets d'un licenciement sans CRS.
- En cas de manquements de l'employeur insuffisamment graves ou non prouvés. Le contrat est maintenu, l'employeur ne pourra pas sanctionner le salarié sur le fondement de l'action en justice.

G) La retraite

1. Le départ à la retraite

Définition

Le départ à la **retraite** est une décision du salarié consistant à quitter volontairement son emploi pour bénéficier du droit à une pension vieillesse lorsqu'il a atteint l'âge légal. Ce départ doit résulter d'une volonté claire et non équivoque.

Le salarié bénéficie d'une indemnité légale de départ à la retraite (tab. 11.9), sauf disposition conventionnelle plus favorable. Il doit respecter un préavis équivalent au préavis légal prévu pour le licenciement.

Le salaire est, selon la formule la plus avantageuse soit le 12e de la rémunération des 12 mois précédant le départ à la retraite, soit le tiers des trois derniers mois.

Tableau 11.9. Indemnité de départ à la retraite

Ancienneté	Montant de l'indemnité minimum
Moins de dix ans	Absence d'indemnité légale
Dix ans	Un demi-mois de salaire
Quinze ans	Un mois de salaire
Vingt ans	Un mois et demi de salaire
Trente ans	Deux mois de salaire

2. La mise à la retraite

Définition

La **mise à la retraite** consiste en la rupture automatique par l'employeur du contrat de travail d'un salarié ayant atteint l'âge de 70 ans.

Pour les salariés qui ont atteint l'âge requis pour bénéficier de la retraite à taux plein (↪ chapitre 18), l'employeur peut seulement proposer le départ à la retraite en respectant une procédure particulière.

Procédure. L'employeur interroge par écrit le salarié, ayant atteint l'âge d'attribution d'une retraite à taux plein et âgé de moins de 70 ans, trois mois avant son anniversaire, sur son intention de quitter volontairement l'entreprise. Si le salarié donne son accord, il peut être mis à la retraite. S'il refuse, l'employeur ne peut pas mettre le salarié en retraite dans l'année qui suit cet anniversaire. L'employeur peut réitérer sa demande jusqu'aux 69 ans inclus. Il n'y a pas d'entretien préalable, sauf disposition conventionnelle.

Conséquences. L'employeur est tenu de respecter un préavis, égal à celui du licenciement. Le salarié perçoit une indemnité de rupture égale à l'indemnité de licenciement. Les dispositions conventionnelles peuvent être plus favorables. Lorsque les conditions de mise à la retraite ne sont pas remplies, la rupture s'analyse comme un licenciement abusif.

4 Les effets de la rupture du contrat de travail

A) Le préavis

Définition

Le **préavis** est la durée pendant laquelle le contrat de travail continue à produire ses effets alors que le CDI a été rompu unilatéralement.

1. La durée

En cas de rupture du contrat de travail et sauf faute grave, la durée est fixée par la loi (tab. 11.10) mais aussi par les accords collectifs et le contrat de travail ou les usages.

Tableau 11.10. Durée légale du préavis en cas de licenciement

Ancienneté de services continus	Durée
Moins de 6 mois	Accords collectifs, usage
6 mois à deux ans	Un mois
Au moins deux ans	Deux mois

2. L'effet

Le point de départ est la date de notification de la rupture. Le préavis peut être travaillé mais le salarié peut en être dispensé :

- **Exécution du préavis.** Le contrat de travail continue à s'exécuter normalement. L'usage et les accords collectifs donnent au salarié le droit de prendre du temps pendant les heures de travail pour rechercher un emploi.
- **Dispense de préavis.** L'employeur peut libérer le salarié de l'obligation d'exécuter son préavis. Cette décision ne peut entraîner aucune diminution des salaires et avantages habituels. Le salarié peut demander une dispense de préavis. Si l'employeur l'accepte, le contrat est rompu sans indemnité compensatrice.

B) Les indemnités de licenciement et les documents obligatoires

Le salarié perçoit une indemnité de licenciement sauf faute grave ou lourde. Le montant est déterminé par la loi, les accords collectifs et le contrat de travail.

L'indemnité minimum légale est fonction de l'ancienneté du salarié (tab. 11.11).

Tableau 11.11. Indemnité minimum légale de licenciement

Ancienneté minimum	huit mois
Montant	• Jusqu'à dix ans : 25 % de mois par année + au-delà de dix ans 1/3 de mois par année • En cas d'année incomplète, l'indemnité est calculée proportionnellement au nombre de mois complets
Base de calcul	Moyenne des douze derniers mois ou 1/3 des trois derniers mois : formule la plus avantageuse

L'indemnité de congés payés est versée dans tous les cas de rupture ; des documents sont remis au salarié (tab. 11.12).

Tableau 11.12 Les documents à remettre au salarié en cas de rupture du contrat de travail

Certificat de travail	Il mentionne les dates d'entrée et de sortie du salarié, le ou les emplois occupés ainsi que les périodes correspondantes, la portabilité des garanties complémentaires santé et prévoyance.
Attestation Pôle emploi	Attestation qui permet au salarié d'exercer ses droits au chômage. Elle est obtenue lors de la notification de la rupture *via* la déclaration sociale nominative (DSN).
Reçu pour solde de tout compte	• Inventaire par l'employeur de toutes les sommes versées au salarié lors de la rupture. Le salarié en donne reçu. • Dénonciation possible du document dans les 6 mois suivant sa signature par lettre recommandée.

C) La transaction

La transaction a pour effet de clore les litiges relatifs à la rupture. Les parties consentent des concessions réciproques et éteignent toutes contestations à venir. Elle valide les conditions générales des contrats, doit être conclue postérieurement à la rupture et par écrit.

→ CAS 3 • CAS 8

1 Quiz

Vérifiez l'exactitude des propositions ci-après et justifiez-les.

	Vrai	Faux
1. Un licenciement pour motif économique est un licenciement pour un motif non inhérent à la personne du salarié.	☐	☐
2. Toutes les entreprises qui licencient pour un motif économique doivent rédiger un PSE.	☐	☐
3. Le départ brutal de son travail d'un salarié vaut démission.	☐	☐
4. Le non-versement des salaires par l'employeur autorise le salarié à rompre le contrat de travail.	☐	☐
5. La rupture conventionnelle est libre.	☐	☐
6. Les arrêts répétés pour maladie autorisent le licenciement pour motif personnel.	☐	☐
7. Le licenciement pour motif personnel est toujours fondé sur une faute.	☐	☐
8. Quel que soit le motif de son licenciement, le salarié perçoit ses indemnités de congés payés.	☐	☐

2 Le licenciement d'Audrey ★★★

Audrey, technicienne de fabrication, a rejoint l'entreprise SolidBlock il y a trois ans. Son patron vient de lui signifier son licenciement pour avoir fourni des informations confidentielles à une entreprise concurrente. Son salaire brut est égal au Smic plus 13 %.

1. *Qualifiez le licenciement d'Audrey.*
2. *Calculez la durée du préavis à effectuer par Audrey.*
3. *Calculez le montant des indemnités de licenciement à percevoir par Audrey.*

3 Cas Stéphanie Pope ★★★

Compétence attendue **Analyser** la validité d'un licenciement pour motif personnel

Stéphanie Pope est responsable qualité chez Aroma. Elle est partie en congé du 1er au 24 août. De retour à son poste, elle échange avec ses collègues et leur raconte son mois d'août. Elle a été contactée par la société Megarom, concurrent d'Aroma, pour remplacer leur responsable qualité. Ce travail était particulièrement bien rémunéré et elle l'a accepté. Cette information a circulé et la direction d'Aroma a décidé de licencier Stéphanie.

1. *Qualifiez le licenciement de Stéphanie.*
2. *Identifiez la règle de droit sur laquelle l'employeur s'est fondé.*
3. *Déterminez les conséquences de ce licenciement pour Madame Pope.*

4 Cas Elecpool ★★★

Compétence attendue **Apprécier** la possibilité pour l'employeur d'avoir recours au licenciement pour motif économique dans un contexte donné

Un fabricant européen d'appareils électroménagers, Elecpool, est confronté à un marché fortement concurrentiel sur lequel sont désormais présents des concurrents étrangers *low-cost*. Un grand groupe coréen vient de lancer un produit « révolutionnaire » : une machine à laver connectée disposant d'un diagnostic de détection de pannes.

La situation du groupe Elecpool est saine mais la direction souhaite spécialiser ses usines en Europe. L'usine de Nantes emploie 250 salariés en CDI et 130 intérimaires. La direction a décidé de fermer le site pour délocaliser la production dans un pays où la main-d'œuvre est moins chère. Elle a rédigé un PSE. Les syndicats de salariés entendent saisir la justice, ce qui promet des réunions houleuses du CSE.

1. *Indiquez si la situation autorise l'entreprise à procéder à des licenciements pour motif économique. Dans l'affirmative, recensez les éléments à examiner pour apprécier la situation.*
2. *Identifiez, dans cette situation, les obligations de la direction d'Elecpool.*

5 Cas BatFrance ★★★

Compétence attendue

Exploiter une documentation juridique relative aux obligations de l'employeur dans le cadre d'un licenciement pour motif économique

Il est procédé à un licenciement économique de neuf personnes dans l'entreprise BatFrance. Le directeur a déterminé la liste des critères retenus pour fixer l'ordre des licenciements (documents 1 et 2) qu'il a affichée dans les locaux du siège. Aucune convention collective ne s'applique.

1. *En vous référant au document 2, précisez les obligations du directeur de BatFrance dans la définition de l'ordre des licenciements.*
2. *Déterminez si la liste fournie par le directeur de BatFrance (document 1) est conforme à ces obligations.*

Document 1

Critères retenus pour fixer l'ordre des licenciements par ordre d'importance

1. Les femmes seules avec enfant à charge
2. Les conducteurs de grue
3. Les salariés qui ont plus de 15 ans d'ancienneté
4. Les personnes handicapées
5. Les salariés d'origine étrangère

Document 2

Article L. 1233-5 du Code du travail

Lorsque l'employeur procède à un licenciement collectif pour motif économique et en l'absence de convention ou accord collectif de travail applicable, il définit les critères retenus pour fixer l'ordre des licenciements, après consultation du comité social et économique.

Ces critères prennent notamment en compte :

1° Les charges de famille, en particulier celles des parents isolés ;

2° L'ancienneté de service dans l'établissement ou l'entreprise ;

3° La situation des salariés qui présentent des caractéristiques sociales rendant leur réinsertion professionnelle particulièrement difficile, notamment celle des personnes handicapées et des salariés âgés ;

4° Les qualités professionnelles appréciées par catégorie.

L'employeur peut privilégier un de ces critères, à condition de tenir compte de l'ensemble des autres critères prévus au présent article.

6 Cas Mylanfi R&D ★★★

Compétence attendue

Décrire la procédure de validation du plan de sauvegarde de l'emploi (PSE) et ses conséquences

La direction de la société Mylanfi R&D, à l'effectif de 570 salariés, vient de négocier un plan de sauvegarde de l'emploi (PSE) avec les syndicats (voir le document ci-après). Seul le syndicat CFO a accepté le PSE. CFO a obtenu aux dernières élections professionnelles 32,4 % des voix au premier tour.

1. *Repérez les rubriques du PSE de Mylanfi R&D et précisez si ce PSE est valide.*
2. *Recensez les formalités à accomplir par Mylanfi R&D dans le cadre d'un PSE.*
3. *Déterminez si le PSE signé par CFO peut être appliqué.*

Document

Les objectifs du Plan de Sauvegarde de l'Emploi et les engagements de Mylanfi R&D

Le projet de réorganisation Mylanfi R&D tel que présenté dans le document d'information remis au comité social et économique le 15 février N se traduirait par des transferts, des réaffectations, des suppressions et des créations de postes.

Conformément à ses engagements, pour mettre en œuvre cette réorganisation, Mylanfi R&D souhaite mobiliser tous les moyens permettant de favoriser le volontariat et de trouver une solution pour chacun, afin d'éviter tout licenciement. Ainsi, l'objectif de Mylanfi R&D est que chaque salarié se voit proposer le maximum d'opportunités de repositionnement.

Mylanfi R&D affirme sa volonté de tout mettre en œuvre pour que les impacts du projet de réorganisation envisagé puissent être gérés sans avoir recours à des départs contraints.

Aussi, la société mettra en place une période exclusivement dédiée au volontariat, au cours de laquelle elle proposera les mesures suivantes :

- les mobilités volontaires internes. Mylanfi R&D exploitera toutes les possibilités de repositionnement interne des salariés concernés par la réorganisation, notamment grâce aux postes créés ou qui se seront libérés et qui seront remplacés dans le cadre des départs volontaires ou des départs en TFC ou VETCS, et ce au périmètre de l'ensemble du groupe en France.
- le soutien à la mobilité volontaire externe. L'objectif est que toutes les personnes volontaires remplissant les conditions d'éligibilité et qui souhaiteront développer un projet professionnel à l'extérieur du Groupe, bénéficient des moyens optimaux pour développer ce projet de manière stable.
- un dispositif de valorisation d'expérience et de transfert de compétences senior (VETCS) sera déployé. Il permettra aux volontaires éligibles au dispositif de mettre leur savoir-faire à la disposition de structures externes (PME/PMI, collectivités territoriales, associations…). L'objectif de ces missions, financées par Mylanfi R&D est d'aider au développement, en particulier économique et scientifique, de ces entités d'accueil.

•••

...

- un dispositif de transition de fin de carrière (TFC). Il s'agit de proposer aux personnes volontaires éligibles au dispositif, et qui souhaiteront cesser leur activité professionnelle, de bénéficier d'un revenu de remplacement exclusivement financé par l'entreprise.

Ces différentes mesures d'accompagnement, exclusives les unes des autres, seront ouvertes à l'ensemble des salariés en CDI sous réserve qu'ils remplissent les conditions requises figurant dans le présent accord.

Au terme de cette période exclusivement dédiée au volontariat, des propositions de transfert seront adressées aux collaborateurs concernés.

Ce n'est qu'à l'issue de ces périodes, et s'il s'avère qu'une solution ne peut être trouvée pour chaque salarié impacté par le présent accord, que seront déterminés les collaborateurs qui pourraient être concernés par un reclassement.

La société mobilisera alors des ressources supplémentaires pour favoriser le reclassement de ces collaborateurs à l'intérieur du Groupe. Mylanfi R&D mettra tout en œuvre pour concrétiser le maximum de reclassements internes, sachant que ces reclassements pourront nécessiter une mobilité géographique et/ou professionnelle de la part des salariés concernés.

Dans la mesure du possible, il sera proposé au salarié concerné un reclassement en priorité sur son site d'appartenance, à hauteur du nombre de postes de reclassement disponibles.

Elle s'attachera ensuite à ce que toutes les personnes concernées par le présent accord, qui ne pourront ou ne souhaiteront pas se reclasser au sein du Groupe, bénéficient des moyens optimaux pour retrouver un emploi ou une solution de reclassement à l'extérieur du Groupe.

Myllanfi R&D s'engage à considérer chaque situation individuelle et à traiter le cas de chaque personne concernée, en tenant compte de sa situation professionnelle, familiale (couple de salariés, famille monoparentale, garde alternée...) et personnelle et des réserves et contraintes émises notamment en termes de mobilité géographique, afin de trouver les solutions les mieux adaptées.

Mylanfi R&D attachera une attention toute particulière aux collaborateurs en situation de handicap ou ayant à charge des personnes en situation de handicap ou de dépendance.

Cas Grimauval ★★★

Compétence attendue **Déterminer** le mode de rupture adapté à une situation donnée

Jérôme Duval, salarié de la société Grimauval, a donné sa démission par lettre simple à son employeur (voir le document ci-après).

1. *Vérifiez si les conditions de la démission sont réunies.*
2. *Qualifiez le mode de rupture de M. Duval.*
3. *Identifiez les conséquences de cette qualification.*

Document

Lettre de Jérôme Duval

Villeneuve, le 17 septembre N

Objet : démission

Monsieur,

Je vous ai réclamé à plusieurs reprises le paiement des heures supplémentaires effectuées depuis six mois ainsi que la prime mensuelle sur résultats prévus dans mon contrat de travail. Je vous ai remis tous les justificatifs. Vous me dites ne pas être en mesure de me verser ces sommes dues et vous vous permettez de les contester. Pour faire suite à nos derniers échanges, je vous informe de ma démission.

Veuillez agréer, Monsieur, l'expression de ma considération distinguée.

Jérôme Duval

8 Cas Boutons et déceptions ★★★

Compétence attendue — **Préciser** les conséquences financières d'une rupture du contrat de travail dans une situation donnée

La société Contipetit fabrique des boutons. Ses clients sont des entreprises de prêt-à-porter. Elle vend également des boutons à l'unité sur son site Internet. Face à la chute brutale de son chiffre d'affaires, Contipetit décide de se recentrer sur la création de boutons personnalisés et licencie plusieurs salariés.

Philippe et Clothilde sont concernés. À la fin de son préavis, Philippe a tout juste vingt-trois ans d'ancienneté comme agent de production. Ses trois derniers salaires bruts mensuels s'élevaient à 1 780 €. Une prime trimestrielle de 150 € lui a été versée le mois dernier. Clothilde, styliste, a sept ans et huit mois d'ancienneté. Son salaire brut mensuel s'élève à 2 280 €. Elle ne perçoit pas de prime, celle-ci étant « lissée » dans son salaire global.

Calculez les indemnités de licenciement de Philippe et Clothilde.

Évaluer les savoirs | Maîtriser les compétences | **Préparer l'épreuve**

9 Situation pratique : X'PERT PRO ★★★

30 min

Compétence attendue — **Déterminer** le mode de rupture adapté à une situation donnée

Rendez-vous MÉTHODE 3

Mme Laclos est employée par le cabinet d'expertise comptable X'PERT PRO. Elle a été embauchée il y a un an au pôle social. Le 12 mars, elle reçoit une lettre de son employeur dont des extraits sont reproduits dans le dossier documentaire. À la suite de ce courrier, Mme Laclos et son employeur ont conclu une convention de rupture conventionnelle.

Vos missions

1. *Déterminez si ce mode de rupture est valide dans la situation de Mme Laclos.*
2. *Identifiez les droits de Mme Laclos en matière de préavis et d'indemnités de rupture.*

Document 1

Extraits du courrier en date du 12 mars N de X'PERT PRO à Mme Laclos

« Nous ne pouvons que constater des difficultés d'organisation, d'implication et de bon sens technique, malgré un accompagnement pendant plus d'une année sans exigence de rentabilité. Cette situation nuit aux relations avec la clientèle et nous amène à préférer ne pas vous affecter de dossiers autres que basiques.

Le manque de confiance dont vous faites l'objet de la part des clients, de vos partenaires et de vos collègues apparaît incompatible avec le maintien dans vos fonctions. Il ne m'apparaît pas néanmoins opportun de mettre en avant vos erreurs et manquements de façon plus précise, ni d'engager une procédure unilatérale, avant d'examiner avec vous la possibilité d'une mesure alternative qui préservera des relations confraternelles et ne ternira pas la poursuite de votre parcours professionnel. Je vous invite à m'indiquer si vous êtes susceptible d'engager des discussions dans ce cadre. En toute hypothèse, vous voudrez bien veiller, tant qu'aucune décision n'est prise, à améliorer votre gestion des dossiers et des clients et à laisser des notes sur les rendez-vous susceptibles de vous être confiés ».

Document 2

Extrait de la convention collective des cabinets d'experts-comptables et commissaires aux comptes

6.2.0. Délai-congé

La durée du délai-congé réciproque, sauf cas de faute grave caractérisée ou de force majeure, est dès l'issue de la période d'essai, d'un mois pour les employés et trois mois pour les cadres.

En cas de licenciement d'un salarié comptant une ancienneté d'au moins deux ans, la durée du préavis est de deux mois au moins, en application de l'article L. 1234-1 du Code du travail.

6.2.1. Indemnité de licenciement

L'indemnité de licenciement est celle fixée par la loi,

10 Situation pratique : Alpes Transport ★★★

30 min

Compétence attendue **Analyser** la validité d'un licenciement pour motif personnel

La société de cars scolaires Alpes Transport, sise à Annecy (Haute-Savoie), sollicite votre cabinet aux fins de licencier un chauffeur qui aurait enchaîné les nuits festives alors qu'il travaillait les lendemains de fête. Afin de conseiller votre client, vous consultez un arrêt de la Cour de cassation qui pourrait l'éclairer.

Vos missions

1. *Identifiez les faits.*
2. *Formulez le problème juridique.*
3. *Présentez la position de la Cour de cassation.*
4. *Déterminez si les motifs tirés d'un fait de la vie personnelle d'un salarié peuvent constituer une cause réelle et sérieuse de licenciement.*

Document

Arrêt de la Cour de cassation, chambre sociale, 27 mars 2012, pourvoi n° 10-19915 (extrait)

Attendu, selon l'arrêt attaqué (Papeete, 1er avril 2010), que M. X..., engagé le 30 avril 2003 par la société Air Tahiti Nui en qualité de personnel navigant commercial, a été licencié pour faute grave, le 30 juillet 2007, une consommation de produits stupéfiants lui étant reprochée ; [...]

Attendu que le salarié fait grief à l'arrêt de dire le licenciement fondé sur une faute grave, alors, selon les moyens :

1°/ qu'un fait de la vie personnelle ne peut, à lui seul, constituer une faute du salarié dans la relation de travail ; que le temps d'escale entre deux vols longs courriers constitue un temps de repos relevant de la vie personnelle du salarié ; que dès lors, la consommation de stupéfiants par un personnel navigant commercial pendant un temps d'escale entre deux vols longs courriers ne constitue pas une faute professionnelle justifiant son licenciement disciplinaire ; qu'en décidant le contraire, la cour d'appel a violé l'article 9 du Code civil, et les articles L. 1221-1, L. 1232-1 et L. 1331-1 du Code du travail ;

2°/ que seul un manquement du salarié à ses obligations professionnelles, dont le juge doit vérifier l'existence, peut justifier son licenciement disciplinaire ; qu'en se déterminant par des motifs généraux et hypothétiques pris du temps parfois très court des escales et de la durée d'élimination des stupéfiants dans le corps, sans rechercher concrètement quelle avait été la durée des escales au cours desquelles le salarié avait consommé des stupéfiants et partant, sans vérifier que le salarié avait effectivement manqué à ses obligations professionnelles interdisant la prise de service sous l'emprise de stupéfiants, la cour d'appel, qui a constaté que le salarié n'avait jamais été identifié par des tiers ou par ses supérieurs hiérarchiques comme étant dans un état anormal, a privé sa décision de base légale au regard des mêmes textes ;

...

•••

3°/ que la faute grave est celle qui rend impossible le maintien du salarié dans l'entreprise, fût-ce pendant la durée limitée du préavis ; qu'en ne constatant pas que la faute commise par le salarié à la supposer exister, et qui résultait d'un fait très ancien et non réitéré justifiait la cessation immédiate du contrat de travail sans préavis, la cour d'appel a violé les articles L. 1234-1, L. 1234-5 et L. 1234-9 du Code du travail ;

4°/ que ne constitue pas une faute grave une faute ancienne, non réitérée, et qui n'a pas nui à la bonne exécution du travail ; qu'ayant constaté que les seuls faits reprochés au salarié s'étaient déroulés au début de sa carrière et étaient restés sans aucune conséquence effective sur la qualité de son travail, la cour d'appel, en décidant que ces faits constituaient une faute grave, a violé les mêmes textes ;

5°/ que le trouble objectif dans l'entreprise provoqué par un comportement du salarié étranger à l'exécution du contrat de travail ne constitue pas une faute pouvant justifier un licenciement disciplinaire ; qu'en retenant que le licenciement pour faute grave de l'exposant était justifié par le trouble causé à la société par le salarié résultant de la consommation de drogues dures lors d'escales, la cour d'appel a violé les articles L. 1234-1, L. 1234-5 et L. 1234-9 du Code du travail, et excédé ses pouvoirs ;

Mais attendu qu'un motif tiré de la vie personnelle du salarié peut justifier un licenciement disciplinaire s'il constitue un manquement de l'intéressé à une obligation découlant de son contrat de travail ;

Et attendu qu'ayant relevé, par motifs propres et adoptés, que le salarié, qui appartenait au « personnel critique pour la sécurité », avait consommé des drogues dures pendant des escales entre deux vols et retenu que se trouvant sous l'influence de produits stupéfiants pendant l'exercice de ses fonctions, il n'avait pas respecté les obligations prévues par son contrat de travail et avait ainsi fait courir un risque aux passagers, la cour d'appel a pu en déduire qu'il avait commis une faute grave justifiant la rupture immédiate du contrat de travail ;

Que les moyens ne sont pas fondés ;

PAR CES MOTIFS :

REJETTE le pourvoi ;

SYNTHÈSE

La rupture du contrat de travail

Le licenciement pour motif personnel

Motif

- Inhérent à la personne du salarié
- Cause réelle et sérieuse

Procédure

- Convocation à un entretien préalable
- Entretien contradictoire
- Notification du licenciement

Le licenciement pour motif économique

Motif

- Une ou plusieurs causes, **non inhérente à la personne du salarié**
- **Suppression ou transformation d'emploi** ou modification d'un élément essentiel du contrat refusée par le salarié
- En présence de **mutations économiques**, technologiques, ou à une **réorganisation** nécessaire à la sauvegarde ou à la cessation de l'activité

Procédure

- **Licenciement < 10 salariés** : consultation du CSE, convocation, entretien préalable individuel, notification
- **Licenciement > 10 salariés** : consultation du CSE, information Dreets et vérification, notification
- Cas particulier de l'entreprise de **plus de 50 salariés** : accord collectif + PSE + contrôle de la Dreets

Les autres modes de rupture

Démission	La rupture du contrat de travail intervient à l'initiative du salarié.
Prise d'acte	Le salarié prend acte de la rupture de son contrat de travail en cas de manquement de son employeur à ses obligations.
Rupture conventionnelle	Un accord entre l'employeur et le salarié qui conviennent en commun des conditions de la rupture du contrat de travail qui les lie.
Force majeure	La survenance d'un événement extérieur, imprévisible lors de la conclusion du contrat et irrésistible dans l'exécution du contrat.
Résiliation judiciaire	Le salarié peut la demander s'il estime que son employeur manque à ses obligations.
Départ à la retraite	Décision du salarié de quitter volontairement son emploi pour bénéficier du droit à une pension vieillesse lorsqu'il a atteint l'âge légal.
Mise à la retraite	L'employeur rompt le contrat de travail d'un salarié ayant atteint l'âge 70 ans.

Les effets de la rupture du contrat de travail

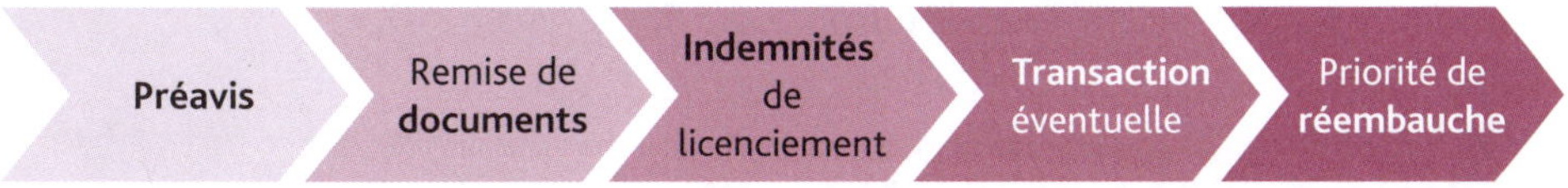

Le groupe Express est spécialisé dans le secteur d'activité des transports routiers de fret interurbains et de courriers express pour les entreprises. Les établissements Express sont répartis dans toute la France. L'établissement de Marne-la-Vallée (Val-de-Marne) emploie 27 personnes. Il est dirigé par Hervé Gonzalez.

Guillaume Chastel, responsable RH de la société Express, subit actuellement des conditions de travail difficiles compte tenu du travail qui lui est demandé par Hervé Gonzalez (embauche, organisation de formations, réflexion sur d'éventuels licenciements, etc.). Les discussions orageuses avec Hervé Gonzalez sont fréquentes ; les horaires de travail, d'une grande amplitude. Guillaume Chastel est en conflit avec certains salariés qui lui reprochent de préconiser des solutions impossibles à tenir. Non seulement Hervé Gonzalez ne le soutient pas, mais il lui demande également de chasser tous les coûts inutiles. Soumis à un stress constant, Guillaume Chastel déprime. Il est en arrêt maladie depuis un mois. Hervé Gonzalez envisage à présent de le licencier.

Au cours de la semaine 47, un salarié du groupe Express, Jérémy Hun, a travaillé exclusivement pour une entreprise de vente à distance. Il a accompli, du lundi au samedi, 48 heures de travail effectif. Au début de cette période de travail, Jérémy Hun avait déjà validé le contingent annuel d'heures supplémentaires octroyé à l'entreprise. Par ailleurs, il totalisait 45 heures de travail hebdomadaire sur les onze semaines précédentes.

Rendez-vous MÉTHODE 2

Vos missions

1. En vous appuyant sur vos connaissances et sur le document 1, indiquez si le licenciement de Guillaume Chastel est envisageable. Justifiez votre réponse.

2. Vérifiez que les durées de travail de Jérémy Hun sont conformes à la loi et à la convention collective qui couvre l'entreprise (document 2).

3. En vous appuyant sur la loi et sur l'extrait de la convention collective, déterminez les droits particuliers de Jérémy Hun au cours de la semaine 47.

DOSSIER DOCUMENTAIRE

Document 1

Cour de cassation, chambre sociale, 13 mars 2013, pourvoi n° 11-22082

Sur le moyen unique :

Vu les articles L. 1232-1, L. 4121-1 et L. 4121-2 du Code du travail ;

Attendu, selon l'arrêt attaqué, que Mme X..., engagée le 22 janvier 2007 par la société Kalisterra, en qualité de chef de produits senior, a été licenciée par lettre du 23 novembre 2007 pour absences prolongées et répétées perturbant l'organisation et le bon fonctionnement de l'entreprise ;

Attendu que pour débouter la salariée de sa demande de dommages-intérêts pour licenciement sans cause réelle et sérieuse, l'arrêt retient qu'elle n'a à aucun moment alerté son employeur quant à l'existence d'une situation de stress anormal ni davantage pris attache avec la médecine du travail et qu'elle reste taisante quant ...

...

aux mesures limitativement énumérées par la loi que celui-ci aurait dû prendre et les éléments qui auraient dû l'alerter quant à l'existence de la situation dénoncée ;

Attendu cependant, que lorsque l'absence prolongée du salarié pour cause de maladie résulte d'un manquement de l'employeur à l'obligation de sécurité de résultat, ses conséquences sur le fonctionnement de l'entreprise ne peuvent être invoquées pour justifier un licenciement ;

Qu'en se déterminant comme elle l'a fait par des motifs inopérants, sans rechercher si, comme il était soutenu par la salariée, elle n'avait pas été exposée à un stress permanent et prolongé à raison de l'existence d'une situation de surcharge de travail conduisant à un épuisement professionnel de nature à entraîner une dégradation de son état de santé susceptible de caractériser un lien entre la maladie de la salariée et un manquement de l'employeur à son obligation de sécurité, la cour d'appel n'a pas donné de base légale à sa décision ;

PAR CES MOTIFS :

CASSE ET ANNULE, mais seulement en ce qu'il déboute la salariée de sa demande en paiement de dommages et intérêts pour licenciement nul et/ou sans cause réelle et sérieuse l'arrêt rendu le 8 juin 2011, entre les parties, par la cour d'appel de Lyon ; remet, en conséquence, sur ce point, la cause et les parties dans l'état où elles se trouvaient avant ledit arrêt et, pour être fait droit, les renvoie devant la cour d'appel de Grenoble ;

Document 2

Convention collective nationale des transports routiers et activités auxiliaires du transport – Titre IV « La durée du travail »

Chapitre Ier. Durée du travail

Article 27. Durée normale

La durée normale hebdomadaire est fixée conformément aux dispositions légales.

Article 28. Durée maximale

28.1. Principes

Les durées maximales hebdomadaire et journalière de travail sont fixées conformément aux dispositions légales. À la date de signature de la convention collective :

– la durée maximale hebdomadaire de travail est fixée à 48 heures, sur une semaine, 46 heures en moyenne sur 12 semaines consécutives ;

– la durée journalière de travail ne peut être supérieure à 10 heures.

28.2. Dépassement de la durée maximale hebdomadaire

Les limites prévues à l'article 7 ci-dessus peuvent être dépassées dans le cadre des dispositions prévues par le Code du travail.

[...]

...

...

Article 30. Amplitude de la journée de travail

Sous réserve d'aménagements prévus à cet effet, l'amplitude de la journée de travail est fixée à 13 heures et l'amplitude entre deux séquences est fixée à 11 heures.

[...]

Chapitre III. Décompte du temps de travail

[...]

Article 35. Décompte des heures supplémentaires

35.1. Décompte des heures supplémentaires

Les heures supplémentaires sont les heures de temps de travail effectif en sus de la durée normale du travail.

CHAPITRE 12

La représentation collective

PROGRAMME

Compétences attendues

- **Caractériser** les syndicats représentatifs et les syndicats non représentatifs et **distinguer** leurs prérogatives
- **Repérer** les situations où l'employeur est tenu de mettre en place une institution représentative du personnel
- **Identifier** les principales institutions représentatives du personnel et leurs principales attributions
- **Identifier** les salariés protégés et les moyens de leur protection
- **Caractériser** le délit d'entrave et ses sanctions

Savoirs associés

- Les institutions représentatives au personnel : mise en place, missions et moyens
- Le bilan social
- Les syndicats : la liberté syndicale ; le statut juridique des syndicats ; la représentation syndicale dans l'entreprise ; les rôles de l'action syndicale
- La protection des institutions représentatives du personnel et des syndicats : les personnes protégées ; les moyens de protection ; les délits d'entrave

PLAN DU CHAPITRE

L'expression et la défense des intérêts des salariés se sont d'abord manifestées dans l'histoire des relations de travail par la construction d'une légalisation relative aux syndicats de salariés. Aujourd'hui, ces syndicats disposent d'un statut qui permet à leurs délégués d'assurer l'action syndicale au sein de l'entreprise ou d'y négocier des conventions et accords collectifs. La représentation désignée est complétée par des institutions représentatives élues qui visent à favoriser le dialogue social en portant à la connaissance de l'employeur les réclamations des salariés ou en donnant leur avis sur les questions stratégiques de la vie de l'entreprise. Ces salariés élus ou désignés disposent d'un statut protecteur dans l'exercice de leur action.

MOTS-CLÉS

Bilan social • Comité social et économique • Délégué syndical • Délit d'entrave • Droit d'alerte • Élection • Inspecteur du travail • Liberté syndicale • Protocole d'accord pré-électoral • Représentant du personnel • Représentativité • Salarié protégé • Syndicat

1 Les syndicats

A) Le statut juridique des syndicats

Définition

Un **syndicat** est un groupement de personnes exerçant la même profession ou des métiers similaires ou connexes. Il a exclusivement pour objet l'étude et la défense des droits ainsi que des intérêts matériels et moraux, tant collectifs qu'individuels, de ses adhérents, des membres d'une même profession ou de ses intérêts propres.

1. La liberté syndicale

La **liberté syndicale** est reconnue comme une liberté fondamentale par la Constitution ainsi que par les conventions internationales. Elle peut revêtir plusieurs formes (tab. 12.1).

Tableau 12.1. Dualité de la liberté syndicale

Liberté syndicale du salarié vis-à-vis du syndicat	Liberté syndicale du salarié vis-à-vis de son employeur
• Le salarié peut adhérer ou non à un syndicat. • C'est un acte qui relève de sa vie personnelle. • Il a la faculté de choisir le syndicat auquel il souhaite adhérer. • Il a la faculté de ne plus adhérer au syndicat quand il l'a décidé.	• Le Code du travail interdit et réprime les mesures discriminatoires prises par l'employeur à l'encontre du salarié, en raison de son appartenance à un syndicat ou de son activité syndicale au moment de l'embauche mais aussi pendant l'exécution du contrat de travail : – sanction pénale : amende de 3 750 € ; – nullité de plein droit des mesures discriminatoires prises par l'employeur. • La loi interdit à l'employeur : – d'exercer des pressions contre ou en faveur d'une organisation syndicale ; – toutes les pratiques qui pourraient établir un monopole syndical dans l'entreprise. • L'employeur doit rester neutre (absence de favoritisme).

2. L'organisation des syndicats

Objet professionnel du syndicat. Le syndicat est caractérisé par la spécificité de son objet. Il ne peut être constitué qu'entre des personnes qui exercent une profession, sans qu'aucune condition particulière ne soit requise de leur part. Le syndicat ne peut poursuivre d'activités politiques ou commerciales.

Constitution des syndicats. Pour que le syndicat ait la personnalité juridique et qu'il soit connu des tiers, les membres-fondateurs doivent en déposer les statuts en mairie. Le syndicat peut ainsi être doté d'un patrimoine, mais aussi des droits nécessaires à ses activités.

Exemple

Une fois déclaré en marie, un syndicat peur acquérir des biens, recevoir les cotisations de ses membres, contracter, ester en justice, engager sa responsabilité.

B) La représentativité syndicale dans l'entreprise

1. La qualité de syndicat représentatif

Définition

La **représentativité** d'un syndicat professionnel désigne son aptitude à être le porte-parole d'une collectivité de salariés dépassant ses adhérents.

La qualité de syndicat représentatif donne une légitimité au groupement et lui permet de s'exprimer au nom des salariés. Il bénéficie alors de certaines prérogatives.

Exemple

La négociation des conventions et accords collectifs, la présentation de candidats au premier tour des élections du CSE ou encore la constitution d'une section syndicale d'entreprise sont autant de droits spécifiques attachés au caractère représentatif du syndicat.

2. Les critères de la représentativité

Le syndicat de salariés ne peut être reconnu représentatif que s'il satisfait aux sept critères cumulatifs suivants (fig. 12.1).

Audience électorale	• Dans l'entreprise, au moins 10 % des voix (premier tour des dernières élections professionnelles) • Dans la branche, ou au niveau national interprofessionnel, au moins 8 % des voix.
Ancienneté	• Deux ans dans les champs professionnel et géographique couvrant le niveau de négociation • Durée appréciée à partir de la date légale de dépôt des statuts
Adhérents et cotisations	• Nombre total d'adhérents • Montant total des cotisations cohérent avec les effectifs
Transparence financière	• Tenue des comptes annuels • Contrôle de la provenance et de l'utilisation des ressources
Indépendance	• Vis-à-vis de l'employeur et des groupements politiques • Garantie apportée par les comptes annuels
Respect des valeurs républicaines	• Liberté d'opinion, non-discrimination • Critère présumé satisfait, sauf preuve contraire de celui qui le conteste
Influence	• Implantation durable et effective dans l'entreprise • Résultats obtenus en matière de défense des salariés et d'actions menées (négociations…)

Figure 12.1. Critères de la représentativité syndicale

Dès lors qu'elle est reconnue, la représentativité syndicale est établie pendant toute la durée du cycle électoral.

C) L'action syndicale

1. La revendication

Qu'il soit reconnu représentatif ou non, le syndicat a vocation, par les revendications qu'il peut émettre, à défendre les intérêts professionnels des salariés.

Exemple

- Le syndicat participe à la négociation des conventions et accords collectifs, notamment par sa participation à des mouvements de grève.

2. Les actions en justice

Le syndicat peut défendre en justice :

- Ses intérêts propres, en tant que personne morale.
- Par l'action syndicale, en défense des intérêts collectifs de membres d'une même profession :
  - lorsqu'il existe des faits de nature à lui causer un préjudice (ex. : action en justice pour défendre le principe du repos dominical) ou pour l'exécution d'une convention ou d'un accord collectif ;
  - en matière de discrimination, par une action de groupe, pour des candidats à l'emploi ou à un stage ;
  - les intérêts individuels de salariés, par l'exercice d'une action de substitution. Le syndicat représentatif peut exercer l'action en justice à la place d'un travailleur étranger, d'un salarié intérimaire, d'un salarié en CDD, d'un salarié victime d'une discrimination ou d'un harcèlement, d'un salarié touché par un licenciement économique. Le syndicat doit avertir le salarié qu'il défend ses intérêts. Le salarié ne doit pas s'y opposer et il peut toujours intervenir à l'instance qui est engagée.

D) La représentation syndicale dans l'entreprise

1. La section syndicale

Rôle. La section syndicale assure la représentation des intérêts matériels et moraux de ses membres, conformément à l'objet du syndicat. Elle n'est qu'une antenne du syndicat dans l'entreprise. Elle ne bénéficie pas de la personnalité juridique. Elle ne peut pas non plus présenter de liste de candidats aux élections professionnelles, ni agir en justice. Lorsqu'il existe une section syndicale, le syndicat peut désigner un délégué syndical ou un représentant de la section syndicale pour prolonger son action dans l'entreprise.

Création. Chaque syndicat ne peut créer qu'une seule section syndicale dans l'entreprise. Cette section syndicale peut être constituée par le syndicat à condition qu'il compte au moins deux adhérents dans l'entreprise, dès lors :

- qu'il est lui-même représentatif ;
- ou qu'il est affilié à une organisation syndicale représentative au niveau national et interprofessionnel ;

- ou qu'il satisfait aux critères de respect des valeurs républicaines et d'indépendance. Il doit alors être légalement constitué depuis au moins deux ans. Son champ professionnel et géographique doit couvrir l'entreprise. La création de la section syndicale est possible quel que soit l'effectif de l'entreprise. Elle n'obéit à aucune condition de forme ni de publicité. Si la section syndicale veut bénéficier de moyens de fonctionnement, elle informe l'employeur de son existence.

Moyens. Pour exercer sa mission, la section syndicale dispose de prérogatives particulières (fig. 12.2).

Collecte de cotisations syndicales
- Dans l'entreprise, pendant les heures de travail et avec l'accord de l'employeur
- Interdiction pour l'employeur de collecter ou de prélever lui-même les fonds

Affichage, diffusion et publication
- Affichage libre sur panneaux dédiés distincts de ceux du CSE, contenu déterminé par le syndicat (exemplaire-témoin adressé à la direction)
- Libre diffusion des tracts et publications dans l'enceinte de l'entreprise aux heures d'entrée/sortie (éventuellement par mail)

Local syndical
- Local syndical commun obligatoire dans les entreprises d'au moins 200 salariés
- Local syndical individuel obligatoire dans les entreprises d'au moins 1 000 salariés

Réunions
- Possibilité de réunion une fois par mois par section
- Dans l'enceinte de l'entreprise, en dehors des locaux et du temps de travail des participants
- Possibilité de convier des représentants syndicaux extérieurs ou autres, sur accord de l'employeur

Crédit annuel d'heures de délégation pour préparer les accords collectifs
- Entreprises d'au moins 500 salariés : 12 heures par section syndicale
- Entreprises d'au moins 1 000 salariés : 18 heures par section syndicale

Figure 12.2. **Moyens de la section syndicale**

2. Le représentant de la section syndicale

Rôle. Un syndicat en attente de reconnaissance de représentativité dans l'entreprise peut désigner un **représentant de la section syndicale** (RSS) doté de quasiment toutes les prérogatives d'un délégué syndical, excepté le pouvoir de négocier des accords collectifs. Le RSS fait vivre le syndicat dans l'entreprise, lui permettant d'acquérir la représentativité lors des prochaines élections professionnelles.

Désignation du RSS. Elle est conditionnée (tab. 12.3).

Tableau 12.3. **Modalités de désignation du RSS**

Conditions liées au syndicat	• La loi réserve aux syndicats non représentatifs qui ont constitué une section syndicale la faculté de désigner le RSS dans les entreprises d'au moins 50 salariés. Dans les entreprises de moins de 50 salariés, un membre du CSE titulaire, peut être désigné comme RSS, pour la durée de son mandat. • Quel que soit l'effectif de l'entreprise, chaque syndicat non représentatif ne peut désigner qu'un seul RSS.
Conditions liées à la personne du RSS	• Ce sont les mêmes que pour le délégué syndical. Le RSS doit être âgé de 18 ans révolus. Il doit avoir travaillé dans l'entreprise depuis au moins un an. Il ne doit avoir fait l'objet d'aucune interdiction, déchéance ou incapacité relative à ses droits civiques.
Formalisme	• La désignation du RSS doit être portée à la connaissance de l'employeur, des salariés et de l'inspecteur du travail. • Elle doit faire l'objet d'un affichage sur les panneaux réservés aux communications syndicales.

Statut du RSS. Il dispose de la même protection que le délégué syndical. Son licenciement nécessite l'autorisation de l'inspecteur du travail (↪ **chapitre 11**). Il dispose du temps de délégation nécessaire à l'exercice de ses fonctions (4 heures minimum par mois) considéré comme du temps de travail effectif.

Durée du mandat. Dépourvu de durée minimale ou maximale, il prend fin à l'issue des premières élections professionnelles suivant sa désignation si le syndicat n'est pas reconnu représentatif. À l'inverse, l'organisation syndicale peut désigner un délégué syndical pour représenter la section syndicale dans l'entreprise.

3. Le délégué syndical

Attributions. Le délégué syndical représente le syndicat dans l'entreprise. Il bénéficie d'un monopole de négociation des accords et conventions collectives et ce, quelle qu'en soit l'importance. Il participe aux négociations annuelles sur les salaires et la durée du travail. Il a une mission générale de revendication et anime la section syndicale d'entreprise. Il négocie avec l'employeur le protocole d'accord préélectoral pour les élections des membres du CSE.

Désignation. Tout syndicat représentatif qui constitue une section syndicale dans une entreprise d'au moins 50 salariés peut désigner un ou plusieurs délégués syndicaux pour le représenter. Cet effectif doit avoir été atteint pendant douze mois consécutifs. Cependant, dans les entreprises de moins de 50 salariés, un membre du CSE peut être désigné comme délégué syndical.

Conditions. Pour être délégué syndical, le salarié doit avoir 18 ans révolus et au moins un an d'ancienneté. Il ne doit pas être frappé d'interdiction, de déchéance ou d'incapacité. L'organisation syndicale représentative dans l'entreprise désigne le délégué syndical parmi les candidats aux élections professionnelles qui ont recueilli, à titre personnel et dans leur collège, au moins 10 % des suffrages exprimés au premier tour des élections du CSE. La désignation est signifiée à l'employeur et à l'inspecteur du travail. Elle fait l'objet d'un affichage sur les panneaux réservés aux communications syndicales.

Durée du mandat. Le mandat du délégué syndical prend fin au premier tour des élections renouvelant les représentants du personnel (CSE) ayant permis la reconnaissance de la représentativité du syndicat. Lors du renouvellement des institutions, le syndicat qui désire reconduire le délégué dans ses fonctions doit procéder à une nouvelle désignation de l'intéressé.

Moyens. Pour remplir sa mission, le délégué syndical dispose de moyens matériels et de prérogatives (fig. 12.3).

Crédit mensuel d'heures
- 20 à 150 salariés : 12 heures
- 151 à 499 salariés : 18 heures
- 500 salariés et plus : 24 heures

\+

Liberté de déplacement
- Pendant les heures de délégation, dans et hors l'entreprise
- Possibilité de prendre contact avec les salariés sans gêner leur travail

Figure 12.3. **Moyens d'action du délégué syndical**

Contentieux. C'est le tribunal judiciaire qui est compétent pour les litiges relatifs à la désignation du délégué syndical.

→ APPLICATION 2 • CAS 3 • CAS 5

Les instances représentatives élues du personnel

A) Le comité social et économique (CSE)

1. La mise en place du CSE

Employeurs concernés. Les dispositions du Code du travail relatives au CSE s'imposent aux employeurs du secteur privé implantés en France, aux établissements publics à caractère industriel et commercial (EPIC) ou aux établissements publics à caractère administratif mais pas aux administrations.

Périmètre. Le CSE peut être mis en place :
- au niveau de l'entreprise lorsque celle-ci ne comporte qu'un établissement ;
- au niveau de l'établissement lorsque l'entreprise comporte au moins deux établissements distincts et un CSE central d'entreprise est alors constitué ;
- au niveau de l'unité économique et sociale (UES) lorsqu'en présence d'entreprises juridiquement distinctes qui présentent des liens étroits entre elles (se traduisant par ex. par une concentration des pouvoirs de direction ou une complémentarité des activités, avec des conditions de travail identiques...) : cette UES constitue l'entité au niveau de laquelle la représentation du personnel peut être organisée ;

- au niveau interentreprises, lorsque la nature et l'importance des problèmes communs aux entreprises d'un même site ou d'une même zone le justifient. Le CSE interentreprises peut cohabiter avec les CSE mis en place dans les entreprises de l'espace géographique couvert.

Conditions d'effectifs. Le CSE doit être mis en place dans les entreprises d'au moins 11 salariés. Cet effectif doit avoir été atteint pendant douze mois consécutifs.

Décompte des effectifs. Les effectifs sont calculés de la façon suivante (tab. 12.4).

Tableau 12.4. Décompte des effectifs

Sont pris en compte	Ne sont pas pris en compte
• Intégralement, les salariés en CDI à temps plein, les télétravailleurs, les travailleurs à domicile. • À due proportion de leur temps de présence au cours des douze mois précédents, lorsqu'ils ne remplacent pas un salarié absent : les salariés en CDD, les salariés mis à disposition de l'entreprise par une entreprise extérieure, les titulaires de contrat unique d'insertion (CIE ou CAE), les salariés temporaires. • En divisant l'horaire prévu au contrat de travail par la durée légale ou conventionnelle de travail, les salariés à temps partiel en CDI ou en CDD.	• Le chef d'entreprise ou d'établissement. • Les salariés titulaires de contrat d'apprentissage ou de professionnalisation. • Les salariés en CDD, les intérimaires ou les travailleurs mis à disposition par une entreprise extérieure lorsqu'ils remplacent un salarié absent.

Durée du mandat. Les membres du CSE sont élus pour quatre ans. Néanmoins, un accord d'entreprise, de branche ou de groupe peut fixer une durée inférieure comprise entre deux et quatre ans.

Élections du CSE. Le déclenchement du processus électoral incombe à l'employeur dès que les seuils légaux sont atteints. À défaut, un salarié ou un syndicat peut demander à engager le processus. Si l'employeur ne respecte pas ses obligations, il commet un **délit d'entrave**. Les élections sont ensuite négociées avec les organisations syndicales dans le cadre du protocole d'accord préélectoral.

Définition

Le **protocole d'accord préélectoral** porte sur la répartition du personnel en collèges, la répartition des sièges entre les différents collèges, les modalités d'organisation et de déroulement des opérations électorales, la proportion d'hommes et de femmes composant chaque collège.

Trois étapes jalonnent l'organisation des élections du CSE (fig. 12.4).

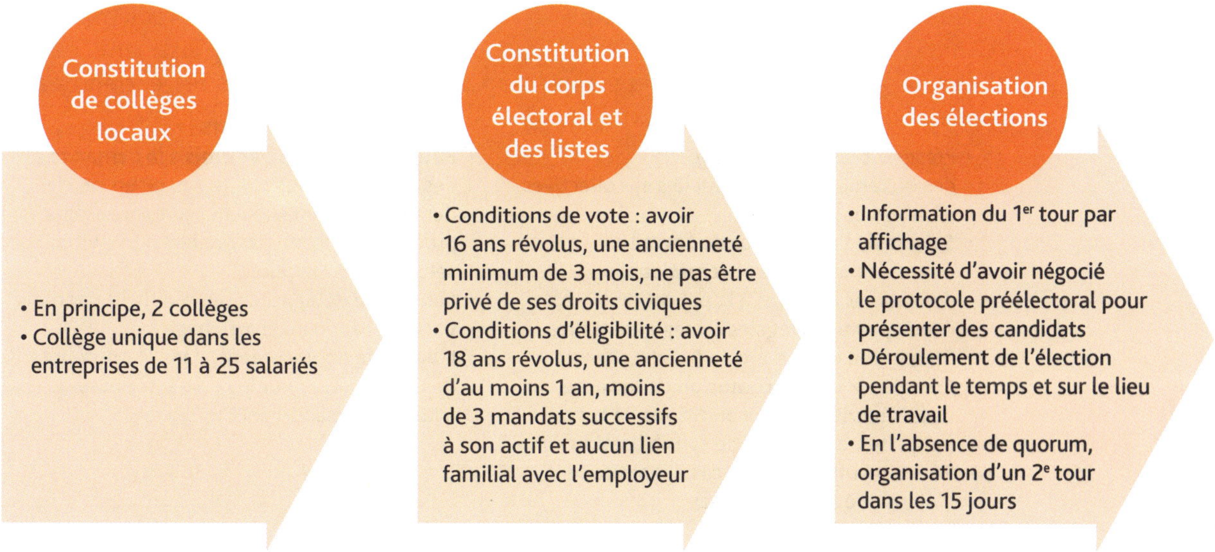

Figure 12.4. Étapes préalables et déroulement des élections

Une fois les élections tenues, le dépouillement doit être public. Les sièges sont attribués à la proportionnelle et les résultats proclamés par le président du bureau de vote. Le PV, établi immédiatement après le dépouillement, est transmis à l'inspecteur du travail. Les éventuels litiges portant sur les élections relèvent du tribunal judiciaire.

Composition du CSE. Le comité social et économique est :

- présidé par l'employeur, assisté le cas échéant de deux collaborateurs qui ont une voix consultative ;
- composée d'une délégation élue du personnel, avec un nombre égal de titulaires et de suppléants, déterminés en fonction de l'effectif de l'entreprise (tab. 12.5) ;

Tableau 12.5. Nombre d'élus au CSE selon la taille de l'entreprise (exemples)

11 à 24 salariés	1 élu titulaire + 1 suppléant
25 à 49 salariés	2 titulaires + 2 suppléants
50 à 74 salariés	4 titulaires + 4 suppléants

- complété de représentants syndicaux désignés par les organisations syndicales représentatives. Lorsque l'entreprise compte moins de 300 salariés, le délégué syndical est de droit le représentant syndical au CSE. Dans les entreprises d'au moins 300 salariés, chacune syndicat représentatif dans l'entreprise peut désigner un représentant syndical au CSE.

2. Le fonctionnement du CSE dans les entreprises de 11 à moins de 50 salariés

Dans ces entreprises, le CSE ne dispose pas de la personnalité morale. Il n'existe que par l'exercice de l'activité de ses membres, lesquels ont des attributions propres (fig. 12.5).

Missions

- Présentation à l'employeur des **réclamations** individuelles et collectives des salariés
- **Saisine de l'inspecteur du travail** en cas de plaintes et observations des salariés relatives à l'application des dispositions légales ou réglementaires
- Exercice du **droit d'alerte** (↪ chapitre 8)
- Contribution à la **promotion de la santé, de la sécurité et des conditions de travail** (enquêtes, opérations de sensibilisation...)
- **Rôle consultatif** en cas cas d'inaptitude d'un salarié (reclassement)

Moyens

- **Réunions une fois par mois** à la demande des élus, ou en cas d'urgence, ou en cas de demande soit individuelle, soit par catégorie professionnelle ou par ateliers ou services selon l'ordre du jour
- **Heures de délégation** : au moins 10 par mois
- Local et panneaux d'**affichage**
- **Liberté de déplacement**, dans et en-dehors de l'entreprise, pour les contacts nécessaires à la mission sans gêner le travail

Figure 12.5. **Missions et moyens du CSE (11 à 50 salariés)**

3. Le fonctionnement du CSE dans les entreprises d'au moins 50 salariés

Reconnaissance juridique. Dans ces entreprises, le CSE est doté de la personnalité morale. Il peut donc passer des contrats, gérer un patrimoine, recevoir des dons, agir en justice, engager sa responsabilité.

Organisation. Le CSE doit désigner un bureau qui comprend :
- le président, c'est-à-dire le chef d'entreprise ;
- un secrétaire choisi parmi les représentants élus chargé de l'ordre du jour et des PV ;
- un trésorier.

Le CSE détermine dans un règlement intérieur, les modalités de son fonctionnement.

Commission. Le CSE doit mettre en place dans les entreprises de plus de 300 salariés, une commission santé, sécurité et conditions de travail. Cette commission exerce, par délégation, toutes les missions dévolues au CSE en matière de santé, sécurité et conditions de travail, à l'exception du recours à l'expertise et des attributions consultatives qui restent attribués au CSE.

Réunions. La périodicité des réunions du CSE est fonction des effectifs de l'entreprise. Le CSE se réunit :
- une fois tous les deux mois sur convocation de l'employeur, dans les entreprises d'au moins 50 salariés et de moins de 300 salariés,
- une fois par mois, lorsque l'effectif de l'entreprise est au moins égal à 300 salariés.

Le CSE peut solliciter de l'employeur des réunions extraordinaires :
- en cas d'accident ou d'événement grave lié à l'activité de l'entreprise, à la demande motivée de deux de ses membres ;
- lors d'une seconde réunion mensuelle, dans les entreprises de plus de 300 salariés, si la majorité des membres du CSE le demande.

Au moins quatre des réunions annuelles du CSE doivent porter sur les points santé, sécurité et conditions de travail.

Moyens matériels. Pour remplir leurs missions, les membres du CSE disposent de moyens matériels (tab. 12.6).

Tableau 12.6. Moyens matériels du CSE

<table>
<tr><td>Local</td><td>Fermé, chauffé, aménagé et équipé d'outils numériques :
• avec des panneaux d'affichage ;
• mis à la disposition du CSE par l'employeur.</td></tr>
<tr><td>Crédit d'heures et heures de délégation</td><td>
<table>
<tr><td>Effectif</td><td>50 à 74 salariés</td><td>75 à 99 salariés</td><td>100 à 124 salariés</td><td>125 à 149 salariés</td></tr>
<tr><td>Nombre d'élus</td><td>4 + 4</td><td>5 + 5</td><td>6 + 6</td><td>7 + 7</td></tr>
<tr><td>Crédit d'heures</td><td>18</td><td>19</td><td>21</td><td>21</td></tr>
</table>
• Activités payées en plus du crédit d'heures : recherche de mesures préventives en cas de danger grave et imminent, réunions du CSE et de ses commissions, enquêtes menées après un accident du travail grave.
• Possibilité pour les membres du CSE de cumuler leurs crédits individuels d'heures d'un mois sur l'autre dans la limite de douze mois ou de répartir entre eux et avec leurs suppléants, le crédit d'heures alloué.</td></tr>
<tr><td>Liberté de déplacement</td><td>Les membres du CSE peuvent se déplacer dans et hors de l'entreprise pendant les heures de délégation et même en dehors des heures habituelles de travail pour effectuer leur mission.</td></tr>
<tr><td>Formations</td><td>• Formation santé, sécurité et conditions de travail : trois jours dans les entreprises de 50 à 300 salariés et cinq jours dans les entreprises d'au moins 300 salariés. L'employeur prend en charge les frais de déplacement, les frais de séjour et les dépenses afférentes à la rémunération des organismes de formation.
• Formation économique : cinq jours maximum. Le financement est pris en charge par le CSE.</td></tr>
</table>

Obligations. Les membres du CSE sont tenus à une obligation de discrétion concernant toutes les informations confidentielles relatives à l'entreprise. Ils sont astreints au secret professionnel concernant les protocoles de fabrication.

Moyens financiers. Pour que le CSE d'entreprise ou d'établissement puisse assurer ses fonctions, l'employeur doit verser une subvention de fonctionnement. Le montant de la subvention ne peut être inférieur à :

- 0,20 % de la masse salariale brute, lorsque l'effectif de l'entreprise est compris entre 50 et 1 999 salariés ;
- 0,22 %, pour les entreprises d'au moins 2 000 salariés.

Ce montant ne peut pas être diminué par voie d'accord collectif. Ce budget est versé annuellement. Il est dédié au fonctionnement du CSE et à ses activités économiques (ex. : pour les frais administratifs, le financement des stages de formation économique…). Il est possible pour le CSE de transférer le reliquat des subventions non utilisées au budget des activités sociales et culturelles.

Pour financer les activités sociales et culturelles, le CSE dispose d'un budget distinct. Il reçoit une contribution annuelle versée par l'employeur dont le montant peut être fixé par accord d'entreprise, par usage ou par décision unilatérale de l'employeur. À défaut d'accord, le rapport de cette contribution à la masse salariale brute ne peut être inférieur au même rapport existant l'année précédente. Pour compléter ce budget, le CSE peut recevoir des cotisations des salariés, des recettes de manifestations organisées, des dons et legs, des subventions de collectivités publiques ou d'organisations syndicales...

Tenue d'une comptabilité. Le CSE est tenu de tenir une comptabilité et doit gérer de manière distincte le budget de fonctionnement et celui des activités sociales et culturelles. Il doit présenter un rapport d'information sur ses activités et sa gestion financière porté à la connaissance des salariés par voie d'affichage.

4. Les attributions du CSE des entreprises d'au moins 50 salariés

Missions étendues. Dans les entreprises d'au moins 50 salariés, le CSE exerce l'ensemble des attributions dévolues au CSE des entreprises de moins 50 salariés (ex. : réclamations individuelles et collectives des salariés) auxquelles s'ajoutent :

- la gestion des activités sociales et culturelles ;
- l'information et la consultation dans le domaine économique et professionnel ;
- des missions en matière de santé, de sécurité et de conditions de travail.

Attributions générales. Le CSE a pour objet d'assurer une expression collective des salariés permettant la prise en compte de leurs intérêts dans les décisions relatives à la gestion et à l'évolution économique et financière de l'entreprise, à l'organisation du travail, à la formation professionnelle et aux techniques de production.

Attributions économiques et professionnelles. Les attributions économiques du CSE sont nombreuses. La loi les regroupe autour de trois consultations annuelles obligatoires, d'ordre public. Le contenu, la périodicité et les modalités de consultation du CSE peuvent être adaptés par accord d'entreprise (tab. 12.7).

Tableau 12.7. Domaine de consultation annuelle obligatoire du CSE

Orientations stratégiques	Situation économique et financière	Politique sociale, conditions de travail et emploi
Périmètre : conséquences sur l'activité, l'emploi et l'organisation du travail, GPEC et orientations de la formation professionnelle	• Politique de R&D de l'entreprise • Possibilité pour le CSE de se faire assister d'un expert-comptable	Périmètre : évolution de l'emploi, qualifications, programme pluriannuel de formation, actions de prévention et de formation envisagées, conditions de travail, égalité professionnelle hommes-femmes

Avant toute consultation du CSE, l'employeur met à sa disposition les informations, sur la base de données économique et sociale (BDES). Le CSE émet un avis ; il est transmis aux organes d'administration ou de surveillance. Les informations sont ensuite communiquées à l'inspecteur du travail dans les 15 jours qui suivent la réunion du CSE.

Le CSE est également informé et consulté préalablement à toute opération d'une certaine importance affectant la collectivité de travail.

Exemple

Le CSE doit être consulté en cas de recours à des traitements automatisés, mais aussi de restructuration ou de licenciement économique collectif (**chapitre 11**).

Bilan social. Dans les entreprises d'au moins 300 salariés (seuil dépassé pendant 12 mois consécutifs), la consultation doit porter aussi sur le bilan social (fig. 12.6), mis au préalable à la disposition du CSE sur la BDES de l'entreprise. Dans ce bilan, l'employeur doit récapituler les principales données chiffrées permettant d'apprécier la situation de l'entreprise dans le domaine social, d'enregistrer les réalisations effectuées et de mesurer les changements intervenus au cours de l'année écoulée et des deux années précédentes. Le CSE reçoit le bilan social quinze jours avant la réunion au cours de laquelle il émet son avis. Cette réunion doit être organisée par l'employeur au plus tard dans les quatre mois suivant la dernière année du projet. Ce bilan est communiqué aux délégués syndicaux.

Contenu
- Emploi et rémunérations
- Conditions de santé, de sécurité et autres conditions de travail
- Formation, relations professionnelles
- Conditions de vie des salariés et de leur famille

Diffusion
- Mise à disposition de l'inspecteur du travail, assorti de l'avis du CSE, dans les 15 jours à compter de la réunion
- Communication du bilan social aux salariés qui en font la demande
- Communication du bilan social aux actionnaires des sociétés par actions

La non-présentation du bilan social dans les délais impartis est constitutive d'un délit d'entrave passible de 7 500 € d'amende.

Figure 12.6. Contenu et diffusion du bilan social

Droits d'alerte. Le CSE dispose d'un droit d'alerte qui peut être mis en œuvre dans les situations suivantes :
- en **matière économique**, lorsque le CSE a connaissance de faits de nature à affecter de manière préoccupante la situation économique de l'entreprise,
- en cas d'**atteinte aux droits** des personnes, à leur santé physique ou mentale ou à leurs libertés individuelles,
- en cas de **danger grave et imminent** et en cas de risque grave pour la santé publique ou l'environnement,
- en **matière sociale**, lorsque le CSE a connaissance d'un accroissement important des contrats précaires ou de faits susceptibles de caractériser un recours abusif à ces contrats.

Attributions sociales et culturelles du CSE. Le CSE assure ou contrôle la gestion de toutes les activités sociales et culturelles établies dans l'entreprise prioritairement au bénéfice des salariés et de leurs familles (ou participe à cette gestion, quel qu'en soit le mode de financement). Il peut s'agir d'attributions tendant à l'amélioration du bien-être des salariés (crèches, colonies de vacances, activités sportives et culturelles...). Pour financer ces activités, l'employeur verse la contribution patronale aux activités sociales.

Attributions en matière de santé, sécurité et conditions de travail. Les missions du CSE dans ces entreprises englobent celles dévolues au CSE des entreprises de moins de 50 salariés. S'y ajoutent :
- l'analyse des risques professionnels auxquels peuvent être exposés les travailleurs ;
- la contribution à l'accès des femmes à tous les emplois ;
- l'impulsion d'initiatives de prévention du harcèlement moral ou sexuel ou des agissements sexistes...

B) Les autres institutions de représentation du personnel

La loi impose la création de structures spécifiques (tab. 12.8) lorsque l'entreprise dispose d'établissements distincts, ou de filiales en France ou au sein de l'UE.

Tableau 12.8. Autres institutions représentatives du personnel

CSE central d'entreprise (personnalité civile)	Conseil d'entreprise
• Dans les entreprises qui comportent au moins deux CSE d'établissement • Composition : employeur, délégation élue des CSE d'établissements et représentation syndicale • Exerce toutes les attributions relatives à la marche générale de l'entreprise ou excédant les limites des pouvoirs des chefs d'établissement. Information/consultation sur les projets importants de l'entreprise en matière économique et sociale • Gestion des activités sociales et culturelles des établissements avec possibilité de confier au CSE central d'entreprise la gestion d'activités communes	• Institué par accord d'entreprise à durée indéterminée • Exerce l'ensemble des attributions du CSE et en plus, il a le pouvoir de négocier, conclure et réviser les conventions et accords d'entreprise ou d'établissement • Mêmes modalités de fonctionnement que le CSE • À défaut d'accord, sur les heures de délégation : – 12 heures par mois dans les entreprises employant jusqu'à 149 salariés – 18 heures par mois (150 à 499 salariés) – 24 heures par mois au-delà de 500 salariés
Comité de groupe (personnalité civile)	**Comité d'entreprise européen (CEE) (personnalité civile)**
• Dans les groupes formés par une entreprise dominante dont le siège est en France et les entreprises dont elle a le contrôle ou sur lesquelles elle exerce une influence dominante • Composition : constitution par le chef de l'entreprise dominante (président), également composé des représentants du personnel des entreprises constituant le groupe, désignés par les organisations syndicales de salariés parmi les élus au CSE • Missions : attributions essentiellement économiques, complémentaires du CSE. Possibilité d'une expression collective pour défendre les intérêts des salariés • Réunion annuelle	• Dans les entreprises ou groupes de dimension européenne qui emploient au moins 1 000 salariés dans les États membres de l'UE et ont au moins un établissement employant 150 salariés dans au moins deux de ces États • Création, par le chef d'entreprise, d'un groupe spécial de négociation qui peut conduire à un accord sur la mise en place du CEE ou à une procédure d'information et de consultation • Composition : chef d'entreprise-président, représentants du personnel des établissements de l'entreprise ou du groupe • Mission : se prononce sur toutes les questions de dimension communautaire qui concernent l'entreprise ou le groupe

➜ CAS 4 • SITUATION PRATIQUE 8 • SITUATION PRATIQUE 9

3 La protection des instances représentatives du personnel (IRP) et des syndicats

A) Les salariés protégés

Les **représentants du personnel**, élus ou syndicaux, bénéficient d'une protection spécifique et temporaire (tab. 12.9) en cas de rupture ou de modification de leur contrat.

Tableau 12.9. Salariés protégés et durée de la protection

Salariés protégés	Durée de la protection
Représentants élus du personnel (ex. : membres du CSE)	Protection pendant toute la durée du mandat et pendant six mois à compter de l'expiration du mandat
Candidats aux élections du CSE	Protection pendant six mois à compter de la date de l'envoi à l'employeur des listes de candidatures au premier et au second tour des élections professionnelles
Salariés ayant demandé l'organisation des élections du CSE (mandatés par une organisation syndicale ou demande d'un salarié relayée par une organisation syndicale)	Protection pour une durée de six mois à compter de leur demande d'organisation d'élections à l'employeur
Représentants syndicaux : délégué syndical, représentant de la section syndicale, défenseur syndical	Protection pendant la durée du mandat à compter de la désignation par le syndicat et pendant douze mois après la cessation de leurs fonctions

B) Les opérations réglementées

1. Les situations visées et la procédure spéciale

La protection concerne l'exécution du contrat de travail ou sa rupture. Des procédures particulières s'imposent (tab. 12.10).

La procédure protectrice de licenciement d'un salarié protégé se cumule avec la procédure de licenciement de droit commun (↪ **chapitre 11**).

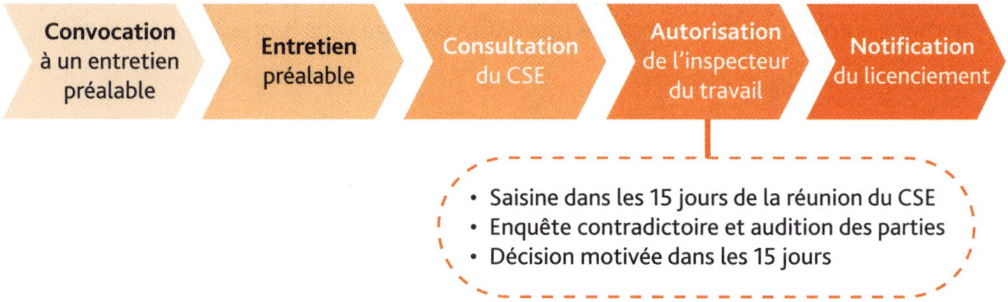

Figure 12.7. Procédure spécifique de licenciement d'un salarié protégé

Tableau 12.10. **Situations donnant lieu à protection des IRP**

Pendant l'exécution du contrat de travail	À la rupture du contrat de travail
• Aucun changement des conditions de travail ni aucune modification du contrat de travail d'un salarié protégé ne peut être réalisé sans son accord, de même pour les mutations géographiques. En cas de refus, le licenciement opéré doit être autorisé par l'inspecteur du travail. • Le transfert du contrat de travail d'un salarié protégé vers une autre entreprise, en cas de modification de la situation juridique de l'employeur (↳ chapitre 5) entre également dans le champ de la protection sous conditions.	• Toutes les ruptures du contrat à l'initiative de l'employeur d'un salarié protégé sont concernées : licenciement, rupture conventionnelle collective, mise à la retraite, rupture anticipée d'un CDD, prise d'acte de rupture lorsqu'elle est requalifiée en licenciement sans cause réelle et sérieuse. • La rupture nécessite l'autorisation préalable de l'inspecteur du travail. • La protection ne concerne pas les situations dans lesquelles le salarié prend l'initiative de rompre le contrat de travail (ex. : démission, départ à la retraite).

2. Les recours

La décision de l'inspecteur du travail peut faire l'objet, dans les deux mois de sa notification, d'un **recours** :

- **hiérarchique** auprès du ministre du travail qui dispose de quatre mois pour se prononcer ;
- **contentieux** en annulation devant le tribunal administratif.

C) Les sanctions en cas de non-respect des règles

Sanctions civiles. Il y a nullité du licenciement du salarié protégé réalisé sans l'autorisation préalable de l'inspecteur du travail. Le salarié peut demander à être réintégré de plein droit dans son emploi ou dans un emploi équivalent. Si la réintégration n'est pas demandée ou n'a pas été obtenue, il a droit aux salaires qui auraient été perçus jusqu'à la fin de la période de protection ainsi qu'aux indemnités de rupture (ex. : indemnité de licenciement, indemnité de licenciement sans cause réelle et sérieuse).

Sanctions pénales. L'employeur est passible d'une amende de 3 750 € et d'un emprisonnement d'un an lorsqu'il congédie un salarié protégé sans requérir d'autorisation.

D) Le délit d'entrave

Définition

Un **délit d'entrave** est caractérisé lorsque l'employeur empêche la désignation des représentants du personnel ou nuit au fonctionnement des instances représentatives du personnel.

Si les éléments constitutifs de l'infraction sont réunis (tab. 12.11), l'employeur encourt des sanctions pénales.

Tableau 12.11. **Éléments constitutifs du délit d'entrave**

Élément légal	Textes du Code du travail relatifs à la désignation des membres du CSE et à l'exercice régulier de leurs fonctions, à la libre constitution du CSE, à l'exercice du droit syndical…
Élément matériel	• Est punie de 3 750 € d'amende et d'un an d'emprisonnement l'entrave à l'exercice du droit syndical. • Sont punies de 7 500 € d'amende : – l'entrave au fonctionnement régulier du CSE d'entreprise/établissement, du CSE central ou du comité de groupe, à la constitution du CSE d'entreprise/établissement ou du CSE central ou à la désignation de ses membres ou des membres du comité de groupe ; – le non-établissement ou la non-présentation du bilan social au CSE dans une entreprise d'au moins 300 salariés et la non-constitution d'un comité de groupe. • Est punie de 7 500 € d'amende et d'un an d'emprisonnement l'entrave à la constitution du CSE d'entreprise ou d'établissement.
Élément moral	Se déduit du caractère volontaire de l'omission constatée ou de la volonté de s'opposer au fonctionnement des IRP.

→ CAS 6 • CAS 7 • SITUATION PRATIQUE 8

1 Quiz

Vérifiez l'exactitude des propositions ci-après et justifiez-les.

	Vrai	Faux
1. Les membres du CSE et les délégués syndicaux sont tous des institutions représentatives du personnel.	☐	☐
2. Les grandes confédérations syndicales ne doivent jamais apporter la preuve de leur représentativité. Elles bénéficient d'une présomption de représentativité.	☐	☐
3. L'audience du syndicat est l'un des critères majeurs de représentativité du syndicat dans l'entreprise.	☐	☐
4. Délégués syndicaux et représentants de la section syndicale exercent les mêmes fonctions dans l'entreprise.	☐	☐
5. Le CSE a les mêmes missions que l'entreprise ait moins de 50 salariés au moins 50 salariés.	☐	☐
6. Le CSE des entreprises de moins de 50 salariés a la personnalité morale.	☐	☐
7. Le CSE des entreprises d'au moins 50 salariés exerce des attributions sociales et culturelles. Il doit aussi être informé et consulté pour les questions économiques et professionnelles relatives à la vie de l'entreprise.	☐	☐
8. Le CSE des entreprises d'au moins 50 salariés reçoit de l'employeur une subvention de fonctionnement.	☐	☐
9. La durée du mandat des membres du CSE est, en principe, de 4 ans.	☐	☐
10. La protection des représentants du personnel ne concerne que la rupture de leur contrat de travail.	☐	☐
11. Les délégués syndicaux sont des salariés protégés. Leur licenciement nécessite une autorisation préalable de l'inspecteur du travail.	☐	☐
12. Le délit d'entrave n'est caractérisé que lorsque l'employeur empêche le fonctionnement régulier et normal des IRP.	☐	☐

2 Croquitout ★★★

William, 17 ans, en apprentissage dans la société agroalimentaire Croquitout, souhaiterait devenir représentant de la section syndicale CFO.

Indiquez si William peut être représentant de section. Justifiez votre réponse.

3 Cas Thomass et Aquaï ★★★

Compétence attendue **Caractériser** les syndicats représentatifs et les syndicats non représentatifs et **distinguer** leurs prérogatives

1. Lors des dernières élections du CSE du Voyagiste Thomass (60 salariés), le syndicat CFDT Voyages a recueilli 18 % des suffrages au premier tour. Créé il y a quatre ans, il perçoit les cotisations d'une quinzaine de ses adhérents réguliers, ce qui lui permet d'être relativement autonome. Il justifie l'origine de ses financements et présente ses comptes annuels. Il participe localement à de nombreuses manifestations des salariés sur les thèmes professionnels les plus divers. Le dirigeant vient d'être informé par LRAR de la désignation de Manon Louis, responsable commerciale embauchée il y a 2 ans, comme déléguée syndicale CFDT Voyages dans l'entreprise.
Déterminez si cette désignation est valable et précisez si Manon Louis pourrait être habilitée à participer aux négociations en cours d'un accord d'entreprise relatif à la durée du travail.
2. Une section syndicale FO Nettoyage et Propreté a été constituée au sein de la société Aquaï (70 salariés), il y a près de trois ans. Elle compte une dizaine d'adhérents qui versent leurs cotisations régulièrement. Elle est soucieuse du respect des valeurs républicaines. Le syndicat FO vient de désigner Sylvain Maur, 20 ans, qui travaille dans l'entreprise depuis près de deux ans comme représentant de la section syndicale (RSS) de l'entreprise. Sa mission est de représenter FO Nettoyage qui couvre l'activité de l'entreprise et de recueillir plus de 10 % des suffrages lors des élections professionnelles à venir.
Précisez si le syndicat FO Nettoyage et Propreté est un syndicat représentatif. Prononcez-vous sur la légitimité de la désignation par FO Nettoyage de Sylvain Maur comme RSS.

4 Cas IRP ★★★

Compétence attendue **Identifier** les principales institutions représentatives du personnel et leurs principales attributions

Dans les situations suivantes, identifiez l'institution représentative du personnel compétente et précisez-en le rôle.

1. Hugo Laureen, Web designer dans une société d'e-commerce de 20 salariés, a demandé au représentant du personnel de consulter l'employeur et de négocier avec lui les dates et l'ordre des départs en congés payés de cette année.
2. Félix Lebel, gérant de la SARL Bel&Cie (30 salariés), a refusé d'entamer le dialogue avec les représentants élus du personnel qui l'avaient sollicité pour réviser les coefficients hiérarchiques découlant de l'accord d'entreprise. Il estime que cette discussion ne relève pas de leur compétence puisqu'elle nécessite une révision des dispositions conventionnelles.
3. Laurent Céleste dirige une entreprise de construction navale, la société Les Bateaux, située à Saint-Nazaire, qui emploie 60 salariés. Il entend digitaliser une grande partie des activités des services administratifs grâce à des logiciels spécialement adaptés pour ses activités. Ce projet va entraîner, à terme, une réorganisation du travail et des services. Il entend en informer les représentants du personnel.
4. Isabelle Desmille, pharmacienne en région parisienne, emploie 35 salariés. Face à la recrudescence des incivilités, elle a fait installer un système de surveillance performant dans l'officine qu'elle dirige. Certains salariés sont gênés par les caméras mises en place à proximité du vestiaire du personnel, qu'ils estiment inopportunes. Ils alertent le représentant du personnel afin qu'il remédie à la situation.
5. La SA Les Regains, qui emploie une centaine de salariés, connaît des difficultés de trésorerie qui perdurent dans le temps. Son dirigeant souhaite négocier un accord de rupture conventionnelle collective avec les représentants du personnel pour mettre en place des départs volontaires plutôt que de procéder à des licenciements.

5 Cas EST COMPTABLES SA ★★★

Compétence attendue **Repérer** les situations où l'employeur est tenu de mettre en place une institution représentative du personnel

Dans chacune des situations suivantes, indiquez si les employeurs sont tenus de mettre en place une représentation du personnel. Justifiez vos réponses.

1. Le cabinet d'expertise comptable EST COMPTABLES SA, situé à Strasbourg, comptait jusqu'alors 30 salariés en CDI à temps plein. Ses dirigeants viennent de racheter, il y a un an, le cabinet d'un confrère qui partait en retraite, situé à Molsheim, à une vingtaine de kilomètres de Strasbourg. Ce cabinet occupait 25 salariés qui sont devenus, à la suite de la cession, les employés d'EST COMPTABLES SA. L'entreprise disposait déjà d'un délégué syndical.

Un CSE doit-il être mis en place à la suite du rachat ? Comment expliquer la présence d'un délégué syndical alors que le cabinet n'employait que 25 salariés avant le rachat ?

2. Client d'EST COMPTABLES SA, Frédéric Lombard dirige une boulangerie industrielle Les Pains d'Or, créée il y a dix ans. Sa société regroupe aujourd'hui 65 salariés en CDI à temps complet. Elle a connu ces dernières années, une croissance sans pareil. L'employeur a procédé sur deux ans à une dizaine de recrutements. Le membre du CSE élu il y a quatre ans sollicite maintenant le renouvellement de la délégation du personnel auprès de l'employeur. *Frédéric Lombard doit-il mettre en place un CSE ? Combien de membres doit-il comprendre ? Quelle serait la composition du CSE ?*
3. Gilles Bois, menuisier, est également client d'EST COMPTABLES SA. Il est à la tête de son entreprise qui occupe actuellement 12 salariés ; il est aidé dans ses tâches par 7 salariés expérimentés en CDI à temps plein, présents depuis cinq ans dans l'entreprise. Il a embauché en contrat d'apprentissage 3 menuisiers préparant le BAC professionnel, qui ont intégré l'équipe il y a presque 2 ans. Ses services commerciaux ont reçu 2 salariés en contrat de professionnalisation, préparant depuis près d'un an un BUT Techniques de commercialisation.
Gilles Bois est-il tenu de mettre en place un CSE ?

6 Cas ZEEN SAS ★★★

Compétence attendue **Identifier** les salariés protégés et les moyens de leur protection

Au sein de la société ZEEN SAS à Rennes, l'ambiance de travail est un peu « électrique ». Le dirigeant de l'entreprise, Romain Guénolé, a été contraint de procéder aux élections du CSE à la demande de plusieurs salariés. Les effectifs sont passés d'une petite dizaine à 60 salariés en un peu plus d'un an. Le développement de l'entreprise a conduit le dirigeant à racheter une petite structure concurrente située en région parisienne. Les élections du CSE ont eu lieu et les centrales syndicales représentatives ont désigné des délégués syndicaux (CGT, CFDT, FO).

1. Magali Teneur est commerciale. Elle est aussi déléguée syndicale FO. Elle a critiqué ouvertement Romain Guénolé pour sa manière de gérer l'organisation du travail ces derniers mois. Dernièrement, elle a copieusement insulté, sous le coup de la colère, sa supérieure hiérarchique. Romain Guénolé souhaite la licencier en raison de ses écarts de conduite.
Déterminez si Romain Guénolé peut licencier Magali Teneur. Dans l'affirmative, précisez sur quel fondement et comment il doit procéder.
2. Basile Nicel, comptable à Rennes, a été élu membre du CSE. Romain Guénolé envisage de modifier ses horaires de travail pour mieux répondre aux besoins du service.
Indiquez si Basile peut procéder unilatéralement à un changement d'horaires de travail.
3. Audrey Almand, contrôleur qualité, a été recrutée pour dix-huit mois au sein de l'entreprise. C'est elle qui a sollicité la première le dirigeant aux fins d'élire le CSE.

Elle n'a pas été candidate. Ces derniers temps, elle a été à l'origine d'une bagarre généralisée au sein de son service. Elle a commis des violences à l'égard de deux salariés. Romain Guénolé entend rompre le CDD qui la liait à l'entreprise encore pour quatre mois.
Précisez si Romain Guénolé doit respecter un formalisme particulier pour cette rupture.

4. Brice Martel, responsable du site Web, est l'un des candidats malheureux des élections du CSE. En dépit d'avertissements antérieurs, il a utilisé la connexion internet de l'entreprise à des fins personnelles plus d'une cinquantaine d'heures ce mois-ci. Romain Guénolé souhaite le licencier.
Identifiez la procédure à respecter.

5. Armelle Limel, nutritionniste au siège de la société à Rennes, est déléguée syndicale CFDT. Elle a accepté dans le contrat de travail qu'elle a signé il y a un an, une clause de mobilité. Romain Guénolé souhaite mettre en œuvre la clause de mobilité.
Vérifiez si Romain Guénolé peut affecter unilatéralement Armelle Limel à Paris.

7 Cas : délit d'entrave... ou pas ? ★★★

Compétence attendue **Caractériser** le délit d'entrave et ses sanctions

Dans chacune des situations suivantes, indiquez s'il y a ou non délit d'entrave. Dans l'affirmative, précisez les sanctions encourues par les auteurs de l'infraction.

1. Le dirigeant de l'entreprise CiZaille, spécialisée dans l'outillage, a décidé de restructurer les unités de production et de licencier 30 salariés dans le mois. L'entreprise emploie plus de 100 salariés. Conscient des résistances des salariés, le chef d'entreprise vient seulement de lancer la procédure d'information et de consultation du CSE alors que son projet de réorganisation est déjà bien engagé.
2. Étienne Freeze, coiffeur à la tête d'un salon d'une trentaine de salariés, vient de mettre à pied Margaux Jasmin, membre du CSE de l'entreprise. L'employeur lui reproche d'exercer depuis quelques mois, des pressions et du harcèlement moral à l'encontre d'une autre salariée de l'entreprise, Léa Lure. Léa Lure a présenté de nombreux SMS pour prouver les faits. En sa qualité de représentant du personnel, Margaux Jasmin estime cette sanction injustifiée et la conteste.
3. Le dirigeant de la SA DesJeux n'a pas versé la subvention de fonctionnement du CSE cette année. Il n'a pas pris, non plus, en charge les frais de déplacement pour se rendre aux réunions légales. Il remet en cause le calcul des effectifs permettant la mise en place du CSE, qui prend en compte les intérimaires présents dans l'entreprise toute l'année pour surcroît temporaire d'activités. Les membres du CSE contestent cette appréciation.
4. Marie Brillé, dirigeante de la SAS Brille et Cie, a présenté tardivement le bilan social de l'entreprise au CSE, qui s'est révélé par ailleurs incomplet.

8 Situation pratique : SAS Sud Promoteur ★★★

60 min

Compétences attendues

- **Caractériser** les syndicats représentatifs et les syndicats non représentatifs et **distinguer** leurs prérogatives
- **Identifier** les attributions des institutions représentatives du personnel
- **Identifier** les salariés protégés et les moyens de leur protection

La SAS Sud Promoteur (120 salariés) vient de racheter l'un de ses concurrents, la SA Habiter en Ariège. Les deux sociétés réalisent des projets immobiliers qu'ils vendent par l'intermédiaire d'un réseau de commerciaux. Les contrats de travail des 58 salariés de la SA Habiter en Ariège ont été repris par la SAS Sud Promoteur ainsi que les mandats des représentants du personnel. La SA Habiter en Ariège était en effet, dotée d'un CSE. Deux délégués syndicaux avaient été désignés par les syndicats représentatifs :

- pour la CFDT Construction, Amélie Storeen (35 ans), comptable depuis trois ans dans l'entreprise ;
- pour Force Ouvrière (FO) Promotion immobilière, Loïc Legrand (29 ans), agent commercial depuis dix-huit mois.

Soucieux du respect des valeurs républicaines, les délégués ont été très actifs dans leurs revendications (participation à des manifestations en faveur du maintien du pouvoir d'achat ou pour réclamer l'ouverture de négociations salariales...). Ces deux syndicats, créés il y a plus de dix ans, avaient recueilli respectivement 15 % et 12 % des suffrages exprimés au premier tour des élections professionnelles des représentants du personnel dans l'entreprise qui avaient eu lieu il y a trois ans. Ils ont régulièrement présenté leur comptabilité qui atteste de leur autonomie financière par les cotisations de leurs adhérents. Au moment de la cession, les délégués syndicaux de la SAS Sud Promoteur remettent en cause la représentativité des deux syndicats de la SA Habiter en Ariège.

Trois mois après, le dirigeant de la SAS Sud Promoteur envisage une réorganisation des activités et une centralisation des services à Toulouse. Un plan de restructuration et de licenciements économiques collectifs est à l'étude pour les services commerciaux et administratifs de la SAS. Loïc Legrand et Amélie Storeen seraient concernés par les suppressions d'emplois programmées.

Rendez-vous MÉTHODE 3

Vos missions

1. *Rappelez les critères permettant d'attester de la représentativité des deux syndicats de la SA Habiter en Ariège.*
2. *Expliquez si ces deux syndicats pouvaient légitimement désigner Amélie Storeen et Loïc Legrand comme délégués syndicaux.*

3. *Identifiez les principales attributions des délégués syndicaux.*
4. *Déterminez si la cession de la SA Habiter en Ariège pourrait être à l'origine d'une remise en cause de la représentativité des syndicats CFDT Constructions et FO Promotion Immobilière (document 1). Dans l'affirmative, identifiez-en les conséquences pour le protocole préélectoral qui devait être négocié à la fin de l'année en cours avec le dirigeant de la SAS Sud Promoteur.*
5. *Indiquez si l'opération de restructuration et les mesures de licenciement économique envisagées doivent être portées préalablement à la connaissance du CSE de la SAS Sud Promoteur (document 2).*
6. *Analysez les situations de Loïc Legrand et Amélie Storeen : sont-ils considérés comme des salariés protégés ? Dans l'hypothèse où ils feraient l'objet d'un licenciement pour motif économique, identifiez les étapes de la procédure à respecter par l'employeur.*

Document 1

Cour de cassation, chambre sociale, du 19 février 2014, pourvoi n° 12.29354 (extrait)

Mais attendu que la représentativité des organisations syndicales est établie pour toute la durée du cycle électoral ;

Et attendu que le tribunal d'instance a retenu que l'USSI était représentative au sein de la société ISS à l'issue des élections qui se sont déroulées dans les différents établissements de la société ; qu'elle en a à bon droit déduit que sa représentativité ne pouvait pas être contestée au motif du transfert des contrats de travail des salariés relevant de l'un des établissements composant l'entreprise ;

Document 2

Article L. 1233-30 du Code du travail

Dans les entreprises ou établissements employant habituellement au moins cinquante salariés, l'employeur réunit et consulte le comité social et économique sur :

1° L'opération projetée et ses modalités d'application [...].

2° Le projet de licenciement collectif : le nombre de suppressions d'emploi, les catégories professionnelles concernées, les critères d'ordre et le calendrier prévisionnel des licenciements, les mesures sociales d'accompagnement prévues par le plan de sauvegarde de l'emploi et, le cas échéant, les conséquences des licenciements projetés en matière de santé, de sécurité ou de conditions de travail. [...] Le comité social et économique tient au moins deux réunions espacées d'au moins quinze jours.

Situation pratique : SARL d'Optique ★★★

45 min

Compétences attendues

- **Caractériser** les syndicats représentatifs et les syndicats non représentatifs et **distinguer** leurs prérogatives
- **Identifier** les attributions des institutions représentatives du personnel

La SARL d'Optique, qui emploie 60 salariés, est spécialisée dans la fabrication de matériel d'optique de haute précision destiné à une clientèle professionnelle. Proche de la frontière suisse, non loin d'Épinal, elle est gérée par Philippe Legris. La SARL dispose d'un comité social et économique (CSE) depuis juin 2018. Ses membres ont été élus pour 3 ans. Par ailleurs, deux délégués syndicaux CFDT et CGT ont été désignés il y a près de 6 ans. Un représentant de la section syndicale SNA-OPTIC, désigné il y a près de 2 ans, œuvre, à travers l'animation de la section syndicale, poursuivant l'objectif de rendre ce syndicat représentatif lors des prochaines élections.

Le gérant de la SARL d'Optique entend engager des négociations pour préparer et organiser les élections professionnelles durant les prochains mois.

Dans une note de synthèse présentée à Philippe Legris, gérant de la SARL d'Optique, vous expliquerez l'intérêt de la décision de la Cour de cassation du 20 septembre 2018 dans la préparation du protocole préélectoral et dans l'organisation des élections du CSE à venir. À cette fin, vous constituez un dossier documentaire que vous analysez en vous guidant des consignes ci-après.

Vos missions

1. *Formulez le problème de droit posé à la Cour de cassation dans l'arrêt (document 1).*
2. *Analysez la décision de la Cour de cassation (document 2) et précisez-en la portée.*

Document 1

Extraits de l'arrêt de la Cour de cassation, 20 septembre 2018, pourvoi n° 17-26.226

La cour de cassation, chambre sociale, a rendu l'arrêt suivant :

Sur le moyen unique :

Vu l'article 31 du code de procédure civile, l'article L. 2132-3 du code du travail et l'article L. 2324-4 du même code, alors applicable ;

Attendu qu'a nécessairement intérêt à agir en contestation de la régularité des élections, une organisation syndicale qui a vocation à participer au processus électoral ;

Attendu, selon le jugement attaqué, que les élections des délégués du personnel et des membres du comité d'établissement de […] de la société Nicollin se sont déroulées le 21 février 2017 ; que le Syndicat national des activités du déchet et du nettoiement •••

•••

UNSA a saisi le tribunal d'instance d'une requête aux fins d'annulation de ces élections ;

Attendu que, pour dire irrecevable cette demande, le jugement énonce que, en application des principes généraux de procédure, la partie requérante doit justifier d'un intérêt à agir ; que l'article L. 2132-3 du code du travail dispose que les syndicats professionnels ont le droit d'agir en justice ; que la régularité des élections professionnelles mettant en jeu l'intérêt collectif de la profession, tout syndicat, même non représentatif dans l'entreprise où il a des adhérents, peut en demander la nullité ; que, lorsqu'il n'est pas représentatif, un syndicat doit donc démontrer qu'il a au moins deux adhérents dans l'entreprise pour justifier de son intérêt à agir ; que, faute d'établir avoir au moins deux adhérents, le syndicat ne justifie pas d'un tel intérêt ;

Qu'en statuant ainsi, le tribunal a violé les textes susvisés ;

PAR CES MOTIFS :

CASSE ET ANNULE, en toutes ses dispositions, le jugement rendu le 8 septembre 2017, entre les parties, par le tribunal d'instance de Versailles ; remet, en conséquence, la cause et les parties dans l'état où elles se trouvaient avant ledit jugement et, pour être fait droit, les renvoie devant le tribunal d'instance de Saint-Germain-en-Laye.

Document 2

Extraits du Code du travail

Article L. 2132-3

Les syndicats professionnels ont le droit d'agir en justice.

Ils peuvent, devant toutes les juridictions, exercer tous les droits réservés à la partie civile concernant les faits portant un préjudice direct ou indirect à l'intérêt collectif de la profession qu'ils représentent.

Article L. 2324-4

Sont informées, par tout moyen, de l'organisation des élections et invitées à négocier le protocole d'accord préélectoral et à établir les listes de leurs candidats aux fonctions de représentants du personnel au comité d'entreprise les organisations syndicales qui satisfont aux critères de respect des valeurs républicaines et d'indépendance, légalement constituées depuis au moins deux ans et dont le champ professionnel et géographique couvre l'entreprise ou l'établissement concernés.

Les organisations syndicales reconnues représentatives dans l'entreprise ou l'établissement, celles ayant constitué une section syndicale dans l'entreprise ou l'établissement, ainsi que les syndicats affiliés à une organisation syndicale représentative au niveau national et interprofessionnel y sont également invités par courrier.

Dans le cas d'un renouvellement du comité, cette invitation est faite deux mois avant l'expiration du mandat des membres en exercice. Le premier tour des élections a lieu dans la quinzaine précédant l'expiration de ce mandat.

L'invitation à négocier mentionnée au présent article doit parvenir au plus tard quinze jours avant la date de la première réunion de négociation.

SYNTHÈSE

La représentation collective

Les syndicats et la représentation syndicale

Objet exclusif

Étude et défense des droits et intérêts des salariés

Liberté syndicale

- Applicable à tous les salariés
- Liberté d'adhésion et de choix des syndicats

Syndicats représentatifs

- Monopole de la négociation des conventions et accords collectifs
- Possibilité de désigner des délégués syndicaux dans l'entreprise

7 critères de représentativité

- Audience électorale
- Ancienneté (2 ans)
- Nombre d'adhérents et cotisations perçues
- Transparence financière
- Indépendance
- Respect des valeurs républicaines
- Influence

Représentation syndicale

Section syndicale d'entreprise

- Constituée par le syndicat représentatif pour assurer la représentation des intérêts de ses membres dans l'entreprise
- Collecte les cotisations, diffusion de tracts et publications, réunions…

Délégué syndical

- Désigné par le syndicat représentatif dans les entreprises d'au moins 50 salariés
- Représente le syndicat dans l'entreprise et revendique en son nom
- Négocie les conventions et accords collectifs d'entreprise

Représentant de la section syndicale

Désigné par le syndicat non représentatif pour le représenter dans l'entreprise et pour lui permettre d'assurer sa représentativité lors des élections professionnelles à venir

Les institutions représentatives élues du personnel

Comité social et économique (CSE) : instance représentative du personnel dans l'entreprise

- Obligatoire si plus de 11 salariés pendant 12 mois consécutifs
- Organisation d'élections professionnelles
- Composition : employeur (président du CSE), délégation élue du personnel et représentants syndicaux

Entreprises de 11 à 50 salariés

Missions

- Présentation des réclamations des salariés
- Saisine de l'inspecteur du travail des plaintes et observations des salariés
- Droits d'alerte
- Promotion de la santé, de la sécurité et des conditions de travail dans l'entreprise

Moyens

- Réunions
- Heures de délégation
- Local / panneaux d'affichage
- Liberté de déplacement dans et en dehors de l'entreprise

Entreprises d'au moins 50 salariés

Missions

- Attributions économiques et professionnelles
- Consultation sur le bilan social
- Droit d'alerte
- Attributions sociales et culturelles
- Attributions en matière de santé, de sécurité et de conditions de travail

Moyens d'action

- Réunions
- Heures de délégation
- Formation économique et en matière de santé et de sécurité au travail
- Local et affichage
- Subvention de fonctionnement
- Contribution patronale aux activités sociales et culturelles

La protection des institutions représentatives du personnel

Salariés protégés	Mécanismes de protection
• Représentants élus du personnel • Candidats aux élections professionnelles • Salariés ayant demandé l'organisation des élections • Représentants syndicaux	• Pendant l'exécution de leur contrat de travail : modification du contrat de travail ou changement des conditions de travail avec l'accord préalable du salarié. • À la rupture de leur contrat de travail : l'employeur doit, préalablement obtenir l'autorisation de l'inspecteur du travail. • À défaut, nullité de la rupture et sanctions pénales.
Protection par le délit d'entrave. Toute entrave à la mise en place des représentants du personnel, à leur fonctionnement régulier ou à l'exercice du droit syndical est sanctionnée pénalement par des amendes et/ou peines de prison.	

CHAPITRE 13

La négociation collective

PROGRAMME

Compétences attendues

- **Déterminer** le champ d'application de l'accord ou de la convention ordinaire, élargi ou étendu
- **Articuler** les normes conventionnelles entre elles et par rapport à la loi
- **Identifier** les personnes habilitées à négocier des accords d'entreprise en l'absence de délégué syndical
- **Vérifier** les conditions de validité de l'accord ou de la convention aux différents niveaux de négociation
- **Analyser** la légalité et les effets d'une procédure de dénonciation d'un accord collectif

Savoirs associés

- Le droit commun de la négociation et des conventions collectives : formation, révision, dénonciation, modalités d'application, extension et élargissement
- Le droit particulier de la négociation et des conventions collectives : accords nationaux interprofessionnels, accords et conventions de branche, accords d'entreprise

PLAN DU CHAPITRE

Cours : 1. Le droit commun de la négociation collective • 2. Le droit spécial de la négociation collective

Des savoirs aux compétences : Évaluer les savoirs • Maîtriser les compétences • Préparer l'épreuve

Synthèse

La négociation collective recouvre les discussions entre partenaires sociaux visant à aboutir à la conclusion de convention et d'accords collectifs donnant eux-mêmes naissance à des normes dont l'objet est de déterminer l'ensemble des conditions d'emploi, de formation professionnelle et de travail ainsi que des garanties sociales des salariés.

Diverses raisons conduisent à octroyer à la négociation collective une place prépondérante, notamment la nécessaire proximité des acteurs. Si le droit conventionnel ne peut pas être uniforme, certaines dispositions doivent être identiques pour tous. Il convient donc de distinguer le droit commun du droit spécial de la négociation collective.

MOTS-CLÉS

Accord collectif • Accord de branche • Accord d'entreprise • Accord interprofessionnel • Accord professionnel • ANI • Convention collective • Délégué syndical • Dénonciation • Élargissement • Extension • Révision

1 Le droit commun de la négociation collective

A) La formation des normes conventionnelles

Définition

Selon le Code du travail, les **conventions collectives** et **accords collectifs** ont pour objet la détermination, par la négociation, de l'ensemble des conditions d'emploi, de formation professionnelle et de travail ainsi que des garanties sociales des salariés.

On parle de :
- « convention collective », si l'on négocie l'ensemble des conditions de la relation de travail ;
- d'« accord collectif », si l'on négocie un ou plusieurs points (ex. : taux de rémunération des heures supplémentaires, nouvelle grille de salaires) parmi cet ensemble.

1. L'organisation de la négociation

Des textes récents encouragent la mise en place de bonnes pratiques. Les partenaires sociaux doivent définir un calendrier, une méthode, une prise en compte des thèmes émanant des organisations de salariés. La loi a prévu que toute convention et tout accord doivent comporter un préambule indiquant succinctement ses objectifs et son contenu, les conditions de son renouvellement ou de sa révision ainsi que ses modalités de dénonciation. Enfin, la convention et l'accord doivent être conclus pour une durée déterminée ou indéterminée (à défaut, cette durée est de cinq ans).

Par exception, dans les entreprises, il est aussi possible de conclure un texte de nature conventionnelle avec des élus du CSE ou avec des salariés mandatés.

Partenaires sociaux. La négociation se déroule entre partenaires sociaux :
- du côté patronal, un ou plusieurs employeurs ou un groupement d'employeurs qui n'a pas nécessairement la forme syndicale ;
- du côté salarial, seules sont habilitées à conclure des textes conventionnels les organisations syndicales représentatives dans le champ de l'accord ou de la convention. En pratique, dans l'entreprise la négociation est menée par le **délégué syndical**.

Adoption du texte. Pour être valide, l'accord :
- doit avoir été signé, par une ou plusieurs organisations représentatives, ayant recueilli plus de 50 % des suffrages exprimés en faveur des organisations représentatives au premier tour des dernières élections des titulaires au CSE ;
- si le seuil de 50 % n'a pas été dépassé, tandis que le seuil de 30 % a été atteint, les signataires peuvent demander que le texte soit adopté par référendum. L'accord doit alors être approuvé à la majorité des suffrages exprimés.

Cas particuliers. Divers cas particuliers se posent dans les entreprises dépourvues de délégués syndicaux (tab. 13.1).

Tableau 13.1. Validité des accords conclus sans délégué syndical

<table>
<tr><th></th><th>Règles applicables</th><th>Conditions de validité</th></tr>
<tr><td>Entreprises de moins de 11 salariés</td><td>L'employeur peut proposer directement aux salariés un projet d'accord portant sur l'un des thèmes ouverts à la négociation.</td><td>Pour être valide, le projet doit être approuvé à la majorité des deux tiers du personnel.</td></tr>
<tr><td>Entreprises de 11 à 20 salariés</td><td>L'entreprise choisit :
• soit l'application des règles précédentes si elle est dépourvue de CSE ;
• soit la négociation avec un ou plusieurs salarié(s) mandaté(s) par une ou plusieurs organisations syndicales représentatives au niveau de la branche ou, à défaut, aux niveaux national et interprofessionnel, ou un élu CSE, mandaté ou non.</td><td rowspan="2">• La validité de l'accord conclu avec un élu est soumise à la signature d'un ou plusieurs élus représentant la majorité des suffrages exprimés aux dernières élections professionnelles.
• S'il est conclu avec un salarié (non élu) mandaté, la validité de l'accord est soumise à la majorité des suffrages exprimés des salariés lors d'un référendum.</td></tr>
<tr><td>Entreprises de 11 à 49 salariés</td><td>L'employeur choisit entre des :
• négociations avec un salarié expressément mandaté par une ou plusieurs organisations syndicales représentatives dans la branche, ou à défaut, au niveau national et interprofessionnel ;
• négociations avec un salarié élu, titulaire au CSE, mandaté ou non.</td></tr>
<tr><td>Entreprises d'au moins 50 salariés</td><td>Les entreprises dépourvues de délégué syndical qui souhaitent conclure un accord ont trois possibilités. Elles peuvent :
• négocier avec des élus titulaires du personnel mandatés ;
• ou, à défaut, négocier avec des élus titulaires du personnel non mandatés ;
• ou, à défaut, négocier avec des salariés mandatés par une ou plusieurs OSR dans la branche ou, à défaut, au niveau national et interprofessionnel.</td><td>• S'il est conclu avec des élus titulaires mandatés, la validité de l'accord est soumise à l'approbation des salariés à la majorité des suffrages exprimés lors d'un référendum.
• S'il est conclu avec des élus titulaires non mandatés, la validité de l'accord est soumise à la signature par des élus représentant la majorité des suffrages exprimés lors des dernières élections professionnelles.
• S'il est conclu avec des salariés mandatés, la validité de l'accord est soumise à l'approbation des salariés à la majorité des suffrages exprimés lors d'un référendum.</td></tr>
</table>

2. Les conditions de la négociation

Conditions de fond. Il s'agit des conditions du droit commun des contrats (capacité, consentement et contenu licite et certain) même si la liberté est fortement encadrée. De nombreuses négociations sont imposées selon des périodicités et des niveaux variables (ex. : égalité entre les hommes et les femmes, gestion prévisionnelle des emplois et des compétences – GPEC). La liberté de fixer le contenu de l'accord est loin d'être absolue.

Exemple

Pour pouvoir être étendue, une convention doit comporter des mentions obligatoires comme l'exercice du droit syndical ou encore les modalités d'organisation et de fonctionnement de la formation professionnelle.

Conditions de forme. La convention collective ou l'accord collectif doit être conclu par écrit et en français. Le texte fait l'objet de mesures de publicité et entre en vigueur, en principe le jour suivant son dépôt :

- Une fois signé, il est notifié à l'ensemble des organisations syndicales représentatives par la partie la plus diligente (c'est-à-dire la plus rapide).
- Cette partie dépose deux exemplaires du texte (une version papier signée des parties et une version numérique) auprès des services centraux du ministère du Travail s'il s'agit d'une convention collective de branche ou d'un **accord professionnel** ou d'un **accord interprofessionnel**. Dans les autres cas, le texte est déposé sur la plateforme de télé procédure du ministère du Travail, du Plein emploi et de l'Insertion.
- L'accord est déposé au greffe du conseil de prud'hommes du lieu de conclusion. Tous les accords collectifs et toutes les conventions collectives sont versés dans une base de données nationale dont le contenu est publié en ligne.

B) L'application des normes conventionnelles

1. Le champ d'application

Nature juridique. La convention collective revêt une nature hybride :

- À sa conclusion, elle est généralement traitée comme un contrat. Elle en respecte les conditions de formation ; elle revêt une force obligatoire vis-à-vis des parties.
- Lors de son application, la convention est essentiellement traitée comme un règlement ; elle revêt une force normative.

Entreprises concernées. L'application par l'employeur de la convention collective dépend de **trois critères cumulatifs** :

- En dehors de l'adhésion et de l'application volontaire, l'employeur a signé la convention ou s'inscrit dans un groupement patronal signataire ou est adhérent à la convention.
- L'applicabilité de la convention dépend de l'activité principale de l'entreprise. Pour déterminer cette activité, il convient de se référer au code NAF ou APE mais ceux-ci ne sont que des indices. Ce qui compte en pratique, c'est l'activité réellement exercée :
  - lorsque l'activité est industrielle, il convient de se référer aux effectifs employés ;
  - lorsque l'activité est commerciale, c'est plutôt le volume du chiffre d'affaires qui doit être pris en compte.
- Enfin, une convention ne s'applique dans une entreprise ou un **établissement** que si ceux-ci sont situés dans l'espace géographique que la convention a entendu couvrir.

Sur le principe de faveur :
http://dunod.link/dys5d2v

FOCUS **Le cas particulier de l'entreprise divisée en établissements distincts**

Pour déterminer l'applicabilité de la convention collective, on doit distinguer les situations suivantes :

• **Activités différentes exercées dans des établissements différents.** Dans ce cas, on prend en compte l'activité de chaque établissement.

• **Activités différentes exercées dans un même établissement** (ex. : produire et commercialiser à partir du même lieu). En principe, une seule convention est applicable. Par exception, si un groupe de salariés exerce une activité nettement différenciée dans un centre d'activité très autonome, c'est la convention collective correspondant à cette activité qui l'emporte. La notion de centre d'activité autonome n'est pas définie avec précision par la Cour de cassation. Elle n'a rien à voir avec l'activité principale. Elle n'en est pas le prolongement (ex. : commercialisation de produits fabriqués). Elle n'en est pas la condition (ex. : développement d'une activité chimique afin de produire des textiles artificiels). L'activité s'exerce dans des lieux que l'on peut distinguer. Elle est pourvue d'une organisation et d'une gestion propre.

Salariés concernés. Tous les salariés de l'entreprise sont concernés. L'appartenance aux syndicats signataires (↪ chapitre 11) n'a aucune importance. La mention de la convention collective applicable au salarié figure sur son bulletin de paie. Elle vaut reconnaissance de l'applicabilité de la convention.

2. La mise en œuvre et les conflits de normes conventionnelles

Principe. L'ordonnance n° 2017-1385 du 22 septembre 2017 relative au renforcement de la négociation collective a instauré une nouvelle hiérarchie des normes conventionnelles. Issu de l'ordonnance, le principe veut que l'**accord d'entreprise** prévale sur l'**accord de branche,** à l'exception des domaines limitativement énumérés par la loi dans lesquels l'accord de branche prime. En pratique, la loi distingue trois blocs de compétence.

- **Bloc 1 : domaines dans lesquels l'accord de branche prime.** Une liste de treize thèmes réserve à la branche la primauté sur tous les accords d'entreprise conclus antérieurement ou postérieurement :
  - salaire minimum hiérarchique ;
  - classifications ;
  - mutualisation des fonds de la formation professionnelle ;
  - garanties collectives de protection sociale complémentaire (↪ chapitre 19) ;
  - certaines mesures relatives à la durée du travail (ex. : régime d'équivalence, conditions de renouvellement de la période d'essai) ;
  - certaines mesures relatives au CDD et au travail temporaire (ex. : durée totale du contrat, nombre maximum de renouvellement) ;
  - recours au travail temporaire au titre des mesures pour l'emploi et la formation professionnelle ;
  - mesures relatives au CDI de chantier (en particulier cas de recours, ↪ chapitre 4) ;
  - égalité professionnelle entre les femmes et les hommes ;
  - conditions et durées de renouvellement de la période d'essai ;
  - modalités de transfert conventionnel des contrats de travail ;
  - certaines mesures relatives au portage salarial (ex. : rémunération minimale du porté).

Un accord d'entreprise peut prévoir des dispositions dans au moins l'un de ces treize thèmes. Il s'appliquera :

- s'il assure des garanties au moins équivalentes à celles prévues par l'accord de branche ;
- en l'absence d'accord de branche, sous réserve de respecter les dispositions légales et réglementaires d'ordre public.

- **Bloc 2 : domaines que l'accord de branche peut verrouiller.** Sous réserve d'une clause de verrouillage, l'accord de branche peut prévoir l'impossibilité pour les accords d'entreprise de conclure postérieurement des stipulations différentes en matière de :
  - prévention des effets de l'exposition aux facteurs de risques professionnels ;
  - insertion professionnelle et maintien dans l'emploi des travailleurs handicapés ;
  - effectif à partir duquel les délégués syndicaux peuvent être désignés, leur nombre et la valorisation de leur parcours syndical ;
  - primes pour travaux dangereux ou insalubres.
- **Bloc 3 : thèmes relevant prioritairement de l'accord d'entreprise.** Dans toutes les autres matières, les clauses des accords d'entreprise conclus antérieurement ou postérieurement priment celles des accords de branche.

3. Les conventions collectives et la loi

La question de l'articulation des conventions collectives et de la loi suppose de déterminer la norme qui l'emporte. La loi a régné en maître en s'appuyant sur l'ordre public. Aujourd'hui, on assiste à une véritable régression de la place de la loi en droit du travail.

Principe : la primauté de la loi. La loi et le règlement ont longtemps présenté un caractère d'ordre public garantissant aux individus des avantages minimaux, le cas échéant accrus par divers moyens, notamment la convention collective.

FOCUS **Les différents états de l'ordre public**

Actuellement on peut distinguer deux états de l'ordre public :
- L'**ordre public absolu.** Celui-ci n'admet aucune dérogation même en amélioration. Ainsi, une convention collective ne peut pas octroyer de nouvelles fonctions aux inspecteurs du travail. En effet, la compétence des agents publics n'est pas à la disposition des négociateurs collectifs.
- L'**ordre public social.** La loi constitue un minimum que la convention collective peut améliorer (ex. : Smic).

Exceptions. Elles concernent :
- Les **dérogations conventionnelles** à la loi. Dans certains cas, le législateur se dessaisit de son pouvoir de fixer la norme et autorise les **partenaires sociaux** à conclure des accords dérogatoires dans lesquels il fixe un droit minimum et, dans le même temps, sous certaines conditions, il autorise la convention collective à y déroger défavorablement ou de manière non nécessairement plus favorable.

Exemple

L'indemnité de travail précaire est de 10 % ; elle passe à 6 % si le salarié dispose d'un accès privilégié à la formation professionnelle continue.

- La **supplétivité légale**, règle à laquelle il est possible de déroger. La loi s'applique alors uniquement par défaut, dans le silence de la convention collective.

Exemple

Le taux de rémunération des heures supplémentaires est de 25 %, pour les huit premières heures et de 50 % pour les suivantes, lorsque l'entreprise n'est pas couverte par une convention collective ou lorsque la convention collective est muette.

4. L'extension des conventions collectives

Fonction. L'effet normatif d'une convention collective de branche, d'un accord professionnel ou interprofessionnel ne concerne que les entreprises membres des organisations signataires. Un employeur pourrait s'octroyer un avantage comparatif au détriment de ses concurrents (moindre coût) et salariés (qui ne bénéficieraient pas du statut professionnel reconnu à d'autres salariés). C'est pour éviter ces distorsions qu'a été créée la technique de l'extension.

Définition

L'**extension** consiste à imposer le respect de la convention de branche à toutes les entreprises entrant dans son champ d'application.

Conditions. Trois conditions sont nécessaires à l'extension d'une convention collective :

- Une convention est susceptible d'extension quand elle a été négociée et conclue au sein d'une **commission paritaire**, c'est-à-dire composée des représentants des organisations syndicales d'employeurs et de salariés représentatives dans le champ d'application considéré. Parfois, elle est convoquée par le ministre du Travail en personne. Dans ce cas, elle est dite mixte.
- N'est pas susceptible d'extension un texte qui a fait l'objet d'une **opposition** d'une ou plusieurs organisations d'employeurs reconnues représentatives au niveau considéré (national et interprofessionnel) et dont les entreprises adhérentes emploient plus de 50 % de l'ensemble des salariés.
- La convention comporte des **clauses obligatoires relatives aux relations collectives de travail** (ex. : exercice du droit syndical, procédure conventionnelle de conciliation visant à régler les conflits collectifs) et aux relations individuelles (ex. : classifications professionnelles, congés payés).

Procédure. La procédure d'extension d'un texte conventionnel est balisée par trois grandes étapes (fig. 13.1).

Figure 13.1. Principales étapes d'extension d'un texte conventionnel

Effets. La décision du ministre se traduit par un arrêté d'extension qui reçoit une publicité. L'arrêté ne modifie ni le champ professionnel (ex. : chimie) ni le champ géographique (ex. : Auvergne – Rhône-Alpes). En revanche, tous les employeurs exerçant une activité entrant dans ce champ d'application professionnel et géographique doivent respecter les dispositions contenues dans la convention étendue.

5. L'élargissement des conventions collectives

Fonction. Le ministre du Travail peut rendre applicable une convention déjà étendue à un champ d'application professionnel et/ou géographique différent où est observée une impossibilité persistante de conclure une convention. L'élargissement a une fonction comminatoire. La menace de se voir imposer une convention non négociée devrait aboutir à plus de souplesse.

Conditions. Trois conditions sont nécessaires (fig. 13.2).

Figure 13.2. Conditions cumulatives de l'élargissement d'une convention collective

Procédure. Elle est sensiblement la même qu'en matière d'extension.

Effets. L'arrêté d'élargissement rend obligatoire une convention conclue dans un autre secteur géographique et/ou professionnel.

C) Les aléas des négociations collectives

1. La révision d'une convention collective

Définition

La **révision** permet d'adapter la convention ou l'accord collectif.

CHIFFRES-CLÉS

En France, **93 %** des salariés sont couverts par une convention ou un accord collectif, taux bien supérieur à la moyenne des pays de l'OCDE (**56 %**). (OCDE, 2016)

Origine de la procédure. L'initiateur de la démarche varie selon le type de texte conventionnel et la situation de l'entreprise :

- cas des **accords et conventions d'entreprise** :
  - dans les entreprises dotées de délégués syndicaux, les organisations salariales de salariés représentatives et signataires ou adhérentes de cet accord sont habilitées à engager la procédure de révision. L'engagement de révision doit s'effectuer à l'intérieur du cycle électoral de conclusion (durée séparant deux élections du CSE). À l'issue de cette période, la possibilité de demander la révision est ouverte à toutes les organisations salariales,

  - dans les entreprises non dotées de délégués syndicaux, un représentant élu du personnel mandaté ou non peut engager la révision. En l'absence de représentant élu, c'est un salarié mandaté qui engage la révision ;
- cas des **accords** et conventions **interprofessionnels et de branche**. Jusqu'à la fin du cycle électoral de conclusion sont habilités à engager la procédure de révision une ou plusieurs organisations syndicales de salariés représentatives et signataires et une ou plusieurs organisations professionnelles d'employeurs signataires ou adhérentes de l'accord. À l'issue du cycle électoral, seule la condition de représentation est requise.

Conclusion de l'avenant de révision. La loi ne dit rien quant aux organisations pouvant conclure l'avenant de révision. Il faut en conclure que toute organisation syndicale représentative (↪ chapitre 12) dans le champ d'application de la convention ou de l'accord peut valablement conclure l'avenant de révision sans avoir été pour autant partie à la conclusion de l'accord initial.

Effets de l'avenant de révision. L'avenant se substitue de plein droit aux stipulations de l'accord ou de la convention qu'il modifie.

2. La dénonciation d'une convention collective

Définition

La **dénonciation** est une technique dont l'objet est de stopper l'application d'un texte, en l'occurrence la convention ou l'accord collectif.

Ce droit appartient à tous les signataires d'une convention conclue à durée indéterminée. Il s'accompagne d'un délai de préavis qui est de trois mois en l'absence de stipulations conventionnelles.

Procédure. L'auteur de la dénonciation informe les autres signataires et dépose la dénonciation au service dépositaire de la convention ou de l'accord collectif.

Conséquences. En admettant que la dénonciation provienne de la totalité des signataires employeurs et/ou salariés, trois effets majeurs se dégagent (fig. 13.3).

Figure 13.3. **De la dénonciation à la prolongation de la convention**

➜ APPLICATION 2 • CAS 3 • CAS 4 • CAS 5 • CAS 6

2 Le droit spécial de la négociation collective

A) L'accord national interprofessionnel (ANI)

1. Le rôle des ANI

Rôle et place. Les **ANI** structurent la vie économique et sociale (ex. : assurance chômage et régimes de retraite complémentaire). Les accords les plus importants sont généralement consacrés par la loi. On parle alors de « loi négociée ».

Texte de l'ANI du 22 février 2018 sur la formation professionnelle :

http://dunod.link/lca7636

Exemple

L'ANI du 11 janvier 2013 est repris dans la loi relative à la sécurisation de l'emploi.

Le rôle majeur des partenaires sociaux est reconnu par la loi.

Code du travail, art. L. 1

Tout projet de réforme envisagé par le Gouvernement qui porte sur les relations individuelles et collectives du travail, l'emploi et la formation professionnelle et qui relève du champ de la négociation nationale et interprofessionnelle fait l'objet d'une concertation préalable avec les organisations syndicales de salariés et d'employeurs représentatives au niveau national et interprofessionnel en vue de l'ouverture éventuelle d'une telle négociation.

2. La validité d'un ANI

CHIFFRES-CLÉS

Le premier ANI remonte à **1947**. Depuis, plus de **500** textes ont été négociés. (Les Clés du social, 2018)

Conditions de validité. Du côté des organisations de salariés, la loi lie la validité de l'**ANI** à **deux conditions** :

- l'accord doit être signé par une ou plusieurs **organisations syndicales** de salariés **représentatives** ayant recueilli au moins 30 % des suffrages exprimés au niveau interprofessionnel ;
- l'accord ne doit pas faire l'objet d'une **opposition d'une ou de plusieurs organisations** syndicales de salariés représentatives ayant recueilli la majorité de ces suffrages.

La loi exige que l'accord soit conclu par une ou plusieurs organisations syndicales d'employeurs.

B) La convention collective de branche

1. Le rôle de la convention de branche

CHIFFRE-CLÉ

On est passé de **700** branches en 2018 à **250** fin 2020. (Dares, 2020)

La convention de branche a pour mission de définir les conditions d'emploi et de travail des salariés ainsi que l'ensemble des garanties applicables. Elle régule également la concurrence. Enfin, elle définit un ordre public conventionnel, c'est-à-dire les thèmes sur lesquels les accords et convention d'entreprise ne peuvent pas être moins favorables que les accords et conventions conclus au niveau de la branche, sauf lorsque la loi prévoit la primauté de l'échelon de l'entreprise.

FOCUS **La branche, niveau essentiel de négociation, remise en cause**

Longtemps la branche a été le niveau de négociation par excellence. L'État laissait aux partenaires sociaux le soin de définir le statut social commun aux entreprises intervenant sur un même marché. Toutefois, afin d'éviter que certaines ne se concurrencent en pratiquant une politique de bas salaires l'État se réservait le droit d'étendre les conventions de branche. Aujourd'hui, le niveau de la branche est contesté. Plusieurs raisons expliquent cette situation, notamment la mondialisation et la satisfaction du besoin d'individualisation, en passant par le nombre important de branches en France.

2. La négociation collective obligatoire

Orientation. L'ordonnance n° 2017-1385 du 22 septembre 2017 relative au renforcement de la négociation collective organise la **négociation collective** obligatoire selon un triptyque : ordre public – champ de la négociation collective – disposition supplétive.

Ordre public. Les organisations liées par une convention de branche ou, à défaut, un accord professionnel se réunissent selon une périodicité variable pour négocier sur des thèmes prévus par l'ordonnance (fig. 13.4).

Une fois tous les 4 ans (au plus tard)

- Salaires
- Mesures tendant à assurer l'égalité entre les femmes et les hommes
- Conditions de travail ; GPEC ; prise en compte des effets de l'exposition aux risques professionnels (pénibilité)
- Mesures tendant à l'insertion professionnelle des handicapés
- Priorités, objectifs et moyens de la formation professionnelle continue

Une fois tous les 5 ans (au plus tard)

- Classification et mesures tendant à favoriser l'égalité professionnelle et la mixité des emplois
- Dispositif visant à développer les plans d'épargne dans l'entreprise
- Conciliation vie professionnelle et personnelle des proches aidants

Figure 13.4. **Rythme des négociations collectives obligatoires**

Champ de la négociation collective. Les organisations liées par une convention de branche ou, à défaut, par un accord d'entreprise peuvent engager une négociation dont l'objet est d'encadrer, voire de déterminer, leurs obligations de négocier dans les domaines précédemment indiqués. Elles doivent également ouvrir une négociation sur le travail à temps partiel (↪ chapitre 6) si un tiers des effectifs de la branche occupe un emploi de ce type.

Dispositions supplétives. En l'absence d'un tel accord ou si celui-ci n'est pas respecté, des dispositions supplétives s'appliquent. Elles comportent des obligations annuelle (salaires), triennale (égalité professionnelle entre les femmes et les hommes, conditions de travail, GPEC, travailleurs handicapés, formation professionnelle et apprentissage) et quinquennale (classification, plan d'épargne retraite).

3. La validité de l'accord de branche

La validité de l'**accord de branche** est subordonnée à la signature par une ou plusieurs organisations syndicales représentatives ayant recueilli aux dernières élections professionnelles au moins 30 % des suffrages exprimés en faveur d'organisations reconnues représentatives à ce niveau. De plus, l'accord ne devra pas avoir fait l'objet d'une opposition d'une ou plusieurs organisations syndicales de salariés ayant recueilli la majorité des suffrages exprimés en faveur des institutions représentatives du personnel.

C) L'accord d'entreprise

Rôle et place. En instaurant une obligation annuelle de négocier, la loi du 13 novembre 1982 a ouvert la voie au développement de la négociation d'entreprise. Depuis, la place de l'entreprise dans la négociation sociale n'a fait que s'élargir jusqu'à atteindre le tout premier plan.

Négociations obligatoires dans l'entreprise. La périodicité varie selon le type d'entreprise (tab. 13.2).

Tableau 13.2. **Rythme et contenu des négociations d'accords d'entreprise**

Entreprises où sont constituées un ou plusieurs sections syndicales d'organisations représentatives	Entreprises et groupes d'au moins 300 salariés, entreprises et groupes de dimension communautaire (comportant au moins une entreprise ou un établissement d'au moins 150 salariés en France)
• Périodicité : au moins une fois tous les 4 ans. • Négociation 1 : rémunération (notamment salaires effectifs), temps de travail et partage de la valeur ajoutée. • Négociation 2 : égalité professionnelle entre les femmes et les hommes et qualité de vie au travail.	• Périodicité : au moins une fois tous les 4 ans. • Thèmes : gestion des emplois et des parcours professionnels (Gepp).

Ces dispositions d'ordre public peuvent faire l'objet d'aménagements par voie conventionnelle.

Exemple

Les thèmes des négociations et leur périodicité peuvent être fixés par un accord.

Conditions de validité. Les accords d'entreprise obéissent au principe de l'accord majoritaire. Les négociations sociales peuvent être menées même en l'absence d'**organisations syndicales représentatives**.

→ SITUATION PRATIQUE 7

DES SAVOIRS AUX COMPÉTENCES

Évaluer les savoirs | Maîtriser les compétences | Préparer l'épreuve

1 Quiz

Vérifier l'exactitude des propositions ci-après et justifiez-les.

	Vrai	Faux
1. Conventions collectives et accords collectifs sont des synonymes.	☐	☐
2. Quand une convention collective est conclue, elle doit être publiée dans un JAL.	☐	☐
3. Dans une entreprise, l'absence de délégués syndicaux empêche de conclure des conventions collectives.	☐	☐
4. La loi prime la convention collective.	☐	☐
5. L'accord de branche prime toujours la convention d'entreprise.	☐	☐
6. Un ANI est un accord de branche.	☐	☐
7. Certaines conventions collectives sont étendues puis élargies. D'autres sont soumises au processus inverse.	☐	☐
8. La dénonciation de la convention collective précède tout processus de révision.	☐	☐
9. Dans l'entreprise, la négociation collective obligatoire concerne exclusivement les salaires.	☐	☐
10. La convention collective de branche a pour fonction de réguler la concurrence.	☐	☐

Le Sycomore ★★★

Le Sycomore est un restaurant normand. Il est ouvert depuis dix mois et la cheffe, Melania Ubaldo, envisage de conclure un accord collectif dont le but serait de faciliter l'aménagement du temps de travail par des horaires glissants permettant de s'adapter aux flux de clientèle. Actuellement, Le Sycomore emploie dix salariés dont trois apprentis.

1. *Identifiez ce que Melania Ubaldo doit faire pour mettre en place l'accord d'entreprise.*
2. *Déterminez les précautions à prendre par Melania Ubaldo.*

3 Cas Les jardineries Terrenoire ★★★

Compétence attendue **Identifier** les personnes habilitées à négocier en l'absence de délégués syndicaux

Gustave Terrenoire a créé sa première jardinerie en 1980. Depuis, il ouvre un établissement tous les cinq ans. Il envisage de reprendre la jardinerie du Centre. Cet établissement occupe 49 salariés et comporte une section syndicale CGT composée de 11 personnes animée par Annabelle Mirail. Gustave désire ouvrir le magasin jusqu'à minuit le vendredi soir au printemps et pendant l'été. À cette fin, il souhaiterait négocier un accord d'entreprise. M. Terrenoire pense que les syndicats sont souvent un obstacle à la modernisation des relations sociales et il voudrait négocier avec une autre personne qu'Annabelle. Consultée, cette dernière considère qu'elle est l'interlocutrice naturelle du chef d'entreprise.

1. *Gustave Terrenoire peut-il choisir son interlocuteur ?*

Finalement, Gustave Terrenoire renonce à son projet. Une meilleure répartition du travail permet de maintenir le chiffre d'affaires dans un contexte difficile. Deux personnes sont parties en retraite sans être remplacées. Un CSE a été élu avec, pour secrétaire, David Diaz, homme dynamique ayant obtenu plus de 50 % des suffrages exprimés. Annabelle Mirail n'a pas été élue. Face à cette situation, Gustave Terrenoire décide de mettre en place son projet de travail de nuit.

2. *Avec qui Gustave Terrenoire doit-il négocier ?*

4 Cas Prop'Net ★★★

Compétence attendue **Déterminer** le champ d'application de l'accord ou de la convention ordinaire, élargi ou étendu

Votre cabinet est en charge du dossier de Prop'Net, entreprise de nettoyage. Son dirigeant, Olivier Etchegaray, vous interroge sur la convention collective applicable (documents 1 et 2).

1. *Déterminez les employeurs concernés par l'avenant n° 16 du 20 septembre 2017 à l'accord du 25 juin 2002 relatif aux classifications professionnelles et aux salaires.*
2. *Identifiez la procédure à mettre en œuvre.*
3. *Précisez qui peut engager cette procédure.*
4. *Indiquez si tous les employeurs du secteur de la propreté sont concernés par l'avenant.*
5. *Analysez les conséquences pratiques du document 1.*
6. *Déterminez à quelles conditions une convention collective peut être étendue.*
7. *Vérifiez si la procédure relative à l'extension a été respectée.*

Document 1

Avenant à une convention collective : entreprises de propreté et services associés

Avenant n° 16 du 20 septembre 2017 à l'accord de 25 juin 2002 relatif aux classifications professionnelles et aux salaires

Entre FEP d'une part, et CSFV CFTC, FS CFDT, FNPD CGT, FEETS FO, SNES CFE-CGC d'autre part, il a été convenu ce qui suit [...]

Document 2

Arrêté portant extension d'un avenant à un accord conclu dans le domaine de la propreté

JORF n° 0040 du 17 février 2018, texte n° 84,

Arrêté du 15 février 2018 portant extension d'un avenant à un accord conclu dans le cadre de la convention collective nationale des entreprises de propreté et des services associés (n° 3043) NOR : MTRT1804574A

La ministre du travail,

Vu le code du travail, notamment son article L. 2261-15 ;

Vu l'arrêté du 23 juillet 2012 et les arrêtés successifs portant extension de la convention collective nationale des entreprises de propreté et des services associés du 26 juillet 2011 et des textes qui l'ont complétée ou modifiée ;

Vu l'avenant n° 16 du 20 septembre 2017 à l'accord du 25 juin 2002 relatif aux classifications, conclu dans le cadre de la convention collective nationale susvisée ;

Vu la demande d'extension présentée par les organisations signataires ;

Vu l'avis publié au *Journal officiel* du 25 janvier 2018 ;

Vu les avis recueillis au cours de l'enquête ;

Vu l'avis motivé de la Commission nationale de la négociation collective (sous-commission des conventions et accords), recueilli suivant la procédure prévue à l'article R. 2261-5 du code du travail,

Arrête :

Article 1. Sont rendues obligatoires, pour tous les employeurs et tous les salariés compris dans le champ d'application de la convention collective nationale des entreprises de propreté et des services associés du 26 juillet 2011, les dispositions de l'avenant n° 16 du 20 septembre 2017 à l'accord du 25 juin 2002 relatif aux classifications, conclu dans le cadre de la convention collective nationale susvisée.

À défaut d'accord prévu à l'article L. 2241-5 du code du travail, précisant la périodicité, les thèmes et les modalités de négociation dans cette branche, l'avenant est étendu sous réserve du respect de l'obligation de prendre en compte lors de la négociation sur les salaires, l'objectif d'égalité professionnelle entre les femmes et les hommes ainsi que les mesures permettant de l'atteindre, en application des dispositions des articles L. 2241-8 et L. 2241-17 du code du travail.

Article 2. L'extension des effets et sanctions de l'avenant susvisé prend effet à compter de la date de publication du présent arrêté pour la durée restant à courir et aux conditions prévues par ledit avenant.

Article 3. Le directeur général du travail est chargé de l'exécution du présent arrêté qui sera publié au *Journal officiel de la République française*.

Fait le 15 février 2018.

Pour la ministre et par délégation : le directeur général du travail

5 Cas Rouvroi Automobiles ★★★

Compétence attendue **Articuler** les normes conventionnelles entre elles et par rapport à la loi

Rouvroi Automobiles est une SA qui commercialise des véhicules de plusieurs marques et développe surtout une activité de réparation d'automobiles et de motocycles. Le garage emploie 34 personnes, 6 jours par semaine. Il effectue tous types de travaux et répare toutes les marques. Il assure aussi le contrôle technique des véhicules et propose les réparations en conséquence. Le DG de Rouvroi envisage de négocier un accord d'entreprise dont un extrait en cours de rédaction vous est fourni (document 1). Il prétend s'être inspiré librement de la convention collective nationale de la réparation automobile (document 2). Rouvroi ne comporte pas de CSE et aucun salarié n'est syndiqué.

En vous appuyant sur les documents, répondez aux questions ci-après.

1. *Déterminez les conditions d'application de la convention collective nationale de la réparation automobile à la SA Rouvroi.*
2. *Identifiez avec qui la SA Rouvroi peut envisager de négocier un accord collectif.*
3. *Vérifiez la conformité de la proposition d'accord de Rouvroi à la convention collective nationale de l'automobile.*
4. *Vérifiez la conformité de la proposition d'accord de Rouvroi à la loi.*

Document 1

Projet d'accord collectif de Rouvroi Automobiles (extrait)

Les congés payés sont attribués conformément à la loi, compte tenu des dispositions spéciales concernant certaines catégories de salariés. Le salarié qui, au cours de la période de référence, a été occupé chez le même employeur pendant un temps équivalent à un minimum d'un mois de travail effectif aura droit à un congé dont la durée est déterminée à raison de deux jours et demi ouvrables par mois de travail, sans que la durée totale du congé exigible à ce titre puisse excéder deux jours ouvrables.

La durée du congé est augmentée pour les employés, ouvriers, agents de maîtrise, personnels directement affectés à la vente de véhicules et cadres, à raison de un jour ouvrable après 20 ans de services, continus ou non, dans la même entreprise, de deux jours après 25 ans et de trois jours après 30 ans, sans que le cumul de ce supplément avec le congé principal puisse avoir pour effet de porter à plus de 30 jours ouvrables le total exigible. Sont considérés comme jours ouvrables tous les jours de la semaine à l'exception des jours fériés. Sont considérés comme périodes de travail effectif pour la détermination de la durée du congé tous les jours travaillés.

Document 2

Convention collective nationale du commerce et de la réparation de l'automobile, du cycle et du motocycle et des activités connexes, ainsi que du contrôle technique automobile du 15 janvier 1981. Étendue par arrêté du 30 octobre 1981, *JONC* du 3 décembre 1981. Avenant n° 2 du 21 décembre 1981 relatif à la réduction et à l'aménagement du temps de travail

TITRE III. Congés payés

a) Calcul des droits

Les congés payés sont attribués conformément à la loi, compte tenu des dispositions spéciales concernant certaines catégories de salariés.

Le salarié qui, au cours de la période de référence, a été occupé chez le même employeur pendant un temps équivalent à un minimum de 1 mois de travail effectif aura droit à un congé dont la durée est déterminée à raison de 2,5 jours ouvrables par mois de travail, sans que la durée totale du congé exigible à ce titre puisse excéder 30 jours ouvrables.

La durée du congé est augmentée pour les employés, ouvriers, agents de maîtrise, personnels directement affectés à la vente de véhicules et cadres, à raison de 1 jour ouvrable après 20 ans de services, continus ou non, dans la même entreprise, de 2 jours après 25 ans et de 3 jours après 30 ans, sans que le cumul de ce supplément avec le congé principal puisse avoir pour effet de porter à plus de 30 jours ouvrables le total exigible.

Sont jours ouvrables tous les jours de la semaine, à l'exception du dimanche et des jours légaux.

Les droits concédés antérieurement à cet avenant et donnant des jours supplémentaires pour usages locaux, accord particulier ou accord d'entreprise, sont intégrés dans le nouveau droit des 2,5 jours et ne s'ajoutent pas à ces 2,5 jours. Mais toute entreprise pourra décider, après mise en place du présent avenant, d'accorder des jours de congés supplémentaires pour motif qu'elle jugera bon.

Sont considérés comme périodes de travail effectif pour la détermination de la durée du congé : les journées de congés payés ; les périodes de repos de femmes en couches ; les périodes de congé non rémunéré accordées aux salariés pour leur permettre de suivre des stages d'éducation ouvrière ou de formation syndicale ; les périodes de congé non rémunéré accordées aux salariés en vue de favoriser la formation de cadres et animateurs pour la jeunesse ; les périodes limitées à une durée interrompue d'un an pendant lesquelles l'exécution du travail est suspendue par suite d'accident du travail ou de maladie professionnelle ; les périodes pendant lesquelles un salarié ou un apprenti a été « maintenu » ou « rappelé » sous les drapeaux à un titre quelconque ; les périodes de congé de formation des salariés en activité et des jeunes travailleurs ; les jours fériés non travaillés ; les jours de congé exceptionnel pour événements de famille ou personnels prévus par les chapitres II et IV de la présente convention.

6 Cas Chloé Bonsecours ★★★

Compétence attendue **Vérifier** les conditions de validité de l'accord ou de la convention aux différents niveaux de négociation

Chloé Bonsecours exerce les fonctions de directrice administrative et financière de La Sauvegarde, une entreprise du secteur de l'assurance située à Niort. Elle vient de prendre connaissance des résultats mesurant la représentativité électorale des différents syndicats aux élections de 2017 (voir le document ci-après). Demain, elle rencontre les syndicats de l'établissement de Niort et devra faire face à leur argumentation.

1. *Présentez les conséquences de ces résultats en matière de convention collective.*
2. *Imaginez que la CFDT signe seule une convention collective de branche dans le secteur de l'assurance. Cette signature est-elle suffisante pour assurer la validité de la convention collective ?*
3. *Imaginez à présent que la CFDT signe seule une convention collective de branche dans le secteur de l'assurance et que l'UNSA s'y oppose. L'opposition de l'UNSA est-elle suffisante pour bloquer la signature de la CFDT. Quel conseil pratique pourriez-vous donner à l'UNSA ?*
4. *Dans l'établissement de Niort, la CGT-FO a obtenu le même résultat qu'au niveau national. La déléguée syndicale FO, Anaïs Leguet, prétend que cela ne change rien. Selon elle, le syndicat représentatif au niveau de la branche est forcément représentatif au niveau local. Anaïs Leguet pourra donc conclure ou s'opposer à la convention collective conclue par d'autres. Que doit lui répondre Chloé Bonsecours ?*

Ces résultats représentent le poids relatif des syndicats dans la branche. Ils ont été recalculés sur la base des organisations ayant franchi le seuil de 8 % pour être représentatives.

Document

La représentativité dans le secteur de l'assurance (élection de 2017)

Syndicats	Résultats électoraux (%)
CFDT	38
CGT	14
CGT-FO	9

Syndicats	Résultats électoraux (%)
CFE-CGC	17
CFTC	9
UNSA	13

Évaluer les savoirs — Maîtriser les compétences — Préparer l'épreuve

7 Situation pratique : Breizhappétit ★★★

50 min

Compétences attendues

- **Déterminer** le champ d'application de l'accord ou de la convention ordinaire, élargi ou étendu
- **Analyser** la légalité et les effets d'une procédure de dénonciation d'un accord collectif

La société Breizhappétit est une société de restauration collective sous contrat (code NAF/APE : 5629 A : restauration collective sous contrat), dont le siège social est à Brest.

Leader français dans ce domaine d'activité, elle offre des solutions pour ses clients dans trois métiers :

- le portage de repas à domicile pour les collectivités et les particuliers ;
- la restauration collective pour les entreprises et les administrations ;
- les plats cuisinés surgelés pour les collectivités et la grande distribution.

Marina Didier travaille au service surgelé pour les collectivités. Son bulletin de paie fait référence à la convention collective relative à l'exploitation en concession de cantines, restaurants d'entreprises ou de cafétérias (par exemple pour des usines, des bureaux, des hôpitaux ou des écoles), comprenant la fourniture des repas et, éventuellement, leur préparation (Code NAF/APE/5628 B). Ce code n'est pas une erreur. Il provient du fait que Mme Didier a travaillé pour une entreprise rachetée par Breizhappétit.

Vos missions

Rendez-vous MÉTHODE 3

1. *Rappelez les conditions d'application d'une convention collective.*
2. *Analysez le cas de Mme Didier.*

L'an dernier, Breizhappétit a racheté une cafétéria dont elle a conservé le personnel, notamment Honorine Hecker qui s'occupe du service en salle. Pour ne pas avoir à gérer diverses conventions collectives, Breizhappétit a décidé de traiter tous les salariés de la même façon. En conséquence, elle n'applique pas à Honorine la convention relative à la restauration collective mais celle des cafétérias du 28 août 1998.

Vos mission

3. *Déterminez si Mme Hecker peut réclamer l'application de la convention collective de la restauration collective.*

Breizhappétit a négocié, il y a 3 ans, un accord d'entreprise dit de progrès afin de faire participer les salariés aux gains de productivité : une fraction de ceux-ci étant automatiquement affectée à des augmentations de salaire. Le DG de l'entreprise regrette amèrement cette décision car il a d'importants investissements à réaliser, notamment dans les cuisines centrales. Il a le sentiment de ne pas affecter les ressources de l'entreprise aux postes prioritaires. Pour sortir de cette situation, il a l'intention de dénoncer l'accord d'entreprise avec effet au 1er février prochain.

Vos missions

4. *Identifiez les conditions de dénonciation d'un accord d'entreprise. Précisez si l'employeur doit justifier sa décision de dénonciation.*
5. *Présentez un échéancier des conséquences de la dénonciation de l'accord de progrès.*

L'accord de progrès prévoyait une augmentation de salaire à effet du 1er mars de la même année.

6. *Déterminez le devenir de cette augmentation.*

SYNTHÈSE

La négociation collective

Les conditions de validité de l'accord d'entreprise

Dans les entreprises avec délégué syndical

Principe
Accord signé par des organisations représentatives ayant recueilli **plus de 50 % des suffrages** au premier tour des dernières élections des titulaires du CSE

Exception
Si le seuil de 50 % n'a pas été dépassé tandis que le seuil de 30 % a été atteint, les signataires peuvent demander **un référendum à la majorité** des suffrages exprimées

Dans les entreprises sans délégué syndical

<table>
<tr><th></th><th>Principe</th><th>Conditions de validité</th></tr>
<tr><td>Moins de 11 salariés</td><td>Projet d'accord de l'employeur soumis aux salariés.</td><td>Approbation à la majorité des deux tiers du personnel.</td></tr>
<tr><td>11 à 20 salariés</td><td>• Application des règles précédentes.
• Entreprise dépourvue de CSE.</td><td rowspan="2">• Accord conclu avec un élu : signature d'un ou de plusieurs élus représentant la majorité des suffrages exprimés aux dernières élections professionnelles.
• Accord conclu avec un salarié (non élu) mandaté : majorité des suffrages exprimés salariés par référendum.</td></tr>
<tr><td>11 à 49 salariés</td><td>L'employeur négocie avec un salarié :
• soit expressément mandaté par une ou plusieurs organisations syndicales représentatives dans la branche ;
• soit titulaire du CSE, mandaté ou non.</td></tr>
<tr><td>Plus de 50 salariés</td><td>Trois possibilités :
• négocier avec des élus titulaires du personnel mandatés ;
• à défaut, négocier avec des élus titulaires du personnel non mandatés ;
• à défaut, négocier avec des salariés mandatés.</td><td>• Accord conclu avec des élus titulaires mandatés : approbation des salariés à la majorité par référendum.
• Accord conclu avec des élus titulaires non mandatés : signature par des élus représentant la majorité lors des dernières élections professionnelles.
• Accord avec des salariés mandatés : approbation des salariés à la majorité par référendum.</td></tr>
</table>

Les conditions de validité des autres accords

Accord national interprofessionnel (ANI)	Convention de branche
• Accord signé par une ou plusieurs organisations syndicales de salariés représentatives ayant recueilli au moins 30 % des suffrages exprimés en faveur d'organisations reconnues représentatives au niveau interprofessionnel. • Absence d'opposition d'une ou plusieurs organisations syndicales de salariés représentatives ayant recueilli la majorité de ces suffrages. • Accord conclu par une ou plusieurs organisations syndicales d'employeurs.	• Signature par une ou plusieurs organisations syndicales représentatives ayant recueilli aux dernières élections professionnelles au moins 30 % des suffrages exprimés en faveur d'organisations reconnues représentatives à ce niveau. • Absence d'opposition d'une ou plusieurs organisations syndicales de salariés ayant recueilli la majorité des suffrages exprimés en faveur des organisations représentatives à ces mêmes élections.

L'articulation des différentes conventions collectives

Verrouillage automatique
de l'accord d'entreprise
par la convention de branche

Treize thèmes,
dont salaires minima, classification, mutualisation des fonds de la formation professionnelle continue, garantie de la protection sociale complémentaire…

Verrouillage possible
de l'accord d'entreprise
par la convention de branche

Quatre thèmes,
dont primes pour les travaux dangereux et insalubres, exposition aux facteurs de risques professionnels…

CHAPITRE 14

L'association des salariés aux performances de l'entreprise

PROGRAMME

Compétences attendues	Savoirs associés
• La participation aux résultats de l'entreprise • L'intéressement • Les plans d'épargne : PEE (plan d'épargne entreprise) et PERE (plan d'épargne retraite d'entreprise)	• Distinguer participation et intéressement • Repérer les situations où l'employeur est tenu de mettre en place la participation • Distinguer PEE et PERE

PLAN DU CHAPITRE

Cours : 1. La participation aux résultats de l'entreprise • 2. L'intéressement • 3. Les plans d'épargne d'entreprise

Des savoirs aux compétences : Évaluer les savoirs • Maîtriser les compétences • Préparer l'épreuve

Synthèse

La participation des salariés à la vie et à la gestion de l'entreprise peut prendre des formes diverses et s'exprimer, indirectement, à travers les consultations des représentants du personnel. Elle peut également s'exercer directement par le droit d'expression des salariés. Cette participation peut enfin être financière grâce aux dispositifs de rémunération collective.

L'association des salariés aux performances de l'entreprise se décline légalement sous un régime obligatoire lorsque l'entreprise compte au moins 50 salariés. Elle se traduit par une participation aux résultats de l'entreprise. L'employeur peut, de surcroît, choisir de mettre en place de manière facultative un système d'intéressement : il fixe les sommes qu'il souhaite redistribuer collectivement. Il peut enfin proposer aux salariés des plans d'épargne collective d'entreprise pour recueillir les fonds investis. Ces différents dispositifs sont assortis d'avantages fiscaux et sociaux.

MOTS-CLÉS

Intéressement • Participation aux résultats • Plans d'épargne d'entreprise • PEE • PERE • Réserve spéciale de participation

1 La participation aux résultats de l'entreprise

A) La mise en place de la participation aux résultats de l'entreprise

Définition

La **participation aux résultats** est un dispositif légal de redistribution d'une partie des bénéfices réalisés au cours de l'exercice aux salariés de l'entreprise. Il s'agit d'un mécanisme d'épargne salariale collectif qui concourt à la mise en œuvre d'une gestion participative au sein de l'entreprise.

1. Une obligation pour les entreprises d'au moins 50 salariés

Obligation légale. La loi impose l'obligation de distribuer une partie des résultats aux salariés de l'entreprise lorsqu'elle remplit deux conditions (tab. 14.1).

Tableau 14.1. Conditions de la mise en place de la participation aux résultats

Entreprise, quelle que soit sa forme ou son activité, employant au moins 50 salariés	• L'effectif de 50 salariés et plus doit avoir été atteint pendant cinq années consécutives. L'obligation de mettre en place s'applique dès le premier exercice ouvert postérieurement à cette période de cinq ans. L'obligation de mettre en place la participation s'apprécie à compter du premier jour ouvert postérieurement à cette période de cinq ans. • Il est apprécié au niveau de l'entreprise (et non pas au niveau de chacun des établissements) ou au sein de l'unité économique et sociale (UES) ou du groupe de sociétés. Le décompte des effectifs est celui appliqué dans le Code de la sécurité sociale (effectif porté sur la déclaration sociale nominative) : – Les entreprises de moins de 50 salariés peuvent mettre en place volontairement la participation aux résultats. Elles bénéficient des mêmes avantages fiscaux et sociaux qui résultent du régime ; – Si l'entreprise dépasse le seuil des 50 salariés alors qu'elle avait mis en œuvre volontairement un accord d'intéressement, la participation ne devient obligatoire qu'à l'issue de l'accord d'intéressement ; – Si l'effectif de l'entreprise passe sous le seuil des 50 salariés, la participation cesse d'être obligatoire. Si un accord de participation a été conclu, il continue à s'appliquer sauf dénonciation. L'accord peut contenir une clause de suspension en cas d'abaissement.
Bénéfice supérieur à 5 % des capitaux propres	• L'obligation naît à partir de l'exercice au cours duquel le seuil de 50 salariés est atteint, c'est-à-dire au terme des cinq exercices financiers retenus comme référence. • Il faut que le bénéfice fiscal soit suffisant pour permettre le calcul d'une réserve de participation au profit des salariés (bénéfice après impôt supérieur à 5 % des capitaux propres), que l'entreprise soit soumise ou non à l'impôt sur les sociétés.

Salariés concernés. Tous les salariés (CDI, CDD, travailleurs à temps partiel) liés par un contrat de travail avec l'entreprise peuvent en bénéficier. Si une condition d'ancienneté minimale dans l'entreprise est prévue par l'accord de participation, elle ne peut excéder 3 mois.

2. Les modalités de mise en place de la participation

Principe. La mise en œuvre de la participation aux résultats peut résulter de la conclusion d'un accord entre l'employeur et les salariés ou de l'adoption d'un accord de branche. L'absence d'accord ne prive pas les salariés des entreprises dans lesquelles la participation aux résultats est obligatoire : un régime subsidiaire s'applique d'autorité.

Conclusion de l'accord de participation. Il est conclu au libre choix du chef d'entreprise :

- soit dans le cadre d'un accord collectif d'entreprise ou de branche (↪ **chapitre 12**) ;
- soit entre le chef d'entreprise et les représentants d'organisations syndicales représentatives dans l'entreprise ;
- soit au sein du CSE (↪ **chapitre 12**) ;
- soit à la suite de la ratification par le personnel à la majorité des deux tiers d'un projet de contrat proposé par l'employeur

Contenu de l'accord. L'accord doit être écrit et comporter certaines clauses obligatoires :

- date de conclusion, de prise d'effet et durée (déterminée ou indéterminée, éventuellement renouvelée par tacite reconduction) ;
- formule de calcul de la **réserve spéciale de participation** (RSP) (elle doit être au moins aussi avantageuse que la formule légale) ;
- durée d'indisponibilité des droits des salariés ainsi que les modalités de versement immédiat,
- modalités de gestion des droits des salariés et d'affectation des sommes reçues (à défaut de choix, la moitié des sommes perçues est affectée au Perco mis en place dans l'entreprise) ;
- modalités et plafonds de répartition de la réserve ;
- conditions d'information des salariés sur l'existence, le contenu et l'application du régime de participation.

L'accord peut contenir une durée d'ancienneté requise pour bénéficier de la participation (trois mois maximum). Les clauses excluant les salariés du bénéfice de la participation sont interdites.

Délai de mise en place. La conclusion de l'accord doit intervenir avant l'expiration d'un délai d'un an suivant la clôture de l'exercice au cours duquel sont nés les droits des salariés.

Formalités. L'accord doit être déposé auprès de la Dreets. Si aucun délai n'est fixé par les textes, les exonérations fiscales et sociales éventuelles sont conditionnées à ce dépôt.

Absence de conclusion d'accord : régime subsidiaire. Lorsque l'entreprise assujettie à la participation n'a pas mis en place d'accord de participation dans les délais alors qu'elle dégage les bénéfices suffisants, le défaut d'accord de participation est constaté par l'inspecteur du travail. Il entraîne l'application automatique du régime d'autorité moins avantageux pour les salariés. Aucun aménagement n'est permis. Le montant de la réserve spéciale de participation est calculé selon la formule légale. Tous les salariés bénéficient de la participation sans condition d'ancienneté. La répartition de la réserve spéciale de participation est calculée proportionnellement aux salaires (et non en fonction de la durée de présence dans l'entreprise). Les droits des salariés sont indisponibles pendant huit ans, sauf exceptions pour versement immédiat. Les sommes attribuées sont bloquées sur un compte courant individuel rémunéré, que l'entreprise consacre à des investissements.

B) Le calcul et la répartition de la participation

1. Le calcul de la participation

Régime de droit commun ou régime dérogatoire. L'employeur peut retenir, pour le calcul de la réserve spéciale de participation, la formule légale ou une formule dérogatoire. Le calcul dérogatoire peut être retenu à condition que le montant de la participation obtenue soit au moins égal à celui de la formule légale.

Réserve spéciale de participation (RSP). Elle peut être calculée selon la formule légale :

$$RSP = \frac{1}{2}(B - 5\ \% \times C) \times \frac{S}{VA}$$

B : bénéfice net imposable réalisé par l'entreprise
C : capitaux propres de l'entreprise
S : salaires bruts
VA : valeur ajoutée (déterminée en faisant le total des charges de personnel, des impôts et taxes à l'exclusion des taxes sur le chiffre d'affaires, des charges financières, des dotations de l'exercice aux amortissements et aux provisions et du résultat courant avant impôts).

Une attestation établie par le commissaire aux comptes ou par l'inspecteur des finances publiques reprend le montant du bénéfice net et des capitaux propres permettant le calcul de la RSP.

Formule dérogatoire. La mise en œuvre d'une formule dérogatoire satisfait **deux critères** (fig. 14.1) :

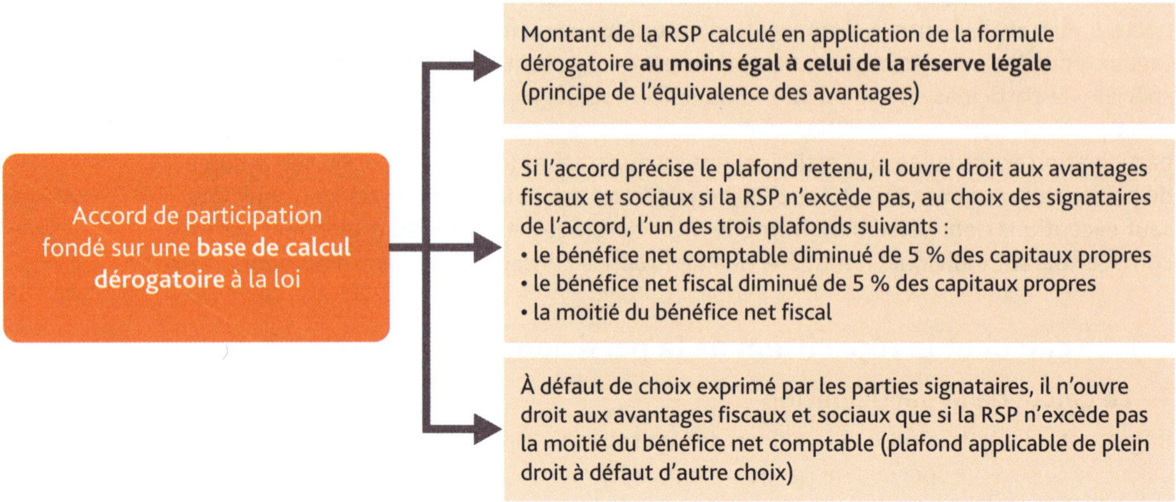

Figure 14.1. Mise en œuvre d'une formule dérogatoire de participation aux résultats

Il est nécessaire que la formule présente un caractère aléatoire. Des exemples sont fournis par la loi : la base de calcul retenue peut être ainsi le tiers du bénéfice net fiscal ou prendre en compte l'évolution de la valeur des actions ou des parts sociales de l'entreprise au cours du dernier exercice clos.

2. La répartition de la réserve spéciale de participation (RSP)

Critères de répartition. L'accord de participation indique le mode de répartition retenu (fig. 14.2).

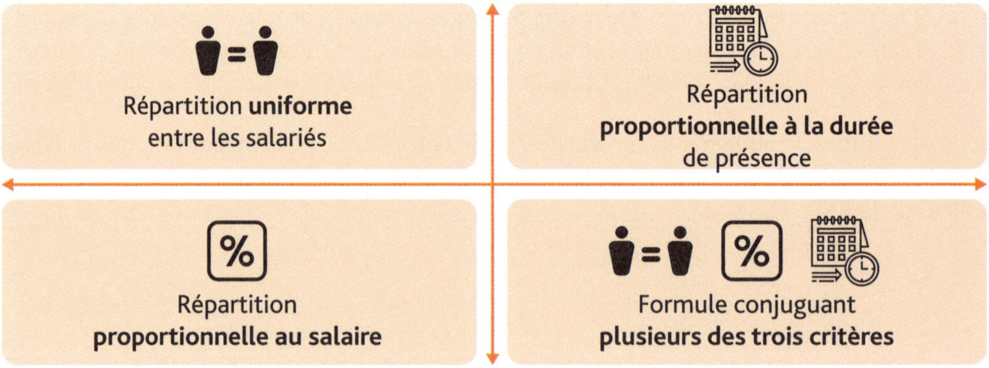

Figure 14.2. Modalités de répartition de la RSP

Plafonnement de la participation. Les droits à participation attribués au bénéficiaire pour un exercice donné, ne peuvent excéder 75 % du plafond annuel de la sécurité sociale. Les sommes non allouées sont immédiatement redistribuées entre tous les salariés qui ont reçu une quote-part inférieure au plafond individuel, dans la limite de ce dernier.

Modalités d'affectation de la participation. Les sommes issues de la participation sont affectées à un plan d'épargne salariale, sur des comptes ouverts aux bénéficiaires. Toutefois, pour les entreprises qui n'ont pas conclu d'accord de participation et pour lesquelles le régime d'autorité s'applique, les sommes attribuées sont affectées automatiquement sur des comptes courants bloqués que l'entreprise doit consacrer à des investissements.

Versement des droits à participation. À l'occasion de la répartition de la réserve de participation, les bénéficiaires peuvent en demander le versement immédiat. Lorsqu'elle n'est pas versée, la quote-part attribuée au titre de l'exercice est indisponible pendant cinq ou huit ans (tab. 14.2).

Tableau 14.2. Versement des droits à participation

<table>
<tr><th>Option pour le versement immédiat des droits à participation</th><th>Blocage des sommes attribuées au titre de la participation</th></tr>
<tr><td>• Le salarié émet une demande dans un délai de 15 jours à compter de la date de notification des sommes. L'accord de participation fixe la date à laquelle le bénéficiaire est présumé en avoir été informé.
• L'employeur verse les sommes correspondantes avant le premier jour du sixième mois qui suit la clôture de l'exercice au titre duquel la participation est attribuée. À défaut, les droits sont majorés d'intérêts de retard.</td><td>• Lorsqu'elles ne font pas l'objet d'une demande de versement immédiat, les sommes attribuées sont bloquées sur des comptes courants au nom des bénéficiaires pendant cinq ans au moins à compter de l'ouverture des droits (ou en l'absence d'accord de participation pendant huit ans).
• Le point de départ du délai est fixé au premier jour du sixième mois suivant l'exercice au titre duquel la participation est due.</td></tr>
<tr><th colspan="2">Déblocage anticipé</th></tr>
<tr><td colspan="2">• À la demande du salarié, la participation peut être débloquée de manière anticipée dans des cas précis, notamment :
– le mariage du salarié ou le Pacs ou la dissolution de ceux-ci ;
– la naissance ou l'adoption d'un enfant ;
– la cessation du contrat de travail ;
– situation de surendettement ;
– invalidité de 2ème ou 3ème catégorie ;
– décès du titulaire ou de son conjoint ou de son partenaire pacsé ;
– la création d'une entreprise, l'acquisition ou l'agrandissement de la résidence principale ;
– lorsque le salarié est victime de violences conjugales.
• Le salarié doit demander le déblocage dans les six mois qui suivent la survenance de l'événement sauf en cas de cessation du contrat de travail, décès, invalidité ou surendettement. Le versement peut alors être effectué en une seule fois et porter sur tout ou partie des fonds.
• Lorsqu'il y a jugement emportant cession totale de l'entreprise ou liquidation judiciaire, les droits à participation non échus deviennent immédiatement exigibles.</td></tr>
</table>

C) Le régime fiscal et social de la participation

1. Les exonérations conditionnées

La participation bénéficie d'un régime fiscal et social de faveur à plusieurs conditions :
- dépôt de l'accord auprès de la Dreets (les sommes versées avant le dépôt ne peuvent pas bénéficier des exonérations) ;
- conformité aux règles légales et réglementaires de la participation ;
- respect de la règle de l'indisponibilité des droits sauf cas de déblocage anticipé pour lesquels les exonérations fiscales et sociales sont maintenues ;
- respect des plafonds de répartition fixés par les textes.

2. Le régime social et fiscal de la participation attribuée

Lorsque les conditions requises sont réunies, les sommes attribuées au salarié au titre de la participation n'ont pas le caractère de rémunération. Elles sont exonérées de cotisations sociales patronales et salariales. Seuls la CSG, la CRDS et le forfait social sont dus (le forfait social est supprimé pour les entreprises de moins de 50 salariés qui mettent en place volontairement la participation).

Les sommes perçues au terme de la période d'indisponibilité ou en cas de déblocage anticipé sont exonérées d'impôt sur le revenu. En revanche, si le salarié demande le versement immédiat de ses droits, les sommes sont imposables. La RSP est, pour l'entreprise, une charge fiscalement déductible des résultats de l'exercice. Elle n'est pas soumise ni aux cotisations sociales ni aux taxes sur salaires.

→ APPLICATION 2 • CAS 3 • CAS 4 • SITUATION PRATIQUE 6

2 L'intéressement

Définition

L'**intéressement** est un dispositif facultatif permettant d'associer les salariés aux résultats ou aux performances de l'entreprise. Il constitue un mode de rémunération collectif des salariés. Il doit présenter un caractère aléatoire et résulter d'une formule de calcul liée aux résultats ou aux performances de l'entreprise.

A) La mise en œuvre de l'intéressement

L'intéressement est indépendant du mécanisme de la participation. L'employeur n'est pas tenu de l'instaurer. Il peut être mis en place dans toute entreprise, quels que soient son effectif, son activité et sa forme juridique, à condition d'avoir satisfait à ses obligations en matière de représentation du personnel par la mise en place d'un CSE.

1. Les bénéficiaires

Comme l'intéressement est un système collectif, tous les salariés de l'entreprise doivent pouvoir en bénéficier. L'accord d'intéressement peut néanmoins prévoir une condition d'ancienneté dans l'entreprise. Elle ne peut alors excéder trois mois.

2. La conclusion de l'accord

L'accord d'intéressement est conclu pour une durée comprise entre un et trois ans, selon les mêmes modalités que l'accord de participation. Toutefois, dans les entreprises de moins de 50 salariés qui ne sont pas couvertes par un accord de branche agréé et qui n'ont ni DS ni CSE ou lorsque la négociation avec les syndicats ou le CSE pour mettre en place l'intéressement n'a pas abouti, l'employeur peut mettre en place unilatéralement un mécanisme d'intéressement pour une durée comprise entre un et cinq ans. Quant aux entreprises de moins de 11 salariés, l'employeur peut mettre en place unilatéralement un mécanisme d'intéressement sans même avoir à passer par un processus de ratification du personnel.

L'accord doit être conclu avant le premier jour de la deuxième moitié de la période de calcul suivant la date de la prise d'effet. Il doit être déposé auprès de la Dreets au plus tard dans les quinze jours suivant sa conclusion. Le dépôt conditionne les exonérations fiscales et sociales qui peuvent découler du régime.

L'accord peut, au terme de la durée de trois ans, être plusieurs fois renouvelé par tacite reconduction. Son renouvellement est notifié à la Dreets.

B) Le calcul, la répartition et l'affectation des sommes reçues

1. Le calcul de l'intéressement

Principes applicables. Aucune formule de calcul n'est imposée par la loi. L'intéressement présente une **triple caractéristique obligatoire** :

- Un **caractère aléatoire**. Il ne peut pas garantir un minimum aux salariés. La formule de calcul ne peut être fondée sur un pourcentage du chiffre d'affaires qui garantirait le versement des primes tous les ans. En revanche, il est possible de la conditionner à une augmentation du chiffre d'affaires.
- Un **caractère collectif**. Il doit profiter à tous les salariés.
- Il résulte d'une **formule de calcul liée soit aux résultats, soit aux performances** de l'entreprise. Elle peut se référer à des éléments objectifs et mesurables, définis dans l'accord d'intéressement ou à des indicateurs financiers ou comptables mesurant la rentabilité économique ou financière de l'entreprise (ex. : bénéfice comptable ou fiscal). Elle peut aussi prendre en compte les performances de l'entreprise constatée au cours de l'année (ex. : atteinte d'objectifs de qualité, amélioration de la productivité, diminution de l'absentéisme).

L'intéressement ne peut se substituer à des éléments de rémunération en vigueur dans l'entreprise ou qui deviennent obligatoires en vertu de dispositions légales ou réglementaires.

2. La répartition et l'affectation de l'intéressement

Critères de répartition. La loi énumère les critères de répartition qui peuvent être retenus dans l'accord d'intéressement.

La répartition de l'intéressement peut être, au choix :

- uniforme ;
- proportionnelle au salaire ;
- proportionnelle à la durée de présence dans l'entreprise ;
- mixte (combinaison des critères précédents).

Plafonnement. Un double plafonnement est prévu par les textes légaux :
- le montant des sommes attribuées au titre de l'intéressement est limité à 20 % des salaires bruts versés aux salariés au cours de l'exercice ;
- la prime d'intéressement due au salarié est plafonnée à 75 % du plafond annuel de la sécurité sociale (en cas de dépassement du plafond, le surplus est soumis aux cotisations sociales).

Affectation de l'intéressement. Les salariés bénéficiaires de l'intéressement peuvent demander, dans les quinze jours de leur information, le versement du montant qui leur revient ou l'affectation à un PEE ou à un plan d'épargne interentreprises (PEI). Si le bénéficiaire n'a pas exprimé son choix dans les quinze jours, ses droits à intéressement sont affectés en totalité au PEE ou au PEI, dans les conditions fixées par l'accord d'intéressement.

3. Le régime fiscal et social de l'intéressement

Attribution directe et immédiate de l'intéressement. Les sommes attribuées sont soumises à l'impôt sur le revenu. Elles sont exonérées de cotisations sociales. Elles sont assujetties à la CSG et à la CRDS. Les entreprises d'au moins 250 salariés sont soumises au **forfait social** pour les sommes distribuées (les employeurs de 50 à 250 salariés sont exonérés de forfait social sur l'intéressement).

Affectation à un PEE ou à un PEI. Lorsqu'elles sont affectées en tout ou en partie à un PEE ou à un PEI, les sommes attribuées bénéficient d'une exonération des cotisations sociales et d'impôt sur le revenu.

→ CAS 4 • SITUATION PRATIQUE 7

3 Les plans d'épargne d'entreprise

CHIFFRES-CLÉS

46,3 % des salariés français sont couverts par un plan d'épargne d'entreprise, soit 16,9 Mds € distribués.
(*Le Figaro*, 2017)

Définition

Les plans d'épargne d'entreprise sont des dispositifs collectifs facultatifs que l'employeur peut mettre en place pour recevoir l'épargne salariale.

A) Le plan d'épargne entreprise (PEE)

Définition

Le PEE est un système d'épargne collective facultatif qui ouvre aux salariés de l'entreprise la faculté de constituer et de gérer, à l'aide de l'entreprise, un portefeuille de valeurs mobilières.

1. Les entreprises concernées

Le PEE peut être institué dans toute entreprise privée quels que soient sa forme juridique, son activité, son effectif. Il peut également être mis en place dans un groupe d'entreprises (↪ chapitre 11).

2. Les bénéficiaires

Tous les salariés de l'entreprise doivent pouvoir bénéficier du PEE. Une condition d'ancienneté dans l'entreprise peut être exigée par le règlement du plan mais elle ne peut pas être supérieure à trois mois. Les salariés dont le contrat de travail est suspendu peuvent continuer à alimenter le PEE. Les salariés dont le contrat de travail a été rompu (pour une autre raison que le départ en retraite) peuvent rester adhérents du PEE pour les sommes qu'ils ont versées avant leur départ. Les anciens salariés partis à la retraite peuvent conserver leurs avoirs sur leur plan mais ne peuvent plus effectuer de versements après la rupture de leur contrat de travail.

3. Les modalités de conclusion du PEE

Le PEE peut être mis en place par accord collectif ou selon les mêmes modalités que pour les accords de participation ou d'intéressement. En cas d'échec des négociations, l'employeur peut instaurer un PEE par décision unilatérale. Le CSE est alors consulté sur le projet de règlement du PEE au moins quinze jours avant le dépôt auprès de la Dreets.

4. L'alimentation du PEE

Le PEE est alimenté :

- Soit **par le salarié** par des versements facultatifs et volontaires qui proviennent de l'intéressement ou de la participation, ou de sommes issues d'autres dispositifs d'épargne salariale (compte épargne temps, actions gratuites...), dans la limite de 25 % de sa rémunération annuelle.
- Soit **par l'employeur** qui peut abonder le PEE du salarié. Ces sommes ne peuvent pas dépasser un montant égal à 8 % du plafond annuel de la sécurité sociale. Cet abondement ne doit pas dépasser le triple de la contribution du salarié au plan.

Le PEE peut prévoir un montant annuel minimal volontaire.

5. L'affectation de l'épargne

Modalités. Les sommes affectées sur le PEE sont employées dans un délai de quinze jours à compter de leur versement par le salarié, ou à la date à laquelle elles sont dues, à l'acquisition de valeurs mobilières. Le règlement du plan peut prévoir que les sommes sont utilisées à l'acquisition :

- de titres émis par l'entreprise ou par des entreprises du même groupe ;
- d'actions de sociétés d'investissement à capital variable (Sicav) ;
- de parts de fonds communs de placement d'entreprise (FCPE) ;
- d'actions émises par des sociétés constituées par les salariés pour le rachat de tout ou partie du capital de la société.

Regime des comptes. Un registre des comptes ouverts au nom des salariés, mentionnant les sommes affectées au PEE et la durée d'indisponibilité, est tenu par l'employeur. Une fiche informative doit être remise par l'employeur au salarié. Elle mentionne les modalités d'affectation par défaut du PEE, le délai d'indisponibilité des fonds et les cas dans lesquels ces droits peuvent être liquidés ou transférés avant l'expiration du délai. Le salarié reçoit également un relevé annuel de situation.

Blocage des sommes. Les actions ou les parts acquises sont indisponibles pendant cinq ans minimum. Le règlement du PEE peut parfois prévoir une durée plus longue. Les droits des salariés peuvent être débloqués par anticipation dans les mêmes conditions que pour la participation.

Régime social et fiscal du PEE. Les versements volontaires des bénéficiaires du PEE ne sont pas exonérés de cotisations sociales. En revanche, l'abondement est exonéré de l'impôt sur le revenu des salariés, s'il est maintenu sur le PEE pendant au moins cinq ans. Il est soumis à la CSG, à la CRDS ainsi qu'au forfait social. Il est déductible du bénéfice imposable de l'entreprise. Les revenus produits par les sommes affectées sur le PEE ne sont pas soumis à l'impôt sur le revenu s'ils sont réinvestis dans le PEE. Ces exonérations sont conditionnées au respect des dispositions législatives et réglementaires et au dépôt du PEE auprès de la Dreets.

Les entreprises de moins de 50 salariés sont exonérées du forfait social.

B) Le plan d'épargne retraite d'entreprise (PERE)

Définition

Le **PERE** est un système d'épargne salariale qui a pour objet de fournir à ses bénéficiaires la possibilité de se constituer un complément de revenus sous la forme d'un capital ou d'une rente utilisable uniquement à compter du départ à la retraite.

Le plan d'épargne retraite d'entreprise prend la forme :

- d'un plan d'épargne retraite d'entreprise collectif (PERE CO), lequel succède au plan d'épargne retraite collectif (PERCO) ;
- d'un plan d'épargne retraite d'entreprise obligatoire (PERE OB) qui remplace les dispositifs antérieurs de contrat de retraite supplémentaires dit « article 83 ».

Ces deux plans peuvent être regroupés en un seul plan d'épargne d'entreprise, sous certaines conditions.

1. Le PERE CO

Cadre juridique. Il est identique à celui du PEE, sous réserve des dispositions spécifiques qui lui sont applicables. Il est mis en place dans les entreprises de droit privé quels que soient leur statut juridique, leur activité ou leur effectif. Tous les salariés de l'entreprise ont vocation à bénéficier du PERE CO. Si une condition d'ancienneté est imposée par le règlement du plan, elle ne peut être supérieure à trois mois. Elle est appréciée à partir du premier versement du salarié sur le PERE CO. Les anciens salariés à la retraite peuvent alimenter le PERE CO existant. Ceux qui ont quitté l'entreprise peuvent continuer à effectuer des versements sur le PERE CO à condition qu'ils n'aient pas accès à un PERE CO dans leur nouvelle entreprise.

Mise en place. Elle est facultative. Les salariés sont libres d'adhérer au PERE CO, s'il existe dans l'entreprise, sauf adhésion automatique prévue par le règlement du plan. Dans ce cas, le salarié doit être informé de cette possibilité d'adhésion par défaut. Il peut y renoncer de manière expresse, dans un délai de quinze jours à compter de la réception de l'information. Le PERE CO est mis en place dans l'entreprise par accord d'entreprise. Il peut être instauré selon les mêmes modalités que la participation ou l'intéressement. Lorsque le PERE CO n'est pas établi en vertu d'un accord avec le personnel, l'employeur doit consulter le CSE sur le projet de règlement du plan. L'employeur peut mettre unilatéralement en place le PERE CO lorsque l'entreprise n'est dotée ni de délégué syndical ni de CSE, après ratification à la majorité des deux tiers du personnel d'un projet d'accord proposé par l'employeur. Les règlements du PERE CO sont déposés auprès de la Dreets du lieu où ils sont dressés. Si le PERE CO est mis en place par accord collectif, il faut aussi respecter les formalités attachées au dépôt de l'accord collectif.

Alimentation et gestion du PERE CO. Le PERE CO peut recevoir :
- les versements volontaires des salariés sous forme de sommes reçues de la participation, de l'intéressement ou encore de sommes provenant d'un compte épargne temps ;
- des abondements de l'entreprise plafonnés à 16 % du montant annuel du plafond de la sécurité sociale ;
- des versements initiaux et périodiques de l'entreprise ;
- un transfert de sommes issues d'autres dispositifs d'épargne salariale.

Placement des fonds. L'épargne est investie en parts de fonds commun de placement d'entreprise (FCPE), ou en Sicav à vocation générale, présentant différents profils d'investissement. Le PERE CO ne peut pas servir de support à l'actionnariat salarié (ex. : FCPE ou Sicav d'actionnariat salarié).

Indisponibilité. Les sommes investies sur le PERE CO sont bloquées jusqu'à la date de départ à la retraite du bénéficiaire, sauf cas de déblocage anticipé pour :
- décès du bénéficiaire, de son conjoint ou du partenaire de Pacs ;
- expiration des droits à l'assurance chômage du titulaire ;
- acquisition ou remise en état de la résidence principale après une catastrophe naturelle ;
- surendettement, à la demande du président de la commission de surendettement ou du juge ;
- invalidité du bénéficiaire, de ses enfants, de son conjoint ou du partenaire pacsé.

Rente ou capital. Les sommes investies deviennent disponibles au départ à la retraite du bénéficiaire. Le déblocage des fonds acquis peut intervenir soit uniquement sous la forme d'une rente viagère à titre onéreux, soit par le versement d'un capital ou d'une rente.

Régime fiscal et social. Le régime fiscal et social du PERE CO est identique à celui du PEE. Les sommes versées au titre de l'abondement sur un PERE CO pour un salarié sont exonérées de cotisations sociales et d'impôt sur le revenu, sous réserve du respect des plafonds. Elles sont soumises à la CSG, à la CRDS et au forfait social. Il en est de même pour celles provenant de la participation ou de l'intéressement. Les revenus provenant des sommes affectées ne sont pas soumis à l'impôt sur le revenu.

2. Le PERE OB

Mise en place. L'employeur peut s'appuyer sur une des modalités prévues pour instaurer un régime de protection sociale complémentaire d'entreprise. À ce titre, il lui est possible de :
- conclure une convention ou un accord collectif de travail ;
- soumettre un projet d'accord proposé par le chef d'entreprise à la ratification à la majorité des intéressés ;
- procéder par décision unilatérale constatée dans un écrit qui est remis à chaque intéressé.

Les salariés qui sont présents dans l'entreprise lors de la mise en place du PERE OB peuvent choisir de ne pas participer aux versements obligatoires susceptibles d'alimenter le plan. L'employeur doit informer et consulter le CSE avant de mettre en place le PERE OB. Le PERE OB peut être créé en le transformant en PERE CO au sein d'un même plan d'épargne retraite d'entreprise. Il est alors qualifié de « PERE CO regroupé ». L'employeur doit chercher à mettre en place le plan d'épargne de manière négociée et en cas d'échec, à la mise en place unilatérale ou à la ratification à la majorité du personnel.

Bénéficiaires. L'adhésion peut concerner soit l'ensemble des salariés de l'entreprise, soit une catégorie objective de salariés définie sur des critères autorisés par le Code de la sécurité sociale pour le régime de faveur, attachés aux contributions patronales finançant des garanties de protection sociale complémentaire. Une condition d'ancienneté d'au plus 12 mois dans l'entreprise peut être prévue.

Alimentation du PERE OB. Le PERE OB peut recevoir :

- des versements volontaires ;
- des versements obligatoires (mais lorsque le PERE OB est mis en place par décision unilatérale de l'employeur, les salariés déjà présents dans l'entreprise peuvent décider de ne pas participer aux versements obligatoires). L'employeur ne peut pas abonder ce plan par des versements volontaires ;
- des versements issus de la participation aux résultats ou de l'intéressement à condition que l'entreprise ait mis en place un plan d'épargne retraite d'entreprise bénéficiant à tous les salariés ;
- des droits inscrits sur un compte épargne temps (CET) et, en l'absence de CET, les sommes correspondant à 10 jours de repos non pris, hors jours correspondant aux quatre premières semaines de congés payés.

Liquidation du PERE OB. Les sommes affectées à un PERE OB deviennent disponibles au plus tôt à la date de liquidation d'une pension de retraite d'un régime obligatoire de sécurité sociale ou à l'âge légal de départ à la retraite. Les droits sont liquidés sous la forme d'une rente viagère. L'épargne investie sur le PERE OB peut être débloquée dans les mêmes cas que pour le PERE CO. La part de droits correspondant à des versements obligatoires de l'employeur ou du salarié ne peut pas être débloquée de façon anticipée pour l'acquisition de la résidence principale.

Régime fiscal et social. Si elles remplissent les conditions du régime de faveur (c'est-à-dire que le PERE OB a été mis en place par convention ou accord collectif ou par l'une des modalités prévues, qu'il est obligatoire et qu'il présente un caractère collectif, sans que les contributions patronales ne se substituent à d'autres éléments de rémunération), les contributions patronales destinées au financement du PERE OB sont exonérées de cotisations de sécurité sociale et de charges, dans la limite du montant le plus élevé entre 5 % du plafond annuel de la sécurité sociale et 5 % de la rémunération soumise à cotisations de sécurité sociale du salarié, somme retenue dans la limite de cinq fois le plafond de la sécurité sociale. En revanche, les contributions patronales sont soumises à la CSG et à la CRDS sans abattements.

→ CAS 5

DES SAVOIRS AUX COMPÉTENCES

Évaluer les savoirs — Maîtriser les compétences — Préparer l'épreuve

1 Quiz

Vérifiez l'exactitude des propositions et justifiez-les.

	Vrai	Faux
1. La participation aux résultats est une obligation.	☐	☐
2. Le régime de la participation aux résultats peut être mis en place par accord collectif d'entreprise.	☐	☐
3. Tous les salariés peuvent bénéficier de la participation sans exception et sans condition d'ancienneté particulière.	☐	☐
4. Si elle a été bloquée au moins cinq ans, la participation est exonérée d'impôt sur le revenu et de cotisations sociales.	☐	☐
5. L'intéressement est un système d'épargne collective facultative.	☐	☐
6. L'accord d'intéressement a une durée de trois ans. Il peut être tacitement renouvelé.	☐	☐
7. L'intéressement bénéficie d'un régime social et fiscal de faveur. Les sommes bloquées sont exonérées de cotisations sociales et d'impôt sur le revenu.	☐	☐
8. L'intéressement doit présenter un caractère collectif, aléatoire et être lié aux résultats ou aux performances de l'entreprise. À défaut, il ne bénéficie pas du régime fiscal et social de faveur.	☐	☐
9. Le PEE permet aux salariés de l'entreprise de se constituer un portefeuille de valeurs mobilières en bénéficiant d'un régime social et fiscal favorable.	☐	☐
10. Les sommes investies dans un PERE CO ne deviennent disponibles qu'au moment du départ à la retraite du salarié.	☐	☐

Projet immobilier et participation ★★★

Gaëlle et Ibrahim ont un projet d'achat immobilier. Gaëlle dispose de 5 000 € sur un PEE ouvert par son entreprise, le groupe Info Web, qu'elle souhaiterait mobiliser à l'occasion de cet achat.

Déterminez si Gaëlle peut débloquer les fonds pour son achat immobilier et à quelles conditions.

3 Cas Participation à géométrie variable ★★★

Compétence attendue **Repérer** les situations où l'employeur est tenu de mettre en place la participation

1. La Laiterie des Terroirs du Haut Pays compte 40 salariés depuis près de cinq ans. Elle dégage des profits importants.
Le dirigeant est-il tenu d'intéresser les salariés par un mécanisme de participation aux résultats ?

2. La compagnie d'assurances Izi est une entreprise prospère, qui dégage des bénéfices conséquents. Son effectif dépasse 60 salariés depuis plus de cinq ans. Les agents interviennent auprès de petites agences locales essentiellement en province. Les salariés somment le dirigeant de la Compagnie de mettre en place un système de participation aux résultats. Il refuse de prendre leur considération leur demande, estimant que l'effectif de chacune des agences ne dépasse jamais 10 salariés.
Le dirigeant d'Izi est-il dans son bon droit ?

3. La SAS Ethic-Ecom, fondée il y huit ans par Ugo Luzzir, occupe près de 55 salariés. Ugo s'est donné pour ambition d'insérer sur le marché du travail, des salariés qui connaissent des difficultés à retrouver l'emploi. Les capitaux propres de la SAS s'élèvent à 500 000 euros. Après des débuts prometteurs, l'entreprise peine à dégager des bénéfices. Les résultats courants stagnaient autour de 10 000 euros l'année dernière. Ils ont encore diminué.
Ugo Luzzir est-il tenu de faire participer les salariés aux résultats de la SAS ?

4. Fondée il y a plus de 10 ans, la SA Torréfaction des Cafés du Monde compte actuellement, depuis près de 6 ans, 62 salariés en CDI, occupés à plein temps. Elle dégage des bénéfices importants de plus de 2 millions d'euros par an. Les capitaux propres de l'entreprise sont évalués à 1 million d'euros.
Conscient des efforts réalisés par les salariés pour maintenir la productivité, le dirigeant souhaiterait les associer aux résultats de l'entreprise. Le peut-il ?

5. Ulrich Moran dirige la société anonyme Les agents immobiliers réunis. La SA comptait à ses débuts, il y a six ans, près de 55 agents. Un accord de participation aux résultats avait été mis en place, permettant aux salariés d'être associés aux résultats de l'entreprise. Mais cette dernière année, elle a subi une concurrence effrénée. Il a fallu licencier plus de 10 agents au cours des derniers mois. L'effectif est maintenant inférieur à 50 salariés.
Ulrich Moran est-il toujours tenu de faire participer ses salariés aux résultats de l'entreprise ?

4 Cas Jean Dhou ★★★

Compétence attendue **Distinguer** participation et intéressement

Avec le développement de l'e-commerce, la SA Jean Dhou située à Reims, s'est spécialisée dans la livraison expresse aux entreprises et aux particuliers de colis et courriers en tous genres. Après quelque temps, la SA compte un personnel de 60 salariés à plein-temps. Pour dynamiser le travail de ses équipes, Jean Dhou entend mettre en place un système d'intéressement pour associer le plus grand nombre de salariés aux performances de l'entreprise en particulier ceux qui ont au moins trois mois d'ancienneté. Il s'informe sur le dispositif de l'intéressement et sur les différences entre intéressement et participation.

1. *Expliquez comment Jean Dhou peut mettre en place le mécanisme de l'intéressement.*
2. *Déterminez si Jean Dhou peut exclure du mécanisme les salariés qui disposent d'une ancienneté inférieure à trois mois dans l'entreprise, les apprentis et les salariés licenciés pour faute grave.*
3. *Dans l'hypothèse où Jean Dhou trouverait un accord avec les salariés, indiquez la durée minimale de cet accord.*

Jean Dhou voudrait mettre en place une formule de calcul qui tient compte de la progression du bénéfice net d'une année sur l'autre et de l'atteinte d'objectifs en termes de productivité du travail.

4. *Vérifiez la licéité de la formule.*

Les équipes se sont stabilisées à 60 personnes sur cinq ans. Le dirigeant serait-il tenu de mettre en place un accord de participation dans la mesure où il a souscrit un accord d'intéressement encore en cours ?

5. *Distinguez l'intéressement déjà mis en place et la participation aux résultats.*

Cas GrisHoux ★★★

Compétence attendue **Distinguer** plan d'épargne d'entreprise (PEE) et plan d'épargne pour la retraite collectif (Perco)

Employés depuis six ans dans la même entreprise, la SARL GrisHoux, Manon et Rémy Dhor, tous deux informaticiens, ont affecté, au fil des années, leur épargne salariale sur un plan d'épargne salariale géré par la SARL. Le gérant de la SARL a ouvert des négociations cette dernière année pour offrir la possibilité aux salariés de porter leur épargne sur un plan d'épargne retraite d'entreprise (PERE CO). En qualité d'assistant comptable du gérant de l'entreprise, vous êtes chargés de répondre à leurs questions relatives au PEE et au PERE CO qui ont été mis en place dans l'entreprise dernièrement.

1. *Expliquez comment un PEE et un PERE CO fonctionnent.*
2. *Indiquez combien de temps les sommes doivent rester bloquées sur chacun de ces plans d'épargne pour que le régime soit avantageux pour les salariés attributaires.*

3. *Déterminez si Manon et Rémy peuvent effectuer des versements volontaires sur leur PEE ou leur PERE CO s'ils souscrivent aux deux dispositifs.*
4. *Précisez comment les sommes peuvent être investies.*
5. *Identifiez le moment où Manon et Rémy pourront disposer librement des sommes liées à leur épargne salariale dans chacun de ces deux mécanismes d'épargne. Indiquez s'il existe des cas de déblocage anticipé.*
6. *Identifiez le régime social et fiscal de ces plans d'épargne.*

Évaluer les savoirs | Maîtriser les compétences | Préparer l'épreuve

6 Situation pratique : société Jedaï ★★★

40 min

Compétences attendues

- **Repérer** les situations dans lesquelles l'employeur est tenu de mettre en place la participation
- **Distinguer** participation et intéressement

Rendez-vous MÉTHODE 3

La SAS Jedaï est spécialisée dans la conception de sites informatiques pour les entreprises. Sa clientèle s'est diversifiée ces dernières années et elle cible les grands groupes de distribution pour leur concevoir des visites virtuelles de leurs surfaces de vente. Cette activité a fait décoller son chiffre d'affaires et ses effectifs. Elle compte maintenant depuis plus de cinq ans, 60 salariés en CDI à temps complet, pour des activités qui nécessitent un certain niveau d'expertise. Les équipes sont complétées le cas échéant, d'intérimaires pour des missions courtes. Les résultats de l'entreprise avoisinent les 2 millions d'euros par an. Le dirigeant de la SAS, Marc Tweez, souhaite associer son personnel aux performances de l'entreprise. Il veut stimuler les initiatives et fidéliser ses collaborateurs. Vous le conseillez dans sa prise de décision en répondant précisément à ses questions.

Vos missions

1. *Déterminez si Marc Tweez est tenu de mettre en place un système de participation aux résultats ou un régime d'intéressement.*
2. *Indiquez si Marc Tweez doit conclure un accord de participation ou d'intéressement avec les représentants des syndicats représentatifs de l'entreprise ou s'il peut utiliser d'autres modalités de mise en place de ces systèmes.*

Marc Tweez souhaite appliquer les formules légales existantes. Il entend faire bénéficier de la participation les salariés ayant au moins deux mois d'ancienneté dans l'entreprise. Il envisage également de prévoir des cas de déblocage anticipé pour les salariés qui investissent dans l'acquisition ou dans la remise en état de leur résidence principale.

Votre mission

3. *Vérifiez si les conditions envisagées par Marc Tweez sont valides.*

Marc Tweez aurait souhaité y associer un mécanisme d'intéressement pour une durée de trois ans. Il voudrait que la répartition des sommes distribuées s'opère pour la moitié en fonction du salaire, un quart en fonction du temps de présence dans l'entreprise et le dernier quart en fonction du chiffre d'affaires réalisé avec de nouveaux clients pour l'entreprise. Il désire exclure les salariés intérimaires du mécanisme.

4. *Indiquez si son projet est réalisable.*

À l'appui de ces dispositifs, Marc Tweez a prévu d'affecter les sommes attribuées aux salariés sur un plan d'épargne salariale (PEE) mis en place par la direction de l'entreprise. Julie Lestrenne, développeur Web dans l'entreprise, a reçu une note d'information et un questionnaire pour exprimer son choix concernant l'affectation des sommes qui lui sont attribuées (800 euros) ainsi qu'un état récapitulatif de son épargne. Julie voudrait bloquer la somme pour bénéficier d'un régime social et fiscal favorable.

Votre mission

5. *En vous appuyant sur le document ci-après, conseillez Julie.*

Document

Les avantages fiscaux et sociaux de l'épargne salariale pour l'entreprise et pour les salariés

Pour l'entreprise dans le cadre d'un ▶ PEE ▶ PEI	▶ exonération des cotisations sociales ▶ forfait social de 20 % avec possibilité d'un taux réduit	▶ déduction du bénéfice imposable ▶ exonération de taxes (salaires, apprentissage) et participations (formation continue, construction) sous certaines conditions et si versement dans le cadre d'un plan d'épargne : constitution d'une PPI (provision pour investissement dans les conditions et limites fixées par l'article 237 Bis A du Code général des impôts) égale à 50 % de l'abondement complétant l'intéressement

•••

...

Pour les salariés ▶ PEE ▶ PEI	▶ abondement de l'entreprise exonéré des cotisations sociales dans la limite de 300 % des versements du salarié et de 3 290,88 € en 2022 – soit 8 % du plafond annuel de la sécurité sociale – (5 923,58 € en cas de majoration) ▶ assujettissement de l'abondement à la CSG et à la CRDS (sans abattement pour frais professionnels) ▶ assujettissement des revenus et plus-values produits par l'ensemble des avoirs détenus dans le plan à la CSG et à la CRDS (sans abattement), au prélèvement de solidarité de 7,5 %, soit un taux global de 17,2 %	▶ abondement non-imposable dans la limite de 300 % des versements du salarié et de 3 290,88 € en 2022 comme en 2020 et 2021 – soit 8 % du plafond annuel de la sécurité sociale – (5 923,58 € en cas d'abondement majoré)

https://travail-emploi.gouv.fr/

7 Situation pratique : Paris Football Club ★★★

30 min

Compétence attendue **Distinguer** participation aux résultats et intéressement

Votre client, la société Majorelle, éditeur de peintures haut de gamme pour hôtels, vous sollicite sur son projet d'accord d'intéressement. Il s'agirait de conditionner le versement global de l'intéressement à un minimum de 90 % d'avis d'attribution favorables dans le cadre des appels d'offres auxquels la société répond pendant l'année concernée.

Rendez-vous MÉTHODE 2

Vos missions

1. *Identifiez les objectifs visés par la mise en place de l'intéressement au Paris Football Club.*
2. *Rappelez les modalités de mise en place de l'intéressement dans l'entreprise.*
3. *Comparez le mécanisme de l'intéressement avec celui de la participation aux résultats.*
4. *Formulez le problème de droit posé à la Cour de cassation dans l'arrêt du 18 janvier 2018.*
5. *Analysez la décision rendue par les juges et précisez-en la portée.*

Document 1

Cour de cassation, chambre sociale, 18 janvier 2018 (pourvoi n° 16-25820)

Sur le moyen unique :

Attendu, selon l'arrêt attaqué (Paris, 12 septembre 2016), que M. Y… a été engagé par la société Paris Football Club en qualité de footballeur joueur fédéral à temps plein ; que le 30 juin 2013, à l'issue de la saison sportive, le Paris Football Club, qui évoluait dans le championnat national, a été relégué en championnat de France

...

...

amateur ; qu'il a, par décision administrative de la Fédération française de football du 15 juillet 2013, été « repêché » et réintégré dans le championnat national ; que le salarié a saisi la juridiction prud'homale d'une demande en paiement, au titre de la saison 2012/2013, de la prime d'intéressement prévue par l'avenant du 21 décembre 2012 à l'accord d'intéressement du Paris Football Club du 15 décembre 2011 ; Attendu que le salarié fait grief à l'arrêt de le débouter de cette demande alors, selon le moyen :

1°/ que l'article 4 de l'accord d'intéressement de la société Paris Football Club du 15 décembre 2011, tel que modifié par l'avenant du 21 décembre 2012, dispose que « l'intéressement sera calculé si, à l'issue de la saison sportive, le Paris FC se maintient dans le championnat national au cours de la saison suivante » ; qu'en l'espèce, la cour d'appel a jugé qu'il ressortait de cette clause que l'intéressement était conditionné au maintien du club dans le championnat national à l'issue de la saison sportive, soit au 30 juin, de sorte que la prime d'intéressement n'avait pas à être versée aux joueurs lorsque le maintien du club en championnat national était le résultat d'une décision administrative de « repêchage » intervenue le 15 juillet ; qu'en statuant ainsi, quand ce n'est que le 15 juillet qu'est définitivement arrêtée la liste des clubs pouvant participer au championnat national pour la saison suivante, une fois terminé l'examen des situations comptables et financières des clubs conduisant à la relégation de certains en championnat amateur et au repêchage d'autres en championnat national, de sorte que c'est à cette date que doit être apprécié le maintien du club dans le championnat national, la cour d'appel a violé l'article 4 de l'accord d'intéressement de la société Paris Football Club du 15 décembre 2011, tel que modifié par l'avenant du 21 décembre 2012 ; 2°/ que l'article 4 de l'accord d'intéressement de la société Paris Football Club du 15 décembre 2011, tel que modifié par l'avenant du 21 décembre 2012, dispose que « l'intéressement sera calculé si, à l'issue de la saison sportive, le Paris FC se maintient dans le championnat national au cours de la saison suivante » ; qu'en l'espèce, la cour d'appel a jugé, par motif adopté, qu'il résultait de cet article 4 que la prime d'intéressement était versée aux joueurs pour les récompenser de leurs performances accomplies sur le terrain lors de la saison précédente ; qu'en statuant ainsi, quand l'accord n'expose pas les raisons du versement d'une prime d'intéressement aux joueurs, ni ne subordonne donc le versement de la prime d'intéressement à des performances sportives du joueur, la cour d'appel a encore violé l'article 4 de l'accord d'intéressement de la société Paris Football Club du 15 décembre 2011, tel que modifié par l'avenant du 21 décembre 2012 [...]

Mais attendu que selon l'article 4 de l'avenant du 21 décembre 2012 à l'accord d'intéressement du Paris Football club du 15 décembre 2011, l'intéressement sera calculé si, à l'issue de la saison sportive, le Paris Football Club se maintient dans le championnat national au cours de la saison suivante, le montant de la prime du joueur dépendant du nombre de points acquis par l'équipe première du Paris Football Club auquel il a participé, et la participation se caractérisant par l'identification du joueur sur une feuille de match de championnat national FFF ; qu'il en résulte que la prime d'intéressement n'est due que si au 30 juin de l'année en cours, terme de la saison sportive, le club s'est maintenu en championnat national, peu important la décision administrative ultérieure de réintégration du club dans ce championnat ;

...

Et attendu que la cour d'appel, qui a constaté qu'au 30 juin 2013, le Paris Football Club avait été relégué en championnat de France amateur, en a exactement déduit que la prime d'intéressement n'était pas due, peu important que le club ait été réintégré dans le championnat national par décision administrative du 15 juillet 2013 ;

D'où il suit que le moyen n'est pas fondé ;

PAR CES MOTIFS :

REJETTE le pourvoi ;

Document 2

Extraits des moyens du pourvoi

M. Y... sollicite le paiement de la prime d'intéressement au titre de la saison 2012/2013 expliquant que la Sasp Paris FC est redevable de cette somme, en application des dispositions de l'article 4 de l'avenant à la prime d'intéressement en date du 15 décembre 2011 ; 5 [...] il précise que le club, nonobstant le « repêchage » administratif quinze jours après l'échéance de la saison l'ayant permis, s'est maintenu dans le championnat national la saison suivante et que la prime d'intéressement est due en raison de la réalisation de la condition ; [...] la Sasp Paris FC réfute cette analyse et indique qu'à la date du 30 juin 2013, fin de la saison sportive, le club était relégué dans le championnat amateur et que ce ne sont pas les résultats sportifs mais une décision administrative qui a permis le maintien de ce dernier au sein du championnat national ; qu'elle en déduit que la prime d'intéressement n'est pas due ; [...] elle soutient également que cette prime d'intéressement est soumise aux conditions du code du travail, et notamment aux dispositions de l'article L. 3314-2 du code du travail qui limite la période de référence pour le calcul de l'intéressement à une année ; [...] il n'est pas contesté que les parties ont résilié le contrat de travail d'un commun accord le 30 juin 2013, soit exactement à la fin de la saison sportive ; [...] il ressort de l'article 4 de l'avenant à l'accord d'intéressement de la Sasp Paris FC du 15 décembre 2011, signé le 21 décembre 2012, que « l'intéressement sera calculé si, à l'issue de la saison sportive, le Paris FC se maintient dans le championnat national au cours de la saison suivante » ; [...] il convient de rappeler qu'aux termes des dispositions de l'article L. 3312-1 du code du travail l'intéressement a pour objet d'associer collectivement les salariés aux résultats ou aux performances de l'entreprise ; [...] en l'espèce, il ressort de la lecture de l'article susvisé, dénué d'ambiguïté, que l'intéressement est conditionné au maintien du club dans le championnat national à l'issue de la saison sportive, soit le 30 juin ; [...] il ressort des éléments versés aux débats et des explications des parties qu'à cette date le club avait été relégué en Championnat de France Amateur et que c'est à la suite d'une décision administrative que le club a été « repêché » et réintégré dans le championnat national ; [...] dès lors, il est établi que le club, à l'issue de la saison sportive le 30 juin, ne s'est pas maintenu dans le championnat national, mais qu'il y a été, plus tard, réintégré par décision administrative ; [...] il s'ensuit que c'est à bon droit que la Sasp Paris FC soutient que la condition à laquelle est subordonnée la prime d'intéressement n'a pas été remplie et que ladite prime n'est pas due [...].

SYNTHÈSE

L'association des salariés aux performances de l'entreprise

La participation aux résultats de l'entreprise

- **Épargne salariale** consistant à redistribuer une partie des bénéfices aux salariés sous la forme d'une **rémunération collective**
- **Sommes bloquées** en principe pendant cinq ans sauf si les salariés en demandent le versement sous conditions

Obligatoire dans les entreprises de plus de 50 salariés (effectif atteint sur 5 années consécutives) dégageant un bénéfice supérieur à 5 % des capitaux propres	**Accord collectif** ou accord entre l'employeur et les représentants syndicaux : • soit au sein du CSE • soit à la suite de la ratification par le personnel à la majoré des deux tiers, d'un projet d'accord	Calcul de la RSP selon la **formule légale** : $\frac{1}{2}(B - 5\,\% \times C) \times \frac{S}{VA}$	**Régime social et fiscal de faveur** : exonération de cotisations sociales et de l'impôt sur le revenu

L'intéressement

- **Dispositif facultatif**, indépendant de la participation
- **Prime collective**, aléatoire et basée sur les résultats/performances de l'entreprise

Mise en place dans **toutes les entreprises** satisfaisant à leurs obligations en matière de représentation du personnel, quels que soient leur effectif, leur activité et leur forme juridique	**Tous les salariés**, qu'ils soient en CDI ou en CDD	Mise en place par **accord d'entreprise** pour une durée comprise entre un et trois ans	• **Mise à disposition** : – soit immédiate – soit par affectation des sommes sur un PEE, un plan épargne interentreprises ou un PERE • Au bout de 5 ans, **régime social et fiscal de faveur**

Les plans d'épargne d'entreprise

PEE

- Système d'épargne collectif et facultatif permettant aux salariés de se constituer, à l'aide de l'entreprise, un portefeuille de valeurs mobilières à des conditions avantageuses.
- Les sommes versées sont bloquées pendant cinq ans. Passé ce délai, le salarié peut récupérer le capital valorisé.

PERE

- Dispositif d'épargne salariale qui permet à ses bénéficiaires de se constituer un complément de retraite disponible à leur départ à la retraite.
- Le retrait des sommes investies a lieu au moment du départ à la retraite soit en capital, soit sous la forme d'une rente viagère.

PEE et PERE :

- **Alimentation par des versements volontaires des salariés et des abondements de l'entreprise**
- **Déblocage anticipé sous conditions**

CHAPITRE 15

Les conflits collectifs

PROGRAMME

Compétences attendues

- **Différencier** un mouvement illicite et une grève licite
- **Identifier** les effets de l'exercice normal du droit de grève
- **Caractériser** l'exercice anormal du droit de grève et en **tirer** les conséquences
- **Identifier** une situation contraignante pouvant fonder un lock-out et **préciser** son régime
- **Caractériser** conciliation, médiation et arbitrage

Savoirs associés

- Les conflits non contentieux de la relation de travail :
  - la grève ;
  - le « lock-out » ;
  - les modes alternatifs de règlement des différends (MARD) dans le cadre d'un litige collectif : la conciliation, la médiation et l'arbitrage

PLAN DU CHAPITRE

Cours : 1. La grève et ses effets sur la relation de travail • 2. Le lock-out, réaction de l'employeur face à la grève • 3. Les MARD collectifs

Des savoirs aux compétences : Evaluer les savoirs • Maîtriser les compétences • Préparer l'épreuve

Synthèse

Les conflits collectifs opposent l'employeur à un ensemble de salariés. En pratique, un conflit collectif se traduit souvent par des grèves ou débrayages. De telles actions constituent, pour les salariés, une modalité de défense de leurs intérêts professionnels. L'objectif est de faire pression sur l'employeur pour satisfaire leurs revendications.

Pour qu'elle constitue un droit pour les salariés qui l'exercent, il est nécessaire que la grève soit licite. À défaut, l'employeur est en droit de sanctionner les grévistes. Face à la grève, l'employeur peut, sous conditions, recourir au lock-out. Mais il peut aussi tenter de négocier et trouver des alternatives.

MOTS-CLÉS

Arbitrage • Conciliation • Droit de grève • Grève • Lock-out • MARD • Médiation • Sentence arbitrale • Suspension du contrat de travail

1 La grève et ses effets sur la relation de travail

A) La licéité de la grève

Pour que la grève soit reconnue comme un droit et une liberté fondamentale garantis par la Constitution, il faut qu'elle réponde à certains critères, qui permettent de la définir. Elle doit, de plus, s'exercer dans le cadre des lois qui la réglementent. À défaut, elle n'est pas considérée comme licite.

1. Les conditions de l'exercice d'une grève licite

Jurisprudence. S'il est prévu dans le Code du travail, que la grève ne rompt pas le contrat de travail, la loi ne définit pas elle-même le **droit de grève**.

Définition

Selon la jurisprudence, la **grève** est une cessation collective et concertée du travail en vue d'appuyer des revendications professionnelles. Toute action ne satisfaisant pas à ces critères est illicite.

Conditions. Pour que la grève soit licite, son exercice suppose la réunion de trois conditions (tab. 15.1).

Tableau 15.1. Conditions de la licéité d'une grève

Cessation totale du travail	Arrêt de travail collectif et concerté	Existence de revendications professionnelles
• Aucune forme ni modalité particulière quelle que soit la durée de l'arrêt. • Durée prédéterminée ou indéterminée. • Licéité des : – débrayages répétés de courte durée (sauf désorganisation de l'entreprise) ; – grèves tournantes ou par roulement (sauf services publics) ; – grèves-bouchon, limitées à une partie du personnel ou à un seul service et empêchant les autres salariés de travailler.	• Possibilité de grève partielle des effectifs. • Grève non soumise à la décision d'une majorité/minorité ni d'un syndicat (licéité de la grève sauvage décidée par les salariés). • Impossibilité pour un salarié de faire la grève seul sauf exception. • Nécessité d'une volonté commune d'agir et de participer à une action revendicative non assortie de conditions de forme légales.	• Objectif : appuyer des revendications professionnelles non satisfaites par l'employeur, propres à l'entreprise ou générales. • Absence d'obligation d'annonce à l'employeur mais obligation de déposer des revendications professionnelles dont l'employeur a pris connaissance au moment de l'arrêt de travail. • Licéité de la grève même en si l'employeur n'a pas rejeté les revendications qui l'ont déclenchée.

Absence de nécessité de préavis préalable. Dans le secteur privé, la loi n'impose aucun préavis avant le déclenchement d'une grève. En revanche, dans les services publics, les syndicats représentatifs doivent présenter un préavis énonçant les motifs de la grève au moins cinq jours avant.

FOCUS — Le cas particulier des services publics de transport de voyageurs

Dans les services publics de transport de voyageurs, la grève doit être précédée d'une négociation préalable entre l'employeur et les organisations syndicales représentatives des salariés. Les salariés doivent informer leur employeur de leur intention de prendre part à la grève 48 heures à l'avance.

2. L'exercice anormal du droit de grève

Grève abusive. Les éléments qui permettent de qualifier le mouvement de « grève » sont réunis. Mais les modalités de la grève ou son exercice par les salariés peuvent rendre la grève abusive. Il y a abus du droit de grève lorsque la cessation du travail entraine une désorganisation de l'entreprise et pas simplement une désorganisation de la production. L'action des salariés met en péril l'existence de l'entreprise ou cause une atteinte disproportionnée à d'autres droits (ex. : liberté d'entreprendre).

Grève illicite. Un mouvement illicite (tab. 15.2) caractérise un simple arrêt de travail qui peut être sanctionné par l'employeur selon le droit disciplinaire.

Tableau 15.2. **Mouvements illicites**

Grève perlée	Simple ralentissement volontaire de la cadence du travail sans véritable arrêt de travail ou exécution défectueuse du travail
Grève du zèle	Augmentation des cadences sans arrêter le travail ou application à la lettre des consignes de sécurité
Grève avec occupation des locaux	• Mouvement illicite lorsqu'il porte atteinte à la liberté de travail des non-grévistes • Possibilité de saisine du juge des référés par l'employeur pour obtenir une ordonnance d'expulsion par la force publique (preuve d'un trouble illicite nécessaire)
Piquets de grève	Formés par les salariés grévistes se regroupant aux alentours des accès de l'entreprise afin d'empêcher les non-grévistes de travailler (mouvement licite tant qu'il n'empêche pas l'accès des non-grévistes à l'entreprise)
Grèves politiques	Sauf si les revendications politiques se mêlent aux revendications professionnelles (ex. : la défense des retraites)
Grèves d'autosatisfaction	Grève visant à modifier les conditions de travail (ex. : grève tous les samedis pour obtenir la fermeture de l'entreprise le samedi)
Grèves de solidarité	Mouvements déclenchés pour soutenir les revendications émises par d'autres salariés de l'entreprise (grève de solidarité interne) ou extérieurs (grève de solidarité externe), sauf si elles ont une portée générale dans l'entreprise

B) Les conséquences de la grève

1. Les effets de la grève à l'égard des salariés grévistes

Incidences de la grève sur le contrat de travail. Il n'y a ni rupture du contrat de travail, ni sanction possible (tab. 15.3).

Tableau 15.3. Impossibilité de licencier ou de sanctionner en cas de grève

Principe : l'exercice normal du droit de grève ne justifie pas la rupture du contrat de travail	Exception : seul l'abus du droit de grève peut entraîner la rupture du contrat de travail
• Nullité absolue du licenciement ou de la sanction prononcés au titre de l'exercice normal du droit de grève. • Possibilité de saisine du juge des référés par le salarié gréviste qui peut obtenir sa réintégration ou une indemnité égale au minimum à six mois de salaire (plus les indemnités liées à la rupture du contrat de travail). • Illéciété de toute discrimination en matière de rémunération ou d'avantages sociaux en raison de l'exercice normal du droit de grève.	• Perte de l'immunité civile et disciplinaire relative à la grève. • Possibilité pour l'employeur de sanctionner les salariés et d'user de son pouvoir disciplinaire. • Rupture du contrat de travail possible sans préavis ni indemnité de licenciement en cas de faute lourde uniquement (ex. : actes de violence). • Nécessité d'une faute lourde intentionnelle, d'une particulière gravité, non justifiable par l'état d'insubordination, reposant sur des comportements personnels, individuels et détachables du mouvement collectif.

Suspension du contrat de travail. La grève entraîne une simple **suspension du contrat de travail** avec, pour conséquences :

- Une retenue de salaire strictement proportionnelle à la durée de la grève. Les heures sont perdues et ne peuvent pas être récupérées. Le bulletin de paie du salarié ne doit pas faire mention de sa participation à la grève.
- L'évincement du salarié des primes d'assiduité au prorata du temps de grève (la jurisprudence admet la validité de la soustraction de la prime lorsqu'elle couvre toutes les formes d'absences et non seulement la grève).
- La réduction du droit à congés payés, la période de grève n'étant pas considérée comme du temps effectif de travail.
- L'affectation du calcul de l'ancienneté du salarié.
- La perte du complément patronal en cas de maladie pendant la grève.
- La perte de la couverture sociale au titre de l'accident de travail/trajet pendant la grève.

2. Les effets de la grève à l'égard des salariés non grévistes

Absence d'effet sur le contrat de travail. La grève n'a aucun effet sur le contrat de travail des salariés non grévistes. Ils doivent pouvoir poursuivre leur travail. L'employeur leur paie la rémunération correspondante sauf s'il se trouve contraint de fermer l'entreprise (lock-out).

Réparation en cas de perte financière. Lorsque la grève est illicite, les salariés non grévistes peuvent, avec l'employeur, demander réparation du préjudice subi aux grévistes lorsqu'ils ont subi une perte financière (ex. il a été porté atteinte à la liberté du travail). L'action est portée devant le conseil de prud'hommes.

Réorganisation du travail. L'employeur peut réorganiser le travail des non-grévistes (ex. : recours aux heures supplémentaires ou aux heures complémentaires dans les limites conventionnelles ou légales). Il peut aussi les affecter à d'autres postes (mutations internes). S'il leur demande d'occuper momentanément le poste d'un gréviste, il ne peut pas, à cette occasion, diminuer leur rémunération. Il peut embaucher des salariés en CDI. Il peut également recourir à des sous-traitants ou à des bénévoles. Mais il ne peut pas recruter des salariés en CDD ou en intérim pour remplacer les grévistes.

→ APPLICATION 2 • SITUATION PRATIQUE 8 • SITUATION PRATIQUE 9

2 Le lock-out, réaction de l'employeur face à la grève

Définition

Le **lock-out** consiste, pour l'employeur, en la fermeture temporaire de l'entreprise, l'établissement ou l'atelier en réponse à un conflit collectif du travail existant ou imminent.

A) Le lock-out illicite

1. Un moyen d'action non reconnu

Le lock-out n'est pas reconnu en droit. La jurisprudence le considère comme illicite lorsqu'il est préventif ou lorsqu'il constitue une mesure de rétorsion (entrave au droit de grève ↪ chapitre 12).

2. Les effets du lock-out illicite

Le lock-out suspend l'exécution de tous les contrats de travail. L'employeur doit fournir du travail aux non-grévistes privés de leur salaire. À défaut, il commet une faute contractuelle et doit donc payer les salaires retenus par son fait. Il peut également être condamné à verser des dommages-intérêts aux grévistes pour entrave à l'exercice du droit de grève.

B) Le lock-out licite

1. La justification du lock-out

Le **lock-out** peut être justifié dans des **circonstances exceptionnelles** :

- En cas de **circonstances contraignantes** non imputables à l'employeur qui rendent impossible la fourniture de travail aux non-grévistes (ex. : occupation des locaux avec piquets de grève alors que l'employeur a demandé à l'autorité publique l'expulsion des salariés). L'employeur doit prouver qu'il est bien dans l'impossibilité de fournir aux non-grévistes des tâches supplétives en rapport avec leur travail.
- En cas de faits proches de ceux de la **force majeure**, événements extérieurs à l'employeur, irrésistibles, inévitables et insurmontables, qui créent une impossibilité

absolue et durable d'exécuter le contrat de travail, sans que cette possibilité puisse être imputée à l'employeur.
- En cas de **risques pour la sécurité** des personnes ou des biens. Si la grève entraîne une désorganisation qui provoque un danger pour l'ordre et la sécurité (ex. : voies de fait), l'employeur peut fermer l'entreprise pour éviter les accidents ou les actes de violence.

2. Les effets du lock-out licite

La fermeture licite de l'entreprise entraîne la suspension du contrat de travail des salariés non grévistes. L'employeur n'a pas à payer les salaires des salariés qui ne fournissent aucun travail. Lorsque le lock-out se prolonge au-delà de trois jours, le versement d'indemnités pour activité partielle peut être autorisé par décision administrative.

→ CAS 3 • CAS 4 • CAS 6

3 Les MARD collectifs du travail

Les modes alternatifs de résolution des différends (**MARD**) sont au nombre de trois : la conciliation, la médiation et l'arbitrage.

A) La conciliation

Définition

La **conciliation** est une procédure par laquelle les parties à un conflit collectif du travail tentent de se rencontrer pour négocier un accord en vue de solutionner le conflit grâce à un conciliateur ou à une commission de conciliation.

1. La forme

La conciliation est, en principe, une procédure facultative. Mais une convention ou un accord collectif peut l'imposer aux parties avant le déclenchement d'une grève ou le recours à un lock-out. La conciliation peut être :
- **Conventionnelle**. La procédure est fixée par une convention ou un accord collectif ou par accord entre les parties. Si aucun texte conventionnel ne prévoit son existence, les parties en conflit peuvent conclure un accord décidant de sa création.
- **Légale**. En l'absence ou en cas d'échec de la procédure conventionnelle, le conflit collectif peut être porté, selon son importance, devant une commission nationale ou régionale de conciliation ou devant une section départementale.

2. La procédure

La procédure de conciliation peut être engagée :
- par les parties elles-mêmes pour mettre fin au litige ;
- par le ministre du Travail, le préfet ou encore la Dreets.

Ces acteurs saisissent une commission de conciliation, composée de représentants des organisations représentatives de salariés d'employeurs et de représentants des pouvoirs publics. Les parties au conflit sont tenues de se présenter en personne aux réunions, sauf en cas d'empêchement grave.

3. Les effets

À l'issue des réunions de la commission de conciliation, le président établit un procès-verbal constatant :

- Soit l'**accord des parties**. Cet accord produit les mêmes effets qu'un accord collectif. Il est soumis aux formalités de dépôt auprès de la Dreets.
- Soit le **désaccord partiel ou total** des parties en présence. En cas d'échec de la **conciliation**, le conflit est soumis à la procédure de médiation ou à l'arbitrage.

B) La médiation

Définition

La **médiation** est une procédure amiable et facultative faisant intervenir un tiers, le médiateur, qui soumet aux parties en conflit, des recommandations motivées pour apporter des solutions au litige.

Trois étapes jalonnent la procédure de **médiation** (fig. 15.1).

En cas d'échec de la conciliation, à l'initiative du ministre du Travail, du président de la commission régionale de conciliation ou des parties.	Dans le mois de sa désignation, le médiateur soumet aux parties des propositions qui ne s'imposent pas à elle.	Examen des propositions par les parties sous 8 jours, réponse par LRAR puis constat. Un accord produit les mêmes effets qu'un accord collectif.

Figure 15.1. **Phases de la médiation**

C) L'arbitrage

Définition

L'**arbitrage** consiste, pour les parties, à décider d'un commun accord, de soumettre les conflits qui subsistent à un arbitre, qu'elles choisissent. L'arbitre tranche le litige en rendant une sentence arbitrale motivée.

1. La mise en œuvre de la procédure

L'arbitrage ne peut intervenir, en principe, qu'après l'échec d'une conciliation ou d'une médiation. S'il est prévu dans une convention collective, il doit s'appliquer. À défaut, les parties peuvent recourir à l'arbitrage en soumettant le conflit à l'arbitre de leur choix.

2. Le rôle de l'arbitre et l'effet de la sentence arbitrale

L'arbitre ne peut statuer, en droit et en équité, que sur les points de désaccord contenus dans le procès-verbal de non-conciliation ou sur les propositions du médiateur.

L'arbitre rend une **sentence arbitrale** motivée. Elle est notifiée aux parties :

- En cas d'**accord**, la sentence produit les effets d'un accord collectif. Cette sentence a une force obligatoire et s'impose aux parties.
- En cas de **désaccord**, les parties peuvent exercer un recours pour excès de pouvoir ou violation de la loi, devant la Cour supérieure d'arbitrage (CSA), dans les huit jours de la notification de la sentence arbitrale.

→ CAS 5 • CAS 6 • CAS 7 • SITUATION PRATIQUE 8

DES SAVOIRS AUX COMPÉTENCES

Évaluer les savoirs | Maîtriser les compétences | Préparer l'épreuve

1 Quiz

Vérifiez l'exactitude des propositions ci-après et justifiez-les.

	Vrai	Faux
1. Le droit de grève est proclamé comme une liberté publique dans la Constitution.	☐	☐
2. Les modalités d'exercice de la grève peuvent résulter d'une convention collective.	☐	☐
3. La grève ne rompt jamais le contrat de travail des salariés grévistes, elle n'entraîne qu'une suspension de celui-ci.	☐	☐
4. Le salarié gréviste perd toujours son salaire pour la période durant laquelle il a été en grève.	☐	☐
5. L'employeur ne peut jamais licencier un salarié gréviste.	☐	☐
6. L'employeur ne peut recourir à des salariés en CDD ou en CTT pour remplacer les grévistes.	☐	☐
7. Le lock-out peut être licite lorsque la grève entraîne des violences ou provoque un danger pour la sécurité.	☐	☐
8. Le lock-out qui consiste à fermer l'entreprise à titre de mesure de prévention d'une grève est licite.	☐	☐
9. La médiation permet de déférer le conflit collectif à un médiateur qui soumet aux parties des recommandations en vue de régler les points litigieux.	☐	☐
10. La conciliation devant une commission de conciliation est un préalable obligatoire pour régler des conflits collectifs du travail avant le déclenchement d'une grève.	☐	☐

Mouvements de grève et droits de l'employeur ★★★

Quelles prérogatives la loi et la jurisprudence offrent-elles à l'employeur pour faire face à la grève ?

Évaluer les savoirs | Maîtriser les compétences | Préparer l'épreuve

3 Cas Syndicat SN. PRO-DIV ★★★

Compétence attendue **Différencier** un mouvement illicite et une grève licite

Assistant auprès du Syndicat national des professions diverses (SN. PRO-DIV), vous êtes appelé à conseiller les délégués syndicaux saisis de plusieurs dossiers de conflits collectifs d'entreprises de la région qui font l'objet de contentieux.

Dans chacune des situations ci-après, précisez si le mouvement peut être qualifié de grève. Justifiez votre réponse.

1. Martin Trinel ainsi que sept autres salariés de la coopérative des Fermiers de Normandie qui réalise de la vente directe des produits fermiers aux consommateurs sont en grève. Mais cette grève a débuté avant même que le dirigeant de la coopérative n'ait eu connaissance de son objet, c'est-à-dire le paiement d'un acompte du treizième mois et avant même qu'il ait eu le temps de refuser ou d'y faire droit.
2. Des salariés grévistes de l'entreprise Les Tissages du Soleil se sont installés à l'entrée de l'entreprise formant un piquet de grève. Ils protestent contre une délocalisation d'une partie des activités en Turquie. Ils empêchent l'accès au site de production. La grève a complètement désorganisé les activités de l'entreprise.
3. Une minorité de salariés de la SA Forclam a provoqué un arrêt de travail qui s'est produit de façon alternative dans les services de production, de logistique ainsi que dans les services comptables et administratifs de l'entreprise pour réclamer une augmentation des salaires. Ils invoquent les importants bénéfices dégagés par le groupe cette année.
4. Un arrêt de travail du service Conception est intervenu dans le groupe JeuVidéO. Les salariés grévistes reprochent à l'employeur de ne pas avoir rémunéré toutes les heures supplémentaires qu'ils réclament depuis plusieurs mois. Ils invoquent également des rythmes de travail insoutenables.

4 Cas Les Jardins du Vert Touquet ★★★

Compétence attendue **Identifier** les effets de l'exercice normal du droit de grève et en tirer les conséquences

La SARL Les Jardins du Vert Touquet est une grande jardinerie installée depuis 20 ans près d'Arras. Elle est dirigée par Julien Duverel, gérant de la SARL et son épouse. Elle emploie une cinquantaine de salariés permanents auxquels s'ajoutent des saisonniers. Depuis quelques semaines, l'entreprise connaît un sévère conflit collectif du travail. Alors que l'activité bat son plein, vingt salariés ont déclenché une grève et protestent à l'entrée de la jardinerie pour réclamer le versement d'une prime de fin d'année, promise il y a quelque temps par le dirigeant. Les salariés lui ont fait part de leur mécontentement lors d'une rencontre qu'ils ont organisée avec lui mais Julien Duverel n'a pas réagi.

Analysez chacune des situations ci-après.

1. La grève mobilise une partie du personnel. Julien Duverel doit réorganiser les activités au sein de la jardinerie pour honorer les commandes qui affluent.
   Julien Duverel peut-il faire accomplir aux trois salariés temporaires qu'il avait recrutés, le travail des salariés grévistes en plus de leur travail ? L'épouse de Julien Duverel, Adeline, souhaiterait travailler bénévolement au service de l'entreprise le temps du conflit, en qualité de vendeuse. Le peut-elle ?
2. Alain Lemille est horticulteur en CDI à temps plein. Il gère le parc des arbustes et sapins à l'extérieur de la jardinerie. Il travaille avec Élodie Menar, chargée des livraisons, employée à temps partiel pour 24 heures hebdomadaires. Ils ont décidé de ne pas faire grève et ont proposé à Julien Duverel de travailler plus pour répondre aux demandes des clients.
   Julien Duverel peut-il librement imposer des heures supplémentaires à Alain Lemille ou des heures complémentaires à Élodie Menar ?
3. Mathieu Elbaz, horticulteur, s'est déclaré non gréviste. Cependant, il n'a pas caché à Julien Duverel qu'il partageait les idées des grévistes. Il en est même venu à inciter les salariés non grévistes qui travaillent avec lui dans les serres à se mettre en grève. Outré par les propos déplacés qu'il a pu entendre, Julien Duverel se demande s'il peut licencier Mathieu Elbaz en raison de son comportement.
   Que pensez-vous du cas de Mathieu Elbaz ?
4. Marie Monnier, l'une des salariées grévistes, a été renversée par le véhicule d'un client alors qu'elle manifestait devant la jardinerie pendant les heures d'ouverture.
   Marie est-elle couverte par la protection liée aux accidents du travail pour les blessures qu'elle a subies ?
5. Stéphane Leplus, l'un des manutentionnaires, a fait grève durant trois semaines alors qu'il bénéficiait durant cette période de trois jours de repos ainsi que deux jours fériés, Noël et le nouvel an. Ces journées ont été incluses dans la période de grève. L'employeur refuse de les lui payer.
   Ce refus se justifie-t-il ?

Cas Logistix ★★★

Compétence attendue — **Caractériser** l'exercice anormal du droit de grève et en **tirer** les conséquences

Précisez si les situations ci-après sont caractérisées par un exercice anormal du droit de grève et expliquez-en les effets pour l'employeur et pour les salariés.

1. Depuis un mois, les caristes de la société Logistix sont en grève dans les entrepôts. Ils ont installé, à l'entrée des hubs de chargement, des barricades sans empêcher complètement l'accès. Les piquets de grève entravent les manœuvres des camions, les rendant dangereuses. Excédé, le chef d'entreprise a sollicité du tribunal judiciaire l'expulsion des salariés

en raison du risque de troubles. Des voies de fait et des violences ont été commises par certains grévistes. Le mouvement a fortement impacté l'activité du site et a entraîné une perte conséquente de clientèle. La pérennité de l'entreprise est remise en cause.

2. Les convoyeurs de fonds de la société Convoyer demandaient une augmentation de salaire et se sont mis en grève les uns après les autres, cessant tour à tour totalement le travail pour des courtes durées, ce qui a considérablement ralenti le rythme de chargement et de trajet des fonds pour l'entreprise. Le dirigeant a reçu de nombreuses réclamations de la part de ses clients. Mais le mouvement des grévistes n'a pas connu de débordements, même si l'activité de la société a été fortement perturbée.
3. Les ouvriers de chantier de la SA Tous Les Montages devaient procéder à la démolition d'un hangar qui menaçait de s'effondrer dans l'enceinte de l'aéroport de Roissy. Les travaux à réaliser présentaient un caractère urgent en raison de la dangerosité de l'édifice pour les voyageurs. Or, les salariés de la SA réclamaient depuis quelques mois, le paiement d'heures supplémentaires effectuées. L'employeur n'a pas répondu à leurs revendications. Ils l'ont averti qu'ils cessaient le travail et qu'ils ne se rendraient pas sur le chantier. Par la suite, les travaux ont pris beaucoup de retard. Le mouvement de grève a profondément désorganisé l'activité. Mais l'entreprise n'a pas perdu de clientèle.

6 Cas Lock-out ★★★

Compétence attendue **Identifier** une situation contraignante pouvant fonder un lock-out et **préciser** son régime

Dans chacune des situations ci-après, indiquez si le lock-out peut être considéré par les juges comme licite. Justifiez votre réponse.

1. L'association de formation AFG vient de connaître une grève longue, assortie de l'occupation de ses locaux durant près de trois mois. À la fin du conflit, les salariés grévistes qui avaient fait confectionner de nouveaux jeux de clés de l'entreprise ont refusé de les remettre à la direction. Le président de l'association estime que la reprise d'activité est effectuée dans des conditions anormales. Pour lui, la maintenance des équipements informatiques, des lignes téléphoniques et la mise à jour des informations n'a pas pu être réalisée correctement. Tout le travail des non-grévistes était réalisé manuellement. Aucune donnée n'est à jour. Comme il n'a plus la maîtrise des données comptables ni des locaux, le président décide la fermeture immédiate du centre de formation pour situation contraignante et le transfert de l'activité.
2. À la suite d'un conflit collectif du travail déclenché par un plan de restructuration, le dirigeant de la SA ALLU et PVC a procédé à la fermeture totale des installations de l'atelier de production, sans rechercher pour les non-grévistes des tâches même supplétives, la justifiant par des impératifs de sécurité. Les salariés contestent le lock-out au motif que l'activité peut se poursuivre dans d'autres services.
3. Fondée il y a plus d'un siècle, la SA Les Chapeaux français doit fermer le seul site qui fonctionnait encore sur le territoire national. Furieux, les salariés en grève ont empêché l'accès des véhicules aux locaux de l'entreprise. Ils ont séquestré le dirigeant

durant quelques heures et ont dégradé des biens immobiliers. Les forces de l'ordre ont dû intervenir. Le dirigeant estime que la poursuite d'activité ne peut se réaliser sans risque pour la sécurité et décide la fermeture du site de production.

4. La société Rofila, spécialisée dans la production de teintures pour les filatures, vient de connaître une grève dure après l'échec des négociations salariales annuelles. Ses installations sont classées Seveso en raison de la dangerosité des substances utilisées. Les grévistes ont occupé une partie des locaux de l'entreprise. Ils ont procédé à des débrayages de courte durée. Ces arrêts répétés de la production ne permettaient plus à l'employeur de maîtriser le cycle de production, dégradant les installations et entraînant une surconsommation de matières premières. Le dirigeant a décidé, face à la détermination des grévistes, de fermer l'atelier pour des raisons de sécurité. Il a mis au chômage technique les non-grévistes pendant un mois. Ces derniers contestent la mesure et réclament le paiement de leur salaire pour la période écoulée.

Le classement issu de la directive européenne Seveso n° 82/501/CEE distingue des installations industrielles particulièrement risquées avec deux seuils selon la dangerosité des matières présentes sur le site.

7 Cas MARD ★★★

Compétence attendue **Caractériser** conciliation, médiation et arbitrage

Dans chacune des situations ci-après, identifiez et décrivez précisément les caractéristiques du mode alternatif de règlement des différends (MARD) utilisé par les parties au litige : parties prenantes, procédure suivie, forme et valeur de l'accord.

1. Après plus de 28 jours de mobilisation, les syndicats d'une radio nationale ont exigé du ministre du Travail une médiation pour renouer le dialogue social rompu avec la direction. Il fallait mettre fin à la grève déclenchée à la suite de la présentation d'un vaste plan de suppression d'emplois par le dirigeant de l'entreprise. Pierre Leuwers a été nommé médiateur. Il a proposé la négociation d'un plan de départs volontaires et la création de nouveaux métiers au sein du groupe en lieu et place des suppressions d'emploi envisagées. Après discussion, les principaux syndicats et la direction ont accepté ces solutions.
2. Les salariés de la société La Laitière des Maures ont déclenché une grève pour protester contre les nouveaux rythmes de travail mis en place par les dirigeants de l'entreprise et la dégradation des conditions de travail. Ils dénoncent les cadences imposées pour assurer les livraisons aux groupes agroalimentaires. Ils réclament également une ouverture des négociations salariales. Or, l'article 2.1 de la convention collective nationale des industries laitières impose que les conflits passent devant la commission paritaire de conciliation avant la mise en œuvre de toute grève ou lock-out. L'employeur a contacté la commission de conciliation pour tenter de résoudre le litige. Après plusieurs réunions houleuses, les représentants syndicaux ont fini par trouver un accord avec les dirigeants de la laiterie sur une augmentation du taux de salaire horaire.
3. Le groupe métallurgique américain Adia connaît des difficultés financières. Il a décidé de fermer l'un de ses sites employant plus de 300 salariés. Les salariés du site ont immédiatement décidé l'arrêt du travail et organisé des piquets de grève. De leur côté, les syndicats et les pouvoirs publics se sont mobilisés pour demander l'ouverture d'une procédure de médiation et trouver une alternative à la fermeture. Un accord est intervenu pour poursuivre l'activité au moins durant dix-huit mois, le temps de renouer le dialogue social.

8 Situation pratique : SA e-Com Distribution ★★★

60 min

Compétences attendues

- **Différencier** un mouvement illicite et une grève licite
- **Identifier** les effets de l'exercice normal du droit de grève et en **tirer** les conséquences
- **Caractériser** un mode amiable de règlement des conflits

Spécialisée dans la vente en ligne de produits culturels et de loisirs, la SA e-Com Distribution connaît une croissance fulgurante ces dernières années. Ses entrepôts sont installés sur trois sites, à Créteil, Malakoff et Versailles, occupant chacun une centaine de salariés. L'ouverture d'un quatrième site à Bagneux est prévue dans les prochains mois. Il a fallu embaucher en urgence de nombreux agents polyvalents, sans combler tous les besoins (proches du Smic, les salaires sont peu attractifs). À l'approche des fêtes de fin d'année, les cadences ont été accélérées. Les salariés acceptent mal ces rythmes de travail. À plusieurs reprises, ils en ont fait part à Marc Dumur, dirigeant de l'entreprise. Alain Touret, délégué syndical, a demandé la mise en place d'un 13e mois de salaire. Marc Dumur ne veut rien entendre, si bien qu'une trentaine de salariés ont déclenché un mouvement de grève. Ils avaient prévenu le dirigeant de leurs revendications par un mail envoyé la veille. Déterminés, ils se sont installés à l'entrée de l'entrepôt principal à Versailles, formant un piquet de grève. Ils incitent pacifiquement les salariés non grévistes à les rejoindre pour revendiquer une augmentation des salaires. Marc Dumur estime que les mouvements de grève sont coûteux et parfaitement illicites puisqu'ils concernent une minorité de salariés. Il indique aux grévistes qu'il va faire appel aux forces de l'ordre pour les expulser.

Pour répondre aux commandes qui affluent, Marc Dumur réorganise complètement le travail. Les salariés non grévistes sont tous réquisitionnés pour des heures supplémentaires. La durée hebdomadaire de l'ensemble du personnel occupé sur les sites a été portée à 48 heures par semaine. Des permutations de postes de salariés en CDD et en CTT ont été opérées dans les services stratégiques de logistique. Des sous-traitants sont appelés en renfort pour épauler le travail des équipes. Au bout d'une semaine, le conflit se durcit. Marc Dumur tente de réunir une dizaine de salariés issus des trois sites, dont Alain Touret, instigateur du mouvement de grève. Marc Dumur refuse le principe du versement d'un 13e mois, trop lourd financièrement pour l'entreprise. Des propos injurieux et virulents sont échangés mais aucune violence ni dégradation ne sont commises.

Le conflit dure plus de vingt jours et s'enlise. Après l'échec des négociations, Marc Dumur fait appel à un médiateur. Alex Lubel, qui a été désigné, émet les recommandations suivantes pour résoudre le conflit :

- attribution d'une prime de fin d'année de 500 € aux salariés des entrepôts ;

- attribution d'une prime de 100 € aux non-grévistes ;
- retenue sur le salaire des grévistes représentant la moitié des heures de grève.

La reprise du travail a lieu dans un climat d'extrême tension. Les salariés grévistes estiment qu'ils sont doublement perdants puisqu'ils subissent une retenue sur salaire et ne bénéficient pas de la prime attribuée aux non-grévistes.

Rendez-vous MÉTHODE 3

Vos missions

1. *Déterminez si le mouvement de grève déclenché par les salariés de la SA e-Com Distribution constitue une grève licite.*
2. *Précisez si le dirigeant de la SA e-Com Distribution peut légitimement demander l'expulsion des salariés grévistes qui forment un piquet de grève à l'entrée des entrepôts (document 1).*
3. *Identifiez l'incidence de la grève pour les non-grévistes et vérifiez si les mesures envisagées par Marc Dumur pour faire face à la grève respectent le cadre légal.*
4. *Indiquez si le dirigeant peut sanctionner les salariés pour les propos injurieux qui ont été proférés lors des négociations organisées pour mettre fin au conflit.*
5. *En cas de conflit collectif, expliquez comment la médiation se déroule et les issues possibles. Analysez le recours de Marc Dumur à la médiation plutôt qu'à un autre mode de règlement des différends.*
6. *Vérifiez si l'attribution de la prime accordée aux non-grévistes est licite (document 2).*

Document 1

Cour de cassation, chambre sociale, 9 mars 2011, pourvoi n° 10-115988 (extraits)

Mais attendu que l'arrêt relève, d'une part, que l'employeur, qui a décidé l'arrêt des activités et fermé l'unité de production sans information ni consultation préalable des institutions représentatives du personnel, a interdit aux salariés l'accès à leur lieu de travail en leur notifiant sans autre explication leur mise en disponibilité ; qu'il constate, d'autre part, que si les salariés ont occupé les locaux, aucun fait de dégradation du matériel, de violence, séquestration ou autre comportement dangereux à l'égard des personnels se trouvant sur le site n'est établi ; qu'en l'état de ces constatations, la cour d'appel a pu en déduire que l'occupation des lieux, intervenue en réaction à la fermeture, dans ces circonstances, de l'unité de production, ne caractérisait pas un trouble manifestement illicite ;

Document 2

Sommaire de l'arrêt n° 1594 du 7 novembre 2018, pourvoi n° 17-15833

Si l'employeur peut tenir compte des absences, même motivées par la grève, pour le paiement d'une prime, c'est à la condition que toutes les absences, hormis celles qui sont légalement assimilées à un temps de travail effectif, entraînent les mêmes conséquences sur son attribution.

...

...

Une cour d'appel ayant constaté que les salariés absents pour maladie non professionnelle ayant plus d'une année d'ancienneté bénéficiaient du maintien de leur plein salaire, y compris les primes, sans entraîner d'abattement de ces primes, en a exactement déduit, s'agissant de périodes d'absence qui ne sont pas légalement assimilées à un temps de travail effectif, que l'abattement des primes d'ancienneté, de quart et mensuelle, auquel l'employeur a procédé pour calculer la retenue relative aux jours d'absence du salarié pour fait de grève, présentait un caractère discriminatoire.

https://www.courdecassation.fr/

9 Situation pratique : Mondadori Magazines France ★★★

45 min

Compétences attendues

- **Différencier** un mouvement illicite et une grève licite
- **Identifier** les effets de l'exercice normal du droit de grève et en **tirer** les conséquences

Rendez-vous MÉTHODE 2

Consulté(e) par le site d'information Info Non Stop, qui envisage de sanctionner financièrement des rédacteurs grévistes n'ayant pas remis dans le temps imparti les brèves alimentant le site, vous recherchez une situation similaire dans la jurisprudence.

Vos missions

1. *Déterminez si le conflit collectif qui opposait l'employeur aux salariés constituait une grève licite. Expliquez et justifiez votre réponse.*
2. *Rappelez ce qu'est une discrimination. Distinguez discrimination directe et discrimination indirecte.*
3. *Formulez le problème de droit posé à la Cour de cassation.*
4. *Analysez la décision rendue par les juges.*
5. *Dégagez les conséquences de cet arrêt pour les salariés.*

Document 1

Cour de cassation, chambre sociale, 9 juillet 2015, pourvoi n° 14-12.779

Attendu, selon les arrêts attaqués, qu'à la suite d'un mouvement de grève ayant eu lieu du 21 au 26 octobre 2010, la société Mondadori Magazines France a décidé que les salariés des titres qui avaient « bouclé » en temps et en heure subiront une retenue de 50 % tandis que ceux dont les titres avaient « bouclé » en retard subiront une retenue de 100 % ; que onze salariés dont Mme De X..., travaillant au sein du magazine *Science et vie junior*, qui ont subi une retenue de 100 % pour les jours de grève, ont saisi le 11 mars 2011 la juridiction prud'homale ;

Sur le moyen unique, pris en ses deux premières branches :

Attendu que la société Mondadori Magazines France fait grief aux arrêts de la condamner à payer aux salariés un rappel de salaire pour les jours de grève et les congés payés afférents alors, selon le moyen :

...

•••

1°/ que ne constitue pas une mesure discriminatoire en raison de l'exercice du droit de grève une mesure qui n'opère pas de distinction entre salariés grévistes et non grévistes mais seulement parmi les salariés grévistes, une telle mesure étant par hypothèse indépendante de la participation du salarié au mouvement de grève ; qu'en l'espèce, il résulte de l'arrêt qu'à l'issue de la grève, l'employeur a décidé d'effectuer une retenu de 50 % de leur rémunération aux grévistes travaillant au sein de publications parues à temps et une retenue de 100 % aux grévistes travaillant au sein de publications parues en retard ; qu'en jugeant que cette mesure constituait une discrimination indirecte à raison de l'exercice du droit de grève, la cour d'appel a violé les articles L. 2511-1 et L. 1132-2 du Code du travail ;

2°/ que ne constitue pas une mesure discriminatoire en raison de l'exercice du droit de grève une mesure qui opère une distinction entre salariés grévistes en fonction d'un critère objectif indépendant de la volonté de l'employeur ; qu'en l'espèce, il résulte de l'arrêt qu'à l'issue de la grève, l'employeur a décidé d'effectuer une retenue de 50 % de leur rémunération aux grévistes travaillant au sein de publications parues à temps et une retenue de 100 % aux grévistes travaillant au sein de publications parues en retard ; qu'en énonçant que ce motif de différenciation prétendument objectif entre grévistes procédait, en réalité, de la prise en considération de l'exercice de son droit de grève par le salarié gréviste au prétexte que l'impossibilité pour certains grévistes d'être parvenus « à boucler en temps et heure » leur magazine ne résultait que de l'exercice normal du droit de grève de sorte que le traitement inégal ainsi réservé par l'employeur à ces deux catégories de salariés grévistes procédait d'une discrimination indirecte à raison de l'exercice du droit de grève, la cour d'appel a violé les articles L. 2511-1 et L. 1132-2 du Code du travail ;

Mais attendu que les arrêts retiennent à bon droit que la mesure en cause institue une discrimination indirecte en raison de l'exercice normal du droit de grève en ce qu'elle prend en compte le degré de mobilisation des salariés, selon les services, et ses conséquences sur le fonctionnement de l'entreprise et qu'elle ne peut être justifiée par des éléments objectifs étrangers à toute discrimination en raison de la grève dès lors que la parution en retard des magazines résulte des conséquences inhérentes à la cessation collective du travail ; que le moyen n'est pas fondé ;

Mais sur le moyen unique, pris en sa troisième branche :

Vu l'article 1153 du Code civil ;

Attendu que, pour condamner l'employeur au paiement de dommages-intérêts, les arrêts retiennent que le comportement illicite et insidieux de la société constitue un manquement de l'intéressée à ses obligations de loyauté envers ses salariés ;

Qu'en statuant ainsi, par des motifs impropres à caractériser l'existence pour les salariés d'un préjudice indépendant du retard apporté au paiement par l'employeur et causé par sa mauvaise foi, la cour d'appel a violé le texte susvisé ;

PAR CES MOTIFS :

CASSE ET ANNULE, mais seulement en ce qu'ils condamnent la société Mondadori Magazines France à payer aux salariés la somme de 200 euros à titre de dommages-intérêts, l'arrêt rendu le 19 décembre 2013, entre les parties, par la cour d'appel de Versailles.

Document 2

Extraits des motifs de l'arrêt de la cour de cassation du 9 juillet 2015

Il résulte des pièces et conclusions des parties que la société Mondadori Magazines France, spécialisée dans le secteur de la presse magazine, a décidé de déménager son siège social à Issy-les-Moulineaux ; que les salariés de la société, protestant contre la réduction de la superficie des bureaux, consécutive à ce déménagement, ont déclenché un mouvement de grève le 21 octobre 2010 ; qu'à l'issue de ce mouvement de grève le 26 octobre 2010, la société Mondadori Magazines France a décidé diverses mesures de fin de grève dont, la suivante : les salariés des titres qui ont boudé en temps et en heure subiront une retenue de 50 % ; ceux dont les titres ont bouclé en retard subiront une retenue de 100 % ; que les salariés travaillant à la conception et l'édition du magazine *Science et vie junior* n'ont pas été en mesure de faire en sorte que ce magazine paraisse et soit livré ponctuellement à ses abonnés ; qu'en application de la règle unilatérale posée comme dit ci-dessus par la société Mondadori Magazines France, les salariés grévistes du magazine "Science et vie junior" se sont vu pratiquer, par la société, une retenue de 100 % par journée non travaillée, tandis que les grévistes des autres magazines qui avaient pu paraître en temps et heure ont reçu 50 % au titre de leur journée de grève ; qu'il n'est pas discuté que les salariés du magazine *Science et vie junior* dont faisaient partie les intimés, ont "massivement fait grève" pour reprendre les conclusions de ceux-ci-de sorte qu'ils n'ont pas été en mesure de faire paraître le magazine à bonne date-et ce, contrairement aux salariés appartenant à des magazines "moins grévistes" qui, eux, ont pu sortir en temps et heure, procurant, du même coup, à leurs salariés grévistes, la rémunération de 50 % par jour de grève, unilatéralement offerte par l'employeur ; qu'il est ainsi incontestable que les divers salariés grévistes de la société Mondadori Magazines France, occupés par l'ensemble des magazines de l'appelante, malgré leur statut commun de gréviste, ont été traités différemment ; que certes, selon la société Mondadori Magazines France cette différence résulterait de l'application d'un critère objectif, lié au respect des délais de parution et de livraison... [...]

SYNTHÈSE

Les conflits collectifs

La grève et ses effets

Les conditions de licéité d'une grève

Cessation totale du travail + **Cessation collective et concertée** du travail + **Revendications professionnelles** = **Grève, droit constitutionnel**

Faute de la réunion de ces trois éléments, le mouvement ne peut être qualifié de « grève ». Il s'agit alors d'un mouvement illicite, c'est-à-dire d'une exécution fautive du contrat de travail contre laquelle l'employeur peut exercer son pouvoir disciplinaire et sanctionner (y compris par un licenciement) les salariés fautifs.

Les effets du droit de grève

Pour les grévistes	Pour les non-grévistes
• Interdiction de rompre le contrat de travail du salarié en raison de l'exercice du droit de grève sauf faute lourde du salarié. • Suspension du contrat de travail. • Retenue sur salaire strictement proportionnelle à la durée de la grève. • Suspension du pouvoir disciplinaire de l'employeur. • Interdiction des mesures discriminatoires liées à la grève. • Interdiction de remplacer les grévistes par des salariés en CDD ou en CTT.	• Absence d'impact sur le contrat de travail. • Obligation pour l'employeur de leur fournir du travail. • Obligation pour l'employeur de leur payer le salaire convenu. • Possibilité pour l'employeur de recourir aux heures supplémentaires ou complémentaires dans les limites légales et conventionnelles. • Mutations internes et temporaires envisageables, avec maintien de la rémunération.

Le lock-out

Principe : lock-out illicite

- Faute contractuelle à l'égard des non-grévistes : obligation pour l'employeur de verser les salaires
- Atteinte au droit de grève des salariés (délit)

Exception : lock-out licite

- Trois conditions :
  - situation contraignante empêchant l'employeur de fournir du travail aux salariés
  - force majeure
  - impératifs de sécurité et de discipline rendant la mesure nécessaire
- Suspension du contrat de travail des salariés

Les MARD collectifs du travail

Conciliation
Tentative d'accord grâce à un conciliateur ou à une commission de conciliation

- En cas d'**accord** :
  - PV de conciliation
  - Fin du conflit
- En cas de **désaccord**, recours à la médiation ou à l'arbitrage

Médiation
Émission de recommandations motivées pour trouver des solutions à un conflit collectif

- En cas d'**accord** dans les 8 jours : PV et mêmes effets qu'un accord collectif
- En cas de **désaccord** : possibilité de recours à l'arbitrage

Arbitrage
Après l'échec des précédentes tentatives, sentence arbitrale de résolution du conflit

- En cas d'**accord** : sentence arbitrale et mêmes effets qu'une convention collective
- En cas de **désaccord** : appel auprès de la Cour supérieure d'arbitrage (CSA)

Spécialisée dans l'industrie ferroviaire, la société Raille sous-traite la production de grandes firmes du secteur d'activités. Installée dans le sud de l'Avesnois (région Hauts-de-France), elle comptait jusqu'alors 60 salariés en CDI, dont la plupart sont très expérimentés. L'entreprise a procédé au renouvellement des institutions représentatives du personnel et un comité social et économique a été mis en place. La durée du mandat des élus du CSE avait été fixée à deux ans. De nouvelles élections doivent être organisées par l'employeur dans les mois qui viennent.

Depuis de nombreuses années, les salariés sont associés aux résultats et aux performances de l'entreprise. Un accord d'intéressement signé il y a près de trois ans complétait la participation aux résultats obligatoire. Les sommes attribuées aux salariés étaient recueillies sur un plan d'épargne d'entreprise (PEE).

Malheureusement, la société Raille a perdu, il y a presque deux ans, un marché important. Elle peine à se redresser. Elle connaît des difficultés financières. Son dirigeant, Dominique Durlent, a dû se résoudre à licencier, il y a plus d'un an, quinze salariés pour envisager la poursuite de l'activité. Cette dernière année, la SA a dégagé un bénéfice très faible (près de 1 % des capitaux propres de l'entreprise).

Le dirigeant s'interroge sur les conséquences de cette réduction des effectifs sur la représentation du personnel et sur les mécanismes d'épargne salariale mis en place.

Rendez-vous MÉTHODE 3

Vos missions

1. *Les effectifs sont maintenant inférieurs à 50 salariés. Déterminez si la société Raille est toujours tenue de mettre en place un comité social et économique. Dans l'affirmative, identifiez-en les attributions (document 1).*
2. *Précisez si Dominique Durlent doit faire participer ses salariés aux résultats de l'entreprise malgré les difficultés rencontrées.*
3. *Indiquez si les salariés dont le contrat de travail a été rompu peuvent conserver les sommes versées sur le plan d'épargne d'entreprise avant leur départ de manière à bénéficier des avantages fiscaux et sociaux qui y sont attachés (document 2).*

Les salariés supportent mal les compressions d'effectifs et les efforts qui leur sont demandés pour surmonter les difficultés (gel des salaires pendant trois ans, suppression du 13e mois de salaire). Une dizaine de salariés se sont mis en grève pour contester les mesures prises, après en avoir informé l'employeur. Avec le délégué syndical CFDT, Marc Meneur, les grévistes se sont installés à l'entrée de l'entreprise et distribuent des tracts qui invitent les non grévistes à les rejoindre. Ils n'empêchent pas l'accès aux ateliers de travail ni au site de production. Leur mouvement d'action reste pacifique. Pourtant, Dominique Durlent, offusqué, estime ce mouvement minoritaire complètement illicite. Il menace les protestataires de sanctions. Marc Meneur, délégué syndical, tente d'instaurer un dialogue avec Dominique Durlent. Les propos deviennent au fil des échanges, virulents et des injures fusent. Aussi, le dirigeant décide la mise à pied de Marc Meneur pour trois jours.

Vos missions

4. *Vérifiez si l'arrêt de travail des salariés est licite.*
5. *Identifiez les effets de la grève sur la relation de travail des salariés grévistes.*
6. *Déterminez si le dirigeant peut légitimement prendre des sanctions à l'égard des salariés grévistes (document 3).*
7. *Analysez la situation juridique du dirigeant de l'entreprise : peut-il être poursuivi pour délit d'entrave en raison de la mise à pied de Marc Meneur, délégué syndical ?*

DOSSIER DOCUMENTAIRE

Document 1

Article L. 2312-3 du Code du travail

Lors de son renouvellement, le comité social et économique exerce exclusivement les attributions prévues à la section 2 [celles du CSE des entreprises dont l'effectif est compris entre 11 et moins de 50 salariés] et cesse d'exercer les attributions prévues à la section 3 [celles du CSE des entreprises d'au moins 50 salariés] lorsque l'effectif de cinquante salariés n'a pas été atteint pendant les douze mois précédant le renouvellement de l'instance.

Document 2

Article R. 3332-13 du Code du travail

Lorsque l'ancien salarié de l'entreprise n'a pas accès à un plan d'épargne pour la retraite collectif, il peut continuer à effectuer des versements dans le plan d'épargne pour la retraite collectif de son ancienne entreprise. Sauf dans ce cas, l'ancien salarié qui l'a quittée pour un motif autre que le départ en retraite ou en préretraite ne peut effectuer de nouveaux versements au plan d'épargne d'entreprise.

Toutefois, lorsque le versement de l'intéressement, ou de la participation, au titre de la dernière période d'activité du salarié intervient après son départ de l'entreprise, il peut affecter cet intéressement ou cette participation au plan d'épargne de l'entreprise qu'il vient de quitter. Le règlement du plan peut prévoir que ce versement fait l'objet d'un versement complémentaire de l'entreprise suivant les conditions prévues pour l'ensemble des salariés.

Document 3

Article L. 1132-2 du Code du travail

Aucun salarié ne peut être sanctionné, licencié ou faire l'objet d'une mesure discriminatoire mentionnée à l'article L. 1132-1 en raison de l'exercice normal du droit de grève.

CHAPITRE 16 Le droit de la protection sociale : introduction

PROGRAMME

Compétences attendues

- **Repérer** les grandes étapes et principes de la construction du droit de la protection sociale
- **Schématiser** l'organisation de la protection sociale : les grands acteurs de la protection sociale et les risques couverts
- **Repérer** les sources du droit de la protection sociale
- **Identifier** les différents régimes sociaux
- **Identifier** le régime auquel une personne est assujettie en fonction de sa situation

Savoirs associés

- Les repères historiques quant à la construction du droit de la protection sociale
- Les grands principes de la protection sociale
- La présentation des sources spécifiques au droit de la protection sociale
- Les acteurs de la protection sociale
- Les différents régimes

LIEN AVEC LE DCG 4

§ 3. Prélèvements sociaux

LIEN AVEC LE DCG 5

§ 6.3. Quelles politiques de redistribution face aux risques sociaux et aux inégalités sociales ?

PLAN DU CHAPITRE

Cours : 1. Une brève histoire de la protection sociale • 2. Les grands principes de la protection sociale • 3. Les sources du droit de la protection sociale • 4. L'organisation administrative et le financement de la sécurité sociale • 5. Les différents régimes

Des savoirs aux compétences : Évaluer les savoirs • Maîtriser les compétences • Préparer l'épreuve

Synthèse

Face aux risques sociaux, l'individu est souvent démuni. Il a besoin de recourir à la solidarité. Cette dernière résulte de divers mécanismes de protection sociale, notamment la sécurité sociale.

MOTS-CLÉS

Assurances sociales • Cotisations sociales • Principes fondamentaux de la sécurité sociale • Protection sociale • Régime général de la sécurité sociale • Risques sociaux • Sécurité sociale • Service public

1 Une brève histoire de la protection sociale

Il existe de nombreuses définitions de la protection sociale. Nous retiendrons celle du Conseil de l'Europe.

Définition

La **protection sociale** est une couverture, fondée sur des droits, contre un risque social prédéterminé. Elle comprend tous les régimes de transfert collectifs (en espèces et en nature) conçus pour protéger les individus et les ménages contre les risques sociaux.

A) La protection sociale dans la France préindustrielle

1. La société d'Ancien Régime

Dans la France d'avant la Révolution française, il existe trois modes principaux de prise en charge par la collectivité de la protection des personnes en cas de réalisation de certains **risques sociaux** (ex. : maladie, vieillesse) : l'entraide familiale ou villageoise, la solidarité professionnelle et la charité de l'Église catholique.

2. La société révolutionnaire

Pour le révolutionnaire de 1789, tout homme a droit à la subsistance mais à condition de travailler. La libéralisation du marché du travail, entraînée par la suppression des corporations, doit permettre à tous de travailler et de réduire la misère. En réalité, il n'en est rien. De plus, la vente des biens du clergé et l'interdiction des corporations déstructurent les réseaux de protection sociale que sont l'Église catholique et la solidarité professionnelle. En pratique, les municipalités prennent souvent le relais.

B) La protection sociale dans la France industrielle

1. La France du 19e siècle

La France du 19e siècle voit se développer l'industrie et, en parallèle, la question sociale. L'ouvrier travaille mais ne gagne pas suffisamment pour éviter la pauvreté (ou paupérisme). Pour des raisons idéologiques, les libéraux refusent de légiférer sur l'assistance. Se développe alors une protection sociale en dehors de l'État dont les caractéristiques sont les suivantes : les classes populaires sont incitées à épargner, des sociétés de secours mutuels sont créées (ex. : création de mutuelles) et certains patrons aident les ouvriers à assurer la sécurité de l'existence (développement du paternalisme).

2. La France du 20e siècle

La France du 20e siècle voit se mettre en place les assurances sociales. La loi de 1905 oblige les employeurs à couvrir le risque « accident de travail ». La loi de 1930 organise un système obligatoire d'assurances maladie, maternité et invalidité. Elle instaure une cotisation partagée entre les employeurs et leurs salariés. En 1945-1946, la sécurité sociale est créée.

FOCUS Assurances sociales, sécurité sociale : de quoi parlons-nous ?

• Les **assurances sociales** regroupent l'ensemble des techniques de protection sociale permettant de couvrir un cotisant contre un risque, en mutualisant celui-ci à l'ensemble de la population couverte. On attribue au chancelier allemand Bismarck la paternité du régime des assurances sociales (loi relative aux accidents du travail, 19e siècle). Le système bismarckien de protection sociale se caractérise par l'acquisition d'un droit à l'assurance contre le risque de perte de salaire, le financement par cotisations, des prestations proportionnelles aux cotisations versées et la gestion des caisses par les patrons et les ouvriers. On oppose généralement ce système à celui de lord Beveridge, économiste et administrateur anglais, connu pour son plan d'organisation des assurances sociales britanniques (1941-1942) caractérisées par des droits ouverts par la qualité de résident, des prestations en espèces, des services publics gratuits, une administration unique et un financement par l'impôt.

• La **sécurité sociale** correspond à l'ensemble des règles juridiques s'appliquant à un groupe donné de personnes et ayant pour objectif de les protéger de divers risques sociaux (ex. : maladie, invalidité).

Les grands principes de la protection sociale

A) L'acte fondateur de la sécurité sociale

L'ordonnance du 4 octobre 1945 instituait un **régime général de la sécurité sociale** reposant sur un réseau de caisses à compétence générale et dont la gestion avait été confiée aux représentants des intéressés. Par exception, l'ordonnance admettait la survie provisoire de certains régimes spéciaux et la survie définitive du régime agricole, compte tenu de la spécificité du monde rural.

B) Les principes fondateurs et leur devenir

La création de la sécurité sociale repose sur des grands principes (tab. 16.1).

Tableau 16.1. Définition des grands principes régissant la sécurité sociale

Universalité	Généralisation du système de protection sociale à toute la population. Cet objectif a été validé progressivement (ex. : en 2016, création de la PUMa).
Unité	Un seul régime de sécurité sociale et une seule organisation administrative, objectif jamais totalement validé, notamment dans le domaine de la vieillesse.
Uniformité	L'uniformité concerne les prestations et les cotisations. Cet objectif n'a jamais été validé.
Autonomie de gestion	Elle résulte de l'administration des organismes de sécurité sociale par des représentants des employeurs et des salariés. De très nombreuses limitations ont largement remis en cause ce principe (ex. : l'article L. 281-1 du Code de la sécurité sociale pose que « la gestion des organismes du régime général est soumise au contrôle de l'État »).

3 Les sources du droit de la protection sociale

A) La Constitution et le bloc de constitutionalité

Le préambule de la Constitution de la Ve République (1958) pose que « la Nation assure à l'individu et à sa famille les conditions nécessaires à leur développement ». Il ajoute que la Nation garantit à tous la protection de la santé, la sécurité matérielle, le repos et les loisirs. Il dispose que « tout être humain qui, en raison de son âge, de son état […], de la situation économique, se trouve dans l'incapacité de travailler a le droit d'obtenir de la collectivité des moyens convenables d'existence ».

L'article 34 de la Constitution détermine le champ de compétence de la loi en matière de protection sociale et fixe le régime des lois de financement de la sécurité sociale.

B) Les traités internationaux

Le droit international de la sécurité sociale est la somme d'une multitude de conventions et traités. Beaucoup de ces textes ont une simple portée déclarative.

Exemple

- Le Pacte international du 16 décembre 1966 relatif aux droits économiques, sociaux et culturels, voté dans le cadre de l'organisation des Nations unies (ONU) est entré en vigueur en 1976.

D'autres textes internationaux ont un contenu normatif.

Exemple

- La convention n° 102 de l'Organisation internationale du travail (OIT) concernant la sécurité sociale a été votée en 1952. Elle offre une norme minimale et couvre les neuf branches de la sécurité sociale.

Des conventions bilatérales peuvent également couvrir des domaines divers (continuité des droits des assurés, prévention des carences d'affiliation…).

C) Le droit européen de la sécurité sociale

La convention européenne de sauvegarde des droits de l'homme et des libertés fondamentales (CESDH) a un fort impact sur les systèmes nationaux de sécurité sociale, notamment en matière de droit des discriminations ou de protection de la vie privée et familiale.

Si la CESDH a une grande importance en droit de la sécurité sociale, il n'en est pas de même du droit de l'Union européenne, à quelques exceptions près. L'article 153 du traité sur le fonctionnement de l'Union européenne (TFUE) permet à l'UE de soutenir et compléter l'action des États membres en matière de sécurité sociale. L'article 156 du même traité pose les bases d'une coopération intergouvernementale renforcée en matière de sécurité sociale.

D) Les lois, ordonnances et décrets

L'article 34 de la Constitution pose que la loi détermine les **principes fondamentaux** de la sécurité sociale.

Exemple

- L'existence de différents régimes, les conditions d'affiliation à ces régimes ou encore l'autonomie des caisses constituent autant de principes fondamentaux.

L'article 40 de la Constitution dispose que « les propositions et amendements formulés par les membres du Parlement ne sont pas recevables lorsque leur adoption aurait pour conséquence soit une diminution des ressources publiques, soit la création ou l'aggravation d'une charge publique ».

Les ordonnances ont joué un grand rôle dans la constitution de la sécurité sociale. Par exemple, c'est par ordonnance que le Gouvernement provisoire de la République française a posé les fondations de la sécurité sociale (ordonnances des 4 et 19 octobre 1945).

En vertu de l'article 37 de la Constitution, le pouvoir réglementaire est compétent pour toutes les mesures qui ne relèvent pas du domaine de la loi :

- En matière de **ressources**, il appartient au pouvoir règlementaire de déterminer notamment les bases de calcul des cotisations et la part qui incombe à l'employeur et au salarié.
- En matière de **prestations**, il appartient au pouvoir règlementaire de définir notamment les conditions à remplir pour en bénéficier, mais aussi de fixer le taux des prestations.

E) Les règles émanant des organismes de sécurité sociale

La sécurité sociale étant un **service public**, elle édicte de nombreuses normes :

- Certaines sont nécessaires à l'application des lois et instruments internationaux et européens en matière de sécurité sociale (ex : soins médicaux, indemnités maladie, accidents et maladies professionnelles).
- D'autres sont rendues nécessaires par les relations que la sécurité sociale développe avec les professions médicales (ex. : conventions conclues avec les médecins, pharmaciens et établissements de soins).

→ CAS 3 • CAS 4 • CAS 5

L'organisation administrative et le financement de la sécurité sociale

A) Les différentes branches de la sécurité sociale

Organisation générale. La sécurité sociale est organisée en **branches** :

- la branche maladie et accidents du travail (qui assure notamment les risques sociaux de maladie, de maternité, d'invalidité et de décès) ;
- la branche famille ;

- la branche recouvrement ;
- la branche retraite ;
- la branche autonomie.

Branches. Elles sont organisées aux niveaux national, régional et local (fig. 16.1).

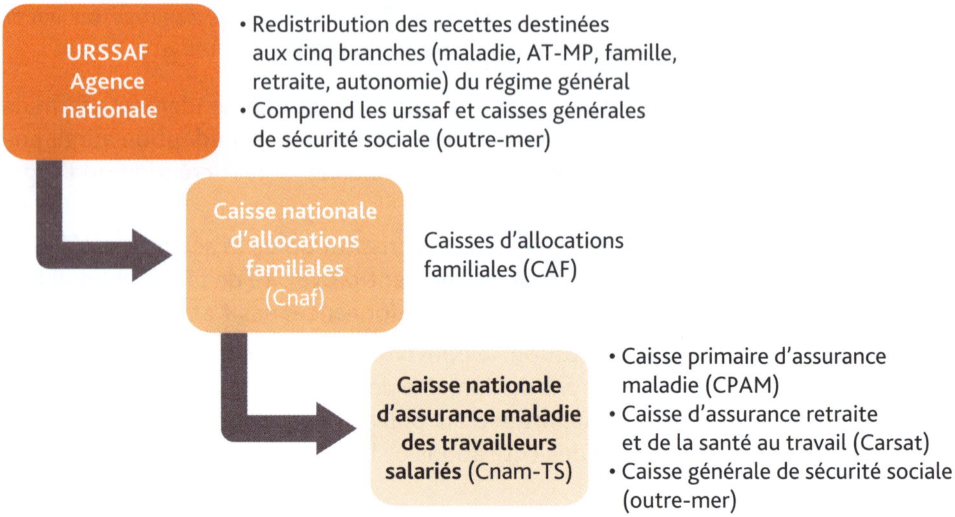

Figure 16.1. **Organigramme institutionnel de la Sécurité sociale**

B) Les diverses sources de financement

Le régime général de la sécurité sociale est financé par des **cotisations sociales** dues au titre de l'emploi des travailleurs salariés et assimilés :

- les cotisations d'assurance maladie-maternité-invalidité-décès ;
- les cotisations d'assurance vieillesse ;
- les cotisations d'allocations familiales ;
- les cotisations d'accidents du travail et maladies professionnelles.

À ces cotisations s'ajoutent d'autres sources de financement comme la contribution au remboursement de la dette sociale (CRDS), le forfait social ou la contribution sociale généralisée (CSG), créée en 1990.

CHIFFRES-CLÉS

Les cotisations sociales représentent **58 %** des ressources de la SS en 2022, la CSG **20 %**. (La finance pour tous, 2022)

C) L'assiette des cotisations de sécurité sociale

Depuis le 1er septembre 2018, l'assiette des cotisations de sécurité sociale est définie par rapport à celle de la CSG.

Code la sécurité sociale, article L. 136-1-1 CSS

I. – La contribution prévue à l'article L. 136-1 [CSG] est due sur toutes les sommes, ainsi que les avantages et accessoires en nature ou en argent qui y sont associés, dus en contrepartie ou à l'occasion d'un travail, d'une activité ou de l'exercice d'un mandat ou d'une fonction élective, quelles qu'en soient la dénomination ainsi que la qualité de celui qui les attribue, que cette attribution soit directe ou indirecte. […]

D) Le barème des cotisations de droit commun

Certaines cotisations et contributions sont obligatoires (tab. 16.2).

Tableau 16.2. Taux et assiette des cotisations et contributions obligatoires (EFL, 2023)

Régimes	Taux global (%)	Répartition		Assiette
		Employeur (%)	Salarié (%)	
I. Urssaf				
Assurance maladie (maladie, maternité, invalidité, décès)	7,00 ou 13,00 (1)	7,00 ou 13,00	–	Totalité du salaire
Solidarité autonomie	0,30	0,30	–	
Allocations familiales	3,45 ou 5,25 (2)	3,45 ou 5,25	–	
Assurance vieillesse déplafonnée	2,30	1,90	0,40	
Fnal (au moins 50 salariés)	0,50	0,50	–	
Contribution au dialogue social	0,016	0,016	–	
Accidents du travail	Taux variable selon l'entreprise		–	
CSG déductible	6,80		6,80	Salaire total après déduction de 1,75 % pour frais professionnels et contribution patronale prévoyance (y compris santé)
CSG non déductible	2,40		2,40	
CRDS	0,50		0,50	
Assurance vieillesse plafonnée	15,45	8,55	6,90	Salaire limité à 1 PMSS
Fnal (moins de 50 salariés)	0,10	0,10	–	
Chômage	4,05	4,05	–	Salaire limité à 4 PMSS
AGS	0,15	0,15	–	

(1) 7 % pour les rémunérations inférieures ou égales à 2,5 Smic.
13 % pour les rémunérations supérieures à 2,5 Smic.

(2) 3,45 % pour les rémunérations inférieures ou égales à 3,5 Smic.
5,25 % pour les rémunérations supérieures à 3,5 Smic.

PMSS : plafond mensuel de la sécurité sociale. Pour 2023, le plafond mensuel est fixé à 3 666 €.

<table>
<tr><th colspan="2" rowspan="2">Régimes</th><th rowspan="2">Taux global (%)</th><th colspan="2">Répartition</th><th rowspan="2">Assiette</th></tr>
<tr><th>Employeur (%)</th><th>Salarié (%)</th></tr>
<tr><td colspan="6">II. Caisses de retraite et de prévoyance</td></tr>
<tr><td rowspan="5">Cadres et non cadres</td><td>Cotisation de base sur T1</td><td>7,87</td><td>4,72</td><td>3,15</td><td rowspan="2">Salaire limité à 1 PMSS</td></tr>
<tr><td>CEG sur T1</td><td>2,15</td><td>1,29</td><td>0,86</td></tr>
<tr><td>Cotisation de base sur T2</td><td>21,59</td><td>12,95</td><td>8,64</td><td rowspan="2">Salaire entre 1 PMSS et 8 PMSS</td></tr>
<tr><td>CEG sur T2</td><td>2,70</td><td>1,62</td><td>1,08</td></tr>
<tr><td>CET (si rémunération supérieure à 1 PMSS)</td><td>0,35</td><td>0,21</td><td>0,14</td><td>Salaire limité à 8 PMSS</td></tr>
<tr><td rowspan="2">Cadres</td><td>Assurance décès obligatoire</td><td>1,50</td><td>1,50</td><td>–</td><td>Salaire limité à 1 PMSS</td></tr>
<tr><td>Apec</td><td>0,06</td><td>0,036</td><td>0,024</td><td>Salaire limité à 4 PMSS</td></tr>
<tr><td colspan="6">III. Formation professionnelle et alternance</td></tr>
<tr><td colspan="2">Contribution à la formation professionnelle (moins de 11 salariés)</td><td>0,55</td><td>0,55</td><td>–</td><td rowspan="5">Totalité du salaire</td></tr>
<tr><td colspan="2">Contribution à la formation professionnelle (au moins 11 salariés)</td><td>1</td><td>1</td><td>–</td></tr>
<tr><td colspan="2">Taxe d'apprentissage</td><td>0,68</td><td>0,68</td><td>–</td></tr>
<tr><td colspan="2">Contribution supplémentaire à l'apprentissage (au moins 250 salariés)</td><td>0,05 à 0,06</td><td>0,05 à 0,06</td><td>–</td></tr>
<tr><td colspan="2">Contribution CPF-CDD</td><td>1</td><td>1</td><td>–</td></tr>
</table>

Régimes	Taux global (%)	Répartition		Assiette
		Employeur (%)	Salarié (%)	
IV. Taxes et participations				
Taxe sur les salaires	4,25	4,25		Jusqu'à 8 133 € • Entre 8 133 € et 16 237 € : 1er taux majoré 8,50 % • Supérieur à 16 237 € : 2ème taux majoré 13,60 %
Construction (au moins 50 salariés)	0,45	0,45	–	Totalité du salaire

Réductions des cotisations patronales :

- Ent de moins de 50 salariés : variable jusqu'à 1,6 SMIC dans la limite de 31,91 %.
- Ent d'au moins 50 salariés : variable jusqu'à 1,6 SMIC dans la limite de 32,31 %.

Les différents régimes

A) Une présentation générale

La protection sociale consiste dans l'ensemble des garanties collectives visant à réduire pour les ménages les conséquences financières de la réalisation des risques sociaux (ex. : invalidité, maladie).

Le système français de protection sociale comporte divers régimes et dispositifs : les régimes de base de sécurité sociale, les régimes complémentaires de retraite et de prévoyance, le régime d'assurance chômage, les dispositifs publics d'aide sociale.

CHIFFRES-CLÉS

Les recettes du régime général et le fond de solidarité vieillesse se sont élevées en 2022 à **438,2 Mds €**. (Comptes de la SS, 2022).

B) Les divers régimes de base de la sécurité sociale

Plusieurs régimes de base de sécurité sociale coexistent (tab. 16.3).

Tableau 19.3. Du régime général aux régimes spéciaux et autonomes

Régime général	• Fondamental, il assure les salariés. • Depuis le 1er janvier 2020, la gestion de la protection sociale des travailleurs indépendants (personnes qui exercent une profession non salariée et non agricole) – auparavant gérée par le régime social des indépendants (RSI) – relève du régime général. • Cinq branches de risques sociaux : maladie-maternité-invalidité-décès ; vieillesse ; accidents du travail-maladie professionnelle ; prestations familiales et autonomie.
Régimes spéciaux	• Certains régimes vont disparaitre pour les nouveaux entrants. Exemples : RATP, clercs et employés des notaires… • Certains régimes sont maintenus. Exemples : Opéra de Paris, Comédie-Française…
Régime agricole	Affiliation des salariés et non-salariés dont l'activité relève de l'agriculture. Ce régime est piloté par la Mutualité sociale agricole (MSA).

→ APPLICATION 2 • CAS 6 • SITUATION PRATIQUE 7

DES SAVOIRS AUX COMPÉTENCES

Évaluer les savoirs — Maîtriser les compétences — Préparer l'épreuve

1 Quiz

Vérifiez l'exactitude des propositions ci-après et justifiez-les.

	Vrai	Faux
1. Dans la société d'Ancien Régime il existait trois types de prise en charge des risques sociaux.	☐	☐
2. Il n'y avait pas de protection sociale dans la France de 1789.	☐	☐
3. La protection sociale moderne se développe dès le XIXe siècle en France.	☐	☐
4. La première loi sociale concerne la maladie.	☐	☐
5. Les expressions « sécurité sociale » et « assurances sociales » sont synonymes.	☐	☐
6. Les principes fondateurs de la sécurité sociale sont l'universalité, la généralité et l'uniformité.	☐	☐
7. La Constitution n'est pas une source du droit de la sécurité sociale.	☐	☐
8. Le droit international de la sécurité sociale se limite à quelques traités bilatéraux.	☐	☐
9. La CEDH a un très grand impact sur les systèmes nationaux de sécurité sociale.	☐	☐
10. Les lois, ordonnances et décrets sont aussi des sources du droit de la sécurité sociale.	☐	☐

2 Premier emploi ★★★

Boris vient d'être embauché en CDD, comme gérant du nouveau magasin lyonnais Take Off, pour un salaire brut de 3 600 €.

1. *Identifiez le régime de sécurité sociale dont Boris dépend.*
2. *Expliquez comment ce régime est financé.*
3. *Précisez les risques contre lesquels Boris sera couvert.*

Boris ne comprend pas pourquoi il devrait payer une cotisation vieillesse supplémentaire, comparativement à son emploi précédent.

4. *Expliquez à Boris les raisons de cette cotisation additionnelle.*

Document

Taux et assiette des cotisations sociales (part salariale)

Cotisation	Assiette	Taux
Assurance vieillesse déplafonnée (retraite du régime général)	Montant du salaire	0,40 %
Assurance vieillesse plafonnée (retraite du régime général)	Montant du salaire jusqu'à 3 428 € par mois	6,90 %

3 La loi, source du droit de la protection sociale ★★★

Compétence attendue **Repérer** les sources du droit de la protection sociale

En vous appuyant sur vos connaissances et sur le document ci-après, répondez aux questions suivantes.

1. *Rappelez le rôle de la loi en droit de la sécurité sociale.*
2. *Précisez l'objet de l'article L. 111-1 du Code de la sécurité sociale et repérez les personnes visées.*

3. *Déterminez si l'article L. 111-1 s'applique aux personnes suivantes :*

- Mme Dupont qui élève seule ses enfants. Elle n'a pas d'emploi salarié ;
- M. Brahimi qui est primeur ;
- Simon Lalouette, élève au collège Lacordaire ;
- Audrey Hayat, directrice générale d'une entreprise industrielle.

Document

Article L. 111-1 du Code de la sécurité sociale

La sécurité sociale est fondée sur le principe de solidarité nationale.

Elle assure, pour toute personne travaillant ou résidant en France de façon stable et régulière, la couverture des charges de maladie, de maternité et de paternité ainsi que des charges de famille.

Elle garantit les travailleurs contre les risques de toute nature susceptibles de réduire ou de supprimer leurs revenus. Cette garantie s'exerce par l'affiliation des intéressés à un ou plusieurs régimes obligatoires.

Elle assure la prise en charge des frais de santé, le service des prestations d'assurance sociale, notamment des allocations vieillesse, le service des prestations d'accidents du travail et de maladies professionnelles ainsi que le service des prestations familiales dans le cadre du présent code, sous réserve des stipulations des conventions internationales et des dispositions des règlements européens.

Les conventions internationales, sources du droit de la protection sociale ★★★

Compétence attendue **Repérer** les sources de la protection sociale

1. *Rappelez le rôle du droit international en droit de la sécurité sociale.*
2. *Précisez les conditions d'application d'un traité en France.*
3. *Déterminez l'objet de l'article 25 de la Convention 102.*
4. *Expliquez les alinéas 1,2 et 3 de l'article 26 de la Convention 102.*
5. *Vérifiez si le droit français est conforme à ces trois alinéas.*

Document

Convention n° 102 de l'OIT concernant la sécurité sociale

Article 25

Tout Membre pour lequel la présente Partie de la convention est en vigueur doit garantir aux personnes protégées l'attribution de prestations de vieillesse, conformément aux articles ci-après de ladite Partie.

Article 26

L'éventualité couverte sera la survivance au-delà d'un âge prescrit.

L'âge prescrit ne devra pas dépasser soixante-cinq ans. Toutefois, un âge supérieur pourra être fixé par les autorités compétentes, eu égard à la capacité de travail des personnes âgées dans le pays dont il s'agit.

La législation nationale pourra suspendre les prestations si la personne qui y aurait eu droit exerce certaines activités rémunérées prescrites, ou pourra réduire les prestations contributives lorsque le gain du bénéficiaire excède un montant prescrit, et les prestations non contributives lorsque le gain du bénéficiaire, ou ses autres ressources, ou les deux ensembles, excèdent un montant prescrit.

5 Le règlement, source du droit de la sécurité sociale ★★★

Compétence attendue **Repérer** les sources du droit de la protection sociale

1. *Rappelez le rôle de la loi et du règlement en droit de la sécurité sociale.*
2. *Présentez successivement l'objet des articles L. 544-1 et D. 544-1 du Code de la sécurité sociale.*
3. *Identifiez le lien unissant ces deux textes.*

Document 1

Article L. 544-1 du Code de la sécurité sociale

La personne qui assume la charge d'un enfant atteint d'une maladie, d'un handicap ou victime d'un accident d'une particulière gravité rendant indispensables une présence soutenue et des soins contraignants bénéficie, pour chaque jour de congé prévu à l'article L. 1225-62 du Code du travail, d'une allocation journalière de présence parentale.

Ces dispositions sont également applicables aux agents publics bénéficiant du congé de présence parentale prévu par les règles qui les régissent [...].

Document 2

Article D. 544-1 du Code de la sécurité sociale

L'allocation journalière de présence parentale est versée dans la limite d'une durée maximale de trois ans pour un même enfant et par maladie, accident ou handicap et du nombre maximum d'allocations journalières mentionné à l'article L. 544-3.

6 Les régimes sociaux ★★★

Compétences attendues

- **Identifier** le régime auquel une personne est assujettie en fonction de sa situation
- **Schématiser** l'organisation de la protection sociale : les grands acteurs de la protection sociale et les risques couverts

1. *Dans les cas suivants, indiquez le régime social compétent.*
   a. *Remboursement des frais de maladie d'Émeline Troper, conductrice de métro à la RATP.*
   b. *Remboursement des frais de maladie de Peter Lang, salarié agricole.*
   c. *Remboursement des frais dentaires de Louis Chatrieux, primeur à Dunkerque.*
   d. *Remboursement des frais liés à l'accident du travail de Benjamin Bretoux, chauffeur routier.*
   e. *Paiement de l'indemnité chômage d'Erwan Gransire.*
   f. *Paiement de la retraite complémentaire de Julie Lapierre.*
2. *Situez, dans l'organigramme de la sécurité sociale, la caisse chargée de l'opération.*

Situation pratique : Samia Debuys ★★★

25 min

Compétence attendue **Repérer** les sources du droit de la protection sociale

Rendez-vous MÉTHODE 2

Samia Debuys a été recemment victime d'un accident du travail. Elle a reçu la notification l'informant de la décision attributive de son taux d'IPP indiquant un délai de contestation de 2 mois. Cette décision est discutée par son employeur au motif qu'elle ne comportait pas la signature de son auteur.

Votre mission : analyser le recours de l'employeur de Samia

1. *Formulez le problème étudié dans l'arrêt rendu par la Cour nationale de l'incapacité et de la tarification de l'assurance des accidents du travail (aujourd'hui cour d'appel d'Amiens).*
2. *Identifiez et expliquez l'argumentation développée par le demandeur au pourvoi.*
3. *Expliquez à Samia Debuys la décision de la Cour de cassation et précisez-en la portée.*

DOSSIER DOCUMENTAIRE

Document 1

Cour de cassation, 2e civ., 30 novembre 2017, pourvoi n° 16-25.309

Attendu, selon l'arrêt attaqué (Cour nationale de l'incapacité et de la tarification de l'assurance des accidents du travail – aujourd'hui cour d'appel d'Amiens, 6 juillet 2016), que, le 14 avril 2009, Mme X..., salariée de la Sautel distribution (l'employeur), a été victime d'un accident qui a été pris en charge au titre de la législation professionnelle par la caisse primaire d'assurance maladie de Charente-Maritime (la caisse); que par décision du 10 janvier 2010, la caisse lui a reconnu un taux d'incapacité permanente partielle de 10 %; que contestant cette décision, l'employeur a saisi, le 12 octobre 2012, d'un recours un tribunal du contentieux de l'incapacité; [...]

Et sur le même moyen, pris en sa seconde branche :

Attendu que l'employeur fait grief à l'arrêt de déclarer son recours irrecevable, alors, selon le moyen, que toute décision prise par un organisme de sécurité sociale comporte, outre la signature de son auteur, la mention, en caractères lisibles, du prénom, du nom et de la qualité de celui-ci; qu'en ne recherchant pas si l'auteur de la lettre de notification de la décision relative au taux d'incapacité permanente, dont ni le nom ni la qualité n'étaient indiqués dans cet acte, était identifiable, la Cour nationale n'a pas donné de base légale à sa décision au regard des articles R. 434-32 du Code de la sécurité sociale et 4 de la loi n° 2000-321 du 12 avril 2000; Mais attendu que la lettre de notification de la décision de la caisse prise dans les conditions d'application de l'article R. 434-32 du Code de la sécurité sociale, ne constitue pas une décision au sens de l'article 4, alinéa 2, de la loi n° 2000-321 du 12 avril 2000, devenu l'article L. 212-1, alinéa 1er, du Code des relations entre le public et l'administration;

Et attendu que l'arrêt retient que les dispositions de l'article R. 434-32 du Code de la sécurité sociale n'exigent pas à peine de nullité que la lettre de notification soit signée par le directeur ou un agent de l'organisme titulaire d'une délégation de pouvoir ou de signature de celui-ci;

Que par ces seuls motifs, la Cour nationale qui n'avait pas à effectuer la recherche prétendument omise, a légalement justifié sa décision;

Par ces motifs :

Rejette le pourvoi [...]

Document 2

Article R. 434-32 du Code de la sécurité sociale

Au vu de tous les renseignements recueillis, la caisse primaire se prononce sur l'existence d'une incapacité permanente et, le cas échéant, sur le taux de celle-ci et sur le montant de la rente due à la victime ou à ses ayants droit.

Les barèmes indicatifs d'invalidité dont il est tenu compte pour la détermination du taux d'incapacité permanente d'une part en matière d'accidents du travail et d'autre part en matière de maladies professionnelles sont annexés au présent livre. Lorsque ce dernier barème ne comporte pas de référence à la lésion considérée, il est fait application du barème indicatif d'invalidité en matière d'accidents du travail.

La décision motivée est immédiatement notifiée par la caisse primaire par tout moyen permettant de déterminer la date de réception, avec mention des voies et délais de recours, à la victime ou à ses ayants droit et à l'employeur au service duquel se trouvait la victime au moment où est survenu l'accident. Le double de cette décision est envoyé à la caisse d'assurance retraite et de la santé au travail.

La notification adressée à la victime ou à ses ayants droit invite ceux-ci à faire connaître à la caisse, dans un délai de dix jours, à l'aide d'un formulaire annexé à la notification, s'ils demandent l'envoi, soit à eux-mêmes, soit au médecin que désignent à cet effet la victime ou ses ayants droit, d'une copie du rapport médical prévu au cinquième alinéa de l'article R. 434-31.

La caisse procède à cet envoi dès réception de la demande, en indiquant que la victime, ses ayants droit ou le médecin désigné à cet effet peuvent, dans un délai de quinzaine suivant la réception du rapport, prendre connaissance au service du contrôle médical de la caisse des autres pièces médicales.

Depuis le 1er janvier 2019, le contentieux de l'incapacité relève du tribunal judiciaire.

Document 3

Article L. 212-1, al. 1er du Code des relations entre le public et l'administration

Toute décision prise par une administration comporte la signature de son auteur ainsi que la mention, en caractères lisibles, du prénom, du nom et de la qualité de celui-ci. […]

Le Code des relations entre le public et l'administration (CRPA) a été créé par ordonnance en 2015.

SYNTHÈSE

Le droit de la protection sociale : introduction

Les grands principes du droit de la protection sociale

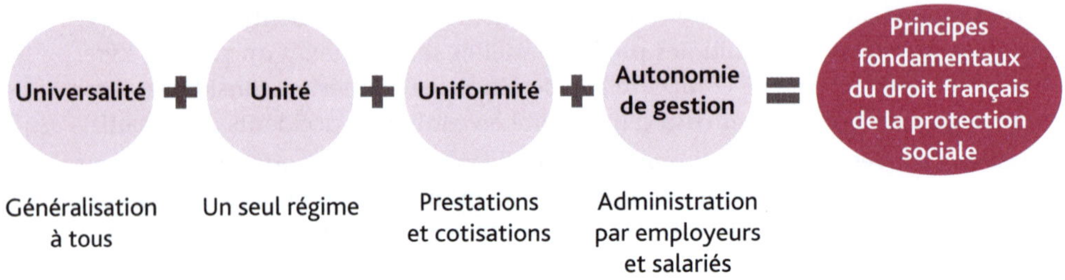

Les sources du droit de la protection sociale

La hiérarchie des normes en matière de sécurité sociale

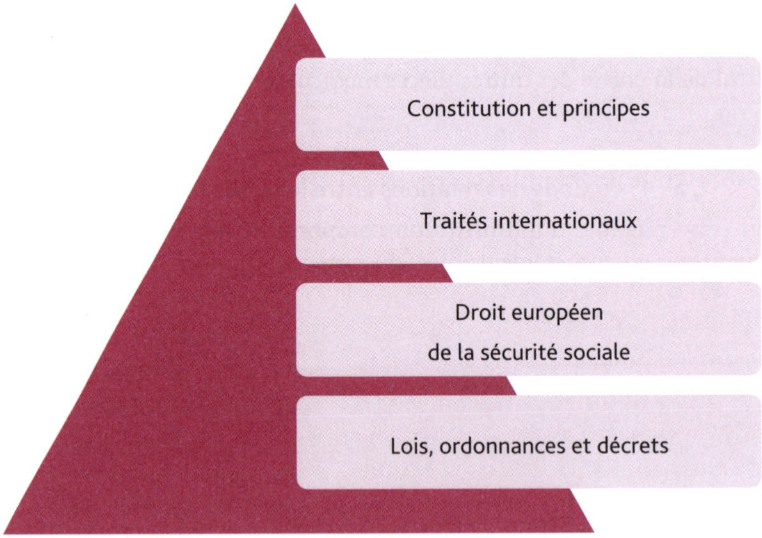

Les sources principales et secondaires du droit de la sécurité sociale

Sources principales
- Cotisations d'assurance maladie-maternité-invalidité-décès
- Cotisations d'assurance vieillesse
- Cotisations d'allocations familiales
- Cotisations d'accidents du travail

Sources secondaires
- Contribution au remboursement de la dette sociale (CRDS)
- Forfait social
- Contribution sociale généralisée (CSG)

Les différents régimes sociaux

- **Régimes complémentaires de retraite et de prévoyance**
- Régime d'**assurance chômage**
- Dispositifs publics d'**aide sociale**
- **Régimes de base** de la sécurité sociale

- **Régime général**
- **Régimes spéciaux**
- **Régime agricole**

CHAPITRE 17 Le contrôle et le contentieux social

PROGRAMME

Compétences attendues

- **Cerner** les missions et moyens d'action des inspecteurs du recouvrement
- **Déterminer** la juridiction compétente à l'occasion d'un litige relatif à la sécurité sociale

Savoirs associés

- Les contrôles de l'Urssaf
- Le contentieux de la sécurité sociale

PRÉREQUIS

Le droit de la protection sociale : introduction (chapitre 16)

PLAN DU CHAPITRE

Cours : 1. Le contrôle par l'Urssaf • 2. Le contentieux social

Des savoirs aux compétences : Évaluer les savoirs • Maîtriser les compétences • Préparer l'épreuve

Synthèse

Les dépenses de protection sociale représentent environ le tiers du PIB. Elles sont financées notamment par des cotisations de sécurité sociale perçues par les unions de recouvrement des cotisations de sécurité sociale et d'allocations familiale (Urssaf). Ces dernières vérifient, entre autres, le calcul des cotisations.

Les contrôles, qui visent toutes les personnes physiques et morales redevables de telles cotisations ou soumises à l'obligation de déclarations sociales, donnent lieu à la mise en œuvre de procédures exorbitantes du droit commun. Elles suscitent de nombreux conflits réglés par des juridictions spécialisées.

MOTS-CLÉS

Action en exécution • Action en recouvrement • Assiette • Contentieux social • Contribution • Contrainte • Contrôle ordinaire • Cotisation • Déclaration • Mise en demeure • Recouvrement • Redressement

1 Le contrôle par l'Urssaf

A) Les opérations de contrôle

1. Les vérifications sur pièces des déclarations

L'examen des **déclarations** des cotisants (employeurs et travailleurs indépendants) permet souvent de déceler des irrégularités. Il ne s'agit pas d'un véritable contrôle et, en conséquence, le cotisant ne bénéficie pas des droits de la personne contrôlée. L'Urssaf identifie les irrégularités en effectuant des recoupements avec les documents adressés par les cotisants, ou les informations transmises légalement par d'autres institutions.

2. Le contrôle ordinaire (ou contrôle d'assiette)

Le **contrôle ordinaire** peut s'effectuer dans les locaux de l'URSSAF pour les entreprises de moins de 11 salariés (contrôle sur pièces) ou dans ceux de l'entreprise (contrôle sur place).

Il se déroule en trois temps :

- **Période préalable au contrôle.** Elle débute par l'envoi d'un avis de contrôle. Le destinataire est le représentant légal ou le travailleur indépendant. Il est adressé quinze jours (trente jours selon la charte URSSAF) avant la date de la première visite de l'agent de contrôle, par tout moyen donnant date certaine à sa réception. Il permet au cotisant d'organiser sa défense. L'avis de passage comporte au minimum trois mentions (date de passage, mention relative à la Charte du cotisant contrôlé et mention lui rappelant qu'il peut se faire assister du conseil de son choix lors du contrôle).
- **Phase de contrôle.** Le contrôle (tab. 17.1) permet à l'agent de recouvrement de :
  - déterminer si toutes les sommes d'argent et les divers avantages attribués aux salariés ont fait l'objet d'un calcul exact des **cotisations** et **contributions** dues ;
  - vérifier si le statut social (salarié ou indépendant) de toutes les personnes intervenues dans l'entreprise a été correctement appliqué.

Les échanges entre les agents de contrôle des organismes de SS et les tiers peuvent s'effectuer par voie dématérialisée.

Tableau 17.1. Période du contrôle et exercice des droits de l'inspecteur du recouvrement

Période contrôlée	Trois dernières années civiles. Prescription des cotisations et contributions par trois ans à compter de l'expiration de l'année civile au titre de laquelle elles sont dues (pour les travailleurs indépendants : à compter du 30 juin suivant l'année au titre de laquelle elles sont dues).
Droit des inspecteurs	• Droits exorbitants du droit commun : droit de visite et d'entrée, droit de communication de documents et audition de personnes rémunérées. • Obligation de remise par le cotisant de tous les documents comptables selon un classement nécessaire au contrôle. • Possibilité d'exiger de l'entreprise qu'elle mette à leur disposition un utilisateur habilité à même de les assister dans leurs opérations de contrôle. • Amende administrative (procédure contradictoire) encourue par toute entreprise faisant obstacle au contrôle (ex. : empêcher l'accès à des locaux professionnels, ne pas communiquer une information formellement sollicitée).

- **Suites du contrôle.** Lorsque des observations sont envisagées, l'agent doit proposer un entretien au cotisant pour lui présenter les suites éventuelles du contrôle. De plus, l'agent remet au cotisant une lettre d'observations. Elle mentionne l'objet du contrôle, les documents consultés, la période vérifiée, la date de la fin du contrôle, les éventuelles observations émises au cours du contrôle et, le cas échéant, l'indication de la nature, du mode de calcul, du montant des assiettes, des **redressements** et des éventuelles majorations et pénalités envisagées. La lettre d'observations informe le cotisant qu'il dispose de trente jours pour répondre et qu'il peut se faire assister par le conseil de son choix (fig. 17.1).

CHIFFRES-CLÉS

En 2021, l'URSSAF a redressé **789,4 M €** de cotisations au titre de la lutte contre le travail dissimulé. (URSSAF, 2023)

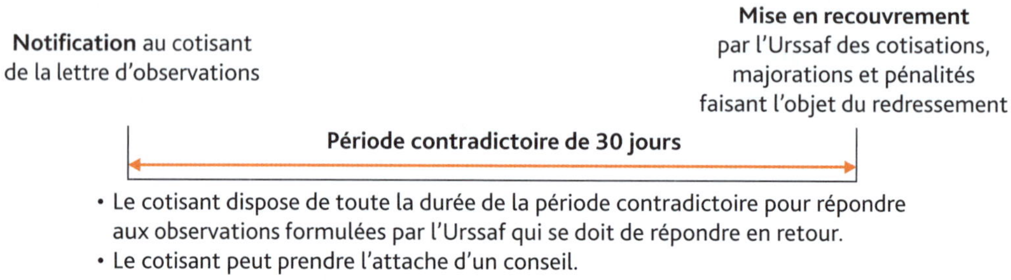

Figure 17.1. Lettre d'observations et démarrage de la période contradictoire

FOCUS **Le cas particulier du contrôle sur pièces**

Un contrôle des cotisants occupant moins de 11 salariés peut être effectué dans les locaux de l'Urssaf. Il est réalisé à partir des informations que possède l'Urssaf ainsi que des informations complémentaires qu'elle sollicite. Le cotisant bénéficie des garanties prévues par la loi, notamment l'envoi d'un avis de contrôle et de la lettre d'observations. Si le cotisant n'adresse pas les pièces demandées ou si des investigations plus poussées sont nécessaires, le contrôle se poursuit selon les voies de droit commun, à l'exception de l'envoi de l'avis de passage.

3. La taxation forfaitaire

L'Urssaf fixe forfaitairement le montant de l'**assiette** des cotisations et contributions dans les cas suivants :

- la comptabilité de la personne contrôlée ne permet pas d'établir le chiffre exact servant de base de calcul aux cotisations et contributions ;
- le cotisant n'a pas mis à disposition les documents nécessaires à la réalisation du contrôle ou la présentation de ces documents ne permet pas leur exploitation.

B) Le recouvrement

Définition

Pour un créancier, le **recouvrement** est une démarche permettant d'obtenir de son débiteur le paiement d'une somme d'argent.

1. L'action en paiement

Mise en demeure. L'**action** civile **en recouvrement** doit être précédée d'une **mise en demeure**. Elle est adressée au cotisant par lettre recommandée avec accusé de réception (LRAR). Elle invite le cotisant à régulariser sa situation sous un mois. Aux termes de la loi, le contenu doit être motivé et comporter les mentions suivantes :

- cause, nature et montant des sommes réclamées ;
- majorations et pénalités qui s'y rapportent ;
- périodes concernées ;
- dénomination de l'organisme social qui l'a émise ;
- délai de paiement ;
- montants notifiés par la lettre d'observations ;
- référence et dates de la lettre d'observations.

Nullité. La nullité de la mise en demeure peut être demandée pour des motifs sérieux (exemple : mise en demeure sans réponse aux observations du cotisant). Une mention erronée ou insuffisante relative aux voies de recours n'invalide pas la mise en demeure. Toutefois le délai de recours ne court pas (Cas. civ., 28/05/2022, pourvoi n° 19-12.503).

2. La contrainte

Si la mise en demeure reste sans effet au terme d'un délai d'un mois, le directeur de l'organisme financier créancier peut décerner une contrainte.

Définition

La **contrainte** est une voie d'exécution propre à l'Urssaf aux fins de recouvrement forcé des sommes dues.

La contrainte est signifiée au débiteur par acte d'huissier de justice ou par tout moyen permettant d'apporter la preuve de la date de sa réception.

Les mentions suivantes sont obligatoires :

- référence de la contrainte et montant ;
- délai d'opposition de la contrainte ;
- adresse du tribunal compétent auprès duquel le cotisant peut former opposition à la contrainte ;
- formes requises pour la saisine du tribunal.

La contrainte irrégulière est frappée de nullité.

3. L'opposition à contrainte

Le débiteur peut former opposition à la contrainte auprès du greffe du tribunal judiciaire (TJ) spécialisé dans le ressort duquel il est domicilié. Il a un délai de quinze jours à partir de la signification de la contrainte. À peine d'irrecevabilité, l'opposition doit être motivée : l'opposant à la contrainte doit prouver le caractère infondé de la créance.

4. L'exécution de la contrainte

Si le débiteur ne s'oppose pas à la contrainte, celle-ci entraîne tous les effets d'un jugement de condamnation : elle a valeur de titre exécutoire. Elle confère le bénéfice de l'hypothèque judiciaire. Le délai de prescription de l'**action en exécution** de la contrainte non contestée et devenue définitive est de trois ans à compter de sa signification.

5. L'opposition à tiers détenteur (OTD)

La contrainte a valeur de titre exécutoire. En conséquence, l'Urssaf peut donner l'ordre à des tiers dépositaires (ex. : banquier), détenteurs ou redevables de sommes devant revenir au cotisant (débiteur), de lui verser directement ces fonds.

→ APPLICATION 2 • CAS 3 • CAS 4 • SITUATION PRATIQUE 5

2 Le contentieux social

A) La compétence matérielle du tribunal judiciaire

Depuis le 1er janvier 2020 le contentieux de la SS relève du tribunal judiciaire (TJ). Il est compétent pour les litiges relatifs :

- à l'application des législations et réglementations de sécurité sociale et de MSA (ex. : affiliation, montant des prestations) ;
- au recouvrement des contributions et cotisations de sécurité sociale (ex. : cotisation d'assurance maladie) ;
- aux contributions destinées au financement des allocations chômage (ex. : cotisation d'assurance chômage).
- à l'état ou au degré d'invalidité, en cas d'accident ou de maladie non professionnelle (ex. : personne contestant un refus de placement en invalidité faisant suite à un accident de la circulation) ;
- à l'état d'incapacité permanente de travail en cas d'accident du travail ou de maladie professionnelle (ex. : litige relatif au taux d'incapacité d'un salarié du bâtiment ayant fait une chute d'échafaudage) ;
- aux décisions des caisses d'assurance retraite et de la santé au travail et des caisses de la mutualité sociale agricole (ex. : salarié contestant le montant de sa retraite).

B) La compétence territoriale du tribunal judiciaire (TJ)

La loi a conféré une nouvelle compétence aux TJ en créant des pôles sociaux dans le but de faciliter l'accès au droit des assurés. En vertu de l'article R. 142-12, alinéa 1er du CSS, le tribunal compétent « est celui dans le ressort duquel demeure le défendeur ». Cette compétence de principe est écartée dans de nombreux cas particuliers.

Exemple

▸ En cas d'accident du travail, sont retenus le dernier domicile de l'accidenté (accident du travail mortel) ou le lieu de l'accident ou de résidence de l'accidenté (accident non mortel). ◂

C) La composition du pôle social du tribunal judiciaire

Le président est un magistrat du siège du TJ. Il est entouré par deux assesseurs, représentant, l'un, les salariés et, l'autre, les employeurs et les travailleurs indépendants. Cette juridiction a donc un caractère échevinal (juges professionnels et non professionnels) et paritaire (représentants des salariés et des employeurs).

D) Le déroulement de la procédure contentieuse

La procédure débute, sauf exceptions, par une phase gracieuse se présentant sous la forme d'un recours administratif préalable. Elle se déroule devant une commission de recours amiable, émanation du conseil d'administration de la caisse de sécurité sociale. Le délai de recours est de deux mois à compter de la notification de la décision contre laquelle l'intéressé entend former un recours. Cette commission rend un avis motivé qu'elle propose au conseil d'administration de la caisse. Ce dernier notifie la décision au requérant. Dès lors qu'une décision est communiquée au requérant, celui-ci dispose d'un délai de deux mois pour saisir le juge.

La procédure devant les TJ spécialisés est simplifiée. La saisine du tribunal s'effectue, en principe, par le dépôt d'une requête au secrétariat du greffe mais peut aussi se dérouler par écrit (envoi recommandé). À l'audience, ni la comparution des parties ni la présence d'un avocat n'est obligatoire. Les décisions du TJ sont de droit exécutoires à titre provisoire.

E) Les voies de recours

- Si le **montant** de l'affaire est **supérieur à 5 000 €**, l'effet est porté devant la chambre sociale de certaines cours d'appel, spécialement désignées. Puis, le cas échéant, un pourvoi est formé devant la Cour de cassation dans un délai de deux mois à compter de la date de notification de la décision de la cour d'appel.
- Si le litige porte sur un **montant inférieur ou égal à 5 000 €** (ou s'il est d'un montant indéterminé), le TJ spécialisé statue en premier et dernier ressort. Dans cette hypothèse, le débiteur peut saisir la Cour de cassation dans un délai de deux mois à compter de la date de notification de la décision du TJ spécialisé. Devant la Cour de cassation, l'assistance d'un avocat est obligatoire.

FOCUS

Focus : différends et recours – cas particuliers de décisions du TJ

- Les litiges portant sur la CSG et la CDRS sont susceptibles d'appel, et ce quel que soit le montant du litige.
- Le recours concernant une demande gracieuse de remise de majorations et de pénalités de retard soumise à l'Urssaf est toujours rendu en dernier ressort.

→ **SITUATION PRATIQUE 5**

1 Quiz

Vérifiez l'exactitude des propositions ci-après et justifiez-les.

		Vrai	Faux
1.	La vérification sur pièce est un véritable contrôle de l'Urssaf.	☐	☐
2.	L'Urssaf peut effectuer un contrôle sans prévenir le cotisant.	☐	☐
3.	Tout cotisant peut s'opposer une fois à un contrôle.	☐	☐
4.	Contrôle sur pièces et vérification sur pièces sont des expressions synonymes.	☐	☐
5.	L'Urssaf engage le recouvrement dès la remise de la lettre d'observations.	☐	☐
6.	En cas de redressement, si le cotisant paie spontanément, la mise en demeure n'est pas obligatoire.	☐	☐
7.	La contrainte est signifiée au débiteur par lettre recommandée. Elle comprend le montant dû et sa date d'exigibilité.	☐	☐
8.	La procédure de contentieux social comporte une phase gracieuse.	☐	☐
9.	Toutes les décisions du TJ sont portées devant la cour d'appel.	☐	☐
10.	Seules les décisions du TJ sont exécutoires à titre provisoire.	☐	☐

2 Du rififi chez Merci ★★★

L'entreprise Merci a été récemment contrôlée par l'Urssaf. Elle s'est vue remettre une lettre d'observations notant une erreur de calcul des CSG et CRDS.

Indiquez de combien de temps le gérant de la société dispose pour répondre aux demandes de l'Urssaf. Conseillez-le.

3 Cas SAT ★★★

Compétence attendue Cerner les missions et moyens d'action des inspecteurs du recouvrement

SAT est une entreprise créée en 1996 par trois frères : Samuel, Antoine et Timothée Gédéons. Cette SARL au capital de 60 000 € a pour objet l'entretien et l'aménagement des espaces verts. Depuis sa création, l'entreprise a évolué. Elle emploie désormais 25 salariés. Le 4 juin, SAT a reçu un avis de passage de l'Urssaf (voir le document ci-après). Le jour du contrôle, l'agent ne se présente pas. L'URSSAF n'avertit pas l'entreprise. Finalement le contrôleur se présente 8 jours plus tard. Le contrôleur voulait accéder au double des bulletins de paie remis aux salariés. Henry Jacun, salarié chargé du travail administratif, a refusé et a proposé d'éditer ces documents.

1. *Vérifiez la légalité de l'avis de passage.*
2. *L'avis de passage ne mentionne pas les périodes contrôlées. Déterminez si le contrôle encourt la nullité. À défaut, indiquez les périodes qui pourraient faire l'objet d'un contrôle.*
3. *Présentez un schéma récapitulatif du contrôle Urssaf en insérant les délais et les voies de recours de l'employeur.*
4. *L'expert-comptable de l'entreprise considère que le contrôle est invalide. Identifiez le motif probable de cette affirmation.*
5. *Qualifiez le comportement d'Henry Jacun. Quel risque la SARL encourt-elle ?*

Document

Avis de passage de l'Urssaf

À l'attention de Samuel Gédéons, gérant de la SARL SAT

Nous vous informons du déroulement d'un contrôle Urssaf dans vos locaux le lundi 11 juin. À cette occasion, vous veillerez à communiquer à l'agent contrôleur tout document nécessaire à l'exercice de sa mission, notamment le double des bulletins de paie. Nous vous rappelons que dans le cadre de ce contrôle vous pouvez vous faire assister par l'expert-comptable de votre choix. Par ailleurs, nous vous rappelons que vous avez la possibilité de consulter la Charte du cotisant contrôlé à l'adresse électronique suivante : www.urssaf.fr.

4 Cas Dacier ★★★

Compétences attendues

- **Cerner** les missions et moyens d'action des inspecteurs du recouvrement
- **Déterminer** la juridiction compétente à l'occasion d'un litige relatif à la sécurité sociale

En 2016, après son licenciement, Paul Dacier a ouvert à Bordeaux un commerce de fruits et légumes. L'affaire s'est rapidement développée et Paul a embauché, en 2020 à temps partiel, deux salariées. L'une d'entre elles, Myriam Alaoui, a démissionné au bout de deux mois. Paul ne l'a pas remplacée. À la suite d'un contrôle sur pièces effectué en mars 2024 une lettre d'observations lui a été communiquée le 2 avril. L'Urssaf lui reproche notamment de ne pas avoir payé les cotisations sociales de Myriam Alaoui depuis sa date d'embauche, soit le 1er avril 2020. La lettre lui demande de régulariser au plus vite sa situation et de verser la somme afférente dans les dix jours suivant la réception du document.

1. *Rappelez ce qu'est un contrôle sur pièces.*
2. *Comparez « contrôle sur pièces » et « contrôle sur place ».*
3. *Que pensez-vous de la demande de l'Urssaf ? Indiquez à Paul Dacier ce qu'il doit faire.*

Submergé de travail, Paul Dacier oublie la lettre d'observations. Il reçoit en l'espace d'une semaine une mise en demeure puis une contrainte.

4. *Expliquez à Paul Dacier la raison de l'envoi d'une contrainte par l'Urssaf. Indiquez les effets de cette contrainte. Recommandez-lui une action.*
5. *En désespoir de cause, Paul Dacier envisage de saisir la justice. Identifiez le tribunal compétent. Justifiez votre réponse.*
6. *Paul Dacier n'a pas les moyens de recourir à un avocat. Conseillez-le.*
7. *Analysez les chances de succès de Paul Dacier.*

Évaluer les savoirs | Maîtriser les compétences | Préparer l'épreuve

5 Situation pratique : Mâchefer ★★★

30 min

Compétence attendue

Cerner les missions et moyens des inspecteurs du recouvrement

Rendez-vous MÉTHODE 2

La société Mâchefer s'interroge sur ses possibilités de recours à l'encontre d'une taxation forfaitaire qui lui a été imposée par l'Urssaf dans le cadre d'un redressement. Vous vous documentez à ce sujet afin de conseiller votre client.

Votre mission : conseiller Mâchefer qui fait l'objet d'une taxation forfaitaire

1. *Rappelez ce qu'est une taxation forfaitaire.*
2. *Formulez le problème juridique posé par l'affaire étudiée par la 2ème chambre civile de la Cour de cassation dans son arrêt du 27 janvier 2004.*
3. *Présentez la solution de la Cour de cassation à la société Mâchefer.*
4. *Conseillez la société Mâchefer si elle était confrontée à une taxation forfaitaire.*

DOSSIER DOCUMENTAIRE

Document 1

Cour de cassation, 2e civ., 27 janvier 2004, pourvoi n° 02-30.706

Attendu qu'à la suite d'un contrôle concernant les années 1996 et 1997, l'Urssaf a procédé à l'évaluation forfaitaire des rémunérations versées à un employé de la société Cannes auto et en a réintégré le montant dans l'assiette des cotisations sociales dues par cette entreprise ; que ce redressement, notifié à l'intéressée le 9 novembre 1998, a donné lieu à une mise en demeure le 23 février 1999, laquelle a été suivie d'une contrainte signifiée le 29 avril 1999 ; que la cour d'appel (Aix-en-Provence, 28 mars 2002) a annulé ce redressement et la procédure subséquente ;

Sur le moyen unique, pris en sa première branche [...]

Sur la seconde branche du même moyen :

Attendu que l'Urssaf fait encore grief à l'arrêt d'avoir statué comme il l'a fait, alors, selon le moyen, que l'obligation faite à l'agent de contrôle de communiquer ses observations à l'employeur, pour provoquer éventuellement les observations de celui-ci sur les irrégularités relevées, ne peut trouver à s'appliquer lorsque, faute pour ledit employeur d'avoir présenté sa comptabilité, le contrôle n'a pu dès l'origine, s'exercer de manière contradictoire et s'est conclu par une mesure de taxation forfaitaire ; qu'ainsi, la cour d'appel a violé les articles R. 242-5 et R. 243-59 du Code de la sécurité sociale ;

Mais attendu que la taxation forfaitaire ne prive pas l'employeur de tout moyen de défense et que celui-ci dispose encore du droit d'établir l'inexactitude et le caractère excessif de l'évaluation faite par l'organisme de recouvrement ;

Qu'ayant constaté qu'informée seulement du redressement opéré sur la base d'une taxation forfaitaire, la société Cannes auto n'avait pas été invitée à présenter ses observations dans le délai de quinzaine fixé par l'article R. 243-59 du Code de la sécurité sociale dans sa rédaction alors applicable, la cour d'appel a exactement décidé que l'omission de cette formalité substantielle destinée à assurer le caractère contradictoire du contrôle et la sauvegarde des droits de la défense entraînait la nullité de ce contrôle et de la procédure subséquente ;

PAR CES MOTIFS :

REJETTE le pourvoi ;

Condamne l'Union de recouvrement des cotisations de sécurité sociale et d'allocations familiales des Alpes-Maritimes aux dépens ;

SYNTHÈSE

Le contrôle et le contentieux social

Les types de contrôles effectués par l'Urssaf

Vérification sur pièces des déclarations + **Contrôle sur place** + **Contrôle sur pièces** (ent de moins de 11 salariés)

Le contrôle ordinaire

Avant le contrôle : envoi d'un avis de passage

Pendant le contrôle :
- détermination des dettes
- vérification des statuts des intervenants dans l'entreprise

Après le contrôle :
- remise d'une lettre d'observations marquant le début de la période contradictoire
- mise en demeure et contrainte éventuelles

La compétence du tribunal judiciaire spécialisé en matière sociale

Compétence matérielle

- Application des législations de la sécurité sociale et de la MSA
- Recouvrement des cotisations et contributions de sécurité sociale et d'assurance chômage
- Invalidité en cas d'accident ou de maladie non professionnelle
- Incapacité de travail en cas d'accident du travail ou de maladie professionnelle
- Décisions des caisses d'assurance retraite

Compétence territoriale

Principe
Tribunal judiciaire dans le ressort duquel demeure défendeur

Nombreuses exceptions
(ex. : dernier domicile de l'accidenté du travail décédé)

Le déroulement de la procédure contentieuse

Du recours gracieux au recours contentieux

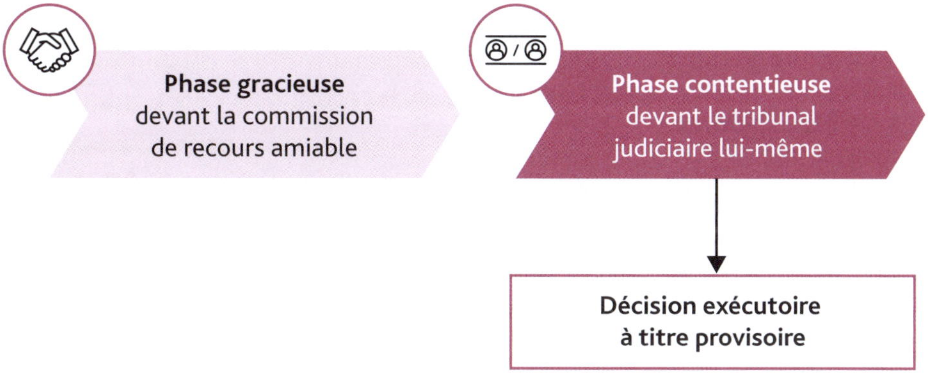

L'exercice du droit de recours

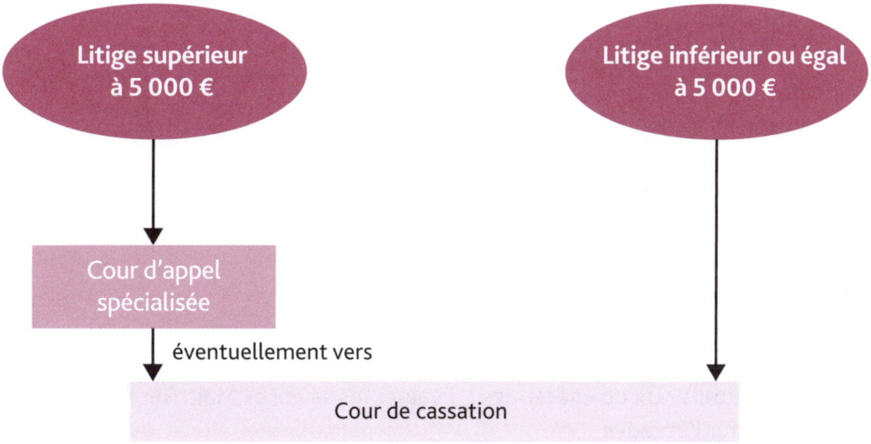

CHAPITRE 18

Le régime général de la sécurité sociale

PROGRAMME

Compétences attendues

- **Identifier** les risques couverts et **présenter** leur régime respectif
- **Justifier** les droits à pension d'un retraité à partir d'une documentation
- **Distinguer** la prise en charge d'un risque selon son origine professionnelle ou non pas
- **Qualifier** un accident du travail, un accident de trajet ou une maladie professionnelle
- **Caractériser** une faute inexcusable ou intentionnelle de l'employeur et son incidence sur l'employeur et sur le droit à réparation du salarié

Savoirs associés

- La protection contre les aléas de la vie : assurance maladie, maternité, invalidité et décès
- La protection contre la vieillesse : droits à pension de retraite et prestations
- La couverture des risques professionnels : accident du travail et accidents de trajet, maladies professionnelles

PLAN DU CHAPITRE

La vie n'est pas un long fleuve tranquille. Elle est jalonnée de nombreux événements et s'accompagne de la réalisation de risques sociaux (maladie, accident, vieillesse...). C'est pour faire face à ces risques que la sécurité sociale a été créée. Elle amortit les chocs, notamment les déséquilibres financiers occasionnés par le décès d'un proche ou la survenance d'un accident qui limite les capacités de travail d'une personne.

MOTS-CLÉS

Accident de trajet • Accident de travail • Allocation de veuvage • Assurance maladie • Assurance maternité • Faute inexcusable • Faute intentionnelle • Indemnités journalières • Invalidité • Maladie professionnelle • Pension de réversion • Retraite

1 La protection contre les aléas de la vie

A) La maladie

1. Les prestations de l'assurance maladie

Prestations en nature. Elles concernent les frais de santé et les frais de transport (tab. 18.1).

En 2023, l'objectif national des dépenses d'assurance-maladie (ONDAM) est fixé à 244 milliards d'euros. (LFSS, 2022)

Tableau 18.1. Prestations en nature de l'assurance maladie

Frais de santé	• L'assurance maladie prend en charge les dépenses médicales et paramédicales occasionnées par l'état de santé de toute personne travaillant ou résidant en France de manière stable et régulière[(1)]. • La prise en charge est soumise au respect des conditions suivantes : – les actes médicaux sont réalisés par un professionnel de santé ; – les actes sont autorisés, c'est-à-dire inscrits sur une liste nommée nomenclature générale des actes professionnels (NGAP) ; – l'assuré a produit des documents constatant les actes effectués et les prestations servies : la feuille de soins et, éventuellement, l'ordonnance du prescripteur.
Frais de transport	• L'assurance maladie prend en charge la couverture des frais de transport de l'assuré social dans l'obligation de se déplacer à condition que : – le transport entre dans l'un des cas énumérés par l'article R. 322-10 du Code de la sécurité sociale (ex. : transports liés à une hospitalisation, transports par ambulance justifiés par l'état du malade) ; – le moyen de transport soit agréé (ex. : taxi, transport en commun). • Les frais de transport sont couverts sur présentation d'une facture délivrée par le transporteur et si la prescription le prévoit.

(1) Les enfants bénéficient de la prise en charge de leurs frais de santé en tant qu'ayant droit s'ils n'exercent pas d'activité professionnelle et sont à la charge de leurs parents. La prise en charge en tant qu'ayant droit cesse quand ils deviennent majeurs.

Prestations en espèces. Elles consistent en des **indemnités journalières** de sécurité sociale (IJSS). Elles sont destinées à compenser la perte de rémunération due à l'arrêt de travail. Elles bénéficient aux travailleurs salariés et prennent la forme d'une indemnité égale à « une fraction des revenus d'activité antérieurs soumis à cotisations à la date de l'interruption du travail, retenus dans la limite d'un plafond (1,8 smic) et ramenés à une valeur journalière » (Code de la sécurité sociale, art. L.323-4).

FOCUS — Le calcul de l'indemnité journalière

Le montant des indemnités journalières de Sécurité sociale est égal à 50 % du revenu d'activité antérieur.
L'article R. 323-4 du Code de la Sécurité sociale fixe le calcul du revenu d'activité antérieur. Pour un salarié mensualisé, il est égal au 1/91,25 du salaire soumis à cotisation des 3 dernières payes des mois civils antérieurs à l'arrêt de travail lorsque le salaire ou le gain est réglé mensuellement. L'indemnité journalière ne peut être supérieure à 1/730ème d'un plafond égal à 1,8 fois le SMIC.

CHIFFRES-CLÉS

Le Smic mensuel s'établit, au 1er janvier 2023, à **1 709 €** brut (pour 35 heures hebdomadaires).

2. Les bénéficiaires de l'assurance maladie

Conditions générales. Elles concernent l'assuré social et l'ayant-droit. Pour bénéficier des prestations de l'assurance maladie il faut être affilié au régime général de la sécurité sociale. Sont assurés obligatoirement les salariés et les personnes qui bénéficient d'une présomption de contrat de travail (ex. : travailleurs à domicile, assistantes maternelles). Les prestations en nature bénéficient aux assurés sociaux sans condition de travail initial. En revanche, les prestations en espèces sont versées à l'assuré social qui justifie avoir cotisé sur la base d'un salaire minimum ou travaillé un nombre minimum d'heures.

FOCUS

Conditions d'octroi des indemnités journalières de sécurité sociale (IJSS)

L'indemnisation des **six premiers mois** d'arrêt de travail est soumise aux critères suivants :

- avoir cotisé au moins 1015 fois le Smic horaire dans les six mois civils précédents *ou* totalisé au moins 150 heures de travail salarié dans les trois mois civils ou quatre-vingt-dix jours précédents.

L'indemnisation **au-delà de six mois** d'arrêt de travail est conditionnée par deux critères :

- l'immatriculation à la sécurité sociale depuis au moins douze mois ;
- des cotisations d'au moins 2 030 fois le Smic horaire dans les douze mois civils précédents ou, en cas d'immatriculation datant de moins de douze mois, au moins 600 heures de travail salarié ou assimilé dans les douze mois civils ou 365 jours précédents.

Caractère familial de l'assurance maladie. Certaines personnes bénéficient des prestations en nature de l'assurance maladie à titre d'ayant-droit (enfant mineur n'exerçant pas d'activité professionnelle et qui est à la charge de l'assuré).

FOCUS

La protection universelle maladie (PUMa)

Bénéficie de la PUMa, toute personne qui travaille ou, lorsqu'elle n'exerce pas d'activité professionnelle, justifie d'une résidence stable et régulière en France. Cette condition est satisfaite quand la personne présente un justificatif démontrant qu'elle réside de manière ininterrompue depuis au moins trois mois en France. La preuve se fait par tous moyens.

Doivent s'acquitter d'une cotisation (appelée cotisation subsidiaire maladie) les personnes affiliées sur critère de résidence, ayant de faibles revenus mais qui disposent de revenus du capital dépassant un certain niveau. L'assuré est redevable de la cotisation aux conditions suivantes :

- il ne perçoit pas de revenu de remplacement ;
- ses revenus d'activité professionnelle exercées en France sont inférieurs à 20 % du plafond annuel de la sécurité sociale ;
- ses revenus du capital sont supérieurs à 50 % du plafond annuel de la sécurité sociale.

La cotisation est assise sur la fraction de revenus du capital de l'assuré supérieure à 50 % du plafond annuel de la Sécurité sociale et dans la limite de 8 fois ce même plafond. Le taux de cotisation est dégressif. Il est fixé à 6,5 % et baisse quand les revenus d'activité professionnelle augmentent. Il est nul quand ils atteignent 20 % du PASS.

Conditions particulières. Outre le versement d'un certain montant de cotisations et une durée minimale d'activité, lors de l'arrêt de travail, l'assuré doit respecter ses obligations d'information et de repos (fig. 18.1).

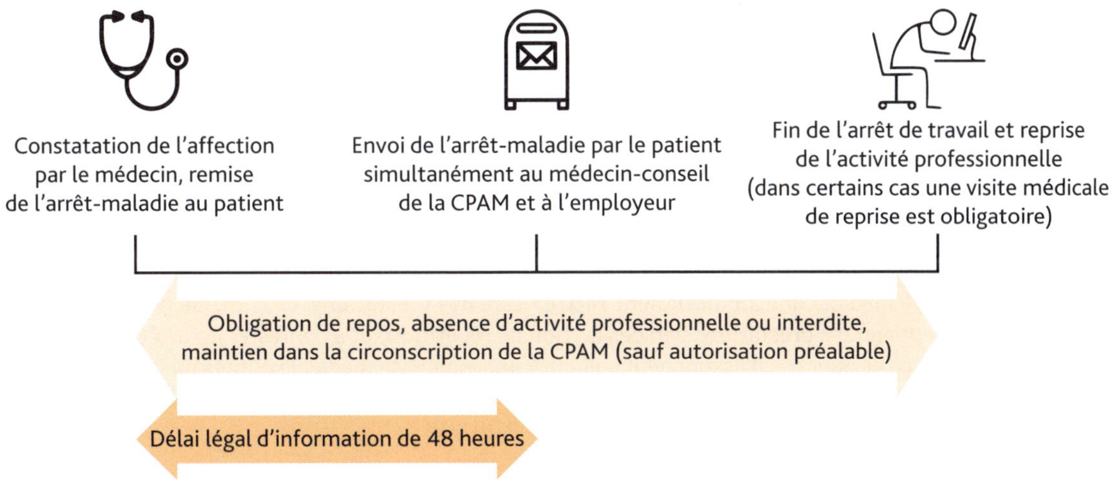

Figure 18.1. **Obligations du salarié en arrêt-maladie**

3. Les versements de l'assurance maladie

Nature des versements. En principe, les prestations en nature s'analysent comme des remboursements :

- Le remboursement du prix des prestations des professionnels de santé est égal à un pourcentage du tarif conventionnel, c'est-à-dire le tarif défini pour chaque type d'acte par chacune des conventions conclues entre les praticiens et la sécurité sociale.
- Par exception, il est possible de recourir au « tiers-payant », qui dispense l'assuré de l'avance de frais et permet au praticien de se faire payer directement par l'assurance maladie. Généralisé pour les produits pharmaceutiques (uniquement pour les médicaments génériques et les affections de longue durée), le tiers-payant ne s'applique que sur la part des dépenses prises en charge par le régime de base de la sécurité sociale.

FOCUS — **Le reste à charge (RAC)**

De manière à responsabiliser les assurés sociaux et à enrayer la hausse des dépenses de santé, divers mécanismes ont été créés avec un but unique : accroître le reste à charge supporté par l'assuré. Au ticket modérateur (part restant à la charge de l'assuré une fois le remboursement de l'assurance maladie intervenu) se sont progressivement ajoutés le forfait hospitalier, la participation forfaitaire d'un euro, une « participation forfaitaire » de vingt-quatre euros pour les actes lourds, les franchises et la mécanique du « parcours de soins » par laquelle la prise en charge financière de l'assuré est modulée en fonction de son comportement vertueux ou non.

Versement des indemnités journalières de sécurité sociale (IJSS). Il s'effectue à compter du quatrième jour suivant l'acte médical prescrivant l'arrêt de travail (délai de carence). Les IJSS sont versées pendant toute la durée de l'incapacité de travail. En principe, et sauf en cas d'affection de longue durée, elles sont versées à raison de 360 indemnités sur une période de trois ans, directement au salarié. Parfois, l'employeur est tenu, par la convention collective qui couvre l'entreprise, de verser au salarié son salaire, en tout ou partie. Il est alors subrogé (il remplace le salarié) dans les droits de l'assuré : il récupère les IJSS auprès de la CPAM.

Régimes social et fiscal. Les indemnités journalières échappent aux cotisations sociales. Elles sont assujetties à la CSG et à la CRDS. Elles entrent dans le calcul de l'impôt sur le revenu sauf affection de longue durée.

> **FOCUS** **Le contrôle des assurés**
>
> La CPAM organise un contrôle médical des assurés. Le but est de vérifier tous les éléments d'ordre médical qui conditionnent l'attribution des prestations. Ce contrôle peut l'amener à récupérer les prestations versées (action en répétition) et à contester un arrêt de travail. Dans ce dernier cas, l'assuré peut solliciter une expertise médicale auprès du tribunal judiciaire spécialisé.

B) La maternité

> **Définition**
>
> L'**assurance maternité** opère un remboursement des frais de santé liés à la maternité et une compensation de la perte des revenus de la mère de l'enfant.

Nature des versements. L'obtention des prestations de maternité suppose le respect de diverses conditions (tab. 18.2).

Tableau 18.2. Conditions d'éligibilité aux prestations de maternité

Toutes prestations	• Prévenir la CPAM dans les quatorze premières semaines de grossesse. • Se soumettre à une surveillance médicale spéciale. • Travailler ou résider en France de manière stable et régulière.
Prestations en nature	• Frais ouverts : tous frais relatifs ou non à la grossesse, à l'accouchement et à ses suites. • Durée : de quatre mois avant la date présumée de l'accouchement jusqu'à douze jours après (↪ **chapitre 5**). • Prise en charge : 100 % des tarifs reconnus par la sécurité sociale, absence de ticket modérateur et de forfait . Absence de prise en charge des dépassements.
Prestations en espèces	• Cesser le travail. • Être personnellement affilié au régime général. • Justifier de dix mois d'immatriculation à la sécurité sociale. • Avoir cotisé au moins 1 015 fois le Smic horaire dans les six mois civils précédents *ou* avoir effectué au moins 150 heures de travail salarié dans les trois mois civils ou 90 jours précédents.

ʼoit à un congé
ion indemnisé.
rée varie selon
nbre d'enfants
ɔtés et selon le
bre d'enfants à
ʼge effective et
ente ou à celle
age. (Ameli.fr)

Régime juridique. Les prestations en espèce sont versées, en principe, pendant la durée du congé de maternité (↪ **chapitre 5**). Les IJSS maternité sont égales au revenu d'activité antérieur. Il est déterminé comme en matière de maladie et dans la limite du plafond de calcul des cotisations de sécurité sociale en vigueur le dernier jour du mois civil précédant l'arrêt de travail. Il est diminué d'un taux forfaitaire de 21 % représentant les cotisations et contributions obligatoires. Les prestations versées dans le cadre de l'assurance maternité sont exonérées des cotisations de sécurité sociale. Elles sont assujetties à la CSG et à la CRDS et soumises à l'impôt sur le revenu.

Pour tout savoir sur le congé de maternité :

http://dunod.link/sdivqgo

C) L'invalidité

1. Les conditions de reconnaissance

Raison d'être. La capacité d'une personne à travailler jusqu'à sa retraite est fondamentale. Toutefois, si la capacité de travail ou de gain de cette même personne est amputée à la suite d'un accident non professionnel, la sécurité sociale lui octroie un revenu de remplacement. Cette situation doit mettre l'assuré « hors d'état de se procurer un salaire supérieur à une fraction de la rémunération soumise à cotisation [...] qu'il percevait » avant son accident non professionnel (Code de la sécurité sociale, art. L. 341-1).

Conditions administratives. L'assuré doit justifier de conditions d'ouverture des droits semblables à celles de l'assurance maladie :

- durée minimum d'immatriculation (un an) ;
- nombre minimum d'heures de travail au cours de la période de référence (600 heures au cours des 12 mois précédant l'interruption) ou montant de cotisation minimum (calculé pendant les 12 mois civils précédant l'interruption du travail sur un salaire au moins égal à 2 030 fois la valeur du Smic horaire) ;
- âge inférieur à l'âge légal de la retraite.

Conditions médicales. L'appréciation des conditions médicales relève du service de contrôle de la CPAM. L'**invalidité** doit avoir pour effet de réduire d'au moins deux tiers les capacités de travail ou de gain de l'assuré.

FOCUS Les degrés d'invalidité

Il existe trois catégories de personnes invalides :

- **Première catégorie.** Elle regroupe les invalides capables d'avoir une activité rémunérée.
- **Deuxième catégorie.** Elle rassemble les invalides absolument incapables d'avoir une quelconque activité.
- **Troisième catégorie.** Elle concerne les invalides absolument incapables d'avoir une quelconque activité et nécessitant le recours à une tierce personne pour les actes de la vie quotidienne (ex. : se lever, se vêtir).

2. Les prestations

Prestations en nature. L'assuré est éligible aux mêmes prestations qu'en matière d'**assurance maladie**.

Prestations en espèces. Le montant de la pension dépend de l'importance de l'invalidité (tab. 18.3). Il se détermine en appliquant un taux au salaire moyen des dix meilleures années d'activité. La réglementation prévoit un montant minimum et un montant maximum.

Tableau 18.3. **Valeur de la pension selon le degré d'invalidité**

	Taux	Référence au Code de la sécurité sociale (CSS)
Première catégorie	30 % du salaire annuel moyen des 10 meilleures années d'assurance	R. 341-4
Deuxième catégorie	50 % du salaire annuel moyen des 10 meilleures années d'assurance	R. 341-5
Troisième catégorie	50 % du salaire annuel moyen des 10 meilleures années d'assurance augmenté d'une majoration pour tierce personne de 40 %	R. 341-6

Liquidation. À défaut d'initiative de la caisse, l'assuré doit adresser une demande à la caisse compétente de son régime d'affiliation.

Régimes social et fiscal. La pension d'invalidité est soumise à la CSG, à la CRDS et à l'impôt sur le revenu. La majoration pour tierce personne est exonérée d'impôt sur le revenu.

Extinction. L'assuré perçoit sa pension d'invalidité jusqu'à l'âge minimum d'ouverture de ses droits à une pension de retraite.

D) Le décès

1. Les conditions

Au décès de l'assuré social, les personnes peuvent constater une diminution de leurs revenus. L'assurance décès vise à pallier cette perte de revenu.

Conditions concernant le défunt. En principe, l'assuré justifie, moins de 3 mois avant son décès, avoir exercé une activité salariée suffisante. À cette fin, il justifie, soit d'un montant de cotisations (ex. : cotisations dues pour un travail effectué au cours d'un mois civil et donnant lieu à un salaire égal à 60 fois la valeur du Smic), soit d'une durée de travail (ex. : 60 heures de travail au cours d'un mois civil). Par exception, d'autres assurés peuvent bénéficier de l'assurance décès (ex. : titulaire d'une pension d'invalidité, personne bénéficiant de l'une des allocations attribuées aux demandeurs d'emploi).

CHIFFRE-CLÉ

Au 1er juillet 2022, le capital-décès s'établissait à **3 681**. (www.service-public.fr, 2022)

Conditions concernant le bénéficiaire. Le versement du capital-décès est affecté par priorité aux personnes qui étaient, au jour du décès, à la charge effective, totale et permanente de l'assuré. En cas de pluralité de bénéficiaires, la préférence est donnée en respectant un ordre légal : conjoint ou partenaire (Pacs) ; à défaut, enfants et ascendants.

2. Le paiement du capital-décès

Paiement. Le capital-décès est égal à un montant forfaitaire fixé par décret et revalorisé chaque année. Les bénéficiaires doivent effectuer leur demande auprès de la CPAM dans le délai d'un mois qui suit le décès.

Régimes social et fiscal. Le capital-décès est exonéré de cotisations sociales, CSG et CRDS. Il n'est pas soumis aux droits de mutation par décès.

→ CAS 4

2 La protection de la vieillesse

A) La pension de vieillesse contributive

1. L'information sur les droits de l'assuré

Sur 100 €, 42 € sont mobilisés pour le financement des retraites.

Obligation d'information. Les gestionnaires de l'assurance vieillesse adressent aux assurés les informations nécessaires à la vérification de leur situation au regard des régimes dont ils relèvent :

- Dès qu'une personne a validé, pour la première fois, deux trimestres d'assurance dans un régime légal et obligatoire, elle reçoit spontanément une information sur le régime de **retraite** par répartition.
- Toute personne qui atteint l'âge de 35, 40, 45 ou 50 ans reçoit un état récapitulatif de ses droits à l'assurance retraite.
- À tout moment, l'assuré peut obtenir un état récapitulatif de ses droits.

Le système est fondé sur une **double logique** de répartition-capitalisation (fig. 18.2).

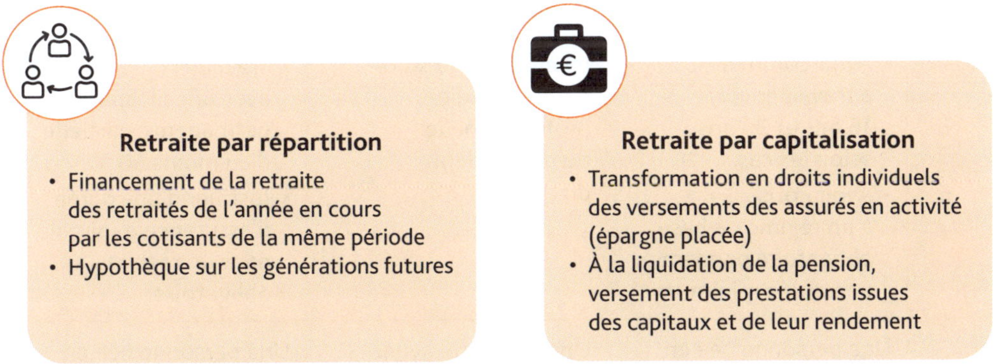

Figure 18.2. Dualité du système de retraite

Défaut d'information. L'organisme qui omet de délivrer l'information ou délivre une information inexacte engage sa responsabilité civile.

2. La liquidation de la pension de vieillesse

Définition

La **liquidation** consiste pour une caisse de retraite à calculer le montant de la pension de l'assuré eu égard aux éléments constitutifs de son dossier.

Modalités de la liquidation. L'intéressé doit demander la liquidation de sa pension en constituant un dossier. Il y fixe la date souhaitée de départ à la retraite. À défaut, ses droits prennent effet le premier jour du mois suivant la réception de la demande et sont arrêtés au premier jour du trimestre civil précédant l'entrée en jouissance de la pension.

Exemple

Soit une personne qui souhaite prendre sa retraite le 1er mars N. Ses droits à pension seront arrêtés au 31 décembre de N–1.

Âge de la liquidation. Pour demander la liquidation de sa pension, il faut cesser toute activité professionnelle et atteindre un certain âge. Pour les personnes nées à compter du 1er janvier 1955, l'âge minimum est de 62 ans. Il n'y a pas d'âge maximum.

Dérogation à l'âge de liquidation. Il existe plusieurs dispositifs de départ anticipé à la retraite (tab. 18.4).

Tableau 18.4. Départ anticipé à la retraite

	Dispositif de longue carrière	Incapacité permanente	Handicap
Public	Salariés ayant débuté leur carrière très jeunes.	Assuré atteint d'une incapacité permanente reconnue.	Travailleurs reconnus handicapés par les commissions des droits et de l'autonomie des personnes handicapées (CDAPH).
Conditions	• Avoir commencé à travailler entre 16 ans et 20 ans, selon les cas. • Avoir cotisé à un régime de base obligatoire pendant une durée minimum.	Incapacité à la suite d'une maladie professionnelle ou un accident du travail.	• Travailler avec une incapacité permanente partielle d'au moins 50 %. • Justifier d'une durée d'assurance minimale dans un régime obligatoire.
Exemple	Une personne née en 1963 ayant commencé à travailler à 20 ans peut partir à la retraite à 60 ans si elle a cotisé pendant 168 trimestres.	Une personne ayant un taux d'incapacité d'au moins 20 % a un droit automatique à la retraite anticipée.	Une personne née en 1961 peut liquider sa retraite à 55 ans si elle a cotisé 108 trimestres en tant que travailleur handicapé pour une durée validée de 128 trimestres.

Cessation d'activité. La liquidation des pensions exige que le salarié ait rompu tous liens professionnels avec son ancien employeur. À cette fin, le salarié produit une attestation sur l'honneur. Cette règle comporte **deux exceptions** :

- **Le cumul emploi-retraite.** Le principe de la rupture de tout lien professionnel avec l'ancien employeur n'interdit pas au salarié de poursuivre ou de reprendre une activité après la liquidation de sa pension de retraite. Il existe deux régimes différents, le cumul intégral et le cumul plafonné. À l'arrêt total d'activité, ces régimes n'ouvrent pas droit à un supplément de retraite.

- **La retraite progressive**. La retraite progressive permet de combiner pension de retraite, emploi et attribution de droits à la retraite. La retraite progressive est soumise à des conditions :
  - l'assuré doit justifier de 150 trimestres d'assurance ;
  - l'assuré doit avoir au moins 60 ans.

Le montant de la retraite progressive varie en fonction de l'importance de l'activité à temps partiel.

3. Le montant de la pension

Formule de calcul. La pension de retraite est égale à la formule suivante :

$$\text{Pension} = SAM \times \frac{D}{D_m} \times T$$

Avec :

SAM = salaire annuel moyen

D = durée d'assurance dans le régime des salariés non agricoles

D_m = durée d'assurance maximale prise en compte

T = taux de pension

Les salaires pris en compte ne sont retenus que dans la limite du plafond de la sécurité sociale de l'année considérée. Les salaires font l'objet d'une revalorisation et c'est sur la base du salaire revalorisé que sont identifiées les années les mieux rémunérées.

Salaire annuel moyen (*SAM*). Le salaire annuel moyen correspond à la moyenne des salaires ayant donné lieu à cotisations au régime général en tant que salarié non agricole au cours des vingt-cinq années de travail les mieux rémunérées. Il est égal à la somme des salaires annuels retenus divisée par le nombre d'années.

Durée de référence (*D*). Elle correspond au nombre maximal de trimestres d'assurance pris en compte (tab. 18.4).

Tableau 18.4. Âges de départ légal et du taux plein selon l'année de naissance

Année de naissance	Âge légal de départ (en années)	Durée d'assurance pour le taux plein (50 %) (en trimestres)	Âge du taux plein (en années)
1958, 1959, 1960	62	167	67
1961, 1962, 1963	62	168	67
1964, 1965, 1966	62	169	67
1967, 1968, 1969	62	170	67
1970, 1971, 1972,	62	171	67
À partir de 1973	62	172	67

À partir de 67 ans, le taux plein est attribué même aux personnes qui n'ont pas cotisé suffisamment.

Durée d'assurance maximale prise en compte (D_m). Elle résulte de la prise en compte des périodes d'activité ayant donné lieu à cotisations, des périodes assimilées et, le cas échéant, des majorations applicables. Seuls quatre trimestres par année peuvent être validés à condition d'avoir acquitté des cotisations égales à 150 heures de travail rémunérées au Smic horaire. Sont prises en compte, au titre des trimestres réputés cotisés, les périodes pendant lesquelles l'assuré a bénéficié des prestations maladie, maternité, invalidité et accident du travail. Les périodes de chômage involontaire indemnisé sont assimilées à des périodes d'assurance à raison d'un trimestre pour 50 jours de chômage.

Taux de pension (T). Exprimé en pourcentage, il dépend de la durée d'assurance. Le taux maximum, hors majorations (tab. 18.5), est de 50 %.

Tableau 18.5. Modifications du taux de pension

Majoration	• Assurés : personnes dont la situation est particulièrement digne d'intérêt. • Exemple : quatre trimestres à une femme pour chaque enfant né et quatre trimestres pour l'un des deux parents par enfant éduqué.
Surcote	• Objectif : inciter les assurés à travailler plus longtemps. • Conditions cumulatives : – travailler après l'âge légal de départ à la retraite ; – travailler au-delà de la durée nécessaire pour obtenir une pension de retraite à taux plein ; – effectuer un travail donnant lieu à cotisation. • Pour chaque trimestre, l'assuré bénéficie d'une majoration de 1,25 % par trimestre, soit 5 % par an.
Décote	• Assurés : personnes n'ayant pas validé le nombre de trimestres requis pour liquider une pension à taux plein (50 %). • Minoration de 1,25 % par trimestre manquant (sans que le taux ne puisse être inférieur à 25 %).

B) Les pensions de vieillesse et de survie

1. La pension de réversion

La pension de retraite a une nature viagère. Elle cesse d'être due au décès de l'assuré et n'est pas transmissible.

Définition

La **pension de réversion** est la rente à laquelle le conjoint d'un assuré décédé peut prétendre sous conditions.

Conditions tenant à l'assuré. Il est décédé et il remplissait les conditions nécessaires pour bénéficier d'une retraite.

Conditions tenant au bénéficiaire. Il a été marié avec le défunt. La pension de réversion n'est pas versée aux concubins et aux pacsés. La raison invoquée pour expliquer cette différence de traitement tient à la finalité de la pension de réversion qui est la protection du mariage et non pas de la famille. Le bénéficiaire, vivant, est âgé d'au moins 55 ans. Enfin le bénéficiaire a un niveau de ressources inférieur à un certain plafond. Pour une personne seule, le plafond est fixé à 2 080 fois le Smic horaire en vigueur au 1er janvier. Pour une personne vivant en couple, il est de 1,6 fois le plafond précédent. En cas de dépassement du plafond, la pension de réversion n'est pas supprimée mais réduite à due concurrence.

Montant. La pension de réversion est égale au maximum à 54 % de la pension principale. Sous certaines conditions, elle comporte un minimum.

2. L'allocation de veuvage

Définition

L'**allocation de veuvage** est attribuée aux conjoints survivants qui ne peuvent pas bénéficier de la pension de réversion.

Conditions tenant à l'assuré. D'une part, l'assuré doit être décédé ou déclaré judiciairement absent. D'autre part, il a été affilié à l'assurance vieillesse du régime général pendant une durée de trois mois au cours des douze mois précédant celui du décès.

Conditions tenant au bénéficiaire. De nombreuses conditions sont exigées :

- le bénéficiaire a moins de 55 ans ;
- il était marié avec l'assuré au moment de son décès ;
- il réside en France ;
- ses revenus trimestriels ne dépassent pas 3,75 fois le montant maximal de l'allocation (soit 2 485,12 € depuis le 1er janvier 2023).

Montant et durée. Le montant maximum de l'allocation est de 662,7 € (depuis le 1er janvier 2023). L'allocation est versée pendant deux ans à compter du décès.

3. L'allocation de solidarité aux personnes âgées (aspa)

L'allocation de solidarité aux personnes âgées est une prestation non contributive. En pratique, elle est versée à des personnes disposant de faibles ressources. Elle constitue ce qu'il est convenu d'appeler le minimum vieillesse. Pour obtenir l'aspa, il faut respecter les conditions suivantes :

- justifier d'une résidence stable et régulière en France ;
- en principe, avoir atteint 65 ans ;
- ne pas dépasser le plafond de revenus en vigueur.

→ APPLICATION 2 • CAS 3 • CAS 4

La couverture des risques professionnels

A) Les risques garantis

1. L'accident du travail

Définition

Selon le Code de la sécurité sociale « est considéré comme un **accident du travail**, quelle qu'en soit la cause, l'accident survenu par le fait ou à l'occasion du travail à toute personne salariée ou travaillant, à quelque titre ou en quelque lieu que ce soit, pour un ou plusieurs employeurs ou chefs d'entreprise » (L. 411-1, CSS).

Sur 100 €, 2 € sont mobilisés pour la branche accidents et maladies professionnelles.

L'accident du travail est défini selon **trois critères cumulatifs** :

- **Fait accidentel**. Traditionnellement, on considère que l'accident du travail est soudain, ce qui le distingue de la maladie. Toutefois, selon la Cour de cassation, l'accident repose sur la survenance d'un événement qui n'a pas nécessairement les caractéristiques d'un fait soudain mais dont la date est certaine (Cass. soc., 2 mai 2003, pourvoi n° 00-21.768).
- **Lésion corporelle**. Le fait accidentel doit avoir pour conséquence de provoquer un dommage. Par « dommage », il faut entendre une lésion corporelle (ex. : tétanos consécutif à une blessure) ou un traumatisme psychique (ex. : tentative de suicide d'un salarié à son domicile alors qu'il se trouvait en arrêt maladie pour dépression (Cass. soc., 2e civ., 22 févier 2007, pourvoi n° 05-13-771).
- **Lien avec le travail**. Le Code de la sécurité sociale présume que l'accident survenu « par le fait ou à l'occasion du travail » est un accident du travail. Il pose une présomption simple d'imputabilité. Cette présomption ne dispense pas le salarié d'apporter la preuve du caractère spatio-temporel de l'accident (ex. : témoignages). L'accident a eu lieu au travail. Par exception, pour les salariés en déplacement ou en mission, la jurisprudence étend le périmètre de l'accident, peu importe qu'il ait eu lieu à l'occasion d'un acte professionnel ou d'un acte de la vie courante, sauf s'il est prouvé que l'intéressé a interrompu sa mission pour un motif personnel.

2. La maladie professionnelle

Définition

La loi ne définit pas ce qu'il faut entendre par maladie professionnelle. Une définition courante pose que c'est une maladie qui est la conséquence de l'exposition du travailleur à un risque à l'occasion de l'activité professionnelle (ex : exposition à des agents toxiques) ou qu'elle résulte des conditions dans lesquelles ce travailleur a effectué son travail (ex : cas des TMS, troubles musculo-squelettiques). (Dictionnaire permanent droit social, consultation en janvier 2023).

Maladies inscrites. La maladie professionnelle doit être identifiée dans une liste établie par le législateur, sous la forme de tableaux. Chaque tableau comprend trois colonnes. La première colonne décrit les maladies ou symptômes reconnus comme potentiellement liés à la nuisance mentionnée dans le titre. La troisième colonne énumère les activités professionnelles exposant aux risques de la maladie. La colonne du milieu fixe un délai de prise en charge défini comme « la période au cours de laquelle, après cessation de l'exposition au risque, la maladie doit se révéler et être médicalement constatée pour être indemnisée au titre des maladies professionnelles » (Cass. soc., 14 juin 1993, n° 90-18.110).

Liste des maladies professionnelles régulièrement mise à jour. Consultation sur le site www.inrs.fr

Exemple

Le tableau n° 30 intitulé « Affection professionnelles consécutives à l'inhalation de poussières d'amiante » a été introduit par le décret du 31 août 1950 et mis à jour par le décret n° 2000-343 du 14 avril 2000.

Maladies reconnues sur expertise médicale. L'assuré qui ne satisfait pas aux conditions de réalisation d'une maladie professionnelle peut demander que sa maladie soit reconnue comme professionnelle selon **deux moyens** :

- Le **premier** est visé par l'article L. 461-1, alinéa 6 du CSS. Il pose que l'assuré doit établir que sa maladie est « directement causé par le travail ».

- Le **second** est posé par l'alinéa 7 du même article. Il pose que l'assuré doit établir que la maladie est « essentiellement et directement causée par son travail » et que celui-ci a entraîné soit son décès, soit une incapacité permanente partielle d'au moins 25 %.

Procédure. Si la maladie ne figure pas dans les tableaux, la caisse recueille et instruit les éléments nécessaires à la reconnaissance du caractère professionnel. Ensuite, elle informe le salarié, ses ayants droit et l'employeur des résultats de l'instruction. Enfin, un comité régional de reconnaissance des maladies professionnelles, composé d'experts, examine le dossier et apprécie le lien entre le travail et la maladie. Il statue au vu de l'avis motivé du médecin du travail et rend un avis motivé qui s'impose à la CPAM.

3. L'accident de trajet

Conditions de prise en charge. Les sinistres intervenus lors des déplacements rendus nécessaires pour travailler, dits « **accident de trajet** », sont traités comme des accidents du travail s'ils se produisent (fig. 18.3) :

- sur le trajet protégé, celui qui va de la résidence principale du salarié au lieu du travail ;
- au cours du trajet normal, selon l'itinéraire le plus court ;
- entre le lieu de travail et le lieu où le salarié prend habituellement ses repas.

Par exception, le trajet indirect demeure protégé si le détour est justifié par les nécessités essentielles de la vie courante (ex. : aller chercher un enfant à l'école).

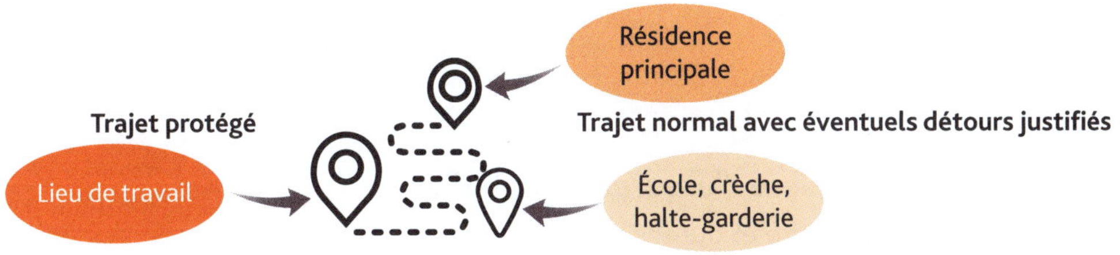

Figure 18.3. **Trajets couverts au titre de l'accident de trajet**

Régime juridique. La victime ou ses ayants droit apportent la preuve que les conditions sont réunies. À défaut, une enquête de la CPAM doit permettre de disposer de présomptions suffisantes.

FOCUS Trajets, détours et exceptions

Les trajets couverts au titre de l'accident de trajet sont en principe directs, sauf covoiturage régulier. En effet, le trajet entre la résidence du salarié et son lieu de travail peut être indirect si le détour est rendu nécessaire par un covoiturage régulier (Code de la sécurité sociale, art. L. 411-2).

Le trajet distinct, lequel s'entend d'une direction opposée à celle que le salarié devrait normalement emprunter en sortant de son travail ou de son domicile, n'entre pas dans le champ de la couverture au titre de l'accident de trajet. En cas d'accident, ce dernier relève alors du droit commun. Par exception et compte tenu des circonstances, les juges peuvent toutefois le qualifier d'accident de trajet (ex. : salarié se rendant, à la sortie de son travail, à un bureau de poste situé dans une direction opposée à son domicile).

B) La procédure

1. La saisine de la caisse

Le salarié comme l'employeur sont soumis à des obligations (tab. 18.6).

Tableau 18.6. Obligations mutuelles

Salarié	Employeur
• Il informe l'employeur dans la journée ou, au plus tard, dans les 24 heures. • Il fait constater la lésion. • Une maladie professionnelle doit être déclarée directement à la caisse dans les quinze jours suivant la cessation du travail. Elle est accompagnée d'un certificat médical. • Chaque fois que la caisse est informée par le salarié elle adresse un double de la déclaration à l'employeur.	• Dès qu'il est informé de la survenance d'un accident, l'employeur dispose de 48 heures pour le déclarer à la caisse par LRAR ou directement en ligne. • S'il ne satisfait pas à cette obligation, la caisse peut réclamer à l'employeur le remboursement des dépenses engagées à l'occasion de l'accident. En cas de carence de l'employeur, la victime peut déclarer l'accident dans les deux ans. • L'employeur peut assortir sa déclaration de réserves motivées portant sur les circonstances de temps et de lieu ou l'existence d'une cause étrangère au travail.

2. L'enquête de la caisse d'assurance maladie

L'enquête est contradictoire et dure :
– trente jours francs, pour un accident du travail ;
– 120 jours francs, pour une maladie professionnelle.

3. La contestation de la décision

Les différends sont portés devant les tribunaux judiciaires spécialisés (↪ chapitre 17).

C) Les effets de la reconnaissance des risques professionnels

1. En l'absence de faute de l'employeur

Principe. La victime bénéficie d'une réparation forfaitaire comprenant le versement de prestations en nature et en espèces.

Prestations en nature. La victime a droit à la couverture des frais liés au traitement, à la réadaptation fonctionnelle, à la rééducation professionnelle et au reclassement. Ces frais sont réglés par la CPAM. L'assuré ne supporte pas de ticket modérateur ni de forfait hospitalier. Toutefois, on ne peut pas parler de gratuité car le remboursement s'effectue sur le tarif conventionnel de la sécurité sociale.

Prestations en espèces et incapacité temporaire de travail (ITT). Pendant toute la durée de son arrêt de travail, le salarié perçoit une indemnité journalière destinée à compenser sa perte de rémunération (60 % du gain journalier de base – GJB – pendant les 28 premiers jours d'arrêt, puis 80 % à partir du 29e jour). Le jour de l'accident est pris en charge intégralement par l'employeur. L'indemnité est versée jusqu'à la guérison, la consolidation ou le décès de l'assuré.

Salaire de référence. Il permet de calculer l'indemnité journalière. Il correspond au salaire journalier moyen versé à l'assuré le mois civil précédant la date de l'interruption de travail. Il est égal, pour un salarié mensualisé, au 1/30,42 du montant de la paye du mois civil antérieur à la date de l'arrêt de travail. Il ne peut pas dépasser 0,834 % du PASS (soit 366,89 en 2023).

Obtention de l'indemnité. La personne doit justifier qu'elle a exercé, au moment de l'accident, une activité professionnelle et qu'elle a perçu un salaire.

Prestations en espèces et incapacité permanente. En cas de consolidation de la blessure, l'incapacité est permanente. La caisse fixe le taux d'incapacité. Si le taux est inférieur à 10 %, l'assuré perçoit une indemnité en capital. Dans les autres cas, il perçoit une indemnité en rente. L'indemnité est exonérée de CSG et de CRDS. Elle n'est pas soumise à l'IR. Une prestation complémentaire est octroyée aux victimes souffrant d'une incapacité permanente d'au moins 80 % et qui ont besoin de recourir à une tierce personne pour accomplir les gestes de la vie quotidienne.

La consolidation est un état de santé stable mais présentant des séquelles. Le GJB est égal à 1/91,25e de la somme des salaires bruts soumis à cotisations des trois mois précédant l'arrêt de travail.

Décès. Le coût du décès de l'assuré causé par un risque professionnel (accident du travail ou maladie professionnelle) est pris en charge par la caisse. De plus, le décès du salarié ouvre droit au service d'une rente au profit des ayants droit. Cette rente a pour but d'indemniser le préjudice patrimonial.

Action en responsabilité. L'employeur bénéficie, en principe, d'une immunité civile : le salarié victime d'un risque professionnel ne peut pas mettre en cause la responsabilité civile de l'employeur sur le fondement du droit commun. Cette immunité cesse dans différents cas, notamment si le risque n'est pas pris en charge au titre des accidents du travail et des maladies professionnelles.

2. En présence d'une faute inexcusable de l'employeur

Modalités de l'action en reconnaissance de la faute inexcusable. La caisse, la victime ou ses ayants droit peuvent agir en reconnaissance de la **faute inexcusable** de l'employeur (↪ **chapitre 10**). L'action est menée contre l'employeur. Pour que l'action soit couronnée de succès, il faut préalablement que le caractère professionnel de l'accident ou de la maladie ait été reconnu. La procédure débute par une conciliation organisée par la caisse. À défaut, l'affaire est tranchée par un tribunal judiciaire spécialisé. L'action en reconnaissance du caractère inexcusable de la faute de l'employeur se prescrit par deux ans à compter de la reconnaissance du caractère professionnel de l'accident ou de la maladie (Cass., 2e civ., 21 janvier 2010, pourvoi n° 09-10.944).

Objet de l'action en reconnaissance de la faute inexcusable. L'action vise à améliorer l'indemnisation du salarié. On distingue **deux cas** de reconnaissance de la faute inexcusable de l'employeur : la **faute présumée** et la **faute prouvée**.

FOCUS **Les fautes inexcusable présumée et inexcusable prouvée de l'employeur**

• **Faute inexcusable présumée.** Les présomptions de faute inexcusable reposent sur le fait que :
– le salarié a été victime d'un risque professionnel après avoir exercé son droit d'alerte ;
– la victime de l'accident est un travailleur précaire, affecté à un poste de travail présentant, pour sa santé ou sa sécurité, des risques particuliers, sans avoir bénéficié d'une formation renforcée à la sécurité.

• **Faute inexcusable prouvée.** Selon la Cour de cassation, la reconnaissance de la faute inexcusable suppose que la victime démontre que « l'employeur avait ou aurait dû avoir conscience du danger auquel était exposé le salarié et qu'il n'a pas pris les mesures nécessaires pour l'en préserver » (Cass. soc., 28 février 2002, pourvoi n° 99-17.201).

Effets de la reconnaissance de la faute inexcusable de l'employeur. La reconnaissance permet d'améliorer l'indemnisation du salarié. Cette amélioration se traduit par une majoration du capital ou de la rente attribuée. De plus, il est possible d'obtenir une indemnisation de très nombreux préjudices complémentaires. Ce supplément d'indemnisation est prévu par la loi (ex. : indemnisation des souffrances physiques et morales) ou par la jurisprudence (ex. : frais d'aménagement du logement ou du véhicule). La réparation de ces préjudices est versée directement au bénéficiaire par la caisse. Le montant est récupéré en une seule fois et en capital auprès de l'employeur.

3. En présence d'une faute inexcusable du salarié

Définition

Selon la jurisprudence, la **faute inexcusable** du salarié est une « faute volontaire d'une exceptionnelle gravité exposant sans raison valable son auteur à un danger dont il aurait dû avoir conscience » (Cass., 2e civ., 27 janvier 2004, pourvoi n° 02-30.693).

Objectif. Elle poursuit deux buts :
- associer les salariés à la prévention des accidents du travail et des maladies professionnelles ;
- empêcher un salarié de s'enrichir suite à un accident dont il serait fautif.

Conséquences. Cette faute autorise la caisse à diminuer la rente allouée en cas d'accident ayant entraîné une incapacité permanente.

4. En présence d'une faute intentionnelle de l'employeur ou du salarié

Faute intentionnelle de l'employeur. La **faute intentionnelle** de l'employeur se définit à partir de deux critères (fig. 18.4). Dans ce cas, l'affaire ne relève pas du droit des accidents du travail et des maladies professionnelles ; elle relève du droit commun de la responsabilité civile.

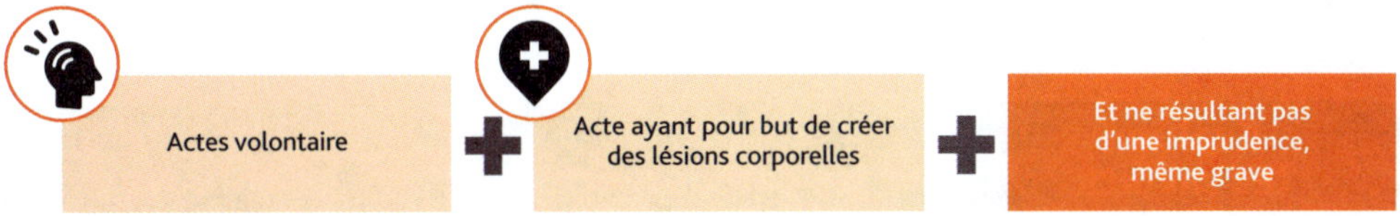

Figure 18.4. Critères cumulatifs de caractérisation de la faute intentionnelle

L'action doit être intentée contre l'employeur pour obtenir une réparation correspondant à la différence entre le préjudice réel et la réparation forfaitaire de la Sécurité sociale. Par ailleurs, la CARSAT peut imposer à l'employeur une cotisation supplémentaire.

Faute intentionnelle du salarié. La faute intentionnelle du salarié se définit comme celle de l'employeur. Elle est exceptionnelle. Le plus souvent, il s'agit d'un acte de malveillance commis contre soi-même. La victime bénéficie des prestations de l'assurance maladie.

→ APPLICATION 2 • CAS 4 • SITUATION PRATIQUE 5

1 Quiz

Vérifier l'exactitude des propositions ci-après et justifiez-les.

	Vrai	Faux
1. Les prestations en espèces visent au remboursement des frais de santé engagés.	☐	☐
2. En cas de maladie, les IJSS sont octroyées à toute personne.	☐	☐
3. L'assurance maternité a notamment pour objet d'opérer un remboursement des frais de santé.	☐	☐
4. Pour obtenir une pension d'invalidité, il faut respecter des conditions administratives et médicales.	☐	☐
5. Pour demander la liquidation de sa pension de retraite, il faut cesser toute activité professionnelle et atteindre un certain âge.	☐	☐
6. Trois critères permettent de définir l'accident du travail.	☐	☐
7. Pour être qualifiée de maladie professionnelle, la maladie doit toujours être inscrite dans un tableau.	☐	☐
8. Pour être pris en charge comme un accident du travail, l'accident de trajet doit respecter des conditions.	☐	☐
9. La faute inexcusable commise par un salarié interdit toute indemnisation.	☐	☐
10. La faute intentionnelle ne peut être commise que par un employeur.	☐	☐

2 Trompier SARL ★★★

Trompier SARL est une PME spécialisée dans la personnalisation des voitures de tourisme. Elle emploie une centaine de salariés. Dans le cadre d'un stage, vous êtes chargé(e) de répondre aux questions du personnel qui vous sont adressées par mail.

1. Maïssa aura 62 ans le 1er janvier de l'année prochaine. Elle a entendu dire qu'elle serait obligatoirement mise en retraite. Une collègue lui a affirmé que l'entreprise avait demandé la liquidation de ses droits à la retraite. Maïssa s'inquiète.
Pouvez-vous rassurer Maïssa ?

2. Fanny a 24 ans. Elle est enceinte pour la première fois. Elle a prévenu son employeur.
Fanny doit-elle avertir la caisse de sécurité sociale et quels seront ses droits pendant cette grossesse ?

3. Paul a eu un accident de la circulation. En se rendant au travail, après avoir déposé son fils à la crèche, il a été heurté par une moto. Il est aux urgences depuis 8 heures du matin.
Paul s'inquiète. Son accident sera-t-il considéré comme un accident de trajet ?

4. Irène, la mère de Louise vient de mourir. Pierre, l'époux d'Irène est né en 1971. Son salaire mensuel atteint 2 800 €.
Le père de Louise a-t-il le droit à l'allocation de veuvage ?

5. Dimanche, en rentrant chez lui, Éliott a eu un accident de la route. Il empruntait à moto un trajet qu'il connaissait bien car il le pratique chaque matin pour se rendre au travail. Soudain, une voiture remontant une rue en sens interdit, l'a percuté. À la suite de cet accident, Éliott boîte.
Éliott peut-il obtenir une pension d'invalidité ?

Évaluer les savoirs | **Maîtriser les compétences** | Préparer l'épreuve

Cas Départs à la retraite en cascade ★★★

Compétence attendue — **Justifier** les droits à pension d'un retraité à partir d'une documentation

Dans chacune des situations ci-après, calculez les droits à pension et les conditions de départ à la retraite des salariés.

1. Véronique Dumeige est née le 16 août 1963. Elle travaille depuis le 1er octobre 1985. Elle a élevé trois enfants.
Déterminez la durée totale d'assurance de Véronique Dumeige au 1er janvier de l'année en cours et son âge de départ à la retraite.

2. Pierre Lerouge aura 64 ans le 1er avril 2024. Il travaille depuis l'âge de 18 ans.
Déterminez la durée d'assurance de Pierre Lerouge à sa date d'anniversaire. En supposant qu'il liquide sa pension au 1er avril 2024 aura-t-il droit à une surcote ? Dans l'affirmative, quel en serait le taux ?

3. Sybille Valère est née 31 mars 1961. Sybille travaille depuis 42 ans. Elle souhaite liquider sa retraite au début de l'année prochaine. Elle envisage ensuite de reprendre un emploi similaire pour une association.
Précisez à quelles conditions Sybille Valère pourrait liquider sa retraite et conclure un contrat de travail avec une association.

4. Simone Tronquet aura 62 ans en 2023. À cette date, elle aura travaillé dans quatre entreprises différentes et aura cotisé 158 trimestres. Son salaire mensuel moyen sera de 2 000 € à la date prévisible de liquidation de sa retraite.
Calculez le montant de la pension de Simone Tronquet.

5. Bertrand Dertrame, cuisinier, a 60 ans. Il a démarré sa carrière à 18 ans comme ajusteur dans une entreprise industrielle. Licencié à 40 ans, il est resté cinq mois au chômage. Il songe à prendre sa retraite.
Déterminez le nombre de trimestres de cotisation de M. Dertrame. Peut-il prétendre à une retraite anticipée ?

6. Rodolphe Desank, 68 ans, est décédé pendant sa retraite. Il laisse une veuve retraitée, Gabrielle Silot, épousée en secondes noces en 1962, après son divorce avec Anne Fratelli. Le montant de la pension annuelle de Gabrielle est de 12 000 €. La pension de Rodolphe était de 48 000 €.
Gabrielle a-t-elle droit à la réversion de la pension de Rodolphe ? Dans l'affirmative, à quelles conditions et pour quel montant ?

7. Anne Fratelli vient de prendre sa retraite. Divorcée de Rodolphe Desank depuis de nombreuses années, elle souhaiterait obtenir une partie de la pension de réversion de Gabrielle.
Que pensez-vous de la situation d'Anne Fratelli ? Si Rodolphe Desank et Grabrielle Silot n'avaient pas été mariés mais avaient vécu en concubinage ou s'ils avaient été pacsés, la situation aurait-elle été différente ?

4 Cas Lebon ★★★

Compétences attendues

- **Identifier** les risques couverts et présentez leur régime juridique
- **Distinguer** la prise en charge d'un risque selon son origine professionnelle ou non

Adrien et Mélanie Lebon sont mariés depuis cinq ans. Mélanie travaille à temps complet comme commissionnaire en douane pour le compte des établissements Satros, une entreprise de transport international située à Strasbourg. Depuis deux ans, elle effectue les formalités douanières. Son salaire net est de 1 900 €. Adrien, son époux, est chef d'agence dans la même entreprise mais dans l'établissement de Mulhouse. Ils ont deux enfants, Arthur et Laure. Mélanie vient d'apprendre qu'elle était enceinte.

Arthur Lebon, 7 ans, est atteint d'une parodontite. Ses parents ont consulté un dentiste spécialiste de cette maladie qui s'attaque aux gencives. Ils ont envoyé les documents nécessaires à la CPAM. Cette dernière a refusé de rembourser les frais de soin.

1. *Expliquez la décision de la CPAM.*
2. *Identifiez les obligations de Mélanie vis-à-vis de la sécurité sociale.*
3. *Indiquez pendant combien de temps les prestations en nature de l'assurance maternité seront versées à Mélanie.*

4. *Déterminez si Mélanie valide les conditions pour obtenir le versement des prestations en espèces de l'assurance maladie.*

5. *Calculez le montant de l'indemnité journalière de repos de Mélanie.*

Anthony, le frère de Mélanie vient d'avoir un accident de voiture. Vendredi soir, alors qu'il rentrait chez lui, il a été percuté par un camion qui n'a pas respecté un feu rouge. Ses jours ne sont pas en danger mais il a perdu l'usage de sa main droite. L'accident s'est produit trois heures après son départ de l'entreprise alors qu'il quittait une grande surface dans laquelle il venait de faire ses courses. Anthony pense que la législation relative aux accidents du travail s'applique à son cas.

6. *Analysez la situation d'Anthony. Quelle indemnisation peut-il envisager ?*

Évaluer les savoirs | Maîtriser les compétences | Préparer l'épreuve

5 Situation pratique : Jasper Dekais ★★★

35 min

Compétences attendues

- **Qualifier** un accident du travail, un accident de trajet ou une maladie professionnelle
- **Caractériser** une faute inexcusable ou intentionnelle de l'employeur et son incidence sur l'employeur et sur le droit à réparation du salarié

Jasper Dekais a été engagé en 2010 par la banque Lunaire et Devilliers. Cet établissement de gestion patrimoniale s'adresse à une clientèle fortunée. Initialement rattaché au service comptable et financier, Jasper a accepté un poste de chargé de clientèle il y a deux ans. La première année, la direction a fixé à Jasper des objectifs qu'il a aisément validés puis ils ont été renforcés au point que Jasper n'a pas pu y répondre.

Très vite, l'état de santé de Jasper Dekais s'est dégradé et il est devenu irritable. Plusieurs clients ont émis des réserves sur son comportement. Jasper s'est ouvert de ses difficultés auprès de la hiérarchie, qui a temporisé et lui a rappelé la nécessité de valider les objectifs à tout prix. Son chef de service lui a rappelé que « nul n'est irremplaçable ». Les nuits blanches se sont multipliées. Jasper a consulté un médecin qui lui a prescrit des antidépresseurs. La situation ne s'améliorant pas, il a de nouveau consulté. Lors de cette visite, le médecin l'a alerté en constatant une accélération de son rythme cardiaque et des troubles respiratoires. La semaine dernière, à son domicile, Jasper Dekais est décédé d'un infarctus du myocarde. La famille considère que son décès est un accident du travail. Elle consulte votre cabinet afin d'évaluer ses chances de succès en justice. Vous constituez, à cette fin, un dossier documentaire.

Rendez-vous MÉTHODE 3

Votre mission : conseiller la famille de Jasper à la suite de son décès

1. *Analysez la situation.*
2. *Dressez la liste des arguments que la banque pourrait utiliser pour se défendre.*
3. *En vous appuyant sur le document ci-après, identifiez les arguments permettant de qualifier d'inexcusable la faute de la banque Lunaire et Devilliers.*
4. *Déterminez à quelles conditions la faute de la banque Lunaire et Devilliers aurait pu être qualifiée d'intentionnelle.*
5. *Analysez les conséquences d'une qualification de « faute inexcusable ».*

DOSSIER DOCUMENTAIRE

Document

Cour de cassation, C. civ., 8 novembre 2012, pourvoi n° 11-23855

La cour d'appel a jugé que l'infarctus du myocarde dont a été victime le salarié et dont le caractère professionnel a été reconnu, était imputable à la faute inexcusable de ses employeurs. L'arrêt retient qu'un employeur ne peut ignorer ou s'affranchir des données médicales afférentes au stress au travail et ses conséquences pour les salariés qui en sont victimes ; que l'accroissement du travail du salarié est patent sur les années précédant son accident ; que cette politique de surcharge, de pressions, « d'objectifs inatteignables » est confirmée par des attestations ; que les sociétés employeurs n'ont pas utilement pris la mesure des conséquences de leur objectif de réduction des coûts en terme de facteurs de risque pour la santé de leurs employés et spécifiquement du salarié, dont la position hiérarchique le mettait dans une position délicate pour s'y opposer et dont l'absence de réaction ne peut valoir quitus de l'attitude des dirigeants de l'entreprise ; que l'obligation de sécurité pesant sur l'employeur ne peut qu'être générale et en conséquence ne peut exclure le cas, non exceptionnel, d'une réaction à la pression ressentie par le salarié ; que le débat sur la portée exacte de la réunion du 4 septembre 2007 et les propos qui y ont été échangés est sans réel intérêt dès lors que ces propos n'ont été que le déclencheur d'une crise cardiaque générée de longue date par le stress subi par le salarié. De ces constatations et énonciations, la cour d'appel, appréciant souverainement la valeur et la portée des éléments de fait et de preuve produits aux débats, a pu déduire que les employeurs avaient ou auraient dû avoir conscience du risque encouru par leur salarié et n'ont pas pris les mesures propres à l'en préserver, de sorte que leur faute inexcusable était établie.

www.lexisnexis.fr

SYNTHÈSE

Le régime général de la sécurité sociale

La protection contre les aléas de la vie

Assurance maladie
- Prestations en nature et en espèces
- Bénéficiaires : assurés, ayants droit et bénéficiaires de la PUMa (prestations en nature)

Assurance maternité
- Congé de maternité
- Prestations en nature et en espèces

Assurance invalidité
- Conditions d'octroi administratives et médicales
- Prestations en nature et en espèces

Assurance décès
- Pension de réversion sous conditions
- Versements en capital ou sous la forme d'une rente

Autonomie
- Risques liés au handicap et à la dépendance due à l'âge

La protection contre la vieillesse : le droit à la retraite

Information sur l'état des droits à la retraite tout au long de la vie professionnelle → **Liquidation** de la pension de retraite → **Calcul** de la pension de retraite

Liquidation : La liquidation de la retraite suppose la cessation de toute activité professionnelle et, en principe, un âge de 62 ans minimum

Calcul : Le montant varie en fonction du salaire minimum moyen, de la durée de cotisation, de la période de référence et du taux de pension (50 % maximum)

La protection contre les risques professionnels

Reconnaissance des risques professionnels

- **Accidents du travail**
- **Maladies professionnelles** : affections inscrites dans les tableaux réglementaires et reconnues sur expertise médicale

→

Effet

Versement de prestations en nature et en espèces résultant des **fautes inexcusable** et **intentionnelle de l'employeur**

CHAPITRE 19

La protection contre le chômage

PROGRAMME

Compétences attendues	Savoirs associés
• Cerner les conditions d'indemnisation du chômage, les droits et obligations du demandeur d'emploi • Apprécier la validité du motif et des modalités de recours à l'activité partielle	• Chômage total • Activité partielle

PRÉREQUIS

La rupture du contrat de travail (chapitre 11)

PLAN DU CHAPITRE

Cours : 1. Le chômage total • 2. L'activité partielle

Des savoirs aux compétences : Évaluer les savoirs • Maîtriser les compétences • Préparer l'épreuve

Synthèse

Longtemps chasse gardée du paritarisme, l'assurance chômage a été réformée par la loi n° 2018-771 du 5 septembre 2018. Avec cette réforme, le régime est devenu plus universel : il s'est ouvert aux travailleurs indépendants et a été étendu aux démissionnaires. Le financement s'est fiscalisé depuis la disparition de la cotisation salariale à l'assurance chômage (01/01/2019). Le système s'est aussi étatisé : l'État, dans une lettre de cadrage, précise les objectifs de la négociation entre partenaires sociaux, notamment en matière financière.

La première négociation qui a suivi la loi de 2018 a échoué et a amené l'État à fixer les règles d'indemnisation.

Le service public du chômage s'organise autour de deux institutions, Pôle emploi et l'Unédic. La première se charge de l'indemnisation des chômeurs et de leur placement sur le marché du travail. Organisme paritaire de droit privé, l'Union nationale pour l'emploi dans l'industrie et le commerce (Unédic) est gérée par des représentants des organisations d'employeurs et de salariés. Elle est soumise au contrôle de l'État et assure la gestion du régime d'assurance chômage. Cette indemnisation du chômage total est complétée par une indemnisation de l'« activité partielle ».

MOTS-CLÉS

Activité partielle • Aide au retour à l'emploi • Allocation de solidarité spécifique • Chômage total • Offre raisonnable d'emploi • Projet personnalisé d'accès à l'emploi • Salaire de journalier de référence

1 Le chômage total

A) Le financement

Le chômage total est financé par une contribution patronale. Son taux est de 4,05 %. Son assiette est identique à celle des cotisations de la sécurité sociale. La cotisation n'est pas due sur la fraction excédant 4 fois le plafond de la sécurité sociale.

Les employeurs de certains secteurs d'activité (liste fournie par arrêté) voient leur contribution modulée chaque année dès lors qu'ils occupent au moins 11 salariés. Cette modulation à la hausse ou à la baisse dépend d'une comparaison entre le taux de séparation de l'entreprise et le taux médian du secteur. Par exemple si le taux de séparation est supérieur au taux médian du secteur, le taux de 4,05 % est majoré, à l'inverse il est minoré.

Les cotisations d'assurance chômage sont recouvrées par l'URSSAF.

B) Les conditions d'indemnisation

1. La rupture du contrat de travail

La loi marché du travail (22/12/2022) permet de faire varier les conditions d'indemnisation en fonction de la conjoncture du marché du travail.

Rupture involontaire du contrat de travail. En principe, pour être indemnisé au titre du **chômage total**, il faut que le contrat de travail ait été rompu involontairement. Tout licenciement, même pour une faute, est une rupture involontaire (↪ chapitre 11).

FOCUS — Le cas particulier de la démission

En principe la démission est une cause de rupture volontaire ; elle ne donne pas lieu à indemnisation. Il existe aujourd'hui deux types de dérogations :

• La **démission pour cause légitime**. Ce cas recouvre notamment les hypothèses suivantes ;
- salarié qui rompt son contrat de travail pour suivre son conjoint changeant d'emploi ;
- salarié qui se marie ou conclut un Pacs entraînant un changement de domicile ;
- non-paiement des salaires justifié par une ordonnance de référé.

• La **démission pour reconversion professionnelle** permet de toucher les allocations de chômage si les conditions suivantes sont respectées : le salarié justifie d'une activité en continu et à temps plein durant les 5 années précédant la fin du contrat de travail, ainsi que d'un projet attesté de reconversion réel et sérieux et sa démission est postérieure à la mise en œuvre d'un conseil en évolution professionnelle.

Rupture volontaire du contrat de travail. Par exception au principe d'indemnisation, certaines personnes sont éligibles à une indemnisation alors qu'elles ont rompu volontairement leur contrat de travail. Cette situation concerne notamment les ruptures négociées pour motif économique et les ruptures conventionnelles.

2. L'inscription sur la liste des demandeurs d'emploi

Projet personnalisé d'accès à l'emploi. Peuvent bénéficier de l'**aide au retour à l'emploi** (ARE), les personnes inscrites comme demandeur d'emploi auprès du Pôle emploi ayant élaboré un projet personnalisé d'accès à l'emploi (PPAE).

FOCUS Les contrôles de Pôle emploi

PPAE. Le **projet personnalisé d'accès à l'emploi** (PPAE) est élaboré sous délai (quinze jours de l'inscription) et régulièrement actualisé. Il mentionne les actions que Pôle emploi s'engage à mettre en œuvre (notamment au titre de l'accompagnement personnalisé). Il définit l'**offre raisonnable d'emploi** (ORE).

ORE. L'offre raisonnable d'emploi précise la nature, les caractéristiques de l'emploi recherché, la zone géographique et le salaire attendu.

Contrôle du PPAE et de l'ORE. Ce contrôle est effectué par le Pôle emploi. La radiation peut être prononcée dans plusieurs hypothèses, notamment en cas de refus d'élaborer un PPAE ou quand le demandeur refuse, sans motif légitime, deux ORE. L'ARE est supprimée par Pôle emploi dans certains cas (exemple : absence de justification de recherche d'emploi).

3. Les autres conditions

Aptitude physique. Elle est présumée dès lors que la personne est inscrite sur la liste des demandeurs d'emploi.

Âge. Tout travailleur privé d'emploi de moins de 62 ans peut bénéficier de l'ARE. Quand il a atteint l'âge légal de départ à la retraite et qu'il ne justifie pas du nombre de trimestres requis pour obtenir une pension à taux plein, il peut percevoir des allocations chômage jusqu'à ce qu'il valide le nombre de trimestres obligatoires et, au plus tard, jusqu'à 67 ans.

Domicile. Le versement de l'ARE est fondé sur le principe de territorialité : le régime d'assurance chômage est applicable à la métropole, aux départements d'outre-mer et aux collectivités d'outre-mer (Saint-Barthélemy, Saint-Martin et Saint-Pierre-et-Miquelon).

C) Le chômeur indemnisé par l'aide au retour à l'emploi (ARE)

1. La durée d'indemnisation

Durée d'affiliation. Les salariés privés d'emploi doivent justifier d'une durée d'affiliation au cours d'une période de référence (tab. 19.1).

Tableau 19.1. Durée d'affiliation selon l'âge du salarié à la rupture du contrat

	Durée d'affiliation
Moins de 53 ans à la date de fin de contrat	Au moins 130 jours ou 910 heures (premier des deux seuils atteints) de travail au cours des 24 mois précédant la fin du contrat de travail (terme du préavis)
53 ans et plus à la date de fin de contrat	Au moins 130 jours ou 910 heures de travail (premier des deux seuils atteint) au cours des 36 mois précédant la fin du contrat de travail (terme du préavis)

La **durée d'indemnisation** est égale au nombre de jours calendaires, travaillés ou non, compris entre :

- le 1er jour de la première période d'emploi identifiée dans la période de référence d'affiliation (PRA) ;
- et le terme de cette période.

De cette durée il convient de déduire des jours d'inactivité dont le nombre ne peut pas être supérieur à 75 % du nombre de jours travaillés. Par ailleurs, certaines périodes (article 9, §1er, 1° du règlement d'assurance chômage) ne sont pas prises en compte pour le calcul de la durée d'indemnisation (ex. : arrêt de maladie de plus de 15 jours consécutifs, congé de maternité, accident du travail, etc.).

La durée d'indemnisation ne peut être supérieure à 730 jours soit 24 mois, ni être inférieure à 182 jours. Par exception, la durée maximale est allongée à 913 jours pour les personnes âgées de 53 à 54 ans et à 1 095 jours pour celles a âgées d'au moins 55 ans. La loi marché du travail (21/12/2022) permet de faire varier la durée d'indemnisation en fonction de la conjoncture économique.

FOCUS **Variation de la durée d'indemnisation**

La durée d'indemnisation diminue quand le chômage diminue. Tel est le cas quand le taux de chômage est inférieur à 9 % ou qu'il a progressé de moins de 0,8 % sur un trimestre. Ces situations entraînent une réduction de 25 % de la durée d'indemnisation sans que celle-ci puisse être inférieure à 182 jours calendaires. Par exemple, pour une personne ayant droit à 730 jours d'indemnisation, la perte serait de 182 jours.

En sens inverse, il existe un complément de droits quand le chômage s'accroît. Tel est le cas quand le taux de chômage augmente de 0,8 points ou plus par trimestre ou qu'il atteint un niveau supérieur ou égal à 9 %. Le complément s'applique aux personnes à qui il reste 30 jours ou moins d'indemnisation. Il porte la durée d'indemnisation à celle déterminée avant application du coefficient réducteur.

2. Le montant de l'allocation

Calcul. Le montant de l'allocation est égal à 40,40 % du **salaire journalier de référence** (SJR), auxquels une partie fixe révisée au 1er juillet de chaque année (12,47 € au 1er juillet 2022) ou 57 % du salaire journalier moyen de référence si le résultat précédent est inférieur. L'allocation ne peut être ni inférieure à un minimum révisé au 1er juillet (30,42 € au 1er juillet 2022) ni supérieure à 75 % du salaire journalier de base.

Détermination du SJR. Le montant de l'ARE est calculé à partir d'un salaire de référence constitué des rémunérations soumises à contribution de l'assurance chômage et afférentes à une période de référence calcul (PRC) correspondant à la période de référence affiliation (PRA). À partir du salaire de référence est calculé le « salaire journalier de référence » en divisant ce montant par la somme des jours calendaires retenus au titre de la durée d'indemnisation.

Dégressivité de l'allocation. Depuis le 1er juillet 2021, il a été instauré un coefficient de dégressivité de l'ARE égal à 0,7 % à compter du 183e jour d'indemnisation. Cette dégressivité concerne les allocataires âgés de moins de 57 ans à la date de fin de leur contrat de travail et dont l'allocation journalière est supérieure ou égale à 87,65 € (valeur au 01/07/2022).

3. Le paiement de l'allocation

Moment du paiement. Les allocations sont dues tous les jours calendaires et payées mensuellement à terme échu. L'ARE est versée après écoulement des différés d'indemnisation et du délai d'attente.

Différés d'indemnisation et délai d'attente. Ils ont pour but de limiter le cumul des sommes versées à l'occasion de la rupture avec le versement de l'ARE (tab. 19.2).

Tableau 19.2. **Reports d'indemnisation**

Différé d'indemnisation « congés payés »	• Il vise à reporter le versement des allocations chômage à l'expiration d'un délai calculé à partir du montant des indemnités compensatrices de congés payés. Il s'obtient en divisant le montant des indemnités compensatrices de congés payés versées à l'occasion de toutes les fins de contrat de travail dans les 182 jours (6 mois) précédent la dernière fin de contrat de travail par le SJR. • Le résultat est un nombre de jours, arrondi à l'entier inférieur. • Ce différé est limité à 30 jours en principe.
Différé d'indemnisation spécifique	• Il est calculé en fonction des indemnités versées et qui ne résultent pas de celles visées par la loi (ex. : indemnités conventionnelles supérieures aux indemnités légales). • Il s'obtient comme suit : (totalité des indemnités ou des sommes inhérentes à la rupture du contrat) – (montant correspondant aux indemnités légales) ÷ 95,8. Le nombre de jours correspond au nombre entier obtenu. Le différé est limité à 150 jours calendaires. Il est réduit à 75 jours si la rupture a une cause économique.
Délai d'attente	Il court à compter du ou des différés d'indemnisation. Il est de sept jours calendaires.

Régimes social et fiscal. L'ARE n'est pas assujettie aux cotisations sociales à l'exception, sous conditions du montant, d'une cotisation pour la retraite complémentaire. Elle est soumise à la CSG et la CRDS mais il existe des exonérations. Elle est également soumise à l'IR.

Terme du paiement. L'ARE cesse d'être versée au chômeur qui perd la qualité de demandeur d'emploi.

FOCUS **Le cas particulier de l'allocation de solidarité spécifique**

L'**allocation de solidarité spécifique** (ASS) est versée à des catégories particulières de chômeurs. Il s'agit, par exemple, des chômeurs ayant épuisé leurs droits à l'ARE, des allocataires âgés d'au moins 50 ans qui optent pour l'ASS et des personnes qui ne peuvent pas prétendre aux allocations de l'assurance chômage (ex. : personnes sortant de prison). Son obtention est soumise à diverses conditions.

→ APPLICATION 2 • CAS 3 • SITUATION PRATIQUE 5

L'activité partielle

A) Le champ d'application

Objet. Le dispositif d'**activité partielle** a pour objectif d'accompagner les entreprises contraintes de réduire temporairement leur activité et le nombre de leurs salariés en permettant à ces derniers de recevoir une indemnisation. En clair, ce dispositif permet de ne pas rompre les contrats de travail de salariés surnuméraires.

Motifs de recours. De nombreux cas de recours à l'activité partielle existent, dont :

- la conjoncture économique ;
- les difficultés d'approvisionnement en matières premières ou en énergie ;
- un sinistre ;
- des intempéries à caractère exceptionnel ;
- une transformation, restructuration ou modernisation de l'entreprise ;
- toute autre circonstance à caractère exceptionnel.

Conditions. La diminution de l'activité ou sa cessation doit être temporaire et collective. En cas de diminution de l'horaire, seule la partie en deçà de l'horaire légal est indemnisée.

Salariés. Tous les salariés de l'entreprise ont vocation à être indemnisé au titre de l'activité partielle même les travailleurs à temps partiel.

Formalités. Pour passer en activité partielle, l'employeur qui emploie au moins 50 salariés doit consulter le CSE. Il formule une demande auprès de l'autorité administrative, qui répond dans les quinze jours calendaires du dépôt de la demande. Le silence vaut acceptation. Si l'administration refuse, elle motive sa décision et indique au chef d'entreprise les voies de recours à mettre en œuvre.

B) L'indemnisation au titre de l'activité partielle

1. Le cas de l'employeur

Objet. L'employeur dont les salariés sont en activité partielle reçoit une allocation financée par l'État et le gestionnaire de l'assurance chômage (Unédic).

Montant. Le montant horaire de l'indemnisation est fixé par décret.

Durée. Sur 12 mois consécutifs, le recours à l'activité partielle est autorisé pour trois mois maximum et renouvelable une fois. L'employeur qui recourt à l'activité partielle, dans les 36 mois qui suivent une demande précédente, doit prendre des engagements spécifiques (ex. : action de formation, GPEC).

Contingent. Le contingent indemnisable est de 1 000 heures par an et par salarié.

2. Le cas du salarié

Indemnité partielle versée au salarié. Le salarié placé en position d'activité partielle reçoit de son employeur une indemnité horaire brute correspondant à 60 % de la rémunération brute servant d'assiette pour le calcul de l'indemnité de congés payés.

Rémunération mensuelle minimale. En cas de réduction d'horaires imposée au salarié, ce dernier a droit à une rémunération minimale correspondant au Smic horaire multiplié par le nombre d'heures correspondant à la durée légale pour le mois considéré à condition qu'il soit lié à l'employeur par un contrat de travail au volume horaire au moins égal à la durée légale hebdomadaire du travail. Quand le montant de la rémunération minimale n'est pas atteint, l'employeur verse une allocation complémentaire.

→ CAS 3 • CAS 4

DES SAVOIRS AUX COMPÉTENCES

Évaluer les savoirs | Maîtriser les compétences | Préparer l'épreuve

1 Quiz

Vérifiez l'exactitude des propositions ci-après et justifiez vos réponses.

	Vrai	Faux
1. Il existe deux formes d'indemnisation du chômage : le chômage total et le chômage partiel.	☐	☐
2. Une personne qui démissionne est indemnisée.	☐	☐
3. Pour bénéficier de l'ARE il faut respecter des conditions.	☐	☐
4. Si un chômeur refuse deux ORE, il est radié automatiquement.	☐	☐
5. Le PPAE est une charte qui traduit les engagements du chômeur.	☐	☐
6. Il faut justifier d'une période d'affiliation à l'assurance chômage pour être éligible à l'ARE.	☐	☐
7. Le SJR correspond au Smic divisé par 365.	☐	☐
8. L'ASS est versée aux chômeurs en fin de droits.	☐	☐
9. Les cas dans lesquels un employeur peut mettre en activité partielle ses salariés sont limitativement prévus.	☐	☐
10. La mise en activité partielle permet à un employeur de contourner le Smic horaire.	☐	☐

Les délais de Sofia ★★★

Sofia vient d'être licenciée. Le solde de tout compte comptabilise 1 500 € d'indemnité compensatrice de congés payés. Sofia n'a touché aucune autre indemnité. Son salaire journalier moyen de référence est estimé par Pôle emploi à 200 €.

Quelle est la durée totale du report d'indemnisation de Sofia calculée par Pôle emploi ? Détaillez le calcul.

3 Cas Alabert ★★★

Compétences attendues **Identifier** les conditions d'indemnisation du chômage, les droits et obligations des demandeurs d'emploi et **apprécier** la validité du motif et les modalités de recours à l'activité partielle

Alabert est une SAS spécialisée dans les travaux de plasturgie. Cette entreprise de Tarbes emploie une centaine de salariés. Elle a été créée en 1970 et, depuis sa création, la direction est assurée par Mylène Lassoin, laquelle souhaiterait vendre son entreprise ou la liquider. Cette dernière hypothèse l'amènerait à licencier de nombreux salariés.

1. Octave Desyres a 64 ans. Il a cotisé au régime général de la sécurité sociale depuis de nombreuses années. Un rapide bilan montre que le nombre de trimestres de cotisation de cette personne s'élève à 180.
Octave Desyres peut-il bénéficier de l'ARE ? Quelle décision Mylène devra-t-elle prendre à son égard ?

2. Syndra Rosier a 20 ans. Elle a obtenu un BTS plasturgie et a été immédiatement embauchée. Elle est en période d'essai depuis un mois.
Syndra Rosier pourrait-elle bénéficier de l'ARE ?

3. Étienne Gilloire est régleur de production. Embauché il y a 15 ans, il a été promu régleur l'an dernier. Son salaire mensuel est de 1 900 €. Il est âgé de 50 ans.
Calculez l'ARE d'Etienne.

4. Solène Cruise vient de fêter son 25e anniversaire. Elle est commerciale depuis un an. Sa rémunération mensuelle est de 3 900 €. En cas de licenciement elle toucherait des indemnités de congés payés et une indemnité de non-concurrence.
Calculez le montant journalier de l'ARE de Solène.

5. Annabelle Lothier est régleur de production. Son salaire est identique à celui d'Étienne. En cas de licenciement, elle toucherait des indemnités légales de licenciement correspondant à une ancienneté de 10 ans et des indemnités compensatrices de congés payés.
En admettant que le préavis d'Annabelle se termine le 30 janvier et qu'Annabelle soit licenciée le 1er février, quand Annabelle toucherait-elle sa première ARE ?

Alabert vient de perdre un important contrat. Mme Lassoin envisage de monter un dossier d'activité partielle. L'entreprise fermerait pendant une semaine le mois prochain.

6. *Mme Lassoin doit-elle obtenir un avis des représentants du personnel ?*
7. *La perte d'un important contrat permet-elle de mettre les salariés en activité partielle ?*
8. *Qui donnera l'autorisation de mettre en œuvre l'activité partielle ? Quelles en seraient les conséquences pour Étienne Gilloire ?*

4 Cas Emma Derain ★★★

Compétence attendue **Identifier** les conditions d'indemnisation du chômage, les droits et obligations des demandeurs d'emploi

Depuis trois ans, Emma Derain travaille comme logisticienne chez Prosper, une entreprise de vente à distance. Son salaire mensuel brut est de 2 000 €. Il n'a pas varié depuis un an. Emma a été licenciée à la suite d'une altercation avec un supérieur hiérarchique. Emma est restée au chômage pendant deux mois. Ensuite, elle a retrouvé du travail mais son salaire brut est passé de 2 000 € à 1 600 €. Malgré cette baisse de rémunération, Emma a accepté le nouveau poste.

1. *Après lecture du document, précisez si Emma Derain peut cumuler un salaire et l'ARE. Dans l'affirmative, expliquez quelles en sont les conditions.*
2. *Vous admettez à présent que le cumul est possible. Calculez le montant de la rémunération d'Emma Derain au titre de l'ARE pour son travail chez son nouvel employeur.*

Document

Circulaire Unédic

Notion d'activité professionnelle salariée

Les règles de cumul de l'allocation d'assurance chômage avec le revenu d'une activité salariée ou non salariée sont applicables dès lors que l'activité exercée par l'allocataire a le caractère d'une activité professionnelle.

Les activités salariées, exercées dans le cadre d'un contrat de travail, constituent, par définition et par hypothèse, des activités professionnelles.

Activité professionnelle salariée reprise par un allocataire en cours d'indemnisation

2.1. Détermination du cumul

2.1.1. Principes

Sont concernés les allocataires qui, indemnisables au titre de l'ARE, reprennent une activité professionnelle postérieurement à la fin de contrat de travail prise en considération pour leur admission au bénéfice de l'allocation.

Dans cette situation et si l'allocataire continue de remplir toutes les conditions d'attribution de l'ARE, il peut cumuler les rémunérations issues de son emploi avec une partie de ses allocations d'assurance chômage, quel que soit le nombre d'heures effectuées au titre de l'activité reprise.

Pour la détermination du cumul de l'allocation avec les rémunérations salariales, sont prises en considération les sommes versées dans le cadre de l'exécution du contrat de travail.

[...] La règle de cumul des allocations et des rémunérations est la suivante : le montant total mensuel de l'ARE normalement versé en l'absence de reprise d'activité est réduit de 70 % des rémunérations mensuelles brutes issues de l'activité salariée reprise.

•••

...

La rémunération mensuelle perçue au titre de l'activité professionnelle s'ajoute donc au montant mensuel d'allocations minoré ainsi déterminé. Cela étant, ce cumul est plafonné au montant mensuel du salaire de référence : le montant mensuel perçu au total par l'allocataire (rémunérations + allocations versées) ne peut pas excéder le salaire de référence sur la base duquel le montant de son allocation a été calculé. En effet, il doit être rappelé que la loi plafonne le montant de l'allocation pouvant être perçue au montant net de la rémunération antérieurement perçue.

Le montant mensuel d'allocations effectivement versé correspond ainsi à un nombre mensuel de jours indemnisables, déterminé en divisant le montant d'allocations versé par le montant de l'ARE journalière tel que défini par les articles 14 à 18 du règlement général. Le quotient ainsi obtenu est arrondi à l'entier le plus proche.

Le calcul de ce nombre de jours indemnisables, fonction des rémunérations issues de l'activité reprise, s'effectue mois par mois. [...]

Formules de calcul

Nombre mensuel de jours indemnisables

Le nombre mensuel de jours indemnisables est déterminé selon la formule suivante :

ARE mensuelle – (rémunération brute de l'activité reprise × 0,70)/ARE journalière

Le nombre de jours ainsi obtenu est arrondi à l'entier le plus proche.

Plafond de cumul au montant mensuel du salaire de référence

Comme indiqué précédemment, le montant mensuel perçu au total par l'allocataire (allocation due + rémunération de l'activité reprise) ne peut pas excéder le salaire mensuel de référence sur la base duquel le montant de son allocation a été calculé.

Ce plafond de cumul est calculé en multipliant le salaire journalier de référence (SJR) par 30,42 (365/12 = 30,42).

Si le plafond est atteint (allocation due + rémunération de l'activité reprise > SJR × 30,42), le nombre de jours indemnisables est obtenu selon la formule suivante :

(Salaire journalier de référence × 30,42) – rémunération brute de l'activité reprise/ ARE journalière

Le nombre de jours ainsi obtenu est arrondi à l'entier le plus proche.

Exemple. Pas de dépassement du plafond de cumul

Paramètres de l'exemple :

- SJR = 100 €
- Plafond de cumul : 3 042 € (100 € × 30,42)
- Salaire de l'emploi repris : 2 100 €
- Allocation journalière : 57 € (correspondant à 57 % du SJR) [...]
- ARE pour 30 jours : 1 710 € (57 € × 30 jours)

Allocation due

- Allocation due pour 30 jours : 1 710 € – (2 100 € × 0,70) = 1 710 € – 1 470 € = 240 €
- Plafond de cumul (salaire antérieur) : 3 042 €
- Cumul de l'ARE et du salaire de l'emploi repris : 240 € + 2 100 € = 2 340 €

...

…

2 340 € < 3 042 € → le plafond de cumul n'est pas atteint (allocation due + rémunération de l'activité reprise < SJR × 30,42).

Nombre de jours indemnisables

Formule de calcul du nombre de jours indemnisables = 240 €/57 € = 4,2 jours

Ce nombre est arrondi à l'entier le plus proche, soit 4 jours

L'ARE versée est égale à 216 € (4 jours × 54 €). Pour le mois considéré, l'allocataire cumule l'ARE (216 €) avec son salaire (2 100 €), soit un revenu total de 2 316 €.

Source : circulaires Unédic 2021-13 du 19 octobre 2021

Évaluer les savoirs | Maîtriser les compétences | **Préparer l'épreuve**

5 Situation pratique : Séverine Sanderno ★★★

25 min

Compétence attendue **Cerner** les conditions d'indemnisation du chômage, les droits et obligations des demandeurs d'emploi

Récemment licenciée par l'entreprise française qui l'employait en tant que travailleur transfrontalier installé en Belgique, Séverine Sanderno se demande si elle est éligible à l'allocation de retour à l'emploi.

Votre mission : conseiller Séverine quant à son droit éventuel à l'ARE

Rendez-vous MÉTHODE 2

1. *Analysez l'arrêt de la Cour de cassation du 28 février 2018.*
   1.1. *Formulez le problème juridique posé par cette affaire.*
   1.2. *Résumez les arguments du demandeur au pourvoi.*
   1.3. *Identifiez, résumez et appréciez les arguments développés par la Cour de cassation pour répondre à M. X, demandeur au pourvoi et ancien salarié de la société Air France.*
2. *Précisez à Séverine si elle peut bénéficier de l'ARE.*

Document

Cour de cassation, chambre sociale, 28 février 2018, pourvoi n° 15-24181

Attendu, selon l'arrêt attaqué (CA Amiens, 23 juin 2015), que M. X, licencié le 12 août 2004 pour inaptitude médicale par la société Air France, a sollicité le 24 janvier 2005 auprès de Pôle emploi Picardie sa prise en charge au titre de l'assurance chômage ; qu'il a été admis au bénéfice de l'allocation d'aide au retour à l'emploi à compter du 8 mars 2005 et jusqu'au 31 mai 2011, mois de son 65e anniversaire, avec dispense de recherche d'emploi ; que le 4 janvier 2012, Pôle emploi Picardie l'a mis en demeure de rembourser les allocations de chômage perçues au motif qu'il résidait aux États-Unis durant la période indemnisée ;

…

...

Attendu que l'allocataire fait grief à l'arrêt de le condamner à payer à Pôle emploi Picardie la somme de 193 999,27 € alors, selon le moyen :

1°/ que les partenaires sociaux ne sont habilités par l'article L. 351-8 [devenu L. 5422-20] du Code du travail qu'à prendre des mesures d'application des dispositions légales relatives au régime de l'assurance chômage ; que les accords conclus en vertu de ce texte ne peuvent restreindre les droits que les travailleurs tiennent de la loi ; que celle-ci ne prévoit, à titre de conditions d'attribution de l'allocation d'assurance, que la privation involontaire d'emploi, l'aptitude au travail, la recherche d'un emploi, sauf dispense, et la satisfaction à des critères d'âge et d'activité antérieure ; qu'en décidant que les partenaires sociaux n'avaient pas excédé leurs pouvoirs en faisant de la résidence du salarié privé d'emploi sur le territoire relevant du champ d'application du régime d'assurance visé à l'article 3 de la convention l'une des conditions d'attribution de l'allocation d'aide au retour à l'emploi, cependant que la loi n'exclut pas du droit à l'allocation les chômeurs ne résidant pas sur le territoire relevant du champ d'application du régime visé par la convention et que l'ajout aux exigences légales d'une condition d'attribution relative à la résidence du demandeur d'emploi ne constitue pas une modalité d'application de la loi, la cour d'appel a violé les articles L. 351-3 et suivants devenus L. 5422-1 et suivants du Code du travail ;

2°/que la liberté fondamentale d'aller et venir comporte le droit de quitter le territoire national ; que la soumission de l'attribution des allocations chômage à une condition relative à la résidence sur le territoire national restreint l'exercice de ce droit en ayant un effet dissuasif à l'égard des travailleurs privés d'emploi ; qu'une telle restriction ne peut être considérée comme proportionnée aux objectifs poursuivis ; qu'en considérant que la perte du droit aux allocations consécutive à un départ hors du territoire national ne constitue pas une entrave au droit des travailleurs privés d'emploi de quitter le territoire, et en s'abstenant en conséquence de rechercher si cette restriction à la liberté d'aller et venir était justifiée et proportionnée au but poursuivi, la cour d'appel a violé les articles 2 et 4 de la Déclaration des droits de l'homme et du citoyen de 1789.

Mais attendu, d'abord, que les organisations syndicales d'employeurs et de travailleurs auxquelles les articles L. 351-8 et L. 352-2 du Code du travail, alors en vigueur, donnent compétence pour négocier et conclure des accords ayant pour objet de déterminer les mesures d'application des dispositions légales relatives au régime d'assurance chômage, ne méconnaissent pas leur pouvoir en insérant au règlement annexé à une convention d'assurance chômage des dispositions qui prévoient, dès lors que le législateur donne au service public de l'emploi pour mission l'accueil, l'orientation, la formation, l'insertion et l'accompagnement des demandeurs d'emploi, que l'attribution et le paiement de l'allocation d'aide au retour à l'emploi est subordonné à la résidence du bénéficiaire sur le territoire relevant du champ d'application du régime d'assurance chômage.

SYNTHÈSE

La protection contre le chômage

Chômage total et activité partielle

	Chômage total	Activité partielle
Conditions	• Contrat de travail involontairement rompu (sauf exceptions : ruptures négociées et ruptures conventionnelles, par exemple) • Inscription sur la liste des demandeurs d'emploi • Être physiquement apte • Être âgé de moins de 62 ans • Être domicilié sur le territoire français	• Recours : durée travaillée inférieure à la durée légale • Motifs de recours : conjoncture économique, difficultés d'approvisionnement, sinistre, intempéries, restructuration, circonstances à caractères exceptionnelles
Indemnisation	• Aide au retour à l'emploi (ARE) • Durée d'affiliation : en principe, avoir cotisé au moins 130 jours ou 910 heures au cours des 24 ou 36 mois précédant la fin du préavis • Durée d'indemnisation : elle est égale à la somme des jours travaillés et non travaillés de la période d'affiliation • Montant de l'indemnité : 40,4 % du SJR + 12,47 € depuis le 1er juillet 2022 • Paiement de l'allocation : après écoulement des différés d'indemnisation (congés payés et spécifique) et délai d'attente de sept jours	• Indemnités versées à l'employeur : montant variable en fonction de l'effectif • Indemnités versées au salarié : 70 % de sa rémunération brute servant de base de calcul à l'indemnité de congés payés • Garantie minimale de rémunération : le Smic pour un salarié aux 35 heures

Calcul du salaire journalier de référence (SJR)

$$SJR = \frac{S}{N}$$

avec :

• S : ensemble des salaires perçus au cours de la période de référence pour obtenir le salaire de référence

• N : nombre de jours calendaires retenus au titre de la durée d'indemnisation

CHAPITRE 20 La protection sociale complémentaire

PROGRAMME

Compétences attendues	Savoir associé
• **Identifier** les institutions et les opérations réalisées par les régimes complémentaires • **Déterminer** si un régime de protection sociale complémentaire est obligatoire ou facultatif	Les régimes complémentaires : institutions et opérations

PRÉREQUIS

Le régime général de la sécurité sociale (chapitre 19)

PLAN DU CHAPITRE

COURS : 1. La retraite complémentaire unique • 2. La protection sociale complémentaire obligatoire

DES SAVOIRS AUX COMPÉTENCES : Évaluer les savoirs • Maîtriser les compétences • Préparer l'épreuve

SYNTHÈSE

Face à la réalisation des aléas de la vie (ex. : maladie, accident, etc.), la sécurité sociale offre une couverture. Celle-ci n'a jamais été suffisante. Aujourd'hui, avec la crise lancinante du financement de la protection sociale, le vieillissement de la population et l'apparition de nouveaux besoins, l'insuffisance de la protection sociale de base est évidente. C'est dans ce cadre que se sont développées la retraite complémentaire et la protection sociale complémentaire obligatoires.

MOTS-CLÉS

Contribution d'équilibre • Cotisation de base • Fédération Agirc-Arcco • Plafond annuel de la sécurité sociale • Protection sociale complémentaire • Retraite complémentaire • Retraite par répartition • Société d'assurances mutuelles • Versement santé

1 La retraite complémentaire unique

A) L'institution de retraite

1. La fusion des régimes

Depuis le 1er janvier 2019, un régime de **retraite complémentaire** unique Agirc-Arcco a remplacé ces deux régimes autrefois distincts.

Gestion. Personne morale de droit privé à but non lucratif, la **fédération Agirc-Arcco** est une institution de retraite complémentaire obligatoire des salariés du secteur privé. Elle remplit une mission d'intérêt général, ce qui la fait échapper au droit communautaire et interne de la concurrence. Elle est administrée paritairement par des représentants des membres adhérents (entreprises) et des représentants des membres participants (salariés). L'Agirc-Arcco répond au **principe de spécialité**. En pratique, l'association de gestion ne peut pas engager d'autres opérations que celles qui sont nécessaires à la mise en œuvre des opérations de gestion du régime de retraite complémentaire. Par exception, elle peut développer des actions sociales au profit des membres participant à l'institution.

Retraite par répartition. L'Agirc-Arcco repose sur le principe de la répartition (↪ chapitre 18).

Définition

Dans un système de **retraite par répartition**, les cotisations de l'année en cours servent au paiement des prestations des retraités de l'année en cours.

2. Le champ d'application du régime de retraite

Champ d'application territorial. Le régime s'applique de plein droit en métropole et dans les départements d'outre-mer suivants : Guadeloupe, Guyane, Martinique, Réunion. Il s'applique aussi aux collectivités d'outre-mer (Saint-Pierre-et-Miquelon, Saint-Martin, Saint-Barthélemy), à la Nouvelle-Calédonie et à Monaco.

Champ d'application professionnel. En principe, l'affiliation à un régime de retraite complémentaire est obligatoire pour tous les salariés assujettis, à titre obligatoire, à l'assurance vieillesse du régime général de la sécurité sociale (↪ chapitre 18) ou des assurances sociales agricoles (↪ chapitre 21).

Bénéficiaire. Les salariés et assimilés, au sens du droit de la sécurité sociale, doivent être affiliés au régime de retraite complémentaire obligatoire.

Exemple

- Certains dirigeants d'entreprise, comme les gérants minoritaires des SARL, les gérants de sociétés en commandite ou les présidents, directeurs généraux et directeurs généraux délégués des SA sont assimilés, par le droit de la sécurité sociale, à des salariés. Cette assimilation est conditionnée à l'obtention de rémunérations.

B) Les cotisations

1. Les principes

Assiette. Les cotisations dues au titre de la retraite complémentaire sont calculées sur les éléments de rémunération définis pour le calcul des cotisations de sécurité sociale. En conséquence, sont assujetties aux cotisations Agirc-Arcco toutes les sommes, ainsi que les avantages et accessoires en nature ou en argent associés et dus en contrepartie ou à l'occasion d'un travail ou d'une activité, quelles que soient la dénomination ou la qualité de celui qui les attribue.

CHIFFRES-CLÉS

Le plafond annuel 2023 de la sécurité sociale (Pass) est fixé à 43 992 €. (www.service-public.fr, 2023)

Tranches de rémunération. Les cotisations sont calculées sur deux tranches de rémunération :

- la **tranche 1 (T1)** est constituée de la fraction de la rémunération dont le montant n'excède pas le **plafond annuel de la sécurité sociale** (Pass) ;
- la **tranche 2 (T2)** est constituée de la fraction de la rémunération comprise entre une et huit fois le Pass.

2. Les différentes cotisations

Types. Il s'agit de la **cotisation de base** et des **contributions d'équilibre**. Les cotisations sont prises en charge par l'employeur à hauteur de 60 % et par le salarié à hauteur de 40 %.

Cotisations de base. Ces cotisations sont dues par l'employeur et le salarié. Elles sont appelées à 127 % mais seules les cotisations versées au titre des taux de base entraînent l'inscription de points au compte de retraite complémentaire du participant salarié (tab. 20.1).

Tableau 20.1. Cotisations de base

	Taux global (%)	Part patronale (%)	Part salariale (%)
Tranche 1 (jusqu'à 1 Pass)	7,87 (6,20 × 127 %)	4,72 (7,87 × 60 %)	3,15 (7,87 × 40 %)
Tranche 2 (de 1 à 8 Pass)	21,59 (17 × 127 %)	12,95 (21,59 × 60 %)	8,64 (21,59 × 40 %)

Contributions d'équilibre. Le régime de retraite complémentaire étant déséquilibré, des contributions supplémentaires sont dues. Il en existe deux.

Contribution d'équilibre général. Cette contribution est due au taux de 2,15 % sur la tranche 1 et au taux de 2,70 % sur la tranche 2 (tab 20.2).

Tableau 20.2. Contributions d'équilibre général

	Taux global (%)	Part patronale (%)	Part salariale (%)
Tranche 1 (jusqu'à 1 Pass)	2,15	1,29 (2,15 × 60 %)	0,86 (2,15 × 40 %)
Tranche 2 (de 1 à 8 Pass)	2,70	1,62 (2,70 × 60 %)	1,08 (2,70 × 40 %)

Contribution d'équilibre technique. Cette contribution est due au taux de 0,35 %. Elle est applicable aux tranches 1 et 2 (tab. 20.3).

Tableau 20.3. Tranches 1 et 2 des contributions d'équilibre technique

	Taux global (%)	Part patronale (%)	Part salariale (%)
Tranches 1 et 2 (jusqu'à 8 Pass)	0,35	0,21 (0,35 × 60 %)	0,14 (0,35 × 40 %)

C) Les prestations

1. Les conditions d'obtention

Âge de la retraite. Le participant peut bénéficier de sa pension de retraite complémentaire s'il a atteint l'âge légal pour liquider ses droits à pension dans le régime de base augmenté de cinq ans. Pour les personnes nées à compter du 1er janvier 1955, l'âge est donc de 67 ans (62 + 5). Il est possible de liquider ses droits au plus tôt dix ans avant cet âge. Dans ce cas, la pension est minorée.

Cessation d'activité. Pour obtenir la liquidation de ses droits à la retraite complémentaire, le participant doit cesser toute activité salariée ou autre.

FOCUS — Le cumul d'une activité salariée et d'une pension Agirc-Arrco

Le cumul emploi retraite complémentaire est autorisé aux conditions suivantes :

- avoir cessé son activité ;
- satisfaire à une condition d'âge et de durée d'assurances ;
- avoir liquidé toutes ses pensions de retraite.

Si le retraité ne remplit pas les conditions précédentes, le service de l'allocation est maintenu si la somme des revenus provenant d'une nouvelle activité professionnelle et des pensions est inférieure :

- soit à 160 % du Smic;
- soit au dernier salaire normal d'activité;
- soit au salaire moyen des dix dernières années d'activité.

Si ces trois montants sont dépassés, le versement de l'allocation de retraite est suspendu. En tout état de cause, les cotisations dues sur cette nouvelle rémunération n'engendreront pas de droits futurs à la retraite.

CHIFFRES-CLÉS

La valeur de service du point Agirc-Arrco **2023** est fixée à **1,3498 €**. Le salaire horaire de référence, à **17,4316 €**. (Agirc-Arrco.fr, 2023)

Montant de la retraite. Chaque participant dispose d'un compte de points de retraite complémentaire. Ce compte est ouvert dès que le participant développe une activité relevant du champ d'application de l'ANI relatif à la retraite complémentaire. Les périodes d'activité rapportent des points de retraite complémentaire.

FOCUS **L'achat de points de retraite complémentaire**

La valeur du point est déterminée en fonction du taux d'évolution du salaire moyen des participants du régime, éventuellement corrigé d'un facteur de soutenabilité du régime de retraite complémentaire et tenant compte de la situation du marché du travail. Les anciens points Agirc et Arrco sont convertis automatiquement.

L'allocation de retraite complémentaire, revalorisée chaque année, est calculée en multipliant le nombre de points inscrits au compte du participant, à la date de la liquidation de ses droits, par la valeur de service du point de retraite du régime.

2. Le paiement de la pension de retraite

La pension de retraite complémentaire est liquidée sur demande. Elle est versée au premier jour du mois civil au cours duquel la demande de liquidation a été déposée. Les allocations sont versées d'avance mensuellement.

→ APPLICATION 2 • CAS 3

2 La protection sociale complémentaire obligatoire

A) Les institutions

1. Quand nécessité fait loi

La protection par les régimes légaux de sécurité sociale est insuffisante (développement des besoins sociaux, crise du financement de la protection sociale, imperfections des régimes obligatoires...).

Pour faire face à cette situation se sont développées, par vagues successives, des institutions (ex. : mutuelles, compagnies d'assurances) qui ont donné naissance à la protection sociale complémentaire.

Définition

L'article L. 911-2 du Code de la sécurité sociale définit la **protection sociale complémentaire** comme la « couverture du risque décès, des risques portant atteinte à l'intégrité physique de la personne ou liés à la maternité, des risques d'incapacité de travail ou d'invalidité, des risques d'inaptitude et du risque chômage ainsi que la constitution d'avantages sous forme de pensions de retraite, d'indemnités ou de primes de départ en retraite ou de fin de carrière ».

2. Les organismes assureurs

Il existe au moins **trois types** d'organismes assureurs :

- **Les mutuelles.** Elles ont été créées par l'association de personnes souhaitant bénéficier de biens et de services qui ne leur étaient pas accessibles. Régies par le Code de la mutualité, elles « mènent, notamment au moyen des cotisations versées par leurs membres, et dans l'intérêt de ces derniers et de leurs ayants droit, une action de prévoyance, de solidarité et d'entraide, dans les conditions prévues par leurs statuts, afin de contribuer au développement culturel, moral, intellectuel et physique de leurs membres et à l'amélioration de leurs conditions de vie » (CSS, art. L. 111-1 al. 1er). Les mutuelles sont des organismes à but non lucratif ; elles n'ont pas de capital social. Elles sont gérées par leurs membres selon le principe « un homme, une voix ».

- **Les institutions de prévoyance.** Une institution de prévoyance est un organisme de droit privé régi par le Code de la sécurité sociale. Elle gère des contrats collectifs d'assurance de personnes. Elle propose des garanties au bénéfice des salariés en cas de réalisation de certains risques (ex. : maladie, incapacité de travail, invalidité, dépendance, décès) ainsi que des dispositifs d'épargne retraite. Organisme à but non lucratif, elle est gérée paritairement par les différents partenaires sociaux et dirigée par un conseil d'administration également paritaire.
- **Les entreprises d'assurances.** La loi impose que les entreprises d'assurances soient :
  - des sociétés anonymes (SA), sociétés commerciales de droit privé. Toutefois, le Code des assurances soumet ces sociétés à des règles spéciales. Elles ne peuvent débuter leurs opérations qu'après avoir reçu une autorisation administrative et doivent appliquer des règles prudentielles
  - des sociétés d'assurances mutuelles.

Définition

Les **sociétés d'assurances mutuelles** sont régies par le Code des assurances. Elles ont un objet non commercial, pas de capital social mais un équivalent avec l'obligation de constituer un fonds d'établissement.

B) Les prestations

1. La couverture santé complémentaire obligatoire des salariés

Orientation. L'accord national interprofessionnel (ANI) du 11 janvier 2013 a généralisé aux salariés la couverture santé complémentaire obligatoire. Cet accord a été transposé dans la loi et, depuis le 1er janvier 2016, le Code de la sécurité sociale impose aux entreprises de mettre en place, par décision unilatérale, une complémentaire santé.

Champ d'application. La couverture santé complémentaire a un caractère obligatoire et collectif. Elle vise les salariés des entreprises sauf exception. La dispense concerne divers cas, notamment ceux des salariés à qui un CDD ou un contrat de mission intérimaire trop court n'ouvre droit dans l'entreprise, qu'à une couverture inférieure à trois mois ; ou encore ceux des salariés ayant plusieurs employeurs et bénéficiant, au titre d'un autre emploi, d'une couverture complémentaire.

Garanties. La complémentaire santé bénéficie d'une exonération de contributions sociales patronales si elle respecte **deux qualités** :

- **Solidarité.** L'organisme, gestionnaire de la complémentaire, ne doit pas fixer les cotisations en fonction de l'état de santé des personnes couvertes. De plus, lors de l'adhésion, il ne doit pas recueillir de données personnelles à caractère médical.
- **Responsabilité.** La garantie doit couvrir certains soins (ex. : intégralité du ticket modérateur, forfait journalier hospitalier). En revanche, la garantie ne doit pas couvrir certains frais (ex. : franchises, participations forfaitaires, frais occasionnés par le non-respect du parcours de soins avec le médecin traitant).

Financement. La loi prévoit que l'employeur finance au moins la moitié de la complémentaire santé. Il s'agit d'un minimum. L'entreprise peut être couverte par une convention collective imposant une prise en charge supérieure.

FOCUS Le versement santé

La complémentaire santé n'est pas nécessairement adaptée à tous les salariés. Certains font valoir des dispenses quand d'autres en sont exclus (ex. : les travailleurs précaires à contrat court). Ces personnes peuvent recourir au « **versement santé** ». En pratique, le salarié conclut un contrat individuel avec un organisme d'assurance complémentaire santé. Il reçoit de celle-ci une attestation qui prouve qu'il est assuré. Il remet cette attestation à l'employeur. Ce dernier lui verse mensuellement la somme qu'il aurait acquittée dans le cadre de la complémentaire santé collective et obligatoire.

2. Le maintien du salaire en cas de maladie

Orientation. Le contrat de travail est un contrat synallagmatique : l'employeur est dispensé de verser le salaire si les prestations de travail ne sont pas effectuées. Toutefois, le Code du travail pose que, en cas de maladie ou d'accident du travail de certains salariés, l'employeur doit verser un complément aux indemnités journalières du régime général de la sécurité sociale. En pratique, cette indemnisation complémentaire permet au salarié un maintien de sa rémunération.

Conditions. Pour obtenir le versement du complément d'indemnisation, le salarié doit satisfaire à diverses conditions : il reçoit des soins en France ou dans l'UE. Il justifie d'une ancienneté d'un an au premier jour d'absence, de sa maladie et du versement d'un revenu de remplacement par la sécurité sociale. Il se soumet à la contre-visite patronale.

Paramètres de l'indemnisation. La durée d'indemnisation et son montant varient selon la période d'absence et l'ancienneté du salarié. En cas d'accident du travail, l'indemnisation complémentaire démarre au premier jour d'absence. Dans les autres cas, elle démarre à l'expiration d'un délai de carence de sept jours, avec deux périodes :
- trente jours pendant lesquels le salarié perçoit 90 % de sa rémunération brute ;
- à l'expiration de cette première période et en cas de besoin, s'ouvre une période égale pendant laquelle le salarié perçoit les deux tiers de sa rémunération brute.

Ces durées sont augmentées de dix jours par période entière de cinq ans d'ancienneté en sus de l'ancienneté minimale d'un an. La durée maximale d'indemnisation est de quatre-vingt-dix jours pour chacune des deux périodes (tab. 20.4).

Tableau 20.4. Durée d'indemnisation

Durée minimum d'ancienneté	Indemnisation à 90 %	Indemnisation à 66 %	Durée totale d'indemnisation
1 an	30 jours	30 jours	60 jours
6 ans	40 jours	40 jours	80 jours
11 ans	50 jours	50 jours	100 jours
16 ans	60 jours	60 jours	120 jours
21 ans	70 jours	70 jours	140 jours
26 ans	80 jours	80 jours	160 jours
31 ans	90 jours	90 jours	180 jours

→ CAS 4 • SITUATION PRATIQUE 5

DES SAVOIRS AUX COMPÉTENCES

Évaluer les savoirs — Maîtriser les compétences — Préparer l'épreuve

1 Quiz

Vérifiez l'exactitude des propositions ci-après et justifiez-les.

	Vrai	Faux
1. Seules les personnes assujetties à titre obligatoire à l'assurance vieillesse du régime général de la sécurité sociale peuvent bénéficier de l'Agirc-Arcco.	☐	☐
2. La retraite complémentaire Agirc-Arcco est financée uniquement par une cotisation des salariés.	☐	☐
3. Les contributions d'équilibre général et technique permettent aux salariés d'améliorer leur retraite future.	☐	☐
4. Pour bénéficier d'une pension de retraite complémentaire Agirc-Arcco, il suffit d'avoir atteint 62 ans.	☐	☐
5. Les organismes assureurs de la protection sociale complémentaire obligatoire sont les mutuelles.	☐	☐
6. Une institution de prévoyance est un organisme de droit privé régi par le Code des assurances.	☐	☐
7. L'exonération de la contribution sociale patronale sur la complémentaire santé est conditionnée.	☐	☐
8. Les employeurs privés financent 50 % de la complémentaire santé.	☐	☐
9. Tous les salariés ont droit au maintien du salaire en cas de maladie.	☐	☐
10. La durée de maintien du salaire en cas de maladie est de 30 jours.	☐	☐

La retraite de Tanya ★★★

Tanya prendra sa retraite au mois de juillet. Elle envisage de travailler pour un nouvel employeur dès le mois de septembre.

Indiquez à quelles conditions Tanya peut cumuler une pension de retraite complémentaire et un salaire.

3 Cas Paul Isambert ★★★

Compétences attendues

- **Identifier** les institutions et les opérations réalisées par les régimes complémentaires
- **Déterminer** si un régime de protection sociale complémentaire est obligatoire ou facultatif

Paul Isambert est né le 1er juillet 1961. En 1980 il a fondé avec des membres de sa famille Les Messageries Lyonnaises, une entreprise de transport rapide qui dessert Lyon et sa région. Actuellement, Paul Isambert exerce les fonctions de gérant de cette SARL. Avec 45 % du capital de l'entreprise, il est également associé minoritaire. Aujourd'hui, le parc automobile des messageries compte une vingtaine de camions et camionnettes.

La gestion de l'entreprise est complexe; certains jours, les chauffeurs ne se présentent pas et Paul est amené à effectuer lui-même des livraisons. C'est dans ces circonstances qu'il a été victime d'un accident de la circulation qui l'a partiellement invalidé. Il envisage de prendre sa retraite dès que possible tout en conservant ses parts sociales.

1. *Depuis de nombreuses années Paul Isambert a choisi de cotiser à l'Agirc-Arcco. Justifiez le choix de Paul.*
2. *À quel âge Paul Isambert pourra-t-il liquider ses droits à la retraite du régime général de la sécurité sociale ? À cette date pourra-t-il liquider ses droits à la retraite complémentaire ? Justifiez votre réponse.*
3. *Le revenu mensuel brut de Paul est de 5 200 €. Calculez le montant des cotisations dues à l'Agirc-Arcco.*
4. *Un des chauffeurs de l'entreprise prendra sa retraite l'an prochain. Il envisage de retravailler à temps partiel pour les Messageries lyonnaises. Au titre de l'AGIRC-ARCCO, ce cumul est-il possible ? À quelles conditions ?*
5. *Vous supposez maintenant que les Messageries lyonnaises sont une SA, que Paul en est le directeur général et vous traitez de nouveau la première question. En quoi les réponses aux questions 1 et 5 diffèrent-elles ? Pourquoi ?*
6. *Une institution de prévoyance vient de contacter Paul. Elle lui propose de mettre en place, au niveau de l'entreprise, un PERECO. De quoi s'agit-il ? Le PERECO entre-t-il dans la définition de la protection sociale complémentaire ? Ce système est-il facultatif ou obligatoire ?*

Document

Code de la sécurité sociale (extraits)

Article L. 311-2

Sont affiliées obligatoirement aux assurances sociales du régime général, quel que soit leur âge et même si elles sont titulaires d'une pension, toutes les personnes quelle que soit leur nationalité, de l'un ou de l'autre sexe, salariées ou travaillant à quelque titre ou en quelque lieu que ce soit, pour un ou plusieurs employeurs et quels que soient le montant et la nature de leur rémunération, la forme, la nature ou la validité de leur contrat.

Article L. 311-3

Sont notamment compris parmi les personnes auxquelles s'impose l'obligation prévue à l'article L. 311-2, même s'ils ne sont pas occupés dans l'établissement de l'employeur ou du chef d'entreprise, même s'ils possèdent tout ou partie de l'outillage nécessaire à leur travail et même s'ils sont rétribués en totalité ou en partie à l'aide de pourboires :

1° les travailleurs à domicile soumis aux dispositions des articles L. 721-1 et suivants du Code du travail;

2° les voyageurs et représentants de commerce soumis aux dispositions des articles L. 751-1 et suivants du Code du travail;

3° les employés d'hôtels, cafés et restaurants; [...]

11° Les gérants de sociétés à responsabilité limitée et de sociétés d'exercice libéral à responsabilité limitée à condition que lesdits gérants ne possèdent pas ensemble plus de la moitié du capital social, étant entendu que les parts appartenant, en toute propriété ou en usufruit, au conjoint, au partenaire lié par un pacte civil de solidarité et aux enfants mineurs non émancipés d'un gérant sont considérées comme possédées par ce dernier;

12° Les présidents du conseil d'administration, les directeurs généraux et les directeurs généraux délégués des sociétés anonymes et des sociétés d'exercice libéral à forme anonyme et les directeurs généraux et les directeurs généraux délégués des institutions de prévoyance, des unions d'institutions de prévoyance et des sociétés de groupe assurantiel de protection sociale;

13° les membres des sociétés coopératives de production ainsi que les gérants, les directeurs généraux, les présidents du conseil d'administration et les membres du directoire des mêmes coopératives lorsqu'ils perçoivent une rémunération au titre de leurs fonctions et qu'ils n'occupent pas d'emploi salarié dans la même société; [...]

22° Les dirigeants des associations remplissant les conditions prévues au deuxième alinéa du d du 1° du 7 de l'article 261 du Code général des impôts;

23° Les présidents et dirigeants des sociétés par actions simplifiées et des sociétés d'exercice libéral par actions simplifiées; [...]

30° Les présidents des sociétés coopératives de banque, mentionnées aux articles L. 512-61 à L. 512-67 du Code monétaire et financier;

4 Cas Roxane Youssouf ★★★

Compétence attendue — **Identifier** les institutions et les opérations réalisées par les régimes complémentaires

Roxane Youssouf a été embauchée le 1er juillet 2000 par La Coccinelle rouge, société spécialisée dans la fabrication et la distribution de cosmétiques bio. Elle a occupé diverses fonctions à la direction administrative et financière de cette importante société. Sa carrière a accompagné le développement rapide de l'entreprise. Roxane occupe depuis deux mois le poste de DAF. Elle vous confie divers dossiers dont elle a la charge.

1. Depuis plusieurs mois certains salariés s'inquiètent du questionnaire adressé par Medecyne, l'organisme qui gère Prévenir et Guérir, la complémentaire santé de La Coccinelle rouge. Deux questions leur posent particulièrement problème : « Seriez-vous d'accord pour que votre cotisation à Prévenir et Guérir varie en fonction de votre historique de maladies ? Est-il normal que le contrat choisi par votre entreprise ne permette pas le remboursement des frais occasionnés par les personnes qui ne respectent pas le parcours de soins avec le médecin traitant ? »

Que pensez-vous du questionnaire de Prévenir et Guérir ? Justifiez votre réponse.

2. Certains salariés souhaitent que l'entreprise résilie le contrat conclu avec Medecyne et que les salaires soient augmentés à concurrence du montant de la cotisation versée à cet organisme.

Que convient-il de répondre aux salariés mécontents ?

3. Ernesto Solier a été embauché pour trois semaines afin de remplacer un contrôleur de gestion malade. Ernesto ne souhaite pas souscrire à la complémentaire santé. Il vient de vous adresser un courriel en ce sens.

Répondez à Ernesto.

4. Estelle Paradise a rejoint l'entreprise il y a 14 mois. Elle est en arrêt maladie depuis quatre jours pour une grippe. Elle a consulté un délégué syndical qui lui a affirmé que « tout salarié français malade bénéficie de la règle du maintien du salaire, la protection est accordée automatiquement, sous réserve de respecter la condition précédente, et l'indemnisation dure 180 jours ».

Estelle est américaine et, en conséquence, elle pense que cet avantage ne peut pas lui être octroyé. Elle s'étonne de cette discrimination.

Que pensez-vous des propos du délégué syndical ?

Évaluer les savoirs | Maîtriser les compétences | Préparer l'épreuve

5 Situation pratique : cabinet Kontrol ★★★

Compétence attendue — **Déterminer** si un régime de protection sociale complémentaire est obligatoire ou facultatif

Depuis quelques semaines vous effectuez un stage au cabinet comptable Kontrol. Cette entreprise située dans votre ville a développé un important service consacré à la paie. Le responsable du service social vous confie le dossier suivant.

Dans une entreprise industrielle, la Cie Clermontoise, le directeur général envisage de mettre en place, par décision unilatérale, un régime de santé à destination de tout le personnel et allant au-delà des obligations de la loi négociée issue de l'ANI du 11 janvier 2013. Les caractéristiques de cette complémentaire améliorée seraient les suivantes : l'entreprise prendrait à sa charge 70 % de la cotisation à payer pour le personnel non cadre et 100 % pour le personnel cadre. L'employeur pense que les syndicats vont réagir négativement à sa proposition; que le conflit pourrait s'envenimer et aller jusqu'à la procédure judiciaire. Il souhaite que vous étudiiez la faisabilité juridique de son projet.

Votre mission : conseiller l'employeur pour se préparer à d'éventuelles contestations de son projet

Rédigez une note d'une vingtaine de lignes présentant les arguments juridiques des contestataires et les moyens de leur répondre.

Rendez-vous MÉTHODE 2

DOSSIER DOCUMENTAIRE

Document 1

Cour de cassation, chambre sociale, 20 février 2008, pourvoi n° 05-45.601

Attendu que l'employeur fait grief à l'arrêt de l'avoir condamné à payer une certaine somme au titre des tickets-restaurant, alors, selon le moyen, qu'un employeur est fondé à réserver l'attribution de titres-restaurant à la seule catégorie de salariés non-cadres, une telle disparité de traitement reposant sur des raisons objectives exclusives de toute discrimination; qu'ayant constaté que la société Alain Y... réservait le bénéfice de titres-restaurant aux seuls salariés non cadres, la cour d'appel qui a néanmoins considéré que tous les salariés qui disposaient d'un restaurant interentreprises devaient bénéficier d'un avantage équivalent a violé [la loi];

Mais attendu que la seule différence de catégorie professionnelle ne saurait en elle-même justifier, pour l'attribution d'un avantage, une différence de traitement entre les salariés placés dans une situation identique au regard dudit avantage, cette différence devant reposer sur des raisons objectives dont le juge doit contrôler la réalité et la pertinence; [...]

Document 2

Cour de cassation, chambre sociale, 13 mars 2013, pourvoi n° 11-13.645

Attendu que les salariés font grief à l'arrêt de refuser de déclarer qu'une inégalité de traitement avait été commise à leur détriment alors, [...]; qu'en se fondant, pour débouter les salariés de leurs demandes, sur le seul constat de l'appartenance des personnels à des catégories différentes, sans constater que la différence de traitement avait bien eu pour objet ou pour but de prendre en compte, de manière objective et pertinente [...] les spécificités de la situation de chacune de ces deux catégories professionnelles distinctes, ce qui supposerait que ces spécificités soient précisément établies, la cour d'appel n'a pas mis la Cour de cassation en mesure d'exercer son contrôle [...];

...

•••

Mais attendu qu'en raison des particularités des régimes de prévoyance couvrant les risques maladie, incapacité, invalidité, décès et retraite, qui reposent sur une évaluation des risques garantis, en fonction des spécificités de chaque catégorie professionnelle, prennent en compte un objectif de solidarité, et requièrent dans leur mise en œuvre la garantie d'un organisme extérieur à l'entreprise, l'égalité de traitement ne s'applique qu'entre les salariés relevant d'une même catégorie professionnelle.

Document 3

L'égalité de traitement dans les régimes de prévoyance complémentaire catégoriels (extrait de l'ANI du 11 janvier 2013)

10. Les contraintes techniques auxquelles se trouvent nécessairement soumis les régimes de prévoyance ont été particulièrement mises en avant par la chambre sociale qui parle de « spécificités » les concernant. Selon elle, trois bonnes raisons s'opposent à ce que l'on puisse leur appliquer purement et simplement le principe d'égalité de traitement et ce, dans la mesure où les régimes de prévoyance « reposent sur une évaluation des risques garantis, en fonction des spécificités de chaque catégorie professionnelle, prennent en compte un objectif de solidarité et requièrent dans leur mise en œuvre la garantie d'un organisme extérieur à l'entreprise ». Or, élargir brusquement le champ d'application personnel de tels régimes, fût-ce au nom d'une prétendue égalité, conduit à modifier la pesée des risques en même temps que l'étendue, voire la nature, de la solidarité... sans compter l'éventualité de voir l'organisme assureur ne plus pouvoir ou vouloir supporter le poids d'un tel élargissement. [...]

14. [...] nombre d'entreprises considère la présence d'un accord de prévoyance en leur sein comme un avantage financier [...] pour les salariés. D'ailleurs, elles appuient le plus souvent leur démonstration sur deux arguments d'ordre pécuniaire en mettant en avant soit le fait que le financement d'un tel régime est – intégralement ou partiellement – assuré par l'employeur, soit le constat que le niveau de couverture sociale ainsi procuré à chaque salarié est sans comparaison avec le moindre niveau de couverture qu'ils pourraient se procurer par la souscription d'un contrat d'assurance individuel. Dans tous les cas, il en résulte un réel avantage financier pour les personnels bénéficiaires. Pourtant, il faut bien admettre que le domaine de la prévoyance participe d'une autre idée que celle de la rémunération. D'ailleurs, analyser la protection sociale complémentaire en termes de rémunération présente à terme bien des dangers pour la sécurité sociale... En effet, comment justifier que des cotisations puissent être dues à la fois sur les contributions patronales destinées à assurer leur financement – puisque c'est par exception et sous réserve de conditions de plus en plus sévères que ces sommes sont exclues, « par faveur », de l'assiette des cotisations – et, en même temps, sur les prestations complémentaires servies aux salariés qui se trouvent affectés par un aléa social (maladie, maternité, invalidité, etc.) ? [...]

SYNTHÈSE

La protection sociale complémentaire

La retraite complémentaire unique

Conditions d'affiliation

- Assujettissement obligatoire à l'assurance vieillesse du régime général de la sécurité sociale
- Paiement des cotisations définies

→

Conditions des prestations

- Avoir atteint l'âge 67 ans
- Avoir cessé toute activité
- Avoir liquidé sa pension de retraite complémentaire

La protection sociale complémentaire obligatoire

Conditions d'affiliation

- Tous les salariés, sauf exceptions
- Financement à hauteur de 50 % par l'employeur
- Exonération de contribution sociale patronale si elle respecte deux qualités, solidarité et responsabilité

→

Conditions de maintien du salaire en cas de maladie

- Soins en France et dans l'UE
- Ancienneté d'un an au premier jour d'absence (indemnisation après 7 jours de carence, sauf accident du travail, à 90 % de la rémunération brute pendant les 30 premiers jours)
- Justification de la maladie et d'un revenu de remplacement par la sécurité sociale
- Soumission à la contre-visite patronale

CHAPITRE 21 Les autres régimes de protection sociale

PROGRAMME

Compétences attendues	Savoir associé
• **Identifier** les personnes assujetties • **Identifier** les organismes en charge de ce régime • **Caractériser** le régime social de l'assujetti	Les assurances maladie, vieillesse et chômage des personnes assujetties

PRÉREQUIS

Le régime général de la sécurité sociale (chapitre 18)

PLAN DU CHAPITRE

Cours : 1. Le régime des indépendants • 2. Le régime agricole

Des savoirs aux compétences : Évaluer les savoirs • Maîtriser les compétences • Préparer l'épreuve

Synthèse

Les régimes de protection sociale autres que le régime général de la sécurité sociale concernent les travailleurs indépendants et les agriculteurs.

Les travailleurs indépendants relevaient, jusqu'en 2017, du régime social des indépendants (RSI). Pour diverses raisons, celui-ci fonctionnait mal. Un tel constat a amené les pouvoirs publics à réorganiser le régime de protection sociale des indépendants qui relève désormais du régime général de la sécurité sociale.

Le régime social agricole est original. Il repose sur les caisses de la Mutualité sociale agricole (MSA). Depuis plusieurs années, ce régime tend également à se rapprocher du régime général de la sécurité sociale. Le rapprochement administratif (unification des méthodes de de gestion…) se double d'un alignement des prestations.

MOTS-CLÉS

Allocation des travailleurs indépendants • Conseil de la protection sociale des travailleurs indépendants • Professions libérales • Travailleurs indépendants • Mutualité sociale agricole

1 Le régime des indépendants

A) Les personnes assujetties au régime

1. Les professionnels libéraux

La loi n° 2012-387 du 22 mars 2012 relative à la simplification du droit et à l'allégement des démarches administratives a apporté, pour la première fois, une définition générale des professions libérales.

Définition

Les **professions libérales** regroupent les personnes exerçant à titre habituel, de manière indépendante et sous leur responsabilité, une activité de nature généralement civile. Dans l'intérêt du client ou public, elles assurent des prestations principalement intellectuelles, techniques ou de soins, mises en œuvre au moyen de qualifications professionnelles appropriées et dans le respect de principes éthiques ou d'une déontologie professionnelle.

Loi n° 2012-387 :
http://dunod.link/vrlrsb1

L'article L. 640-1 du Code de la sécurité sociale énumère les professions libérales qui doivent s'affilier aux régimes d'assurance vieillesse et d'invalidité-décès.

Exemple

- Les professionnels de santé, comme les médecins et les pharmaciens, les professions techniques, comme les experts-comptables et les architectes, sont concernés au premier chef, tout comme les métiers du droit, par exemple les notaires, à l'exception des avocats.

2. Les autres travailleurs indépendants

Définition

Les **travailleurs indépendants** sont définis par opposition aux salariés.

Comme les salariés, les travailleurs indépendants effectuent des prestations de travail contre rémunération, mais ils s'en distinguent par l'absence de lien de subordination juridique (↪ chapitre 3). Entrent dans cette catégorie les commerçants, industriels et autres artisans.

B) L'organisation institutionnelle de la protection sociale des indépendants

1. Le principe

La loi de financement de la sécurité sociale (LFSS) pour 2018 a supprimé le régime social des indépendants. Depuis le 1er janvier 2020, les travailleurs indépendants relèvent directement du régime général de la sécurité sociale (↪ chapitre 19).

En pratique et à l'exception partielle des professionnels libéraux, les travailleurs indépendants relèvent :

- Au **niveau national**, de la Caisse nationale de l'assurance maladie (Cnam), de la Caisse nationale d'assurance vieillesse (Cnav) et de l'URSSAF Caisse nationale.
- Au **niveau local**, des caisses primaires d'assurance maladie (CPAM), des caisses d'assurance retraite et de la santé au travail (Carsat) et des unions de recouvrement des cotisations de sécurité sociale et d'allocations familiales (Urssaf).

2. L'exception

Le maintien d'une représentation des artisans, commerçants et professions libérales au sein du régime général de la sécurité sociale et de ses divers organismes constitue une revendication que le législateur a souhaité prendre en compte. À cette fin, un organisme national dédié à la protection sociale des travailleurs indépendants a été créé. Il s'agit du **Conseil de la protection sociale des travailleurs indépendants** (CPSTI).

FOCUS **Les missions du Conseil de la protection sociale des travailleurs indépendants**

Le CPSTI est chargé de :

• Veiller à la bonne application des dispositions du Code de la sécurité sociale aux travailleurs indépendants.

• Déterminer les orientations générales relatives à l'action sanitaire et sociale en faveur des travailleurs indépendants.

• Piloter le régime complémentaire d'assurance vieillesse et le régime d'invalidité-décès des travailleurs indépendants hors professions libérales.

• Animer, coordonner et contrôler l'action des instances régionales de la protection sociale des travailleurs indépendants.

Des instances régionales de la protection sociale des travailleurs indépendants décident de l'attribution des aides et prestations en matière d'action sanitaire et sociale.

C) Le régime social des indépendants

1. La maladie-maternité

Cotisations. En principe le revenu d'activité indépendante sert de base au calcul de l'assiette, pour l'ensemble des travailleurs indépendants, des cotisations et des contributions sociales.

Prestations en nature. Le droit aux prestations est ouvert si la personne travaille ou, si n'exerçant pas d'activité professionnelle, elle réside en France de façon habituelle. En cas de maladie, maternité et accident, les modalités de prise en charge des frais de santé des travailleurs indépendants sont identiques à celles du régime des salariés.

Prestations en espèces. Pour bénéficier des indemnités journalières de l'Assurance maladie, l'indépendant doit être affilié comme tel depuis un an à la date du constat médical de l'incapacité de travail. La durée est de 360 IJ sur 3 ans. Pour les professionnels relevant de l'article L. 640-1 (professions libérales réglementées), la durée d'indemnisation est de 87 jours consécutifs pour une même incapacité de travail. Les professionnels libéraux relevant de la Caisse nationale d'assurance vieillesse des professions libérales (à l'exception notable des avocats) sont redevables, depuis le 1er juillet 2021, d'une cotisation destinée au financement d'indemnités journalières maladie, son taux est fixé à 0,30 %. Ils bénéficient aussi des prestations en espèces de l'assurance maternité.

2. La vieillesse

Artisans, industriels et commerçants. Ils bénéficient de prestations de retraite de base et complémentaire. Depuis le 1er janvier 2020, les versements sont effectués par la Carsat.

Professionnels libéraux hors avocats. L'organisation autonome d'assurance vieillesse des professions libérales comprend une caisse nationale (caisse nationale d'assurance vieillesse des professions libérales, CNAVPL) dont la mission principale est d'assurer la gestion des régimes d'assurance vieillesse de base et des sections professionnelles (dix au total). Les sections immatriculent les adhérents, recouvrent les cotisations et versent les prestations.

Par ailleurs, il existe des régimes obligatoires de retraite complémentaire et de prévoyance gérés par les sections de CNAVPL.

Avocats. Ils ont un régime de retraite et de prévoyance qui leur est propre. Ce régime est géré par la CNBF (Caisse nationale des barreaux français). Elle comprend un régime d'assurance vieillesse de base, un régime complémentaire de retraite obligatoire et un régime de prévoyance.

3. Le chômage

Personnes éligibles. Les dirigeants d'entreprise non titulaires d'un contrat de travail sont exclus du régime d'assurance géré par l'Unédic. Des régimes spéciaux volontaires leur sont ouverts :

- le régime de garantie sociale des chefs d'entreprise (GSC) ;
- le régime de l'Association pour la protection des patrons indépendants (APPI).

La loi n° 2018-771 du 5 septembre 2018 pour la liberté de choisir son avenir professionnel a prévu une allocation destinée à certains travailleurs indépendants (ex. : débitants de tabac, gérants de SARL sous conditions, directeurs généraux de SA ayant cessé leur activité). L'obtention de cette allocation est soumise à des conditions restrictives.

Loi n° 2018-771 :

http://dunod.link/85efcgu

FOCUS — Les conditions d'éligibilité à l'allocation des travailleurs indépendants (ATI)

Pour prétendre à l'**allocation des travailleurs indépendants**, il convient :

- que l'entreprise ait fait l'objet d'un jugement d'ouverture de liquidation judiciaire OU d'une procédure de redressement judiciaire quand l'adoption du plan de redressement est subordonné par le tribunal au remplacement du dirigeant OU d'une déclaration de cessation totale et définitive pour activité non viable ;
- d'être à la recherche d'un emploi ;
- de justifier d'une durée minimale d'activité antérieure (deux ans) au titre d'une seule et même entreprise ;
- de justifier d'une activité non salariée ayant généré un revenu suffisant (au moins 10 000 €) sur une des deux années civiles d'activité précédant l'année de cessation ;
- de disposer de ressources autres que les revenus d'activité inférieures au montant mensuel du RSA pour une personne seule (598,54 € au 1er avril 2022) ;
- de respecter un délai maximum de 12 mois entre la fin de l'activité non salariée et la demande de l'allocation.

Le montant et la durée de l'allocation sont fixés par décret (26,30 € par jour pendant 182 jours calendaires).

→ CAS 3

2 Le régime agricole

A) Les personnes assujetties au régime agricole

1. Les personnes physiques

Si l'exploitation est exercée sous forme individuelle, on distingue trois cas :

- Pour être assujetti au régime de protection sociale agricole, le chef d'exploitation doit atteindre l'activité minimale d'assujettissement. Ce critère est respecté quand l'une des trois conditions suivantes est validée :
  - la superficie d'exploitation ou mise en valeur est au moins égale à la surface minimale d'assujettissement fixée par arrêté préfectoral ;
  - le temps de travail nécessaire à la conduite de l'exploitation est d'au moins 1 200 heures/an ;
  - le revenu professionnel de la personne est au moins égal à l'assiette forfaitaire applicable à la cotisation d'assurance vieillesse.
- Peuvent également être affiliés :
  - en l'absence d'autre couverture sociale et s'ils participent à l'activité de l'exploitation, les conjoints, partenaires, concubins du chef d'exploitation ;
  - les associés de l'exploitation et aides familiaux ;
  - les enfants et autres personnes à charge.
- Sont assujettis, dès lors qu'existe un contrat de travail avec les exploitants agricoles, leurs salariés.

2. Les personnes morales

Si l'exploitation est exercée sous la forme d'un groupement, on distingue deux cas :

- Les membres non dirigeants des sociétés sont affiliés seulement s'ils participent effectivement aux travaux, quel que soit le type de travaux.
- Les membres dirigeants des sociétés voient leur situation appréciée en fonction de divers critères (type de société, participation à l'activité et situation personnelle).

B) L'organisation institutionnelle de la protection sociale agricole

1. L'unification des régimes de base

La loi de financement de la sécurité sociale pour 2014 a unifié la gestion des régimes de base d'assurance maladie-maternité-invalidité des exploitants agricoles (AMEXA) et des accidents du travail et maladie professionnelles (AAEXA). L'intégralité de l'activité est donc confiée à la **Mutualité sociale agricole** (MSA).

2. Les échelons locaux et nationaux

Niveau national. La MSA assure diverses tâches, notamment l'unité du régime d'assurance maladie obligatoire et autres opérations de contrôle.

Niveau local. Les caisses locales de la MSA interviennent sur un territoire de la taille du département et prennent en charge les risques au titre du régime social des agriculteurs.

C) Le régime social des agriculteurs

1. La maladie

Non-salariés. Ces personnes sont obligatoirement assurées contre les risques liés à la maladie ainsi que pour la maternité et l'invalidité. Cette garantie existe indépendamment de toute durée de cotisation depuis l'instauration de la protection universelle maladie (Puma ↳ chapitre 18). Cette couverture a été étendue aux accidents de la vie privée.

Salariés. Ces personnes sont assurées contre les risques liés à la maladie, à la maternité et à l'invalidité. Une assurance décès existe également.

Prestations. Elles sont assimilables aux prestations dont bénéficient les salariés du régime général. Sous diverses conditions, les exploitants agricoles peuvent percevoir des indemnités journalières quand ils se trouvent dans l'incapacité physique d'exercer leur profession pour cause de maladie ou d'accident de la vie privée.

2. La retraite

Non-salariés agricoles. Par cette catégorie il faut entendre le chef d'exploitation, les membres de sa famille et son conjoint. Ces personnes bénéficient d'une retraite de base qui se compose d'une retraite forfaitaire (RF), servie sans lien avec le niveau de cotisations de l'intéressé, et d'une retraite proportionnelle. Le montant de cette dernière est calculé en fonction des cotisations versées et de la durée d'assurance.

Les non-salariés agricoles touchent également une retraite complémentaire dont le montant varie en fonction des points acquis pour le calcul des cotisations et des valeurs d'achat des points de retraite complémentaire.

Enfin, les chefs d'exploitation, ayant une carrière complète, peuvent bénéficier d'un complément différentiel de points de retraite complémentaire obligatoire qui a pour objet de porter le montant total de leur pension de retraite au minimum à 85 % du SMIC net agricole.

Salariés agricoles. Leur retraite est très largement alignée sur celles du régime général.

3. Le chômage

Travailleurs indépendants agricoles. L'allocation forfaitaire pour travailleurs indépendants s'applique à certains non-salariés agricoles (ex. : chef d'une exploitation validant une superficie minimum).

Salariés agricoles. Les salariés du secteur agricole cotisent au régime d'assurance chômage par l'intermédiaire de la MSA. Ils sont indemnisés par Pôle emploi, comme tout salarié du secteur privé.

→ APPLICATION 2 • SITUATION PRATIQUE 4

1 Quiz

Vérifiez l'exactitude des propositions ci-après et justifiez-les.

	Vrai	Faux
1. La notion de professionnel libéral n'a jamais été définie par la loi.	☐	☐
2. Un professionnel libéral est forcément un travailleur indépendant.	☐	☐
3. Le RSI est le régime social des indépendants.	☐	☐
4. Tous les professionnels libéraux cotisent à l'Urssaf.	☐	☐
5. Tous les travailleurs indépendants bénéficient des prestations en nature et en espèces de l'assurance maladie.	☐	☐
6. L'allocation forfaitaire des travailleurs indépendants est versée à toute personne qui cesse son activité quel que soit le motif de cessation.	☐	☐
7. Les dirigeants d'une société agricole ne peuvent pas être affiliés au régime agricole.	☐	☐
8. Le chef d'une exploitation agricole cotise volontairement à la retraite.	☐	☐
9. La MSA est en voie de disparition. Elle a été absorbée par le régime général de la sécurité sociale.	☐	☐
10. Les travailleurs agricoles ne bénéficient pas de l'assurance chômage.	☐	☐

2 Agriculteurs, de père en fille ★★★

Cynthia et Xavier viennent d'avoir une fille, Léa. Ils sont exploitants agricoles et se demandent s'ils doivent souscrire une assurance particulière pour leur nouveau-né.

Identifiez le régime de protection sociale dont Léa relève.

Cas : qui fait quoi ? ★★★

Compétences attendues

- **Identifier** les personnes assujetties
- **Identifier** les organismes en charge de ce régime

Dans les trois situations ci-après, conseillez les acteurs concernés.

1. Oscar Legien a créé une plateforme numérique visant à mettre en relation des collectionneurs de voitures anciennes. Très vite la plateforme a rencontré un vif succès. Fort de cette première expérience, Oscar souhaite la vendre à un ami afin de se consacrer à un projet plus ambitieux.
   Oscar peut-il bénéficier de l'allocation pour travailleurs indépendants ?

2. Margot Ossier est passionnée de jardinage. Son jardin, qui s'étendait jadis sur quelques centaines de mètres carrés, atteint aujourd'hui 3 000 m^2. Margot Ossier utilise sa production pour nourrir sa famille et ses amis. Rarement, elle vend des produits. Un voisin lui conseille de s'affilier au régime agricole et lui remet l'extrait du Code rural et de la pêche maritime (voir le document ci-après).
   Margot doit-elle suivre le conseil de son voisin ?

3. Yasmine Lebras vient d'obtenir un doctorat de médecine. Elle envisage de s'installer dans le département de la Corrèze, dans une commune rurale. Le maire de ce village a décidé de faciliter l'installation d'un jeune médecin pour remplacer son confrère du village parti à la retraite. Yasmine envisage de s'affilier au régime général de la sécurité sociale.
   Que pensez-vous de ce choix ? Indiquez à Yasmine Lebras l'interlocuteur à contacter. Si Yasmine Lebras tombe malade, comment sa protection sociale sera-t-elle assurée ?

Article L. 722-1 du Code rural et de la pêche maritime (extrait)

Le régime de protection sociale des non-salariés des professions agricoles est applicable aux personnes non salariées occupées aux activités ou dans les exploitations, entreprises ou établissements énumérés ci-dessous :

1° Exploitations de culture et d'élevage de quelque nature qu'elles soient, exploitations de dressage, d'entraînement, haras ainsi qu'établissements de toute nature dirigés par l'exploitant agricole en vue de la transformation, du conditionnement et de la commercialisation des produits agricoles lorsque ces activités constituent le prolongement de l'acte de production, ou structures d'accueil touristique, précisées par décret, situées sur l'exploitation ou dans les locaux de celle-ci, notamment d'hébergement et de restauration [...].

4 Situation pratique : *CMSA du Puy-de-Dôme c/ société CVP Mas d'Auge* ★★★

25 min

Compétences attendues **Caractériser** le régime social de l'assujetti

Vous venez d'intégrer le cabinet comptable Letort situé au coeur du Soissonnais. La plupart des clients du cabinet sont des exploitations agricoles ayant parfois développé des activités connexes. Afin d'aider votre manager à constituer un dossier relatif à l'affiliation à la MSA, vous recherchez des arrêts fondateurs et les analysez.

Rendez-vous MÉTHODE 2

Votre mission : déterminer à quelle condition un établissement relève de l'activité agricole

1. *Formulez le problème juridique posé par l'arrêt.*
2. *Identifiez les arguments du demandeur au pourvoi.*
3. *Expliquez la décision de la Cour de cassation.*
4. *Analysez la décision de Cour de cassation et précisez-en la portée.*

Document 1

Cour de cassation, Chambre civile, 16 décembre 2003, pourvoi n° 02-30.710

Sur le moyen unique :

Attendu qu'à la suite de la mise en redressement judiciaire des sociétés du groupe Mas d'Auge et en exécution du plan de continuation de l'activité par cession de plusieurs structures de ce groupe, la société anonyme CVP a acquis un établissement d'élevage de poules pondeuses et de commercialisation des œufs sis à Sauxillanges (Puy-de-Dôme), précédemment affilié en tant que société d'intérêt collectif agricole à la Caisse de mutualité sociale agricole du Puy-de-Dôme ; que la société CVP Mas d'Auge a, dans un premier temps, versé les cotisations sociales afférentes à cet établissement à la CMSA de Valence, lieu de son siège social et de la gestion de ses différents établissements ; que la société ayant été ultérieurement autorisée par l'agence centrale des organismes de sécurité sociale (ACOSS) à centraliser ses versements de cotisations sociales auprès de l'URSSAF de la Drôme, la CMSA du Puy-de-Dôme s'est opposée à ce regroupement pour l'établissement de Sauxillanges au motif que l'activité de celui-ci relevait du régime agricole ; que l'arrêt attaqué (Grenoble, 22 avril 2002) a accueilli le recours de la société ;

Attendu que la CMSA fait grief à la cour d'appel d'avoir ainsi statué alors, selon le moyen, que le principe d'affiliation de l'ensemble du personnel d'une entreprise au régime de sécurité sociale correspondant à l'activité principale de l'entreprise souffre quelques exceptions ; que s'il existe des unités de production distinctes, que ce soit géographiquement ou bien par le matériel utilisé ou encore par les salariés qui y sont employés et qui ont des activités spécifiques relevant par nature de régimes différents, ...

...

les salariés affectés exclusivement à une unité doivent être rattachés au régime correspondant à l'unité de production dont ils dépendent; que l'établissement de Sauxillanges, sis dans le Puy-de-Dôme, ayant une activité spécifiquement agricole, ainsi que le constate la cour d'appel, devait obligatoirement être affilié au régime de protection sociale des professions agricoles et verser des cotisations à la CMSA du Puy-de-Dôme, les salariés de l'établissement de Sauxillanges ayant une activité spécifiquement agricole ne pouvant relever que du seul régime de protection sociale des professions agricoles; qu'ainsi les juges du fond, en estimant que l'établissement de Sauxillanges ne relevait pas du régime agricole parce que son activité s'inscrivait dans le cadre de l'activité commerciale d'un groupe et en déboutant la CMSA de ses prétentions, ont violé les articles L. 722-1 et L. 722-20 du nouveau Code rural ainsi que l'article 1er du décret n° 76-1282 du 29 décembre 1976;

Mais attendu que la cour d'appel, après avoir constaté, d'une part, que la société avait pour objet la production, le conditionnement, l'achat et la vente d'œufs et d'ovoproduits et tirait l'essentiel de ses revenus de cette activité commerciale à laquelle était affecté l'essentiel de son personnel, d'autre part, que l'activité du site de Sauxillanges, qui n'employait que deux salariés et était dépourvu de toute autonomie, bien que spécifiquement agricole, s'inscrivait dans l'objet commercial de la société, en a souverainement déduit par décision motivée que cet établissement ne relevait pas du régime agricole; que le moyen ne saurait être accueilli;

PAR CES MOTIFS :

REJETTE le pourvoi

Document 2

L'accouvage

Dans le cas de l'accouvage, celui-ci doit constituer la principale activité de la structure étudiée. Les accouveurs seront considérés comme exerçant une activité agricole si l'essentiel de celle-ci consiste justement en l'acquisition d'œufs destinés à être couvés et en la commercialisation des poussins d'un jour en résultant. Mais si l'objet commercial de la société dépasse le simple cadre de ce suivi du poussin à naître pour porter sur les revenus globalement tirés d'ovoproduit, alors l'activité en cause n'est pas une activité agricole mais une activité commerciale classique, les revenus de la structure économique ne provenant pas exclusivement de la commercialisation des poussins d'un jour [...]

Toujours dans le secteur avicole, le juge s'attache à l'activité principale de l'entreprise pour en déterminer la qualité d'agriculteur. Ainsi, un producteur d'œuf dont l'objet principal serait la transformation, le conditionnement et la commercialisation de produits agricoles en provenance d'exploitations agricoles, et aurait ainsi pour activité principale, la vente d'œufs pasteurisés, surgelés, cuits ou en poudre, ne peut être considéré comme producteur d'œuf au sens agricole du terme. Son activité se situe « à un stade postérieur au cycle de la production agricole » auquel il ne prend donc pas part *(Cass. soc., 11 juill. 2002, n° 00-16.177 : JurisData n° 2002-015286).*

Source : Protection sociale agricole – Champ d'application du régime agricole; Clémence Zacharie; *Juris Classeur* Protection sociale Traité; Fascicule 650; 1er janvier 2018

SYNTHÈSE

Les autres régimes de protection sociale

	Indépendants	Agriculteurs
Maladie-maternité	• Modalités de prise en charge identiques à celles des salariés • Versement d'indemnités journalières à l'exception des professionnels libéraux	Prise en charge des salariés comme des travailleurs indépendants agricoles
Vieillesse	Prestations de retraite de base et complémentaire pour les artisans, industriels et commerçants	• Retraites forfaitaire et proportionnelle pour le chef d'exploitation, les membres de sa famille et son conjoint ou partenaire • Alignement de la retraite des salariés agricoles sur celle des salariés du régime général
Chômage	Allocation chômage forfaitaire sous certaines conditions restrictives	• Allocation chômage forfaitaire des travailleurs indépendants agricoles • Indemnisation des salariés agricoles par Pôle emploi

Peter et Anna Leclère se sont mariés le 10 août 2015. Auparavant, Ils avaient vécu ensemble de nombreuses années. Ils ont deux enfants, des jumelles Lauraine et Charlaine, et attendent la naissance de Paul, leur troisième enfant.

Peter exerce le métier d'aide-soignant dans une maison de retraite. Il perçoit un salaire brut mensuel de 2 000 €. Anna est conductrice de travaux chez Bâtisseurs de France. Son salaire brut annuel s'établit à 48 000 €.

Rendez-vous MÉTHODE 3

Dossier 1

Votre mission : traiter un dossier maternité

1.1. *Dans quelques semaines Anna sera en congé de maternité. Calculez le montant de ses indemnités journalières de maternité.*

1.2. *Rappelez le régime fiscal et social dont relèvent de telles indemnités.*

Dossier 2

Lundi dernier, Peter Leclère a accompagné, en voiture, Yvonne Ricoux, pensionnaire de la maison de retraite, chez l'ophtalmologiste. Yvonne a 87 ans. En l'aidant à descendre de voiture pour regagner son logement, Yvonne a glissé, entraînant Peter dans sa chute. Il s'est cassé la cheville. Quand Peter a voulu déclarer l'accident de travail, le directeur de la maison de retraite a fait remarquer que l'accident était intervenu trente minutes après la fin de son service. Peter a objecté que le retard était dû au trafic perturbé par une manifestation.

Votre mission : traiter un dossier d'accident du travail

2.1. *Qualifiez l'accident de Peter.*

2.2. *Identifiez les prestations auxquelles Peter est éligible.*

Dossier 3

André Leclère, le père de Peter, a 57 ans. Il travaille depuis son vingtième anniversaire. Son employeur, la confiserie industrielle Benoy, envisage de lui proposer une rupture conventionnelle. Au cours de ces dernières années la productivité d'André Leclère a beaucoup diminué. Son salaire brut annuel est de 24 000 €. À son départ de l'entreprise, André Leclère percevra des indemnités de rupture conventionnelle égales aux indemnités légales de licenciement. Son ancienneté est de 16 ans et 3 mois dans l'entreprise.

Votre mission : traiter un dossier chômage

3.1. *Déterminez si André Leclère peut bénéficier de l'ARE.*

3.2. *Calculez le montant de l'ARE d'André Leclère.*

3.3. *Précisez si André Leclère touchera son ARE dès le premier jour de chômage.*

Dossier 4

Depuis huit jours, les conditions climatiques se sont fortement dégradées : il a commencé à geler très fortement, les températures sont descendues en dessous de –10 °C, puis la neige est tombée en abondance. La circulation est difficile dans de nombreuses villes ; le Sud de la France est sans électricité. Les Bâtisseurs de France envisagent de placer leurs salariés, dont Anne, en activité partielle.

Votre mission : traiter un dossier d'activité partielle

4.1. *Identifiez les contraintes que l'entreprise doit respecter pour procéder à la mise en activité partielle de son personnel. Justifiez votre réponse.*

SUJET TYPE D'EXAMEN

DURÉE DE L'ÉPREUVE

3 heures

Coefficient 1

DOCUMENTS AUTORISÉS

Aucun

MATÉRIEL AUTORISÉ

Aucun. En conséquence, tout usage d'une calculatrice est interdit et constituerait une fraude.

AVERTISSEMENTS

- Si le texte du sujet, de ses questions ou du dossier documentaire vous conduit à formuler une ou plusieurs hypothèses, il vous est demandé de la (ou les) mentionner explicitement dans votre copie.
- Il vous est demandé d'apporter un soin particulier à la présentation de votre copie.
- Sauf mention contraire, la méthodologie du cas pratique est exigée.

PLAN DU SUJET

Le sujet se présente sous la forme de 4 dossiers indépendants.

1. Le transfert des salariés (7 points)
2. L'externalisation des recrutements (7 points)
3. Des formations au service… des promotions (3 points)
4. La gestion des contentieux (3 points)

Le sujet comporte 7 documents.

Dossier 1

1. Commentaire de jurisprudence : le transfert des avoirs placés dans un PEE
2. Extraits du règlement intérieur de la SAS Cartons & Packagings
3. Extrait de l'arrêt de la Cour de cassation du 31 mars 2021 (pourvoi n° 19-12.289)

Dossier 2

4. Extrait de l'arrêt de la Cour de cassation du 3 juillet 1987 (pourvoi n° 86-13.914)
5. Extrait de l'arrêt de la Cour de cassation du 5 octobre 2016 (n° 15-28.672)

Dossier 3

6. Fonctionnement de la VAE

Dossier 4

7. Extraits de la jurisprudence

SAS Cartons & Packagings

Située dans la périphérie de Valenciennes (Nord), dans une zone d'activité très dynamique, la SAS Cartons & Packagings a été créée il y a près de trente ans par la famille Vanecker. Elle est spécialisée dans la production de cartonnages de toute nature destinés à l'industrie et à la grande distribution. Elle est soumise à la convention collective nationale des industries de cartonnage du 9 janvier 1969, étendue par arrêté du 2 août 1971.

Transmise de génération en génération depuis plus d'un siècle, la SAS est actuellement dirigée par Maxence Vanecker qui entend poursuivre l'internationalisation des activités engagée depuis quelques années et qui nourrit, à cet effet, le projet de racheter une structure concurrente située à Quesnoy-sur-Deule, à proximité de la frontière belge.

L'entreprise a développé, au cours des dernières années, ses activités sur des marchés de niche à travers le packaging. Son implantation géographique sur près de deux hectares, à proximité des grands axes de circulation européens, lui permet de desservir rapidement la région parisienne tout en restant proche de la Belgique, de l'Allemagne et du Royaume-Uni. Elle dispose d'outils de production à la pointe de la technologie.

Longtemps, la SAS, réputée pour la qualité de son offre, a conservé un effectif stable d'une centaine de salariés. Ces derniers étaient secondés, en cas de forte activité, par un recours à des contrats précaires ou à des sous-traitants. L'entreprise est dotée d'un comité social et économique (CSE) dont les membres ont été élus pour trois ans. Leur renouvellement est programmé dans les prochains mois. Deux grands syndicats sont représentés dans l'entreprise par des délégués syndicaux : la CGT (qui a recueilli 55 % des suffrages exprimés lors des dernières élections professionnelles) et la CFDT (près de 27 %). La SAS a conclu, avec ces deux organisations syndicales, plusieurs accords d'entreprise relatifs, entre autres, à l'aménagement du temps de travail ou à la participation du personnel aux résultats.

Au cours des cinq dernières années, l'activité a connu une forte croissance. En raison de difficultés de livraison et de l'essor de l'e-commerce, de grands groupes nationaux se sont tournés vers la SAS pour leurs approvisionnements. Le carnet de commandes de la SAS s'est étoffé ; Maxence Vanecker en profite pour finaliser le projet de rachat de la SARL Les Cartonnages du Quesnoy. Il faudra intégrer les nouveaux salariés dans le groupe et renforcer les effectifs stables afin de faire face au surcroît d'activité et d'adapter encore davantage la production aux besoins de la clientèle, qui s'est diversifiée. Du personnel supplémentaire doit être recruté et formé aux techniques appropriées. Le recours à la négociation collective doit permettre d'ajuster les dispositions de droit commun à l'essor de l'activité.

Vous êtes chargé(e) d'assister la directrice des ressources humaines de la SAS Cartons et Packagings, Marine Lemire, dans l'accomplissement de plusieurs missions qui concernent quatre dossiers-clés. Elle vous remet une série de documents de référence.

Dossier 1 Le transfert des salariés

Base documentaire : documents 1 à 3

Très apprécié de son personnel, Assan Almaï, dirigeait la SARL Les Cartonnages du Quesnoy installée à Quesnoy-sur-Deule (Nord), depuis plus de 20 ans, spécialisée dans les cartonnages et packagings adaptés aux besoins des entreprises de vente à distance. Assan Almaï envisage depuis quelque temps, de partir à la retraite. Ses enfants n'ont pas souhaité reprendre l'entreprise familiale d'une quarantaine de salariés. Assan Almaï a donc cherché un repreneur. Après plusieurs tentatives demeurées infructueuses, il entend retenir la proposition de Maxence Vanecker qui semble le mieux répondre à ses aspirations en termes de valorisation financière et de pérennisation de l'activité sur le site.

La décision d'Assan Almaï mécontente certains des salariés et membres du CSE. Ils contestent la mesure, estimant que leur dirigeant aurait dû attendre, et remettent en question le projet de Maxence Vanecker. Ils redoutent une restructuration et une perte des avantages issus de la négociation d'entreprise, notamment la remise en cause des clauses avantageuses de l'accord d'intéressement venant à expiration à la fin de l'année civile ainsi que de l'usage consistant à accorder, à tous les salariés, un treizième mois en décembre. Les élus s'interrogent également sur le sort qui sera réservé à l'accord d'entreprise aménageant la durée du travail. Assan Almaï tente de les rassurer en leur expliquant que la cession à Maxence Vanecker prévoit le maintien de l'ensemble des postes de travail et que la SAS dispose d'un accord prévoyant la participation des salariés aux résultats de l'entreprise. Maxence Vanecker n'entend toutefois pas mettre en place un accord d'intéressement dans l'immédiat ni poursuivre le versement du treizième mois.

Votre mission : conseiller Marine Lemire sur l'opération de transfert d'entreprise

À partir des documents 1 à 3 :

1.1. *Vérifiez si les conditions légales de mise en œuvre du transfert d'entreprise sont ici réunies.*

1.2. *Déterminez les effets d'un éventuel transfert d'entreprise sur les contrats de travail des salariés, sur les mandats des représentants du personnel et sur les usages en cours. Précisez la procédure que Maxence Vanecker devrait suivre, dans l'hypothèse où le transfert serait effectif, afin de remettre en cause le versement du treizième mois en fin d'année.*

1.3. *Indiquez les conséquences de la cession des Cartonnages du Quesnoy sur l'accord d'intéressement de la SARL. Précisez si l'accord d'entreprise sur l'aménagement du temps de travail continuerait de s'appliquer sur le site de Quesnoy-sur-Deule. Justifiez votre réponse.*

Laurent Duprès travaille pour la SARL Cartonnages du Quesnoy depuis plus de trois ans en qualité de conducteur de machine numérique. Il voudrait profiter de la cession pour obtenir un déblocage anticipé de l'intéressement placé sur le plan d'épargne d'entreprise (PEE) de la SARL Cartonnages du Quesnoy (document 1).

Votre mission : informer Laurent Duprès de ses droits

1.4. *Indiquez à Laurent Duprès s'il peut débloquer, de façon anticipée, son intéressement placé sur le PEE.*

Quelques semaines avant la cession, il est apparu que Martin Pujol, l'un des comptables, également membre du CSE, avait largement commenté les tractations et s'était exprimé sur les réseaux sociaux, en manifestant ouvertement et sans retenue aucune son hostilité au projet en cours. Alors que les propos échangés sur le mur de son compte Facebook étaient accessibles à un grand nombre d'internautes, il n'avait pas hésité à y faire figurer l'identité de la SAS au moment même où la cession était en cours de régularisation. Les faits viennent d'être portés à la connaissance du dirigeant de la SAS qui n'entend pas en rester là. Aussi, il demande à Marine Lemire de mettre rapidement en œuvre la procédure disciplinaire à l'encontre de Martin Pujol pour ces faits qui ont été commis avant la cession, en s'appuyant sur le règlement intérieur de la SAS qui prévoyait, depuis déjà quelque temps, des dispositions en la matière.

Votre mission : accompagner maxence Vanecker et marine Lemire dans l'analyse des événements

1.5. *Déterminez, au regard du règlement intérieur (document 2) et de la jurisprudence (document 3), si Martin Pujol pouvait faire l'objet d'une sanction de la part de la SAS Cartons & Packagings en se fondant sur l'application de son règlement intérieur.*

Dossier 2 L'externalisation des recrutements

Base documentaire : documents 4 et 5

Pour faire face aux absences répétées des salariés et au surcroît d'activité, la SAS avait jusqu'alors recours à des contrats à durée déterminée. L'intégration des salariés de la SARL Cartonnages du Quesnoy conduit Marine Lemire à reconsidérer cette pratique ; le personnel du site de Quesnoy-sur-Deule est constitué de salariés expérimentés dotés de savoir-faire spécifiques. Puisqu'il est possible de disposer localement de prestations d'une agence de travail temporaire lilloise, Templus, Marine Lemire s'interroge sur une externalisation éventuelle des recrutements.

Marine Lemire doit remplacer, sur le site de Quesnoy-sur-Deule, deux salariés victimes d'accidents. Loïc Ternoy, manutentionnaire depuis trois ans, est hospitalisé pour un mois, à la suite d'une chute survenue sur le parking alors qu'il allait quitter l'entreprise. Martial Jeanlin, opérateur sur presse depuis cinq ans, s'est blessé à la main et au poignet lors d'une mauvaise manipulation de la machine dont il était responsable. Une interruption temporaire de travail de trois semaines lui a été accordée.

Marine Lemire hésite entre le recours à l'agence d'intérim ou le recrutement en CDD. Elle vous sollicite pour l'aider dans sa prise de décision. Vous êtes également chargé(e) de qualifier les deux accidents survenus et de déterminer les indemnités auxquelles les salariés auraient droit.

Votre mission : conseiller la DRH sur l'indemnisation et le remplacement des salariés absents

À partir des documents 4 et 5 :

2.1. *Vérifiez la licéité du recours au contrat de travail temporaire pour les deux salariés momentanément absents.*

2.2. *Expliquez l'intérêt de recourir à un contrat de travail temporaire plutôt qu'à un CDD.*

2.3. *À partir du document 4, qualifiez les accidents survenus et préciser, pour chacun des deux salariés, les indemnités auxquelles ils seraient éligibles.*

2.4. *Dans une note structurée, distinguez les prestations dont pourraient bénéficier les salariés en fonction de l'origine professionnelle ou non de l'accident.*

Félix Walle et Jean Vaillant ont tous deux été mis à disposition de la SAS Cartons & Packagings par l'agence Templus en remplacement de salariés absents. Alors que la mission de Félix Walle arrivait à son terme, Marine Lemire a un temps envisagé de poursuivre leur relation de travail en CDI. Ce projet ne s'est pas concrétisé et Félix Walle réclame l'indemnité de fin de mission qui lui est due. Marine Lemire requiert votre aide dans la gestion de ce dossier. À cette fin, elle vous remet le document 5.

Votre mission : aider Marine Lemire à faire le point sur les éventuelles indemnités dues par la SAS

2.5. *Indiquez si l'indemnité est due à Félix Walle, salarié intérimaire, à la fin de sa mission.*

Dossier 3 Des formations au service... des promotions

Base documentaire : document 6

Face à la demande croissante des entreprises et à l'installation d'une plateforme d'e-commerce dans la zone d'activité, la SAS Cartons & Packagings s'est équipée de machines-outils ultra-modernes (découpe et presse). Elle doit former, dans les prochains mois, ses opérateurs et agents de maîtrise à l'utilisation des nouvelles machines. Le plan de développement des compétences (PDC) de l'année avait prévu ces formations qui ont été validées par le comité social et économique (CSE). Une dizaine de salariés sont inscrits aux sessions assurées sur place par un prestataire dédié. Les formations se dérouleront sur une période de trois semaines, par roulement, de manière à ne pas désorganiser le travail des équipes.

Par ailleurs, une assistante comptable, Estelle Limous, embauchée il y a près de six ans, souhaite valider cette année les acquis de son expérience. Titulaire d'un BTS Comptabilité et gestion, elle entend déposer une demande de VAE pour briguer un diplôme de comptabilité et de gestion (DCG). Marine Lemire souhaite que vous l'aidiez à analyser les conditions d'une telle validation. À cette fin, la DRH vous remet le document 6.

Votre mission : conseiller Martine Lemire quant aux dispositifs de formation éligibles et à leurs incidences sur le contrat de travail des salariés concernés

À partir du document 6 :

3.1. *Précisez le statut sous lequel les dix salariés interviendraient durant et à l'issue de la formation relative à l'utilisation des nouveaux équipements. Indiquez si l'employeur est tenu de reconnaître les compétences acquises à l'issue de cette période.*

3.2. *Rappelez les conditions à remplir par Estelle Limous pour prétendre à la validation des acquis de l'expérience.*

Très investie, Estelle Limous a obtenu le DCG par la voie de la VAE. Elle reçoit une proposition de promotion émanant de la DRH : aux termes de ce courrier, elle serait affectée, en tant que contrôleur de gestion, sur le site de Quesnoy-sur-Deule.

Votre mission : accompagner Marine Lemire dans la formalisation des promotions des salariés

3.3. *Qualifiez l'évolution : relève-t-elle d'une modification du contrat de travail ou d'un changement des conditions de travail ? Analysez les incidences, pour la SAS Cartons & Packagings, d'un refus de la salariée.*

Dossier 4 La gestion des contentieux

Base documentaire : document 7

Après mûre réflexion, Maxence Vanecker a décidé de licencier Martin Pujol. Pour limiter les contentieux éventuels, il demande à Marine Lemire de mettre en œuvre la procédure de licenciement dans le strict respect de la loi.

Julien Dhollande, commercial, âgé de 52 ans, venait de signer une rupture conventionnelle homologuée par la Dreets de Lille. Ce salarié souhaitait quitter l'entreprise pour suivre une formation d'agent immobilier tout en bénéficiant de ses droits à l'assurance-chômage. Maxence Vanecker a accepté la demande à la condition qu'il renonce à l'indemnité de rupture conventionnelle qui figurait dans la convention de rupture homologuée par la Dreets.

Marine Lemire a préparé un accord : Julien Dhollande renoncerait à percevoir son indemnité de rupture conventionnelle, d'un montant de 15 000 €, en contrepartie de la prise en charge par l'employeur du coût de sa formation.

Il renoncerait aussi définitivement et totalement à exercer à l'encontre de son employeur une quelconque action judiciaire qui serait fondée sur les relations contractuelles de travail ou sur la rupture de ces relations.

Au regard de la jurisprudence, Marine Lemire vous interroge sur la validité d'un tel accord. À cette fin, la DRH vous remet un extrait d'un arrêt de la Cour de cassation (document 7).

Votre mission : conseiller Marine Lemire dans la mise en œuvre de la procédure et la gestion d'un éventuel contentieux

À partir du document 7 :

4.1. *Indiquez les étapes auxquelles la procédure de licenciement de Martin Pujol devra se conformer.*

4.2. *Qualifiez l'accord qui pourrait être conclu avec Julien Dhollande. Appréciez, au regard de la jurisprudence, la validité de l'accord qui pourrait être signé entre l'employeur et le salarié.*

DOSSIER DOCUMENTAIRE

Document 1

Commentaire de jurisprudence : le transfert des avoirs placés dans un PEE

Par nature complexes et techniques, les questions juridiques relatives aux dispositifs d'épargne salariale deviennent encore plus épineuses lorsque se produit une modification dans la situation juridique de l'employeur. Il convient, en effet, de déterminer, dans ce cas, le sort des avoirs des salariés dont le contrat de travail est transféré en application de l'article L. 1224-1 du Code du travail. Ayant pris conscience des difficultés suscitées en la matière par la seule application des règles du droit commun relatives, notamment, à la mise en cause du statut conventionnel, le législateur a édicté des règles spéciales qui, malheureusement, ne brillent pas par leur clarté. Ce sont ces règles que la Cour de cassation a été conduite à appliquer dans un arrêt rendu le 19 mai 2016, dans lequel était en cause le transfert des avoirs placés au sein d'un plan d'épargne d'entreprise.

En cas de transfert d'un salarié au sens de l'article L. 1224-1 du Code du travail, celui-ci, s'il conserve ses droits au sein du plan d'épargne d'entreprise mis en place par l'employeur sortant, dispose seulement de la faculté de transférer ses avoirs au sein du plan d'épargne d'entreprise, s'il existe, de son nouvel employeur.

I. Le sort des dispositifs d'épargne salariale en cas de transfert d'entreprise

Un régime dérogatoire. Lorsque survient une modification dans la situation juridique de l'employeur, le sort du statut collectif applicable aux salariés qui lui sont contractuellement liés est réglé, d'une part, par la loi, s'agissant des conventions et accords collectifs de travail (1) et, d'autre part, par la jurisprudence pour ce qui est des engagements unilatéraux de l'employeur.

La mise en œuvre de ces règles légales et jurisprudentielles posait, cependant, d'importantes difficultés, lorsque l'accord collectif ou l'engagement unilatéral a pour objet un dispositif d'épargne salariale (2). Aussi, le législateur a-t-il adopté des dispositions spécifiques et dérogatoires au droit commun en matière d'épargne salariale.

Ainsi, « en cas de modification survenue dans la situation juridique de l'entreprise, par fusion, cession ou scission et lorsque cette modification rend impossible l'application de l'accord d'intéressement, cet accord cesse de produire effet entre le nouvel employeur et les salariés de l'entreprise » (C. trav., art. L. 3313-4). La même règle est énoncée par l'article L. 3323-7 du Code du travail à propos des accords de participation.

On comprend ainsi que, contrairement à ce qui résulte du droit commun, il ne saurait y avoir de survie provisoire de l'accord d'intéressement ou de participation, à tout le moins lorsque son application est devenue impossible par l'effet de la modification juridique dans la situation de l'employeur (3).

Le cas particulier des plans d'épargne d'entreprise. En application de l'alinéa 1er de l'article L. 3335-1 du Code du travail « en cas de modification survenue dans la situation juridique d'une entreprise ayant mis en place un plan d'épargne d'entreprise, notamment par fusion, cession, absorption ou scission rendant impossible la poursuite de l'ancien plan d'épargne, les sommes qui y étaient affectées peuvent être transférées dans le plan d'épargne de la nouvelle entreprise, après information des représentants du personnel dans des conditions prévues par décret ».

•••

•••

On remarquera qu'à la différence de ceux qui ont été précédemment évoqués, ce texte ne vise pas l'impossible application de l'accord ayant mis en place le plan d'épargne, mais l'impossibilité de le poursuivre. Ce faisant, la loi ne prévoit pas explicitement la cessation des effets du plan d'épargne d'entreprise de l'ancien employeur. On peut, cependant, considérer qu'elle est implicitement admise par la référence à l'impossibilité de maintenir l'ancien plan d'épargne [4].

II. Le transfert des sommes affectés à un plan d'épargne d'entreprise

L'affaire. En l'espèce, Mme X avait été engagée par M. Y, pharmacien, en qualité de préparatrice en pharmacie, dans le cadre d'un contrat à durée indéterminée à compter du 8 octobre 1994. Par acte du 25 septembre 2007, M. Y avait cédé son officine à la SELAS Pharmacie de Guyenne et le contrat de travail de Mme X avait été transféré au nouvel employeur. Licenciée pour inaptitude le 7 août 2012, la salariée avait saisi la juridiction prud'homale en formant notamment une demande de dommages-intérêts au titre des sommes qu'elle aurait dû percevoir dans le cadre du plan d'épargne d'entreprise qu'avait mis en place son ancien employeur.

Pour condamner la société Pharmacie de Guyenne à payer à la salariée des dommages-intérêts pour la perte du bénéfice de son plan d'épargne d'entreprise entre janvier 2008 et son départ de l'entreprise, l'arrêt attaqué avait retenu que, sauf impossibilité, l'entreprise cessionnaire est tenue de poursuivre le plan d'épargne d'entreprise mis en place par l'ancien employeur et ne peut se retrancher derrière son ignorance du contenu du plan d'épargne d'entreprise qu'il lui appartenait de poursuivre, et donc de rechercher.

Cette décision est censurée par la Cour de cassation au visa des articles L. 3335-1, L. 3335-2 et R. 3332-20 du Code du travail, ensemble l'article L. 1224-1 du même code. Après avoir rappelé les termes du premier de ces textes, et ceux de l'alinéa 3 du deuxième, la Chambre sociale affirme « qu'il en résulte qu'en cas de transfert d'un salarié au sens de l'article L. 1224-1 du Code du travail, celui-ci, s'il conserve ses droits au sein du plan d'épargne d'entreprise mis en place par l'employeur sortant, dispose seulement de la faculté de transférer ses avoirs au sein du plan d'épargne d'entreprise, s'il existe, de son nouvel employeur ».

Une solution d'interprétation délicate. On s'accordera, avec la Cour de cassation, pour considérer que, tant l'article L. 3335-1, que l'article L. 3335-2, alinéa 3, du Code du travail, octroient au salarié, dont le contrat de travail est transféré en application de l'article L. 1224-1, une simple faculté de demander le transfert de ses avoirs au sein du plan d'épargne d'entreprise de son nouvel employeur. Toutefois, à s'en tenir au premier de ces textes, ce transfert semble subordonné à l'impossibilité de poursuivre l'application du plan d'épargne de l'ancien employeur. De manière regrettable, le législateur n'a pas envisagé l'hypothèse dans laquelle le nouvel employeur, dans l'impossibilité de maintenir le plan de l'ancien, n'en aurait pas constitué un lui-même. Faut-il en déduire que le salarié peut demander la libération de ses fonds, alors que l'on ne se trouve pas dans une hypothèse de déblocage anticipé ? Plus vraisemblablement, et l'arrêt commenté est en ce sens, il semble qu'il faille considérer que, dans ce cas, les avoirs du salarié sont appelés à demeurer dans le plan d'épargne d'entreprise de l'ancien employeur.

•••

...

En l'absence de toute impossibilité de poursuite de l'ancien plan, les avoirs du salarié ont vocation à rester dans le plan initial, poursuivi par le nouvel employeur. Mais, en ce cas, le salarié devrait aussi être en mesure d'effectuer de nouveaux versements dans les conditions prévues par le plan poursuivi [(5)]. Cette dernière assertion démontre l'intérêt qu'il y a à se prononcer sur l'impossibilité ou non de poursuivre l'application du plan d'épargne en vigueur chez l'ancien employeur. Car, le fait que le nouvel employeur ne poursuive pas le plan d'épargne, alors qu'il est en mesure de le faire, interdit au salarié d'effectuer de nouveaux versements et le prive, de ce fait et effectivement, du bénéfice de celui-ci.

Commentaire de l'arrêt du 19 mai 2016 (pourvoi n° 14-29.786)
par Gilles Auzero, professeur à la faculté de droit de Bordeaux,
2 juin 2016, Lexbase.fr

1. C. trav., art. L. 2261-14 relatif à la mise en cause des conventions et accords collectifs de travail.

2. Sur ces difficultés, v. G. Jolivet et H. Ouaissi, *Le sort des régimes d'épargne salariale lors de transferts d'entreprise*, *JCP éd. S*, 2007, 1466.

3. À proprement parler, ces textes ne règlent pas la situation dans laquelle le dispositif en cause a été mis en place unilatéralement. On peut, cependant, considérer, par analogie, que l'impossibilité à laquelle il est fait référence s'applique aux engagements unilatéraux et interdit leur transfert au nouvel employeur.

4. V. en ce sens, G. Bordier, *Plans d'épargne salariale, J.-Cl., Travail*, Fasc. 27-22, § 53.

5. V. en ce sens, G. Bordier, *idem*.

Document 2

Extraits du règlement intérieur de la SAS Cartons & Packagings

« Chaque collaborateur a la responsabilité de veiller à ce que les activités de l'entreprise qui dépendent de lui soient exercées en conformité avec les règles existant dans l'entreprise en matière de protection de la santé, de la sécurité et de l'environnement. »

« Chaque collaborateur veille à ce que les informations confidentielles ne soient ni diffusées à l'extérieur, ni même communiquées à des personnes au sein de l'entreprise qui n'en ont pas l'utilisation dans leur fonction. À défaut de respect de cette charte de confidentialité, la sanction peut aller jusqu'à la mise à pied disciplinaire, voire jusqu'au licenciement. »

« Chaque salarié est tenu de n'accepter, ni de solliciter aucun cadeau, aucune faveur ou invitation ainsi qu'aucun autre avantage pour lui-même ou quiconque, venant de personnes ou d'organisations avec lesquelles le salarié a (ou a eu) des relations d'affaires, qui peuvent influer »

Document 3

Extrait de l'arrêt de la Cour de cassation du 31 mars 2021 (pourvoi n° 19-12.289)

Demandeur(s) : société Carl Zeiss Meditec, société par actions simplifiée
Défendeur(s) : M. R... C...

Faits et procédure

1. Selon l'arrêt attaqué (Toulouse, 14 décembre 2018), M. C... a été engagé le 14 juin 1999 en qualité de directeur de développement des affaires pharmaceutiques par la société Ioltech. En 2005, cette société a été rachetée par la société Carl Zeiss Meditec. Le 4 février 2010, M. C... a été convoqué à un entretien préalable à un éventuel licenciement et a été licencié pour faute lourde le 18 février 2010.

2. Le 9 février 2010, il a saisi la juridiction prud'homale d'une demande de résiliation de son contrat de travail puis, à titre subsidiaire, a contesté la régularité et le bien-fondé de son licenciement.

Examen des moyens

[...]

Mais sur le premier moyen, pris en sa deuxième branche [...]

Énoncé du moyen

4. L'employeur fait grief à l'arrêt de déclarer le licenciement sans cause réelle et sérieuse et de le condamner à payer au salarié diverses sommes à titre de rappel de salaire fixe de février 2010, de dommages-intérêts pour licenciement sans cause réelle et sérieuse, d'indemnité de préavis et congés payés afférents, d'indemnité conventionnelle de licenciement, et d'indemnité de congés payés, alors « que le règlement intérieur applicable aux salariés avant le transfert de leurs contrats de travail en application de l'article L. 1224-1 du Code du travail n'est pas transféré avec ces contrats de travail et n'est donc pas opposable au nouvel employeur ; qu'en l'espèce, la cour d'appel a constaté que le salarié avait été initialement engagé par la société Ioltech qui avait été rachetée par la société Carl Zeiss Meditec en 2005 ; qu'en considérant néanmoins que le règlement intérieur de la société Ioltech était opposable à la société Carl Zeiss Meditec qui aurait dû respecter la procédure disciplinaire prévue par ce règlement et en en déduisant que le licenciement du salarié prononcé en violation des dispositions de ce règlement était privé de cause réelle et sérieuse, la cour d'appel a violé les dispositions des articles L. 1224-1 et L. 1321-1 du Code du travail. »

Réponse de la Cour

Vu l'article L. 1224-1 du Code du travail :

[...]

5. Dès lors que le règlement intérieur constitue un acte réglementaire de droit privé, dont les conditions d'élaboration sont encadrées par la loi, le règlement intérieur s'imposant à l'employeur et aux salariés avant le transfert de plein droit des contrats de travail de ces derniers en application de l'article L. 1224-1 du Code du travail n'est pas transféré avec ces contrats de travail.

...

...

6. Pour juger le licenciement dépourvu de cause réelle et sérieuse, l'arrêt retient que la société Carl Zeiss Meditec n'a pas respecté les dispositions du règlement intérieur de la société Ioltech, qu'elle avait rachetée en 2005, prévoyant que tout salarié à l'égard duquel est envisagée une sanction disciplinaire est convoqué au moyen d'une lettre l'informant des griefs retenus contre lui.

7. En statuant ainsi, alors que la société Carl Zeiss Meditec n'était pas tenue d'appliquer le règlement intérieur de la société Ioltech qui ne lui avait pas été transmis en application de l'article L. 1224-1 du Code du travail, la cour d'appel a violé le texte susvisé.

Portée et conséquences de la cassation

8. Il résulte de l'article L. 3141-26 du Code du travail, dans sa rédaction résultant de la décision n° 2015-523 QPC du 2 mars 2016 du Conseil constitutionnel, que, lorsque le contrat de travail est rompu avant que le salarié ait pu bénéficier de la totalité du congé auquel il avait droit, il reçoit, pour la fraction de congé dont il n'a pas bénéficié, une indemnité compensatrice de congé déterminée d'après les dispositions des articles L. 3141-22 à L. 3141-25 du même code. Cette indemnité est due, que cette rupture résulte du fait du salarié ou du fait de l'employeur.

9. Il s'ensuit que la cassation à intervenir sur le premier moyen n'entraîne pas la cassation du chef de l'arrêt ayant condamné l'employeur à payer au salarié la somme de 14 827,09 euros à titre d'indemnité de congés payés.

10. Par ailleurs, elle n'emporte pas cassation des chefs de dispositif de l'arrêt relatifs aux dépens et aux demandes formées sur le fondement de l'article 700 du Code de procédure civile.

PAR CES MOTIFS, et sans qu'il y ait lieu de statuer sur les autres griefs du premier moyen, la Cour :

CASSE ET ANNULE, mais seulement en ce qu'il déclare le licenciement sans cause réelle et sérieuse et condamne la société Carl Zeiss Meditec à verser à M. C... 5 620,40 euros à titre de rappel de salaire fixe de février 2010, 85 000 euros à titre de dommages-intérêts pour licenciement sans cause réelle et sérieuse, 33 697,95 euros d'indemnité de préavis et 3 369,79 euros de congés payés afférents et 39 875,90 euros à titre d'indemnité conventionnelle de licenciement, l'arrêt rendu le 14 décembre 2018, entre les parties, par la cour d'appel de Toulouse ;

Document 4

Extrait de l'arrêt de la Cour de cassation du 3 juillet 1987 (pourvoi n° 86-13.914)

[...]

Vu les articles L. 415 et L. 415-1 (devenus L. 411-1 et L. 411-2) du Code de la sécurité sociale ;

Attendu qu'au sens du premier de ces textes, le salarié est au temps et au lieu de son travail tant qu'il est soumis à l'autorité et à la surveillance de son employeur ; que tel est le cas du salarié qui, venant de quitter son poste de travail, se trouve encore dans les dépendances de l'établissement où il est employé ;

...

...

Attendu que M. X..., employé de la Manufacture française des pneumatiques Michelin, ayant été blessé le 14 mars 1978, tandis que, à l'issue de sa journée de travail, il reprenait possession de son véhicule à deux roues sur le parc de stationnement aménagé à cet effet par son employeur, l'arrêt attaqué, rendu sur renvoi après cassation, a dit que cet accident constituait un accident de trajet et non un accident du travail proprement dit, susceptible d'être porté au compte dudit employeur pour la détermination de sa cotisation d'accident du travail ;

Attendu qu'en statuant ainsi, alors qu'il résultait de ses propres constatations que l'accident s'était produit dans une dépendance de l'entreprise où le chef d'établissement exerçait ses pouvoirs d'organisation, de contrôle et de surveillance, de sorte que le salarié se trouvait toujours sous son autorité et n'avait pas encore entrepris, en toute indépendance, le trajet reliant le lieu de son travail à sa résidence, la cour d'appel a violé, par refus d'application du premier et fausse application du second, les textes susvisés ;

PAR CES MOTIFS :

CASSE ET ANNULE l'arrêt rendu le 14 mai 1986, entre les parties, par la cour d'appel de Limoges ; remet, en conséquence, la cause et les parties dans l'état où elles se trouvaient avant ledit arrêt et, pour être fait droit, les renvoie devant la cour d'appel de Lyon.

Document 5

Extrait de l'arrêt de la Cour de cassation du 5 octobre 2016 (pourvoi n° 15-28.672)

Attendu, selon l'arrêt attaqué (Toulouse, 16 octobre 2015), que M. X... a été engagé pour une mission de 18 mois par la société Derichebourg intérim aéronautique (la société Derichebourg), en qualité d'électricien au profit de la société ATR ; qu'avant la fin de son contrat, fixée au 1er mai 2012, il a reçu de la société ATR une proposition de contrat à durée indéterminée, contrat qu'il a signé le 16 mai 2012, date de sa prise de fonction ; que la société ayant refusé de lui payer l'indemnité de fin de mission, il a saisi la juridiction prud'homale ;

Attendu que la société Derichebourg fait grief à l'arrêt de la condamner à verser au salarié une somme au titre de l'indemnité de fin de mission alors, selon le moyen : 1°/ qu'aux termes de l'article L. 1251-32 du Code du travail, le salarié sous contrat de travail temporaire ne peut prétendre à l'indemnité de fin de mission dès lors qu'à l'issue de sa mission, il bénéficie immédiatement d'un contrat de travail à durée indéterminée avec l'entreprise utilisatrice ; que tel est le cas si le salarié bénéficie, avant même l'expiration de sa mission, d'une promesse d'embauche à durée indéterminée précisant l'emploi proposé et la date d'embauche et qu'il accepte cette promesse, peu important que son acceptation intervienne quelques jours après le terme de son contrat de mission ; qu'en l'espèce, la cour d'appel a constaté que le salarié, dont la mission expirait le 1er mai 2012, avait reçu dès le 23 avril 2012 de l'entreprise utilisatrice une offre de contrat à durée indéterminée mentionnant l'emploi occupé, la rémunération, la date d'embauche, le temps et le lieu de travail et que cette offre constituait une véritable promesse d'embauche engageant l'employeur à compter de son émission ; qu'en jugeant ...

•••

que c'était seulement à la date d'acceptation de cette promesse d'embauche, soit le 10 mai 2012, que le salarié devait être considéré comme ayant bénéficié d'un contrat de travail à durée indéterminée de sorte que ce bénéfice n'était pas « immédiat » la cour d'appel a violé les articles L. 1121-1 et L. 1251-32 alinéa 1 du Code du travail ;

2°/ qu'aux termes de l'article L. 1251-32 du Code du travail, le salarié sous contrat de travail temporaire ne peut prétendre à l'indemnité de fin de mission dès lors qu'à l'issue de sa mission, il bénéficie immédiatement d'un contrat de travail à durée indéterminée avec l'entreprise utilisatrice ; que lorsque la prise d'effet du contrat de travail n'est pas concomitante avec sa signature, cette prise d'effet doit intervenir dans un délai raisonnable ; qu'en l'espèce, il résultait du contrat de mission que celle-ci expirait le 1er mai 2012 inclus, et de la promesse d'embauche comme du contrat à durée indéterminée que celui-ci prenait effet le 16 mai 2012 ; qu'il en résultait qu'un délai de 14 jours séparait le terme de la mission et le début du contrat à durée indéterminée ; qu'en relevant, par motifs adoptés, que le salarié était resté 20 jours sans travail, sans préciser d'où résultait une telle constatation, la cour d'appel a privé sa décision de base légale au regard des articles 1134 du Code civil, ensemble les articles L. 1121-1 et L. 1251-32 du Code du travail ;

3°/ que le salarié intérimaire qui bénéficie d'une promesse d'embauche à durée indéterminée avant même l'issue de sa mission mais qui ne l'accepte délibérément que plusieurs jours après le terme de sa mission ne peut se prévaloir de son propre retard pour réclamer une indemnité de précarité en invoquant n'avoir pas bénéficié immédiatement d'un contrat de travail ; qu'en jugeant que le salarié, qui avait reçu sept jours avant l'expiration de sa mission une promesse d'embauche qu'il n'avait acceptée que neuf jours après le terme de son contrat de mission, pouvait prétendre à une indemnité de précarité faute d'avoir bénéficié d'un contrat de travail « immédiat » lorsque cette situation résultait de sa propre attitude, la cour d'appel a violé les articles L. 1222-1 et L. 1251-32 alinéa 1 du Code du travail ;

Mais attendu qu'aux termes de l'article L. 1251-32 du Code du travail, lorsqu'à l'issue d'une mission, le salarié sous contrat de travail temporaire ne bénéficie pas immédiatement d'un contrat de travail à durée indéterminée avec l'utilisateur, il a droit, à titre de complément de salaire, à une indemnité destinée à compenser la précarité de sa situation ; que cette indemnité n'est pas due dès lors qu'un contrat de travail à durée indéterminée a été conclu immédiatement avec l'entreprise utilisatrice ;

Et attendu que la cour d'appel a constaté que le salarié n'avait accepté que le 10 mai 2012 la « promesse d'embauche » sous contrat à durée indéterminée que l'entreprise utilisatrice lui avait adressée le 23 avril précédent avant le terme de sa mission, et que, neuf jours ayant séparé le terme de sa mission, le 1er mai, de la conclusion du contrat de travail engageant les deux parties, elle en a exactement déduit que le salarié n'avait pas immédiatement bénéficié de ce contrat ;

D'où il suit que le moyen, inopérant en sa deuxième branche qui vise des motifs des premiers juges que la cour d'appel n'a pas adoptés, et irrecevable car nouveau, et mélangé de fait et de droit en sa troisième branche, n'est pas fondé pour le surplus ;

PAR CES MOTIFS

REJETTE le pourvoi ;

Document 6

Fonctionnement de la VAE

La validation des acquis de l'expérience (VAE) permet d'obtenir, en totalité ou en partie, un diplôme, un titre ou un certificat de qualification professionnelle inscrit au Répertoire national des certifications professionnelles (RNCP).

Le candidat doit remplir un dossier dans lequel il décrit les activités principales qu'il exerce ou qu'il a exercées, le contexte de leur exercice et les ressources mobilisées. L'évaluation de ce dossier est suivie d'un entretien avec le jury. Le jury décide de valider tout ou partie du diplôme visé. En cas de validation partielle, des préconisations sont faites au candidat en vue d'obtenir la totalité du diplôme.

Tout individu a droit à la reconnaissance de son expérience, qu'il soit salarié ou non, demandeur d'emploi indemnisé ou non, qu'il ait exercé des activités sociales, bénévoles, etc.

D'après http://www.education.gouv.fr

Document 7

Extraits de la jurisprudence

Arrêt de la Cour de cassation du 26 mars 2014 (pourvoi n° 12-21.136)

Attendu, selon l'arrêt attaqué et les pièces de la procédure, que M. Z... a été engagé le 1er septembre 1991 par l'association Institut supérieur de l'agriculture de Beauvais, devenu l'association Institut polytechnique Lasalle Beauvais, en qualité de responsable de résidence statut cadre ; qu'il est, depuis le 3 mai 2002, délégué syndical, et depuis le 3 décembre 2008 conseiller prud'hommes ; que les parties ont signé, le 9 juin 2009, une convention de rupture autorisée par l'inspecteur du travail le 1er septembre 2009, l'autorisation leur ayant été notifiée le 3 septembre 2009 ; qu'elles ont, le 4 septembre 2009, conclu une transaction aux termes de laquelle, notamment, M. Z... renonçait à l'ensemble de ses droits, actions et prétentions dont il pourrait disposer au titre de la rupture de son contrat de travail en contrepartie du versement d'une indemnité ; que le salarié a saisi la juridiction prud'homale de diverses demandes ;

Sur le premier moyen relevé d'office, après avis donné aux parties conformément aux dispositions de l'article 1015 du Code de procédure civile :

Vu les articles L. 1237-11, L. 1237-13, L. 1237-14, L. 1237-15 du Code du travail et 2044 du Code civil ;

Attendu qu'il résulte de l'application combinée de ces textes qu'un salarié et un employeur ayant signé une convention de rupture ne peuvent valablement conclure une transaction, d'une part, que si celle-ci intervient postérieurement à l'homologation de la rupture conventionnelle par l'autorité administrative ou, s'agissant d'un salarié bénéficiant d'une protection mentionnée aux articles L. 2411-1 et L. 2411-2 du Code du travail, postérieurement à la notification aux parties de l'autorisation, par l'inspecteur du travail, de la rupture conventionnelle, d'autre part, que si elle a pour objet de régler un différend relatif non pas à la rupture du contrat de travail mais à son exécution sur des éléments non compris dans la convention de rupture ; ...

...

Attendu que pour débouter le salarié de sa demande en nullité de la transaction, l'arrêt, après avoir relevé qu'aux termes de celle-ci l'intéressé renonçait à engager une action judiciaire en rapport avec la rupture des relations de travail en contrepartie du versement d'une indemnité, retient qu'aucun élément ne permet de considérer que l'acte transactionnel signé le 4 septembre 2009 aurait été antidaté et que la transaction serait en réalité intervenue avant même la délivrance par l'autorité administrative de l'autorisation de recourir à une rupture conventionnelle ;

Qu'en statuant ainsi, alors qu'il résultait de ses constatations que la transaction conclue entre le salarié et l'employeur avait pour objet de régler un différend relatif non pas à l'exécution du contrat de travail mais à sa rupture, ce dont elle aurait dû en déduire la nullité, la cour d'appel a violé les textes susvisés ; [...]

PAR CES MOTIFS :

CASSE ET ANNULE, dans toutes ses dispositions, l'arrêt rendu le 17 avril 2012, entre les parties, par la cour d'appel d'Amiens

Arrêt de la Cour de cassation du 16 juin 2021 (pourvoi n° 19-26.083) (extrait de la réponse de la Cour)

[...]

6. La transaction signée par le salarié et l'employeur postérieurement à l'homologation de la rupture conventionnelle du contrat de travail n'est valable que si elle a pour objet de régler un différend relatif non pas à la rupture du contrat de travail mais à son exécution sur des éléments non compris dans la convention de rupture.

7. La cour d'appel, qui a constaté que le salarié, postérieurement à l'homologation de la convention de rupture, avait renoncé par courrier du 25 septembre 2013 à percevoir l'indemnité de rupture, puis avait invoqué un préjudice résultant de cette renonciation et réclamé une indemnisation, et avait accepté, aux termes du protocole transactionnel, en contrepartie de la prise en charge par l'employeur du coût d'une formation, de renoncer définitivement et totalement à exercer à l'encontre de celui-ci une action judiciaire quelconque qui serait basée sur les relations contractuelles de travail ou sur la rupture de ces relations, a exactement retenu que la transaction, portant sur un élément inhérent à la rupture du contrat de travail, était nulle.

PAR CES MOTIFS, la Cour :

REJETTE le pourvoi ;

CORRIGÉ

DU SUJET TYPE D'EXAMEN

1 Le transfert des salariés

1.1. *Vérifiez si les conditions légales de mise en œuvre du transfert d'entreprise sont réunies ici.*

Compétence attendue **Repérer**, dans une situation donnée, une modification de la situation juridique de l'employeur

Le candidat doit, dans un contexte donné, vérifier si les conditions du transfert d'entreprise sont réunies pour permettre l'application de l'article L. 1224-1 du Code du travail prévoyant le maintien des contrats de travail en cours.

Quelles sont les conditions du maintien des contrats de travail en cas de transfert d'entreprise ?

Principes juridiques. En vertu de l'article L. 1224-1 du Code du travail, lorsqu'il survient une modification dans la situation juridique de l'employeur notamment par succession, vente, fusion, transformation du fonds de commerce, mise en société, tous les contrats de travail en cours au jour de la modification subsistent avec le nouvel employeur et le personnel de l'entreprise. Certaines conditions d'application de la règle sont à réunir :

- il doit y avoir transfert d'une entité économique autonome, c'est-à-dire d'un ensemble organisé de personnes et d'éléments corporels ou incorporels permettant l'exercice d'une activité. L'activité doit être économique, à but lucratif ou non, civile ou commerciale. Dans tous les cas, un acte de transfert est nécessaire ;
- l'entité économique, définie en fonction de l'activité qu'elle exerce, des éléments d'exploitation qu'elle nécessite et du personnel ainsi que de la clientèle qui lui sont attachés, doit poursuivre un objectif propre, clairement défini. Elle doit disposer de moyens matériels et humains dédiés ;
- cette entité doit poursuivre ou rependre l'activité et conserver son identité : il ne doit pas y avoir disparition ou démembrement de l'activité lors du transfert. Il n'est pas nécessaire que cette activité soit strictement identique, il suffit qu'il existe une connexité ou une complémentarité de l'activité ;
- il faut qu'un contrat de travail soit en cours pour que les salariés bénéficient du maintien de ce contrat de travail.

Application. Assan Almaï vend son entreprise, qui constitue bien une entité économique autonome par rapport à la SAS Cartons & Packagings. La SAS conserve l'identité de l'activité acquise, avec le personnel et les moyens techniques qui y sont dédiés : il s'agira toujours, pour les salariés de la SARL Les Cartonnages du Quesnoy, de produire des cartons et packagings. Les salariés de la SARL dont le contrat de travail est en cours bénéficieront du maintien de leur contrat de travail avec la SAS Cartons & Packagings.

1.2. *Déterminez les effets d'un éventuel transfert d'entreprise sur les contrats de travail des salariés, sur les mandats des représentants du personnel et sur les usages en cours. Précisez la procédure que Maxence Vanecker devrait suivre, dans l'hypothèse où le transfert serait effectif, afin de remettre en cause le versement du treizième mois en fin d'année.*

Compétences attendues

- **Repérer**, dans une situation donnée, une modification de la situation juridique de l'employeur et en tirer les conséquences juridiques pour l'une ou l'autre des parties
- **Repérer** les sources du droit applicables à une situation

Le candidat doit, dans un contexte donné, analyser les effets du transfert d'entreprise sur les usages d'entreprise et sur les mandats des représentants du personnel. Il doit également savoir exposer la procédure de dénonciation d'un usage d'entreprise.

Quels sont les effets du transfert d'entreprise sur les mandats des représentants du personnel, sur les usages en cours ? Quelle procédure l'employeur doit-il respecter pour dénoncer un usage ?

Principes juridiques. Non seulement les contrats de travail en cours sont maintenus dans tous leurs éléments et aux mêmes conditions, mais il y a aussi maintien des usages, des engagements unilatéraux ainsi que du mandat des représentants du personnel.

Si l'employeur veut dénoncer l'usage transféré, il est tenu de respecter la procédure.

À cet effet, il doit :

- informer individuellement chacun des salariés concernés par l'usage ;
- informer le comité social et économique (CSE) ;
- respecter un délai de prévenance suffisant pour permettre l'engagement des négociations.

Application. À la suite de la cession de la SARL Les Cartonnages du Quesnoy, les salariés de l'entreprise conservent le bénéfice du treizième mois tant que cet usage n'est pas dénoncé par Maxence Vanecker et les membres du CSE conservent leur mandat. Si le dirigeant de la SAS Cartons & Packagings veut dénoncer l'usage, il devra prévenir individuellement les salariés concernés et en informer les membres du CSE en respectant un délai de prévenance suffisant pour entamer éventuellement des négociations.

1.3. *Indiquez les conséquences de la cession des Cartonnages du Quesnoy sur l'accord d'intéressement de la SARL. Précisez si l'accord d'entreprise sur l'aménagement du temps de travail continuerait de s'appliquer sur le site de Quesnoy-sur-Deule. Justifiez votre réponse.*

Compétence attendue

Repérer, dans une situation donnée, les conséquences juridiques pour l'une ou l'autre des parties d'une modification de la situation juridique de l'employeur

Le candidat doit, dans un contexte donné, analyser les effets du transfert d'entreprise, sur les accords d'intéressement et sur les conventions et accords collectifs d'entreprise.

Quels sont les effets du transfert d'entreprise sur les conventions et accords d'intéressement ?

Principes juridiques. En vertu de l'article L. 3313-4 du Code du travail, « en cas de modification survenue dans la situation juridique de l'entreprise, par fusion, cession ou scission et lorsque cette modification rend impossible l'application de l'accord d'intéressement, cet accord cesse de produire effet entre le nouvel employeur et les salariés de l'entreprise ».

Application. L'accord d'intéressement vient à expiration. Il prend fin avec la cession de la SARL à la SAS. Les salariés de la SARL Les Cartonnages du Quesnoy ne pourront plus bénéficier de l'intéressement dans la SAS qui ne bénéficie pas d'accord à ce niveau. Ils pourront, en revanche, participer aux résultats de la SAS.

L'accord d'entreprise sur l'aménagement du temps de travail continuera-t-il de s'appliquer sur le site de Quesnoy-sur-Deule ?

Principes juridiques. En principe, lorsque le nouvel employeur relève d'une convention collective différente, les salariés transférés bénéficient du maintien provisoire des conventions et accords collectifs dont ils jouissaient avant le transfert, pendant 15 mois jusqu'à la conclusion d'un nouvel accord. Des négociations doivent s'engager dans l'entreprise d'accueil :

- si un nouvel accord d'entreprise est conclu, il s'applique immédiatement aux salariés qui ne peuvent plus revendiquer le bénéfice de la convention ou de l'accord mis en cause ;
- en l'absence d'accord après 15 mois, les salariés sont soumis aux conventions et accords du nouvel employeur et ne peuvent plus bénéficier des dispositions des textes d'origine, avec toutefois une garantie de rémunération.

Application. Les salariés de la SARL Les Cartonnages du Quesnoy pourront bénéficier provisoirement de l'accord d'entreprise sur l'aménagement du temps de travail durant 15 mois jusqu'à la conclusion d'un nouvel accord dans l'entreprise d'accueil. Une fois le nouvel accord signé, les salariés de la SARL Les Cartonnages du Quesnoy ne pourront plus revendiquer les avantages de l'ancien accord.

1.4. *Indiquez à Laurent Duprès s'il peut débloquer, de façon anticipée, son intéressement placé sur le PEE.*

Compétence attendue **Repérer**, dans une situation donnée, les conséquences juridiques pour l'une ou l'autre des parties d'une modification de la situation juridique de l'employeur

Le candidat doit, dans un contexte donné, analyser les effets du transfert d'entreprise, sur les possibilités de déblocage anticipé des sommes reçues au titre de l'intéressement et déposées sur un plan d'épargne entreprise.

Le transfert d'entreprise permet-il au salarié de demander un déblocage par anticipation des sommes reçues au titre de l'intéressement et déposées sur un plan d'épargne d'entreprise ?

Principes juridiques. En cas de transfert d'entreprise, en l'absence de toute impossibilité de poursuite de l'ancien plan d'épargne d'entreprise, le salarié conserve ses droits sur le plan d'épargne d'entreprise mis en place par l'entreprise cédante. Il dispose seulement de la faculté de transférer ses avoirs sur le plan d'épargne d'entreprise du nouvel employeur, s'il en existe un. Le nouvel employeur n'a donc ni à poursuivre le plan mis en place par le précédent, ni à le mettre en place s'il n'en existe pas dans l'entreprise. Par ailleurs, le transfert du contrat de travail ne figure pas dans les hypothèses de déblocage anticipé du plan d'épargne d'entreprise énumérées par l'article R. 3324-22 du Code du travail. Le salarié transféré doit donc attendre la fin de la période d'indisponibilité pour obtenir la liquidation des sommes qui y sont bloquées.

Application. Laurent Duprès ne pourra pas profiter de la cession de la SARL à la SAS pour solliciter un déblocage anticipé des sommes reçues au titre de l'intéressement et portées sur le plan d'épargne d'entreprise. Le transfert d'entreprise ne fait pas partie des hypothèses légales de déblocage anticipé. Laurent Duprès devra attendre la fin de la période d'indisponibilité des fonds pour obtenir la liquidation des sommes bloquées (5 ans).

1.5. *Déterminez, au regard du règlement intérieur (document 2) et de la jurisprudence (document 3), si Martin Pujol pouvait faire l'objet d'une sanction de la part de la SAS Cartons & Packagings en se fondant sur l'application de son règlement intérieur.*

Compétence attendue **Repérer**, dans une situation donnée, une modification de la situation juridique de l'employeur et en tirer les conséquences juridiques pour l'une ou l'autre des parties

Le candidat doit, dans un contexte donné, analyser les effets du transfert d'entreprise, sur le règlement intérieur de l'entreprise.

Le règlement intérieur de l'entreprise cédée continue-t-il à s'appliquer en cas de transfert d'entreprise ?

Principes juridiques. Le Code du travail prévoit que, sauf exception, « le nouvel employeur est tenu, à l'égard des salariés dont les contrats de travail subsistent, aux obligations qui incombaient à l'ancien employeur à la date de la modification » (Code du travail, art. L. 1224-2). Pour autant, les juges ont estimé que le règlement intérieur applicable dans l'entreprise ne suivait pas les salariés transférés. Ils en ont conclu que le nouvel employeur ne pouvait pas invoquer une clause de ce règlement pour sanctionner les salariés de l'entreprise cédée.

L'arrêt de la Cour de cassation du 31 mars 2021 confirme la solution : en cas de transfert de salariés à une entreprise, il n'y a ni transfert du règlement intérieur de la société cédante, ni possibilité de prononcer une sanction sur le fondement du règlement intérieur de la société cédante. Le règlement intérieur qui s'imposait avant le transfert n'est pas transféré avec les contrats de travail. C'est donc le règlement intérieur de l'entreprise cessionnaire qui s'applique aux salariés transférés.

Application. Au regard de la jurisprudence, la sanction prise à l'encontre de Martin Pujol ne peut pas se fonder sur le règlement intérieur de la SARL Les Cartonnages du Quesnoy. C'est le règlement intérieur de la SAS Cartons & Packagings qui s'appliquera à Martin Pujol, avec toutes ses dispositions, pour le sanctionner.

L'externalisation des recrutements

2.1. *Vérifiez la licéité du recours au contrat de travail temporaire pour les deux salariés momentanément absents.*

Compétence attendue **Justifier** le choix d'un contrat de travail dans un contexte donné, vérifier la légalité du motif du recours au contrat de travail temporaire (CTT)

Le candidat doit savoir mettre en évidence les spécificités et l'intérêt du recours au contrat de travail temporaire.

Le recours au contrat de travail temporaire pour remplacer des salariés momentanément absents était-il licite ?

Principes juridiques. Le contrat de travail temporaire ne peut avoir ni pour objet ou pour effet de pourvoir à un emploi durable et permanent.

Le recours au contrat de travail temporaire (CTT) est autorisé pour :

- remplacer un salarié temporairement absent ;
- faire face à un accroissement temporaire d'activité ;
- pallier des travaux temporaires par nature ;
- embaucher, dans le cadre de la politique de l'emploi.

Il est interdit de recourir au CTT pour remplacer un salarié gréviste, pour l'exécution de travaux dangereux faisant l'objet d'une surveillance médicale spéciale ou encore pour un accroissement temporaire d'activité intervenant moins de six mois après un licenciement économique.

Application. Il est tout à fait possible de recourir au CTT pour remplacer les deux salariés temporairement absents. Ce cas de recours est autorisé par la loi.

2.2. *Expliquez l'intérêt de recourir à un contrat de travail temporaire plutôt qu'à un CDD.*

Compétence attendue **Comparer** le régime juridique du CTT avec celui du CDD

Le candidat doit être capable de développer une analyse comparative du CTT et du CDD. Il doit également être à même de formuler un conseil, dans un contexte donné, sur le contrat le plus adapté à la situation.

Quels sont les critères de choix entre le contrat de travail temporaire et le contrat de travail à durée déterminée ?

Principes juridiques. Une comparaison entre le CTT et le CDD peut être proposée sous la forme d'un tableau.

Cas de recours et modalités d'exécution des CTT et CDD

	CTT (C. trav., art. L. 1251-1 et s.)	CDD (C. trav., art. L. 1241-1 et s.)
Conclusion et formation du contrat	Relation tripartite entre l'entreprise de travail temporaire, le salarié intérimaire et l'entreprise utilisatrice.	Relation bipartite entre un employeur et un salarié en CDD.
Cas de recours	Les cas de recours au CTT et au CDD sont les mêmes : • remplacement de salariés temporairement absents ; • accroissement temporaire d'activité ; • emplois pour lesquels il est d'usage constant de ne pas avoir recours au CDI ; • CTT ou CDD entrant dans le cadre de la politique d'emploi.	
Exécution du contrat	Les salariés en CTT, comme ceux qui sont liés par un CDD, bénéficient d'une égalité de traitement dans l'entreprise qui les accueille.	
	Il est possible d'aménager le terme du CTT, ce qui peut présenter des avantages dans certains secteurs d'activité.	Il est impossible d'aménager le terme du CDD.
Fin du contrat	Les cas de rupture anticipée sont les mêmes. Le salarié intérimaire comme le salarié en CDD perçoivent une indemnité de fin de contrat (10 % de la rémunération brute totale).	

L'indemnité de précarité du CDD peut être ramenée à 6 % de la rémunération brute totale en cas d'accord ou de convention de branche prévoyant des contreparties relatives à la formation professionnelle.

Application. Le recours au CTT peut être plus intéressant que l'embauche en CDD : l'agence de travail temporaire est aguerrie aux techniques de recrutement, connaît certains des intérimaires qu'elle envoie dans l'entreprise utilisatrice après les avoir fait travailler pour d'autres clients. Les intérimaires sont opérationnels tout de suite. Le surcoût généré par la commission d'agence d'intérim est donc largement compensé par les avantages évoqués.

2.3. *À partir du document 4, qualifiez les accidents survenus et préciser, pour chacun des deux salariés, les indemnités auxquelles ils seraient éligibles.*

Compétences attendues

- **Qualifier** un accident du travail
- **Analyser** l'incidence en termes d'indemnisation

Le candidat doit pouvoir, dans une situation donnée, détecter les éléments aboutissant à la qualification d'accident du travail et en tirer les conséquences pour l'indemnisation du salarié.

Quels sont les critères à réunir pour qualifier un accident d'accident du travail ? Quelles sont les conséquences en termes d'indemnisation ?

Principes juridiques. Aux termes de l'article L. 411-1 du Code de sécurité sociale, « est un accident du travail tout accident survenu par le fait ou à l'occasion du travail, quelle qu'en soit la cause, à toute personne salariée ou travaillant à quelque titre ou en quelque lieu que ce soit pour un ou plusieurs employeurs ».

L'accident du travail suppose :

- un fait accidentel et certain : l'accident du travail est un fait précis et soudain, survenu au cours ou à l'occasion du travail, ce qui le distingue de la maladie. La Cour de cassation considère que le caractère de soudaineté n'est pas toujours nécessaire, il faut cependant que sa date soit certaine ;
- provoquant des lésions corporelles, c'est-à-dire un dommage au corps ou un traumatisme psychique ;
- en lien avec le travail : le Code de la sécurité sociale prévoit que l'accident doit intervenir par le fait ou à l'occasion du travail, c'est-à-dire pendant que le salarié se trouve sous l'autorité ou la subordination de l'employeur ou encore lorsque le salarié est en mission, ou pour des actes inhérents à la vie professionnelle ou en lien direct une activité profitable de l'entreprise.

Ainsi, pour les juges de la Cour de cassation, l'accident qui se produit sur le parking de l'entreprise où le chef d'établissement exerçait ses pouvoirs d'organisation, de contrôle et de surveillance, est qualifié d'accident du travail, le salarié se trouvant toujours sous son autorité et n'ayant pas encore entrepris, en toute indépendance, le trajet reliant le lieu de son travail à sa résidence (arrêt de la Cour de cassation, 3 juillet 1987, document 4).

Application. Loïc Ternoy et Martial Jeanlin ont été tous deux victimes d'un accident du travail. Ces accidents sont survenus au cours ou à l'occasion du travail. La chute de Loïc Ternoy est survenue alors qu'il était encore sur le parking de l'entreprise, sous l'autorité de l'employeur. La jurisprudence retient la qualification d'accident du travail dans une telle hypothèse, ainsi que l'atteste le document 4. Pour Martial Jeanlin, l'accident est présumé être un accident du travail puisqu'il est survenu sur les temps et lieu de travail.

2.4. *Dans une note structurée, distinguez les prestations dont pourraient bénéficier les salariés en fonction de l'origine professionnelle ou non de l'accident.*

Compétence attendue **Distinguer** la prise en charge d'un risque selon son origine professionnelle ou non

Le candidat doit être capable de caractériser l'accident selon son origine professionnelle ou non et d'en tirer les conséquences.

Comment l'accident professionnel est-il pris en charge ? selon quelle indemnisation ?

Principes juridiques. En cas d'accident du travail, le salarié a droit à des prestations en nature, sans ticket modérateur ni forfait hospitalier. Les frais médicaux, paramédicaux et pharmaceutiques sont réglés par la CPAM sur la base du tarif conventionnel de sécurité sociale.

La victime est éligible à des prestations en espèces versées sous forme d'indemnités journalières de Sécurité sociale (IJSS) sans délai de carence, égales à 60 % du revenu d'activité antérieur (RAA) pendant les 28 premiers jours d'arrêt de travail puis à 80 % à compter du 29e jour. Ces indemnités sont versées jusqu'à la guérison, à la consolidation ou au décès de l'assuré (les indemnités sont, dans ce dernier cas, versées aux ayants droit de l'assuré).

Les indemnités versées par la Sécurité sociale s'accompagnent d'un complément patronal versé par l'employeur, sans délai de carence, à partir d'un an d'ancienneté. La victime peut bénéficier d'une rente d'incapacité ou d'un capital à compter de la date de la consolidation.

Application. Les prestations dont bénéficieraient les deux salariés seront nettement plus favorables que pour un accident non professionnel, puisqu'ils percevront des IJSS sans délai de carence (alors que, lorsque l'accident est non professionnel, un délai de carence de trois jours s'applique), et le montant des IJSS est supérieur : les IJSS s'élèvent à 60 % du revenu d'activité antérieur durant les 28 premiers jours (au lieu de 50 % en cas d'accident non professionnel). Les prestations en nature seront, quant à elles, identiques que l'accident soit d'origine professionnelle ou non.

2.5. *Indiquez si l'indemnité est due à Félix Walle, salarié intérimaire, à la fin de sa mission.*

Compétence attendue

- **Vérifier** le choix d'un contrat de travail dans un contexte donné
- **Comparer** le régime juridique du CTT et du CDD

Le candidat doit être capable d'apprécier les spécificités du recours au CTT.

Principes juridiques. Lorsqu'une entreprise utilisatrice embauche un salarié intérimaire en CDI à la fin de sa mission, ce dernier perd – en principe –, le bénéfice de l'indemnité de précarité.

Cependant, la Cour de cassation, dans son arrêt du 5 octobre 2016, ayant décidé que ce n'est qu'à la date d'acceptation de la promesse d'embauche que le salarié bénéficie d'un

CDI, ce dernier peut prétendre à l'indemnité de précarité si son acceptation intervient après le terme de la mission, que la promesse d'embauche ait été formulée ou non avant la fin du contrat d'intérim.

L'indemnité de fin de mission est destinée à compenser la précarité de la situation du salarié intérimaire. Une proposition de CDI soumise avant le terme de la mission, puis acceptée, devrait logiquement rendre cette indemnité sans objet, le salarié disposant de la possibilité de conclure une relation de travail à durée indéterminée, qui est plus protectrice de ses intérêts.

Cependant, pour la Cour de cassation, « le salarié n'avait accepté que le 10 mai 2012 la "promesse d'embauche" sous contrat à durée indéterminée que l'entreprise utilisatrice lui avait adressée le 23 avril précédent avant le terme de sa mission, et que, neuf jours ayant séparé le terme de sa mission, le 1er mai, de la conclusion du contrat de travail engageant les deux parties, elle en a déduit que le salarié n'avait pas immédiatement bénéficié de ce contrat ».

Alors que le salarié a disposé d'une offre d'embauche avant le terme de sa mission, l'indemnité de « précarité » lui est quand même due bien qu'il ait attendu pour accepter ce contrat.

Application. Félix Walle devait bénéficier d'un CDI à la fin de son CTT. Le projet tarde à se concrétiser. L'indemnité de fin de mission lui est due, et ce même si, par la suite, il venait à conclure avec la SAS un CDI.

Des formations au service... des promotions

3.1. *Précisez le statut sous lequel les dix salariés interviendraient durant et à l'issue de la formation relative à l'utilisation des nouveaux équipements. Indiquez si l'employeur est tenu de reconnaître les compétences acquises à l'issue de cette période.*

Compétence attendue **Repérer** les différents types d'actions de formation inscrites dans un plan de formation et comprendre son intérêt pour l'employeur

Le candidat doit repérer les obligations de l'employeur en matière d'élaboration du plan de développement des compétences. Il en déduit le statut des salariés.

Quel est le statut des salariés pendant et à l'issue d'une formation prévue au titre du plan de développement des compétences ? L'employeur est-il tenu de reconnaître les compétences acquises par les salariés ?

Principes juridiques. Le plan de développement des compétences (PDC) recouvre l'ensemble des actions de formation organisées par l'employeur et décidées par lui, soit de sa propre initiative, soit à la suite d'une proposition des représentants du personnel, en vue d'adapter les salariés à l'évolution de leur emploi. L'employeur reste seul juge, dans le cadre de son pouvoir de direction, de prévoir des formations, sous réserve de ne pas commettre de discriminations.

Au cours de la formation, le contrat de travail du salarié n'est pas suspendu. Il est maintenu, au même titre que la rémunération, dès lors que les actions de formation sont mises en œuvre pendant le temps de travail. Le salarié conserve sa protection sociale.

Il est tenu de suivre la formation prévue pour lui dans le plan de développement des compétences, laquelle se déroule pendant le temps de travail. À défaut, il commet une faute. Si l'action a lieu en dehors du temps de travail, le salarié ne perçoit plus d'allocation de formation.

À l'issue de la formation, le salarié réintègre son poste de travail ou un travail équivalent à qualification et à rémunération égales. Le contrat de travail n'est pas modifié. L'employeur n'est aucunement obligé de reconnaître les compétences acquises au cours de la formation, sauf s'il s'y est engagé ou lorsque le contrat de travail ou la convention collective prévoit cette reconnaissance.

Application. Durant la formation, le contrat de travail et la rémunération des dix salariés seront maintenus si la formation a lieu sur leur temps de travail. Une fois la formation terminée, ils réintégreront leur poste de travail. Le dirigeant de la SAS Cartons & Packagings n'est en aucun cas tenue de reconnaître les compétences acquises durant la session de formation des salariés.

3.2. *Rappelez les conditions à remplir par Estelle Limous pour prétendre à la validation des acquis de l'expérience.*

Compétences attendues

- **Repérer** les différents types d'actions de formation inscrites dans un plan de formation et comprendre son intérêt pour l'employeur
- **Préciser** les obligations de l'employeur en matière d'adaptation de ses salariés aux évolutions de l'emploi et leurs conséquences juridiques

Le candidat doit repérer les conditions à réunir par le salarié pour prétendre à la validation des acquis de l'expérience.

Quelles conditions le salarié doit-il réunir pour prétendre à la validation des acquis de l'expérience ?

Principes juridiques. La validation des acquis de l'expérience (VAE) est une procédure qui permet aux personnes engagées dans la vie active d'obtenir un diplôme ou un titre, à finalité professionnelle ou non, ou un certificat de qualification par la validation de l'expérience acquise dans le cadre d'une activité professionnelle ou extra-professionnelle.

Pour prétendre à la VAE, le demandeur doit :

- justifier d'une activité en rapport direct avec la certification visée ;
- solliciter une certification inscrite au Répertoire national des certifications professionnelles (RNCP) ;
- déposer un dossier auprès de l'autorité ou de l'organisme responsable de la certification ;
- faire valider sa demande de VAE pendant le temps de travail, auprès de l'employeur, pour bénéficier d'un congé de 48 heures.

La VAE peut être :

- totale si toutes les conditions sont réunies et que le jury a proposé l'attribution de la certification ou du diplôme ;

- partielle, le jury précisant alors les compétences, les aptitudes, les connaissances soumises à un contrôle complémentaire ;
- refusée lorsque les compétences, les connaissances et les aptitudes ne sont pas satisfaisantes.

Application. Estelle Limous a six ans d'ancienneté dans l'entreprise. Elle est affectée au service comptable et exerce des missions en relation directe avec la validation du diplôme demandé, le diplôme de comptabilité et de gestion (DCG), inscrit au RNCP. Elle remplit bien les conditions pour solliciter l'obtention du diplôme. En conséquence, elle doit déposer une demande auprès de la SAS Cartons & Packagings afin de bénéficier du congé, puis se soumettre à l'entretien devant un jury qui vérifiera si l'expérience acquise correspond aux connaissances, aptitudes et compétences exigées par le référentiel de la certification visée.

3.3. *Qualifiez l'évolution : relève-t-elle d'une modification du contrat de travail ou d'un changement des conditions de travail ? Analysez les incidences, pour la SAS Cartons & Packagings, d'un refus de la salariée.*

Compétence attendue **Qualifier** une modification du contrat de travail et une modification des conditions de travail

Le candidat doit pouvoir identifier les éléments du contrat de travail qui ont ou non une valeur contractuelle. Il doit en déduire le régime juridique de leur modification.

Y a-t-il changement des conditions de travail ou modification du contrat de travail en cas d'évolution de la qualification du salarié et en cas de mutation dans un autre secteur géographique que celui de l'emploi antérieur ?

Principes juridiques. La mesure qui affecte l'un des éléments essentiels du contrat de travail tels que la rémunération, la durée du travail, la qualification professionnelle du salarié est qualifiée de « modification du contrat de travail ». Salaire et qualification font partie du contrat de travail que l'employeur ne peut modifier unilatéralement, pour quelque raison que ce soit.

La modification du lieu de travail dans un autre secteur géographique, lorsque ne figure pas de clause expresse de mobilité dans le contrat, constitue également une modification du contrat de travail qui nécessite l'accord du salarié.

L'employeur doit informer, par écrit, le salarié de la proposition de modification du contrat de travail envisagée. Il doit lui accorder un délai de réflexion raisonnable pour accepter ou refuser la modification (si le motif ayant guidé la modification est un motif économique, le salarié dispose d'un délai de réflexion d'un mois). Si le salarié accepte la modification, cette dernière fait l'objet d'un avenant au contrat de travail initial. Si le salarié la refuse, il ne commet ni faute, ni abus. L'employeur doit alors abandonner son projet de modification, ou engager la procédure de licenciement.

L'employeur doit notifier la modification du contrat de travail par écrit au salarié en lui laissant un délai raisonnable pour l'accepter ou la refuser :

- si le salarié accepte la mutation, l'employeur doit formaliser la nouvelle qualification et le nouveau lieu de travail dans un avenant au contrat de travail signé par le salarié ;

- si le salarié refuse la mutation, l'employeur peut renoncer à la mutation envisagée ou engager la procédure de licenciement. Le seul refus du salarié ne saurait constituer en soi une cause réelle et sérieuse de licenciement.

Application. Le changement de qualification et la mutation du lieu de travail en dehors du secteur géographique dans lequel l'entreprise se situe, alors qu'aucune clause de mobilité ne figure dans le contrat de travail, sont qualifiées de « modification du contrat de travail ». L'employeur doit proposer la modification à Estelle Limous, sans pouvoir la lui imposer. Si Estelle Limous la refuse, la SAS pourra soit revenir sur son projet, soit engager la procédure de licenciement pour cause de modification du contrat de travail, pour motif personnel ou pour motif économique.

4 La gestion des contentieux

4.1. *Indiquez les étapes auxquelles la procédure de licenciement de Martin Pujol devra se conformer.*

Compétence attendue **Identifier** les salariés protégés et les moyens de protection

Le candidat doit pouvoir déterminer, dans un contexte donné, si un salarié bénéficie du statut protecteur et cerner l'étendue de ce statut.

Quelle est la procédure applicable au licenciement d'un salarié protégé ? Quelles en sont les étapes ?

Principes juridiques. Les membres du comité social et économique sont des représentants du personnel, et donc des salariés protégés. Ils bénéficient d'une protection spécifique et temporaire en cas de rupture de leur contrat de travail durant la durée de leur mandat et pendant 6 mois à compter de l'expiration du mandat. Leur licenciement, de quelque nature qu'il soit, nécessite l'autorisation préalable de l'inspecteur du travail.

La procédure de licenciement se déroule alors en plusieurs étapes :

- convocation à un entretien préalable ;
- entretien préalable, après écoulement d'un délai de 5 jours ouvrables. L'employeur précise alors les motifs de sa décision ;
- consultation du comité social et économique (CSE) ;
- autorisation de l'inspecteur du travail (saisi dans les 15 jours de la réunion du CSE, il peut mener une enquête contradictoire et entendre l'employeur et le salarié), lequel motive sa décision ;
- notification du licenciement dans les 2 jours ouvrables minimum et un mois maximum après l'entretien en cas de licenciement disciplinaire.

Faute de respect de la procédure, le juge peut prononcer la nullité du licenciement du salarié protégé qui peut demander sa réintégration de plein droit dans son emploi ou dans un emploi équivalent. Si la réintégration n'est pas demandée ou si elle n'est pas obtenue, le salarié a droit aux salaires qu'il aurait perçus jusqu'à la fin de la période de protection ainsi qu'aux indemnités de rupture. L'employeur encourt également des sanctions pénales (peines d'amende de 3 750 € et d'emprisonnement d'un an).

Application. Martin Pujol a commis une faute grave en divulguant sur les réseaux sociaux des informations confidentielles sur la transaction en cours entre la SARL Les Cartonnages du Quesnoy et la SAS Cartons & Packagings. Il est membre du comité social et économique. L'employeur qui a décidé de le licencier doit solliciter l'avis du CSE et l'autorisation de l'inspecteur du travail pour procéder à son licenciement, puisqu'il s'agit d'un salarié protégé.

4.2. *Qualifiez l'accord qui pourrait être conclu avec Julien Dhollande. Appréciez, au regard de la jurisprudence, la validité de l'accord qui pourrait être signé entre l'employeur et le salarié.*

Compétence attendue **Informer** sur la nature et les caractéristiques des modes alternatifs de règlement des différends dans le cadre d'un litige individuel prud'homal

Le candidat doit apprécier, dans un contexte donné, la validité d'un mode alternatif de règlement des différends.

Qu'est-ce qu'une transaction ? Le projet de transaction portant sur l'indemnité de rupture conventionnelle est-il valable ?

Règles juridiques. La transaction est un contrat par lequel l'employeur et le salarié terminent des contestations nées ou préviennent une contestation à naître, afin d'éviter d'aller devant un juge. Il s'agit d'un mode alternatif de règlement des différends (MARD) individuels du travail.

Pour transiger, il faut :

- réunir les conditions de validité de droit commun du contrat (consentement et capacité des parties, contenu certain et licite de la transaction) ;
- un litige né après la rupture du contrat de travail ;
- des concessions réciproques réelles de l'employeur et du salarié.

L'écrit n'est pas imposé comme condition de validité mais recommandé à titre de preuve.

L'employeur et le salarié peuvent conclure une transaction après avoir signé une rupture conventionnelle individuelle. Pour autant, la Cour de cassation rappelle, dans un arrêt du 16 juin 2021 (document 7), que la transaction est nulle si elle porte sur un élément inhérent et essentiel à la rupture du contrat de travail. Il s'agissait ici de l'indemnité de rupture conventionnelle que l'employeur devait verser au salarié et qui a constitué, sans doute possible, un élément essentiel à la validité de la rupture conventionnelle.

La Cour de cassation a admis, dans une décision du 26 mars 2014 (document 7), qu'un salarié et un employeur pouvaient conclure une rupture conventionnelle individuelle puis une transaction, à deux conditions :

- la transaction doit être postérieure à l'homologation de la rupture conventionnelle (ou à la notification de l'autorisation de rupture si la rupture concerne un salarié protégé) ;
- la transaction ne doit pas avoir pour objet de régler un différend relatif à la rupture du contrat de travail, mais un litige relatif à l'exécution du contrat et ne doit pas porter sur des éléments non compris dans la convention de rupture.

Dans l'arrêt du 16 juin 2021, les juges ont relevé que la transaction portait sur un élément inhérent et essentiel de la rupture du contrat de travail – à savoir l'indemnité de rupture conventionnelle –, et non sur les conditions d'exécution de la relation de travail. Ils ont donc prononcé la nullité de la transaction. La rupture conventionnelle a aussi été annulée.

Application. Le projet d'accord est une transaction. Néanmoins, le projet de transaction qui pourrait être conclu entre la SAS Cartons & Packagings et Julien Dhollande est relatif à l'indemnité de rupture conventionnelle. Au regard de la jurisprudence, la transaction risque d'être annulée par les juges puisqu'elle porte sur un élément essentiel de la rupture du contrat de travail.

Les justifications des quiz du manuel sont publiées dans un ouvrage séparé de corrigés détaillés.

Chapitre 1. **Vrai** : 6, 9, 10.
Chapitre 2. **Vrai** : 2, 3, 7, 9.
Chapitre 3. **Vrai** : 1, 2.
Chapitre 4. **Vrai** : 2, 4, 6, 9.
Chapitre 5. **Vrai** : 1, 3, 5, 6, 7, 8, 9 (en principe).
Chapitre 6. **Vrai** : 1.
Chapitre 7. **Vrai** : 2, 5, 6, 7, 8.
Chapitre 8. **Vrai** : 1, 3, 4, 7, 9, 10.
Chapitre 9. **Vrai** : 1, 3, 6, 7, 9.
Chapitre 10. **Vrai** : 2, 5, 6, 7.
Chapitre 11. **Vrai** : 1, 4, 8.
Chapitre 12. **Vrai** : 1, 3, 7, 8, 9, 11.
Chapitre 13. **Vrai** : 1, 4, 10.
Chapitre 14. **Vrai** : 2, 3, 4, 5, 7, 8, 9, 10 (en principe).
Chapitre 15. **Vrai** : 1, 3 (en principe), 4, 6, 7, 9.
Chapitre 16. **Vrai** : 1, 2, 3, 9, 10.
Chapitre 17. **Vrai** : 8.
Chapitre 18. **Vrai** : 3, 4, 5, 6, 8.
Chapitre 19. **Vrai** : 1, 3, 6, 8, 9.
Chapitre 20. **Vrai** : 7, 8.
Chapitre 21. **Vrai** : 4.

INDEX

85085 - (I) - SOP 80 - NOC - BTT
Dépôt légal : mai 2023
Imprimé en Espagne par Gráficas Estella S.L.